Dr. Christian Peiler | Dr. Dennis Peiler

Optimales Voltigiertraining

So geht's vom Breiten- bis Spitzensport

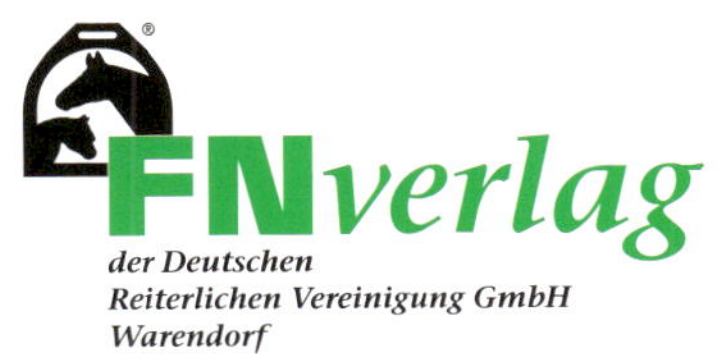

der Deutschen
Reiterlichen Vereinigung GmbH
Warendorf

Bibliografische Information der Deutschen Nationalbibliothek
Die Deutsche Nationalbibliothek verzeichnet diese Publikation in der Deutschen Nationalbibliografie; detaillierte bibliografische Daten sind im Internet über http://dnb.d-nb.de abrufbar.

3. Auflage 2014

Korrektorat
Korrekturbüro G. und W. Kirchhoff, Büren/Brenken

Titelfoto
Julia Rau, Mainz

Fotos
Uta Helkenberg, Versmold: Seiten 278, 279, 4. Umschlagseite (2)
Daniel Kaiser, Delitzsch: Seiten 5, 12, 39, 67, 86, 90, 93, 94, 110, 117, 136, 147, 169, 185, 197, 213, 242, 250, 280
Joachim Kropp, Zweibrücken: Seite 76
Stefan Lafrentz, Plön am See: Seiten 68, 256, 257, 258 (3), 259 (3), 260, 261 (2), 262 (3), 263, 264 (2), 265 (2), 266 (2), 267 (2), 268 (3), 269 (2), 270 (3), 271, 272 (2), 274 (15), 276 (12), 277, 297, 300 (2), 301 (6), 302 (3), 303 (4), 304 (4), 305 (5), 306 (6), 307 (3), 308 (4), 309 (3) und Fotos 3–11
Dr. Christian und Dr. Dennis Peiler, Hamm: Fotos 12, 13, 16, 19–22, 27–29
Julia Rau, Mainz: Seiten 82, 128, 176, 231, 310 (2), 311 (4), 312 (4), 313 (4), 314 (4), 315 (4), 316 (4), 317 (4), 318 (4), 319 (3), 320 (4), 321 (3), 322 (2), 323 (4), 324 (4), 325 (4), 326 (4), 327 (4), 328 (6), 329 (2), 330 (4), 331 (4), 332 (4), 333 (5), 334 (4) und Fotos 1, 2, 12, 14, 15, 17, 18, 23–26, 30–141
Helma Schwarzmann, Goslar: Seite 252
Peter Telahr, Rhede: Seite 206

Piktogramme
Christian Skupin, Hamm

Gesamtgestaltung
mf-graphics, Marianne Fietzeck, Gütersloh

Druck und Verarbeitung
MediaPrint Informationstechnologie GmbH, Paderborn

FSC
www.fsc.org
MIX
Papier aus verantwortungsvollen Quellen
FSC® C013205

ISBN: 978-3-88542-880-0

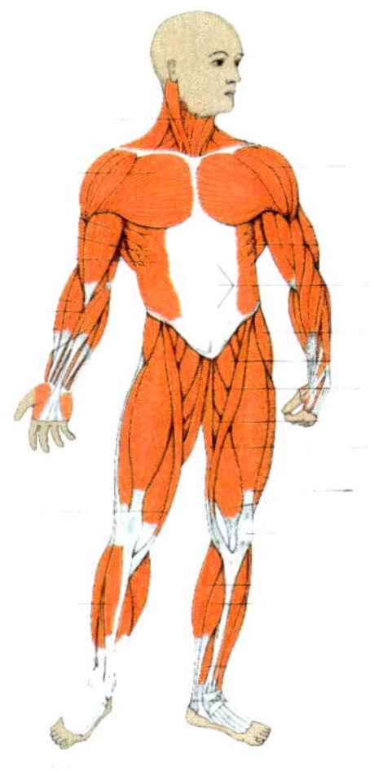

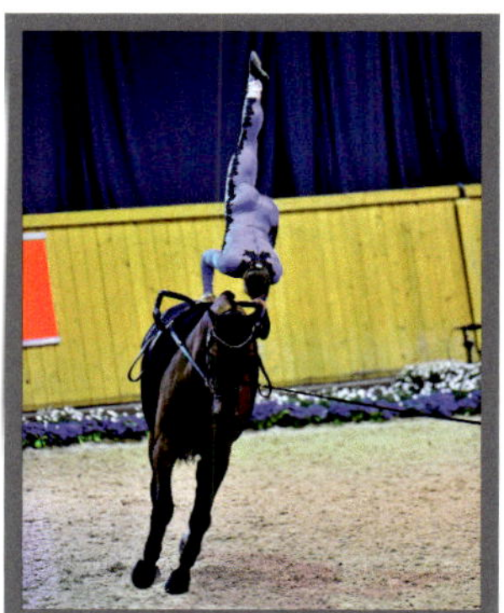

Danksagung

An dieser Stelle möchten wir den zahlreichen Personen hinter den Kulissen danken, die uns bei der Fertigstellung des Buches unterstützt haben.

Wir möchten der Bundestrainerin **Ursula Ramge** und **Prof. Dr. Hermann Rieder** sowie **Prof. Dr. Dr. h.c. Klaus Willimczik** für ihren fachlichen Rat danken. **Christian Skupin** hat mit einer enormen Fleißleistung die vielen Piktogramme gestaltet.

Lisa-Marie Freund und **Jannis Drewell** haben sich für die zahlreichen gymnastischen Fotos als „Modell" zur Verfügung gestellt.

Ein ganz besonderer Dank richtet sich an unsere Familie. Sie hat uns zu diesem Buch inspiriert und uns mit ihrem Rat unterstützt.

Optimales Training – Maximale Leistung

Im Jahr 2014 feiert das Fachbuch „Optimales Voltigiertraining“ sein zehnjähriges Bestehen. Das haben wir zum Anlass genommen, das Werk komplett auf den Prüfstand zu stellen, zu überarbeiten und in einem neuen Gewand erscheinen zu lassen. Dabei wurde einmal mehr deutlich, dass der Voltigiersport in Bewegung ist wie kaum eine andere Pferdesportdisziplin.

Das Voltigieren ist erwachsen geworden. Der einstige Kinder- und Jugendsport hat sich in den vergangenen zehn Jahren weiter spezialisiert und professionalisiert. Die Trennung zwischen Jugendleistungssport und Leistungssport ist fest etabliert. Bei den Voltigiergruppen wird sich nach und nach vom Spitzen bis in den Breitensport von den klassischen Achtergruppen verabschiedet, so dass die Teams zu kleineren Einheiten zusammengefasst werden. Das internationale Richtsystem wurde komplett auf den Kopf gestellt und verändert. Es gibt mittlerweile einen Weltcup, sodass der einstige Saisonsport für die Besten der Besten zum Ganzjahreswettkampfsport geworden ist.

Dies sind nur einige wenige Entwicklungen, die natürlich Auswirkungen auf das Voltigiertraining haben. Mit der dritten, komplett überarbeiteten Auflage möchten wir dieser Entwicklung Rechnung tragen. Bewährtes bleibt erhalten, neue und zukunftsweisende Entwicklungen und Tendenzen haben Eingang in das Buch gefunden. Dabei ist das Werk der bewährten Struktur treu geblieben und trennt weiter zwischen sportwissenschaftlicher Theorie und sportartspezifischer Voltigierpraxis.

Dank des mit dem Deutschen Olympiade-Komitee für Reiterei entwickelten sportmotorischen Tests und einer Leistungsdiagnostik für Voltigierer kommt dieses Werk der optimalen Trainingssteuerung jetzt noch besser nach. Gleichzeitig gibt es umfangreiche Hilfestellungen zur Gestaltung des daraus resultierenden Trainings inklusive praktischen Vordrucken für die Trainingsplangestaltung der unterschiedlichen Könnensstufen. Dabei liegt das Hauptaugenmerk auf der Leistungsoptimierung, aber auch auf der Verletzungsprophylaxe. Vom Anfänger bis zum Könner hält das „Optimale Voltigiertraining“ die erforderlichen Rezepte bereit. Neu ist auch ein ausführliches Kapitel zum Falltraining, das im Voltigieren ein integraler Bestandteil des Trainings sein sollte, um Verletzungen nach Stürzen zu minimieren. Erstmalig wird ein methodischer Weg aufgezeigt, die Falltechnik im Voltigieren richtig zu erlernen. Das in der Sportwelt immer mehr im Fokus stehende funktionale Coretraining haben wir ebenso in das Training integriert, wie wir selbstverständlich auch einen Blick auf neue Technikelemente und Entwicklungen in Pflicht und Kür geworfen haben. Das bewährte Schema „Fehler, Ursache und Korrektur“ bleibt erhalten.

Jeder Trainer, Voltigierer, Referent und Richter sollte mit der Entwicklung des Sports gehen, um besser zu werden. Das vorliegende Werk ist weiter das einzige unter den zahlreichen Fachbüchern im Voltigieren, welches die Brücke zwischen Sportwissenschaften und Voltigierpraxis schließt. Es möchte den Leser bei seiner Entwicklung begleiten und einen Beitrag zur Erweiterung des Fachwissens leisten.

Hamm, im November 2014 — Dr. Christian und Dr. Dennis Peiler

Vorwort zur ersten Auflage

Die Autoren legen ein fachkompetentes und umfangreiches Werk zum Voltigiersport vor, das man durchaus als „Trainingslehre des Voltigierens" bezeichnen kann. Darüber hinaus stellt ein einleitender sportwissenschaftlicher Teil (81 Seiten) sportmedizinische sowie bewegungs- und trainingswissenschaftliche Grundlagen dar. Die behandelten Themen wie Sportverletzungen, Bewegung und Motorik, Koordination, Psychologie und Methodik sind beinahe schon ein eigenes Buch. Der engagierte Übungsleiter, Longenführer, Trainer, Richter und Funktionär, nicht zuletzt der leistungsmäßig aufstrebende Voltigierer selbst werden daraus viele persönliche Erkenntnisse ziehen können.

Die voltigierspezifischen Problemstellungen im zweiten Teil widmen sich schwerpunktmäßig den Pflichtübungen. Sehr gründlich und umfangreich werden die nötigen konditionellen und koordinativen Anforderungen und deren Training dargestellt sowie Fehleranalysen und Systematiken übersichtlich aufbereitet. Mit den vielen stilisierten Piktogrammen gelingt eine moderne und überzeugende Art der Darstellung. Wer einen Bereich, z.B. Aufsprung Grundsitz oder Schere genauer liest, wird sich sicher weiter vertiefen. Die Beispiele zur Kür führen anspruchsvoll bis zu den Kürabgängen Salto rückwärts, freier Überschlag u.a. Von genereller Bedeutung sind sodann die Ausführungen zur optimalen Trainingseinheit. Viele Fotos sowie Abbildungen und Tabellen zeigen neben dem Fleiß der Autoren ihr dankenswertes Bestreben, ihre Botschaft trotz der kaum vermeidbaren Länge so leserfreundlich wie möglich zu präsentieren.

In der Liste von bisherigen Arbeiten, die von Voltigiererinnen und Voltigierern mit Sportstudium geschrieben wurden, Qualifikationsarbeiten für Lehrfach, Magister, Diplom und Artikel ist die Zahl 85 erreicht. Trotz vieler ausgezeichneter Arbeiten darunter, ist das Buch von Dennis und Christian Peiler herausragend. Ja, es bietet zusätzlich für künftige Arbeiten aktiver Voltigierer wertvolle Anregungen, denn die Themen rund um das Voltigieren sind noch lange nicht erschöpft: Beschreibende, qualitative und quantitative Beiträge, eng begrenzte, umfassende und gruppenbezogene, biographische und soziokulturelle Beiträge warten auf mutige Bearbeiter.

Dieses Buch ist eine sehr erfreuliche Bereicherung der bisherigen Literatur und der Versuch, allgemeine wichtige sportwissenschaftliche Erkenntnisse voltigierspezifisch aufzubereiten. Für künftige Trainer B und A gehört es mit zur Prüfungsvorbereitung. Insofern stellt es eine neue Richtung dar, unter Beachtung der Richtlinien Band 3 und der LPO den voltigiererfahrenen Lesern Grundsätzliches und erneut Aufbereitetes wie Pflicht und Methodik unter trainingswissenschaftlichen Aspekten nahezubringen.

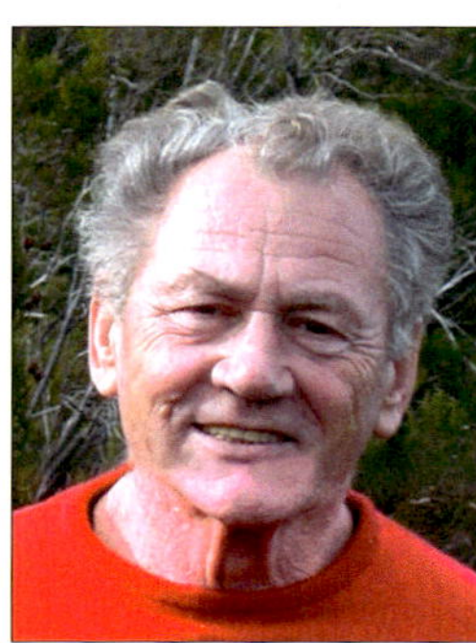

Prof. Dr. Hermann Rieder †
Ruprecht-Karls-Universität Heidelberg
INSTITUT FÜR SPORT UND SPORTWISSENSCHAFT

Vorwort zur ersten Auflage

Die stetig fortschreitende Entwicklung im Voltigiersport erfordert eine zunehmende Professionalisierung und Optimierung des Trainings bei gleichzeitiger Berücksichtigung gesundheitlicher Aspekte.

„Optimales Voltigiertraining" vermittelt praxisnahes Kompaktwissen für alle Trainer von der Basisausbildung bis in die höchste Leistungsklasse. Erstmals werden hier sportwissenschaftliche und theoretische Grundlagen in einem Werk verknüpft mit „handfesten" Tipps und konkreten Anleitungen für die Praxis.

Der erste Teil behandelt für das Voltigiertraining erforderliche sportmedizinische und sportwissenschaftliche Grundlagen in gut lesbarer und verständlicher Form.

Im zweiten Teil geht es um die Methodik der wichtigsten Voltigierübungen unter konsequenter Einbeziehung der körperlichen Grundvoraussetzungen des Voltigierers. Er bietet Hilfen, Fehler nicht nur zu erkennen, sondern deren Ursachen zu ergründen und diese langfristig abzustellen. Zusätzlich werden Grundlagen der Trainingsplanung dargestellt. Eine in meinen Augen sehr wichtige Abrundung des Inhaltes, denn erst planmäßiges und zielgerichtetes Handeln macht das Training wirklich effektiv.

„Optimales Voltigiertraining" ist zugleich Lehrbuch, Nachschlagewerk und Handbuch für die Praxis. Erfolg im Sport setzt nicht nur Können, sondern auch Wissen voraus. Ich hoffe, dass sehr viele Ausbilder mit diesem Buch ihr Wissen vermehren und noch mehr Erfolg und Freude an ihrer Arbeit gewinnen!

Ulla Ramge
Bundestrainerin Voltigieren

Einleitung

Ein Trainer kann den leichten oder schweren Weg in der Trainingspraxis gehen. Wählt er die erste Möglichkeit, dann beschäftigt er sich in einer Trainingsstunde mit Übungen für seine Sportler, die idealerweise schon erarbeitet sind bzw. auf die er wie auf ein Rezept zurückgreifen kann. Dieser Trainertyp wird sich voraussichtlich nur auf den zweiten Teil des vorliegenden Fachbuches „Optimales Voltigiertraining“ stürzen. Sicherlich helfen die rund 700 Übungen und Methoden für einen langen Zeitraum, das Training ideal zu gestalten.

Möchte er aber Hintergründe verstehen und sein Training inhaltlich hinterfragen, dann empfehlen die Autoren, das ganze Werk zu lesen. Am Ende angekommen, hat der Interessierte das nötige Rüstzeug, den Voltigiersport als Ganzes zu erfassen und die entsprechenden Ableitungen für die eigene Trainingsarbeit zu treffen.

Aus diesem Grund wurde die Struktur des Buches bewusst auch zehn Jahre nach Ersterscheinung beibehalten. Das Werk bleibt in einen theoretischen und praktischen Teil gegliedert, um eine leichtere Orientierung zu ermöglichen, wurde aber um einige Kapitel ergänzt und an aktuelle Entwicklungen angepasst.

Der sportwissenschaftliche Teil wird mit der Anatomie und Physiologie eröffnet. Die beiden ersten Kapitel sollen dem Leser eine Grundlage zum Verständnis des menschlichen Körpers ermöglichen. Erst wenn der Sportler und Trainer eine grobe Vorstellung vom Aufbau sowie der Funktionsweise des menschlichen Körpers hat, ist es möglich, gezielt zu trainieren. Ist der Einstieg geschafft, gibt das Kapitel zu den Sportverletzungen einen Überblick über gängige Verletzungen und ihre Vorbeugung.

Die Einführung in die Trainings- und Bewegungslehre stellt besonders für die Lizenzanwärter und -inhaber eine Hilfe dar. Einschließlich der Sportlehreanforderungen bis zur Trainer-A-Prüfung, werden sportwissenschaftliche Erkenntnisse vermittelt.

Neu ist im theoretischen Teil das sich anschließende Kapitel über die Leistungsdiagnostik im Voltigieren. Die Autoren greifen dabei auf jahrelange wissenschaftliche Erfahrungen zurück, die sie jetzt in ihrem Fachbuch haben einfließen lassen. Trainer und Voltigierer erhalten eine leicht verständliche Einführung in das für den Voltigiersport noch sehr junge Themenfeld. Die erforderlichen Trainingspläne liefern die Autoren gleich mit und stellen entsprechende Vordrucke auf der beigefügten DVD zur Verfügung, genauso wie den durch das DOKR entwickelten Sportmotorischen Test für Voltigierer.

Das ABC der Biomechanik beabsichtigt, die Neugierde an diesem interessanten Bereich der Sportwissenschaften zu wecken. Der Forschungsstand der Biomechanik steckt in Bezug auf das Voltigieren noch in den Kinderschuhen und wird vermutlich in den kommenden Jahren vermehrte Berücksichtigung finden.

Sportpädagogische und -psychologische Erkenntnisse sowie Ausführungen zur Methodik und Didaktik runden das sportwissenschaftliche Angebot ab. Die verwendete und weiterführende Literatur zählt zu den Grundlagenwerken der Sportwissenschaften.

Endlich in der Praxis angekommen, werden alle Pflichten vom Turnieranfänger bis zum Spitzensportler durchleuchtet. Auf der Grundlage des aktuellen Reglements baut das „Optimale Voltigiertraining“ auf und berücksichtigt zukünftige Entwicklungen im Wettkampfprogramm.

Alle Pflichtübungen sind in Schrift und Bild genau beschrieben. Anschließend werden die wichtigsten körperlichen Voraussetzungen, Methodik und Didaktik in rund 700 Übungen veranschaulicht. Nach dem im Sport bewährten Schema – Fehler, Ursache, Korrektur – werden alle Pflichtkapitel in kompakter Form begleitet.

Schwerpunkte sind auch in der Kürthematik gesetzt. Unterschiedliche Vermittlungsmethoden geben dem Leser Hilfestellungen für die Praxis. Am Beispiel einer Gruppenkür wird eine Jahresplanung schrittweise erklärt, die natürlich auf Einzel- und Doppelküren übertragbar ist. Ein weiterer methodischer Ansatz, um das komplexe Thema Kür zu veranschaulichen, ist die Gestaltung anhand einer Einzelkür. Mithilfe der Strukturgruppen lässt sich jede Kür in ihre Bestandteile zerlegen. Dabei erhält der Leser auch einen detaillierten Einblick in die aktuellen Übungen des Technikprogramms. Dem Thema Kürabgänge wird ein gesondertes Kapitel gewidmet.

Der abschließende Teil des Buches geht nicht nur auf die optimale Trainingseinheit insgesamt ein, sondern wirft auch einen Blick auf neue Entwicklungen im Voltigiersport. So ist das Buch erweitert um die Kapitel Core-Training und das Falltraining. Beide helfen nicht nur Leistungen zu optimieren, sondern auch Verletzungen zu reduzieren. Am Ende angekommen, gilt der Leitsatz:

Voltigieren ist mehr als nur Turnen auf dem Pferd.

Hinweis:
Um eine korrekte Darstellung der Übungen gewährleisten zu können, wird im praktischen Teil überwiegend die Piktogrammform gewählt. Fotos runden das gymnastische Angebot ab. Alle Kapitel werden durch Fotos eröffnet, die auf das folgende Thema hinweisen. Diese Fotos erheben keinen Anspruch auf die optimale Ausführung des Elementes!

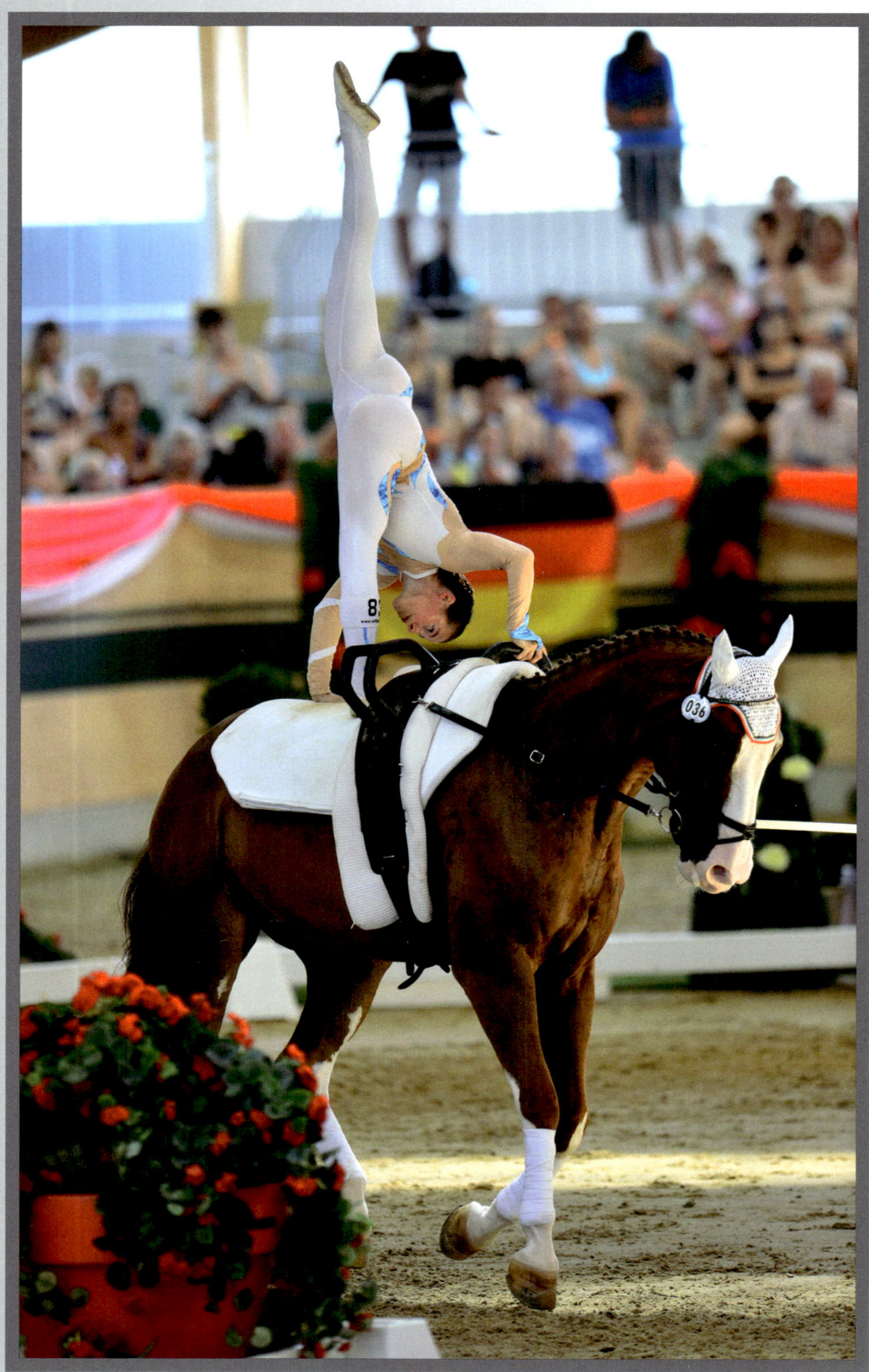

1. Sportwissenschaftlicher Teil (Theorie)

1.1 Sportmedizinischer Teil

1.1.1 Funktionell-anatomische Grundlagen des Menschen

Voltigieren, turnerisch-akrobatische Übungen auf dem galoppierenden Pferd. Eine Sportart, die den menschlichen Körper in seiner Ganzheit beansprucht. Setzt sich der Trainer oder Sportler einmal näher mit dem Voltigieren auseinander, so kommt er schnell zu dem Schluss, dass Kenntnisse im Bereich des aktiven und passiven Bewegungsapparates sowie neuroanatomische Grundlagen unabdingbar sind, um ein effektives und gesundheitsorientiertes Training zu gewährleisten. Dieses Kapitel soll einen Überblick über die wichtigsten funktionell-anatomischen Grundlagen des Menschen geben.

Das Skelettsystem des Menschen besteht aus Knochen, Gelenken und Bändern. Elemente, die unter den passiven Bewegungsapparat fallen. Die wichtigste Funktion des Skelettsystems ist, dem Körper seine Form zu geben, Bewegungen zu ermöglichen und die inneren Organe zu schützen.

Der Körper lässt sich grob in drei Teile gliedern, den Stamm, in obere und untere Gliedmaßen (Extremitäten). Der Stamm besteht aus Kopf (Caput), Hals (Collum) und dem Rumpf (Truncus). Brust (Thorax), Bauch (Abdomen) sowie das Becken (Pelvis) sind voneinander abzugrenzen. Während der Schultergürtel die oberen Extremitäten vom Stamm abgrenzt, sind die unteren durch den Beckengürtel separiert. Die wichtigsten Abschnitte an den Extremitäten sind die Hand (Manus) als Greif- und Tastwerkzeug sowie der Fuß (Pes) als Stütz- und Fortbewegungsorgan. Voltigieren ist eine Sportart, die neben der Sportlichkeit vom Ausdruck lebt, sodass die Bewegungsvielfalt der oberen Extremitäten ein breites Spektrum zum Ausdrücken zulässt, wichtig für den gestalterischen Aspekt einer Kür (vgl. Kap. 2.2).

Knochen

Der Knochen ist ein Gewebe, das sich dadurch auszeichnet, sich Belastungen anpassen zu können (Adaptation). Das bedeutet, dass er sich je nach Belastungsform aufbauen oder in seiner Dicke zurückbilden kann. Er kommt in unterschiedlichster Form vor, z.B. platt, kurz oder lang, und ist ein äußerst lebendiges Gewebe. Zellen (Osteozyten) beleben und durchsetzen den Knochen. Osteozyten entwickeln sich aus Osteoblasten, die sich aus Mesenchymzellen spezialisieren. Die platten und kurzen Knochen definieren sich durch eine lebendige Blutbildung, während die langen Röhrenknochen nur in frühen Kinderjahren rotes Knochenmark enthalten (vgl. ROHEN 1998).

Röhrenknochen sind im Bereich der Extremitäten zu finden und bestehen aus den beiden Gelenkenden (Epiphysen) und dem dazwischen liegenden Schaft (Diaphyse) Im hohlen Schaft befindet sich kompakter Knochen. Schwammartiger Knochen (Spongiosa) ist z.B. im Bereich der beiden Gelenkenden vorzufinden. Aus diesem Hohlbau des Knochens ergibt sich, dass das Knochengewicht herabgesetzt wird und somit auch der Energiebedarf für die Fortbewegung. Darüber hinaus ist er ähnlich wie ein Strohhalm erhöht druck-, zug- und biegefest (vgl. DE MARÉES 2002). Gerade im Training mit Kindern und Jugendlichen ist eine besondere Vorsicht angesagt, da ihre Knochen diese Festigkeit noch nicht aufweisen (vgl. Kap. 1.1 3). Die funktionelle Adaptation des Knochens kommt dadurch zustande, dass sich die Spannung im Knochengewebe, durch die auf die Knochenelemente einwirkende Kraft, erhöht. Die stärkere Beanspruchung

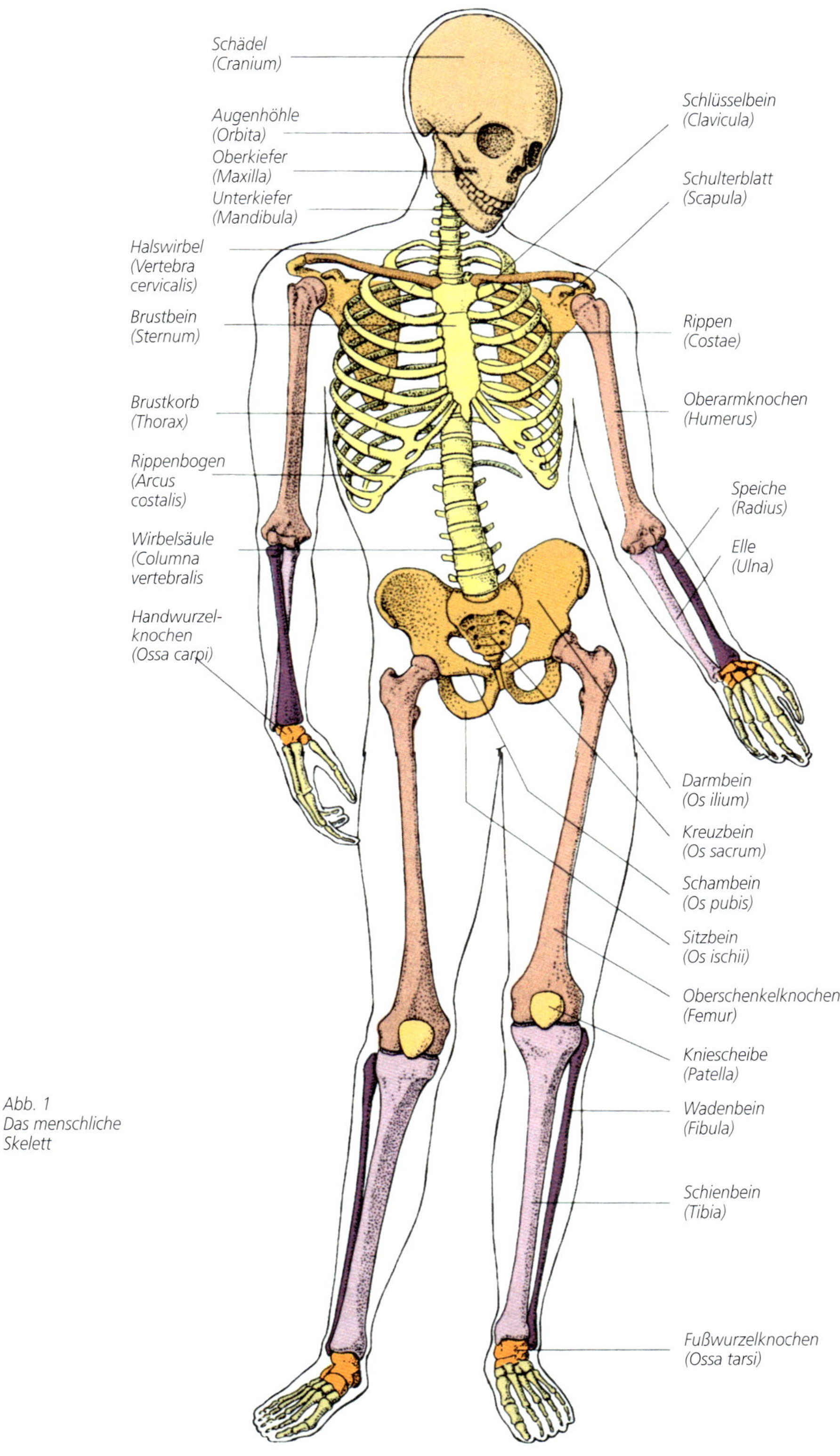

Abb. 1
Das menschliche
Skelett

Quelle: Schäffler, A./Schmidt, S.: Mensch – Körper – Krankheit. Jungjohann Verlag, 1996

wirkt als Reiz, der einen verstärkten Knochenbau in Gang setzt (Hypertrophie). Geringe Beanspruchung, z.B. als Folge einer längeren Bettruhe, fördert den Abbau der Knochensubstanz (Atrophie). Ein Phänomen, das auch bei Astronauten bedingt durch die fehlende Belastung, die im Regelfall die Schwerkraft hervorruft, vorkommt.

Gelenke

Der menschliche Körper besteht aus mehr als 200 Knochen, die durch Gelenke miteinander verbunden sind. Gelenke können nach verschiedenen Gesichtspunkten unterschieden werden. Zum einen erfolgt eine Einteilung nach Achsen, zum anderen nach Freiheitsgraden (vgl. KAHLE ET. AL. 1991). Es lassen sich „echte" Gelenke von „unechten" Gelenken unterscheiden. „Echte" (Diarthrosen) trennen die Knochen mit einem Gelenkspalt voneinander ab. In ihnen finden tatsächliche Bewegungen statt. „Unechte" (Synarthrosen) sind z.B. Band- oder Knorpelgelenke, also Gelenke, bei denen zwischen den Knochenteilen ein verbindendes Gewebe ist, z.B. Knorpel oder Bindegewebe.

Aufbau eines echten Gelenkes

Generell gebildet von zwei Knochenenden, sind die Gelenkflächen unterschiedlich geformt. Ein Gelenkkörper besteht aus einem Gelenkkopf und einer Gelenkpfanne, die mit einer hyalinen Knorpelschicht überzogen sind. Zwischen ihnen liegt der Gelenkspalt. Die „Pfanne" und der „Kopf" werden von einer Gelenkkapsel überzogen. Die Gelenkschmiere der inneren Schicht (Synovia) reduziert die Reibung zwischen den Knochen. Im Gelenkspalt können zusätzliche Scheiben (Menisken, Disken) Inkongruenzen ausgleichen.
Gelenke können unterschiedlich geführt sein, das Ausmaß der Gelenksbewegung ist von der jeweiligen Führung abhängig. Es können Knochen-, Bänder- und Muskelführungen unterschieden werden. Sie kommen dementsprechend z.B. im Hüft-, Knie- und Schultergelenk vor.
Gelenke lassen Bewegungen um verschiedene Achsen zu, haben somit auch unterschiedliche Freiheitsgrade. Im Folgenden ein kurzer Überblick über die Gelenkformen, sortiert nach Freiheitsgraden:

1 Freiheitsgrad:	Scharniergelenk (Ginglymus), z.B. das Gelenk zwischen Elle und Oberarm (Humero-Ulnar-Gelenk) des Ellenbogengelenkes
	Drehgelenk (Zapfengelenk, Articulatio trochoidea), z.B. das Elle-Speiche-Gelenk (Radio-Ulnar-Gelenk) am Unterarm
2 Freiheitsgrade:	Dreh-Scharnier-Gelenk (Trochoginglymus), z.B. Kniegelenk
	Eigelenk (Articulatio ellipsoidea), z.B. proximales Handgelenk
	Sattelgelenk (Articulatio sellaris), z.B. Daumengrundgelenk
3 Freiheitsgrade:	Kugelgelenk (Articulatio sphaeroidea), z.B. Schultergelenk
	Nussgelenk (Articulatio cotylica), z.B. Hüftgelenk

Sehnen und Bänder

Die Knochen sind ein wichtiger Teil des passiven Bewegungsapparates. Muskeln als aktiver Faktor leisten die Arbeit. Um die Arbeit verrichten zu können, sind die Muskeln über bindegewebige, derbe Sehnen (Tendines) an die Knochen angeheftet. Eine verbesserte Stabilität kommt dadurch zustande, dass an vielen Stellen des Körpers die Knochen durch sehnenähnliche Bindegewebszüge verknüpft sind. Diese Bindegewebszüge werden als Bänder (Ligamenta) bezeichnet. An den Befestigungsstellen sind Sehnen und Bänder hohen mechanischer Belastungen ausgesetzt. Um diesen Stand zu halten, bilden die Befestigungsstellen an den Knochen spezielle Oberflächenstrukturen, z.B. Knochenleisten (Cristae), Knochenvorsprünge (Kondyli) oder Aufrauungen (Tuberositates) aus (vgl. SCHÄFFLER 1996).

Muskulatur

Die aktive Bewegung des Körpers wird durch die Arbeit der Muskulatur ermöglicht. Ein Wechsel zwischen Zusammenziehen (Kontraktion) und Erschlaffung der Muskulatur gestattet nicht nur die aktive Bewegung, sondern auch die aufrechte Körperhaltung. Ein wichtiger Nebeneffekt der Muskelarbeit ist die Wärmeproduktion.

Muskeln bestehen aus Muskelbündeln, die sich aus Muskelfasern zusammensetzen. Die Muskelfasern wiederum sind Bestandteile aus Myofibrillen mit den kontraktilen Eiweißen Aktin und Myosin. Die kleinste kontraktile Einheit des Muskels ist das Sarkomer. Da Muskel aber nicht gleich Muskel ist, lassen sich glatte Muskelzellen, quer gestreifte Skelettmuskeln und das Herzmuskelgewebe voneinander abgrenzen.

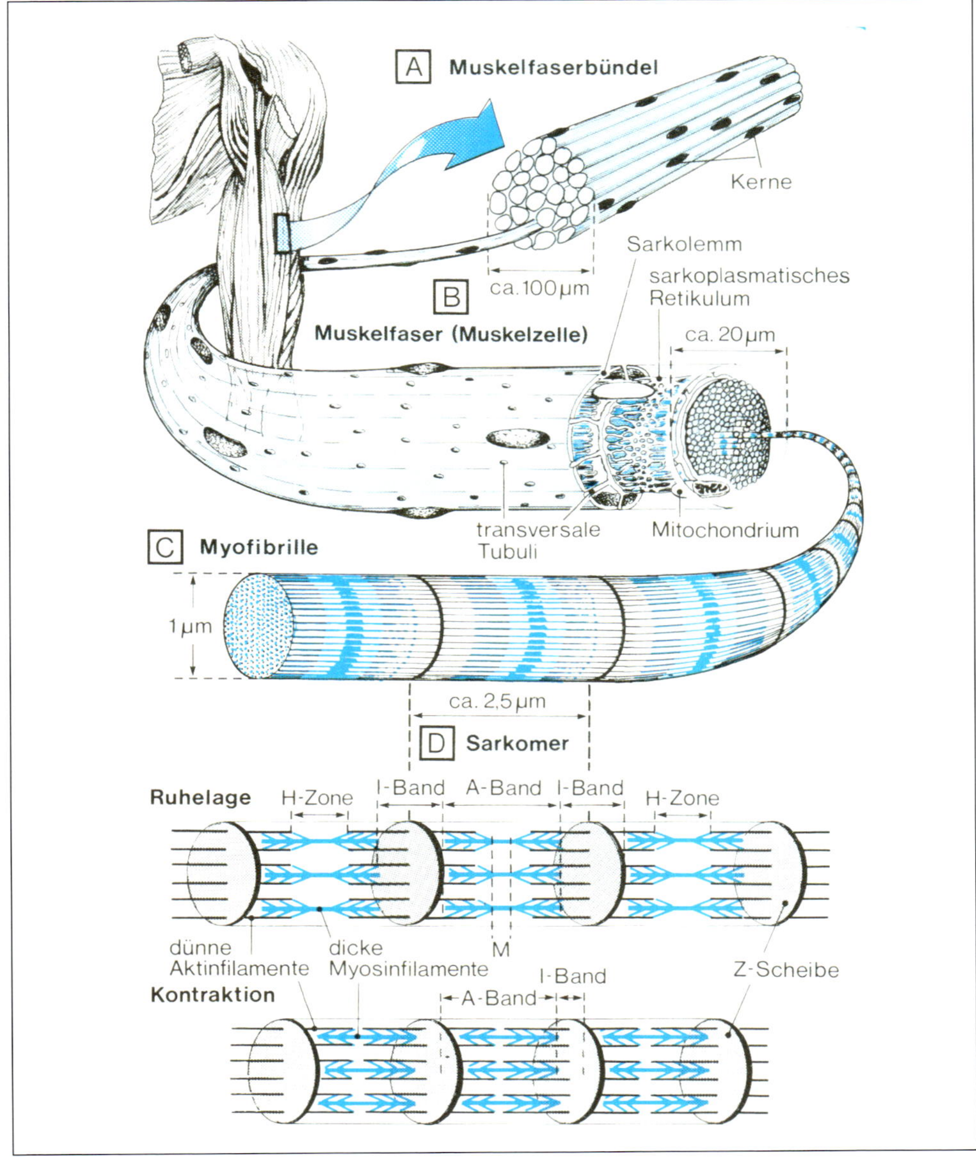

Abb.2 Aufbau eines Skelettmuskels

Quelle: Markworth, P.: Sportmedizin – Physiologische Grundlagen. Rowohlt Taschenbuchverlag, 2003

Die Skelettmuskulatur besteht aus sehr spezialisierten Zellen und macht ca. 45 % der Körpermasse aus. Sie zeichnet sich durch die Fähigkeit aus, auf Nervenreize zu reagieren (Erregbarkeit), sich verkürzen zu können (Kontraktilität), sich auseinanderziehen zu lassen (Dehnbarkeit) und nach der Dehnung in ihren Ausgangszustand zurückzukehren (Elastizität). Durch den hormonbedingten Unterschied haben Männer deutlich mehr Muskelgewebe als das weibliche Geschlecht. Frauen vermögen durchschnittlich nur 65 % der Kraft eines untrainierten Mannes zu entwickeln (vgl. SCHÄFFLER 1996). Damit lässt sich auch zum Teil erklären, warum Frauen beim Aufsprung und den Schwungübungen mehr Probleme haben als Männer.

Beim Muskel wird zwischen Ursprung und Ansatz unterschieden. Als Ursprung wird der Teil definiert, der zum einen kopfwärts (kranial) und bei den Extremitäten rumpfwärts (proximal) befestigt ist. Dem gegenüber steht der Ansatz, der schwanzwärts (kaudal) bzw. vom Rumpf weg gerichtet (distal) des Ursprungs angeheftet ist.

Befasst sich der Sportler oder Trainer mit den Begriffen Dehnung und Kräftigung, so sollte er im Hinterkopf haben, dass Bewegungen stets durch das Zusammenspiel zwischen entgegenwirkenden Muskeln entstehen. Ein Spieler (Agonist) setzt durch Kontraktion eine Bewegung in Gang, sein Gegenspieler (Antagonist) sorgt für die Gegenbewegung. So bedeutet das z.B. für die Mühle, dass die Hüftbeuger und die vordere Oberschenkelmuskulatur gekräftigt werden, aber auch eine Dehnung der Gesäß- und hinteren Oberschenkelmuskulatur erfolgen muss, um eine Bewegungsverbesserung zu gewährleisten. Die Bewegung als Agonist oder Antagonist ist natürlich von der beabsichtigten Bewegungsrichtung abhängig. Muskeln können nicht nur entgegenwirkende Funktion haben, sondern sich auch gegenseitig unterstützen. In diesem Fall spricht man von Synergisten.

Der menschliche Körper besteht aus ca. 700 Muskeln, die unterschiedlichste Bezeichnungen haben. Die Namen sind abhängig vom Faserverlauf, der Lage des Muskels, von Größe und Länge, von der Zahl der Ursprünge, von der Muskelform sowie von der Lokalisation der Ursprünge. Es würde den Rahmen dieses Buches bei Weitem sprengen, würde man die Muskeln im Detail aufführen. Wir verweisen in diesem Zusammenhang auf die Vielzahl von weiterführender Fachliteratur. Im Folgenden werden grobe Muskelstrukturen vorgestellt, die im täglichen Voltigiertraining vermehrt beansprucht werden.
Es bietet sich an, zwischen der Rumpfmuskulatur sowie den Muskeln des Schultergürtels als auch der oberen und unteren Extremitäten zu differenzieren.

Die Muskulatur des Rumpfes
Das Voltigieren, das sich vor allem über seine turnerisch-akrobatischen Eigenschaften definiert, stellt an die konditionellen und koordinativen Grundlagen höchste Anforderungen (vgl. Kap. 1.2.3). Im Voltigieren fällt täglich der Begriff der Ganzkörperspannung, mit dem Hauptaugenmerk auf den Rumpf. Um diese gezielt trainieren zu können, ist die Kenntnis über Aufbau, Verlauf und Funktion eine wichtige Voraussetzung. Bauch und Rückenmuskulatur können im Zusammenspiel den Rumpf sowohl in alle Richtungen bewegen als auch Einfluss auf die Stellung des Beckens nehmen. In den letzten Jahren haben sich mehr und mehr die Begrifflichkeiten der lokalen und globalen Stabilisatoren im Sprachgebrauch durchgesetzt. Die Muskeln, die den Rumpf eher global unterstützen, sind in ihrer Lage eher oberflächlich aufzufinden und können viel Kraft entwickeln. Die lokalen Stabilisatoren hingegen sind in ihrer Arbeitsweise filigraner und sehr wichtig für die segmentale Stabilität des Rumpfes. Wir sprechen hier unter anderem von den tief liegenden Anteilen der autochtonen Rückenmuskulatur (Mm. multifidi), der queren Bauchmuskulatur, dem Beckenboden und dem Zwerchfell.

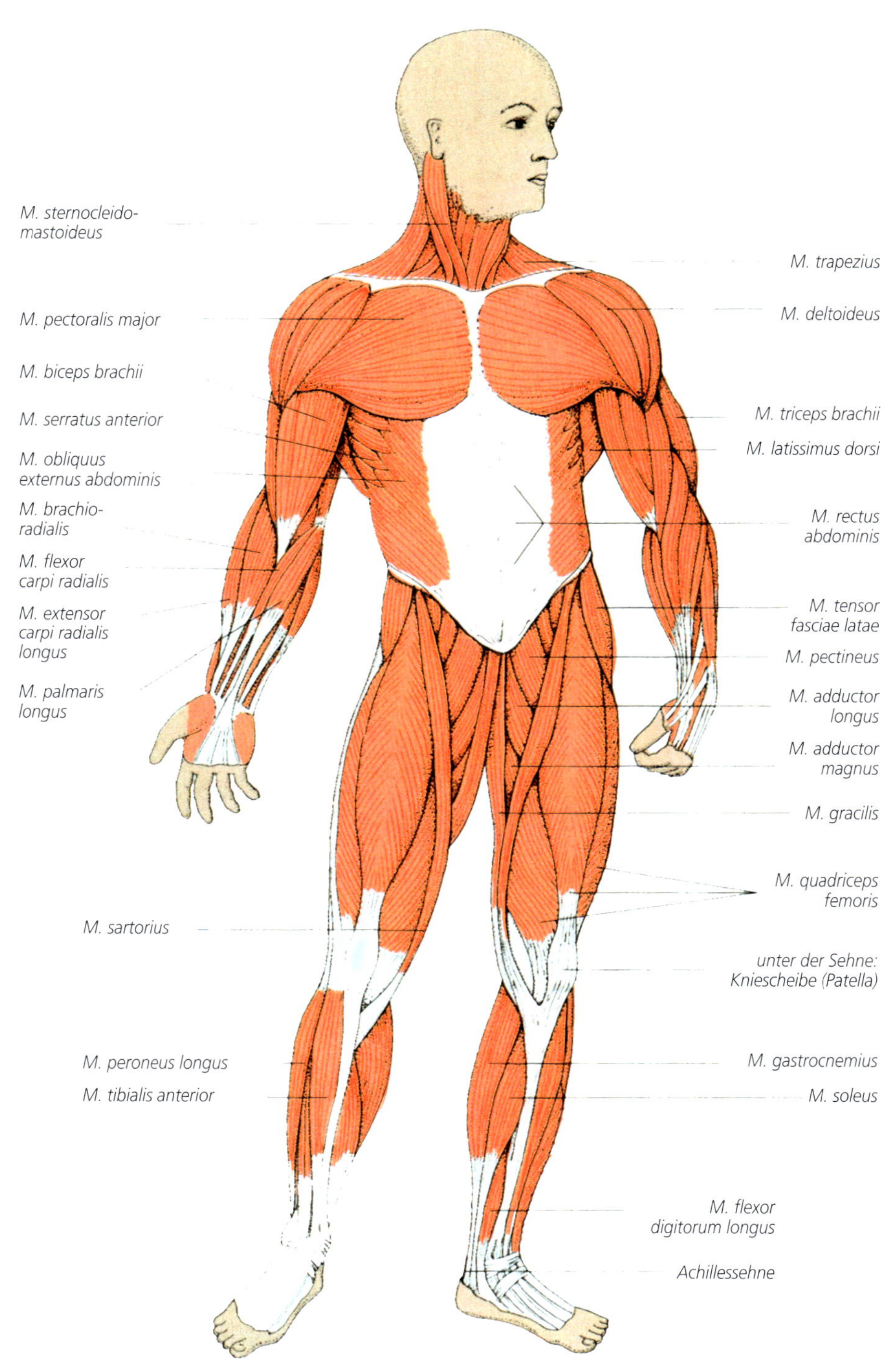

Abb. 3 Die oberflächliche Skelettmuskulatur von vorn

Quelle: Schäffler, A./Schmidt, S.: Mensch – Körper – Krankheit. Jungjohann Verlag, 1996

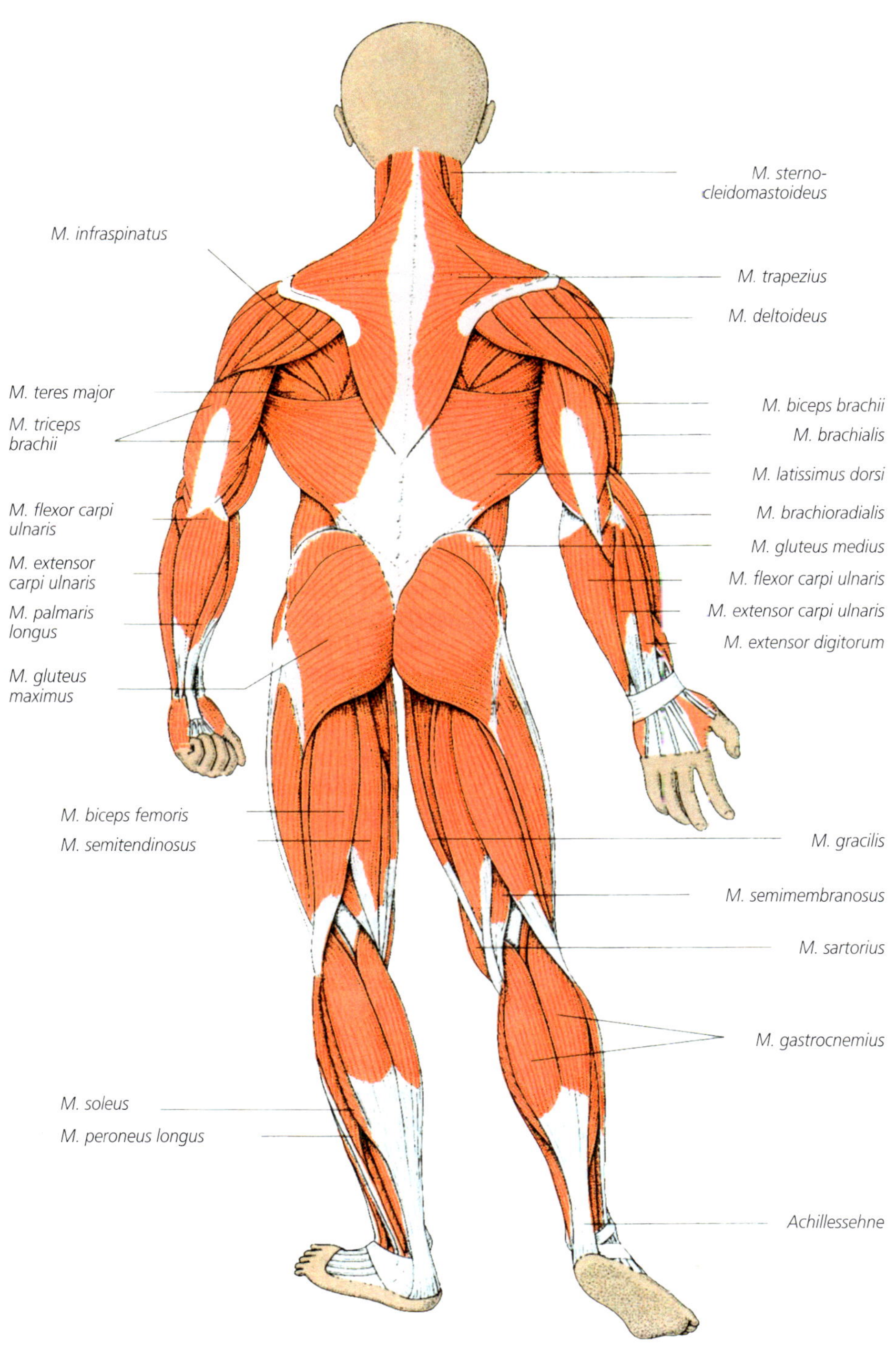

Abb. 4 Die oberflächliche Skelettmuskulatur von hinten

Quelle: Schäffler, A./Schmidt, S.: Mensch – Körper – Krankheit. Jungjohann Verlag, 1996

Die Bauchmuskulatur

Die Bauchwand besteht aus mehreren Muskelschichten und schließt die Bauchhöhle nach vorn und zur Seite ab. Die Muskeln erstrecken sich vom unteren Rippenbogen bis zum Becken. Es lassen sich gerade, schräge und quere Bauchmuskeln voneinander unterscheiden.
Die gerade Bauchmuskulatur (M. rectus abdominis) erstreckt sich von der 5.–7. Rippe sowie dem Brustbein (Sternum) und verläuft bis zum Schambein (os pubis). Der oberflächlich liegende Muskel sorgt für die Vorneigung (Flexion) des Rumpfes, richtet das Becken auf und ermöglicht die Bauchpresse. Unter der geraden Bauchmuskulatur befinden sich die schrägen Bauchmuskeln (M. obliquus ext. abdominis, M. obliquus int. abdominis). Der Verlauf des M. obliquus ext. abdominis entspricht der Armhaltung der in die Hosentasche gesteckten Hände. Denn er entspringt an den Außenflächen der unteren acht Rippen und setzt unter anderem am Beckenkamm (crista iliaca) an. Anders sieht die Faserrichtung des M. obliquus internus aus. Er kommt unter anderem vom Beckenkamm und zieht weiter zur Mitte an die Unterseiten der 10–12. Rippe. Beide unterstützen die Rumpfneigung nach vorn (Flexion), zur Seite (Lateralflexion) und ermöglichen die Drehung.

Das begehrte „Six-Pack“ eines durchtrainierten Bauches kommt dadurch zustande, dass sich die Sehnenansätze verschiedener Bauchmuskelanteile vorne zu einem breiten Sehnenband (Aponeurose) vereinigen. Ein straffer Bindegewebsstreifen (linea alba) trennt die rechten geraden Bauchmuskeln von den linken. Dadurch werden die Muskeln besonders definiert. Die queren Bauchmuskeln (M. transversus abdominis) liegen in der Tiefe der Bauchwand und verlaufen in der Form eines geschnürten Gürtels von der Seite zur vorderen Bauchwand. Sie verspannen die Bauchwand horizontal und leisten einen Beitrag zur Bauchpresse. Das Training der Bauchmuskulatur ist deshalb so wichtig, weil sie als Gegenspieler zur unteren Rückenmuskulatur der Hohlkreuzbildung (Hyperlordose) im Lendenbereich entgegenwirkt. Sie leistet also einen wesentlichen Bestandteil zur Gesunderhaltung des Rückens.

Die Rückenmuskulatur

Während die Muskulatur des Bauches relativ einfach strukturiert ist, wird der aktive Bewegungsapparat des Rückens deutlich stärker gegliedert. Hat sich bauchwärts (ventral) eine flächenhafte Muskelplatte ausgebildet, ist rückenwärts (dorsal) ein komplexes System kurzer und langer Muskeln vorzufinden. Man spricht in diesem Zusammenhang von der autochthonen Rückenmuskulatur (Rumpfaufrichter, M. erector spinae). Dieses System ist das komplexeste im menschlichen Körper, streckt und dreht die Wirbelsäule. Neben der Stabilisierungsfunktion sorgt sie im Zusammenspiel mit der Bauchmuskulatur und dem Hüftbeuger M. psoas major für die signifikante physiologische Krümmung der Wirbelsäule.

Die Muskulatur des Schultergürtels

Der Schultergürtel ist ein wichtiges Bindeglied zwischen den Armen und dem Körperstamm. Er setzt sich aus zwei Knochen, dem Schlüsselbein (Clavicula) und dem Schulterblatt (Scapula) zusammen. Die Muskulatur des Schultergürtels fixiert die Scapula und gestattet Gleitbewegungen der Scapula auf der hinteren Brustwand. Um den Arm bewegen zu können, müssen die Muskeln einen „festsitzenden“ Ursprung als Widerlager haben, gegen das der Arm gezogen werden kann. Das Schlüsselbein folgt der Bewegung passiv (vgl. SCHÄFFLER 1996). Es ist zwischen der vorderen und hinteren Muskelgruppe des Schultergürtels zu differenzieren.

Vordere Schultermuskulatur

Die vordere Muskulatur des Schultergürtels, bestehend aus dem kleinen Brustmuskel (M. pectoralis minor), der sich zwischen der 3.–5. Rippe und dem Schulterblatt erstreckt, sowie dem vorderen Sägezahnmuskel (M. serratus anterior), der sich von der 1.–9. Rippe und dem Schulterblatt ausbreitet, sorgen dafür, dass das Schulterblatt nach vorn und unten gezogen werden kann. Der Sägezahnmuskel dreht die Scapula zusätzlich und fixiert sie am Rumpf.

Hintere Schultermuskulatur

Einer der bekanntesten Muskeln auf der Rückseite ist der Kapuzenmuskel (M. trapezius). Fächerartig breitet er sich vom Hinterhauptsbein und einigen Halswirbeln sowohl bis zum Schlüsselbein als auch bis zum Schulterblatt aus. Dieser großflächige Muskel ermöglicht mit seinen vielfältigen Faserverläufen unterschiedlichste Bewegungen. Er hebt und senkt das Schlüsselbein, hebt den Arm (abduziert) und rotiert das Schulterblatt, dreht und streckt den Kopf. Zwei weitere Muskeln an der Rückseite sind der Schulterblattheber (M. levator scapulae) und der große/kleine Rautenmuskel (Mm. rhomboidei). Während der Schulterblattheber vom 4.–5. Halswirbel bis zum Schulterblatt zieht und, wie der Name sagt, die Scapula anhebt als auch leicht abwärtsrotieren lässt, breiten sich die Rautenmuskel vom 6.–7. Halswirbel und 2.–7. Brustwirbel bis zur Innenkante des Schulterblattes aus. Sie drehen und fixieren das Schulterblatt. Gerade im Voltigieren, bei dem ein aufrechter, stabiler Sitz benötigt wird, sollten diese Muskelgruppen gezielt trainiert werden (vgl. Kap. 2.1.2 und 2.1.5). Eine der wichtigsten Muskelgruppen, die den Schultergürtel bei allen Bewegungen stabilisiert und häufig verletzungsanfällig ist, bezeichnet man als Rotatorenmanschette. Diese Ansammlung von Schulterstabilisatoren besteht aus vier Muskeln (M. subscapularis, M. teres minor, M. supraspinatus, M. infraspinatus) und trägt ihren Namen aufgrund ihrer Hauptfunktionen auf den Oberarm. Denn alle Muskeln rotieren den Arm entweder auswärts (Außenrotation) oder einwärts (Innenrotation). Bedingt durch ihre Lage hat jeder der angesprochenen Rotatoren noch weitere spezifische Funktionen, auf die hier nicht näher eingegangen werden soll.

Die Muskulatur der oberen Extremitäten

Der Arm kann in drei Abschnitte gegliedert werden. Ober-, Unterarm und die Hand. Im Folgenden sollen die wichtigsten Muskeln, die gerade auch in Stützphasen erforderlich sind, Berücksichtigung finden. Während der breiteste Rückenmuskel (M. latissimus dorsi), der vom Körperstamm zum Oberarm geht, die Schultern nach hinten/unten zieht, hat er auch einen entscheidenden Einfluss auf die korrekte Bankhaltung in der Fahne (vgl. Kap. 2.1.3) und spannt sich vor allem bei Bewegungen wie Klimmzügen aus. Der Deltamuskel (M. deltoideus) ist besonders bei durchtrainierten Voltigierern ein Blickfang. Der größte Oberarmmuskel verläuft dreiecksförmig vom Schlüsselbein und Schulterblatt bis zum Oberarm Ähnlich wie der Kapuzenmuskel sind auch die Fasern des Deltamuskels in drei Richtungen gefiedert. Somit ist er an allen Bewegungen im Schultergelenk beteiligt, wobei seine wichtigste Funktion die Hebung des Armes zur Seite (Abduktion) ist. Der zweiköpfige Armmuskel (M. biceps brachii), besser bekannt als Bizeps, entspringt am Schulterblatt (Rabenschnabelfortsatz und oberer Teil der Gelenkpfanne), setzt an der Speiche (Radius) und Unterarmfaszie an. Er beugt nicht nur den Unterarm, sondern rotiert ihn auch (Supination). Der wichtigste Gegenspieler ist der dreiköpfige Armstrecker (M. triceps brachii). Er läuft an der Rückseite des Oberarmes (Humerus) entlang und setzt an der Elle (Ulna) an. Seine wichtigste Funktion ist die Armstreckung, die besonders beim Aufsprung und den Schwungübungen gefordert ist (vgl. Kap. 2.1).

Der knöcherne und muskuläre Aufbau der Hand soll hier nicht genauer beleuchtet werden. Erwähnenswert ist in diesem Zusammenhang nur, dass eine Vielzahl diverser kleiner Muskeln ein großes Bewegungsspektrum der Hand ermöglicht. An dieser Stelle lässt sich auf weiterführende Literatur hinweisen.

Muskulatur der unteren Extremitäten

Gemäß den oberen Extremitäten lassen sich auch die unteren in drei Abschnitte gliedern. Der Oberschenkel (Femur) ist mit dem Rumpf über das Becken verbunden. Hinzu kommen der Unterschenkel und der Fuß. Auch hier sollen nur die wichtigsten Muskelgruppen Berücksichtigung finden. Sicherlich spielen gerade im Hinblick auf die Mühle und dem zweiten Teil der Schere die Hüftbeuger eine entscheidend Rolle. Der wichtigste Hüftbeuger ist der Hüftlendenmuskel (M. iliopsoas). Seinen Ursprung hat er mit einem Teil an den Lendenwirbelkörpern, mit einem anderen Teil an der Innenseite des Darmbeinkammes und setzt am Oberschenkelknochen an. Neben der Beugung ermöglicht er unter anderem eine Außenrotation im Hüftgelenk. Der vierköpfige Oberschenkelmuskel (M. quadriceps femoris) beugt nicht nur in der Hüfte, sondern streckt besonders das Kniegelenk. Mit seinen unterschiedlichen Ursprüngen, zum einen Teil oberhalb des Hüftgelenks, zum anderen Teil am Femurschaft, setzt er über die Patellasehne am Schienbein (Tuberositas tibiae) an. Der Schneidermuskel (M. sartorius) vervollständigt die Hüftbeuger. Wie der Name schon beinhaltet, ermöglicht er den Schneidersitz, hat also eine im Hüftgelenk abduzierende, außenrotierende und im Kniegelenk innenrotierende, beugende Funktion.

Die Gegenspieler, also die Strecker im Hüftgelenk, sind die Gesäßmuskeln und die hintere Oberschenkelmuskulatur (ischiokrurale Muskulatur). Durch ihren Verlauf vom hinteren (dorsalen) Bereich des Beckens und des Kreuzbeins sowie Teilen des dorsalen Oberschenkels an die Innenseite des oberen Teils des Schienbeins (Tibia) strecken sie die Hüfte und beugen das Knie. Neben der ischiokruralen Muskelgruppe (M. semitendinosus, M. semimembranosus und M. biceps femoris) ist noch ein weiterer wichtiger Extensor der Hüfte zu nennen. Hierbei handelt es sich um den großen Gesäßmuskel (M. glutaeus maximus). Er ist bei starker Ausprägung vor allem in der Fahne beim Spielbein gut sichtbar.

Die „kleinen Gluteen" (M. glutaeus medius und minimus) sind ebenfalls im Bereich der Hüfte vorzufinden. Ihr Ursprung liegt an der Außenseite der Beckenschaufeln (ossa ilia) und ihr Ansatz ist am oberen (proximalen) Teil des Oberschenkelknochens (Femur). Sie führen die Beine auseinander (Abduktion) und sind unter anderem für die Bewegungsweite der Mühle stark gefordert. Zusätzlich stabilisieren sie das Becken zusammen mit ihren Antagonisten. Die Adduktorengruppe, die vom Schambein zur Innenseite des Oberschenkels bis zum Knie verläuft, führt die Beine wieder zusammen.

Die Wadenmuskulatur hat für den Voltigiersport mehr als nur eine marginale Bedeutung. Bestehend aus einer oberflächlichen und einer tiefer liegenden Muskulatur ist ihr Stellenwert in Bezug auf voltigierspezifisches Sprungkrafttraining enorm. Es wird im Weiteren ausschließlich auf die oberflächliche Wadenmuskulatur eingegangen, dem sogenannten M. triceps surae, da er bezüglich der Sprungkraftentwicklung die signifikanteren Werte aufweist.

Der M. triceps surae besteht aus einer Muskelgruppe mit zwei Muskeln (M. gastrocnemius, M. soleus), die vom distalen Oberschenkelknochen (condylus mediale und laterale femoris) bzw. vom Wadenbein (fibula) über die Achillessehne zum Fersenbein (calcaneus) ziehen. Ihre Aufgabe besteht in der „Streckung" (Plantarflexion) des Sprunggelenkes. Zur tiefer liegenden Wadenmuskulatur, die unter anderem die Funktion der Plantarflexion unterstützt, gehört eine Reihe von langen Fußmuskeln, die in ihrer Gesamtheit alle Gelenke bis in die Zehen hinein beugen (flektieren).
Auf die einzelnen Funktionen wird in den voltigierspezifischen Kapiteln (Kap. 2) zurückgegriffen. Um den Rahmen des Buches nicht zu sprengen, sollen die bisher dargestellten Bereiche über den Aufbau und die Funktionen des aktiven und passiven Bewegungsapparates genügen. Der Bau

und die Funktion der inneren Organe sowie neuro-muskuläre Funktionen, die für den Voltigiersport wichtig sind, sind bei den Grundlagen der Sportphysiologie wiederzufinden (Kap. 1.1.2).

Hinweise zu weiterführender Literatur:

ROHEN, J.W.: Funktionelle Anatomie des Menschen. Stuttgart 2005.
SCHÄFFLER, A./ SCHMIDT, S.: Mensch-Körper-Krankheit. Ulm 1996.

1.1.2 Grundlagen der Sportphysiologie

Der Bereich der Sportphysiologie umfasst alle menschlichen Steuerungs- und Stoffwechselprozesse. Darunter werden Themenbereiche wie neuromuskuläre und hormonelle Prozesse, Funktionen der Sinnesorgane verstanden, Anpassungserscheinungen (Adaptation) von Atmung, Herz-Kreislauf, Blut und Stoffwechsel erklärt. Da nicht der gesamte Bereich für unsere Thematik wichtig ist, werden wir uns im Folgenden einzelnen Abschnitten nähern.

Neuromuskuläre Steuerungs- und Regelungsprozesse

Eine Bewegung kann nur stattfinden, wenn sich der Muskel kontrahiert. Eine Kontraktion wird dadurch ermöglicht, dass der Muskel vom zentralen Nervensystem (Gehirn, Rückenmark) über eine Nervenzelle (Neuron) einen Reiz erhält. Diese bestimmte Art von Neuron wird Motoneuron (motorisches Neuron) genannt. Vom zentralen Nervensystem (ZNS) werden die Impulse, sogenannte Aktionspotenziale durch elektrische oder chemische Prozesse zum Muskel befördert. Mit der Nervenerregung am Muskel geht eine Ausschüttung bestimmter Botenstoffe (Transmitter) einher. Diese wiederum sorgen ihrerseits dafür, dass sich der Muskel anschließend verkürzt. Welche Vorgänge laufen aber im Muskel ab, damit dieser sich kontrahieren kann?

Blicken wir noch einmal zurück. Die kleinste funktionelle Untereinheit im Muskel bildet das Sarkomer (s. Abb. 2). Es besteht aus den beiden Z-Streifen und den kontraktilen Eiweißfäden Aktin und Myosin. Diese werden auch als Myofilamente bezeichnet. Das dicke Filament, das Myosin, besteht aus golfschlägerähnlichen Untereinheiten, den sogenannten Myosinköpfchen. Sie spielen bei der Kontraktion eine gewichtige Rolle. Zwischen den dicken Myosinfäden ragen die dünneren Aktinfilamente hinein (s. Abb. 2). Während der physiologischen Ruhestellung berühren sich die Filamente nicht. Sorgt eine erregte Nervenzelle dafür, dass bestimmte Transmitter (Calcium etc.) ausgeschüttet werden, „docken" die Myosinköpfchen am Aktin durch Verbrauch von Energie (ATP) an. Es entsteht eine sogenannte Querbrücke zwischen Aktin und Myosin. Die beiden Eiweiße sind so angeordnet, dass sie ineinandergleiten können. Wenn jetzt Aktin und Myosin über die Querbrücke eine Verbindung eingehen, passiert folgender Mechanismus:
Die Köpfchen knicken ab und bewirken, dass sich die Z-Streifen durch weiteres Überlappen von dicken und dünnen Filamenten annähern. Dadurch wird die Länge eines Muskels verkürzt. Dieser kann die Länge so lange verringern, bis die gegenüberliegenden Aktinfilamente aneinanderstoßen. In diesem Zustand ist ein Muskel dann maximal kontrahiert. Wenn schließlich die Nervenzelle wieder in den nicht erregten Zustand übergeht, werden die Transmitter wieder abgepumpt und die Myosinköpfchen lösen sich (ebenfalls unter Energieverbrauch) von den Aktinfilamenten, sodass der Muskel in seine physiologische Ruhestellung zurückkehren kann. Weitere und detailliertere Beschreibungen des gerade erwähnten Vorgangs (Gleitfilament-Mechanismus) sind in der am Ende des Kapitels angegebenen Fachliteratur zu finden.

Es gibt Muskulatur, die vermehrt schnell zuckende Muskelfasern beinhaltet (FT-Fasern = fast twitch Fasern), z.B. in der Wadenmuskulatur, während Muskelgruppen, die für Haltearbeit zuständig sind, wie die Rückenmuskulatur, eher aus langsam zuckenden, slow twitch Fasern (ST-

Fasern) bestehen (vgl. Kap. 1.2.3 Krafttraining). Die FT- und ST- Fasern werden in der Fachliteratur noch weiter differenziert, um z.B. Training optimal zu steuern.

Wir unterscheiden mehrere Arten der Muskelkontraktion:

1. **Isometrische Kontraktion**
   Bei dieser Kontraktionsform bleibt die Länge des Muskels konstant, es ändert sich lediglich die Spannung. Bsp.: statisches Halten der Arme in Seithalte beim Stehen.
   Jedoch muss hinzugefügt werden, dass sich einige wenige kontraktile Elemente auch bei dieser Kontraktionsform leicht verkürzen (vgl. DE MARÉES 2002).
2. **Isotonische Kontraktion**
   Der Muskel verändert seine Länge, während die Spannung konstant bleibt. Diese Art der Kontraktion lässt sich selten als reine Erscheinung im Alltag finden.
3. **Auxotone Kontraktion**
   Das Charakteristikum der auxotonen Kontraktion beinhaltet die Abnahme der Muskellänge bei gleichzeitiger Zunahme der Muskelkraft, wiederzufinden bei fast allen Körperbewegungen. Bsp.: Heben der Arme in die Seithalte beim Stehen.
4. **Unterstützungskontraktion**
   Diese muskuläre Arbeit lässt sich am besten anhand des Hebevorgangs eines schweren Gegenstands (z.B. Hantel beim Gewichtheben) erklären. Zuerst muss eine Spannung aufgebaut werden (isometrische Kontraktion), ehe der Gegenstand durch eine Längenverkürzung und weiterer Spannungszunahme (auxotone Kontraktion) angehoben werden kann.
5. **Anschlagskontraktion**
   Auch bei dieser Muskelarbeit findet man eine Mischform aus auxotoner und isometrischer Kontraktion. In diesem Zusammenhang findet man häufig das Beispiel Faustschlag im Boxsport. Zuerst schnellt die Faust durch die Armstreckung zum Gegner (auxoton), bis sie anschließend ihre volle Wirkung am Körper des Gegners entfalten kann (isometrisch).

Die bisher angesprochenen Muskelkontraktionen bezogen sich auf rein willkürliche, also vom Menschen gewollte muskuläre Bewegungsausführung. Was passiert aber zum Beispiel bei einer Überdehnung des Muskels? Diesbezüglich hat der menschliche Körper ein besonderes System aus Rezeptoren, Nerven und Muskeln entwickelt. Neben den zuvor angesprochenen kontraktilen Elementen sitzen im Muskel auch sogenannte Rezeptoren, die dem ZNS Rückmeldungen über bestimmte Reize geben, wie Gelenkstellungen, Muskellänge, Muskelspannung usw. Diese sogenannten Propriozeptoren, die zur Messung der Tiefensensibilität im menschlichen Organismus benötigt werden, findet man z.B. als Gelenkrezeptoren in den einzelnen Gelenken wieder und sind im Muskel durch Sehnenrezeptoren und Muskelspindeln vertreten.
Die Sehnenrezeptoren (Golgi-Sehnenorgane) liegen am Übergang zwischen Muskel und Sehne. Sie kontrollieren den Spannungszustand eines Muskels und nach neueren Ergebnissen sogar den der gesamten Extremität (vgl. DE MARÉES 2002).
Im Gegensatz zum Golgi-Sehnenorgan, welches als Spannungskontrollsystem fungiert, messen die Fasern der Muskelspindel die Muskellänge. Sie sind in Kombination mit den Nerven des peripheren und zentralen Nervensystems dafür verantwortlich, dass ein Muskel nicht in einen Überdehnungszustand gelangt und dadurch Schaden nimmt. Die Muskelspindel registriert in jedem Kontraktionszustand des Muskels seine Länge und gibt diese Information an das Gehirn weiter. Wird jetzt ein Muskel z.B. ruckartig überdehnt, melden die Rezeptoren diesen neuen Zustand an das ZNS, hierbei an das Rückenmark. Die Gegenspieler (Antagonisten) eines Muskels werden reflexartig aktiviert. Dies hat zur Folge, dass sich die Normallänge des Muskels wieder einstellen kann, damit sich dieser nicht eine Zerrung oder einen Riss im Faserbereich zuziehen kann.

Die beiden Kontrollsysteme des Muskels, vom menschlichen Organismus zum eigenen Schutz entwickelt, machen wir uns beim Voltigieren zunutze. Denn ohne die Längenkontrollsysteme könnte z.B. keine Bogenspannung als Vordehnung für eine bessere Kraftentfaltung dienen. Außerdem bremsen sie überschießende Bewegungen ab, sodass dadurch Voraussetzungen für flüssige Bewegungen geschaffen werden können. Längen- und Spannungskontrolle sind wichtig, um die Koordination von Muskelketten (intermuskuläre Koordination) gewährleisten zu können, um z.B. beim Stehen im Galopp immer wieder die Haltung des Körpers an den Rhythmus des Pferdes anpassen zu können.
Neuromuskuläre Anpassungsprozesse (Adaptation) werden beim Thema Krafttraining (Kap. 1.2.3) behandelt.

Herz-Kreislauf-System

Die Darstellung extrem vieler komplizierter anatomischer und physiologischer Themenbereiche würde die Bearbeitung des Themas Herz-Kreislauf als Ganzes in diesem Buch enthalten. Dieses ist hier nicht möglich. Um den Leser aber den Bereich des Ausdauertrainings (Kap. 1.2.3) verständlich machen zu können, werden wichtige biologische Hintergrundinformationen benötigt. Wir werden deshalb in diesem Kapitel auf ausgewählte Charakteristika eingehen und dem Leser einen groben Überblick über jene im menschlichen Organismus stattfindende Prozesse geben.

Das Herz-Kreislauf-System (kardio-vaskuläres System) erlangt seine enorme Wichtigkeit durch seine Funktionen. Diese liegen in der Versorgung aller Zellen des menschlichen Organismus mit Sauerstoff und anderen Nährstoffen, Abtransport von Gift- und Schlackenstoffen, den sogenannten Stoffwechselendprodukten wie Kohlendioxid oder harnpflichtigen Substanzen. Es besteht aus dem Herzen und den Blutgefäßen, welche die wichtigsten Transportwege bilden.
Man unterteilt beim menschlichen Kreislauf zwei Systeme. Zum einen enthält er den großen Kreislauf, auch Körperkreislauf genannt, sowie einen zweiten, kleineren Komplex, den man auch Lungenkreislauf nennt. Erstgenannter verzweigt sich vom Herzen ausgehend zuerst über große sauerstoffreiche Blutgefäße (Arterien) im Körper. Diese werden immer kleiner (Arteriolen) und verzweigen sich schließlich in einem großen Netz kleiner Haargefäße (Kapillaren). In diesem Kapillarbett erfolgt der Stoffaustausch von z.B. Sauerstoff, der jetzt abgegeben wird, sowie Kohlendioxid, welches hier aus den Organen in die Blutbahn aufgenommen wird. Nachdem das Blut die Kapillaren passiert hat, gelangt es schließlich über größere sauerstoffarme und kohlendioxidreiche Gefäße, den sogenannten Venolen, zu den großen Körpervenen, die das Blut zum Herzen zurückführen.
Der kleinere, jedoch auch sehr wichtige Lungenkreislauf besteht zwischen dem Herzen und der Lunge. Das zum Herzen zurückgepumpte sauerstoffarme Blut wird über die rechte Herzhälfte in die Lunge geleitet, in der über Millionen von kleinen Lungenbläschen (Alveolen) Sauerstoff an die Blutgefäße abgegeben und Kohlendioxid aus den selbigen herausgefiltert werden. Die Alveolen passiert, fließt das mit Sauerstoff angereicherte Blut wieder zurück zum Herzen, in dem es durch die linke Herzhälfte wieder in den Körperkreislauf gelangt. Das große Netz von Arterien und Venen ist zusammenfassend in Abb. 5 und 6 (s. S. 26/27) dargestellt.

Das Blut besteht aus festen und flüssigen Bestandteilen. Es hat neben dem Transport von Sauerstoff und Kohlendioxid, welches durch die roten Blutkörperchen (Erythrozyten) geschieht, auch die bereits oben angesprochene Transportfunktion von Nährstoffen und Stoffwechselendprodukten (z.B. Laktat) etc. Des Weiteren gehören Abwehrfunktionen durch die weißen Blutkörperchen, auch Leukozyten genannt, ebenso zu den Aufgaben, wie Wärmeregulation, Abdichten von Gefäßwanddefekten sowie eine gewisse Pufferfunktion.

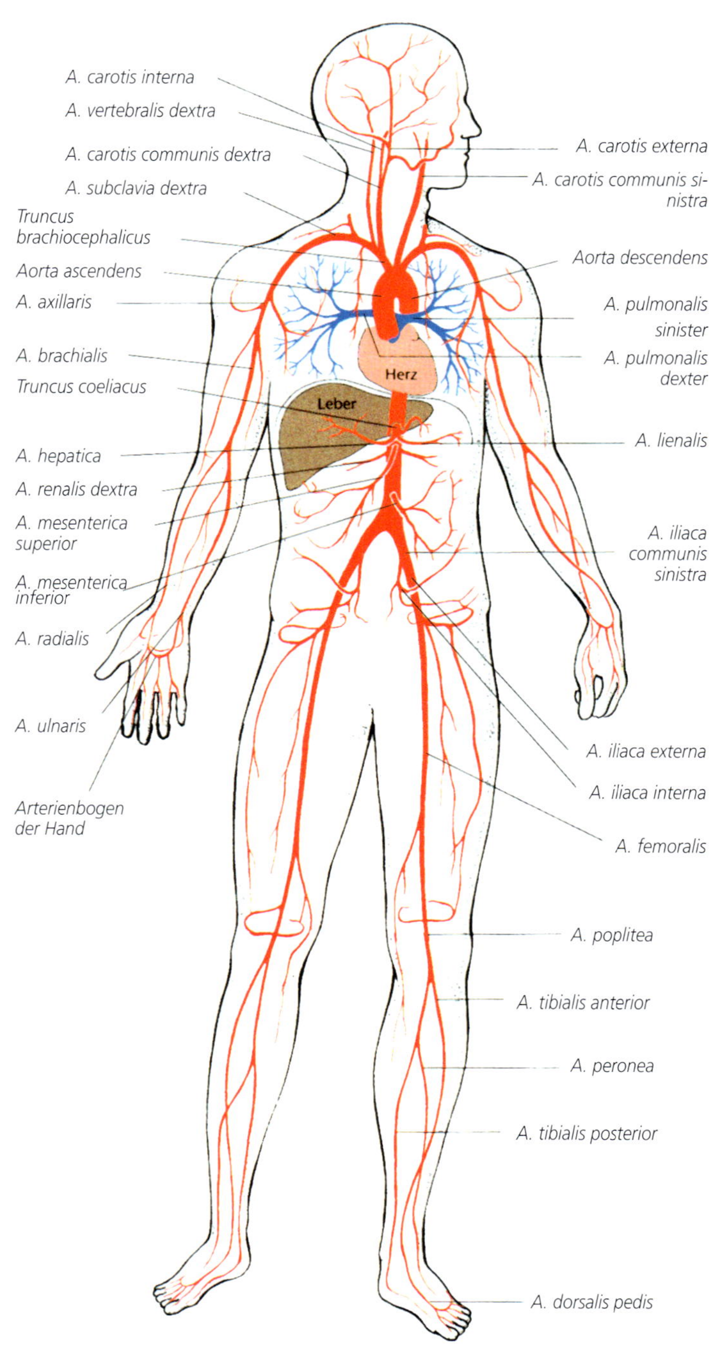

Abb. 5 Überblick über wichtige Arterien des Menschen

Quelle: Schäffler, A./Schmidt, S.: Mensch – Körper – Krankheit. Jungjohann Verlag, 1996

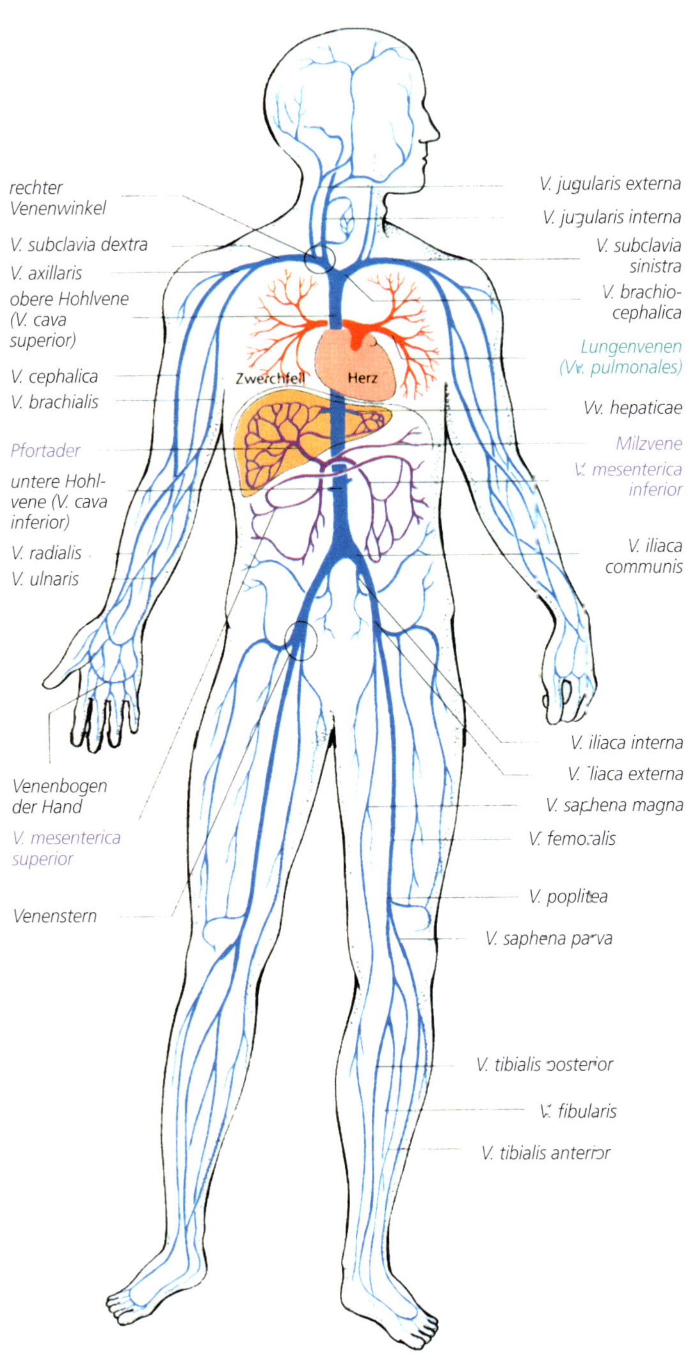

Abb. 6 Überblick über wichtige Venen des Menschen

Quelle: Schäffler, A./Schmidt, S.: Mensch – Körper – Krankheit. Jungjohann Verlag, 1996

Das Herz des Menschen liegt im Brustkorb (Thorax) und von der Körpermittellinie (Medianlinie), also der Linie, die den Körper in zwei symmetrische Hälften teilt, zu zwei Drittel auf der linken Seite. Die Größe des Herzens entspricht in etwa der Faust des betreffenden Menschen und ist je nach Trainingszustand größer oder kleiner (s. Kap. 1.2.3 Ausdauertraining).

Es besteht aus vier Hohlräumen:

- rechter Vorhof (Atrium dextrum)
- rechte Kammer (Ventriculus dexter)
- linker Vorhof (Atrium sinistrum)
- linke Kammer (Ventriculus sinister)

Das **Herz** besteht von außen nach innen gesehen aus mehreren Schichten. Als äußere Schutzschicht fungiert der Herzbeutel, der aus den zwei Schichten Epi- und Perikard besteht. Darunter liegt die Herzmuskelschicht (Myokard) und im innersten Bereich wird das Herz mit der Herzinnenhaut (Endokard) überzogen.
Durch den Mechanismus des Kontrahierens und Erschlaffens des Herzmuskels wird über Druck- und Sogwirkung zum einen Blut aus dem Herzen in den Körperkreislauf (Peripherie) gepumpt, andererseits aber auch dasselbe aus der Peripherie zum Herzen zurückbefördert, sodass das Herz auch als Druck-Saug-Pumpe (DE MARÉES 2002, S. 254) bezeichnet wird. In Ruhe schlägt das Herz eines Erwachsenen ca. 60- bis 90-mal pro Minute und kann seine Frequenz unter extremen Belastungen auf max. 200 Schläge pro Minute mehr als verdreifachen.
Bei Kindern beträgt die Ruheherzfrequenz ca. 90/Min. und kann sich auf ca. 210–240/Min. steigern (DE MARÉES 2002, S. 251). Ebenso kann die Blutmenge gemessen werden, die bei jeder Kontraktion des Herzens ausgeschüttet wird (= Schlagvolumen). Das Produkt aus Herzfrequenz (HF) und Schlagvolumen (SV), in einer Minute gerechnet, wird als Herzminutenvolumen (HMV) bezeichnet und gibt die Menge an Blut wieder, die das Herz in einer Minute ausschüttet. Die aufgeführte Tabelle beschreibt anhand eines 20-jährigen untrainierten Erwachsenen die Unterschiede zwischen Ruhe und körperlicher Belastung.

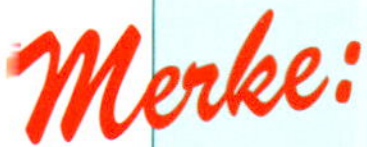

	HMV	=	HF	x	SV
Ruhe:	5 l/min	=	60/min	x	85 ml
Arbeit (max.):	20 l/min	=	200/min	x	100 ml

Das Atmungssystem (respiratorisches System)

Aufgrund der Atmung ist der menschliche Organismus in der Lage, Sauerstoff und andere Gase aus der Umwelt aufzunehmen und diese auch wieder an die Umgebung abzugeben. Den Gasaustausch zwischen Umwelt und Blut nennt man äußere Atmung, während der Sauerstoffaustausch innerhalb des Körpers, also zwischen Blut und Zellen, innere Atmung genannt wird.
Der Sauerstoff wird über die oberen Luftwege aus der Außenwelt aufgenommen. Zu diesen gehören Nase, Nasennebenhöhlen und der Rachenraum. Die unteren Luftwege, zu denen Kehlkopf, Luftröhre, Bronchien und die Lunge an sich gezählt werden, dienen als Transportwege des Sauerstoffs bis zum weit verzweigten Geflecht der Alveolen in der Lunge. Von dort geht der Sauerstoff durch die Diffusion ins Blut über. Im Blut angekommen, wird der Sauerstoff an das Eisen des roten Blutfarbstoffs (Hämoglobin) der Erythrozyten gebunden und zu den einzelnen Zellen transportiert.

Der erwachsene Mensch atmet in Ruhe ca. 14- bis 16-mal pro Minute (Atemfrequenz) und mit jedem Einatemvorgang gelangen 0,5 l (Atemzugvolumen) in die luftleitenden Atemwege.

Bei starker Arbeit steigern sich Atemfrequenz (ca. 40/Min.) und Atemzugvolumen (2,5 l) so, dass in der Endabrechnung mehr Sauerstoff für den Körper übrig bleibt. Das Produkt aus Atemfrequenz (AF) und Atemzugvolumen (AZV) wird Atemminutenvolumen (AMV) genannt und liefert Hinweise auf die Sauerstoffaufnahme.

Merke:

	AMV	=	AF	x	AZV
Ruhe:	7 l/min	=	14/min	x	0,5 l
Arbeit (max.):	100 l/min	=	40/min	x	2,5 l

Man unterscheidet bei der Atmung zusätzlich in Nasenatmung und Mundatmung sowie einer Kombination aus beiden, die vor allem bei körperlicher Belastung angewandt wird. Die Nasenatmung hat den Vorteil gegenüber der Mundatmung, dass Staubpartikel herausgefiltert, die Luft angewärmt und angefeuchtet werden kann. Die Kombination aus Mund- und Nasenatmung ist bei körperlicher Arbeit ökonomischer, weil vermehrt Sauerstoff über die Zunahme des Atemminutenvolumens, aufgrund der Verringerung des Atemwegswiderstands, aufgenommen werden kann.

Die bisher dargestellten Bereiche des respiratorischen Systems bezogen sich auf die Aufnahme des Sauerstoffs. Wie aber lässt sich die Atemmechanik erklären? Bei der Einatmung (Inspiration) wendet der menschliche Organismus folgenden Mechanismus an. Durch die Kontraktion des wichtigsten Atemmuskels bei der Einatmung, nämlich dem Zwerchfell (Diaphragma) sowie einigen anderen Inspirationsmuskeln (Mm. intercostales externi), wird die Lunge gedehnt und Luft kann einströmen. Der Brustkorb hebt sich. Bei forcierter Einatmung, z.B. beim Sport, unterstützen auch einige Inspirationshilfsmuskeln die Einatmung.
Die Ausatmung (Exspiration) geschieht im Gegensatz zur Einatmung überwiegend durch passive Vorgänge. Das Diaphragma und die übrigen Inspirationsmuskeln erschlaffen, dadurch wird der Raum im Brustkorb wieder verengt und die Luft aus dem Körper herausgedrückt. Auch hier kann der Vorgang muskulär unterstützt werden. Zu den wichtigsten exspiratorischen Hilfsmuskeln gehören unter anderem die Bauchmuskulatur und die inneren Zwischenrippenmuskeln (Mm. intercostales interni).

Werden die Inspiration durch die Senkung des Zwerchfells mit Vorwölbung des Bauches dominiert, spricht man von der Bauchatmung. Geht die Senkung des Diaphragmas mit dem Heben des Brustkorbs einher, so sprechen wir von der Brustatmung.

Wird der Atemvorgang nach dem Einatmen angehalten, die Stimmbänder verschlossen und die Bauchmuskulatur kontrahiert, so wird der Bauch gepresst. Bei der Bauchpresse kommt es zu einem hohen Druckanstieg innerhalb des Brustkorbs, folglich ist das Platzen kleinerer Blutgefäße möglich. Aufgrund dieser Tatsache sollte darauf geachtet werden, dass bei der Durchführung von Voltigierübungen etc. ruhig weiter geatmet wird. Dieses fällt dem Sportler vor allem beim Training der Bauchmuskulatur schwer und sollte deshalb durch den Trainer ständig beobachtet und gegebenenfalls korrigiert werden.

Weitere Anpassungsprozesse durch Sport in Bezug auf Atmung und Herz-Kreislauf-System werden im Kapitel Ausdauertraining behandelt (Kap. 1.2.3).

Hinweise zu weiterführender Literatur:
Marées, H. de: Sportphysiologie. Köln 2003.
Silbernagl, S./ Despopulus, A.: Taschenatlas der Physiologie. München 2012.

1.1.3 Sportorthopädische und -traumatologische Grundlagen

Voltigieren ist, wie jede andere Sportart, in Bezug auf die Gesundheit ambivalent zu bewerten. Das bedeutet, dass der Voltigiersport auf der einen Seite einen positiven Einfluss auf die Gesundheit hat. Bewegung fördert Herz-Kreislauf-Tätigkeiten, kann Fehlhaltungen der Wirbelsäule präventiv entgegenwirken oder schon bestehende Problematiken reduzieren.
Aber wie jeder andere Leistungssport kann auch der Voltigiersport Traumata in Form von Unfällen, wie Frakturen von Knochen, (Teil-)Rupturen von Muskeln, Sehnen und Bändern etc. herbeiführen. Durch falsch ausgeführte Bewegungen können Langzeitschäden konsekutiv auftreten. An dieser Stelle soll angemerkt werden, dass dies potenzielle Problematiken sind und nicht unbedingt zwingend vorkommen müssen. Sie treten in einer Häufung auf, die mit anderen unter Leistung ausgeführten Sportarten vergleichbar sind.

Wir möchten dieses Kapitel nutzen, um den Leser zu sensibilisieren, dass der Gesundheitsaspekt für Pferd und Voltigierer immer mit beachtet wird. Im Folgenden wird zunächst kurz auf die die Gesundheit beeinflussenden Faktoren und anschließend auf verschiedene im Voltigiersport gehäuft auftretende Traumata und Folgeschäden eingegangen. Dabei wird kein Anspruch auf Vollständigkeit der Krankheitsbilder erhoben. Weiterhin werden wir das Kinder- und Jugendalter mit berücksichtigen.

Allgemein kann davon ausgegangen werden, dass Gesundheit von verschiedenen Faktoren abhängig ist und durch sie entweder positiv gefördert oder negativ beeinflusst wird. Eine mögliche Vorstellung, welche Faktoren dabei relevant sein können, bietet Abb. 7. Hier ist klar ersichtlich, dass sowohl biologische Faktoren, z.B. Vererbung, genauso auf den Gesundheitszustand einwirken können wie ein gewisser Lebensstil. Auch Umweltfaktoren und das Gesundheitssystem einer Gesellschaft haben Einfluss auf den Gesundheitszustand (vgl. Menke 2001, S. 4).

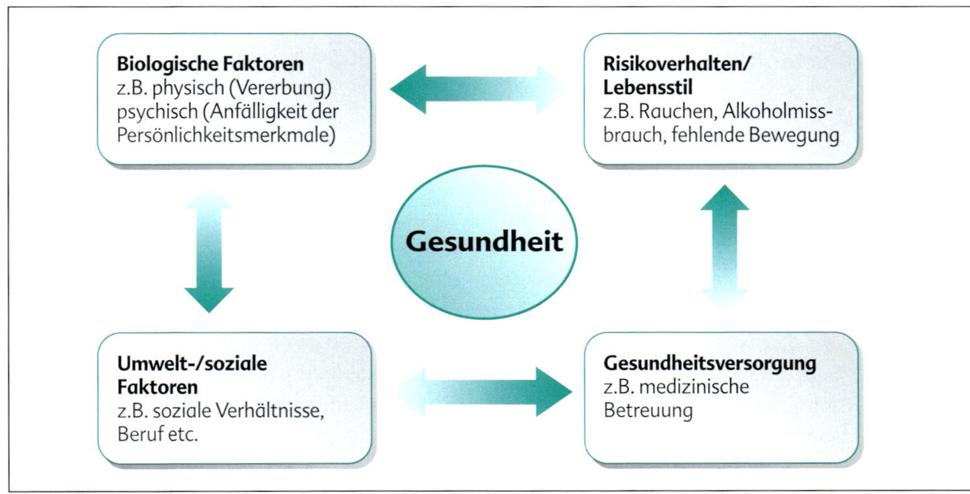

Abb. 7 Einflussfaktoren auf die Gesundheit (modifiziert nach Menke, 2001)

Wird über Traumata (Sportverletzungen) und Folgeschäden (Sportlangzeitschäden) gesprochen, müssen im ersten Schritt zunächst eine Unterscheidung und Abgrenzung der beiden Begriffe voneinander erfolgen. Eine mögliche Abgrenzung ist in Tab. 1 vorgenommen worden.

	Sportverletzung	Sport(langzeit)schaden
Ursache	Unfälle, kurzzeitige Überlastung	nicht ausgeheilte Verletzungen, chronische Überlastungen
Befund	akut auftretender Schmerz, Belastungsabbruch	unterschwelliger, kaum wahrzunehmender chronischer Schmerz, Belastbarkeit ↓
Therapie	meist medizinische Behandlung nötig	häufig erst in fortgeschritteneren Stadien Inanspruchnahme medizinischer Behandlung
Prognose	vollständige Wiederherstellung oder bleibende Schäden	funktionelle Wiederherstellung oder bleibende Schäden

Tab. 1 Unterscheidung Sportverletzung vs. Sport(-langzeit)schaden

Muskelverletzungen

Allgemein kann man die Muskelverletzungen in vermeidbare und nicht vermeidbare Muskelverletzungen aufteilen.

Ursachen für vermeidbare Muskelverletzungen

- schlechter Trainingszustand
- falsche Ernährung, z.B. Erbrechen, Durchfall
- fehlende/ungenügende Regeneration
- Dehydration/Elektrolytmangel
- Technikmängel
- hypotone/hypertone Muskulatur
- Übertraining
- schlechte Ausrüstung
- Vorschäden
- Medikamenteneinfluss
- „Ermüdung"

...

Ursachen für unvermeidbare Muskelverletzungen

- Unfälle (Überschreiten der physiologischen Dehnfähigkeit)
- äußere Einflüsse, z.B. Pferd
- Überschreiten der Belastungsgrenze, z.B. mehrere Trainingseinheiten im Trainingslager, Infekte

...

Muskelkater

In älteren Büchern wird der Muskelkater als ein durch die hohe Konzentration von Laktat (= Salz der Milchsäure) entstandenes Beschwerdebild erklärt. Diese Deutung ist aber nach neueren Untersuchungen auf diesem Gebiet nicht mehr aufrechtzuhalten (vgl. de Marées 2002, S. 207). Muskelkater geht auf den Begriff „Katarrh", d.h. Schleimhautentzündung, zurück und soll eine harmlose Muskelschädigung charakterisieren. Die Ergebnisse dieser Studien belegen eher Mikroeinrisse an den Z-Scheiben (s. Kap. 1.1.2) als Ursache für die Schmerzsymptomatiken. Man geht davon aus, dass ungewohnte Bewegungen, die kurzfristig die Belastungstoleranz eines Muskels überschreiten, Ursache für das Auftreten des Muskelkaters sind. Er tritt gehäuft nach Krafttraining mit vermehrtem Anspruch der FT-Fasern (s. auch Kap. 1.1.2) sowie vor allem nach exzentrischer Muskelarbeit (s. Kap. 1.2.3 Krafttraining) auf. Auch lange Trainingspausen sowie Neulernen einer sportmotorischen Fertigkeit können ursächlich für die schmerzhafte Beeinträchtigung der Leistung sein (vgl. Geiger 1997, S. 56).

Vorbeugende Maßnahmen sind in diesem Zusammenhang die kontinuierliche Belastungssteigerung anhand eines vernünftigen Trainingsplanes, ein gründliches Aufwärmprogramm

(s. Kap. 2.3) mit Dehnübungen (s. Kap. 1.2.3 Flexibilität), Beseitigung koordinativer Mängel. Neben diesen grundlegenden Dingen sollte immer der aktuelle Leistungszustand anhand von auftretenden Ermüdungsreaktionen mit betrachtet werden.
Ist der Muskelkater schon vorhanden, gibt es nur bedingt Möglichkeiten, diesen zu behandeln. Die Belastungsintensität sollte reduziert und die Regeneration durch „aktive Pausen" wie leichtes Radfahren unterstützt werden. Hinzu kommen leichte Dehnungen der betroffenen Muskelgruppe. Diese Art der Muskelverletzung ist aber harmlos und nach wenigen Tagen ausgeheilt.

Muskelzerrungen und Muskel(teil-)rupturen

Nach heutigem Kenntnisstand teilt man Muskelverletzungen nach quantitativen Unterschieden in Bezug auf anteilig betroffene Strukturen eines Muskels in Zerrungen, Muskelfaserriss, Muskelbündelriss und Muskelriss ein (s. Tab. 2). Daneben gehören auch Prellungen (Kontusionen) und weitere nicht näher beschriebene Beschwerdebilder zu den Muskelverletzungen.

Muskelzerrung:	Einige wenige Muskelfasern sind gerissen.
Muskelfaserriss:	Deutlich mehr Muskelfaseranteile sind betroffen, der Unterschied zur Muskelzerrung liegt in der Menge der betroffenen Strukturanteile.
Muskelbündelriss:	Ganze Muskelfaserbündel sind ruptiert.
Muskelriss:	Kompletter Riss des gesamten Muskels, auch vorkommend als Muskeldurchriss, Muskelabriss

Tab. 2 Klassifikation von Muskelverletzungen

Je nach der Menge der betroffenen Muskelfasern ist unterschiedlich zu behandeln. Allen Verletzungen ist jedoch gemeinsam, dass die Belastung sofort eingestellt werden muss. Außer bei Muskel(-bündel)rissen kann als Sofortmaßnahme nach dem „Pech-Schema" behandelt werden:

Pause	(keine weitere Belastung der betroffenen Muskulatur)
Eis	(Kühlung mit Eiswasser zur Schmerzreduktion)
Compression	(Kompressionsverband)
Hochlagern	(entspannte Lagerung des verletzten Körperteils)

Je nach Verletzungsgrad wird weitergehend behandelt. Bei leichteren Verletzungen werden physikalische Therapie und physiotherapeutische Maßnahmen wie Elektrotherapie, aktive Bewegungen bis zur Schmerzgrenze etc. angewandt. Bei gravierenden (Teil-)Rupturen wird die betroffene Muskelgruppe operativ behandelt.

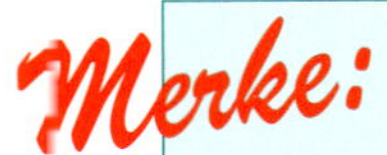

Eine vollständige Leistungsfähigkeit der betroffenen Muskulatur ist erst bei schmerzfreier kompletter Muskeldehnung gegeben!

Der Einsatz von Eis bei Verletzungen ist in der Literatur vielfach diskutiert. Wichtig beim Gebrauch von Eis zur Kühlung und Schmerzreduktion sind die Beachtung der Dauer (Vorsicht: Verletzungsgefahr durch Unterkühlung des Gewebes), die Darreichungsform (kein Kältespray benutzen, sondern nur Eiswasser) und die Indikation /Kontraindikation der Anwendung.
Niemals dürfen bei Muskelverletzungen tief greifende Massagen durchgeführt werden, da die Gefahr der Muskelverknöcherung (Myositis ossificans) gegeben ist.

Sehnenverletzungen

Zu den klassischen Sehnenverletzungen zählen neben Sehnen(teil)rupturen (Sehnen[ein-]risse) auch die Sehnenentzündungen (Tendinitis) und die Entzündungen der Sehnenhüllen (Peritendinitis, Tendovaginitis). Ein oftmals durch Überlastungserscheinung aufgetretenes Beschwerdebild ist das der Sehnenansatzprobleme (Insertionstendopathie). Hierbei sind die Schwachstellen die Ansatzzonen zwischen Knochen und Sehnenansatzgewebe. Durch Druck und Zug der auftretenden Scherkräfte können sich diese Bereiche entzünden und schmerzhafte Dysfunktionen der betroffenen Muskulatur einhergehend mit Kraftverlust hervorrufen. Ursachen können im Sport Überbelastungen durch einseitige Belastungen und muskuläre Dysbalancen sein.
Betroffene Bereiche im Voltigiersport sind beispielsweise die Ansatzpart en der Rotatorenmanschette am Schultergelenk (s. Kap. 1.1.1). Hierbei ist vor allem das Heben des Armes schmerzhaft (painful arc) und aufgrund der Kraftlosigkeit erschwert.
Auch der im Volksmund sogenannte Tennisellenbogen (epicondylitis radialis humeri) tritt häufiger als Beschwerdebild im Leistungssport auf.
Seltener auftretend, aber dennoch nennenswert sind die schmerzhaften Insertionstendopathien an der Achillessehne, die sich als Reizzustand des Achillessehnengleitgewebes bemerkbar machen, vor allem auch bei Turnern vorkommend.

Sportverletzungen des passiven Bewegungsapparates

Bei den Verletzungen am passiven Bewegungsapparat kann unterteilt werden in die Problembereiche:

- Knochen
- Gelenke und Knorpel
- Bänder

Des Weiteren teilt man die Krankheitsbilder auf in

- Distorsionen (Zerrung, Stauchung)
- Kontusion (Prellung oder Quetschung)
- Luxation (Gelenkausrenkung)
- Ruptur (Riss eines Gewebes)
- Fraktur (Knochenbruch)

Zerrungen treten an Gelenken durch eine indirekte Gewalteinwirkung auf. Parallel dazu werden umliegende Sehnen, Bänder, Gelenkkapsel und die Muskulatur übermäßig gedehnt. Häufig betroffene Gelenke im Voltigieren sind

- Knie- und Fußgelenke nach technisch falschen Landungen
- Schultergelenke bei „Überknicken" im Handstand
- Ellenbogengelenke nach Sturz
- Handgelenke

...

Kontusionen oder auch **Prellungen** genannt treten an unterschiedlichen Geweben auf. Betroffen können Weichteile, Knochen, Gelenke und z.B. das Gehirn sein. Ursachen für die Prellungen können Stürze oder auch Fremdeinwirkungen wie ein Pferdetritt sein.

Gelenkverrenkungen, in der Fachliteratur unter Luxation zu finden, sind Schäden des Kapsel-Bandapparates, die durch unkontrollierte, übermäßige, passive Gewalteinwirkung entstehen. Gefährdete Bereiche im Voltigiersport sind

- das Schultergelenk (z.B. durch zu spätes Loslassen der Arme vom Gurt beim Rollabgang aus dem Sitz)
- Fingergelenke (z.B. Handstützüberschläge vw. oder rw.)
- Ellenbogengelenk (nach Sturz)

Neben den akuten, durch Traumata entstandenen Luxationen stehen die gewohnheitsmäßigen (habituell). Sie zeichnen sich durch häufiges Auftreten aus und können evtl. dazu führen, dass ein Gelenk trotz eines guten muskulären Mantels nicht mehr ausreichend stabilisiert werden kann, sodass operativ interveniert werden muss.

Als Ruptur wird der Riss eines Gewebes bezeichnet. Betroffene Gewebearten können neben der Muskulatur und dem Sehnengewebe auch Bänder (Ligamenta) und z.B. Meniskusgewebe sein. Neben starken Schmerzen hat die Ruptur von Bändern häufig eine Instabilität des betroffenen Gelenkes zur Folge. Kann dieses nicht ausreichend muskulär kompensiert werden, zieht das Trauma eine Operation mit Bandplastik oder Ähnlichem nach sich. Häufig auftretende Bänderverletzungen findet man im Voltigieren vor allem an der unteren Extremität (vgl. Horstmann et al 1998). Diese treten aufgrund hoher Scher- und Fliehkräfte bei Pflicht- und Kürabgängen im Galopp auf. Damit die nachfolgend aufgeführten Verletzungsbilder nicht auftreten, muss im Training viel präventiv gearbeitet werden, um das Risiko möglichst zu minimieren.

Rupturen an der unteren Extremität

- Außenbänder am Sprunggelenk (Ligamenta collateralia lateralia), z.B. durch „Umknicken" (Supinationstrauma) während der Landung
- innere und äußere Seitenbänder (Ligamentum collaterale medialis und lateralis genu) am Knie, z.B. durch Verdrehen des Knies bei der Landung
- vorderes und hinteres Kreuzband (Lig. cruciatum anterior und posterior), Ursache s.o.
- Menisken (innen und außen), Ursache s.o.

Bei schweren Stürzen mit Verdrehen im Knie kommt es häufig zu einer Kombination aus Kreuzband-, Innenband- und Innenmeniskusruptur am Knie. Dieses Trauma wird in der Medizin auch „unhappy triad" genannt und hat immer eine Operation zur Folge.

Überlastungsschäden

Im Unterschied zu den oben angesprochenen Sportverletzungen treten Überlastungsschäden nicht infolge eines Traumas, sondern vieler kleinerer und größerer Überbelastungen eines Gewebes auf. Zum Teil kann man Sehnenschäden, Muskelverletzungen und Knochen- oder Bänderproblematiken auch zu den Überlastungsschäden hinzurechnen. Das erfolgt immer dann, wenn oben genannte Beschwerdebilder aufgrund von degenerativen Prozessen erfolgen. Das heißt, dass ein Gewebe infolge von ständiger Fehl-, Überbelastung oder anderer pathologischer Vorgänge im Körper untergeht. Die Konsequenz degenerativer Prozesse können dann wiederum oben angesprochene Verletzungen sein.

Weitere durch Über-/Fehlbelastung etc. auftretende Langzeitschäden, die in jedem Leistungssport auftreten können, sind die athrotischen Veränderungen an den Gelenken. Im Mittelpunkt steht dabei die degenerative Veränderung am Gelenkknorpel. Ursachen für diesen Gewebeuntergang am Knorpel können sein

- Traumata, z.B. Gelenkfrakturen, Bandrupturen mit Einblutungen im Gelenk, Luxationen
- Fehlstellungen wie so genannte „X- oder O-Beine", hervorgerufen durch Gelenkfehlstellungen im Knie (genu valgum oder genu varum) oder in der Hüfte (coxa valga oder coxa vara)
- Entzündungen des Gelenkes durch häufige Überbelastung
- Fehlbelastung durch falsches Training

...

Die Auswirkungen am entsprechenden Gelenk zeichnen sich durch schmerzhafte Prozesse ab, kombiniert mit Bewegungs- und Belastungseinbußen. Die am häufigsten beim Voltigieren beanspruchten Gelenke sind

- an der unteren Extremität:
  alle Fußgelenke, oberes und unteres Sprunggelenk, Knie- und Hüftgelenk
- an der oberen Extremität:
  Schulter-, Ellenbogen- und Handgelenke
- alle Gelenke an der Wirbelsäule

Dabei belasten Übungen wie Abgänge und Bodensprünge vor allem die unteren Extremitäten. Aufgänge und Stützpositionen wie bei Schwungübungen oder Handständen etc. wirken auf die Gelenke der oberen Extremität. Die kleinen Gelenke der Wirbelsäule werden stark strapaziert durch alle möglichen Übungsformen. Hier lassen sich Bewegungen wie Abgänge und Aufgänge genauso zuordnen wie Übungen auf dem Pferd.
Der menschliche Körper besitzt eine große Toleranzbreite gegenüber mechanischen Belastungen. Jedoch führen andauernde Fehl- und Überbelastungen zu Verschleißerscheinungen. Diese gilt es, möglichst in Grenzen zu halten.

Wissenschaftliche Untersuchungen zum Thema Sportverletzungen und Sportschäden im Voltigiersport sind nur vereinzelt vorzufinden. Zudem sind vorhandene Studien aufgrund geringerer Stichprobengrößen oftmals nur bedingt aussagekräftig. In der Untersuchung von PEILER, DANNER und ZIMMERMANN (vgl. PEILER 2005) wurden 609 Voltigierer zu diesem Problem befragt. Dabei wurde erkannt, dass die Athleten besonders verletzungsanfällig bei Sprungbewegungen und deren unglücklichen Landungen waren. Außerdem stellten Stürze auf/von dem Pferd und Übungspferd ein gesteigertes Verletzungsrisiko dar. Partnerübungen rangierten vor Einzelübungen. Wie Abb. 8 zeigt, sind die oberen und unteren Extremitäten eher betroffen als der Rumpf oder der Kopf. Dennoch konnte auch herausgefunden werden, dass sich beim Voltigieren weniger als die Hälfte der Befragten aktiven Sportler schon einmal verletzt hat. Ein weiteres Viertel gab zudem an, sich maximal ein- bis zweimal im Zusammenhang mit dem Voltigiersport verletzt zu haben (vgl. PEILER 2005, S. 74).

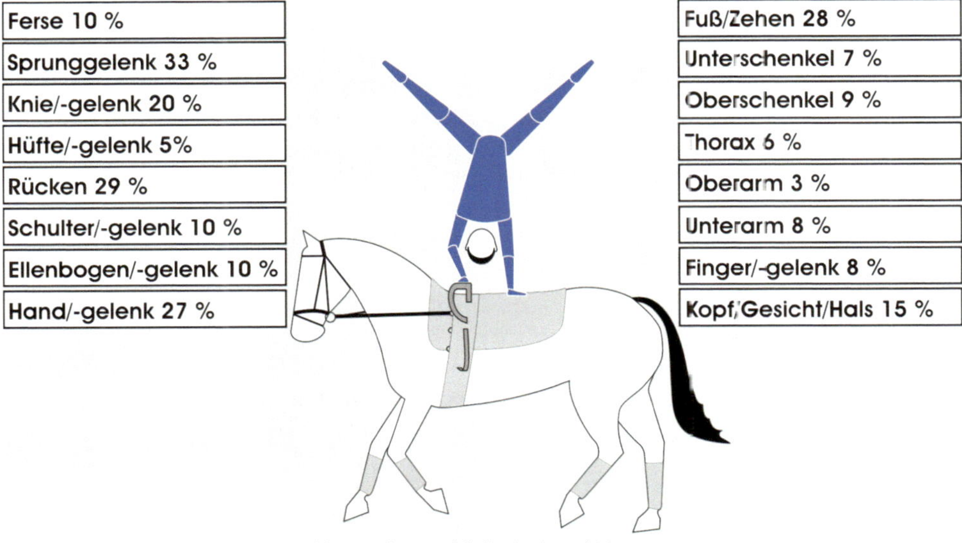

Abb. 8 Verletzungslokalisation im Voltigiersport

(Mehrfachnennungen möglich, Zahlen gerundet; modifiziert nach PEILER 2005, S. 83)

Beschwerdebilder von Heranwachsenden

Neben den klassischen Verletzungen und Schäden können speziell bei Kindern und Jugendlichen noch weitere Beschwerdebilder auftreten, von denen einige erklärt werden sollen.

Grünholzfraktur: Hierbei kommt es bei Kindern im Wachstum zu einer Fraktur im Bereich der Wachstumsfuge (Epiphysenfuge). Diese kann zu einem vorzeitigen Wachstumsstillstand an dem betroffenen Knochen führen.

Morbus Osgood-Schlatter: Bei der sogenannten Schlatter-Erkrankung treten Beschwerden infolge von wiederholten (rezidivierenden) Mikrotraumen oder Überbelastungen des Kniestrecksehnenansatzes (Patellasehnenansatz) des jungen Sportlers auf. Der betroffene Bereich liegt am Schienbeinkopf (genau: tuberositas tibiae).

Wirbelsäulenerkrankungen: Über- und Fehlbelastungen im Sport können zu Entwicklungsstörungen und Haltungsschäden im Bereich der Wirbelsäule führen. Dabei treten neben Erkrankungen wie M. Scheuermann (verstärkter Buckel bzw. Kyphose der Brustwirbelsäule) und seitlichen Verschiebungen (Skoliosen) auch Erscheinungen wie das sogenannte Wirbelgleiten auf. Das infolge von Spaltbildungen im Wirbel (Spondolyse) auftretende Krankheitsbild kann durch Sport entstehen und wird in diesem Zusammenhang auch als Ermüdungsbruch des Wirbelbogens verstanden.
Hinzu kommen eventuell Überbeweglichkeit (Hypermobilität) mit Schmerzsymptomatiken vor allem im Bereich der Lendenwirbelsäule sowie Gelenkblockierungen (z.B. Kreuzbein-Darmbein-Gelenk).

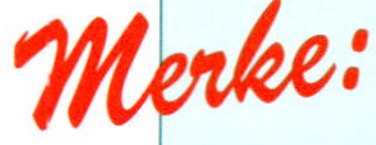

Bei Kindern und Heranwachsenden sollte aufgrund der oben genannten Problematiken im Voltigiertraining darauf geachtet werden, dass
- **ein forciertes Landetraining aus größeren Höhen im Kindesalter möglichst vermieden wird.**
- **Partnerübungen dem Alter der Voltigierer angepasst, d.h. Übungen wie Schultersitze auf einem Partner in jungen Jahren nicht geturnt werden.**

Muskuläre Dysbalancen

Als letzten Aspekt in diesem Kapitel soll der Bereich der muskulären Dysbalancen (muskuläres Ungleichgewicht) beleuchtet werden. Nach FREIWALD/ENGELHARDT (1996) werden muskuläre Dysbalancen auf nachstehende Art und Weise gekennzeichnet:
- Vergleich zwischen einem untersuchten und einem angenommenen Wert (Normwert)
- Vergleich einer Extremität zur anderen Extremität (Asymmetrie, z.B. rechts/links, verletzt/unverletzt)
- Vergleich zweier gegensätzlicher Muskeln, die an einem Gelenk ansetzen (agonist-antagonist-imbalance, z.B. Hüftbeuger/Hüftstrecker)
- Vergleich synergistisch wirkender Muskeln (synergistic-imbalance, z.B. für den M. quadrizeps femoris, ein abgeschwächter M. vastus medialis im Bezug auf die anderen im Quadrizeps enthaltenen Muskeln etc.)

Im Folgenden werden wir uns nur mit der Dysbalance zwischen Agonist und Antagonist befassen. Es handelt sich hierbei um ein Missverhältnis zwischen zwei sich entgegenwirkenden Muskelgruppen. Dabei kann ein Missverhältnis aufgrund einer Verkürzung oder Abschwächung bestimmter Muskeln zustande kommen. Gemeint ist Folgendes: Es gibt Muskelgruppen, die neigen eher zur Verkürzung wie der Hüftbeuger (M. iliopsoas), die Adduktorengruppe der Hüfte (s. Kap. 1.1.1) oder auch die Schulter-Nacken-Muskulatur. Ihre Gegenspieler neigen meist eher zur Abschwächung. Zu nennende Beispiele wären die Gesäßmuskulatur (M. glutaeus maximus) oder die Abduktoren der Hüfte (kleine Gluteen) sowie die Bauchmuskulatur. Diese Form der muskulären Dysbalancen ist nochmals in Abb. 9 dargestellt..

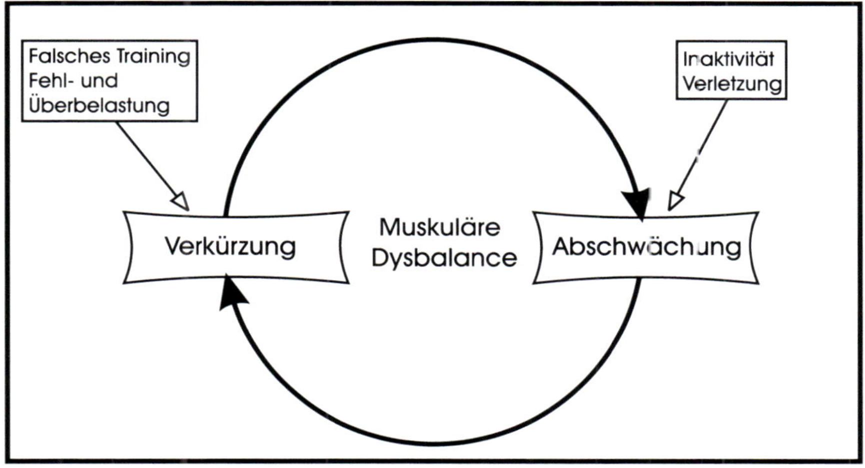

Abb. 9 Entstehung muskulärer Dysbalancen

Ursachen für muskuläre Dysbalancen können sein:

- Übergewicht
- falsches Training (Überbelastung/Fehlbelastung)
- Inaktivität
- Verletzungen

...

Muskuläre Dysbalancen sind in diesem Kapitel aufgrund ihrer gravierenden Auswirkungen auf den menschlichen Organismus aufgeführt.

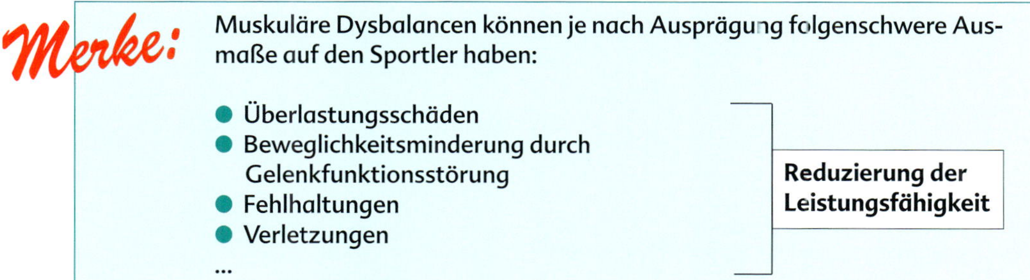

Merke:

Muskuläre Dysbalancen können je nach Ausprägung folgenschwere Ausmaße auf den Sportler haben:

- **Überlastungsschäden**
- **Beweglichkeitsminderung durch Gelenkfunktionsstörung**
- **Fehlhaltungen**
- **Verletzungen**

...

→ **Reduzierung der Leistungsfähigkeit**

Die Beseitigung des Ungleichgewichts zwischen abgeschwächter und verkürzter Muskulatur kann wie folgt beschrieben werden. Je nach Ursache muss entweder die abgeschwächte Muskulatur gekräftigt werden und/oder die verkürzten Muskelgruppen gedehnt bzw. die physiologische Ruhespannung durch detonisierende Maßnahmen, wie z.B. Massagen, wiederhergestellt werden, damit zum einen die hohe Grundspannung aus der Muskulatur weicht und nachfolgend der Bewegungsumfang des Gelenks durch einen gedehnten Muskel wieder erhöht wird (s. Abb. 10).

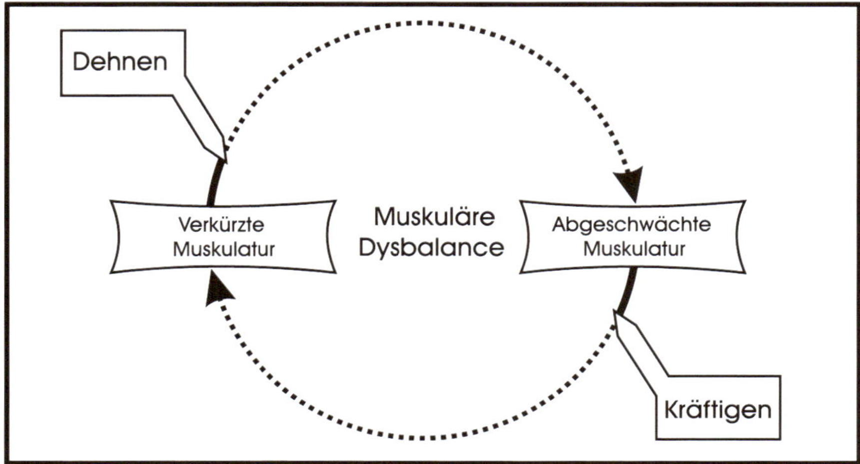

Abb. 10 Beseitigung muskulärer Dysbalancen

Merke: **Bei der Wiederherstellung einer Muskelbalance ist darauf zu achten, dass ein höheres Augenmerk auf die Kräftigung der abgeschwächten Muskulatur liegt, bei der die Dehnung der verkürzten Muskelgruppen jedoch nicht vergessen werden darf (vgl. WIEMANN/KLEE 1999).**

Hinweise zu weiterführender Literatur:
GEIGER, L.V.: Überlastungsschäden im Sport. München 1997.
HORSTMANN, T. ET AL.: Traumatologie und Sportschäden im Voltigiersport des Jugendlichen. In: Sportverletzung-Sportschaden 12 (1998), S. 66-70.
PEILER, C./ PEILER, D.: Konzeption einer standardisierten Leistungsdiagnostik zur Prävention von Sportverletzungen und zur Leistungsoptimierung im Leistungs-/Spitzensport Voltigieren. Dissertation Universität Bielefeld 2008.

1.2 Einführung in die Trainings- und Bewegungslehre

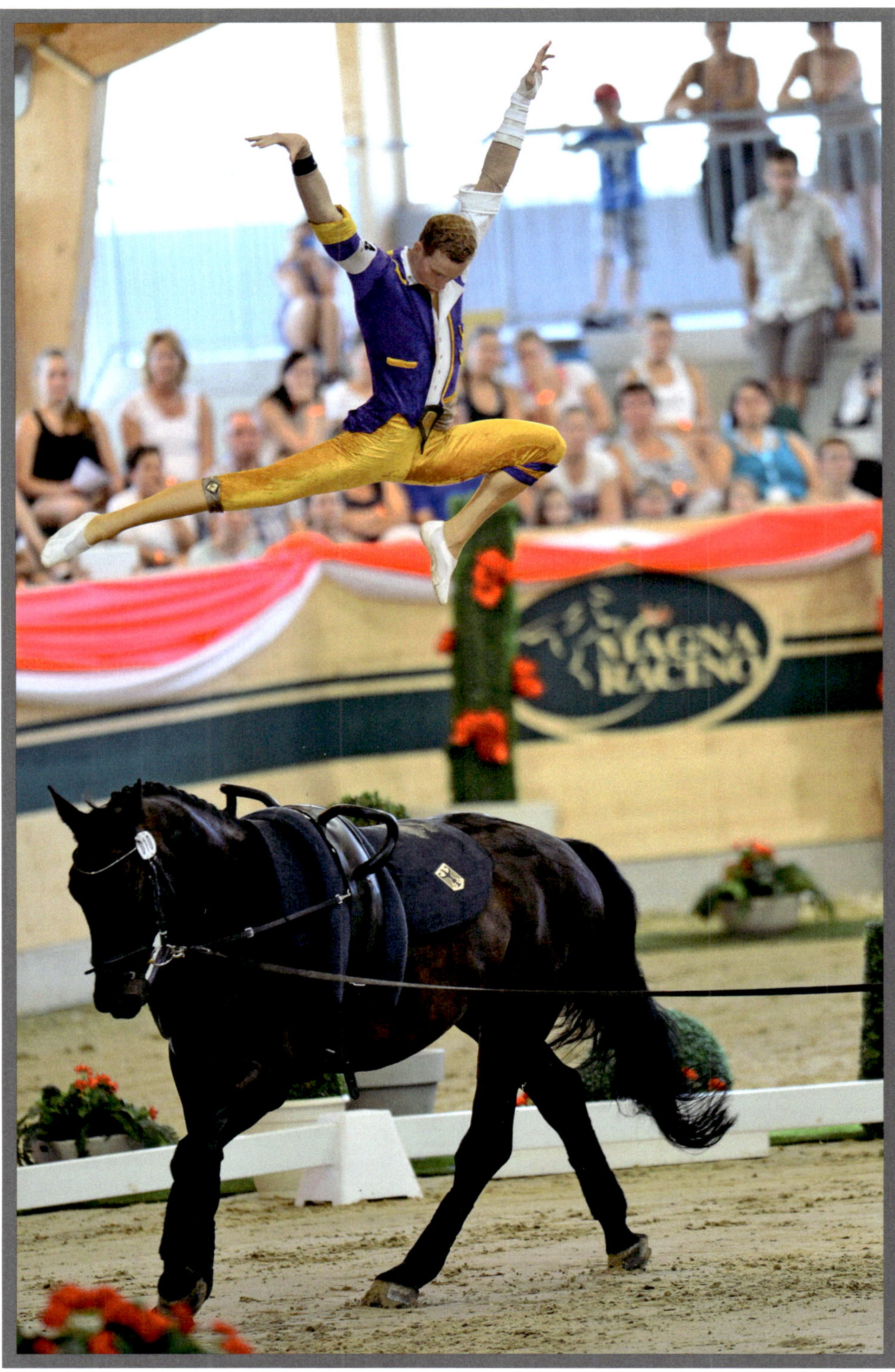

Nachdem der sportmedizinische Teil einen Überblick über den Aufbau und die Funktion des menschlichen Organismus geben sollte, befasst sich der trainingswissenschaftliche Part mit der Lehre von der Bewegung und dem Training. Beide Formen nehmen in der Sportwissenschaft einen festen Platz ein.

1.2.1 Allgemeine Trainingssystematik

Spricht man in der Sportwissenschaft von der Trainingssystematik, so ist dies eng verbunden mit der sportlichen Leistungsfähigkeit und ihren möglichen Komponenten. Die Leistungsfähigkeit des Menschen hängt neben den physischen Aspekten auch von den psychischen Komponenten ab. Wie oft ist im Sport zu hören, dass der Wettkampf im Kopf entschieden wird. Der Psychologie im Sport ist ein eigenes Kapitel gewidmet (Kap. 1.4). In der Sportphysiologie steht vor allem die körperliche Leistungsfähigkeit des Sportlers im Vordergrund. Je komplexer die Anforderung der auszuführenden Bewegung ist, desto präziser müssen die Teilaspekte der Bewegung beherrscht werden. Körperliche Leistungsfähigkeit kann somit dadurch zum Ausdruck kommen, wie qualitativ und quantitativ die diversen Abläufe einer Bewegung ausgeführt werden.

Kraft, Ausdauer, Flexibilität, Schnelligkeit als konditionelle Aspekte und die verschiedenen koordinativen Fähigkeiten sind Kerninhalte der motorischen Grundlagen im Sport (Kap. 1.2.3). Neben diesen qualitativen Aspekten differenziert sich der quantitative Aspekt in der Intensität, Dauer und Häufigkeit von Bewegungen. Übertragen wir die genannten Faktoren auf das Voltigieren, so bedeutet das z.B. für die Schere, dass sie nicht nur an die konditionellen und koordinativen Fähigkeiten enormen Anspruch stellt, um sie technisch präzise ausführen zu können. Sondern es bedarf auch der Fähigkeit, das Leistungsvermögen des Voltigierers so zu entwickeln,

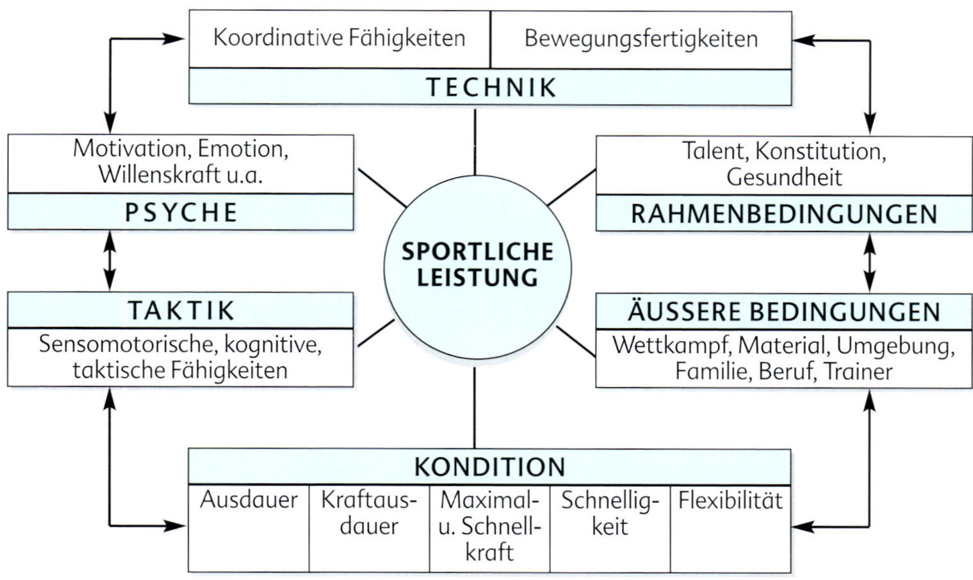

Abb. 11 Einflussfaktoren auf die sportliche Leistung

(modifiziert nach GROSSER, M./STARISCHKA, S./ZIMMERMANN, E.: Das neue Konditionstraining. BLV Verlag, München 2001)

dass er die Schere häufiger hintereinander, also unter körperlicher Belastung korrekt ausführen kann. Im Wettkampf gilt es schließlich, auch unter der körperlichen und psychischen Belastung qualitativ hochwertig turnen zu können.
Freilich lässt sich die Leistungsfähigkeit nicht verallgemeinern, unterschiedliche Sportarten verlangen unterschiedliche Fertigkeiten und Fähigkeiten. So macht es für das Voltigieren, eine Sportart, die sich über ihre Dynamik definiert, wenig Sinn, Ausdauer über die Grundlagenausdauer hinweg wie ein Marathonläufer zu trainieren. Das Resultat wäre über die Dauer gesehen der Verlust der Schnellkraft in verschiedenen Muskelgruppen.

Sportliche Leistung monokausal zu erklären ist nicht nur unzureichend, sondern schlichtweg falsch. Wie die Abb. 11 zeigt, haben viele Faktoren, wie z.B. auch die Rahmenbedingungen oder äußeren Bedingungen, Einfluss auf die sportliche Leistung.

1.2.2 Trainingsperiodisierung

Egal ob Sportler oder Trainer im Wettkampfsport; jeder, der im Voltigieren etwas erreichen möchte mit dem Ziel, im Hinterkopf seine Leistungsfähigkeit zu verbessern, der muss sich gezielt mit der Trainingsplanung und -periodisierung auseinandersetzen. Kein Sportler ist in der Lage, während des ganzen Jahres Höchstleistungen zu bringen. Körperliche Grundlagen müssen erarbeitet und verbessert, Techniken erlernt und verfeinert, Wettkampfprogramme gezielt einstudiert und gestaltet werden. Deshalb bietet es sich an, nicht einfach draufloszutrainieren, sondern sich Gedanken darüber zu machen, welche zeitlichen und inhaltlichen Strukturen erforderlich sind, um kurz- und langfristige sportliche Ziele zu erreichen.

Bevor sich der Sportler also mit seinem Trainer in die Arbeit stürzt, sollte sich das Team darüber Gedanken machen, was die Zielsetzungen für die nächsten Wochen, Monate und Jahre sind. Somit unterscheidet man zwischen kurz-, mittel- und langfristigen Zielen. Die gesteckten Ziele dienen als Eckpfeiler der Trainingsplanung und -periodisierung. Diese Ziele gilt es immer wieder zu überprüfen und gegebenenfalls neu zu definieren, folglich ist der Trainingsplan der sportlichen Entwicklung anzupassen. Während ein Einzelvoltigierer meistens selbst für sein Schicksal verantwortlich ist, ist es bei einer Gruppe hilfreich, Saisonziele, die als mittelfristig einzuordnen sind, gemeinsam zu definieren.

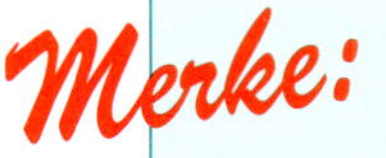

Die Aufgabe eines Trainers liegt darin, die Motivation der Sportler in die richtigen Bahnen zu lenken, selten ist er in der Lage, fehlende Motivation zu schaffen!

Somit kann es nicht die Absicht des Trainers sein, dass die Voltigierer seine eigenen Ziele verwirklichen sollen.

Je nach Zielsetzung heißt es, das Training zu gestalten. Man unterteilt ein Jahrestraining grob in drei Phasen: **Vorbereitungs-, Wettkampf- und Übergangsphase**.

Die **Vorbereitungsphase** wird beim Voltigieren saisonbedingt auch als Wintertraining bezeichnet. Das Wintertraining lässt sich weiter differenzieren in Monatsplan (Makrozyklus), Wochenplan (Mikrozyklus) bis hin zur Trainingseinheit, die in der Regel 45 Minuten dauert. Trainer und Sportler setzen sich somit „Stundenziele“. Zusätzlich überprüfen sie, was sie am Ende einer Woche bzw. eines Monats erreicht haben wollen.

Optimales Voltigiertraining

Während Spitzenvoltigierer über eher gute körperliche Grundvoraussetzungen verfügen, heben sie sich auch in der Trainingsgestaltung von anderen Leistungsvoltigierern ab. Das bedeutet, der „Profi" versucht seine körperlichen Voraussetzungen über den Winter hinweg zu verbessern. Das Ziel des „normalen" Voltigierers ist es, sich körperliche Grundvoraussetzungen anzueignen. Des Weiteren ist es wichtig, die Vorbereitung so zu timen, dass man seine körperliche Höchstleistung nicht schon im Winter erreicht, sondern auf die Saisonhöhepunkte ausrichtet.

Die Vorbereitungsphase überschneidet sich mit der Wettkampfphase, die vor allem dadurch geprägt ist, gezielt auf die Saisonhöhepunkte hinzuarbeiten. Das sogenannte Grundlagentraining wird erhaltend weitergeführt und das Üben des Wettkampfprogramms rückt in den Vordergrund. Trainer und Voltigierer versuchen, sich von Turnier zu Turnier gezielt zu verbessern. Es gilt, Fehler kurzfristig abzustellen und Bewegungsabläufe zu sichern. Zwischen den Saisonhöhepunkten ist es wichtig, den Protagonisten genügend Zeit zur Regeneration zu geben, sonst kann es schnell zu einem Übertrainingssyndrom kommen, das auf die Leistungsentwicklung und -entfaltung kontraproduktiv wirkt.

Die Wettkampfsaison wird von der Übergangsphase abgelöst, in der Trainer und Sportler die Zeit nutzen, um sich aktiv zu erholen. In dieser Zeit klingt die Saison langsam aus. Aktive Erholung bedeutet nicht, sich der sportlichen Bewegung abzuwenden und nur noch zu faulenzen. Die Übergangsphase bietet die Möglichkeit, das Voltigiertraining zu reduzieren und die Zeit für andere Sportarten zu nutzen, um den Spaß an der Bewegung zu erhalten, ohne konditionell und koordinativ zu stark abzubauen.

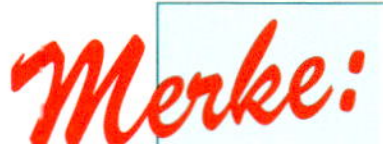

Training und Erholung gehören eng zusammen. Es gilt zu trainieren, ohne zu übertrainieren. Es ist wichtig, Trainingsreize zu setzen, ohne zu überreizen.

Die langfristigen Ziele bleiben während der drei Saisonphasen im Hinterkopf. So könnte ein langfristiges Ziel sein, in die nächst höhere Klasse aufzusteigen, an Deutschen Meisterschaften oder internationalen Championaten teilzunehmen. Langfristige Ziele können aber auch dadurch definiert sein, dass man sich bestimmte Fähigkeiten und Fertigkeiten über Jahre hinweg aneignen möchte.

Bevor wir uns nachfolgend den Aspekten der Bewegung und Motorik zuwenden, erachten wir es für notwendig, einen Exkurs in den Bereich der Trainingsprinzipien zu machen, ohne im Detail näher darauf einzugehen. Neben den individuellen genetischen Voraussetzungen hängt der Erfolg eines Trainings von folgenden Prinzipien ab:

Prinzip der biologischen Anpassung (Superkompensation)

Wie bereits angesprochen, ist es bei der Gestaltung eines Trainings wichtig, dass nach der Phase der Anspannung eine Zeit der Entspannung folgen muss. Diese Regenerationszeit ist erforderlich, damit die Kräfte wieder hergestellt werden können. Der menschliche Körper passt sich der Belastung an, damit er für kommende Belastungen gerüstet ist. Er stellt somit nicht nur das Ausgangsniveau wieder her (Kompensation), sondern sorgt dafür, dass er sich eine zusätzliche Reserve anlegt. Man spricht in diesem Zusammenhang von einer Superkompensation (Abb. 12).

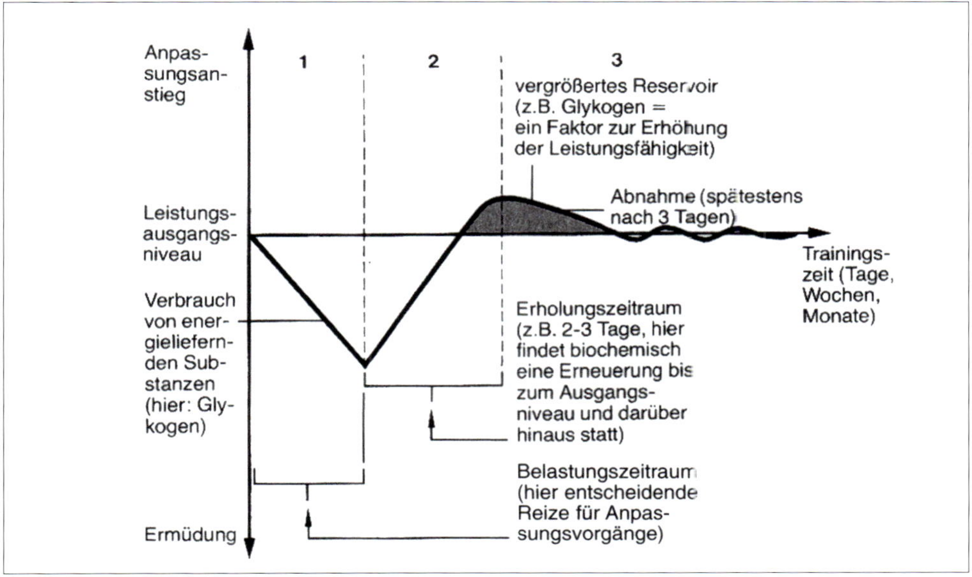

Abb. 12 Modell der Superkompensation
(modifiziert nach Jakowlew 1977)

Prinzip der optimalen Relation von Belastung und Erholung

Je nach Trainingszustand des Sportlers sowie Alter und Belastbarkeit ist das Training zu gestalten. Das Wirkungsprinzip von Belastung und Erholung kommt während einer Trainingseinheit bzw. zwischen den Einheiten zum Tragen. Beim Gestalten der Belastungspausen spielt das subjektive Empfinden des Sportlers eine wichtige Rolle. Es ist dann sinnvoll weiterzutrainieren, wenn sich der Sportler dazu in der Lage fühlt.

Prinzip der progressiven Belastungssteigerung

Beim Verlauf eines Trainings sollte die Belastung dem steigenden Leistungsniveau angepasst werden. Die Belastungssteigerung kann kontinuierlich oder sprunghaft erfolgen. Da gerade Voltigiergruppen in der Regel eine heterogene Mannschaftsstruktur aufweisen, somit unterschiedliche Leistungsniveaus vorhanden sind, gilt es, die Belastungen individuell, dem Leistungsstand entsprechend, zu steigern.

Prinzip der Belastungsvariation

Da die Adaptionsfähigkeit des Körpers dazu führt, sich für kommende Belastungen zu wappnen, bewirkt eine gleichbleibende Trainingsanforderung keine kontinuierliche Leistungssteigerung. Alternierende Belastungen mit wechselnden Anforderungen steigern neben der Leistungsfähigkeit auch die Motivation. Die Bewegungsvielfalt erhält den Spaß am Sport.

Prinzip der Regelmäßigkeit des Trainings

Damit sich der Körper optimal anpassen kann, ist es notwendig, die Belastung mehrfach zu wiederholen. Diese Adaptationsprozesse erfordern eine Reihe von Umstellungsfähigkeiten des Körpers wie z.B. Veränderungen im hormonellen System. Dauernde und regelmäßige Belastungsreize sind notwendig, um die teilweise Monate dauernde Anpassung einzelner Systeme zu ermöglichen und eine Leistungssteigerung zu erreichen.

1.2.3 Bewegung und Motorik

Unabhängig von der Sportart ist der Leitfaden eines optimalen Trainings das Erlernen und Verbessern der motorischen Fähigkeiten. In diesem Zusammenhang werden die Begrifflichkeiten Fähigkeiten und Fertigkeiten im Einklang erwähnt, die aber voneinander abzugrenzen sind. Sie sind eine Hilfe, um motorische Leistungsdifferenzen der Sportler zu kennzeichnen.

Merke: **Motorische Fertigkeiten (motor skills)** kennzeichnen individuelle Differenzen im Niveau der Steuerungs- und Funktionsprozesse, die der Realisierung jeweils spezifischer Bewegungen zugrunde liegen. Sie sind prinzipiell mit einer strukturellen Ausführungsform verknüpft, unterscheiden sich jedoch hinsichtlich ihres Grades der Offenheit vs. Geschlossenheit und ihres Transferpotenzials (ROTH/WILLIMCIK 1999, S. 232).

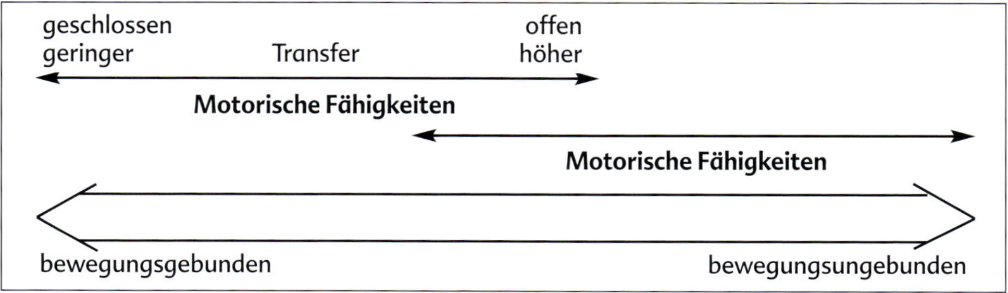

Abb. 13 Abgrenzung motorischer Fähigkeiten von (offenen und geschlossenen) motorischen Fertigkeiten
(modifiziert nach ROTH, K./WILLIMCZIK, K.: Bewegungswissenschaft. Rowohlt Taschenbuchverlag, Reinbek 1999)

Elementare motorische Fertigkeiten	Sportmotorische Fertigkeiten
Laufen	Schmetterschlag beim Volleyball
Springen	Fallrückzieher beim Fußball
Kriechen	Startsprung beim Schwimmen
Wälzen	Speerwurf in der Leichathletik
Schieben	Kreuzheben beim Kraftdreikampf
Schwingen	Sprungwurf beim Handball
Schießen	Leichter Sitz beim Reiten
Hüpfen	
Gehen	**Beispiele beim Voltigieren:**
Armschwünge	Aufsprung
Armkreisen	Fahne
Rollen	Schere
Schlagen	Schulterstand
Gleiten	Lieger
Ziehen	Rollaufsprung
...	...

Tab. 3 Beispiele für elementare motorische und sportmotorische Fertigkeiten

Merke: **Motorische Fähigkeiten (motor abilities)** kennzeichnen sich durch individuelle Differenzen im Niveau der Steuerungs- und Funktionsprozesse, die bewegungsübergreifend von Bedeutung sind. Sie bilden die Voraussetzung für jeweils mehrere strukturell verschiedenartige Ausführungsformen und sind im Erklärungswert von unterschiedlicher Breite bzw. Generalität. (ROTH/WILLIMCIK 1999, S. 233).

Motorische Grundlagen lassen sich, wie bereits erwähnt, in konditionelle und koordinative Aspekte unterteilen und sind für das optimale Voltigiertraining von fundamentaler Bedeutung. Betrachten wir zunächst die konditionellen Grundlagen wie Kraft und Ausdauer sowie die Mischformen Beweglichkeit/Flexibilität und die Schnelligkeit.

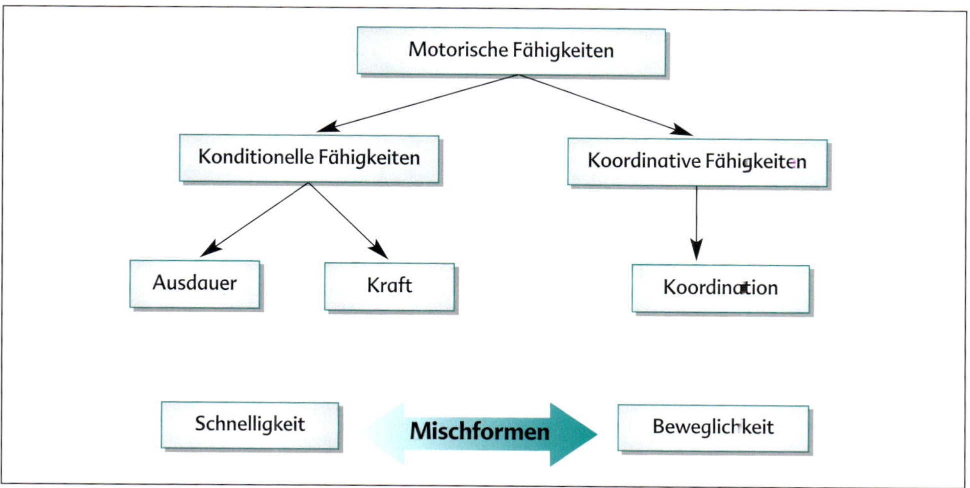

Abb. 14 Darstellung der motorischen Fähigkeiten

Kraft

Um sportliche Leistungen erbringen zu können, ist motorische Kraft erforderlich. Erklärt man die Kraft physikalisch, so bedarf es der Gesetzmäßigkeit: Kraft als Produkt aus Masse und Beschleunigung (Kap. 1.3).

Merke: **Kraft im Sport ist die Fähigkeit des Nerv-Muskelsystems, durch Innervations- und Stoffwechselprozesse mit Muskelkontraktionen Widerstände zu überwinden (konzentrische Arbeit), ihnen entgegenzuwirken (exzentrische Arbeit) bzw. sie zu halten (statische Arbeit) (Grosser/Starischka/Zimmermann 2001, S. 40).**

Da sich die Kraft aus verschiedenen Komponenten zusammensetzt, werden Maximalkraft, Schnellkraft, Reaktivkraft sowie Kraftausdauer voneinander unterschieden.

Maximalkraft: Maximalkraft ist die größtmögliche Kraft, die willkürlich gegen einen Widerstand ausgeübt werden kann.
Die Maximalkraft hängt von verschiedenen Faktoren ab. Struktur, Querschnitt der eingesetzten Fasern sowie die Faseranzahl des Muskels sind beteiligte Komponenten. Das Zusammenspiel innerhalb eines Muskels (intramuskulär) als auch das Zusammenwirken mehrerer Muskeln (intermuskulär), die Winkel zwischen Angriffsrichtung der Kraft und Knochenachse und natürlich die nicht zu unterschätzende Motivation sind weitere Determinanten der Maximalkraft.
Personen, die nicht speziell krafttrainiert sind, können nur ca. 70 % des Kraftpotenzials, das in ihrer Muskulatur vorhanden ist, realisieren. Die restlichen 30 % werden als autonome Reserve bezeichnet, stehen also für eine willkürliche Kraftbeanspruchung nicht zur Verfügung (vgl. Boeckh-Behrens/Buskies 2001). Der Trainingszustand des Sportlers entscheidet also über die realisierbare Maximalkraft und das Kraftdefizit. Wird der volle Wert der Maximalkraft, z.B. durch Elektrostimulation abgerufen, so spricht man von der Absolutkraft.

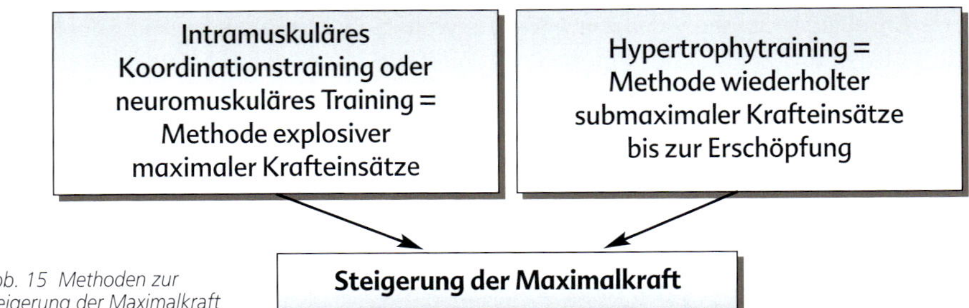

Abb. 15 Methoden zur Steigerung der Maximalkraft

(modifiziert nach Boeckh-Behrens, W.-U./Buskies, W.: Fitness-Krafttraining. Rowohlt Taschenbuchverlag, Hamburg 2000)

Schnellkraft: Schnellkraft ist die Fähigkeit des neuromuskulären Systems, innerhalb kürzester Zeit einen möglichst großen Kraftstoß zu produzieren.
Die Schnellkraft steht in Abhängigkeit von der Maximalkraft, von der Zusammensetzung der Muskelfaser (slow oder fast twitch), vom Frequenzierungsvermögen (maximale Anzahl der Aktionspotenziale pro Zeit) sowie von der Vordehnung und den Hebelgesetzen der Muskulatur als auch von der Dauer der geplanten Bewegung.

Voltigieren ist eine Sportart, die von schnell-kräftigen Bewegungen lebt. Besonders bei den Bodensprüngen wird sie dringend benötigt, da diese mit sehr kurzen Bodenkontaktzeiten verbunden sind.
Es bietet sich an, zwei Definitionen von Schnellkraft zu differenzieren. Auf der einen Seite kommt das Ziel zum Ausdruck, eine Bewegung in kurzer Zeit auszuführen, wie z.B. der Bodensprung, welcher innerhalb eines Galoppsprunges erfolgt, also Zeiten unterhalb von 250 ms. Auf der anderen Seite definiert sich die Schnellkraft darüber, dass man nicht zeitlimitiert einem Gegenstand eine hohe Endgeschwindigkeit erteilen muss (Zeiten über 300 ms.), somit die muskuläre Leistungsfähigkeit zum Ausdruck kommt (Trusker 1994), z.B. beim Aufsprung, der über mehrere Galoppsprünge vorbereitet werden kann, bevor der Voltigierer beim Absprung einen hohen Kraftstoß produziert.

Reaktivkraft: Die Reaktivkraft modifiziert die Schnellkraft in der Hinsicht, dass der Kraftstoß innerhalb des Dehnungs-Verkürzungs-Zyklus (DVZ) stattfindet. Sie ist deshalb auch separat zu trainieren. Folgt auf eine exzentrische Kontraktion prompt eine konzentrische Kontraktion, so kommt es zu einer besonders großen Kraftentwicklung. Zum Ausdruck kommt die Reaktivkraft bei Tief-Hoch-Sprüngen. Beim Voltigieren wird das reaktive Sprungvermögen besonders gefordert, wenn ein Bodensprung aus einer großen Höhe erfolgt, z.B. über eine Handstandposition zum Bodensprung mit unmittelbarem Aufsprung auf das Pferd. Die Reaktivkraft ist auch dann gefragt, wenn man die Voltigierer, zur Verbesserung der Landung, nach einem Absprung einen sofortigen Strecksprung anfügen lässt.

Faktoren der Reaktivkraft sind der Muskelfaserquerschnitt und die Muskelfaserzusammensetzung sowie das Verhalten der Elastizität und der Innervation von Muskeln, Sehnen und Bändern. Man spricht in diesem Kontext auch von **reaktiver Spannungsfähigkeit**, welche die Grundvoraussetzung für die Reaktivkraft bildet.

Kraftausdauer: Kraftausdauer ist die von der Maximalkraft abhängige Ermüdungswiderstandsfähigkeit gegen lang andauernde oder sich wiederholende Belastungen. Die Krafteinsätze können statisch und dynamisch sein.

Mit folgenden Definitionen lässt sich die Kraftausdauer quantitativ erfassen:

Kraftausdauer ist die Fähigkeit, bei einer bestimmten Wiederholungszahl von Kraftstößen innerhalb eines definierten Zeitraumes die Verringerung der Kraftstoßhöhen möglichst gering zu halten (vgl. MARTIN ET AL. 2001, S. 109).

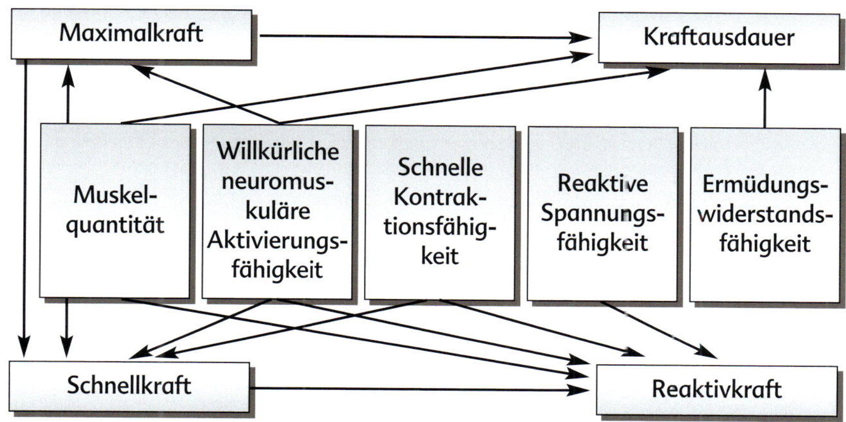

Abb. 16 Dimensionen der Kraft und ihre Zuordnung zu den einzelnen Kraftfähigkeiten
(modifiziert nach BOECKH-BEHRENS, W.-U./BUSKIES, W.: Fitness-Krafttraining. Rowohlt Taschenbuchverlag, Hamburg 2000)

Um Anpassungserscheinungen erreichen zu können, muss ein Training richtig strukturiert sein. Dieses gilt natürlich auch gerade für das Krafttraining. Um optimal trainieren zu können, muss ich unter Zugrundelegung der biologischen Gesetzmäßigkeiten sogenannte Belastungsvorgaben (Belastungsnormative) beachten.

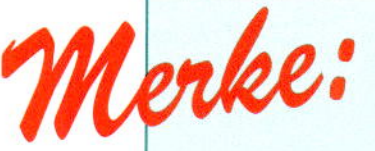

Unter Belastungsnormativen versteht man Begrifflichkeiten wie Belastungsintensität, Belastungsdauer, Wiederholungszahl, Pausendauer/-gestaltung, Trainingshäufigkeit.

Kraftform	**Komponenten**	**Hauptsächliche Einflussfaktoren**			
		Morphologisch, Biomechanisch	Nerval	Energetisch	Motival
Maximal-kraft		• physiologischer Querschnitt • %-Satz FT-/ST-Faserfläche • Muskellänge	• Frequenzierung und Synchronisation (= intramuskuläre Koordination) • zentrales Innervationsmuster (= intermuskuläre K.)	• anaerob-alaktazider Stoffwechsel mit Energieflussrate	• Willensstoßkraft • Verarbeitung hemmender Faktoren
Schnellkraft	• Maximalkraft - Explosiv- u. Startkraft • muskuläre Leistungsfähigkeit	- physiologischer Querschnitt - %-Satz FT-/ST-Faserfläche - Vordehnung - Kontraktions-geschwindigkeit	- Frequenzierung und Rekrutierung in der Zeit mit Asynchronität (= intramuskuläre Koordination) - zentrales Innervationsmuster und reflektorische Steuerung (= intermuskuläre K.)	- anaerob-alaktazider Stoffwechsel mit Energieflussrate	- Willensstoßkraft - Verarbeitung hemmender Faktoren

Kraftform	Komponenten	Hauptsächliche Einflussfaktoren			
Reaktiv-kraft	• Maximalkraft • Explosiv- u. Startkraft • reaktive Spannungsfähigkeit	• physiologischer Querschnitt • %-Satz FT-/ ST-Faserfläche • Kontraktions-geschwindigkeit • Stiffness des tendomuskul. Systems	• Rekrutierung und Frequenzierung in der Zeit mit Asynchronität • zentrales Innervations-muster (= Basisinnervation) • Vorinnervation • Reflexinnervation	• anaerob-alaktazider Stoffwechsel mit Energieflussrate • Speicherung und Nutzung elastischer Energie	• Willensstoßkraft
Maximal-kraft-ausdauer	• Maximalkraft • alaktazide Stoff-wechselleistung	• physiologischer Querschnitt • %-Satz FT-/ ST-Faserfläche	• Frequenzierung und Rekrutierung • zentrales Innervations-muster • Transmitterkonzen-tration • Ca^{2}+-Konzentration (interfilamentär)	• anaerob-alaktazider Stoffwechsel • H+-Ionenbildung (ph-Wert-Senkung)	• Willensspann-kraft
(Submaxim.) Kraftaus-dauer	• Maximalkraft - laktazide Stoff-wechselleistung	• physiologischer Querschnitt	• Frequenzierung und Rekrutierung • zentrales Innervations-muster	• anaerob-alaktazider Stoff-wechsel • ph-Wert (intra-zellulär)	• Willensspann-kraft
(Aerobe) Ausdauer-kraft	• Maximalkraft • aerobe Stoff-wechselleistung	• physiologischer Querschnitt • %-Satz der ST-Fasern	• Frequenzierung und Rekrutierung • zentrales Innervations-muster	• aerob-glykolytischer Stoffwechsel	• Willensspann-kraft

Tab. 4: Übersicht zu den Kraftformen, ihren Komponenten und hauptsächlichen Einflussfaktoren
(modifiziert nach Grosser, M./Starischka, S./Zimmermann, E.: Das neue Konditionstraining. BLV Verlag, München 2001)

Des Weiteren muss die Trainingsmethode gekennzeichnet werden. In nachfolgender Tabelle (s. Tab. 5) sind exemplarisch verschiedene Trainingsmethoden in Bezug auf Krafttraining dargestellt, die eine Relevanz für den Voltigiersport aufweisen. Unter Berücksichtigung der Belastungsnormative kann die Umsetzung der einzelnen Trainingsmethoden in der Praxis wie folgt aussehen:

Methode/ Trainingsart	Wirkung	Anwendung	Kraftform
Muskelaufbautraining	Vergrößerung des Muskelfaserquerschnitts	Basis für alle Sportarten	Maximalkraft (Teil 1)
Intramuskuläres Koordinationstraining (IK-Training)	Erhöhung des Anteils der beteiligten motorischen Einheiten, Verbesserung des Zusammenspiels	im Leistungssport für alle Schnellkraft-disziplinen, u.a. Voltigieren	Maximalkraft (Teil 2)
Pyramidentraining (Kombinationsmethode)	wie Muskelaufbautraining + IK-Training	für alle Schnellkraftsportarten u.a. Voltigieren	Maximalkraft (Teil 1 und 2)
Schnellkraft-methoden	Erhöhung der nerval abgestuften Impuls-frequenz an den Muskel (Frequenzierung) und der Kontraktions-geschwindigkeit	für alle Schnellkraftsport arten, u.a. Voltigieren	Schnellkraft Reaktivkraft
Plyometrisches Training	Erhöhung der reaktiven Spannungsfähigkeit	für alle Schnellkraftsportarten, u.a. Voltigieren	Reaktivkraft

Tab. 5: Übersicht über verschiedene Krafttrainingsmethoden
(modifiziert nach Grosser/Ehlenz/Griebl/Zimmermann 2000, S. 29)

Da in der Trainingspraxis nicht immer leistungsdiagnostische Verfahren zur Verfügung stehen (vgl. Kap. 1.3) hat sich die Einstufung der Belastungsintensität über sogenannte RPE- Skalen (Rate-of-perceived-exertion) bewährt. Die Ermittlung der richtigen Last beim Krafttraining erfolgt dabei über die Einschätzung des subjektiven Belastungsempfindens. Der Anstrengungsgrad bei einer Übung wird den Prozentangaben der Maximalkraft zugeordnet (s. Tab. 6).

Wert	Einschätzung	Belastung (% Maximalkraft)
1	sehr leicht	0 - 10 %
2	leicht	10 - 30 %
3	etwas anstrengend (leicht bis mittel)	30 - 50 %
4	anstrengend (mittel)	50 - 70 %
5	schwer	70 - 90 %
6	sehr schwer	90 -100 %

Tab. 6: Modifizierte RPE Skala
(modifiziert nach Froböse/Fiehn 2003, S. 16)

Muskelaufbautraining (Hypertrophiemethode)

Die unter methodischen Gesichtspunkten am Anfang stehende Trainingsart zur Maximalkraftsteigerung ist das Muskelaufbautraining.

Ziel: Muskelfaserquerschnittvergrößerung
Belastungsintensität: 40–80 % der Maximalkraft
Wiederholungszahlen: ca. 8–15
Pausendauer: 1–4 Min. zwischen den Sätzen
Sätze (Serien): 3–5 je nach Leistungsniveau
Bewegungstempo: mittleres Bewegungstempo

Intramuskuläres Koordinationstraining

Der zweite Teil des Maximalkrafttrainings (s. Tab. 5) besteht aus dem so genannten IK-Training. Ziel dieser Trainingsform ist das synchrone Arbeiten möglichst vieler motorischer Einheiten. Motorische Einheiten bestehen aus Nervenfasern, die zum Muskel führen, und aus Muskelfasern, die sich durch die angesprochenen Nervenreize kontrahieren. Ein Muskel hat viele motorische Einheiten. Ein Untrainierter kann aber nicht viele dieser motorischen Einheiten synchron aktivieren. Das führt dazu, dass im Gegensatz zu einem Trainierten weniger Kraft aufgebracht werden kann. Hier setzt nun das IK-Training ein und aktiviert möglichst viele motorische Einheiten zusammen, damit eine größere Maximalkraft aufgebracht werden kann. Wichtig ist allerdings, dass ein bestimmtes Maß an Maximalkraft durch das Muskelaufbautraining erreicht worden ist.

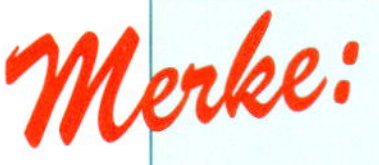

Intramuskuläres Krafttraining ist aufgrund der hohen Belastungsgröße von 85–100 % nur für geübte Sportler geeignet und ergänzt das Muskelaufbautraining. Für untrainierte Sportler ist diese Form des Krafttrainings gänzlich ungeeignet.

Ziel: Verbesserung des neuromuskulären Zusammenspiels, Steigerung der Maximalkraft
Belastungsintensität: 85–100 % der Maximalkraft
Wiederholungszahlen: ca. 1–5
Pausendauer: 1–4 Min. zwischen den Sätzen, je nach Leistungsniveau
Sätze (Serien): ca. 3–5 (–15) je nach Leistungsniveau
Bewegungstempo: explosiv

Pyramidenmethode

Die Pyramidenmethode ist eine Kombinationsmethode aus Muskelaufbautraining und IK-Training. Man unterscheidet z.B. ein normales Pyramidentraining (Abb. 17) und ein doppeltes Pyramidentraining (Abb. 18). Wird der Kraftzuwachs durch Muskelaufbautraining angestrebt, stehen eher hohe Wiederholungszahlen und gemäßigte Belastungsintensität im Vordergrund. Will der Sportler den Kraftzuwachs durch IK-Training erreichen, legt er mehr Wert auf wenig Wiederholungen und größere Gewichte. Die beiden vorliegenden Pyramidentrainingsarten sind exemplarisch anzusehen und können in der Praxis je nach Ziel modifiziert werden.

Schnellkrafttraining

Beim Schnellkrafttraining werden in der Literatur verschiedene Methoden unterschieden. An dieser Stelle werden wir exemplarisch eine dieser Methoden herausstellen. Die nachstehende Methode wird als Schnellkraftmethode oder auch Methode der explosiv-ballistischen Krafteinsätze bezeichnet. Ziel des Schnellkrafttrainings ist es, die Kontraktionsgeschwindigkeit der Muskelfasern zu steigern. Dieses ist z.B. beim Aufsprung oder bei den Schwungübungen wichtig. Zusätzlich sollen sowohl die intramuskuläre Koordination als auch das Zusammenspiel mehrerer Muskeln verbessert werden.

Ziel:	s.o.
Belastungsintensität:	85–30 % und weniger
Wiederholungszahlen:	ca. 3–8
Pausendauer:	2–8 Min. zwischen den Sätzen, je nach subjektivem Empfinden
Sätze (Serien):	3–7 je nach Leistungsniveau
Bewegungstempo:	explosiv

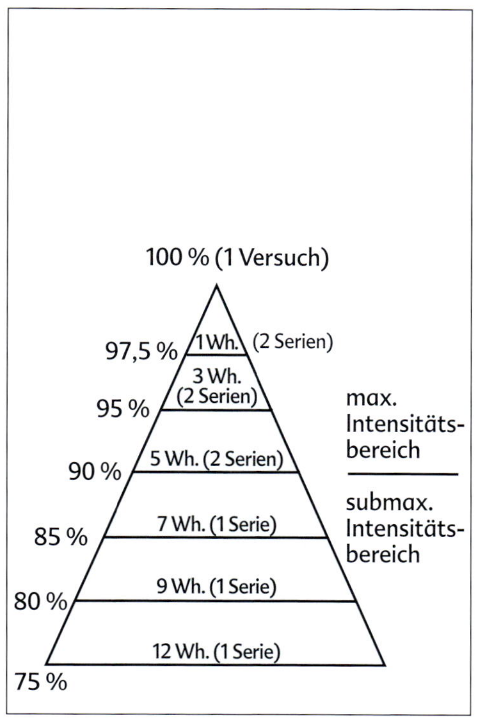

Abb.17 Darstellung einer „normalen Pyramide"

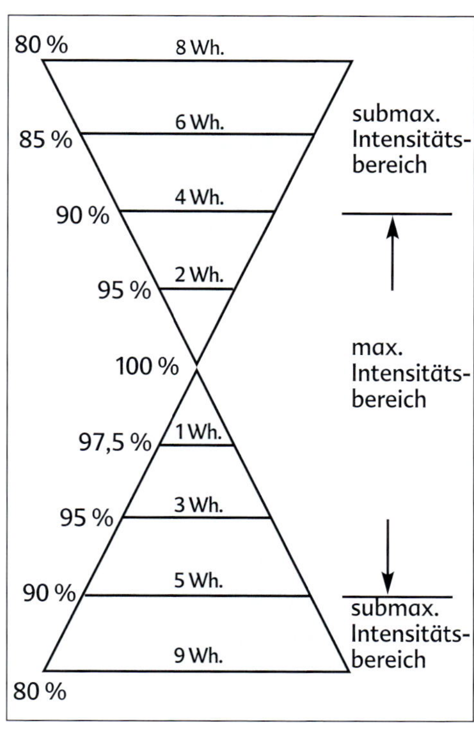

Abb. 18 Darstellung einer „Doppelpyramide"

(modifiziert nach GROSSER, M./STARISCHKA, S./ZIMMERMANN, E.: Das neue Konditionstraining. BLV Verlag, München 2001)

Reaktivkrafttraining

Bei allen Sprungformen wie auch bei den Landungen im Voltigiersport tritt der so genannte Dehnungs-Verkürzungsmechanismus auf. Um den Muskel für diese Belastungen zu schulen, muss er extra trainiert werden. Die für diese Belastung effektivste Trainingsform ist die Reaktivkraft- oder plyometrische Methode).

Ziel:	s.o.
Belastungsintensität:	maximal bis 150 % (Intensitäten >100 % kommen durch die exzentrischen Belastungen zustande)
Wiederholungszahlen:	ca. 8–10
Pausendauer:	2–8 zwischen den Sätzen, je nach subjektivem Empfinden
Sätze (Serien):	3–5 je nach Leistungsniveau
Bewegungstempo:	explosiv

Je nach Leistungsstand besteht das Reaktivkrafttraining anfangs aus Hüpfübungen, dann aus Sprungübungen und später aus Tief-Hochsprüngen. Dabei ist auf eine allmähliche Steigerung der Belastungsintensität zu achten.

Merke: **Die vorliegenden Trainingsformen sind exemplarisch anzusehen. Sie beziehen sich auf Jugendliche und Erwachsene. Krafttraining mit Kindern an Geräten/Gewichten ist mit Vorsicht zu betrachten. Hierbei dürfen nur ausgewählte Trainingsmethoden herangezogen werden. Außerdem ist z.B. auf Reaktivkrafttraining mit Kindern zu verzichten, da sie sich noch im Wachstum befinden und sich durch forciertes Landetraining wie Tief-HochSprüngen dauerhafte Schäden am Bewegungsapparat zuziehen können!**

Da Voltigieren zu den Schnellkraftsportarten gehört, liegt die optimale Trainingshäufigkeit bei ca. 4–5 Einheiten pro Woche. Für einen minimalen Trainingseffekt sollte aber mindestens 2-mal pro Woche eine Krafttrainingseinheit absolviert werden.

Hinweise zu weiterführender Literatur:

Boeckh-Behrens, W-U./ Buskies, W.: Fitness-Krafttraining. Hamburg 2010.
Grosser, M./Starischka, S./Zimmermann, E.: Das neue Konditionstraining. München 2012.
Ehlenz, H./Grosser, M./Zimmermann, E.: Krafttraining. München 2003.

Ausdauer

Ausdauer ist die Fähigkeit, eine bestimmte muskuläre Leistung lang andauernd zu erbringen, also ermüdungswiderstandsfähig zu sein (DE MARÉES 2002). Anders ausgedrückt bedeutet dies:

Ausdauer = Ermüdungswiderstandsfähigkeit + schnelle Erholungsfähigkeit
(GROSSER/STARISCHKA/ZIMMERMANN 2001)

Man unterscheidet in der Sportmedizin zwischen lokaler und allgemeiner Ausdauer. Dabei ist der Anteil der beteiligten Muskulatur entscheidend. HOLMANN/HETTINGER sprechen von einer lokalen Ausdauer, wenn der Anteil der beteiligten Muskulatur < 1/6–1/7 der Gesamtmuskulatur beträgt. Folglich fällt alles Weitere unter die allgemeine Ausdauer.

In der Trainingslehre und speziell für unseren Sport bedeutsam, kann die Ausdauer auch in Kurz-, Mittel- und Langzeitausdauer eingeteilt werden sowie in Grundlagenausdauer und spezielle Ausdauer (vgl. GROSSER/STARISCHKA/ZIMMERMANN 2001).

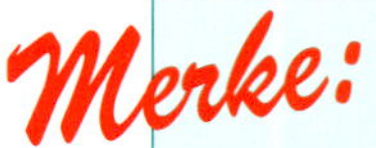

Die Grundlagenausdauer ist als Basis für die Entwicklung weiterer Fähigkeiten zu verstehen (tätigkeitsunabhängig), während die spezielle Ausdauer die Anpassung an die spezielle Belastung und Beanspruchung im Voltigiersport als Charakteristikum hat. Die zweite Form der Ausdauer kann als Basisausdauerfähigkeit in Bezug auf den Voltigiersport bezeichnet werden.

Innerhalb der **speziellen Ausdauer** kann zusätzlich unterschieden werden in

- *Kurzzeitausdauer:* Hier spricht man von maximaler Belastungsintensität in einem Zeitraum von ca. 35 Sekunden bis maximal 2 Minuten. Im Voltigieren lassen sich in diese Kategorie fast alle Sparten integrieren, z.B. Einzelvoltigieren (Pflicht/Kür), Doppelvoltigieren, einzelne Pflichtblöcke im Gruppenvoltigieren etc.
- *Mittelzeitausdauer:* Hierbei ist eine Zeitvorgabe von ca. 2–10 Minuten zu nennen, in der eine Leistung mit fast maximaler Intensität ausgeführt wird. Die Form der Ausdauer finden wir im Voltigieren nur bei speziellen Trainingseinheiten.
- *Langzeitausdauer (LZA):* Die in der Literatur wiederum unterteilte Langzeitausdauer in Kategorien LZA I bis LZA IV ist streng genommen nur bei der Betrachtung einer gesamten Trainingseinheit wiederzufinden. Denn Zeitvorgaben > 10 Minuten mit submaximaler bis geringer Belastungsintensität sind die Charakteristika dieser Form.

Um detailliert die allgemeine und spezifische Grundlagenausdauer erklären und Anpassungsvorgänge durch Ausdauertraining beschreiben zu können, müssen zuerst leistungslimitierende Faktoren dargelegt werden.

Der am meisten leistungslimitierende Faktor für den Bereich der Ausdauer ist der Laktatspiegel. Laktat ist das Salz der Milchsäure und fällt als Abbauprodukt bei körperlicher Arbeit in der Muskelzelle an. Bei der körperlichen Arbeit mit niedriger Intensität ist schon ein gewisser Laktatspiegel vorhanden, z.B. beim lockeren Jogging. In niedrigen Intensitätsbereichen kann der Sportler diese Form der körperlichen Arbeit relativ lange durchführen. Wird nun die Intensität erhöht, z.B. durch die Steigerung der Geschwindigkeit, erhöht sich auch der Laktatspiegel. Mit weiterer Intensitätszunahme nimmt auch der Laktatwert im Muskel zu. Allerdings tritt nun das Problem auf, dass der Wert nicht kontinuierlich gesteigert wird. Ab einem bestimmten Punkt, etwa bei einem Laktatwert von 4 mmol/l geht der Wert explosionsartig in die Höhe. Er steigert sich so lange, bis der Sportler die Belastung abbrechen muss. Der entscheidende Grund für den Abbruch liegt beim Laktat. Das Salz der Milchsäure übersäuert mit zunehmendem Volumen die

Muskulatur, sodass ab einem bestimmten Punkt ein Arbeiten dieser nicht mehr möglich ist. Man spricht in der Sportmedizin davon, dass der menschliche Organismus in der Lage ist, bis zu einem Wert von ca. 4 mmol/l das Laktat so abbauen zu können, dass ein weiteres Arbeiten der Muskulatur über eine längere Zeitdauer nicht gefährdet ist. Ziel des Ausdauersportlers ist es, eine körperliche Belastung mit einer hohen Intensität über einen langen Zeitraum durchführen zu können. Dieses geht aber nur dann, wenn sich der Laktatwert bei dieser Belastung in Grenzen hält und einen bestimmten Wert nicht überschreitet. Dieser liegt um die 4 mmol/l und ist je nach Sportler und Trainingszustand individuell. Die Grenze wird anaerobe Schwelle genannt und bezieht sich auf den Laktatwert im Blut. Der beste Trainingsbereich liegt zwischen 2 und 4 mmol/l (aerob-anaerober Übergang).

Ziel des Kurzzeitausdauerathleten ist es dagegen, mit einem sehr hohen Laktatspiegel möglichst lange körperliche Arbeit verrichten zu können. Es wird hierbei von Laktattoleranz gesprochen.

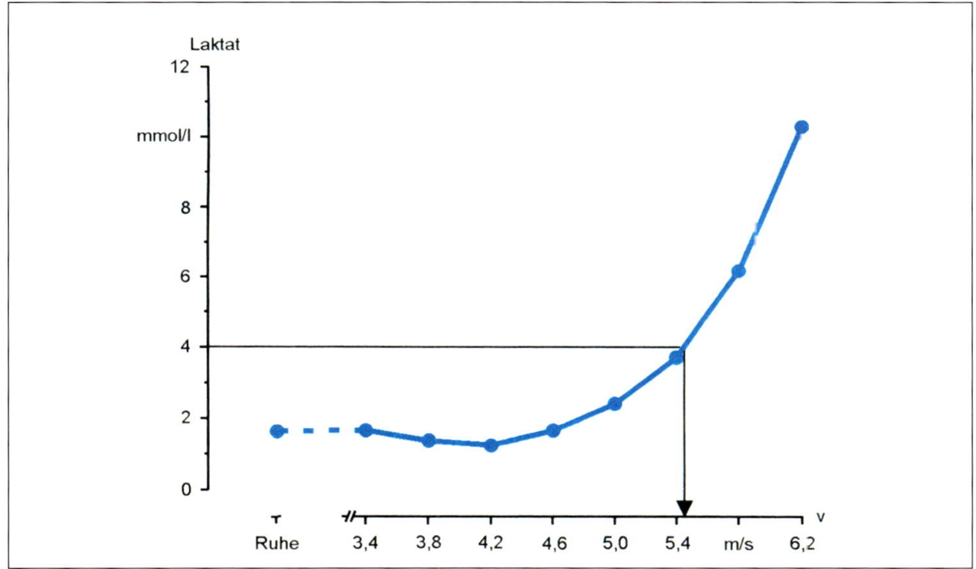

Abb. 19 Bestimmungsmethode der aerob-anaeroben Schwelle nach Mader

Quelle: Marées, H.: Sportphysiologie. Sport und Buch Strauß, Köln 2002

Weitere Faktoren, die die Leistungsfähigkeit begrenzen, sind unter anderem die Sauerstoffaufnahme, das hormonelle System und die momentanen Strukturen des aktiven und passiven Bewegungsapparates.

Trainingsmethoden für die Ausdauer

In der Literatur wird eine Vielzahl verschiedener Möglichkeiten zum Training der Ausdauer angeboten. Im Voltigiersport wird aber keine Ausdauer wie z.B. beim Marathonlauf verlangt. Es genügt in diesem Sport, dass eine Grundlagenausdauer erworben wird und anschließend spezifisch Kurzzeitausdauer für die Durchführung der individuellen Leistungsanforderungen trainiert wird. Diese kann direkt voltigiergebunden am Pferd erfolgen. Als Beispiel kann hier das mehrmalige Wiederholen von hintereinandergeschalteten Übungsabfolgen dienen. Diese werden durch eine gewisse Pause zwischen den Durchgängen ergänzt.

Praktisch sieht das dann z.B. folgendermaßen aus:
Durchgang 1: gesamte Pflicht im Galopp wie beim Einzelvoltigieren
ca. 2–3 Min. Pause
Durchgang 2-4: wie Durchgang 1

Wird die Pausengestaltung dabei so angelegt, dass keine vollständige Erholung möglich ist, so nennt man die Methode **Intervalltraining**. In dem Fall der vollständigen Erholung (z.B. 10–12 Min. Pause) zwischen den Durchgängen wird von der **Wiederholungsmethode** gesprochen. Zum Erwerb der Grundlagenausdauer bietet sich die **Dauermethode** an.

Dauermethode

Belastungsdauer:	ca. 30–60 Min.
Intensität:	mittlere Intensität (50–70 % der max. Belastungsfähigkeit) (Faustformel: ca. 130–150 Pulsschläge/min)
Trainingshäufigkeit:	optimal 3- bis 4-mal pro Woche

Die angegebenen Werte beziehen sich auf ältere Jugendliche und Erwachsene!

Ziele, die mithilfe des Ausdauertrainings erreicht werden können:

- Erwerb einer Grundlagenausdauer
- Verbesserung der Herz-Kreislauf-Tätigkeit, d.h. Verbesserung des Herzminutenvolumens durch z.B. erhöhte Sauerstoffaufnahmekapazität, Vergrößerung des Schlagvolumens
- Ökonomisierung der Atemtätigkeit durch Verbesserung des Atemminutenvolumens, vor allem durch die Steigerung des Atemzugvolumens (s. auch Kap. 1.1.2)
- Verbesserung der Regenerationsfähigkeit, d.h. schnellere Erholung nach Belastung
- Verbesserung der Belastungsfähigkeit im Training und im Wettkampf sowohl physisch als auch psychisch (z.B. Konzentrationsfähigkeit)
- Verbesserung des Muskel-Fett-Verhältnisses durch Steigerung der Fettverbrennung

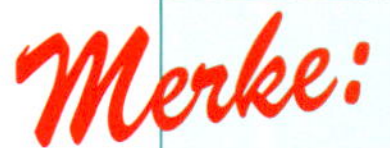

Prinzipiell gilt: Kinder sind keine kleinen Erwachsenen! Das Training muss demnach anders gestaltet werden als das mit älteren Jugendlichen und Erwachsenen!

Ausdauertraining mit Kindern

Beim Ausdauertraining mit Kindern ist darauf zu achten, dass eine Grundlagenausdauer erlangt wird. Diese kann durch kleine Spiele und spezielle Trainingsformen am Pferd geschult werden. Denn durch Stations- oder Zirkeltraining können schon Ausdaueraspekte abgedeckt werden. Dieses können Stationen wie Übungs-/Holzpferd, Boden und Pferd sein, die nacheinander mit einer gewissen Intensität durchlaufen werden, sodass die Herz-Kreislauf-Tätigkeit andauernd angeregt bleibt. Wird dennoch mit Kindern beispielsweise im Sommer auch mal ein Waldlauf durchgeführt, so sollte der Trainer beachten, dass die Laufzeit in Minuten das Alter des Kindes nicht überschreitet. Für die Praxis bedeutet das, dass z.B. ein Kind von zehn Jahren nicht länger als 10 Minuten am Stück läuft und dass zwischen den Laufintervallen genug Pausenzeit zur Erholung gelassen wird. Zudem sollte auf eine gleichmäßige Geschwindigkeit geachtet und Zwischen- und Endspurts sollten vermieden werden. Zusatzaufgaben wie Hindernisse o.Ä. steigern die Motivation und sind erwünscht. Herzfrequenzen von 180–220 sind bei Kindern nichts Ungewöhnliches, zeigen dem Trainer aber die maximale Leistungsfähigkeit des Sportlers an und sollten dem Übungsleiter als Wegweiser für das weitere Vorgehen in der Trainingseinheit dienen.

Hinweise zu weiterführender Literatur:
GROSSER, M./STARISCHKA, S./ZIMMERMANN, E.: Das neue Konditionstraining. München 2012.
MARÉES, H. DE: Sportphysiologie. Köln 2003.

Beweglichkeit

Die Beweglichkeit ist innerhalb der Sportwissenschaft als eine Mischform aus konditioneller und koordinativer Fähigkeit zu betrachten (vgl. WILLIMCZIK 2000 und GROSSER/STARISCHKA/ZIMMERMANN 2001). Als Synonyme sind in der Literatur auch Begriffe wie Flexibilität, Gelenkigkeit und Biegsamkeit zu finden.

Die Beweglichkeit ist die Fähigkeit und Eigenschaft des Sportlers, Bewegungen mit großer Schwingungsweite selbst oder unter dem unterstützenden Einfluss äußerer Kräfte in einem oder mehreren Gelenken ausführen zu können (WEINECK 2000, S. 488).

Man unterscheidet in allgemeine und spezielle Beweglichkeit. Unter der allgemeinen Beweglichkeit wird die Bewegungsmöglichkeit in den wichtigsten Gelenksystemen wie Schulter-, Hüftgelenk und Wirbelsäule verstanden. Ausschlaggebend ist der normale durchschnittliche Umfang, der hier betrachtet wird. Anders verhält es sich bei der speziellen Beweglichkeit. Sie bezieht sich auf für bestimmte Bewegungen unerlässliche Bewegungsmöglichkeiten. Hierbei unterscheidet man die verschiedenen Sportarten. Ein Hürdenläufer braucht eine andere Beweglichkeit als ein Handballer und ein Voltigierer muss flexibler sein als ein Ruderer. Jedoch gibt es verwandte Sportarten, die ähnlich gelagerte Voraussetzungen in Bezug auf die Beweglichkeit haben und deshalb gut vergleichbar sind. Sehr viel Beweglichkeit verlangen das Turnen, die rhythmische Sportgymnastik und natürlich der Voltigiersport. Wie kann die Höchstnote in der Mühle oder im Aufsprung vergeben werden, wenn das Hüftgelenk nicht ein übergroßes Maß an Bewegung zulässt. Aber auch in der Fahne heißt ein Hauptkriterium Bewegungsweite im Hüft- und Schultergelenk. Wie viele Kürübungen wären ohne ein gewisses Maß an Gelenkigkeit undurchführbar. Dieses sind nur ein paar wenige Gründe, die dafür sprechen, Beweglichkeit forciert zu trainieren.

Die Beweglichkeit besteht weiterhin aus zwei Komponenten. Sie teilt sich auf in Gelenkigkeit und Dehnfähigkeit.

Beweglichkeit	**=**	**Dehnfähigkeit + Gelenkigkeit**
Dehnfähigkeit	**=**	**Dehnfähigkeit von Muskeln, Sehnen, Bändern und Gelenkkapseln**
Gelenkigkeit	**=**	**Bewegungsausmaß in Abhängigkeit von der Gelenkstruktur**

Weiterhin kann Beweglichkeit sowohl aktiv (aktive Beweglichkeit) durch den Sportler erfolgen als auch passiv durch einen Partner oder z.B. durch die Schwerkraft (passive Beweglichkeit). Des Weiteren kann die Endposition eines Gelenkes gehalten (statische Beweglichkeit) oder die volle Schwingungsweite durch Bewegung ausgeschöpft werden (dynamische Beweglichkeit).

Trainingsmethoden zur Verbesserung der Beweglichkeit

Die Frage nach der besten Trainingsmethodik ist sehr schwer zu beantworten, da sich die Wissenschaft nicht einig über Methoden und Effekte ist. Im Weiteren soll versucht werden, einen möglichen Weg zur Verbesserung der Beweglichkeit darzustellen.

Unbestritten ist, dass Beweglichkeit trainierbar ist und auch trainiert werden muss. Denn spätestens mit dem Eintritt in die Pubertät (ca. 11./12. Lebensjahr) wird der bis dahin relativ bewegliche Organismus in seiner Flexibilität eingeschränkt. Dem Vorgang gilt es entgegenzuarbeiten, und dies am besten täglich. Dabei ist zusätzlich ein geschlechtsspezifischer Unterschied erkennbar, denn Mädchen und Frauen sind beweglicher als Jungen und Männer. Gründe dafür lassen sich zum einen an anatomischen Unterschieden festmachen, sind aber auch im hormonellen System zu finden. Jedoch darf diese Aussage nicht als Grund dafür gesehen werden, um sich in eine Art fatalistischer Haltung seinem Schicksal zu ergeben, denn ein spezielles Training kann bei der Erweiterung der Schwingungsweite helfen. Hierbei gilt es, vor allem Einfluss auf verkürzte Muskulatur zu nehmen. Verschiedene Möglichkeiten werden dem Sportler durch die unterschiedlichsten Dehnmethoden gegeben.

Dehnmethoden

Man unterscheidet grob in dynamische und statische Methoden zur Verbesserung der Beweglichkeit. Alle Methoden haben in der Wissenschaft zu umstrittenen Ergebnissen in diversen Studien geführt, sodass man nicht von der absolut besten Technik sprechen kann. Vielmehr haben alle bestimmte Effekte auf den menschlichen Organismus und deshalb mehr oder weniger stark ihre Daseinsberechtigung. Bevor nun auf die einzelnen Methoden gesondert eingegangen wird, ist es wichtig, vorab zu klären, wann, warum und wie oft trainiert werden soll.

Gedehnt werden muss auf jeden Fall, um die spezielle Beweglichkeit in unserem Sport gewährleisten zu können. Zu diesem Zweck ist es sinnvoll, so oft wie möglich an der Beweglichkeit zu arbeiten. Wichtig ist in diesem Zusammenhang der Zeitpunkt. Geeignet sind spezielle Trainingseinheiten, die zusätzlich zum eigentlichen Voltigiertraining erfolgen müssen. Jedoch ist Vorsicht geboten beim Dehnen nach und während Krafttrainingseinheiten. Denn hier können Muskelkater und weitere Muskelverletzungen durch forciertes Dehnen gefördert werden (vgl. WIEMANN/KLEE 1999).

Früher wie auch heute wurde und wird sehr viel und sehr lange vor dem Training wie auch vor dem Wettkampf gedehnt. Zu welchem Zweck? Jahrelang ist man davon ausgegangen, dass Dehnen vor Verletzungen schützt und präventiv wirkt. Diese Annahme ist mittlerweile relativiert worden. Unumstritten ist, dass man durch kurzfristiges Dehnen, in welcher Form auch immer, das Nerv-Muskel-System auf die bevorstehende Leistung vorbereiten kann. Jedoch ist eine Verletzungsprophylaxe besser durch intensives Bewegen in anderer Form durchzuführen (s. auch Kap. 2.3 Aufwärmtraining).

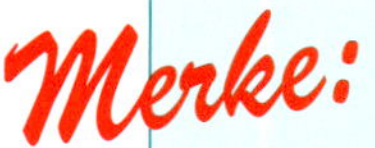

Ein kurzzeitiges „Andehnen“ der Muskulatur (ca. 5–8 Sek.) **während des Aufwärmprogramms** rüstet den Körper für bevorstehende Aufgaben und beugt Verletzungen vor.
Leichtes Dehnen („Entmüdungsdehnen“) **nach der Hauptbeanspruchung** unterstützt Regenerationsprozesse.
Bewegungserweiterndes Dehnen sollte **in einer separaten Trainingseinheit durchgeführt werden.**

Des Weiteren gibt es verschiedene Theorien und Studien, die aufgrund verschiedener physiologischer Erscheinungen die forcierte Dehntätigkeit in der Aufwärmarbeit negieren. So gehen WIEMANN/KLEE (1999) beispielsweise davon aus, dass ein intensives Dehnen vor einer Schnellkraftleistung (wie zum Beispiel beim Aufsprung) einen negativen Effekt auf die Leistung hat.

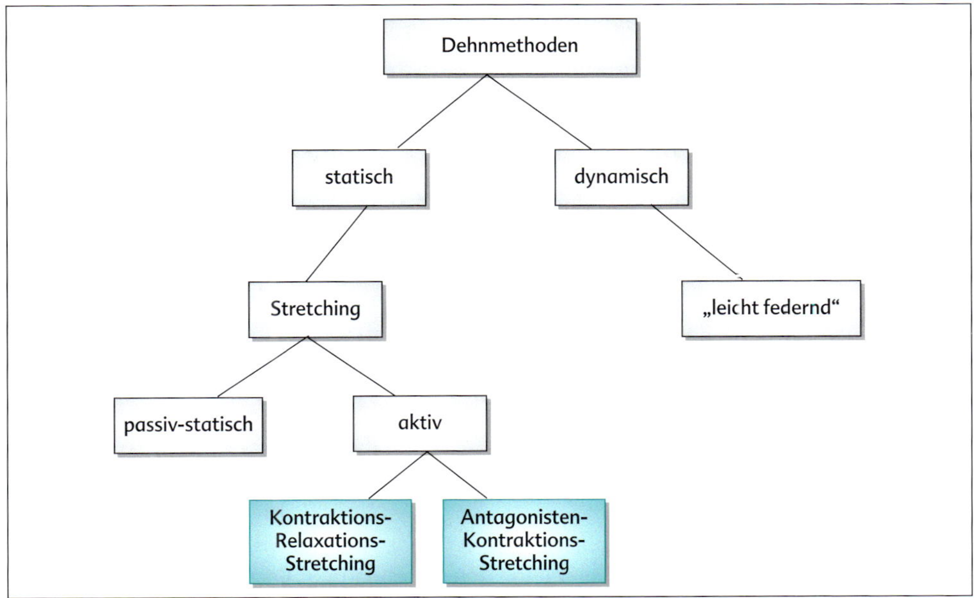

Abb. 20 Übersicht über mögliche Dehnmethoden
(modifiziert nach GROSSER/STARISCHKA/ZIMMERMANN 2001)

Dynamisches Dehnen

Unter dynamisches Dehnen werden Bewegungen gefasst, die leicht federnd, wippend oder schwingend an der Endstellung einer Gelenkstellung durchgeführt werden. Diese Form der Dehnung ist besonders für das Aufwärmtraining geeignet, da gleichzeitig eine leichte Kräftigung der Muskulatur erfolgt und der Nerv-Muskel-Komplex auf die bevorstehende Arbeit vorbereitet wird. Zusätzlich wird die inter- und intramuskuläre Koordination gefördert. Jedoch muss hier angemerkt werden, dass die Gefahr der Verletzung der Muskulatur größer ist als die beim Stretching. Als Konsequenz für die Praxis bedeutet dieses eine evtl. Überforderung für Anfänger. Statische Dehnformen wären hier eher geeignet.

Statisches Dehnen

- *Passiv-statisches Stretching*

  Der Muskel wird mit oder ohne Hilfe eines Partners in die Position gebracht, in der ein leichtes Spannungsgefühl verzeichnet wird, und dann gehalten. In der Position verharrt der Sportler ca. 10–60 Sekunden. Ein Minimum von ca. 10 Sekunden sollte gehalten werden, um den Muskel langsam an den Dehnreiz zu gewöhnen und reflektorische Kontraktionen des Muskels zu minimieren. Die Dehnung der betreffenden Muskulatur sollte ca. mit 2–3 Wiederholungen durchgeführt werden.

  Soll der Muskel aber nur innerhalb des Aufwärmtrainings auf die neue Belastung eingestellt werden, reicht ein kurzes Halten der Dehnposition (ca. 5–8 Sek.). Hierbei wird keine Bewegungserweiterung erzielt, sondern die Aufmerksamkeit auf den Muskel gelenkt, damit dieser bereit für die bevorstehende Leistung ist.

Aktives Stretching

Wie in Abb. 20 ersichtlich, unterscheidet man das aktive Stretching in zwei Gruppen:

- Aktivierung des Agonisten: Kontraktions-Relaxations-Stretching
- Aktivierung des Antagonisten: Antagonistenkontraktions-Stretching

Bei beiden Methoden nutzt der Sportler neuromuskuläre Reflexe, um die Dehnfähigkeit eines Muskels zu erweitern.

1. Kontraktions-Relaxations-Stretching

In der Literatur synonym verwendet werden Begriffe wie Postisometrische Relaxationsmethode, Dehnen nach Sherrington oder auch CHRS-Methode (contract, hold, relax, stretch). Gemeint ist die in der Sportpraxis am häufigsten durchgeführte Methode, die in nachstehend aufgeführter Form vollzogen wird:

1. Der Voltigierer nimmt die Dehnposition wie beim passiven Stretching ein, z.B. Dehnung der hinteren Oberschenkelmuskulatur (Ischiocrurale Muskelgruppe) in Rückenlage ein (s. Kap. Aufsprung).
2. Jetzt wird der zu dehnende Muskel (maximal) isometrisch angespannt. Dauer ca. 10 Sek. (in der Literatur ist umstritten, ob der Muskel mäßig oder maximal angespannt werden soll (vgl. GROSSER/STARISCHKA/ZIMMERMANN 2001 und WIEMANN/KLEE 1999).
3. Nach der Anspannungsphase erfolgt ein sofortiger Wechsel (innerhalb von ca. 2–5 Sek.) in die Dehnungsphase wie beim passiven Stretching. Dauer der Dehnposition wie oben beschrieben.

Die Vorgänge sind mehrmals bis zum leichten Spannungsgefühl zu wiederholen. Bei dieser Methode nutzt der Voltigierer durch Umschalten von Spannung auf Entspannung (Postisometrische Relaxation) Vorgänge zur Hemmung/Umgehung neuromuskulärer Reflexe aus.

2. Antagonisten-Kontraktions-Stretching

Auch bei dieser Form des aktiven Stretchings lassen sich der Literatur synonym verwendete Begriffe entnehmen. So findet man je nach Fachrichtung in der Physiotherapie Ausdrücke wie antagonistische Hemmung oder auch Dehnen nach Sherrington, während in der sportwissenschaftlichen Literatur unter anderem aktiv-statisches Dehnen zu finden ist. Die Durchführung sieht hier wie folgt aus:

1. Der Sportler nimmt wie bereits oben beschrieben die Dehnposition ein, Bsp. hintere Oberschenkelmuskulatur.
2. Nun spannt der Sportler die Gegenspieler (Antagonisten) an, dieses sind in unserem Beispiel die Hüftbeuger, und zieht damit aktiv weiter in die Dehnposition.
3. Anschließend erfolgt der Vorgang wie unter 3. der Kontraktions-Relaxations-Methode beschrieben.

Auch diese Vorgehensweise sollte mehrmals wiederholt werden. Durch die Anspannung der Hüftbeuger entspannt sich die hintere Oberschenkelmuskulatur reflektorisch und kann somit besser nachfolgend gedehnt werden.

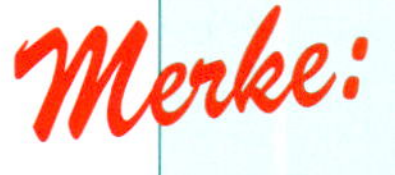

Die aktive Beweglichkeit, wie z.B. das Heben des Beines bei der Mühle, kann nur verbessert werden, wenn einerseits die betroffene Muskulatur gedehnt wird (z.B. hintere Oberschenkelmuskulatur) und andererseits die Gegenspieler (Hüftbeuger) gekräftigt werden.

Im Kindesalter (bis ca. 10./11. Lebensjahr) sollte mit anderen Methoden zur Beweglichkeitsverbesserung gearbeitet werden. Denn gerade die aktiven Dehntechniken setzen unter anderem Fähigkeiten wie Konzentration und Körpergefühl voraus, die viele Kinder in dem Alter noch vermissen lassen. Zusätzlich können Kinder im Sinne der Kosten-Nutzen-Rechnung mehr Fehler machen und damit gesundheitliche Schäden provozieren, als dass wirklich positive Effekte dabei herauskommen. Bei Kindern im oben angesprochenen Alter bietet es sich an, mithilfe einer Bewegungsvielfalt innerhalb der Voltigierstunden aktiv an der Beweglichkeit zu arbeiten. Dabei können Übungen, die neben einem beweglichkeitsfördernden Aspekt auch Ansprüche an die Koordination stellen, miteinander verbunden werden, z.B. Ausführen einer Nadel/ Standwaage mit unterschiedlichen Positionen der Hüfte (Hüftstreckung, Abduktion etc.). Diese Vorgehensweisen sollten immer spielerisch erfolgen und neben dem trainingswissenschaftlichen Ziel nie den Spaßfaktor außer Acht lassen!

Hinweise zu weiterführender Literatur:

WIEMANN, K./KLEE, A.: Dehnen und Stretching-Effekte, Methoden, Hinweise für die Praxis. In: Sportpraxis 3/99 und 4/99.
WEINECK, J.: Optimales Training. Erlangen 2009.

Schnelligkeit

Neben Kraft, Ausdauer, Koordination, Beweglichkeit fällt auch die Schnelligkeit unter die motorischen Fähigkeiten. Die Schnelligkeit ist eine sehr komplexe Fähigkeit und natürlich sportartspezifisch unterschiedlich. Da diese Fähigkeit in Reinform für das Voltigieren im Vergleich zu den anderen nur bedingt zum Ausdruck kommt, soll sie im Folgenden erwähnt, aber nicht vertieft werden.

Die Schnelligkeit ist eine motorische Hauptbeanspruchungsform, die wie die Beweglichkeit sowohl eine Zuteilung zu den konditionellen Fähigkeiten – Ausdauer und Kraft – als auch zu den koordinativen Fähigkeiten zulässt (vgl. GROSSER 1991, S. 13; MARTIN/CARL/LEHNERTS 1991, S.147; WEINECK 1992, S.377; SCHNABEL/THIEß 1993, S. 696).

Es gibt unterschiedliche Definitionen und Strukturen von Schnelligkeit. So lassen sich Reaktionsschnelligkeit, azyklische Schnelligkeit, zyklische Schnelligkeit und Schnelligkeitsausdauer voneinander abgrenzen.

Die Reaktionsschnelligkeit ist die Fähigkeit, auf einen Reiz in kürzester Zeit zu reagieren.

Die Reaktionsschnelligkeit verlangt dem Sportler eine gute Antizipation ab. Der Athlet muss die Fähigkeit entwickeln, zukünftige Situationen im Voraus mit einzubeziehen, und das aufgrund der Informationen, die er in der Gegenwart aufnimmt. Dieser Prozess geschieht unter Berücksichtigung der in der Vergangenheit gemachten Erfahrungen.
Reaktion kann man also in einem begrenzten Bereich trainieren, sodass z.B. ein Sprinter schnellstmöglich aus den Blöcken startet.

Beim Voltigieren kommt die Reaktionsschnelligkeit beim Turnen mit dem Partner in der Kür zum Vorschein. Als Beispiel sind unvorhergesehene Situationen zu nennen, z.B. wenn das Pferd seinen Rhythmus verändert und der Voltigierer schnell reagieren muss, um seinen Partner abzusichern.

Die Reaktionszeit ist von verschiedenen nervalen Komponenten abhängig wie afferenten, zentralen, effektorischen sowie Latenszeitkomponenten, die sich mit der Leistungszeit, der Verarbeitung von Impulsen, ihrer Übertragungszeit auf die Muskeln sowie der Verzögerung zwischen der Transmitterfreisetzung und der Faserkontraktion befassen. Wir verzichten hier bewusst auf eine vertiefende Erklärung und möchten auf weiterführende Literatur verweisen.

Neben den Komponenten der Reaktionszeit gibt es auch verschiedene Reaktionsformen, die sich wie folgt unterscheiden:

Eine **einfache Reaktion** enthält, dass ein Signal auch nur eine Reaktion auslöst. Eine **Wahlreaktion** besagt, dass es mehrere Reaktionsmöglichkeiten für ein Signal gibt.

Die Reaktionszeit kann stark variieren. Sie steht zum einen in Abhängigkeit von optischen, akustischen und taktilen Reizen, die man als Stimulusmodalitäten bezeichnet. Zum anderen ist sie davon abhängig, ob es eine Einfach- oder eine Wahlreaktion (Reaktionsart) ist.

Die azyklische Schnelligkeit
ist die Fähigkeit, eine einmalige Bewegung mit höchster Geschwindigkeit auszuführen und das gegen kleine Widerstände. Die azyklische Schnelligkeit steht in enger Verbindung zur Schnellkraft (vgl. Kap. 1.2.3).

Die zyklische Schnelligkeit
ist die Fähigkeit, sich wiederholende Bewegungen mit höchster Geschwindigkeit auszuführen und das gegen kleine Widerstände (z.B. Eisschnellläufer).

Die Schnelligkeitsausdauer
ist die Widerstandsfähigkeit des Körpers gegen den ermüdungsbedingten Geschwindigkeitsabfall bei maximalen Kontraktionsgeschwindigkeiten bei zyklischen Bewegungen.

Die Schnelligkeit ist im Vergleich zu den anderen motorischen Fähigkeiten wie Kraft oder Ausdauer weniger trainierbar. So kann ein untrainierter Erwachsener seine 100-m-Bestzeit bei entsprechendem Training um ca. 15–20 % verbessern und kommt nur in Ausnahmefällen darüber hinaus (vgl. HOLLMANN/HETTINGER 1980, S. 288). Die geringere Trainierbarkeit hängt vor allem damit zusammen, dass es große Unterschiede in der Verteilung der Muskelfasern gibt und somit auch die Innervationsmuster genetisch bedingt sind. Durch ein entsprechendes Training kann der Querschnitt des Muskels vergrößert und die Koordination verbessert werden, die prozentuale Verteilung der Faserstruktur aber nicht mehr verändert werden (WEINECK 2002, S. 399). Die Schnelligkeit lässt sich am günstigsten im Schulkindalter verbessern.

Hinweise zu weiterführender Literatur:
ROTH, K./ WILLIMCZIK, K.: Bewegungswissenschaft. Reinbek: Rowohlt 2002.
GROSSER, M./ STARISCHKA, S./ZIMMERMANN, E.: Das neue Konditionstraining. München 2012.
WEINECK, J.: Optimales Training. Erlangen 2009.

Koordination

Voltigieren ist ein Sport, der neben den zuvor angesprochenen konditionellen besonders von den koordinativen Fähigkeiten lebt, denen wir im Folgenden eine verstärkte Aufmerksamkeit widmen möchten. Der Schwerpunkt dieses Kapitels liegt in der Begriffserklärung und ihrer praktischen Umsetzung.

Unter Bewegungskoordination wird die zeitliche, räumliche und kraftmäßige Steuerung einer Einzelbewegung oder komplexer Bewegungsvollzüge verstanden, die aufgrund von sensorisch vermittelten äußeren Vorgaben oder internen Zielen zustande kommen (Sportwissenschaftliches Lexikon 1992, S. 82).

Generell unterscheidet man zwischen den allgemeinen und den speziellen koordinativen Fähigkeiten. Die allgemeinen koordinativen Fähigkeiten sind das Resultat aus der Vermittlung einer Bewegungsvielfalt im täglichen Training und kommen auch im Alltag zum Tragen.
Dem gegenüber stehen die speziellen koordinativen Fähigkeiten, die wettkampfspezifisch unterschiedlich geschult werden müssen, um den spezifischen Anforderungen der Sportart gerecht zu werden und die diversen technischen Anforderungen bewältigen zu können. Kennzeichen spezieller Sportarten, wie z.B. das Voltigieren, ist die Komplexität der verschiedenen Teilfähigkeiten. Die Schulung der Gewandtheit und die damit verbundenen Fortschritte sind zum einen wichtig, um schwierige Anforderungen präzise und zielgerichtet leisten zu können, sind aber besonders bezüglich der Verletzungsprophylaxe eine unabdingliche Voraussetzung.

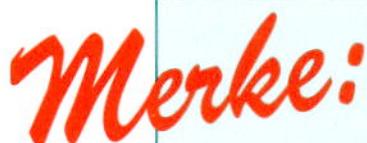

Je besser die koordinativen Fähigkeiten entwickelt sind, desto weniger Muskelkraft wird benötigt, um die gleiche Bewegung auszuführen.

Da bekanntlich erst Übung den Meister macht, lassen sich auch die koordinativen Fähigkeiten nicht von heute auf morgen entwickeln, sondern es bedarf an Zeit, Kontinuität im Lernprozess und natürlich jeder Menge Training. Man unterscheidet verschiedene Stufen der Koordination:

1. Entwicklung der Grobkoordination:
Bei der Entwicklung der Grobkoordination ist es wichtig, dass die Ausführung von Bewegungen nur unter günstigen Bedingungen stattfindet. Die geforderte Technik ist nur in der Grobform vorhanden. Kennzeichen der Grobkoordination sind ein übermäßiger und mit Fehlern behafteter Krafteinsatz. Defizite in der Kopplung von Bewegungen, mangelnder Bewegungsfluss, zu geringer/großer Bewegungsumfang, ein falsches Bewegungstempo und eine mangelhafte Bewegungsgenauigkeit sind Ausdruck dieser ersten Entwicklungsstufe.
Vor allem im Anfängerbereich im Voltigieren sind in der Regel nur grob-koordinative Fähigkeiten vorhanden, besonders ersichtlich z.B. beim Anfänger-Aufsprung, der an die Sportler Anforderungen komplexer Bewegungsabfolgen stellt und oft schon beim Aufnehmen des Galopprhythmus des Pferdes zu vielen Fehlern führt, die sich in der weiteren Bewegungsabfolge potenzieren.

2. Entwicklung der Feinkoordination
Im Gegensatz zur ersten Entwicklungsstufe findet man hier annähernd eine fehlerfreie Ausführung vor. Der Krafteinsatz ist zweckmäßiger und koordinierter. Bewegungskopplung und -fluss sind deutlich besser. Der Voltigierer ist in der Lage, den Aufsprung so zu koordinieren, dass die Phasen Sprung, Schwung, Stütz und Landung fließend ineinandergreifen und ein harmonisches Gesamtbild ergeben. Der Sportler ist aber noch nicht in der Lage, kontinuierlich und variabel die koordinativen Fähigkeiten abzurufen.

3. Stabilisierung der Feinkoordination und Entwicklung der variablen Verfügbarkeit
In dieser Phase beherrscht der Voltigierer die vorhergegangenen Entwicklungsstufen, kann die geforderten Techniken sicher ausführen und auch unter schwierigen Bedingungen, wie einem Turnierstart, anwenden. Der Voltigierer beherrscht die Fähigkeit, auch mal die Fehler des Pferdes zu kompensieren, turnt deutlich mehr im Schwerpunkt und erleichtert dem Pferd die Arbeit enorm.

Den koordinativen Entwicklungsstufen entsprechend lassen sich auch verschiedene Könnensstufen voneinander abgrenzen:

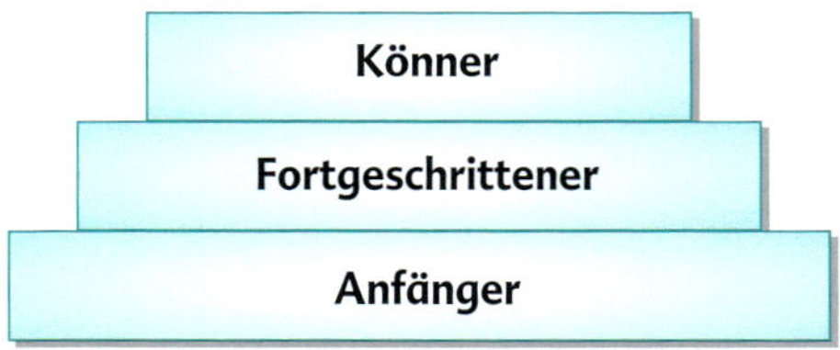

Abb.21 Überblick über die koordinativen Entwicklungsstufen

In der Regel gehen die verschiedenen Könnensstufen der Voltigierer mit den unterschiedlichen Entwicklungsstufen im Kindes- und Jugendalter einher, die sich wie folgt voneinander unterscheiden:
Im Vorschulalter (4.–6. Jahr) sollten Kinder spielerisch eine große Bewegungsvielfalt erfahren. Sie sind in diesem Alter in der Lage, erste, einfache Bewegungskombinationen zu erlernen. Im folgenden frühen Schulkindalter (6./7.–9. Jahr) machen die Kinder schnelle Fortschritte in ihrer motorischen Lernfähigkeit, die ebenso durch eine Vielfalt von Bewegungen entwickelt werden sollte. Das beste Alter, um die motorische Lernfähigkeit zu fördern, ist das späte Schulkindalter, bei Mädchen (9./10.–11./12. Jahr) und bei Jungen (10./11.–12./13. Jahr).

Mit dem Beginn der Pubertät und dem körperlichen und geistigen Reifeprozess sollte auch eine Umstrukturierung im Trainingsprozess stattfinden. Waren die vorhergegangenen Entwicklungsstufen durch eine Bewegungsvielfalt geprägt, ist die Reifezeit durch den Trainingsbeginn konditioneller Fähigkeiten gekennzeichnet. Mit der Zunahme der Reifung ist der Trainingsprozess dadurch charakterisiert, dass der Individualisierung und einer Stabilisierung der geschlechtsspezifischen Differenzierung vorrangig Bedeutung zukommen sollte. Im frühen Erwachsenenalter (19./20.–30. Jahr) gilt es die motorische Leistungsfähigkeit zu erhalten, so fällt es in diesem Alter deutlich schwerer, neue Bewegungen zu erlernen, Versäumnisse im jugendlichen Trainingsalter sind nur schwer auszugleichen.

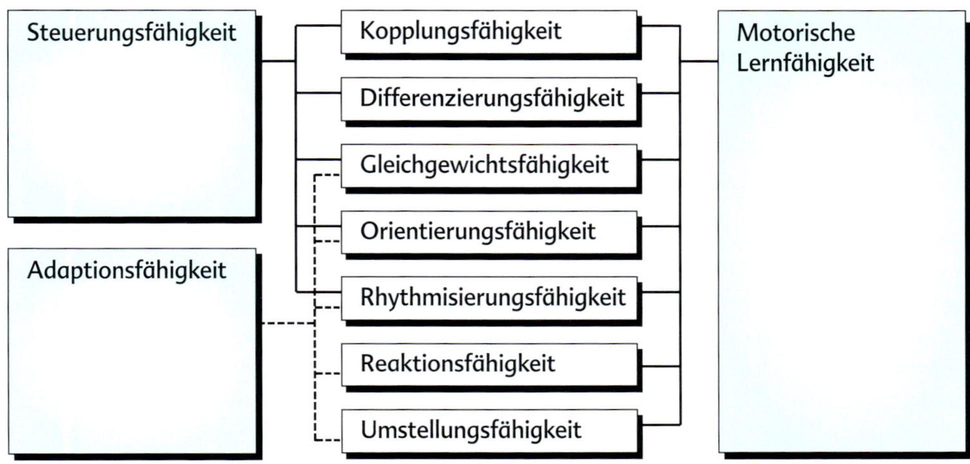

Abb. 22 Übersicht über die koordinativen Fähigkeiten

(modifiziert nach: Meinel, K./Schnabel, G.: Bewegungslehre – Sportmotorik. Volk und Wissen, Berlin 1998)

Das Voltigieren ist ähnlich wie das Turnen eine technikbetonte Sportart. Folglich sollte mit dem Anfängertraining zwischen dem 5. und 7. Lebensjahr begonnen werden, mit dem Fortgeschrittenentraining empfiehlt es sich, ab dem 10. Lebensjahr zu beginnen, bevor Mädchen zwischen dem 13.–15. Jahr mit dem Leistungstraining und Männer ca. zwischen dem 18.–20. Lebensjahr anfangen. Diese grobe Altersstruktur soll als Richtlinie dienen und zeigt in keiner Weise feste Grenzen auf. Individuelle Entwicklungen, Früh-, Normal- und Spätentwickler, machen die Alters- und Entwicklungsphasen fließend und greifen ineinander über.

Es gibt viele verschiedene Modelle, um die Begrifflichkeit Koordination in seine Bestandteile aufzuschlüsseln. Wir möchten es anhand des aufgeführten Modells (MEINEL/SCHNABEL 1998, S. 221) auf den Voltigiersport übertragen (Abb. 22). Voltigieren zeichnet sich durch seine Komplexität aus, also dadurch, dass verschiedene koordinative Komponenten innerhalb einer Übung miteinander kombiniert werden müssen, um somit Techniken präzise ausführen zu können. Deshalb ist es wichtig, die einzelnen koordinativen Fähigkeiten, so weit wie möglich, isoliert zu trainieren.

Die nachstehenden Teilkomponenten stellen eine Orientierungshilfe dar, damit die koordinativen Fähigkeiten geschult werden können.
Im Folgenden sollen die wichtigsten Einzelfähigkeiten kurz vorgestellt werden:

Kopplungsfähigkeit
Nach MEINEL/SCHNABEL (1998, S. 214) ist die Kopplungsfähigkeit das Vermögen, Teilbewegungen des Körpers, auf den ganzen Körper ausgerichtet, zielgesteuert miteinander zu koordinieren. Bei einer Schwungübung, wie z.B. bei der Schere, müssen Bewegungen der Extremitäten, des Rumpfes und des Kopfes aufeinander abgestimmt und im Hinblick auf die Gesamtbewegung gezielt eingesetzt werden. Eine schlechte Kopplung ist beim Voltigieren z.B. daran ersichtlich, dass bei einer Schwungübung die Bewegung der Beine nicht mit der Bewegung des Rumpfes abgestimmt ist, ein zu frühes oder zu spätes „Abtauchen" und somit Folgefehler wie mangelnde Höhe des Körperschwerpunktes als Auswirkung hat.

Differenzierungsfähigkeit
Nach MEINEL/SCHNABEL (1998, S. 212 f.) zeichnet sich die Differenzierungsfähigkeit dadurch aus, dass Bewegungen genau und ökonomisch ausgeführt werden. Teilkörperbewegungen und einzelne Bewegungsphasen erreichen eine hohe Feinabstimmung. Während man beim Schwimmer von Wassergefühl, beim Fußballer vom Ballgefühl spricht, ist es beim Voltigieren das „Pferdegefühl", die Fähigkeit der muskulären Feinabstimmung des Voltigierers auf die Bewegung des Pferdes. Die Differenzierungsfähigkeit ist in vielen Sportarten ein leistungsbestimmender Faktor, so auch beim Voltigieren. Voltigierer, die früh mit dem Sport angefangen haben, auf vielen Pferden voltigieren und nebenbei noch Reiten, zeigen oft eine gut ausgeprägte Differenzierungsfähigkeit.

Gleichgewichtsfähigkeit
Nach MEINEL/SCHNABEL (1998, S. 217) ist die Gleichgewichtsfähigkeit das Vermögen, den gesamten Körper im Gleichgewichtszustand zu halten, aber auch bei Verlagerung des Körpers diesen Zustand beizubehalten bzw. möglichst schnell wieder herzustellen. Biomechanisch betrachtet stellen Gleichgewichtsbedingungen die Bedingungen dar, unter denen sich der Körper im Zustand der Ruhe befindet. Diese Fähigkeit ist für das Voltigieren unabdinglich und wird bei nahezu jeder Übung abgeprüft. Schon im Vorschulalter sollten die Kinder durch eine hohe Bewegungsvielfalt den Gleichgewichtssinn schulen. Ein Analysatorentraining, also das Trainieren mit dem Ausschalten einzelner Sinne, wie z.B. das Voltigieren mit verbundenen Augen, kann bereits frühzeitig den Gleichgewichtssinn trainieren (s. auch Kap. 2.1).

Orientierungsfähigkeit

Nach Meinel/Schnabel (1998, S. 216) ist die Orientierungsfähigkeit die Fähigkeit, die Veränderung zu bestimmen, die der Körper durch verschiedene Lagen und Bewegungen in Raum und Zeit bezüglich eines Aktionsfeldes oder eines sich bewegenden Objektes erfährt. Voltigierer müssen sich aufgrund der Bewegung des Pferdes und der sich ständig verändernden Körperpositionen auf dem Pferd immer wieder neu im Raum orientieren. Während das Voltigieren in der Reithalle durch seitliche und obere Begrenzungen Orientierungspunkte bietet, ist das Voltigieren unter freiem Himmel, bezogen auf die Orientierung, eine zusätzliche Schwierigkeit.

Rhythmisierungsfähigkeit

Nach Meinel/Schnabel (1998, S. 218) ist die Rhythmisierungsfähigkeit das Vermögen, einen Rhythmus, der von außen einwirkt, zu erfassen und „motorisch zu reproduzieren" sowie den „verinnerlichten", in der eigenen Vorstellung existierenden Rhythmus einer Bewegung in der eigenen Bewegungsfähigkeit zu realisieren (Weineck 2002, S. 542). Für das Voltigieren eignen sich besonders Tanzsportarten zur Rhythmusschulung. Diese Fähigkeit wird zum einen ständig durch die Galoppade des Pferdes und zum anderen vor allem durch das Voltigieren nach Musik abverlangt.

Reaktionsfähigkeit

Meinel/Schnabel (1998, S. 214 f.) verstehen unter der Reaktionsfähigkeit das Vermögen, auf ein Signal eine schnelle motorische Aktion einzuleiten und auszuführen. „Dabei kommt es darauf an, zum zweckmäßigsten Zeitpunkt und mit einer aufgabenadäquaten Geschwindigkeit zu reagieren, wobei meistens das maximal schnelle Reagieren das Optimum ist" (Weineck 2002, S. 543). Vor allem bei Spielsportarten oder im leichtathletischen Sprint ist eine gute Reaktionsfähigkeit wichtig. Für das Voltigieren spielt diese Fähigkeit eine untergeordnete Rolle, sollte aber für eine ausgewogene Grundausbildung zusätzlich trainiert werden, z.B. durch außen vorgegebene akustische Signale, auf die schnellstmöglich eine Bewegungsaufgabe erfolgt.

Umstellungsfähigkeit

Nach Meinel/Schnabel (1998, S. 218) ist die Umstellungsfähigkeit das Vermögen, das Handlungsprogramm bedingt durch Situationsveränderungen einer neuen Situation anzupassen bzw. auf eine ganz neue Art und Weise fortzuführen. Beim Voltigieren heißt es, sich besonders in der Kür auf neue Situationen einzustellen, wenn das Pferd wider Erwarten nicht so gleichmäßig läuft wie erhofft.

Aus den verschiedenen koordinativen Fähigkeiten lassen sich drei übergeordnete Basisfähigkeiten herausstellen (s. Abb. 23):

- **die motorische Steuerungsfähigkeit**
- **die motorische Anpassungs- und Umstellungsfähigkeit**
- **die motorische Lernfähigkeit**

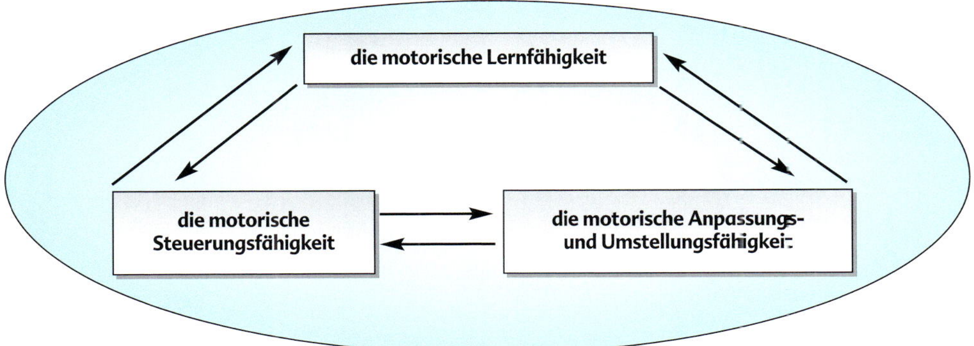

Abb. 23 Die übergeordneten koordinativen Basisfähigkeiten

Die drei Grundfähigkeiten stehen wechselseitig miteinander in Beziehung. Die motorische Lernfähigkeit ist die wichtigste dieser drei Basisfähigkeiten. Diese Fähigkeit kommt besonders durch die Aufnahme, Verarbeitung und Speicherung von Informationen zum Ausdruck. Im Vordergrund stehen die Analysatoren (Perzeption), das Bewerten und Zuordnen (Kognition) und gedächtnisabhängige Prozesse (nemische Prozesse). Die motorische Steuerungsfähigkeit findet ihre Basis in den koordinativen Komponenten der „kinästhetischen Differenzierungsfähigkeit", der räumlichen Orientierungsfähigkeit und der Gleichgewichtsfähigkeit (WEINECK 2002, S. 544).

Die motorische Anpassungs- und Umstellungsfähigkeit steht zu den vorher genannten in starker Korrelation. Somit sind eine ausreichende Bewegungserfahrung und ein präzise ausgesteuerter Anpassungsvorgang die Voraussetzung, um sich optimal auf situative Veränderungen einstellen zu können. Die motorische Anpassungs- und Umstellungsfähigkeit ist von den selben Faktoren abhängig wie die motorische Steuerungsfähigkeit.

Das Thema Koordination ist also von komplexen Einzelfaktoren geprägt. Möchte man diese Komplexität auf ein einfaches Maß reduzieren, so lässt sich folgende Grundformel zur Koordinationsschulung anwenden:

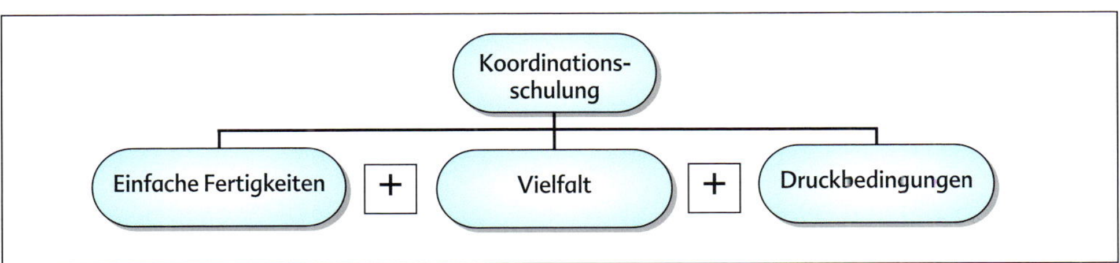

Abb. 24 Grundformel für ein Koordinationstraining
(modifiziert nach ROTH 1998, S.94)

Vor allem in der Grundausbildung, also dem Training mit Gruppen im Anfänger- und Fortgeschrittenenbereich, ist bei der Gestaltung einer Trainingseinheit auf eine Vielfalt dieser Fertigkeiten zu achten. Diese Fertigkeiten sind gemäß der zuvor aufgeführten Grundformel unter vielseitigen „Informationsverarbeitungs- und Druckbedingungen durchzuführen" (ROTH 1998).

Das Einbeziehen von Druckbedingungen in die Übungseinheit hilft nicht nur, die Koordination zu schulen, sondern auch zukünftige Handlungen, wie z.B. ein Turnier, im Vorfeld zu üben.

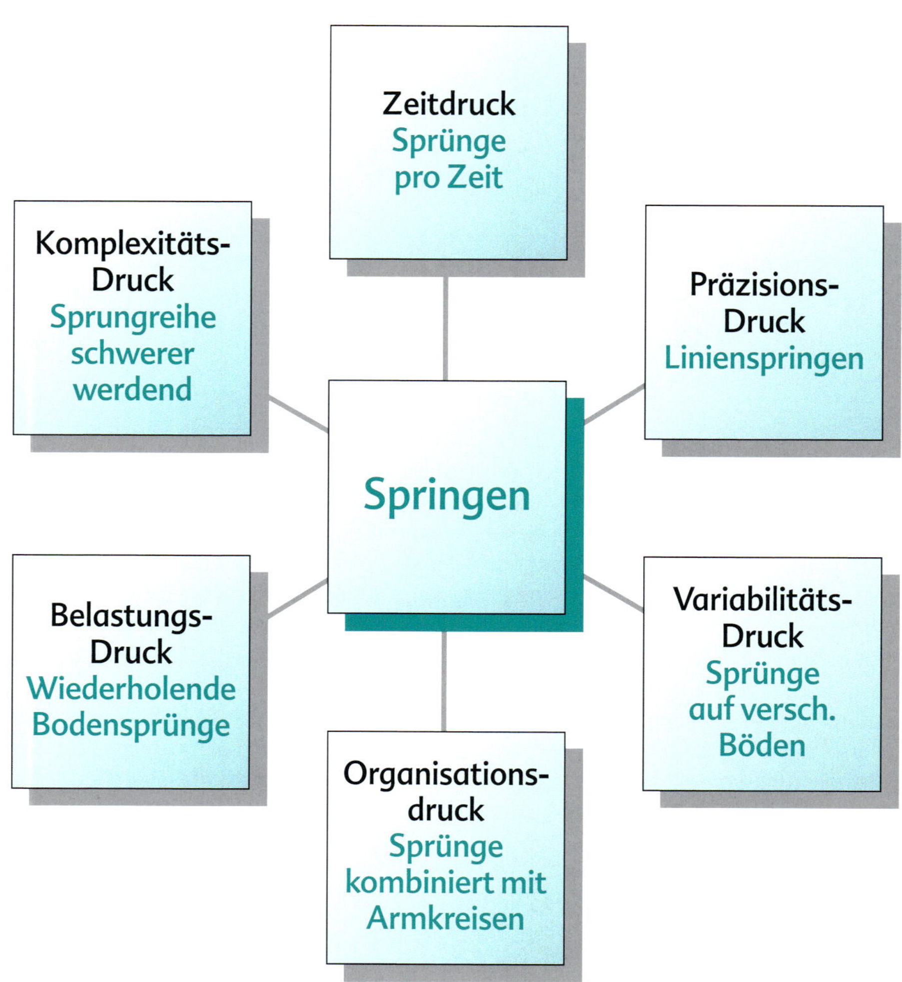

Abb. 25 Koordinationsschulung am Beispiel der Fertigkeit Springen unter verschiedenen Druckbedingungen
(modifiziert nach Roth 1998)

Hinweise zu weiterführender Literatur:

Weineck, J.: Optimales Training. Erlangen 2009.
Roth, K./Willimczik, K.: Bewegungswissenschaft. Reinbek: Rowohlt 2002.
Roth, K.: Wie verbessert man die koordinativen Fähigkeiten? In: Bielefelder Sportpädagogen (Hrsg.): Methoden im Sportunterricht. Hofmann: Schorndorf 2003.
Meinel, K./Schnabel K. et al.: Bewegungslehre – Sportmotorik, Sportverlag Berlin, Berlin 2007.

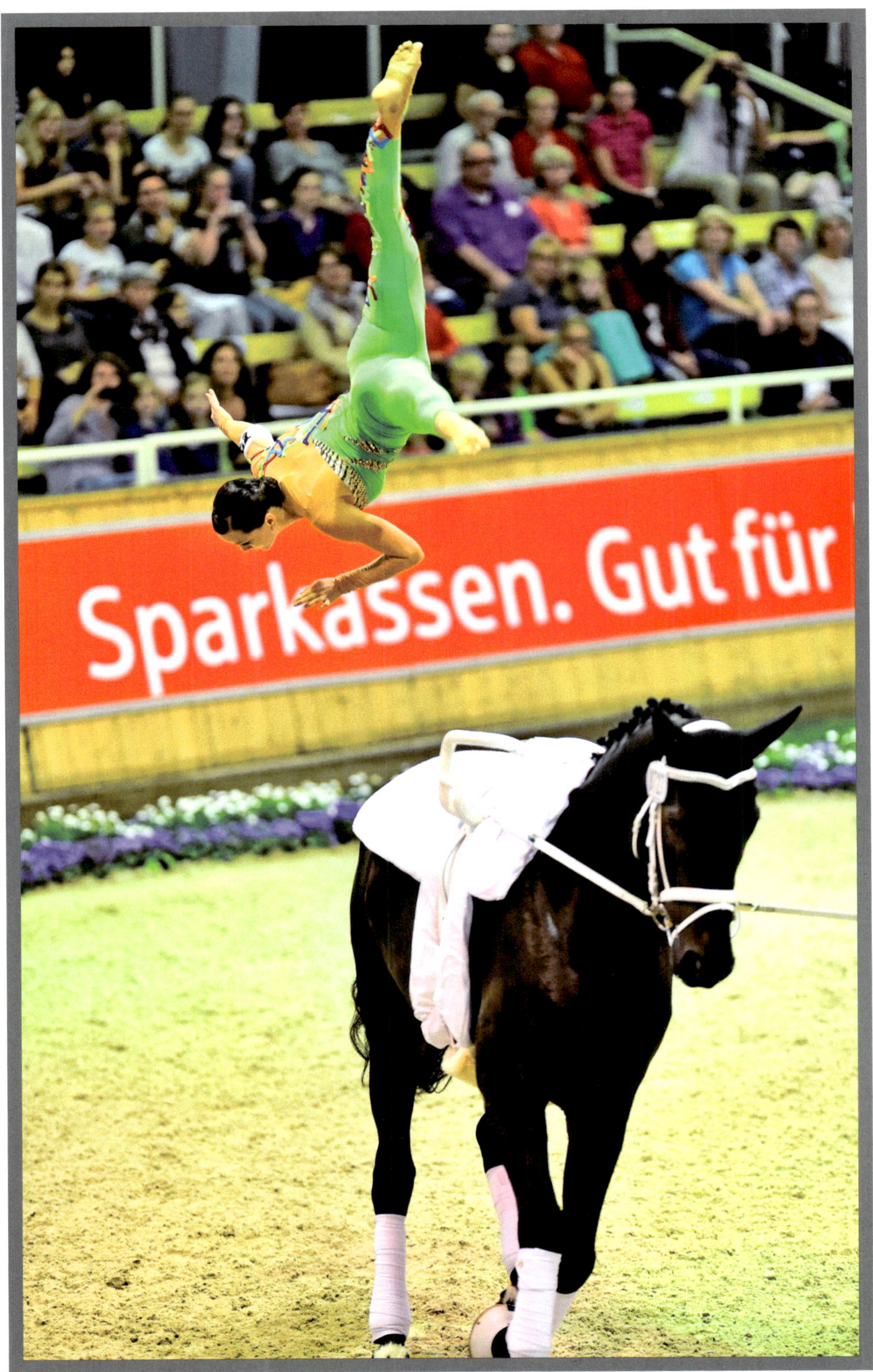
Sparkassen. Gut für

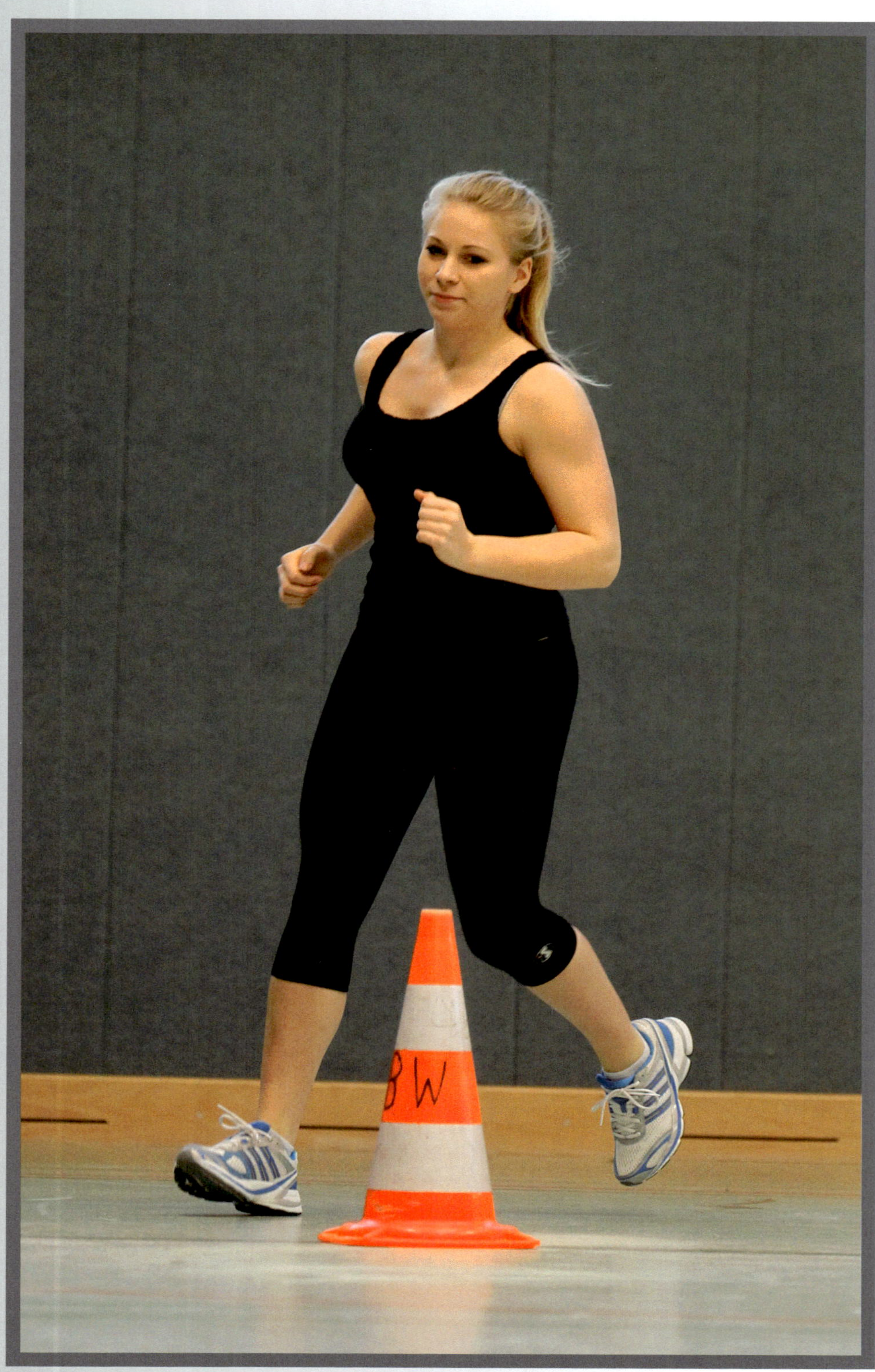
BW

1.3 Leistungsdiagnostik der voltigierspezifischen motorischen Fähigkeiten

Was in anderen Sportarten seit Jahren Standard ist, erhält so langsam auch Einzug in das Voltigiertraining. Wurde vor nicht allzu langer Zeit die Effektivität eines Trainings noch durch die geschulten Augen des Trainers überprüft, wird sich mittlerweile mehr und mehr standardisierter Messmethoden bedient, die es dem Coach erlauben, einen Trainingsabschnitt zu überprüfen und vorhandene Defizite genau herauszufiltern.

Wie in Kapitel 2 beschrieben, werden im Wettkampf Pflichtübungen abgefragt, die alle voltigiersportspezifischen Anforderungen in Gänze abfragen. Das heißt, mit der Analyse der Pflichtnoten wären Trainer und Sportler eigentlich in der Lage, vorhandene Defizite zu benennen und Fortschritte zu erkennen. Leider ist dieses aber in der Praxis oft nur schwer umzusetzen. Woran liegt das?

Eine Leistungsdiagnostik ist gekennzeichnet durch sogenannte **Gütekriterien**. Sie setzen sich aus den Komponenten **Objektivität, Reliabilität (Zuverlässigkeit) und Validität (Gültigkeit)** zusammen. Wenn ein Test durchgeführt ist, muss er unabhängig vom Testleiter die gleichen Ergebnisse produzieren. Auch sollte er gegenüber störenden Einflüssen des Auswertenden und Interpretierenden sein. Hier gibt es bei der Überprüfung im Wettkampf schon die ersten Probleme. Die Richter haben unterschiedliche Perspektiven, die Bedingungen sind nicht immer gleich und die anschließende Analyse ist schwerlich mit bestimmten Kriterien nachzuvollziehen. Die Reliabilität, also die Zuverlässigkeit des Testinstruments, ist ebenfalls nicht vollständig gegeben, weil das Pferd nie auf mehreren Wettkämpfen exakt die gleichen Bewegungsabläufe hat und somit Anpassungen der technischen Komponenten beim Voltigierer vorgenommen werden. Das erschwert die Vergleichbarkeit (Test-Retest Reliabilität). Als letzte Bedingung sollte die Validität gegeben sein. Einfach ausgedrückt: Misst der Test das, was er messen soll? Wenn ich also mit der Fahne die Schnellkraft abprüfen will, ist das sicherlich nicht der richtige Test. PEILER/PEILER (2008) konnten zeigen, dass es einen hohen Zusammenhang bestimmter motorischer Fähigkeiten mit den unterschiedlichen Pflichtübungen bzw. deren Bewertung gibt.

Das Beispiel zeigt allerdings, dass es zu diffus ist, die Leistung des Sportlers nur über den Wettkampf zu kontrollieren bzw. begleiten zu können. Es müssen daher andere Möglichkeiten zum Einsatz kommen. Als bewährte Möglichkeiten zur Ermittlung des aktuellen Leistungsstandes eines Sportlers eignen sich sogenannte Leistungsdiagnostiken mittels apparativer Messverfahren bzw. sportmotorische Tests.

Für Anfänger und Fortgeschrittene sind sportmotorische Testverfahren absolut ausreichend. Sie sind kostengünstig, bei richtiger Durchführung gut bis sehr genau in ihrer Vorhersagbarkeit. In der Saison 2013 hat das Deutsche Olympiade-Komitee für Reiterei (2014) eine Testbatterie zur Ermittlung der Leistungsfähigkeit von Voltigierern erarbeitet, die dem Anhang dieses Buches zu entnehmen ist.

Bei Könnern reichen sportmotorische Tests teilweise nicht mehr aus, da sie in Ihrer Aussage für diesen Leistungsbereich oftmals kein differenziertes Bild darstellen. Tabelle 7 gibt einen groben Überblick.

	Sportmotorische Testverfahren	Apparative Messverfahren
Aussagekraft Anfänger	●●●	●●●
Fortgeschrittene	●●_●●●	●●●
Könner	●●_●●●	●●●
Zeitlicher Aufwand	●_●●	●●●
Kosten	●	●●●
Vorerfahrung des Testleiters	●	●●●

● wenig Einfluss ●● mittlerer Einfluss ●●● starker Einfluss

Tab. 7 Sportmotorische Testverfahren vs. Apparative Messverfahren

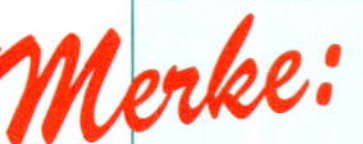

Eine Analyse von motorischen Fähigkeiten ist nur wertvoll, wenn die Ergebnisse richtig interpretiert werden und eine konkrete Trainingsempfehlung daraus an den Sportler erfolgt. Eine Leistungsdiagnostik kann das Training unterstützen und begleiten, aber nicht ersetzen!

„How to use?" – Was ist in der Durchführung einer Leistungsdiagnostik zu beachten:

1. Wenn möglich, sollte der Test von demselben Testleiter durchgeführt und ausgewertet werden.
2. Das Testverfahren sollte immer unter den gleichen Bedingungen (räumlich, zeitlich, ...) durchgeführt werden
3. Die Testinstruktionen sind vollständig zu befolgen. Abbruchkriterien müssen eingehalten werden.
4. Im Falle einer Verletzung oder Krankheit ist eine Leistungsdiagnostik zum Schutz des Sportlers nicht angebracht.
5. Der Testleiter muss alle Probanden gleich instruieren und während des Verfahrens begleiten. Eine übermäßige individuelle Motivation durch den Testleiter führt zu verfälschten Ergebnissen.

Im Nachfolgenden sollen exemplarisch einige Testverfahren dargestellt werden, die das Anforderungsprofil des Sportes repräsentieren.

Erfassung antropometrischer Daten – Körperzusammensetzung

Als Grundlage für viele Testverfahren sind die Erfassung des Körpergewichts und der Körperlänge von unablässiger Bedingung. Ohne diese Grundkomponenten sind weder die Körperzusammensetzung messbar noch Testverfahren mit ihren Werten für die Person individuell einzuordnen.

Messung der Körperlänge

Der Voltigierer steht barfuß aufrecht mit dem Rücken an einer Wand. Fersen, Gesäß und Rücken haben Kontakt zu derselben. Der Kopf ist mit dem Blick geradeaus eingestellt (s. Foto 1). Die Bewertung erfolgt in cm.

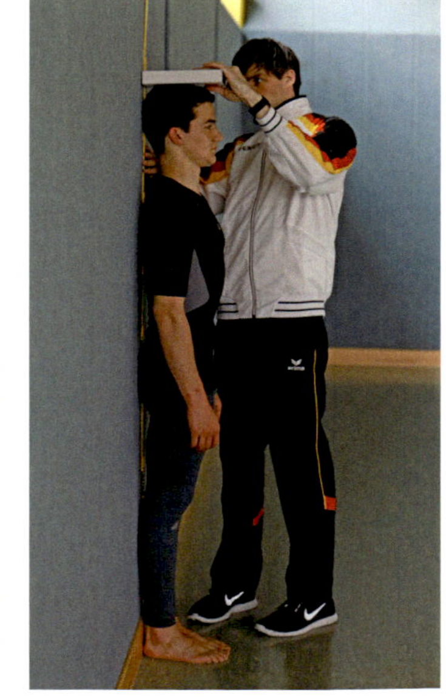

Foto 1: Messung der Körperlänge

Messung des Körpergewichts
Der Sportler steht minimal bekleidet (kurze Hose, T-Shirt) und barfuß auf einer Waage. Das Gewicht wird in kg gemessen.

Der Body-Maß-Index (BMI)
Der BMI erlaubt Rückschlüsse über den Ernährungszustand der Athleten. Jedoch ist eine Interpretation nur vorsichtig vorzunehmen. Ein als übergewichtig eingestufter Sportler kann durchaus einen hohen Muskelmassenanteil, aber geringen Fettanteil haben. Daher sollten weitere Messmethoden durchgeführt werden. Allerdings ist z.B. ein sehr geringer BMI ein Anhaltspunkt, mit dem Voltigierer (und gegebenenfalls dessen Eltern) über seinen aktuellen Ernährungsstatus zu sprechen. Krankhafte Prozesse, wie Essstörungen sollten an dieser Stelle mit in Betracht gezogen und abgeklärt werden.

Die Berechnung des BMI erfolgt über die Formel

Body-Maß-Index (BMI) = Körpergewicht (kg) / Körperlänge (m^2)

Eine Einordnung der Ergebnisse erfolgt auf der Grundlage der Weltgesundheitsorganisation (WHO) und der Bundeszentrale für gesundheitliche Aufklärung (BzgA). Altersspezifische Zuordnungen sind im Anhang des beiliegenden Voltigiertests zu finden.

Messung des relativen Körperfettanteils
Um eine genauere Aussage darüber treffen zu können, wie gut die Körperzusammensetzung meines Voltigierers ist, eignen sich Testverfahren, wie die Bioelektrische Impedanzanalyse oder die Messung des Körperfettanteils über einen Hautfaltenkaliper. Erstgenanntes ist jedoch nur teilweise zuverlässig und letzteres bedarf ein wenig der Übung. Beide geben am Ende einen Wert wieder, der für Sportler entsprechend einzuordnen ist (vgl. Peiler/Peiler 2008).

Für die Messung mittels Hautfaltenkaliper (s. Foto 2) werden beispielsweise folgende 4 Stellen nach Durnin/Womersly (vgl. Fischer 2013) verwendet:

1. **Rückenfalte**
   Es wird eine Falte mittig auf der rechten Seite zwischen Schulterblatt und Wirbelsäule genommen.

2. **Trizepsfalte**
   Mittig auf der Rückseite des rechten Armes wird die Tricepsfalte gemessen.

3. **Bizepsfalte**
   Analog zur Trizepsfalte erfolgt die Messung an der Oberarmvorderseite.

4. **Hüftfalte**
   Die Messung erfolgt 1–2 Finger oberhalb des rechten Beckenkamms.

Alle Messungen werden 3-mal durchgeführt.

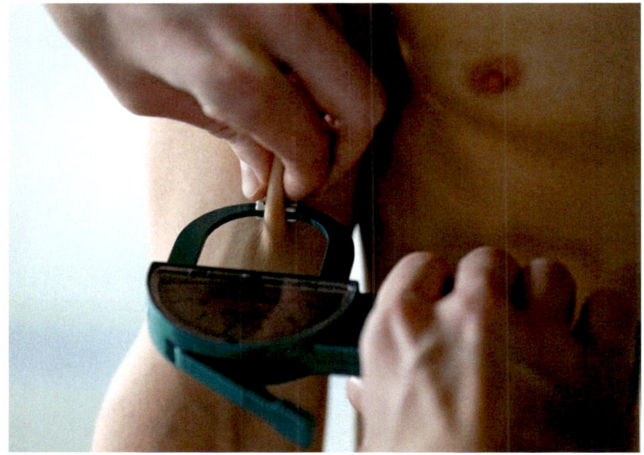

Foto 2: Messung der Dicke der Bizepsfalte

Die Einordnung erfolgt nach folgender Formel (vgl. FISCHER 2013):

Mädchen bis 17 Jahre:
Körperfettanteil [%]: (4,95 / (1,1369–0,0598 * LOG Hautfaltensumme) –4,5) * 100
Frauen ab 18 Jahren:
Körperfettanteil [%]: (4,95 / (1,1581–0,072 * LOG Hautfaltensumme) –4,5) * 100
Jungen bis 17 Jahre:
Körperfettanteil [%]: (4,95 / (1,1533–0,0643 * LOG Hautfaltensumme) –4,5) * 100
Männer ab 18 Jahren:
Körperfettanteil [%]: (4,95 / (1,161–0,0632 * LOG Hautfaltensumme) –4,5) * 100

Eine Bewertung des Körperfettanteils kann z.B. nach dem American College auf Sports Medicine (ACSM) (vgl. FISCHER 2013) wie folgt vorgenommen werden:

Fettgehalt [%]	Frauen	Männer
Athletisch	<17	<10
Mager	17–22	10–15
Normal	22–25	15–18
Überdurchschnittlich	25–29	18–20
Übergewichtig	29–35	20–25
Adipös	>35	>25

Tab. 8

Für Kinder und Jugendliche sind die Werte der WHO besser geeignet (s. z.B. FISCHER 2013).

Hinweise zu weiterführender Literatur:

ESTON, R./ REILLY, T.: Kinathropometry and exercise physiology laboratory manual. London und New York 2001.
FISCHER, D.: Professionelle Körperfettanalyse. Das Handbuch zur Hautfaltenmessung. Worms 2013.

Leistungsdiagnostik der Kraft

Der Voltigiersport stellt höchste Anforderungen an Maximalkraft, Schnell- und Reaktivkraft (vgl. Kap. 2). Soll der Aufsprung verbessert werden, reicht es nicht, sich diesen nur in der Endform zu betrachten. Die Technik wird zum einen mithilfe geeigneter Videoanalysen in Einzelteile zerlegt, um Störungen des Bewegungsablaufes zu erkennen. Oftmals ist der Sportler aber gar nicht in der Lage, die technischen Anforderungen umzusetzen, da die motorischen Fähigkeiten nur unzureichend ausgeprägt sind. Um genau herauszufiltern, welche Strukturen vorrangig trainiert werden müssen, gibt es verschiedene Krafttests, die hier für den Aufsprung exemplarisch dargestellt werden:

Maximalkrafttests

Apparative Messverfahren

Die genaueste Messung erfolgt an sogenannten isokinetischen Kraftgeräten. Diese haben eine eingebaute Software und zeichnen den höchsten Kraftwert auf. PEILER/PEILER (2008) haben eine mögliche voltigierspezifische Leistungsdiagnostik entwickelt und Referenzwerte angegeben. Da eine softwaregestützte Analyse oftmals aber aus logistischer oder finanzieller Sicht nicht möglich ist, gibt es folgende Alternativen dazu:

Einer-Wiederholungsmethode – One-Repetition-Maximum (1-RM)

Es gibt eine Aufwärmserie mit 15—20 Wiederholungen. Das subjektive Anstrengungsempfinden sollte dabei „etwas anstrengend" sein. Nach einer kurzen Pause beginnt die Messung. Der Voltigierer tastet sich in kleinen Schritten an die Maximalkraft heran. Es wird immer nur eine korrekte Bewegung ausgeführt. Zunächst reichen 30 Sek. Pause, bei den schweren und sehr schweren Lasten bis zu 2 Min. Pause zwischen den Bewegungsausführungen. Es werden nur korrekte Durchgänge gezählt, so lange, bis der Sportler die Last nicht mehr bewältigt oder Ausweichbewegungen auftreten. Wichtig ist, dass der Athlet die Übung beherrscht. Mit Kindern sollte die Art der Tests nicht durchgeführt werden. Die einzelnen Werte werden, für sich betrachtet, mit vorangegangenen Messungen und mit den Werten der anderen Voltigierer verglichen. Dabei ist besonders der relative Kraftwert (Kraftwert/Körpergewicht) wichtig, da er das erreichte Ergebnis in Beziehung zum Körpergewicht setzt.

- **Kniestrecker – Kniebeuger 1RM**

  1. **Leg curl und Leg extension** (s. Pikt. 1)

     Der Voltigierer wird einbeinig getestet
     - Vergleich Beinstrecker links – rechts (absoluter Kraftwert)
     - Vergleich Beinbeuger links – rechts (absoluter Kraftwert)
     - Vergleich Beinstrecker links – rechts (relativer Kraftwert)
     - Vergleich Beinbeuger links – links (relativer Kraftwert)
     - Vergleich Beinbeuger/Beinstrecker – Verhältnis links/rechts

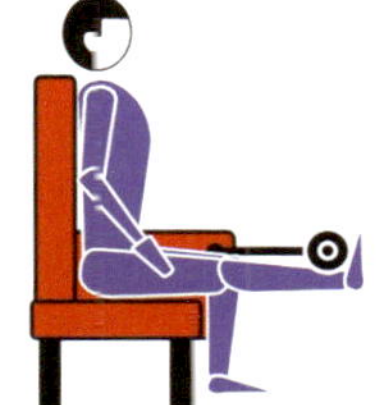

Pikt. 1: Kniebeuger

  2. **Beinpresse einbeinig 1 RM** (s. Pikt. 2)

     Die Messung erfolgt einbeinig nach oben genannten Durchführungs- und Auswertungskriterien (absoluter und relativer Kraftwert im Links-rechts-Vergleich)

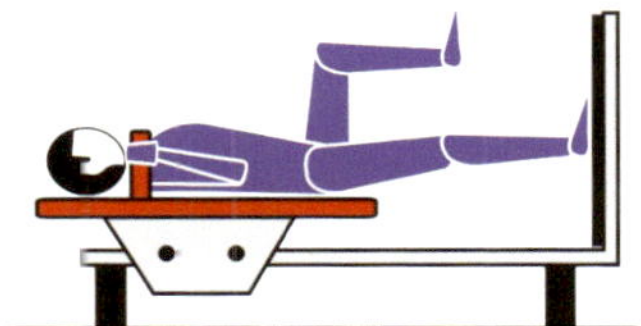

Pikt. 2: Beinpresse einbeinig

- **Stützkraft Arme**

  Frontdrücken mit der Langhantel im Sitz (s. Pikt. 3+4)
  Frontdrücken gebeugt und Frontdrücken gestreckt)
  Der Voltigierer sitzt aufrecht auf einer Hantelbank und senkt eine Langhantel aus der gestreckten Ausgangsposition nah am Gesicht entlang bis zum Umkehrpunkt direkt unterhalb des Kinns. Im Anschluss drückt er die Hantel den gleichen Weg zurück bis zur Ausgangsposition. Eine genaue Beschreibung sowie Referenzwerte sind Peiler/Peiler (2008) zu entnehmen.

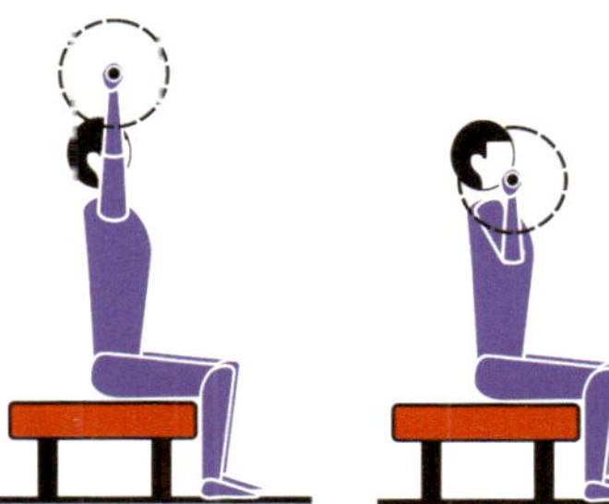

Pikt. 3: Frontdrücken gestreckt

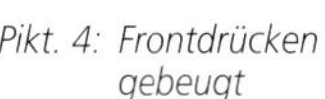

Pikt. 4: Frontdrücken gebeugt

- **Sprungkrafttest /Reaktivkrafttest Beine**

  Drop-Jump
  Der Sportler steht auf einer 30 cm hohen Kiste, lässt sich aus der aufrechten Position mit einem geringen Abdruck nach vorne auf eine Kontaktmatte fallen (s. Pikt. 5). Mit möglichst geringer Bodenkontaktzeit springt er wieder ab, mit dem Ziel die maximale Höhe nach dem Absprung zu erreichen. Es wird die Bodenkontaktzeit und die Sprunghöhe gemessen. Eine genaue Beschreibung sowie Referenzwerte sind Peiler/Peiler (2008) zu entnehmen.

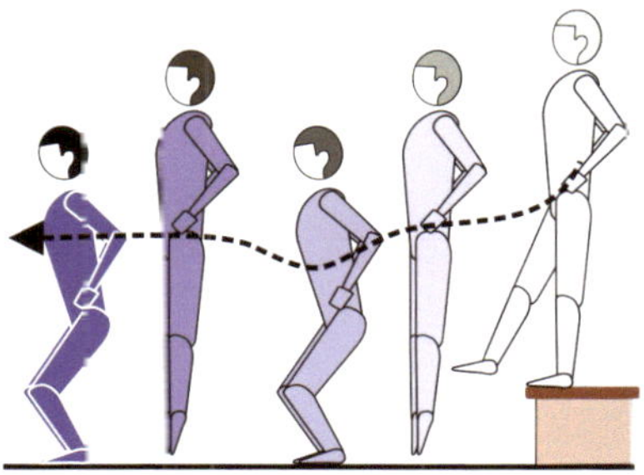

Pikt. 5: Drop-Jump

Sportmotorische Testverfahren
Die nachfolgenden Testverfahren sind dem Sportmotorischen Test für Voltigierer im Anhang entnommen oder sind teilweise in PEILER/PEILER (2008) nachzulesen

- **Sprungkrafttest Beine**
  Jump-and-Reach-Test
  Dieser Test ist leicht durchzuführen und gibt Aufschluss über die Sprungkraft des Probanden (s. Foto 3+4).

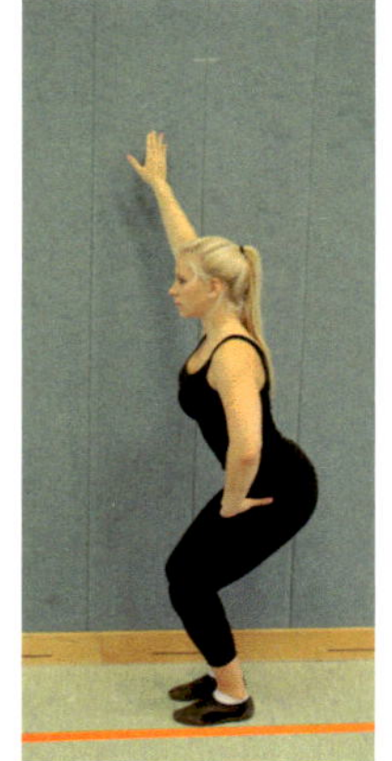
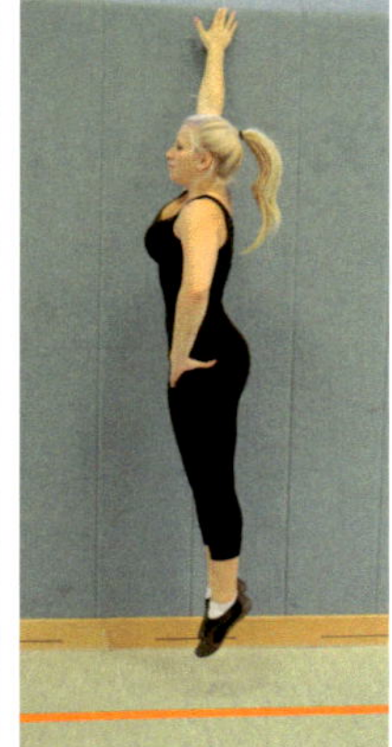

Foto 3+4: Jump-and-Reach-Test

- Rumpfkraft
  1. **Ventrale Rumpfkette**
     Mit dem Test lassen sich gute Aussagen über die gesamte vordere (ventrale) Muskelkette machen. Er ist auch mit Kindern durchführbar. Im Unterarmstütz muss der Voltigierer in einem bestimmten Rhythmus das rechte und linke Bein im Wechsel anheben (s. Foto 5).

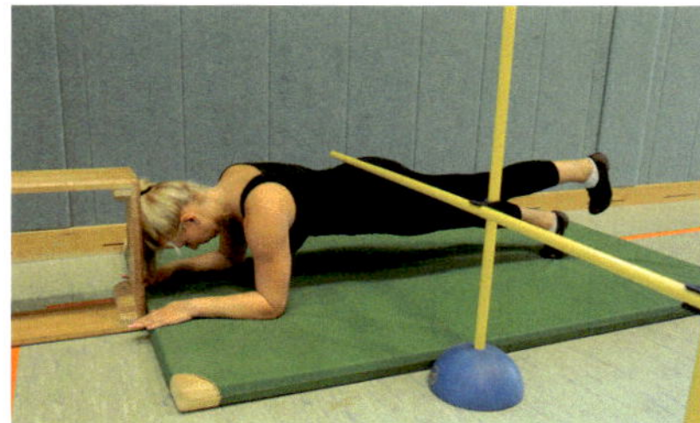

Foto 5: ventralen Rumpfkette

  2. **Laterale Rumpfkette**
     Wie der Test für die ventrale Rumpfkette befindet sich der Sportler auch bei diesem sportmotorischen Testverfahren in einem Unterarmstütz (seit-links). Jedoch wird in diesem Fall nicht das Bein abgehoben, sondern das Becken gesenkt und wieder angehoben (s. Foto 6).

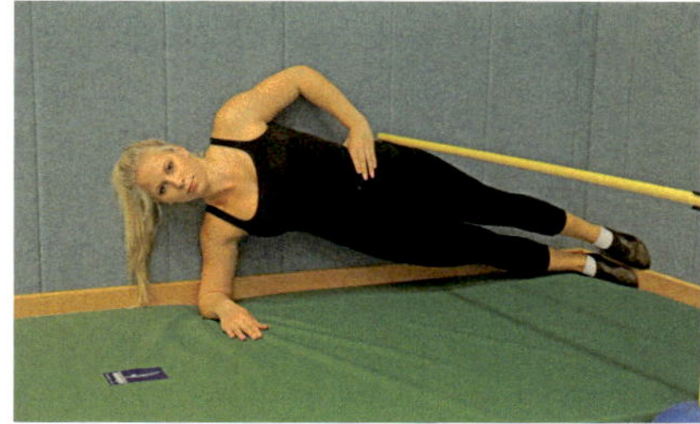

Foto 6: laterale Rumpfkette

Leistungsdiagnostik der Beweglichkeit
Eine unabdingbare Voraussetzung zur Umsetzung der technischen Anforderungen ist die Durchführung einer Bewegung über die gesamte Bewegungsamplitude. Muskuläre Verkürzungen oder Bewegungseinschränkungen von Gelenken sind häufig hemmende Faktoren bei der Leistungsentwicklung. Daher ist das Ziel der Beweglichkeitsdiagnostik, diese aufzuspüren und Anhaltspunkte für eine zielgerichtete Beseitigung zu geben.

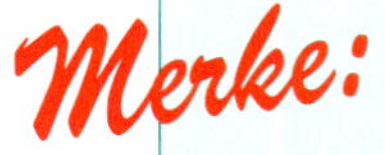

Nicht immer können leistungsdiagnostische Testverfahren die konkrete Ursache liefern. Jedoch lassen sich Körperregionen eingrenzen. Gegebenenfalls sollten gerade bei eingeschränkter Beweglichkeit Experten wie Ärzte, Physiotherapeuten oder Osteopathen hinzugezogen werden. Damit kann eingegrenzt werden, ob das Bewegungslimit anatomischer oder funktioneller Natur ist.

- **Schulterbeweglichkeit**
  1. **Kreuzgriff**
     Mittels der Ergebnisse kann der Trainer nachvollziehen, inwieweit der Voltigierer in der Lage ist, den Arm-Rumpf-Winkel für den Aufsprung 180° zu öffnen. Dabei greift er mit den Händen in sitzender Position hinter den Rücken und schiebt die Finger übereinander (s. Foto 7).

  2. **Elevation**
     Wie auch beim Kreuzgriff kann der Testleiter anhand der Bewegungsausführung erkennen, inwieweit der Sportler in der Lage ist, den optimalen Arm-Rumpf-Winkel zu erreichen (s. Foto 8).

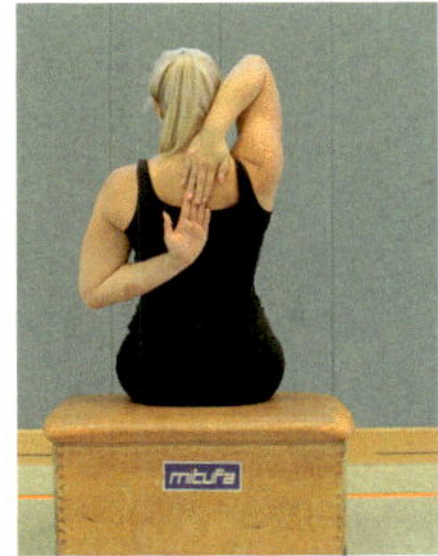

Foto 7: Kreuzgriff

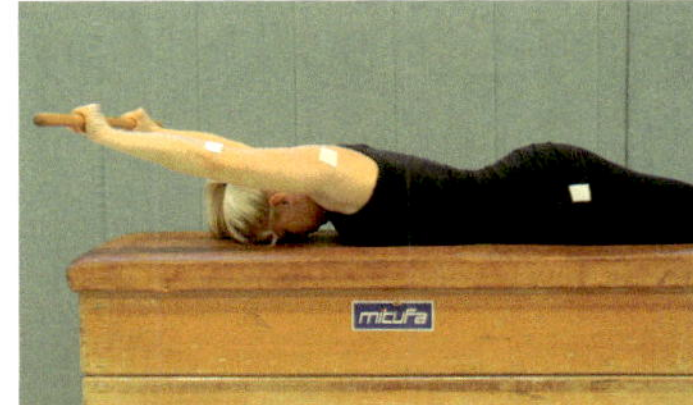

Foto 8: Elevation

- **Hüftbeweglichkeit**
  1. **Seit- und Querspagat**
     Die Testverfahren prüfen die passive Beweglichkeit ab. Sie wird ebenfalls beim Aufsprung benötigt. Die Ergebnisse werden aus dem Abstand des Schambeines zum Boden ermittelt (s. Foto 9+10).

  2. **Thomas'scher Handgriff** (vgl. S. 127)

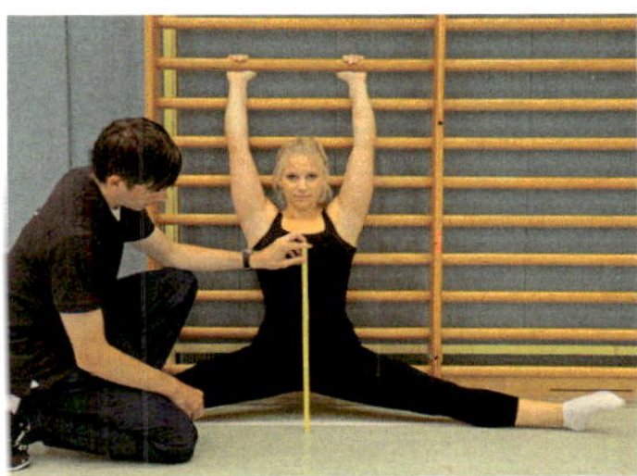

Foto 9: Querspagat

Leistungsdiagnostik der Koordination

Die Koordination von Bewegungsabfolgen ist das Herzstück jeder sportmotorischen Fertigkeit. Sie ist jedoch auch am schwierigsten messbar zu machen. Über turnerische Abfolgen, wie im Sporttest für Voltigierer, werden viele koordinative Fähigkeiten abgeprüft. Objektive Kriterien sind dabei aber schwer zu standardisieren und die Bewertung erfordert ein geübtes Auge des Testleiters. Eine mögliche Darstellung des Gleichgewichts und damit der Stabilisierung besonders der Gelenke der unteren Extremitäten, aber auch der Lenden-Becken-Hüftregion, erfolgt über den Storchstand.

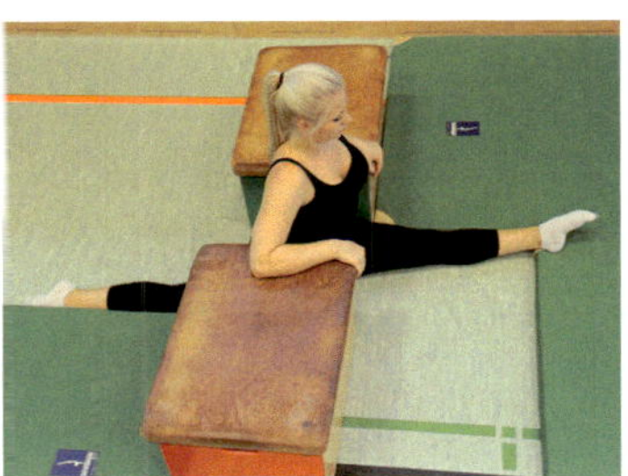

Foto 10: Seitspagat

- **Gleichgewicht – Storchstand**
  Der Sportler steht aufrecht auf einem Kreisel, Wackelbrett oder Ähnlichem. Das Standbein ist leicht gebeugt, das Spielbein wird oberhalb des Knies des Standbeines fixiert. Die Arme sind in der Hüftbeuge (s. Foto 11). Die Aufgabe besteht darin, möglichst lange in der Position zu verbleiben. Durch die instabile Unterstützungsfläche wird eine große Anforderung an das Gleichgewicht gestellt. Im Links-rechts-Vergleich fallen eventuell einseitige Schwächen auf. Mögliche Ausführungsformen sind auch dem Sportmotorischen Test für Voltigierer (s. Anhang) und Peiler/Peiler (2008) zu entnehmen.

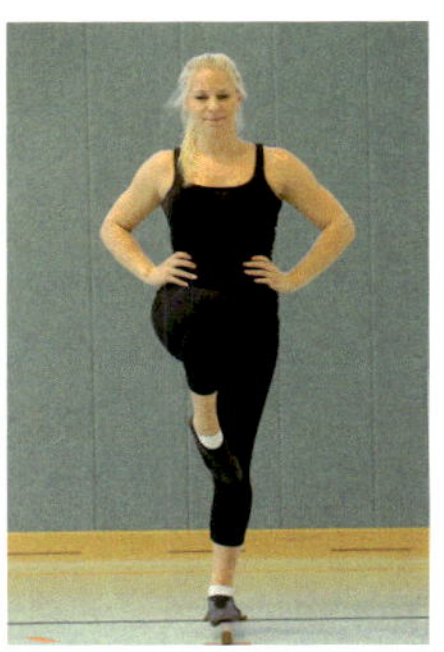

Foto 11: Storchstand

Hinweise zu weiterführender Literatur:

Bös, K.: Handbuch motorische Tests. Göttingen 2001.
Deutsches Olympiade-Komitee für Reiterei: Sportmotorischer Test für Reiter. Warendorf 2012.
Deutsches Olympiade-Komitee für Reiterei: Sportmotorischer Test für Voltigierer. Warendorf 2014.
Peiler, C./Peiler, D.: Konzeption einer standardisierten Leistungsdiagnostik zur Prävention von Sportverletzungen und zur Leistungsoptimierung im Leistungs-/Spitzensport Voltigieren. Bielefeld 2008.

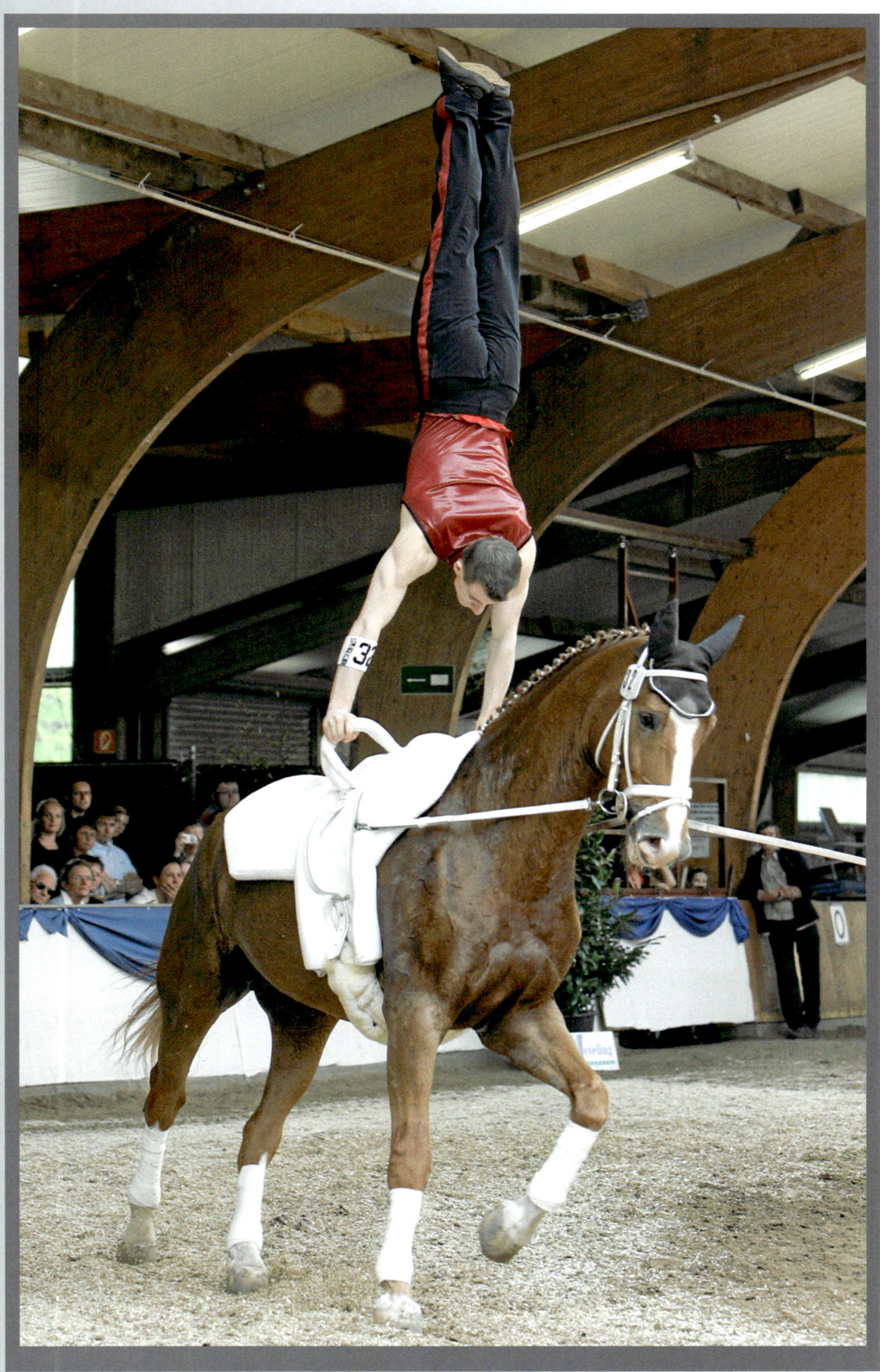

1.4 Das ABC der Biomechanik im Voltigieren

Technische Sportarten wie das Turnen oder das Voltigieren zeichnen sich durch die Komplexität ihrer Übungen aus. Um Bewegungsabläufe gezielt verbessern und potenziellen Verletzungen präventiv entgegenwirken zu können, machen sich die Turner bereits seit einiger Zeit Kenntnisse der Biomechanik zunutze. Aber auch im Voltigiersport, der sich in den vergangenen zehn Jahren enorm entwickelt, leistungs- und gesundheitsorientierter geworden ist, erhält die Biomechanik immer mehr Einfluss. Wir möchten im Folgenden einen kurzen Einblick in dieses interessante Forschungsfeld geben und das Interesse an der Leistungsbiomechanik und präventiven Biomechanik wecken. Bislang gibt es im Voltigieren noch keine gezielten Untersuchungen zu den Beanspruchungen des Körpers bei bestimmten Übungen oder wie sich die dreidimensionale Bewegung des Pferdes auf das Turnverhalten und die Leistung auswirkt.

Die Biomechanik des Sports ist die Wissenschaft von der mechanischen Beschreibung und Erklärung der Erscheinungen und Ursachen von Bewegungen im Sport unter Zugrundelegung des menschlichen Organismus (Willimczik 1999, S. 21).

Gegenstand biomechanischer Untersuchungen ist also der menschliche Körper und seine Bewegungen unter Berücksichtigung mechanischer Gesetzmäßigkeiten und der anatomisch, physiologischen Erkenntnisse. Im Vordergrund stehen die Analyse, die quantifizierende Beschreibung sowie die Erklärung der mechanischen Eigenschaften der Bewegungen und der mechanischen Eigenschaften des sich bewegenden Körpers. Die Anwendungsfelder der Biomechanik liegen in der Rehabilitation und dem Behindertensport, dem Leistungs- und Hochleistungssport.
Sportliche Leistung und körperliche Aktivität sind mit mechanischen Belastungen des Bewegungsapparates verbunden. „Diese verursacht die mechanische Beanspruchung der biologischen Strukturen, welche in Abhängigkeit der mechanischen Eigenschaften der biologischen Systeme zu biopositiven Antworten in Form von Gewebeadaptation mit Verbesserung der mechanischen Materialeigenschaften oder – bei Überschreitung der Belastungstoleranzgrenze – zu Materialschädigung, -zerstörung und/oder Verletzungen führen" (Brüggemann 2000).

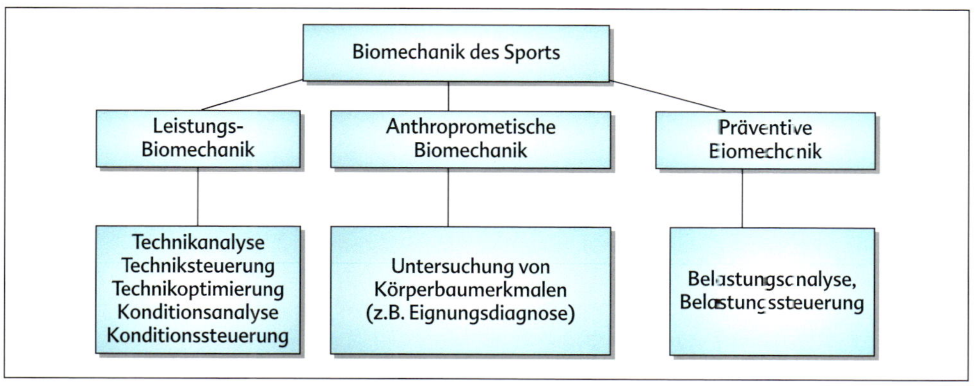

Abb. 26 Verschiedene Felder und Untersuchungsgegenstände der Biomechanik des Sports (vgl. Willimczik 1989, S. 103)

Befasst man sich einmal näher mit den Bewegungsbeschreibungen in den Regelwerken für das Voltigieren, so ist gehäuft die Begrifflichkeit des Körperschwerpunktes (KSF) anzutreffen. In der Pflicht sind z.B. eine der Hauptkriterien zur Bewertung die Höhe und die Lage des KSP bei Schwungübungen oder beim Aufsprung. Aber was ist eigentlich unter dem KSP zu verstehen? Liegt er immer an der gleichen Stelle oder kann er sich auch mal verändern? Aber nicht nur in der

Pflicht sind der KSP des Voltigierers und sein Verhalten bezüglich des Pferdes von Bedeutung, sondern sie kommen auch in der Beschreibung der Strukturgruppen in der Kür zum Ausdruck (vgl. FN 2012).

Der Körperschwerpunkt ist das einfachste Modell des menschlichen Körpers. „Es ist der Punkt, für den gilt, dass die Summe aller durch die Gewichtskräfte der Körpersegmente erzeugten Drehmomente null ist" (vgl. BRÜGGEMANN 2000). Der KSP kann innerhalb und außerhalb des menschlichen Körpers liegen und ist somit bezüglich seiner Lage von der Anordnung der Körperteile abhängig. Man spricht bei dem KSP von einem ideellen Punkt, während die Gelenk- oder Körperoberflächenpunkte reale Punkte sind.

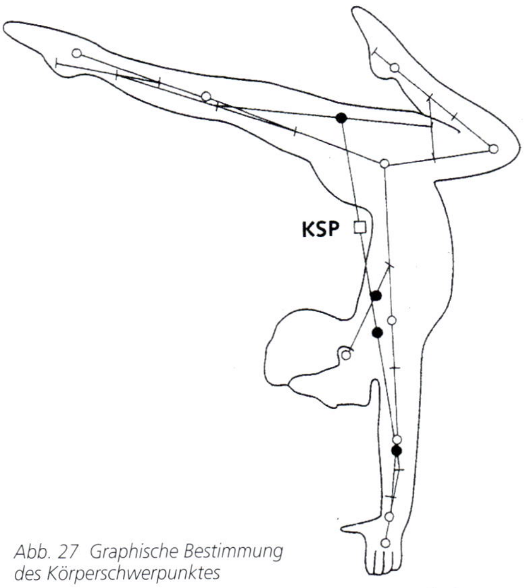

KSP

Abb. 27 Graphische Bestimmung des Körperschwerpunktes

Quelle: ROTH, K./WILLIMCZIK, K.: Bewegungswissenschaft. Rowohlt Taschenbuchverlag, Hamburg 1999

Während der KSP oder auch Massenmittelpunkt bei nicht verformbaren Körpern anderen Körperpunkten geometrisch fest zugeordnet ist (körperfest), ist die Lage des KSP bei verformbaren Körpern von der jeweiligen Haltung, also der Lage der einzelnen Körperteile zueinander, abhängig (körperlos). Wie bereits erwähnt, kann der KSP auch außerhalb des Körpers liegen (vgl. Abb. 27), z.B. liegt er beim Hochspringer nach rückwärts, bedingt durch die Überstreckung im Hüftgelenk, während er bei einem gehockten Salto, bedingt durch die starke Beugung im Hüftgelenk, vor dem Körper liegt.

Die Bewegung des Körpers sowie die Kräfte, die diese Bewegungen verursachen, sind Untersuchungsgegenstand der Mechanik. Die mechanischen Gesetze, die in weiterführender Literatur erklärt sind, beschreiben den Zusammenhang zwischen der Kraft als Ursache und der Bewegung als Wirkung. Um sportliche Bewegung verstehen zu können, sind Kenntnisse im Bereich der mechanischen Grundlagen der Bewegung von wichtiger Bedeutung.

In der Mechanik sind zwei Teilgebiete zu unterscheiden, nämlich die Kinematik und die Dynamik. Die Kinematik beschreibt die räumlich-zeitliche Charakteristik der Bewegung, ohne einwirkende Kräfte zu berücksichtigen. Die Dynamik befasst sich mit der Wirkung von Kräften. Die Dynamik lässt sich in Statik und Kinetik untergliedern (BRÜGGEMANN 2000).
Während bei der Statik von den Bedingungen gesprochen wird, unter denen die Kräfte miteinander im Gleichgewicht stehen, folglich keine beschleunigte Bewegung verursachen, analysiert die Kinetik die Kräfte, die Bewegungen verursachen.

Kinematik

Bewegungen sind definiert durch Ortsveränderungen von Körpern in Raum und Zeit. Bewegungen werden durch ihr Verhalten zu anderen Körpern ersichtlich, sodass ein Bezugsrahmen vorhanden sein muss, um Bewegungen beobachten oder beschreiben zu können. So kann z.B. der Körperschwerpunkt in einem Bezugsystem zu einem ruhenden Körper wie dem Reithallenboden untersucht werden. Weitergehend können aber auch Hand-, Arm- oder Fußbewegungen in Bezug zum Körperschwerpunkt oder zum Pferd beobachtet werden (vgl. WILLIMCZIK 1989).

Wie bereits angesprochen, lassen sich räumliche und zeitliche Charakteristiken von Bewegungen unterscheiden.
Bei der räumlichen Charakteristik unterscheidet man zum einen zwischen einer fortschreitenden Bewegung (Translation) und einer Drehbewegung (Rotation). Eine Translation ist dadurch gekennzeichnet, dass sich die Punkte eines Körpers parallel zueinander bewegen und eine Gerade oder beliebig gekrümmte Kurve erzeugen. Eine translatorische Bewegung erzeugt zum Beispiel der Skispringer in seiner Anlaufspur oder ein gleitender Eisschnellläufer sowie ein auf gerader oder gekrümmter Linie galoppierendes Pferd. Bei einer fortschreitenden Bewegung erfolgt keine Drehung in sich.

Bei einer Rotation, also einer Drehbewegung, beschreiben alle Punkte eines Körpers eine Bahn bzw. konzentrische Kreise um den Drehpunkt. Ähnlich wie beim Körperschwerpunkt kann der Drehpunkt innerhalb und außerhalb des Körpers liegen. Eine Riesenfelge am Reck ist eine klassische Rotation. In der Regel treten beide räumlichen Charakteristiken in Kombination auf. Diese Ortsveränderung des Körpers im Raum kommt beim Voltigieren durch die idealerweise gleichförmige fortschreitende Galoppade des Pferdes auf der gekrümmten Linie, nämlich dem Zirkel, zustande. Eine Besonderheit stellt die dreidimensionale Bewegung des Pferdes dar. Eine zweite Ortsveränderung des Voltigierers kommt durch die aktiv hervorgerufene Bewegung rund um das Pferd zum Ausdruck, z.B. mit felgähnlichen Übungen am Gurt. Das Voltigieren ist also durch Kombinationen aus Translation und Rotation gekennzeichnet, wobei die Wirkung der Galoppade des Pferdes auf das Turnverhalten noch zu untersuchen ist.

Neben der räumlichen gibt es auch eine zeitliche Charakteristik, die zwischen gleichförmigen und ungleichförmigen Bewegungen differenziert. Der Unterschied zwischen beiden besteht darin, dass bei der gleichförmigen Bewegung in gleicher Zeit gleiche Wege zurückgelegt werden, während die Geschwindigkeit bei der ungleichförmigen Bewegung variiert, denn sie kann gleichmäßig und ungleichmäßig beschleunigt sein. Der Fall, dass in gleichen Zeiten ungleiche Geschwindigkeitsveränderungen hervorgerufen werden, kommt bei menschlichen Körperbewegungen am häufigsten vor (Brüggemann 2000).
Im Sport gibt es für translatorische und rotatorische raum-zeitliche Bewegungsmerkmale zahlreiche Beispiele. So wie der Anlauf bei leicht athletischen Wurfdisziplinen ein klassisches Beispiel für translatorische Bewegungen ist, so sind rotatorische Ortsveränderungen typischerweise beim Turnen am Reck (z.B. Riesenfelge) oder Barren zu beobachten. Die Besonderheit des Voltigierens ist oftmals, würde man die Bewegung des Pferdes als forschreitende Bewegung auf gerader oder stetig gekrümmter Linie sehen, eine rotatorische Bewegung des Voltigierers auf einem sich translatorisch bewegenden Pferd.

Dynamik

Es verwirrt ein wenig, wenn die Dynamik, biomechanisch gesehen, in Statik und Kinetik unterteilt wird. Im alltäglichen Umgang im Sport wird zwischen statischen und dynamischen Elementen unterschieden. So auch im Voltigiersport, bei dem in Pflicht und Kür zwischen Statik und Dynamik differenziert wird (vgl. FN 2012).

Statische Übungen: „Statische Übungsformen sind Übungen, bei denen sich der Körperschwerpunkt in Bezug auf das Pferd in Ruhe befindet."

Dynamische Übungen: „Dynamische Übungsformen sind Übungen, bei denen sich der Körperschwerpunkt in Bezug auf das Pferd in Bewegung befindet. Die dazu notwendige Energie wird aus der Muskelkraft gewonnen oder als Bewegungsenergie genutzt."

Biomechanisch ist es wie folgt gekennzeichnet: Statik und Kinetik sind Bestandteile der Dynamik. Die Dynamik setzt sich mit der Wirkung von Kräften auf den Körper auseinander.
Während die Statik dadurch gekennzeichnet ist, dass Bedingungen untersucht werden, unter denen sich Kräfte im Gleichgewicht befinden, besteht dieses Gleichgewicht in der Kinetik nicht. Folglich kommt es zu Bewegungen von Körpern. Basisgrößen fortschreitender Bewegungen sind die Masse, die Kraft und der Impuls. Die Grundgrößen für Drehbewegungen sind das Massenträgheitsmoment, das Drehmoment und der Drehimpuls: Genaueres ist in der weiterführenden biomechanischen Literatur nachzulesen.

Gleichgewicht

Im Voltigieren ist das Gleichgewicht ein fundamentaler Begriff, vor allem im Zusammenhang mit statischen Übungen (s. Hauptkriterien in der Pflicht); aber was versteht man biomechanisch unter Gleichgewichtsbedingungen?
Wie im koordinativen Teil bereits erwähnt, stellen Gleichgewichtsbedingungen die Bedingungen dar, unter denen sich der Körper im Zustand der Ruhe befindet. Translationen können durch Kräfte ausgelöst werden, Rotationen durch Momente. Diese dürfen bei Bewegungen im Gleichgewicht nicht hervorgerufen werden.
„Ein Körper befindet sich im Gleichgewicht, solange sich das Lot durch seinen Schwerpunkt innerhalb der Unterstützungsfläche befindet. Soll ein Körper aus dem Gleichgewicht gebracht werden, muss beispielsweise durch Kippen um einen Drehpunkt die Senkrechte durch den Schwerpunkt außerhalb der Unterstützungsfläche verschoben werden."
So lässt sich z.B. das Stehen in der Pflicht als Gleichgewichtsübung definieren, denn der Stand ist laut FN 2012: „Der Körperschwerpunkt befindet sich über dem stützenden Körperteil im Gleichgewicht. [...]"

Beim Voltigieren ist es schwierig, den Körper im Zustand der Ruhe zu halten. Durch die ständige dreidimensionale Bewegung wird der Körper immer wieder aufs Neue herausgefordert, den einwirkenden Kräften so entgegenzuwirken, dass die optimalen Gleichgewichtsbedingungen wieder hergestellt werden. Der Körper ist also in der Lage, mit seinen inneren Kräften in Muskeln, Sehnen und Gelenken in einem begrenzten Bereich äußere Kräfte zu kompensieren, wird aber durch die geometrischen Bedingungen stark beeinflusst.

Kinetik

Die Kinetik setzt sich mit der Relation zwischen den auf den Körper einwirkenden Kräften und den daraus folgenden Bewegungen auseinander. Die einwirkenden Kräfte werden als Bewegungsursache verstanden. „Die Newton'schen Gesetze (Axiome) stellen Gesetzmäßigkeiten dar, denen alle Körper unterworfen sind und deren korrekte Anwendung auf den menschlichen Körper und seine Bewegung die wesentliche Grundlage der Biomechanik darstellt (Brüggemann 2000)."

1. **Newton'sches Gesetz (Trägheitsgesetz)**
2. **Newton'sches Gesetz (Aktionsgesetz, Dynamisches Grundgesetz)**
3. **Newton'sches Gesetz (Reaktionsgesetz; actio = reactio)**

Welcher Trainer hat es nicht schon mal gesagt? „Mehr Tempo in den Beinen bei den Schwungübungen, sonst kommst du nicht hoch!" Eng verbunden mit dieser Aufforderung ist der Impuls. Was muss der Voltigierer tun, damit sich der Impuls, ausgelöst durch die Beine, auf den Rumpf und die oberen Extremitäten optimal überträgt, um in die gewünschte hohe Handstützposition zu gelangen?

Um die oben angesprochenen Problematiken zu verdeutlichen, werden nachfolgend mögliche Erklärungsansätze genannt.
Der Impuls ist das Produkt aus der Masse eines Körpers und seiner Geschwindigkeit. Hochmuth (1981) hat biomechanische Prinzipien formuliert, die allgemeine Erkenntnisse über das rationelle Ausnutzen der mechanischen Gesetze bei sportlichen Bewegungen enthalten. Sie bilden eine gute Hilfe, um sportliche Bewegungen zu erklären. Im Folgenden soll versucht werden, das eine oder andere Prinzip auf das Voltigieren zu übertragen.

Prinzip der Anfangskraft

Hochmuth (1981) sagt, dass eine Körperbewegung, mit dem Ziel einer hohen Endgeschwindigkeit, durch eine entgegengesetzt gerichtete Bewegung einzuleiten sei. Übertragen auf das Voltigieren ist die Ausholbewegung bei der Schere nach vorne die entgegengesetzte Bewegung für den anschließenden Rückschwung bzw. die Bogenspannung zur Vorbereitung des zweiten Teils. Als Beispiel eignet sich aber auch der Aufsprung, bei dem vor dem Abdruck erst ein entgegengesetztes Beugen der Beine erfolgen muss, um einen reaktiven Abdruck zu gewährleisten. Hochmuth beschreibt weiter, dass durch das Abbremsen der Gegenbewegung eine Anfangskraft entstehe, durch die der Kraftstoß (Impuls) vergrößert würde. Auf die Schwungübung vorlings des Voltigierens angewendet, bedeutet das, dass der Schwung der Beine durch das Fixieren im Beckenbereich abgebremst wird, genau dann, wenn die Beine beim Rückschwung den Oberkörper passieren. Hierdurch ist es unter anderem möglich, einen so großen Impuls für die weitere Ausführung der Übung erzeugen zu können, dass eine hohe Handstütz- bzw. Handstandposition eingenommen werden kann.

Prinzip der zeitlichen Koordination von Teilimpulsen

Hochmuth vertritt die Auffassung, dass die Endgeschwindigkeit dann am größten sei, wenn die Geschwindigkeitsmaxima der einzelnen Körperteile nicht gleichzeitig, sondern nacheinander geschaltet seien. Folglich ist es möglich, Impulse durch Abbremsen von einem Körperteil auf ein anderes zu übertragen (Willimczik 1999, S. 61). Diese Koordination der Teilimpulse ist neben dem Prinzip der Anfangskraft ein wesentlicher Bestandteil einer optimalen Technik im Voltigieren. Ist es also möglich, die einzelnen Teilimpulse so günstig wie möglich auf den Körper zu übertragen, so ist deutlich weniger Muskelkraft vonnöten, um die Zielübung zu erreichen. Für den Stützschwung vorlings bedeutet das im Einzelnen eine Übertragung der Teilimpulse von den Beinen über den Rumpf auf die Arme.

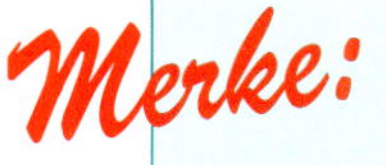

Nur der gerade aufrechte Basissitz ermöglicht eine optimale Impulsübertragung der unteren Extremitäten auf den Rumpf bis hin zu den oberen Extremitäten.

Im Voltigieren treten diese beiden **Prinzipien oft in Zusammenhang mit den Prinzipien des optimalen Beschleunigungsweges und der optimalen Tendenz im Beschleunigungsverlauf** auf. Nach Hochmuth (1981) soll der Beschleunigungsweg optimal und nicht maximal sein, da sich Letztgenanntes negativ auf die Endgeschwindigkeit auswirken könnte. Eine maximale Beschleunigung des Schwungbeines beim Aufsprung hätte somit negative Konsequenzen für die Höhe und Lage des Schwerpunktes, da sich die Teilimpulse Sprung, Schwung, Stütz nicht mehr optimal verbinden lassen würden.

Hinweise zu weiterführender Literatur:
Roth, K./Willimczik, K.: Bewegungswissenschaft. Reinbek: Rowohlt 2002.
Brüggemann, G. P.: Biomechanik sportlicher Bewegungen. Institut für Biomechanik, Deutsche Sporthochschule Köln. Köln 2000/2001.
Hochmuth, G.: Biomechanik sportlicher Bewegungen. Frankfurt: Limpert 1982.

1.5 Einführung in die Sportpsychologie

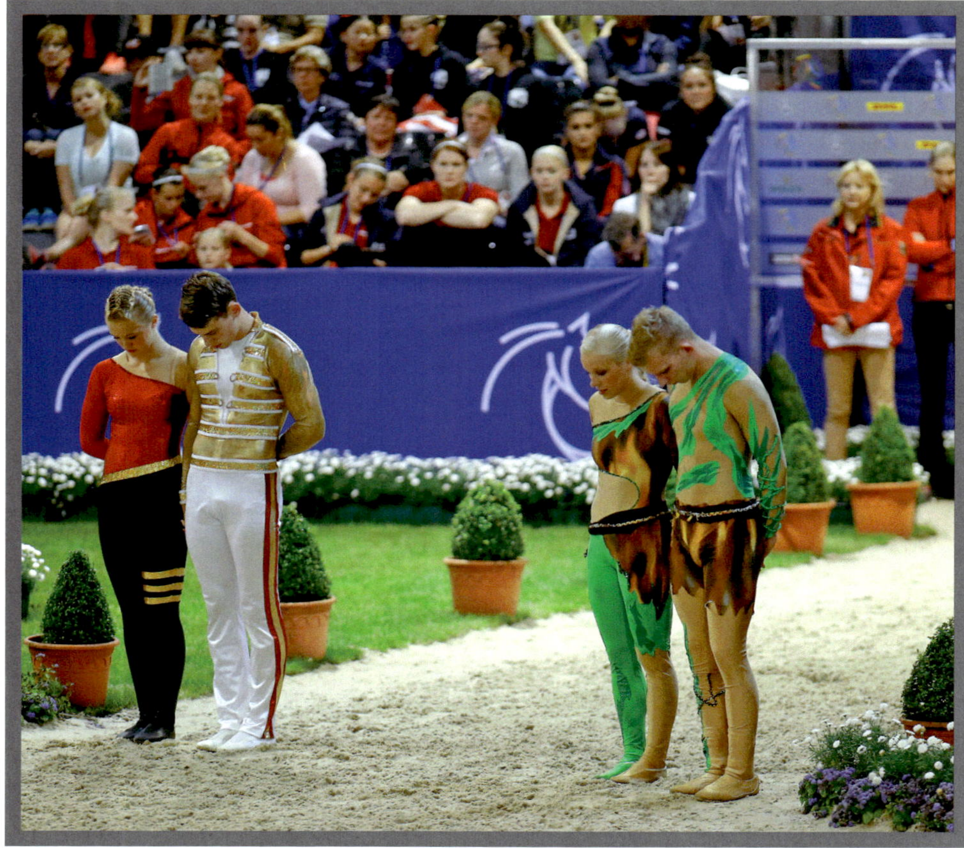

In der Vergangenheit oft belächelt und als Unsinn an die Seite gelegt, ist die Sportpsychologie seit geraumer Zeit ein elementarer Bestandteil des Trainings geworden. Vor allem im Spitzensport ist die Psychologie ein Hilfsmittel, den „Kopf" optimal auf den Wettkampf einzustellen oder auch Bewegungsvorstellungen zu festigen.

Weineck (2002, S. 613) unterteilt die psychologischen Trainingsmethoden in drei Zielgruppen:

1. **Verbesserung und Steigerung der physischen Leistungsfähigkeit**
2. **Verbesserung der technischen Lernprozesse**
3. **Behebung psychischer Störfaktoren, die die sportliche Leistungsfähigkeit beeinflussen**

Auch im Voltigieren hat das mentale Training längst Einzug erhalten und ist im Bundeskader und den Landeskadern einiger Landesverbände schon ein fester Lehrgangsbestandteil.
Was verbirgt sich hinter dem mentalen Training?

> „Beim mentalen Training werden die Trainierenden aufgefordert, sich den betreffenden Bewegungsablauf intensiv vorzustellen, ohne die entsprechende Bewegung wirklich auszuführen. Über die angestrebte Verbesserung wird auch der später tatsächlich ausgeführte Bewegungsablauf verbessert" (Eberspächer 2001, S. 81).

Mentale Trainingsverfahren eignen sich somit hervorragend, um Bewegungsabläufe, wie z.B. die einer Kür, zu perfektionieren, aber beispielsweise auch, um die in der Vorstellung befindlichen Fehler von Pflichttechniken zu beseitigen. Es gibt eine Fülle von mentalen Trainingstechniken, die sich für den Sport eignen. Das psychologische Training ist sehr individuell, sodass jeder Sportler ausprobieren sollte, welche sich für ihn als am günstigsten erweisen. Im Folgenden möchten wir einige wenige Trainingsverfahren vorstellen und auf die entsprechende Fachliteratur verweisen:

Um ein mentales Training erfolgreich erlernen zu können, ist es wichtig, zuvor in einen Entspannungszustand zu gelangen, damit der Kopf frei von störenden Gedanken ist und sich konzentrieren kann. Ein geeignetes Entspannungstraining ist z.B. das autogene Training (AT). Nach Schultz ist das AT aus der Hypnose entwickelt worden und eine Methode zur Selbstentspannung unter Beibehaltung der Konzentration. Mit dieser Trainingsmethode hat der Sportler die Möglichkeit, „seinen Kopf frei zu machen“ und die Muskulatur zu entspannen. Das AT hilft bei der Regeneration, also der Wiederherstellung der physischen und psychischen Leistungsfähigkeit. Für Voltigierer, die auf einem Wettkampf Pflicht und Kür getrennt absolvieren müssen, bietet das AT eine optimale Erholungsmöglichkeit.

Wie bei allen Trainingsformen muss auch das AT erst einmal erlernt werden, bevor es unter Wettkampfbedingungen erfolgreich eingesetzt werden kann. Das AT nach Schultz besteht aus folgenden Grundübungen:

- Ruhe-Übung
- Wärme-Übung
- Herz-Puls-Übung
- Kopf-Übung
- Schwere-Übung
- Atem-Übung
- Sonnengeflecht-Übung

	Übungsart	Übungsformel	Wirkung	Begleiterscheinungen
	Ruhestörung*	„Ich bin vollkommen ruhig“	Allgemeine Beruhigung von Körper und Psyche	
1	Schwere-Übung	„Der rechte (linke) Arm ist ganz schwer“	Muskelentspannung, allgemeine Beruhigung	Autogene Entladungen aller Art sind möglich, Nachwirkungen durch falsches Zurücknehmen
2	Wärme-Übung	„Der rechte (linke) Arm ist ganz warm“	Entspannung der Blutgefäße, Beruhigung	Autogene Entladungen
3	Herz-Übung	„Herz schlägt ganz ruhig und gleichmäßig“	Normalisierung der Herzarbeit, Beruhigung	Autogene Entladungen durch Erwartungseinstellung, durch „Organerinnerung“ können Organsymptome ausgelöst werden
4	Atem-Übung	„Atmung ganz ruhig (und gleichmäßig)“	Harmonisierung und Passivierung der Atmung, Beruhigung	(wie oben)
5	Leib-(Sonnengeflecht-)Übung	„Sonnengeflecht (Leib) strömend warm“	Entspannung und Harmonisierung aller Bauchorgane, Beruhigung	(wie oben)
6	Kopf-Übung	„Stirn angenehm kühl“	Kühler, klarer Kopf, Entspannung der Blutgefäße im Kopfgebiet, Beruhigung	Autogene Entladungen, gelegentlich Kopfschmerzen und Schwindel

Tab. 9 Beispiele aus dem autogenen Training

(modifiziert nach Weineck, J.: Optimales Training. Spitta Verlag, Erlangen 2000)

* Die Ruhestörung kann nur bei gegebener Indikation als selbstständige Übung angesehen werden; im Allgemeinen gilt sie als „richtungsweisende Einschiebsel“ im Sinne von Schultz.

Ein weiterer verbreiteter Ansatz bei den Entspannungstechniken ist der der **progressiven Muskelrelaxation** nach JAKOBSEN. Anders als bei dem zuvor genannten Verfahren spielen Vorstellungen und Symbole von Entspannung eine eher untergeordnete Rolle. JAKOBSEN geht bei der nach ihm benannten psychoregulativen Maßnahme davon aus, dass der Entspannungszustand durch systematisches Anspannen und anschließendes Entspannen einzelner Muskelgruppen erreicht werden kann. Dabei erleichtert dem Lernenden gerade das bewusste Erleben der Anspannung die Wahrnehmung der Entspannung.

Zunächst erscheint es als sehr sinnvoll, dass der Übende kleinere Muskelgruppen sukzessiv anspannt, bevor er mit zunehmender Übung immer mehr Muskelgruppen gleichzeitig und ohne vorausgehende Anspannung entspannen kann.

Nach JAKOBSEN sieht SONNENSCHEIN (1989, S. 143) die Relaxationsmethode in mehrerer Hinsicht progressiv bzw. fortschreitend:

- Der Übende entspannt eine Muskelgruppe mit fortschreitender Übung stärker und stärker.
- Er lernt, nacheinander die wichtigsten Muskelgruppen seines Körpers zu entspannen.
- Er schreitet bei täglicher Übung auf ein Stadium zu, in welchem die Ruhe automatisch erhalten bleibt.

Nachfolgend soll ein kurzer Einblick in eine mögliche Vorgehensweise bei diesem Verfahren gegeben werden. SONNENSCHEIN (ebd., S. 144) zitiert dafür stellvertretend FLORIN:

> „Setzen Sie sich nun möglichst bequem auf Ihrem Stuhl zurecht.
> Lassen Sie Ihre Muskeln so locker wie möglich.
> Schließen Sie Ihre rechte Hand zur Faust – nicht zu fest – und achten Sie auf die Spannung in Ihrem Unterarm und in der Hand.
> Und nun lassen Sie die Hand und Unterarm locker, ganz locker. Achten Sie darauf, wie sich die Muskeln Ihrer Hand und Ihres Unterarms immer mehr entspannen [...]."

Eine Methode des mentalen Trainings, die sich zur unmittelbaren Vorbereitung auf den Voltigierwettkampf bewährt hat, ist das mentale Training nach EBERSPÄCHER (2001). Nicht nur bei der Vorstartsituation, sondern auch beim Einstudieren und Festigen von Pflicht- sowie neuen Kürprogrammen kann die aus vier Stufen bestehende Methode eine Hilfe sein.

1. **Detaillierte Beschreibung**
2. **Subvokale Vorstellung**
3. **Knotenpunkte hervorheben**
4. **Symbolische Markierung der Knotenpunkte**

zu 1.: Zu Beginn der ersten Stufe, also der detaillierten Bewegungsbeschreibung, steht z.B. eine ausführliche Beschreibung des Kürprogramms. Es ist hilfreich, die gesamte Kür vom Aufsprung über Übergänge bis hin zum Kürabgang niederzuschreiben. Bei dieser „Fahrtroute" sollten auch die Handgriffe und Fußwechsel genau berücksichtigt werden. Das macht am Anfang etwas Arbeit, ist aber zum genauen bildlichen Vorstellen eine wichtige Voraussetzung.

zu 2.: Nachdem die Kür schriftlich fixiert ist, folgt die subvokale Vorstellung. Der Voltigierer vergegenwärtigt sich in einer Art Selbstgespräch das gesamte Kürprogramm. Hierbei sollte er darauf achten, dass er den Übungen kleine Merksätze anhängt. Dies könnte bei einem Schulterstand sein: „Ich achte darauf, dass ich gestreckt und gespannt bin!" Negative Begriffe wie „nicht" sollten vermieden werden, da es sonst zu negativen Fehlerverknüpfungen kommen kann.

zu 3.: Da es sich bis zu dieser Stufe um eine ausführliche Beschreibung handelt, gilt es, jetzt Knotenpunkte der Kür hervorzuheben, also Übungen, bei denen es des Öfteren Ausführungsdefizite gibt. Das ist natürlich individuell verschieden und von unterschiedlichen Stärken bzw. Schwächen des Voltigierers abhängig.

zu 4.: Da es das Ziel ist, während der Kür im richtigen Moment an den richtigen Knotenpunkt zu denken, ist es wichtig, eine günstige Kurzform zu finden, also die Knotenpunkte symbolisch zu markieren. Man spricht in diesem Zusammenhang auch von einer „Codierung", um Bewegungen ohne Probleme in kürzester Zeit ausführen zu können. Eine mögliche Codierung für fehlende Mittelkörperspannung bei einem Handstand könnte lauten: „Bauch". So weiß der Voltigierer, dass er sich bezüglich seiner Ganzkörperspannung korrigieren muss.

Neben dem autogenen Training nach SCHULTZ, der progressiven Muskelentspannung nach JAKOBSEN oder dem mentalen Training nach EBERSPÄCHER gibt es noch viele weitere Techniken, um den Sportlerkopf richtig einzustellen, denn es heißt nicht ohne Grund: „Der Wettkampf wird im Kopf entschieden!"

Hinweise zu weiterführender Literatur:

EBERSPÄCHER, H.: Mentales Training. München 2012.
LINZ, L.: Erfolgreiches Teamcoaching. Aachen 2014.

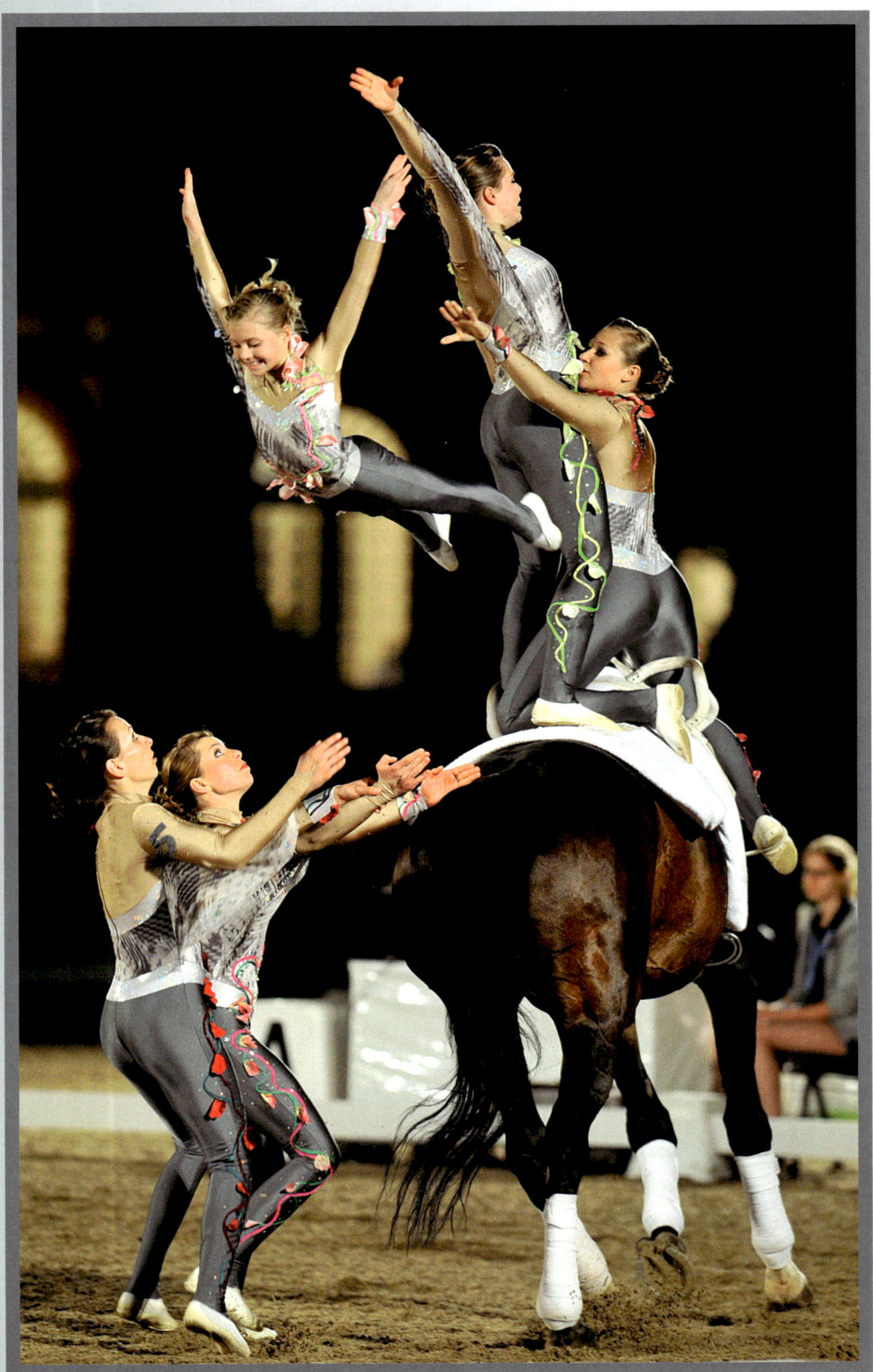

1.6 Methodik und Didaktik

Um ein Voltigiertraining optimal durchführen zu können, muss ein Trainer vor jeder Trainingsstunde methodisch-didaktische Vorüberlegungen treffen. Dabei stellt sich der Trainer die sogenannten sechs „W-Fragen".

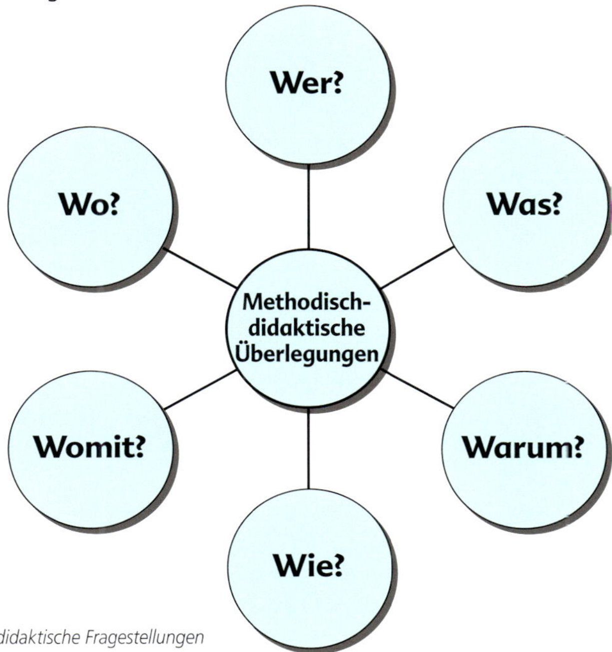

Abb. 28 methodisch-didaktische Fragestellungen

Hinter den einzelnen Fragen stehen wichtige Informationen, die der Trainer für seine Arbeit benötigt:

Wer Um ein Training optimal gestalten zu können, muss der Adressatenkreis bekannt sein. Darunter fallen: Alter, Geschlecht, Trainingszustand, homogene/heterogene Gruppe etc.

Was Vor einer Trainingseinheit sollte die Frage nach dem Inhalt abgeklärt werden. An dieser Stelle sollte sich der Übungsleiter über seinen thematischen Stundenschwerpunkt Gedanken machen.

Warum Eng gekoppelt mit dem Inhalt steht die Frage nach dem Ziel. Hier muss unterschieden werden in Stundenziele (Bsp. Verbesserung der Rumpfstabilität bei der Bank), in Nahziele, d.h. ein Ziel, das über mehrere Trainingsstunden hinweggesetzt wird (Bsp. Verbesserung der Lage des Stützbeines bei der Fahne im Galopp). Aber auch das Festlegen von Fernzielen, wie das Präsentieren einer gesamten Gruppenkür auf einem Wettkampf, ist Teil der Vorüberlegungen.

Wie Zum Erarbeiten oder Verbessern von sportmotorischen Fertigkeiten, wie z.B. einer Voltigierübung, ist es sinnvoll, eine Methode festzulegen. Hier ist zu unterscheiden in induktiver und deduktiver Herangehensweise. Ein Beispiel für einen induktiven Lehrweg wäre das eigene Erarbeiten einer Kür ohne eine komplette Vorgabe des Ziels durch den Trainer. Beim deduktiven Vorgehen gibt der Trainer die gesamte Übung vor. Beide Vorgehensweisen haben Vor- und Nachteile und für bestimmte Zielsetzungen ihren festen Bestand im Voltigiertraining. Auch die Organisationsform sollte hier bedacht werden, beispielsweise Circuittraining, Staffelspiele, Stationenlauf etc.

Weitere Aspekte zu diesem Thema sind auch im Band 3: „Voltigieren“ der Richtlinien für Reiten, Fahren und Voltigieren (FN 2013) zu finden.

Die Frage der Vereinfachungsstrategien komplexer Übungen soll im späteren Verlauf geklärt werden.

Womit Ein weiterer wichtiger Gesichtspunkt ist der Einsatz von Medien und Hilfsmitteln. Immer wieder sieht man zwei Extreme in der Durchführung des Voltigiertrainings. So gibt es die Ausbilder, die ein Minimum an Hilfsmitteln und Medien benutzen, die Rede ist von Pferd und Übungspferd. Auf der anderen Seite stehen die Trainer, die ihre gesammelten Hilfsmittel, vom Musikapparat bis zu kompletten Kisten mit allen Kleingeräten, in die Reithalle stellen. Beide Formen sind nicht sinnvoll. So ist es einerseits erstrebenswert, die Voltigierer neben dem Pferdetraining durch geeignetes Boden- und Übungspferdtraining zu fördern. Jedoch muss ich bei der Auswahl der Kleingeräte selektieren, um eine Reizüberflutung auszuschließen.

Merke: **Der Einsatz von Kleingeräten, wie Therabänder, Pezzibälle, Seilchen, Säckchen, Matten, Reifen etc. ist wünschenswert, ebenso die Arbeit mit Medien, z.B. Musik. Jedoch sollten nur in Ausnahmen alle Medien und Hilfsmittel in einer Trainingsstunde ihren Einsatz finden.**

Wo Die äußeren Gegebenheiten eines Trainings sind für die Ausführung dessen von großer Bedeutung. So muss festgestellt werden, ob in der Reithalle oder auf dem Außenplatz, ob auf dem Turniergelände oder in der heimischen Reithalle trainiert wird. Auf einem Außenplatz, der an Bahnschienen gelegen ist und Zugang für jedermann bietet, lässt sich anders trainieren als in einer abgesperrten Reithalle.

Erlernen und Verbessern von sportmotorischen Fertigkeiten

Unter diesem Teil des Kapitels möchten wir kurz einen möglichen Lehrweg aufzeigen, der in der Praxis am häufigsten anzutreffen ist. Es handelt sich um die methodischen Übungsreihen (MÜR). Man unterscheidet laut Fetz (vgl. Willimczik/Roth 1988, S. 186) drei verschiedene Formen:

- Übungsreihen mit verminderter Lernhilfe
- Übungsreihen mit gradueller Annäherung
- Aufgliederung der Übungen in funktionelle Teileinheiten (serielle Übungsreihen)

Der Aufbau methodischer Übungsreihen zeichnet sich durch eine gewisse Struktur aus. Man unterscheidet in

- Vorbereitende Übungen
- Vorübungen
- Zielübung

Zu den **vorbereitenden Übungen** gehören Übungsformen, die physische und psychische Voraussetzungen zur Durchführung der Vorübungen schaffen. Dazu zählen z.B. Trainingsformen zur Optimierung der Sprungkraft, damit anschließend an der Technik des Aufsprungs gearbeitet werden kann.

Die **Vorübungen** bilden den Hauptbestandteil methodischer Reihen. Je nach Vorgehensweise enthalten sie einen typischen, stufenförmig gegliederten Aufbau. Jedes Prinzip hat jedoch eine unterschiedliche Struktur. Als Beispiel für eine Vorübung der Schere wäre der Stützschwung zu nennen.

Die **Zielübung** ist letztlich jene sportmotorische Fertigkeit, d.h. Voltigierübung, die am Ende einer solchen methodischen Reihe als Ziel steht. Gemeint sind Übungen wie Schere, Salto, Aufsprung, Querlieger etc.

Übungsreihen mit verminderter Lernhilfe

Unter diesem Typ versteht man ein Prinzip, das sich dadurch auszeichnet, dass von Anfang an die Zielübung ganzheitlich geübt wird. Jedoch wird zuerst unter einfachen Situationen geübt, die allmählich immer schwieriger und komplexer werden.
Beispiel: Die Rolle vw. als Abgang mit der Ausgangsstellung des Knien rw. auf dem Rücken des Pferdes wird zunächst im Stand mit Hilfestellung geübt. Der Voltigierer muss sich nur auf die Rollbewegung konzentrieren. Allmählich wird nun die Hilfestellung abgebaut und die Bewegung des Pferdes hinzugenommen. Entscheidend ist, dass von Anfang an die komplette Zielübung unter vereinfachten Bedingungen geturnt wird.

Übungsreihen mit gradueller Annäherung

Hierunter ist die schrittweise Annäherung an die Zielübung durch Vorschalten von leichteren Übungen zu verstehen, die der Zielbewegung ähnlich sind. Nach und nach werden die Übungen erschwert und der Zielübung angeglichen, wodurch der gewünschte Lernerfolg zustande kommt.
Beispiel: Erüben des Aufsprungs in den Stand im Galopp. Hier können Aufsprünge in folgende Endpositionen vorweggeschaltet werden: Aufsprung in die Position Knien vw., Bank vw., Prinzensitz vw., einbeiniges Knien vw., Fahne vw. etc.
Entscheidend ist, dass die vorgeschalteten einfacheren Fertigkeiten eine Ähnlichkeit mit der Zielfertigkeit haben und sich dieser schrittweise annähern.

Aufgliederung der Übungen in funktionelle Teileinheiten

Auch dieses Prinzip bildet eine praktikable Grundlage zum Erüben und Verbessern von Voltigierübungen. Wie in der Überschrift bereits verdeutlicht, werden komplexe Fertigkeiten in funktionelle Teile zerlegt und zuerst getrennt voneinander erlernt und anschließend wieder zusammengesetzt. In welcher Reihenfolge die einzelnen Teilstücke geübt werden, ist der Literatur nicht eindeutig zu entnehmen (vgl. Willimczik/Roth 1988, S. 188).
Beispiel: Die komplexe Übung Aufsprung in den Schulterstand vw. wird in drei Bewegungsabschnitte unterteilt: rhythmisches Anlaufen an das Pferd im Galopp, Absprung und zielgerichtete Bewegung in den Schulterstand vw., Ausführung der Bewegung Schulterstand vw. Zunächst werden diese Teile getrennt voneinander geübt und anschließend zusammengesetzt.

Es wird in der Literatur zwar in oben genannte methodische Übungsreihen unterschieden. In der Praxis ist oftmals aber auch eine Vermischung der einzelnen Prinzipien zu erkennen. Als Kombination wird meist der Schwerpunkt auf eine der Prinzipien gelegt.

Weitere methodische Reihen sind der sportwissenschaftlichen Literatur zu entnehmen. Zusätzliche allgemeine methodische Gesichtspunkte sind in den Richtlinien für Reiten, Fahren und Voltigieren, Band 3 Voltigieren (FN 2013), nachzulesen.

Hinweis zu weiterführender Literatur:
Willimczik, K./Roth, K.: Bewegungslehre. Reinbek: Rowohlt 1988.

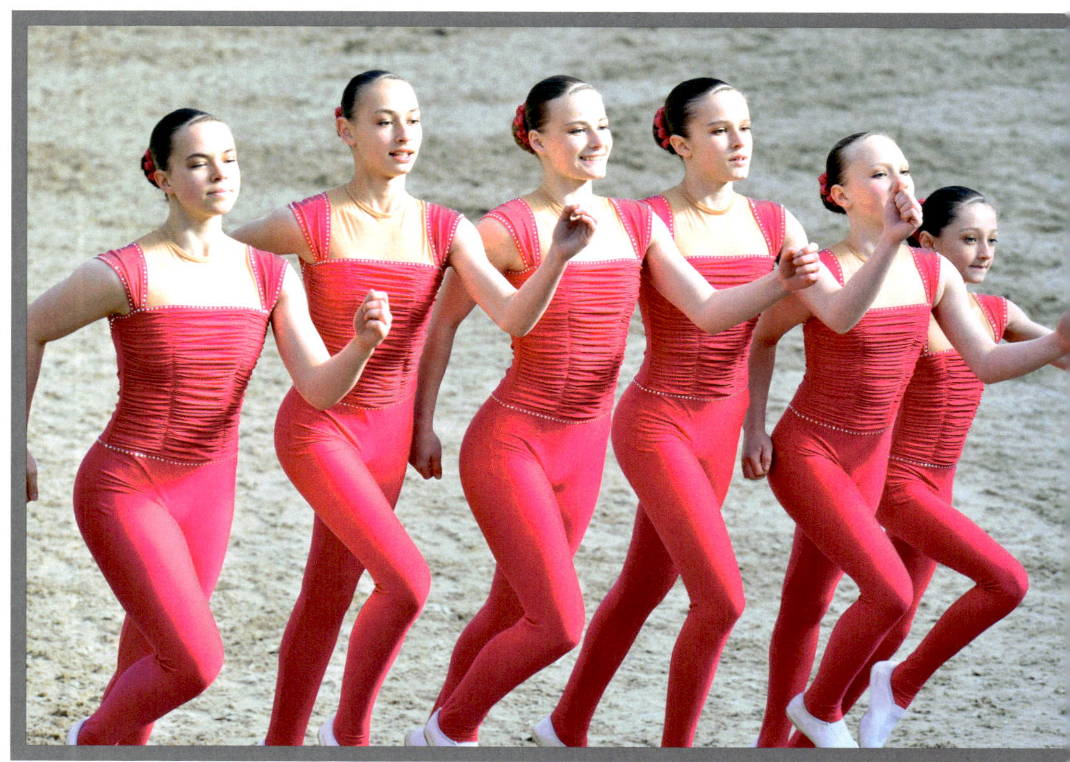

1.7 Pädagogische Perspektiven im Voltigiersport

Neben den motorischen Zielen im Voltigieren, psychologischen Aspekten sowie der Methodik und Didaktik gibt es in dieser Sportart auch pädagogische Ziele, die in diesem Kapitel kurz erläutert werden sollen. Es geht dabei nicht um allgemeine pädagogische Konzepte, sondern um pädagogische Perspektiven, die mit dem Voltigiersport gut umsetzbar sind. Die von Kurz (2000) genannten sechs Perspektiven lassen sich anhand des Voltigiersports hervorragend umsetzen.

Leistung

Unter dem Begriff der Leistung wird verstanden, dass sich der Voltigierer etwas abverlangt, sich an Aufgaben misst und sich mit anderen vergleicht. Dabei lernt er seine eigenen Möglichkeiten und Grenzen kennen. Beispiele wären unter anderem jede Teilnahme an einem Wettkampf, denn hier versucht der Voltigierer bestmögliche Leistungen zu bringen, indem er die geforderten Pflicht- und Kürelemente zeigt, bei gleichzeitigem Vergleich mit anderen Sportlern. Aber auch jede Form der Abzeichenprüfungen im Voltigiersport zeigt dem Voltigierer seine momentanen Fähigkeiten und Grenzen auf.

Miteinander

Voltigieren ist zum großen Teil ein Teamsport. Durch das Zusammensein im Training, Wettkampf und im außersportlichen Aktivitäten werden Erfahrungen gemeinsamer Aktivität, Zusammengehörigkeitsgefühl und Solidarität gefordert und gefördert. Denn ohne Teamgeist etc. sind Leistungen in der Gruppe gar nicht möglich.

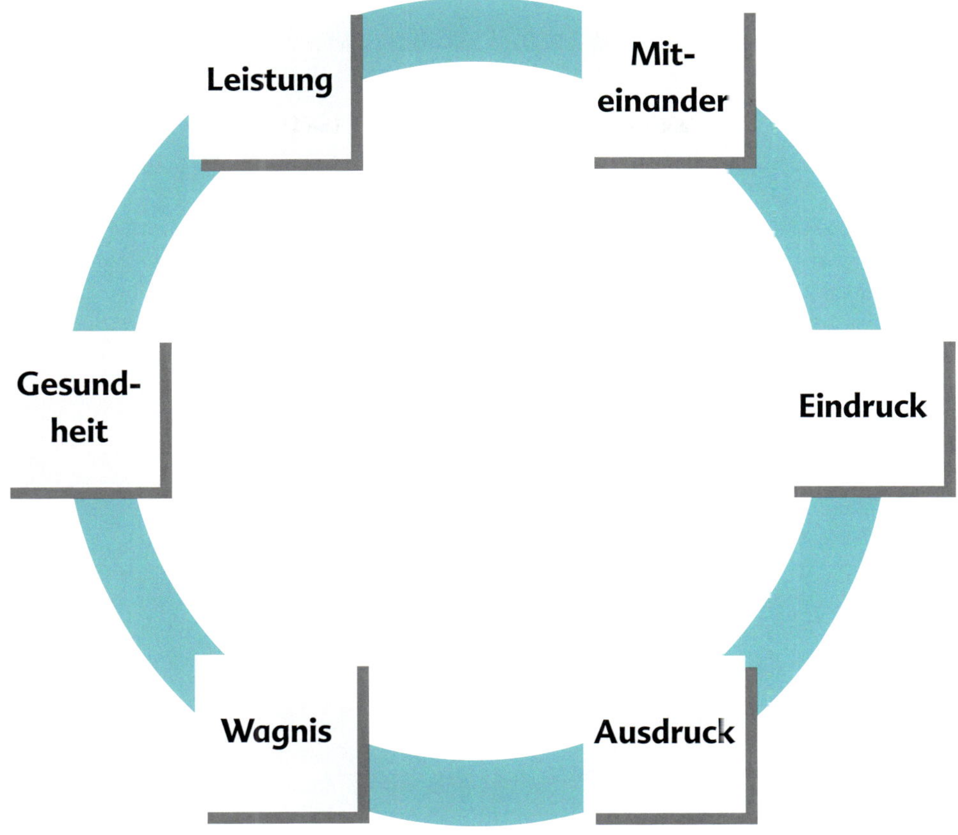

Abb.29 Überblick über pädagogische Perspektiven im Sport

Eindruck

Voltigieren bietet in vielerlei Hinsicht die Möglichkeit, Eindrücke zu sammeln. Diese Eindrücke sind Wahrnehmungen, die im Voltigieren durch unterschiedlichste Art erlangt werden können. Der Sportler lernt, vermehrt seine aufnehmenden Rezeptoren zu benutzen. So wird er durch das Training der optischen, akustischen und taktilen Rezeptoren seine Außenwelt besser aufnehmen können. Aber auch die Wahrnehmung des eigenen Körpers durch Schu ung des kinästhetischen Analysators und des vestibulären bzw. statico-dynamischen Sinns (Gleichgewichtssinn) wird geschult. Dabei wird sich der Vielfalt der Möglichkeiten im Voltigieren bedient. Ein anderer Aspekt ist das Sammeln von Bewegungserfahrungen, das, wie bereits erwähnt, vornehmlich im frühen Schulkindalter forciert stattfinden sollte.

Ausdruck

Der Voltigierwettkampf lebt von den Botschaften, die Sportler dem Zuschauer bei ihren Vorführungen übermitteln. Erst durch die Kombination mit entsprechender zum Typ und Leistungsstand passender Musik zeigt der Voltigiersport seinen vollen Glanz und die perfekte Paarung von Sport und Show. Die Wichtigkeit des Ausdrucks im Voltigieren geht sogar so weit, dass sie im Bewertungssystem der Kür wiederzufinden ist. So schreibt das nationale Reglement (vgl. FN 2013, FN 2013a und FN 2012) als ein Kriterium in der Bewertung der Kürgestaltung die Interpretation der Musik vor. Die Spitzenvoltigierer gehen in ihren Darbietungen sogar so weit, dass ein bestimmtes Thema durch Bewegung und Musik dargestellt wird.

Wagnis

Unter der Perspektive versteht KURZ (2000, S. 34) die Möglichkeit des Schaffens von Situationen, die eine gewisse Spannung mit sich bringen. Gemeint ist das „gewisse Etwas", der „Kick", die „Action". Im Voltigieren kann auch das wiederum vielseitig erfolgen. Vorweg lässt sich sagen, dass der Pferdesport, dem auch der Voltigiersport zuzuordnen ist, etwas hat, das keine andere Sportart aufbieten kann – das Pferd. Allein dadurch werden dem jungen Menschen immer wieder Situationen geboten, die mit dieser gewissen Spannung einhergehen. So ist es möglich, durch das Üben neuer, schwieriger Kürkombinationen, z.B. bei einer Dreier-Kür im Gruppenvoltigieren, eine so geartete Situation zu schaffen. Im Turniersport wird diese Spannungssituation sogar gefordert. So müssen Einzelvoltigierer in ihrer Kür Übungen von leicht (L) bis schwer (S) turnen und zum Erreichen der Höchstpunktzahl noch einzelne Höchstschwierigkeitsteile (HS) einfügen. Diese HS-Teile erfordern ein hohes Maß an motorischen Fähigkeiten und werden von den Akteuren nicht selten als das „gewisse Etwas" bezeichnet. Aber auch im Breitensport sollten immer wieder Wagnis-Situationen geschaffen werden, in denen sich der Voltigierer einer aufregenden Situation stellt und sie auch verantworten muss. So ist es beispielsweise für einen jungen Voltigierer eine kribbelige Angelegenheit, auf einem Pferd ohne Gurt und Hilfsmittel zu turnen.

Gesundheit

„Sport treiben ist gesund". Mit diesem Ausspruch werben nicht nur Sportfirmen, sondern auch Fitnessstudios und Krankenkassen. Der Voltigiersport ist ebenfalls gesund – wenn er richtig betrieben wird. Denn wie jede Sportart ist auch der Voltigiersport ambivalent, d.h., er kann sowohl positiv als auch negativ Einfluss auf die Gesundheit nehmen (vgl. KURZ 2000, S. 42). Bei falscher Ausführung können gesundheitliche Probleme entstehen (s. Kap. 1.1.3). Jedoch kann der Voltigiersport bei richtiger Ausführung viele positive Aspekte beinhalten. Zusammenfassend lässt sich eine ganzheitliche Gesundheitsförderung erkennen, die nicht zuletzt dadurch zustande kommt, dass sich der Voltigierer sehr viel mit seinem Körper auseinandersetzt und dadurch ein verbessertes Gesundheitsbewusstsein entwickelt.

Hinweise zu weiterführender Literatur:
KURZ, D.: Die pädagogische Grundlegung des Schulsports in Nordrhein-Westfalen.
In: LANDESINSTITUT FÜR SCHULE UND WEITERBILDUNG (HRSG.): Erziehender Schulsport.
Pädagogische Grundlagen der Curriculumrevision in Nordrhein-Westfalen. Bönen 2000, S. 9-55.

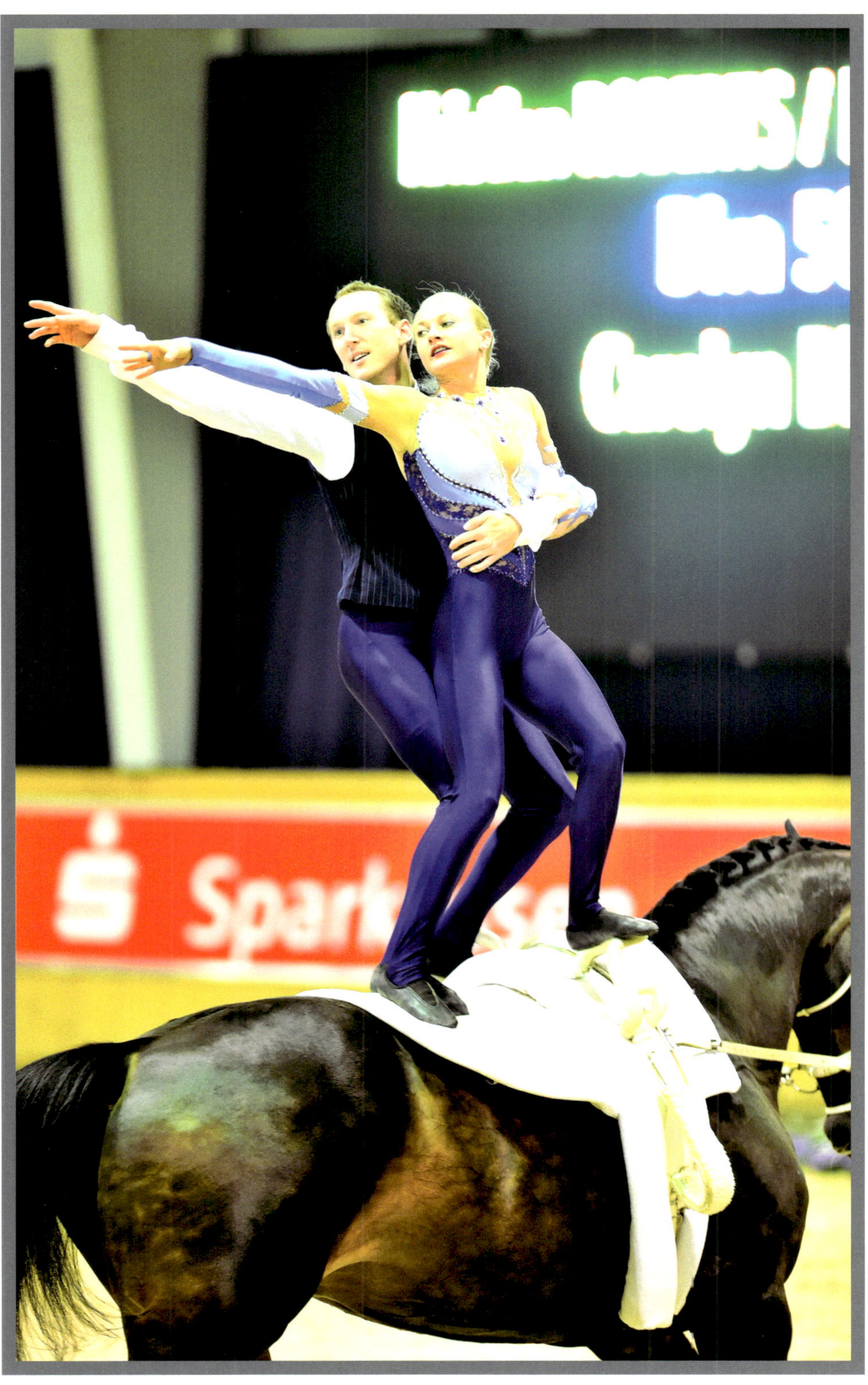

1.7 Pädagogische Perspektiven im Voltigiersport

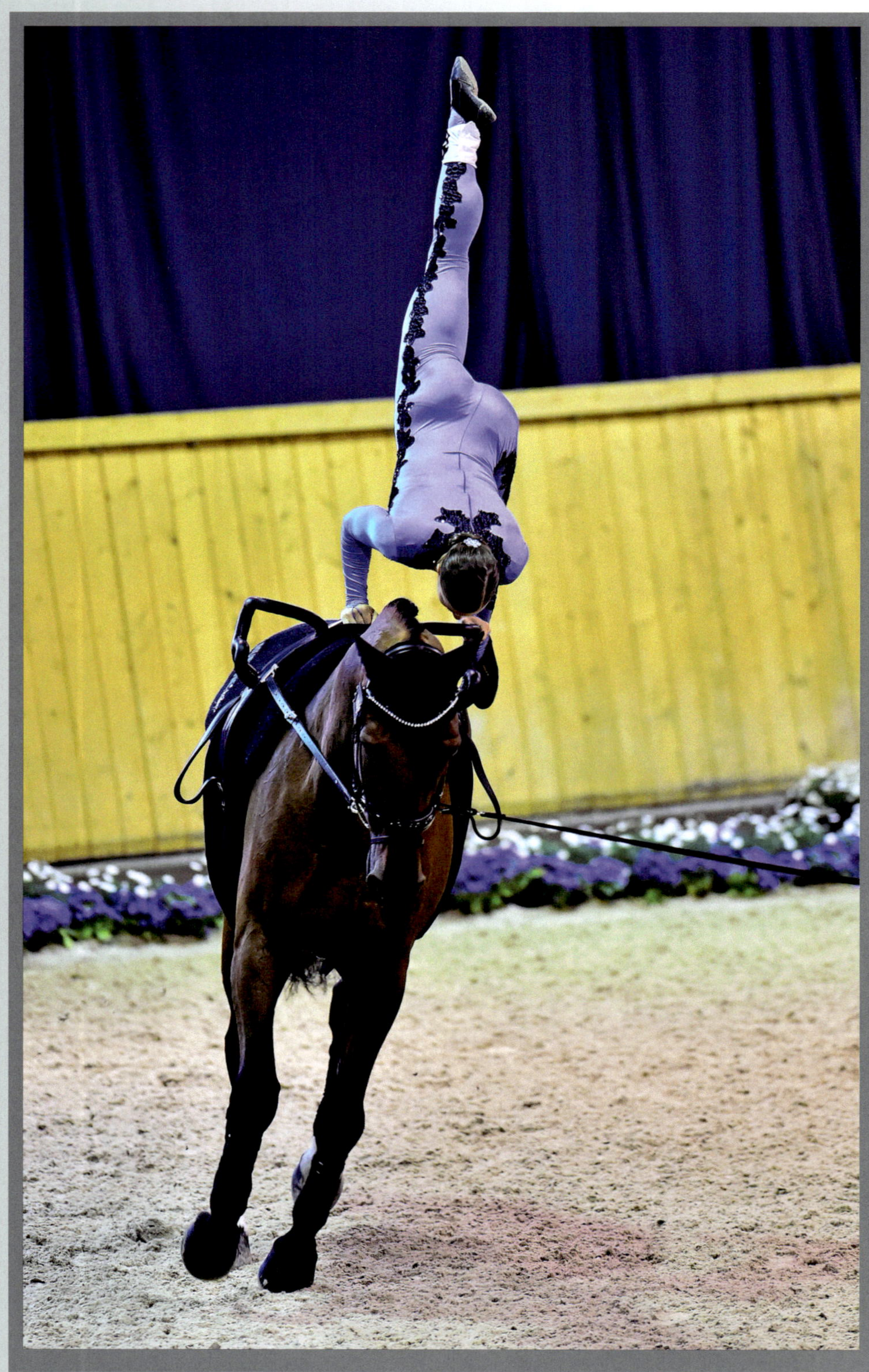

2. Voltigierspezifische Problemstellungen (Praxis)

In den vergangenen Jahren hat sich im Voltigiersport einiges verändert. Während die einen Übungen gänzlich von der Bildfläche verschwunden sind, wie zum Beispiel der Kosakenhang, sind auch viele neue Elemente hinzugekommen. Der Voltigiersport gleicht sich immer mehr dem Kunstturnen an. Das, was auf einem galoppierenden Pferd umzusetzen ist, wird bereits geturnt. Dementsprechend haben sich auch das Reglement und das Training geändert. Die verschiedenen Klassen haben sich vor einigen Jahren lediglich durch Auf- und Abstiegsnoten voneinander abgegrenzt. Heute gibt das Regelwerk eine Methodik in Pflicht und Kür über einen Großteil der Leistungsklassen hinweg vor. Aber was verbirgt sich hinter dieser Methodik?

Bei Turnieranfängern soll in Pflicht und Kür besonders auf die körperlichen Grundlagen Wert gelegt werden. Einfache koordinative Fähigkeiten, wie das geforderte Gleichgewicht bei der Fahne und beim Knien, sowie grundlegende konditionelle Fähigkeiten, wie die Ganzkörperspannung, gefordert bei Liegestütz und der Wende, sollen überprüft werden. Schon im Bereich der Turnieranfänger werden Ausbilder und Voltigierer dazu veranlasst, die körperlichen Voraussetzungen zu erarbeiten, die in höheren Klassen in komplexer Form abgeprüft werden. Über der gesamten Methodik schwebt der Gedanke der Gesunderhaltung der Sportler. Erst wer den Liegestütz beherrscht, das Erlernte, auf das Stütz-Abhocken, den Stützschwung und die Wende übertragen kann, wird später in der Lage sein, eine gute Schere oder Flanke zu turnen.

So auch in der Kür, bei der es im Anfängerbereich nicht darauf ankommt, gewagte Elemente, eingebettet in eine fesselnde Interpretation, zu zeigen. Die Prioritäten sollen so gesetzt werden, dass die durch die Pflichtkür vorgegebenen Elemente technisch korrekt und mit einer guten Ausführung umgesetzt werden. Wer vom Anfängerbereich zum fortgeschrittenen Turniersport aufsteigen möchte, benötigt eine technisch gute Pflicht sowie eine durch wenige Abzüge geprägte Kür. Leider wird auf eine gute Technik in der Pflicht noch zu wenig geachtet. Mangelhafte körperliche Grundvoraussetzungen sind häufig Ursache für eine falsche Technik. Denn nur wer eine gute Athletik hat, ist in der Lage, Technikelemente zu erlernen und diese auch später in komplexen Bewegungen umzusetzen.

Die nachfolgend beschriebenen Pflichtübungen orientieren sich am aktuellen Wettkampfreglement.

Achtung: **Die Pflichtübungen sind in die Bereiche Turnieranfänger (Klasse A), Fortgeschrittene (L) und Könner (M, S) unterteilt. Das Könnerstadium unterscheidet zwischen Leistungs- und Spitzensport.**

2.1 Die Pflichtübungen

2.1.1 Der Aufsprung

Der Aufsprung in der Pflicht zählt, neben der Königsübung Schere, sicherlich zu den Pflichtelementen mit dem höchsten Anforderungsgehalt. Bei kaum einer anderen Übung wird während kürzester Zeit so eine Vielzahl an konditionellen und koordinativen Fähigkeiten abgeprüft. Die besondere Schwere dieses ersten Pflichtelementes kommt auch in den Wettkampfbewertungen zum Ausdruck. Die Wertungen weichen selbst bei Spitzensportlern deutlich von der Höchstnote

10 ab. Beim Aufsprung lässt sich schnell erkennen, wie fit der Sportler eigentlich ist. Aber was macht den Aufsprung so schwer? Wie der Name es enthält, handelt es sich bei der ersten Pflichtübung um einen Sprung.

Der Körper drückt sich durch schnelles Strecken der unterstützenden Extremität von der Unterlage ab, d.h., der Schwerpunkt gewinnt entgegen der Schwerkraft an Höhe.

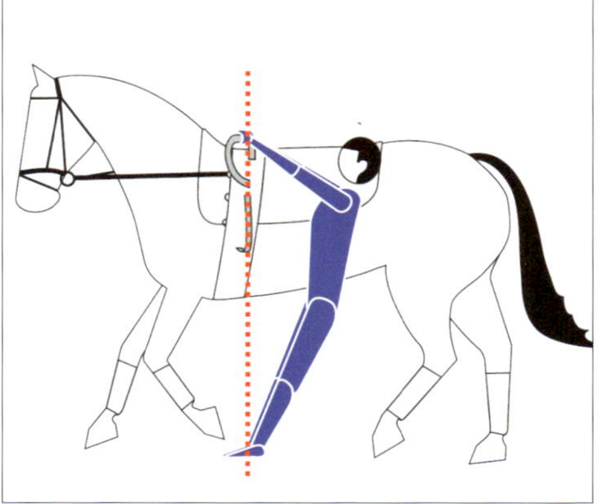

Pikt. 6: Absprungposition Aufsprung

Wie im Kapitel über die Biomechanik bereits erklärt, kommt hier der Begriff des Schwerpunktes zum Tragen. Ist es im Anfänger- und Fortgeschrittenenbereich gewünscht, dass sich das Becken für die Optimalnote 10 nur über dem Pferd befinden muss, sodass die Beckenachse über der Schulterachse ist, spricht man im Könnerstadium bezüglich des Hauptkriteriums von der Höhe und Lage des Schwerpunktes. Im Idealfall ist der KSP in der höchsten Lage über der Unterstützungsfläche. Die verschiedenen Entwicklungsstufen erfordern eine gestaffelte Aufsprungmethodik. Zum besseren Verständnis befasst sich das Kapitel über den Aufsprung mit der optimalen Ausführung im Könnerstadium, greift aber die methodischen Vorstufen an passender Stelle auf.

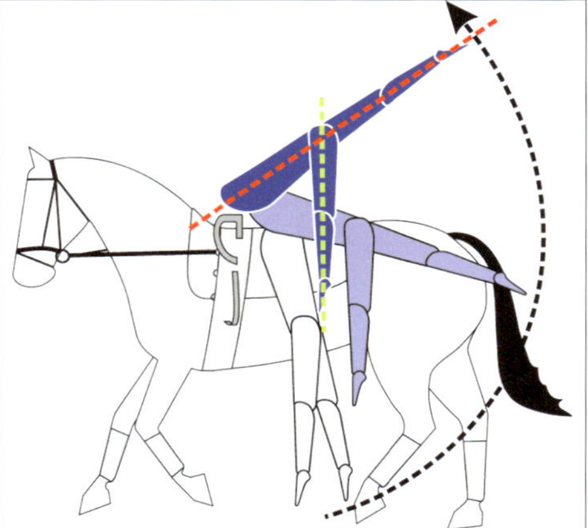

Pikt. 7: Aufsprungphasen bei Turnieranfängern/-fortgeschrittenen

Hauptkriterien zur Bewertung des Aufsprungs

Turnieranfänger/Fortgeschrittene

1. Höhe und Lage des Schwerpunktes
2. Koordination

Könner

Höhe und Lage des Schwerpunktes

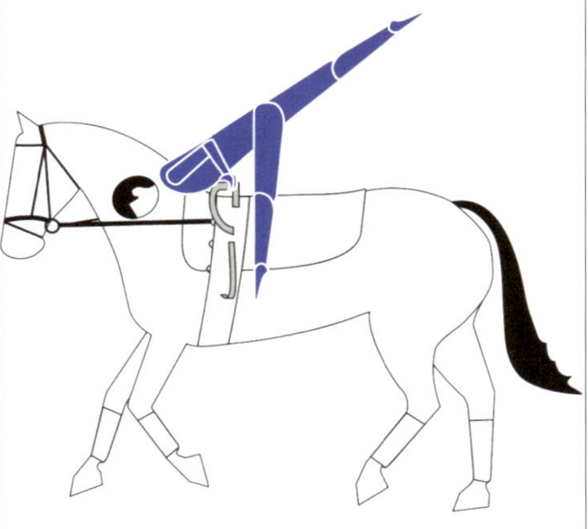

Pikt. 8: Endposition Aufsprung bei Turnieranfängern/-fortgeschrittenen

Bewegungsablauf des Aufsprungs

Der Aufsprung lässt sich grob in vier Phasen gliedern:

1. Sprungphase
2. Schwungphase
3. Stützphase
4. Landephase

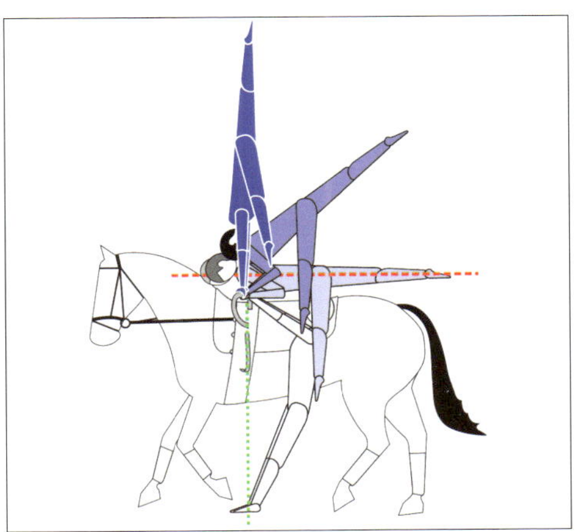
Pikt. 9: Sprung-, Schwung und Stützphase des Könner-Aufsprungs

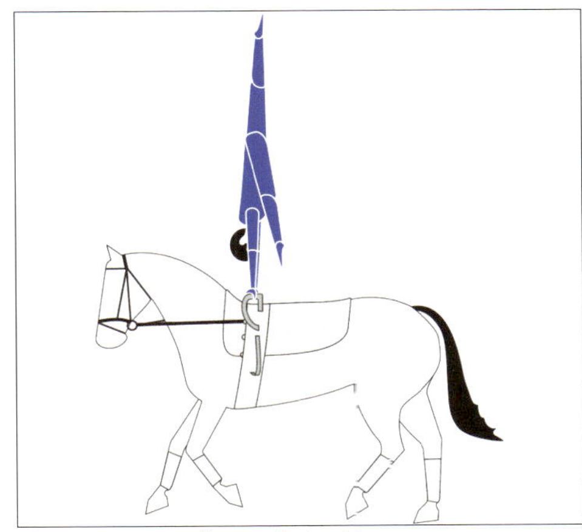
Pikt. 10: Könner-Aufsprung Endposition

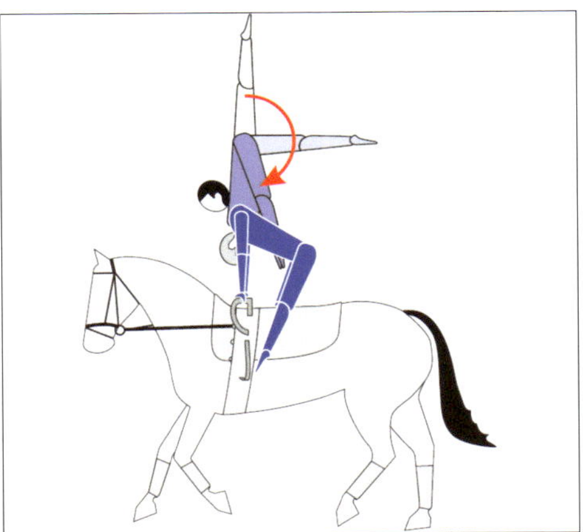
Pikt. 11: Könner-Aufsprung Landephase

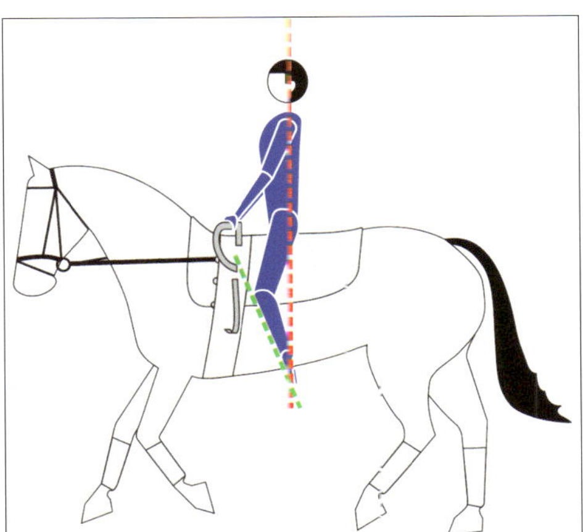
Pikt. 12: Grundsitz vorwärts

Diese Phasen sind pflichtübergreifend zu finden, allerdings in unterschiedlichen Ausprägungsgraden vorhanden.

Die Sprungphase

Methodisch betrachtet beginnt der Aufsprung nicht mit dem eigentlichen Absprung, sondern bereits mit dem korrekten Anlaufen und Mitgaloppieren am Pferd. Erst eine optimale Körperstellung zum Pferd und die harmonische Aufnahme des Galopprhythmus ermöglichen einen optimalen Absprung. Während des Trainings ist darauf zu achten, dass sich die Schultern des Voltigierers während des Anlaufes entlang der Longe parallel zu denen des Pferdes ausrichten. Nach der Aufnahme des Galopprhythmus und dem Fassen der Griffe, unter Beibehalten der Parallelität der Schultern, erfolgt der Absprung. Es ist also wichtig, dass die Schultern im Moment des Absprungs parallel zu denen des Pferdes sind. Zu Beginn des Absprunges sind die Blicke des Voltigierers geradeaus gerichtet und der Oberkörper befindet sich in einer aufrechten Haltung. Nach einer kurzen Stemmphase erfolgt der beidbeinige und schnell-kräftige Absprung.

Merke:

Griffhaltung: Das Regelwerk schreibt keine spezifische Griffhaltung vor. Deshalb ist es nicht sinnvoll, vom richtigen oder falschen „Greifen" zu sprechen. Die Griffhaltung steht im engen Zusammenhang zu dem Körpergrößenverhältnis Voltigierer und Pferd. Das „Aufgreifen" mit dem Ristgriff (s. Pikt. 4–6) ermöglicht eine optimale Parallelität der Schultern des Voltigierers zu denen des Pferdes. Ob beide Hände an den inneren Griff fassen oder die linke Hand an den inneren Griff und die rechte Hand an den Mittel- oder Außengriff fassen, bleibt dem Voltigierer überlassen. Wichtig ist ein Griffverhalten zu wählen, bei dem die Schulterparallelität erhalten bleibt und ein schnellkräftiger Absprung gewährleistet sowie ein schnell-kräftiges „Herausstützen" der Arme ermöglicht werden.

Die Schwungphase

Die Schwungphase, also das Herausschnellen des rechten Beines nach hinten oben, ist das entscheidende Verbindungsstück zum Erreichen einer optimal hohen Schwerpunktlage. Nur sehr kräftige Voltigierer sind in der Lage, bedingt durch einen besonders schnellkräftigen Absprung und einer guten Armkraft, eine hohe Schwerpunktlage trotz eines langsamen rechten Schwungbeines zu erreichen. Dies ist aber nicht die Regel.

Das Einsetzen der Schwungbewegung erfolgt unmittelbar nach dem Absprung. Nach dem biomechanischen Prinzip der zeitlichen Koordination der Teilimpulse erfolgt der Höhengewinn. Der Schwung des rechten Beines überträgt sich auf den Oberkörper.

Die Stützphase

Bei den Phasen des Aufsprungs handelt es sich um eine fließende Bewegung, bei denen die Phasen fließend ineinander übergreifen. Das bedeutet, dass nach dem schnellkräftigen Absprung und dem Herausschnellen des rechten Beines die Impulsübertragung der unteren Extremität auf den Rumpf bis hin zu den oberen Extremitäten, den Armen erfolgt, sodass die optimale Höhe und Lage des Schwerpunktes erreicht werden kann.

Je schnell-kräftiger der Absprung, je schneller das rechte Schwungbein, desto günstiger ist die Impulsübertragung auf Rumpf und Arme, desto weniger Kraftaufwand wird bei der Streckung der Arme benötigt.

Die Landephase

Nachdem die maximale Beckenhöhe erreicht ist, befindet sich der Körperschwerpunkt am Umkehrpunkt senkrecht über den Griffen. Das linke Bein zeigt senkrecht nach unten und das rechte Bein befindet sich in Verlängerung des Oberkörpers nach oben. In dieser Phase beginnt das Einsetzen der Landung dadurch, dass das rechte Bein gestreckt an der Außenseite des Pferdes unter gleichzeitigem Aufrichten des Oberkörpers abgesenkt wird. Die Landung wird durch das Eingleiten hinter dem Gurt in den aufrechten Sitz vollendet.

Körperliche Voraussetzungen zur optimalen Bewegungsausführung

Kraft

Sprungkraft
= Schnellkraft und Reaktivkraft in der Wadenmuskulatur und in der vorderen Oberschenkelmuskulatur (Kniestrecker) sowie zu einem geringeren Teil aus den Hüftstreckern.

Stützkraft
= Schnellkraft in der Streckmuskulatur des Armes sowie Kraft in der gesamten Muskulatur des Schultergürtels.

„Ganzkörperspannung"
= funktionales Anspannen der gesamten Rumpf-, Bein- und Armmuskulatur zur Ganzkörperstabilisation.

Beweglichkeit

Hüfte
= großer Bewegungsumfang vor allem in Bezug auf die Beugung (Anteversion) und Streckung der Hüfte. Da auf der rechten und linken Hand voltigiert wird, muss sowohl die Hüftbeugung als auch die Hüftstreckung in beiden Hüftgelenken forciert geübt werden, d.h. große Dehnfähigkeit der ischiocruralen Muskeln und der Hüftbeuger, vor allem M. iliopsoas und M. rectus femoris.

Schulter
= großer Bewegungsumfang im Schultergelenk, d.h., beim Heben des Armes (Elevation) muss ein Arm-Rumpf-Winkel von 180° möglich sein (Könner-Aufsprung). Dieses erfordert eine große Dehnfähigkeit verschiedener Muskeln, u.a. der Brustmuskulatur (M. pectoralis major und minor) sowie des breiten Rückenmuskels (M. latissimus dorsi) und diverser kleinerer Muskeln.

Koordination

Beim Aufsprung werden vor allem koordinative Voraussetzungen wie Kopplungsfähigkeit, Orientierungsfähigkeit und Rhythmisierungsfähigkeit verlangt. Denn der Voltigierer muss den Galopprhythmus des Pferdes beim Anlauf aufnehmen, Absprung-, Schwung-, Stütz- und Landephase in Bezug auf die Bewegung der einzelnen Körperteile koordinieren und während der einzelnen Teilphasen jederzeit die Orientierung im Raum behalten (vgl. Kap. 1.2.3).

Übungen zur Verbesserung der motorischen Fähigkeiten in Bezug auf den Aufsprung

Sprungkrafttraining

→ Fußgelenksarbeit

= Für die Absprungphase des Aufsprungs ist ein enormer Kraftstoß aus den Beinen gefordert. Das erfordert auch eine gute Stabilisation des Sprunggelenkes und des gesamten Fußes. Der Hauptimpuls beim Aufsprung kommt aus der Wadenmuskulatur und zu einem geringeren Teil aus der Knie- und Hüftstreckmuskulatur.

1. **Übungen zur Stabilisierung des Sprunggelenkes und der gesamten Fußmuskulatur**
   - Gehen mit Abrollen des Fußes von der Ferse bis zum Fußballen, anschließend aktiver Abdruck in den Zehenstand („wippender Gang")

Gehen mit Abrollen des Fußes vom Fußballen bis zur Ferse („Storchengang").
Gehen auf der Fußinnenkante oder auf der Fußaußenkante.

- Übungen auf dem Therapiekreisel, z.B. Stehen, Einbeinstand (z.B. Storchstand), halbe Kniebeugen, Standwaagen.
  Variiert werden können diese Übungen durch eine erhöhte Anforderung an die koordinativen Fähigkeiten, wie z.B. durch zusätzliches Jonglieren von Softbällen oder Tüchern.
  Des Weiteren können die Übungen als Partnerübungen durchgeführt werden:
  Eine Person steht auf dem Kreisel, eine weitere ihr gegenüber. Beide Partner werfen sich nun einen Ball zu, zuerst sehr genau und mit zunehmender Sicherheit des auf dem Kreisel stehenden Voltigierers mit Variationen in Bezug auf Höhe und Breite.
  Weitere Möglichkeiten: Beide Partner schießen sich einen Ball zu, Zuwerfen mehrerer Bälle oder anderer Gegenstände mit mehreren Partnern, sodass immer ein Richtungswechsel vollzogen wird.
- Weitere Materialien, auf denen geübt werden kann: Wackelbretter, Schaumstoffklötze, zusammengerollte Iso-Matten, Medizinbälle, Mini-Trampolin etc.
- Übungen zur Erhaltung des natürlichen Fußlängs- und Fußquergewölbes:
  Anheben und Weiterreichen von Gegenständen mit den Zehen, z.B. Murmeln, Stifte. Zeitungen zusammenfalten mit den Zehen, Bilder malen und Wörter schreiben etc.

Am besten wird die Wahrnehmung des Fußes barfuß geschult!

Merke:

Die Schwierigkeit der Übungen lässt sich gut über die Unterstützungsfläche regeln, d.h., eine Übung ist umso leichter, je größer die Unterstützungsfläche ist.

Große Unterstützungsfläche	**=**	**breitbeiniger Stand**
Mittlere Unterstützungsfläche	**=**	**leicht geöffneter Stand**
Kleine Unterstützungsfläche	**=**	**Einbeinstand**

Weitere Schwierigkeitserhöhungen können durch die Art des Untergrundes erfolgen, z.B. Hallenboden, Schaumstoffklotz, Therapiekreisel etc. Zusatzübungen, die z.B. simultan erfolgen, steigern ebenfalls den Anspruch.

2. Übungen zur Kraftentwicklung

Lauf-Abc

Ziel des Lauf-Abc ist, die Impulsentwicklung über das schnell-kräftige Anziehen (Dorsalflexion) und das anschließende schnell-kräftige Strecken (Plantarflexion) des Fußes zu steigern. Bewährt haben sich diese Übungen vor allem in der Leichtathletik und in den Spielsportarten, in denen Sprungkraft gefragt ist.

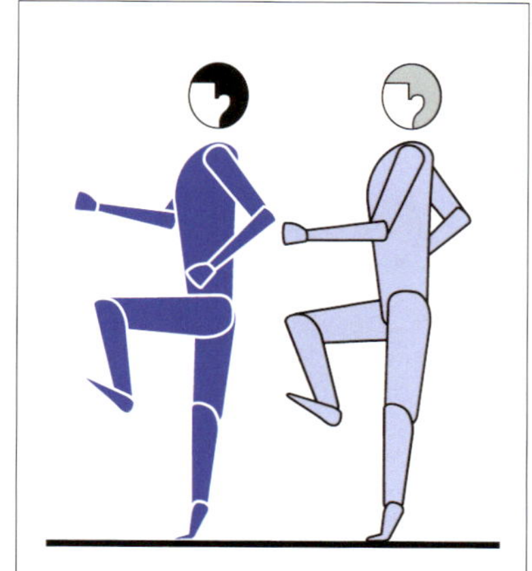

Pikt. 13: Lauf ABC

Grundvoraussetzung ist das aktive Bewegen des Sprunggelenkes bei allen Übungen. In der Dorsalflexion sind Knie und Hüfte gebeugt, in der Plantarflexion anschließend komplett gestreckt. Zusätzlich erfolgt der Fußkontakt zum Boden ausschließlich über den Fußballen, d.h., bei allen Übungen ist die Ferse ohne Kontakt zum Boden (s. Pikt. 13).

- **Laufen unter oben genannten Ausführungskriterien**
  Variationen: Slalomlaufen, Richtungswechsel und Drehungen integrieren, Musikrhythmus vorgeben, Zusatzbewegungen wie Armkreisen o.Ä. einbauen, Schattenläufe etc., Laufen über verschiedene Bodenformen wie Sand, Gras, Weichböden und Ähnlichem

- **Kniehebelauf/Skippings, „Anfersen"** (Fersen durch maximale Beugung der Knie an das Gesäß bringen)
  Variationen: Siehe oben, Rhythmusvariation, z.B. re-re-li-li oder re-re-re-li-li etc., Frequenzvariation

- **Sprunglauf, Hopserlauf** mit Schwerpunktsetzung auf den Schnellkrafteinsatz mit Höhengewinn

- **Schwebeschritte**

Sprung-Abc

Ziel des Sprung-Abc ist ebenso wie das des Lauf-Abc die Impulsverbesserung durch die vermehrte Schnellkraft der Wadenmuskulatur und verbesserte Koordination des Sprunggelenkes. Auch hier ist die aktive Arbeit des Sprunggelenkes gefordert und der Fuß-Bodenkontakt ausschließlich über den Fußballen gegeben.

- **„Prellfedern"**
  Der gesamte Körper wird in vollständiger Streckung angespannt, die Arme werden über den Kopf gestreckt angehoben, Knie und Hüfte sind leicht gebeugt. Aus dieser Position erfolgen nun kleine, sogenannte Prellbewegungen, die nur aus der aktiven Fußgelenksarbeit erfolgen (s. Pikt. 14 und 15).
  Variationen: Prellbewegungen nach Musik, auf Linien, über hintereinandergestellte Reuter-Bretter in der Turnhalle, mit Drehungen etc.

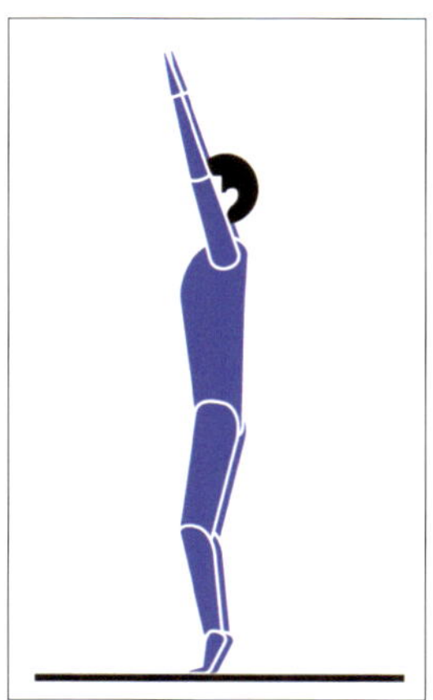
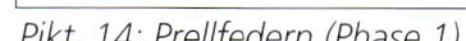

Pikt. 14: Prellfedern (Phase 1)

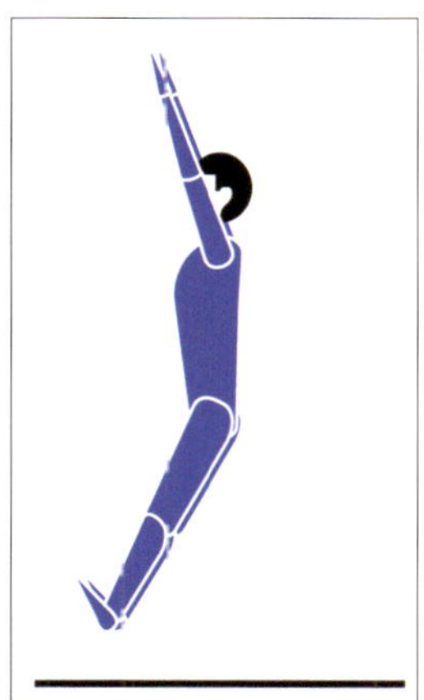

Pikt. 15: Prellfedern (Phase 2)

- **Strecksprünge**
  Unter oben genannten Ausführungsvoraussetzungen werden Strecksprünge durchgeführt, ohne Armeinsatz, z.B. in hintereinanderliegende Reifen (vw., rw., sw.), über Stangen in der Reithalle, links-rechts, vorwärts (vw.) und rückwärts (rw.) etc.
  Variationen: Es werden mehrere Stangen quer liegend in einem der Größe der Voltigierer angemessenen Abstand nebeneinandergelegt. Der Voltigierer springt über die erste Stange mit einem Streckprung (StSp), über die zweite mit einem StSp plus einer halben Drehung links um die Körperlängsachse, über die dritte mit einer Vierteldrehung links herum und über die vierte mit einer Dreivierteldrehung rechts herum und steht am Ende wieder in Ausgangsrichtung. Die Anzahl und Grade der Drehungen sind unterschiedlich kombinierbar.
  Mit Armeinsatz: Oben genannte Übungen sind auch mit Ausholbewegung und Einbeziehen der Arme in die Drehungen kombinierbar.
  Weitere Möglichkeiten: Mit „Schaumstoff-Pommes" einen Parcours bauen, den der Sportler die Richtung wechselnd vw., rw. und sw. absolvieren muss, einbeinig oder beidbeinig.

Tief-Hoch-Sprünge

Zur Schulung der Reaktivkraft empfehlen sich Tief-Hoch-Sprünge in der Reithalle mithilfe von Cavalettis. In der Turnhalle eignen sich besonders kleine Kästen oder Oberteile von großen Kästen.

1. **Cavalettis oder Bänke werden parallel mit einem kleineren Abstand** nebeneinandergestellt. Der Voltigierer springt auf das erste Cavaletti, anschließend direkt auf den Boden und weiter auf das nächste Cavaletti.
   Variationen: Z.B. Taktvorgabe, zusätzliches Fangen und Werfen eines Balles o.Ä.

2. **Sprungreihen**
   Mehrere Kisten werden in einem der Größe und dem Leistungsstand der Voltigierer angemessenen Abstand in einer Reihe hintereinander gestellt (Pikt. 16).

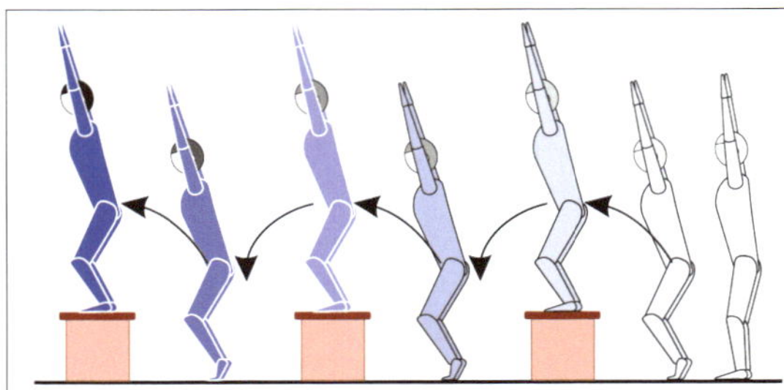

Pikt. 16: Sprungreihe mit kleinen Kästen

Achtung: Für jüngere Voltigierer ist auf ein forciertes Training der Reaktivkraft durch Tief-Hoch-Sprünge aus größeren Höhen (von kleinen Kisten) zu verzichten, da evtl. Schäden am sich im Wachstum befindlichen passiven Bewegungsapparat entstehen können!!!

Einbeinsprünge

Einbeinsprünge auf Linien, über Seilchen oder andere kleinere Materialien etc.
Variation: Rhythmusvorgabe, z.B. re-re-li-re, verschiedene Untergrundmaterialien, z.B. Weichbodenmatte, Reuterbrett, Bodenmatte, Hallenboden etc.

Rope Skipping

„Seilchenspringen" in allen Variationen:

- Laufen vw. mit Seilchenschwung vw.
- Laufen rw. mit Seilchenschwung vw. und umgekehrt
- Laufen mit Seilchen auf verschiedenen Untergründen
- Seilchenspringen auf der Stelle mit/ohne Partner
- Verschiedene Laufformen mit und ohne Partner
- Spielerische Formen (großes Seil) mit und ohne Handgeräte, z.B. Schaumstoffball etc.
- Integration verschiedener Zusatzaufgaben wie Parcourslaufen, Gegenstände überwinden etc.

...

Weitere Übungen zur Schulung der Schnellkraft an Geräten

➡ Schnellkraftübungen an der Beinpresse (s. Foto 12+13)

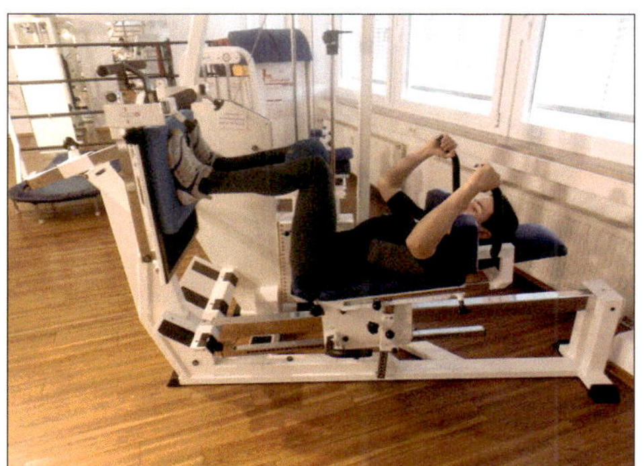

Foto 12: Beinpresse Ausgangsstellung

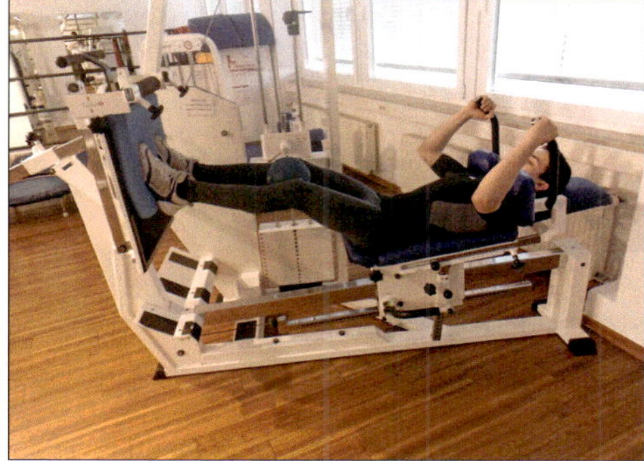

Foto 13: Beinpresse Endstellung

Als Variation kann neben der schnell-kräftigen Streckung der Knie- und Hüftgelenke auch noch die Wadenmuskulatur integriert werden, indem eine aktive, schnell-kräftige Streckung des Fußgelenkes erfolgt.

Wichtig: Um die Kniegelenke zu schonen, sollten diese während der Übung nicht mehr als 90° gebeugt und nicht vollständig gestreckt werden. Anfänglichen Problemen, die Beinachsen zu halten, kann mithilfe eines Balles zwischen den Knien entgegengewirkt werden.

➡ Kniebeugen mit der Langhantel

Diese Übung bietet sich für Fortgeschrittene an und beinhaltet neben dem Krafttraining auch noch ein hohes Maß an Koordination. Für Anfänger ist diese Übung ungeeignet.

Wichtig: Bei der Ausführung sollten zur Schonung des passiven Bewegungsapparates auf eine hohe Präzision geachtet werden, der Körper unter einer gewissen Grundspannung stehen und bei der Kniebeuge die Knie nicht über die Zehen hinaus reichen. Der Kniewinkel sollte in der Beugung keine 90° erreichen.

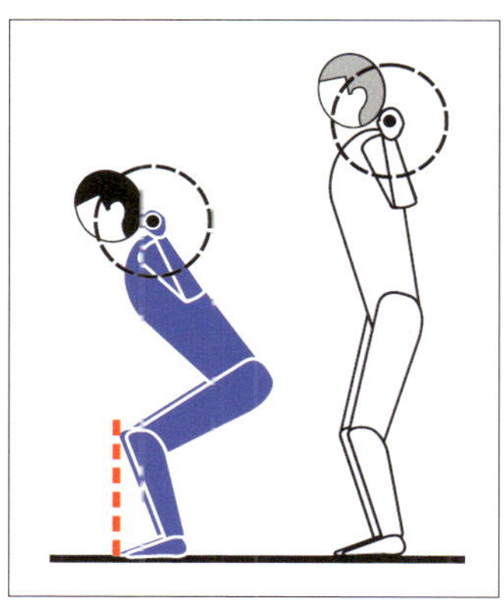

Pikt. 17: Kniebeugen mit einer Langhantel

Übungen zur Schulung der Beweglichkeit hinsichtlich des Aufsprungs

Die Dehnübungen erfolgen unter Berücksichtigung der bereits im Kapitel Beweglichkeit (Kap. 1.2.3) dargestellten Ausführungskriterien.

➡ Dehnung der Hüftbeuger in Rückenlage

Der Voltigierer liegt in Rückenlage, ein Bein wird maximal in Hüft- und Kniegelenk gebeugt, das andere bleibt gestreckt auf dem Boden liegen. Beide Hände umfassen den Oberschenkel und ziehen das gebeugte Bein weiter in die Dehnung. Gedehnt werden die Hüftbeuger des gestreckt am Boden liegenden Beines (s. Foto 14).

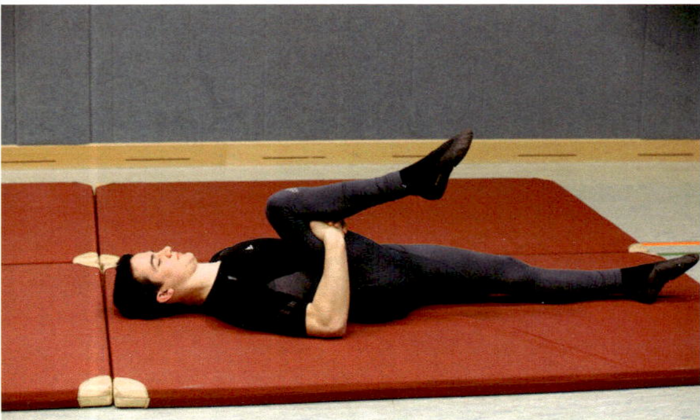
Foto 14: Dehnung der Hüftbeuger in Rückenlage

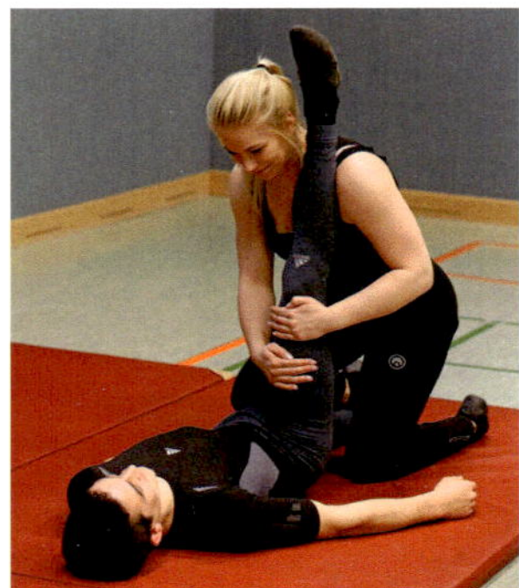
Foto 15: Dehnung der Hüftstrecker in Rückenlage

➭ Dehnung der Hüftstrecker in Rückenlage
Gleiche Ausgangsstellung wie bei der vorherigen Übung, wobei das relativ gebeugte Bein nach oben gestreckt wird. Das gestreckte Bein wird mit Partnerhilfe in Richtung Kopf gezogen bei fixiertem unterem Bein. Gedehnt werden die Hüftstrecker des angehobenen Beines (s. Foto 15).

Weitere Übungen zur Schulung der Beweglichkeit s. Kapitel Mühle (2.1.5).

Methodische Übungsreihen zum Erlernen und Verbessern des Aufsprungs

Um den Aufsprung erlernen oder verbessern zu können, bieten sich neben der Schulung der motorischen Fähigkeiten auch diverse methodische Reihen an, die gezielt die einzelnen Phasen des Aufsprungs trainieren. Im Folgenden werden ausgewählte Übungen aufgezeigt, die speziell auf die vier Phasen des Aufsprungs ausgelegt sind.

1. Sprungphase
In diese Phase soll auch der Anlauf zum Pferd integriert werden.

➭ Anlauf
- Erlernen des korrekten Anlaufes am Übungs-/Holzpferd, anschließend Kombination aus Anlauf und angedeutetem Absprung am Übungspferd
  Wichtig: Es sollte auf die korrekte Ausgangsposition des Voltigierers in der Absprungphase geachtet werden (s. Bewegungsbeschreibung).
- Gezieltes Anlaufen in Richtung Gurt in den verschiedenen Gangarten, sowohl auf der linken als auch auf der rechten Hand.
  Diese Übung lässt sich gut in das Aufwärmtraining mit dem Pferd integrieren.
  Wichtig: Schwerpunktsetzung auf den richtigen Rhythmus, vor allem im Galopp. Weiterhin sollte auf das korrekt aufgerichtete und parallel zur Pferdeschulter stattfindende Mitgaloppieren geachtet werden.
- Anlaufen wie oben beschrieben und zusätzlich direkt nach dem Erfassen der Griffe übergehen in einen kurz angedeuteten Absprung, um den Schwung aus dem Anlauf in den Sprung übernehmen zu können
  Wichtig: Der Anlauf erfolgt in einem leichten Bogen von der Hinterhand in Richtung Gurt. Abgesprungen wird in Höhe der Pferdeschulter, die Arme sind fast gestreckt, der Oberkörper befindet sich in leichter Rückenlage.

Absprung

Gezielte Absprungbewegung unter oben genannten Voraussetzungen, bei der beide Beine in der Endposition senkrecht nach unten zeigen und nur das Gesäß möglichst weit nach oben geschoben wird. Dabei erfolgt keine Stützbewegung der Arme, sondern der Kopf wird ähnlich der Position beim Anfänger-/Fortgeschrittenen-Aufsprung auf die zum Longenführer zeigende Seite des Halses direkt hinter dem Gurt abgelegt. Es wird nicht auf dem Pferd/Übungspferd gelandet, sondern nach Erreichen des maximalen Höhengewinns wieder direkt neben dem Gurt auf dem Boden (s. Pikt. 18–20).

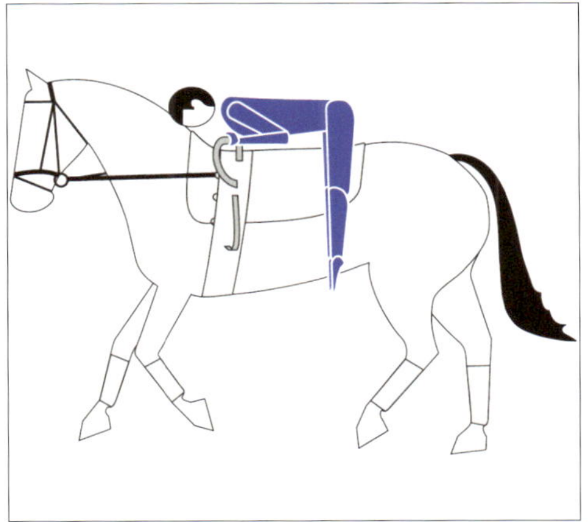

Pikt. 18: Vorübung zur Schulung der Sprungphase (Phase 1)

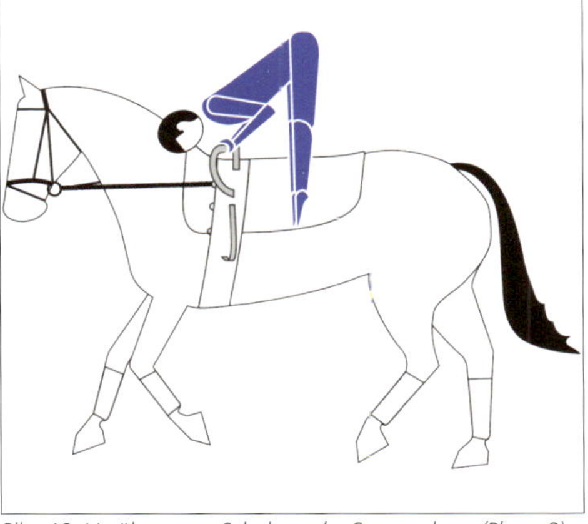

Pikt. 19: Vorübung zur Schulung der Sprungphase (Phase 2)

Im Sinne der methodischen Prinzipien wird zunächst am Übungspferd, z.B. unter Zuhilfenahme eines Reuterbrettes, geübt, dann mit Unterstützung eines Partners am schreitenden Pferd, später im Trab und Galopp. Dabei sollte auf beiden Händen in jeder Gangart geübt werden.

Merke: **Ein Üben auf beiden Händen bietet eine größere Bewegungsvielfalt, schult verstärkt die eigentliche Technik und vermeidet eine frühe Spezialisierung der Voltigierer, vor allem im Breitensport und in den unteren Klassen des Turniersports!**

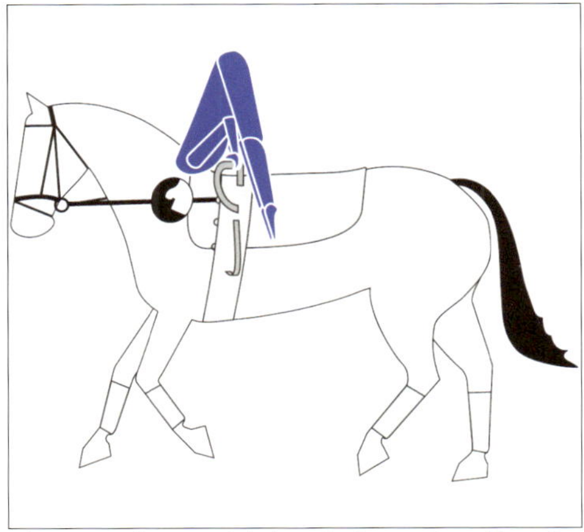

Pikt. 20: Vorübung zur Schulung der Sprungphase (Phase 3)

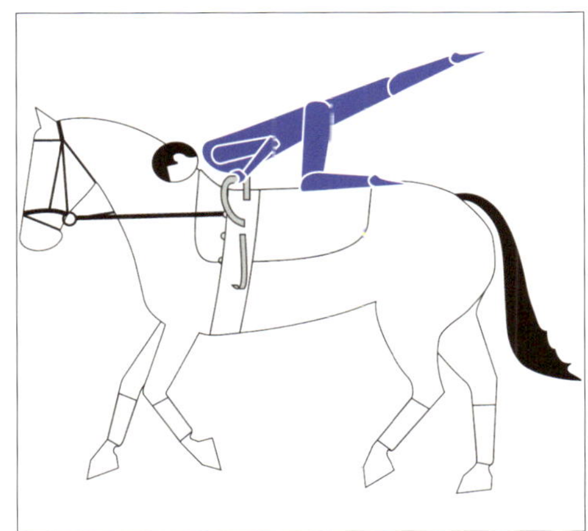

Pikt. 21: Aufsprung in die „tiefe Fahne"

➥ Aufsprünge in verschiedene Endpositionen

Um die verschiedenen Analysatoren des menschlichen Körpers und die Koordination des Absprungpunktes zu schulen, bieten sich Aufsprünge in die verschiedenen Endpositionen an. Am besten eignen sich Aufsprünge ins Knien und bei besseren Voltigierern in die „tiefe Fahne" (s. Pikt. 21), Schulterstand vorwärts (s. Pikt. 22) und in die Standwaage vorwärts. Aber auch andere Endpositionen wie der Aufsprung in den Innen-/Außensitz, Stand, Prinzensitz etc. schulen die Koordination der Absprungbewegung. Die Übungen sollten im Trab und im Galopp auf beiden Händen durchgeführt werden.

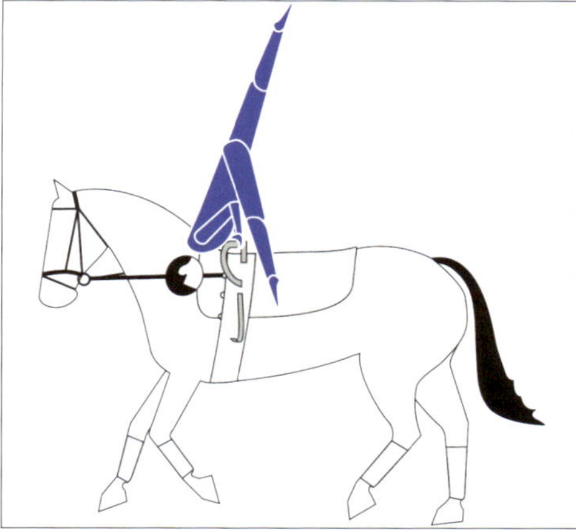

Pikt. 22: Aufsprung in den Schulterstand vw.

Wichtig: **Um den Transfer zur eigentlichen Absprungbewegung beim Aufsprung zu schaffen, sollte der Voltigierer (sofern möglich) den Ristgriff als Grifftechnik verwenden.**

Merke: **Um das Pferd bei körperlich schwächeren Voltigierern zu schonen, sollte ein Partner bei den Aufsprüngen mitlaufen und unterstützen. Das bietet Erfolgserlebnisse und schont unseren Partner Pferd.**

2. Schwungphase

➥ Übungen am Boden

Schnell-kräftiges Aufschwingen in den Handstand mit Schwerpunktlegung auf die Impulsgebung aus dem Schwungbein. Es sollte darauf geachtet werden, dass der Sportler abwechselnd mit beiden Beinen übt.

Wichtig: **Um die Impulsübertragung zu üben bzw. die Kopplungsfähigkeit zu verbessern, sollte der Übungsleiter darauf achten, dass der Oberkörper nicht zu früh abgesenkt wird.**

Merke: **Die Schultern müssen über den Händen stehen, damit der Sportler aufschwingen kann. Da dieses meistens mit einer gewissen Angst vor dem Überschlagen verbunden ist, erfolgt der Aufschwung zunächst mit einer geeigneten Hilfestellung.**

- Aufschwingen in den Handstand, Hände fassen auf ein Cavaletti (s. Pikt. 23).
  In der Turnhalle eignen sich Bänke, kleine Kisten oder Kastenoberteile. Bei dieser Übung muss der Voltigierer seinen Schwerpunkt weiter nach oben verlagern. Das wiederum verlangt neben den körperlichen Voraussetzungen das richtige „Timing".

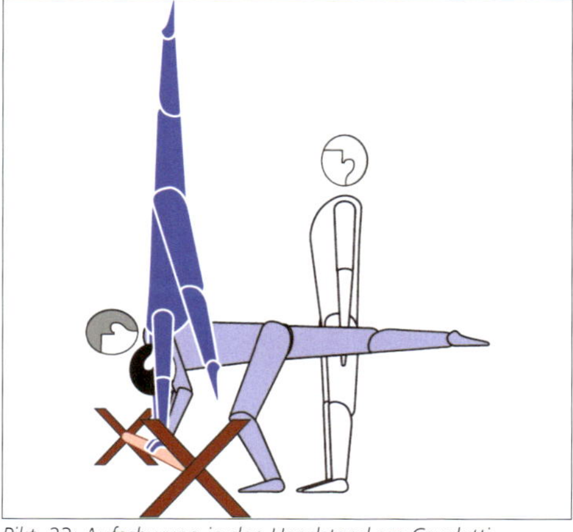

Pikt. 23: Aufschwung in den Handstand am Cavaletti

Wichtig: **Um die Impulsübertragung zu üben bzw. die Kopplungsfähigkeit zu verbessern, sollte der Übungsleiter darauf achten, dass der Oberkörper nicht zu früh abgesenkt wird.** Auch bei dieser Übung sollte ein Partner anfänglich unterstützen, um die Angst abzubauen und ein Bewegungsgefühl zu erlangen.

Übungen am Übungspferd

- Aufsprung in verschiedene Endpositionen. Hierbei eignet sich zunächst der Aufsprung in die tiefe Fahne (s.o.). Hierbei kann ein Minitrampolin oder ein Reuterbrett eingesetzt werden, um eine mangelnde Sprungkraft auszugleichen.

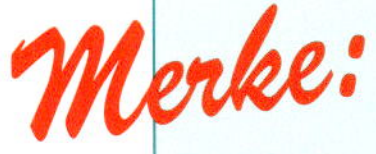

Ein Minitrampolin kann hier eingesetzt werden, weil der Schwerpunkt der Übung auf das Schwungbein gelegt wird. Um die Sprungphase zu verbessern, ist dieses Hilfsmittel gänzlich ungeeignet, da die Absprungbewegung koordinativ völlig anders abläuft als vom Boden oder vom Reuterbrett!

- Aufsprungvariationen, um das Schwungbein zu schulen:
  1. Aufsprung in den Schulterstand vorwärts,
  2. Aufsprung in die Standwaage vorwärts

- Schulung des Schwungbeins auf dem Übungspferd
  1. Aufschwung aus der tiefen Fahne in den Schulterstand, Endposition wie bereits oben beschrieben (s. Pikt. 22)
  2. Aufschwung aus der Standwaage vorwärts in die Handstützposition, anschließend einsitzen
  3. Aufschwung aus der Fahne über den Impuls des Schwungbeins in die Standwaage vorwärts (s. Pikt. 24+25), später in die Handstützposition, anschließend einsitzen.

  Wichtig: **Es erfolgt kein Abdruck vom Stützbein.**

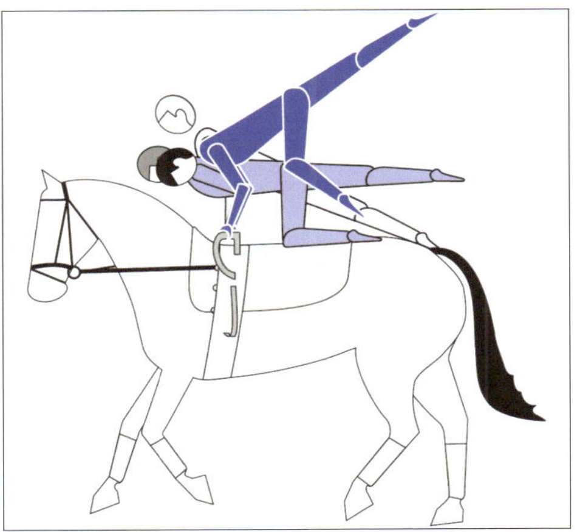

Pikt. 24: Aufschwung aus der Fahne in die Standwaage vw. (Phasen)

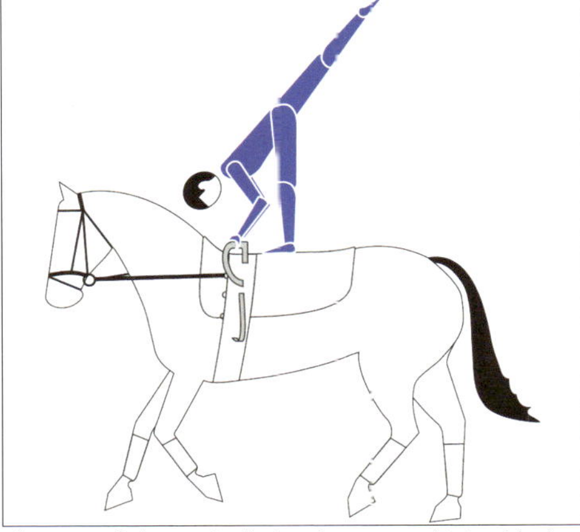

Pikt. 25: Aufschwung in die Standwaage vw. (Endposition)

- Schulung des Schwungbeins am Pferd, Fehler, Ursache und Korrektur kompakt
  1. Aufsprünge in verschiedene Endpositionen, wie bereits vorher beschrieben
  2. Aufschwünge in den Schulterstand und später in die Handstützposition
  3. Verstärkung der Impulsübertragung durch die Kombination aus direktem Anlauf mit anschließender Koordination der Sprung- und Schwungbewegung. Als Endpositionen eignen sich zunächst die tiefe Fahne, später Schulterstand, Standwaage vorwärts und am Ende der hohe Handstütz.

3. Stützphase

Die Stützphase lässt sich gut mit dem anschließenden korrekten Einsitzen verbinden. Aufgrund dieser Tatsache werden die Übungen zum korrekten Einsitzen unter dieses Themengebiet gefasst.

- Übungen zum Erlernen und Verbessern des Handstützes können dem Kapitel 2.1.6 entnommen werden.

- Am Boden kann das aktive Einsitzen aus dem Handstand geübt werden, indem die Aufsprungendposition eingenommen und das senkrecht nach oben stehende Bein aktiv zu den Händen geführt wird, während das Gesäß erst später folgt.

- Das aktive Einsitzen kann auch am Pferd geübt werden. Zunächst aus der tiefen Fahne, anschließend aus dem Schulterstand
  Wichtig: Der Schwerpunkt der Übung sollte neben der aktiven Bewegung der unteren Extremität auch auf dem schnell-kräftigen Strecken der Arme (Tendenz Höhengewinn) liegen, um in den korrekten Sitz zu gelangen.

- Das aktive Einsitzen aus der Handstützposition lässt sich am Übungs-/Holzpferd oder am Pferd gut mit dem Aufschwingen zunächst aus der Standwaage, später aus der Fahne koppeln (s. Schwungphase).
  Wichtig: Im Gegensatz zur Schwungphase sollte hier zusätzlich auf die korrekte Handstützposition Wert gelegt werden, d.h., der Schwerpunkt befindet sich über den Schultern und Armen und das Einsitzen erfolgt durch das aktive Beugen des rechten Hüftgelenkes (Umkehr).

Am Ende der methodischen Übungsreihe stehen immer der komplette Aufsprung und die Kopplung der einzelnen Phasen zu einer komplexen Übungsform. Sollten Fehler auftreten, muss der Trainer die Komplexität und die Schwierigkeit so weit reduzieren, bis der Athlet die Übungsform fehlerfrei durchführen kann.

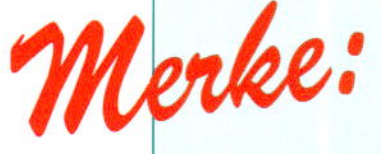

Für den Abgleich der Eigenwahrnehmung und der Fremdwahrnehmung sowie zur Verdeutlichung der Fehlerkorrektur eignen sich Hilfsmittel wie die Videokamera. Die Korrektur und Besprechung sollten unmittelbar nach der Ausführung der Übung liegen. Neben den optischen und akustischen Hilfen stehen dem Trainer auch taktile Hilfen zur Verfügung. Zum besseren Verständnis ist es wichtig, auch alle Hilfen einzusetzen.

Fehler, Ursache und Korrektur kompakt

Fehler	Ursache	Korrektur
Voltigierer galoppiert im falschen Rhythmus mit	Fehlende Koordination bezüglich des Rhythmusgefühls	Takt von außen vorgeben z.B. durch Händeklatschen, durch Handtrommeln; separates Tanztraining; Musiklaufen
Voltigierer dreht beim Mitlaufen am Pferd die innere Schulter vor; seitliches Mitgaloppieren	Falsches Griffverhalten, z.B. bedingt durch eine zu geringe Körpergröße im Verhältnis zum Pferd	Griffverhalten so ändern, dass Schultern und Becken parallel zur Pferdeschulter werden; Überkorrektur – Voltigierer dreht bewusst die linke Schulter zurück mit Blickrichtung innen
Körper dreht sich im Absprung zum Pferd, sodass die Parallelität von Schultern und Becken verloren geht	Falsche Bewegungsvorstellung – Voltigierer will diagonal über den Hals nach außen abtauchen; Falsches Griffverhalten – kein Ristgriff am inneren Griff	Bewegungsvorstellung am Bock verbessern – Blick mit dem Absprung nach vorne unten richten; Kopf fixieren „Kinn in"; innere Hand muss zum Ristgriff aufgreifen, um „Aufzug" zu vermeiden
Voltigierer hat nach dem Absprung nur einen geringen Höhengewinn	Mangelnde konditionelle Fähigkeiten bezüglich der Sprungkraft	Gezieltes Reaktiv- und Schnellkrafttraining, um Absprung zu verbessern; Lauf- und Sprung- ABC; gezieltes Sprunggelenkstraining
Die Schulter liegt auf dem Hals auf	Keine Impulsübertragung – Bein, Rumpf, Arme; fehlende Stützkraft; Mängel in der Bewegungsvorstellung	Aufsprung in Phasen aufgliedern, getrennt trainieren; Kräftigung der Arme bezüglich der Schnellkraft; Bewegungsvorstellung durch Videotraining verbessern
Höhe und Lage des Schwerpunktes wird trotz guter Arm und Sprungkraft nicht erreicht	Feinabstimmung der Aufsprungphasen mangelhaft; das Schwungbein ist zu langsam; wenig Impulsübertragung; mangelnde Kopplungs-, Rhythmisierungs-, Differenzierungsfähigkeit	Aufsprung in Phasen aufgliedern; gezieltes Schwungbeintraining; Partnerhilfe beim Aufsprung, um gezielte Phasen zu ersetzen
Die Beine haben eine zu geringe Bewegungsweite	Mangelnde Beweglichkeit	Aktive Beweglichkeit trainieren – Dehnung der jeweiligen Muskulatur, Kräftigung der Gegenspieler
Der Voltigierer sitzt hart, zu weit hinten/innen/außen ein	Der Körperschwerpunkt befindet sich zu weit hinter dem Gurt; „fehlende Kinästhetik"	Schultern vermehrt Richtung Pferdehals verlagern; Absprung-, Schwung- und Stützphase verbessern; Vorübungen zum Landen auf dem Pferd (s. Praxisbeispiele)
Beine nicht gestreckt, Hohlkreuzbildung	Fehlende Ganzkörperspannung	Verbessern der konditionellen Fähigkeiten; gezielte Rumpfstabilisierung

2.1.2 Der freie Grundsitz vorwärts

In den zurückliegenden Jahren hat der Grundsitz als Wettkampfübung eine bewegte Entwicklung hinter sich. Während er ursprünglich ein fester Bestandteil der Turnieranforderungen aller Klassen war, ist er zwischenzeitlich zumindest im Könnerbereich aus den Wettkampfanforderungen verschwunden. Inzwischen ist er national und international wieder ein fester Bestandteil der Pflicht.

Sicherlich ist der Grundsitz in Bezug auf die Attraktivität für Zuschauer als langweilig einzustufen. Nur das geschulte Fachauge ist in der Lage, die Unterschiede der verschiedenen Sitze zu bewerten. Dabei ist der Basissitz die Grundlage für eine Vielzahl von Übungen. Deshalb sollte schon in der Grundausbildung des Voltigierers großer Wert auf einen aufrechten, harmonischen und ausbalancierten Sitz gelegt werden. Das Regelwerk ist so konzipiert, dass Trainer und Sportler dazu bewegt werden, vermehrte Sitzschulung zu betreiben. So gibt es im Anfängerturniersport den eigentlichen freien Grundsitz und den Quersitz, im Fortgeschrittenen- und Könnerbereich zusätzlich die Mühle.

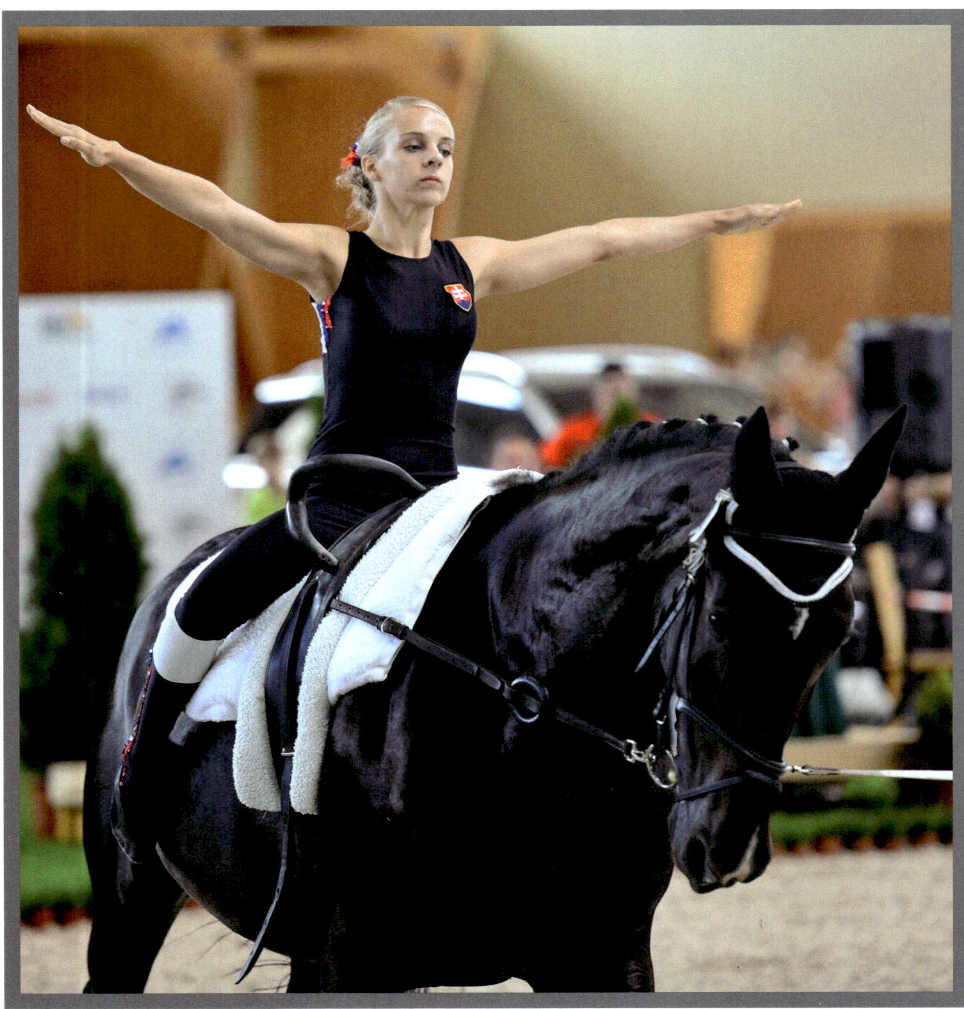

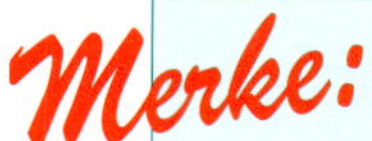

Nur ein aufrechter, harmonischer und ausbalancierter Sitz ermöglicht eine technisch einwandfreie Mühle und technisch gute Schwungübungen.

Die Hauptkriterien des Grundsitzes

Anfänger/Fortgeschrittene

1. Balance in der Bewegung des Pferdes
2. Haltung

Der Quersitz wird bei der Beschreibung der Mühle näher betrachtet.

Bewegungsbeschreibung
Beim Aufsprung landet der Voltigierer unmittelbar hinter dem Gurt und kommt im tiefsten Punkt des Pferderückens zum Sitzen. Harmonisch nimmt der Voltigierer die Bewegungen des Pferdes auf. Der Sitz ist aufrecht, die Arme befinden sich in freier Seithalte, der Blick ist nach vorn gerichtet. Das Gewicht wird gleichmäßig auf beide Gesäßknochen, links und rechts der Wirbelsäule des Pferdes, verteilt. Die Schulter- und Hüftachse befinden sich parallel zur Schulter des Pferdes. Wichtig ist, dass der Kopf, die Schulter, Hüfte und Knöchel eine senkrechte Linie bilden. Knie, Schienbein und Fußrist sollen eine weitere Linie bilden. Anatomische Besonderheiten von Pferd und Voltigierer erschweren oft eine gute Ausführung des Sitzes. Die sich in der Seithalte befindenden Arme sind ausgestreckt und bilden von der Schulter über Ober- und Unterarm bis in die Fingerspitzen eine Linie. Die Oberlinie der Fingerspitzen soll sich auf Augenhöhe befinden. Die Finger sind geschlossen und die Handinnenflächen zeigen nach unten.

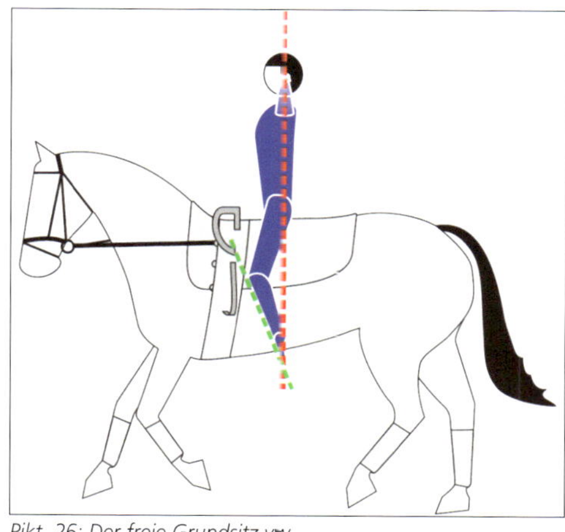

Pikt. 26: Der freie Grundsitz vw.

Körperliche Voraussetzungen für den freien Grundsitz vw.

Kraft

Schultergürtelmuskulatur
Für alle Sitzpositionen werden im Bereich der Muskulatur des Schultergürtels vor allem die Mm. rhomboidei und die unteren Anteile des Trapezmuskels benötigt, um die Schulterblätter nach unten zum Gesäß (caudal) zu verschieben und an der Wirbelsäule zu fixieren. Weiterhin wird die (vordere) Halsmuskulatur eingesetzt, um das Kinn nach hinten zu schieben („Kinn in").

weitere Rumpfmuskulatur
Bauch- und komplette Rückenmuskulatur müssen wechselseitig angespannt werden, um eine Oberkörperaufrichtung gewährleisten zu können und um Fehler wie das bekannte „Hohlkreuz" (Hyperlordose) und den Rundrücken (Hyperkyphose) auszuschließen.

Beweglichkeit

Hüftbeuger
Unerlässlich für einen guten Sitz ist eine gute Beweglichkeit der Hüftbeuger, vor allem des M. rectus femoris und die des M. iliopsoas, der bei einer Verkürzung auch für ein Hohlkreuz verantwortlich ist.

Koordination

Natürlich werden auch hier wieder alle koordinativen Fähigkeiten in mehr oder weniger ausgeprägter Form in Aktion versetzt, am meisten werden aber das Gleichgewicht und Rhythmusgefühl abgefragt.

Übungen zur Verbesserung der motorischen Fähigkeiten in Bezug auf den freien Grundsitz vw.

Übungen zur Kraftentwicklung der Rumpfmuskulatur

Bauchmuskeltraining am Boden

1. Kräftigung der oberen Anteile der Bauchmuskulatur

➥ Gerader Crunch: Kopf und Schulter werden von der Unterlage abgehoben und mit den Händen wird eine unsichtbare Wand in Richtung der Füße geschoben (s. Pikt. 27).

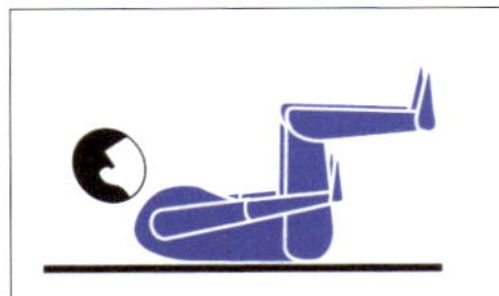

Pikt. 27: Gerader Crunch

Wichtig: Knie und Hüftwinkel in der Ausgangsstellung 90°(um die Hüftbeuger auszuschalten), Kopf und Rücken werden nur so weit abgehoben, bis die Schulterblätter die Unterlage verlassen haben.
Variation: Arme gestreckt über den Kopf nehmen. Durch den längeren Hebel ergibt sich ein höherer Schwierigkeitsgrad. Hüfte 90° gebeugt, Kniegelenke gestreckt. Einen Ball mit gestreckten Armen aus oben genannter Position zwischen die Füße geben, anschließend wieder zurück in die Hände.

➥ Schräger Crunch: Wie oben, jedoch beide Arme schieben an einer Seite vorbei.
Variation: Ball in oben angesprochener Endposition um die Beine kreisen lassen. Zwei Partner liegen nebeneinander Fuß an Fuß und übergeben sich die Bälle, auch mit einer ganzen Voltigiergruppe möglich.

Anmerkung: In spielerischer Form oder als Partner-/Gruppenübung durchgeführt, können diese Übungen neben hoher Effektivität auch noch einen gewissen Spaßfaktor enthalten. Die Übungen sollten mit langsamem Bewegungstempo durchgeführt werden. Bei schwach ausgeprägter Halsmuskulatur kann durch Unterlegen der Arme der Kopf vorsichtig gestützt werden. Die Intensität sollte langsam gesteigert werden. Bei Anfängern können die Beine anstatt abgehoben auch nur angestellt werden, sodass die Fußspitzen angezogen sind, die Knie etwa 90° und die Hüftwinkel annähernd 50–60° gebeugt sind.

- „Schiffchen" seitlings: Eine sehr effektive Bauchmuskelübung für die schräge Bauchmuskulatur. Der Körper befindet sich in absolut gestreckter Position in der Seitlage. Es werden aus dieser Position Arme und Beine gegen die Schwerkraft vom Boden angehoben.
  Variation: Bei Anfängern kann durch Anwinkeln der Arme und/oder der Beine die Schwierigkeit verringert werden. Bei Fortgeschrittenen können Arme und Beine gestreckt angehoben werden.

- Unterarmstütz seitlings: Der Körper befindet sich in der Ausgangsposition im seitlichen Unterarmstütz, dabei bilden Fuß und Unterarm der unteren Seite die Auflageflächen. Der Körper wird nun im Bereich der Körpermitte abgesenkt und anschließend wieder in die Ausgangsposition angehoben. Als Variation können die Beine auch auf einem Cavaletti oder einem Pezziball abgelegt werden. Als besondere Schwierigkeit können Arm und Bein abgespreizt werden.

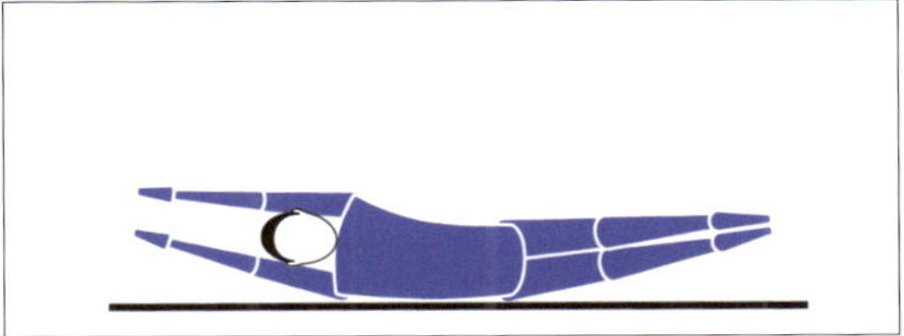

Pikt. 28: Schiffchen seitlings

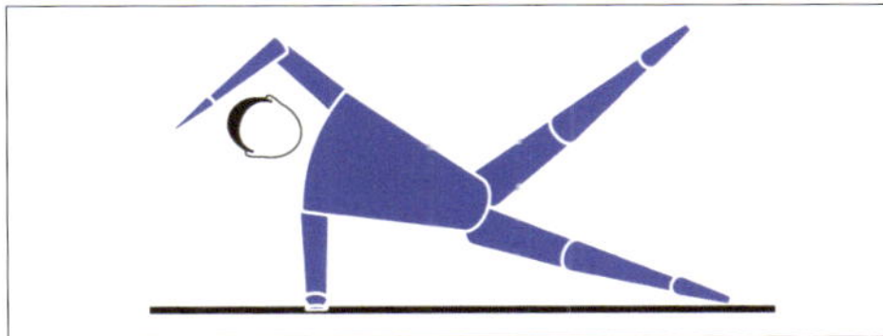

Pikt. 29: Unterarmstütz seitlings

2. **Kräftigung der unteren Anteile der Bauchmuskulatur**

- „Schiffchen": Der Körper wird in der Rückenlage komplett in der Streckung angespannt, Beine und Arme werden minimal gegen die Schwerkraft angehoben.

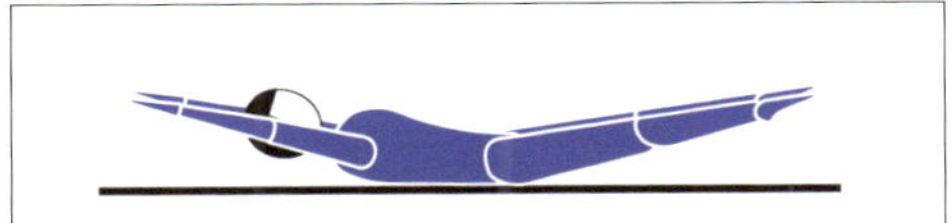

Pikt. 30: Schiffchen in Rückenlage

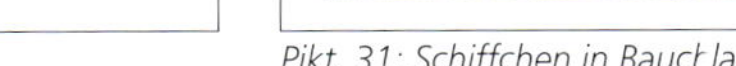

Pikt. 31: Schiffchen in Bauchlage

Achtung: Es ist darauf zu achten, dass sich die Lendenwirbelsäule bei der Übung „Schiffchen in Rückenlage" nicht vom Boden abhebt. Um dieses zu vermeiden, sollten Anfänger zunächst die Beine und Arme so weit dem Körper angenähert haben, dass diese Übung ohne ein Ausweichen der LWS durchgeführt werden kann.

Variation: Fortgeschrittene können in der Endposition ein wenig schaukeln.
Variation: Könner drehen sich in der Schiffchenhaltung über die Seitlage von Bauchlage in die Rückenlage etc.

- „Käfer": Der Körper befindet sich in Rückenlage. Ein Bein wird gestreckt mit angezogenem Fuß angehoben, das andere in 90° Knie- und Hüftbeugung sowie mit angezogenem Fuß. Der gegenüberliegende Arm des angebeugten Beines wird gestreckt in dessen Richtung geführt, der andere gestreckt über dem Kopf gehalten, welcher leicht angehoben ist. Im Wechsel werden nun die Bein- und Armposition verändert, wobei der Kopf immer von der Unterlage abgehoben bleibt.

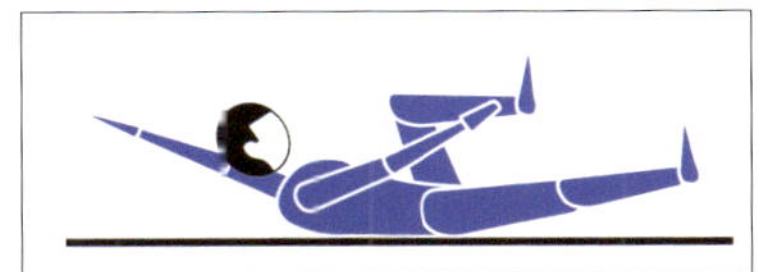

Pikt. 32: Der Käfer

- **Abgehobener Vierfüßler:** Der Körper befindet sich in der korrekten Bank (s. Kap. 2.1.3). Um die korrekte Position der Beine zu halten, wird ein Ball zwischen die Knie gelegt. Die Knie werden leicht vom Boden abgehoben, der Schultergürtel ändert seine Position nicht.
  Variation: Um die Schwierigkeit zu erhöhen, können die Hände auf zwei Gymnastikbälle platziert werden.

Weitere Rumpfkräftigungsübungen sind den Kapiteln Fahne, Liegestütz und Schwungübungen zu entnehmen. Die Übungen zur Verbesserung der Flexibilität, vor allem im Bereich der Hüftbeuger, werden näher im Kapitel Mühle behandelt.

Übungen zur Verbesserung der Koordination und methodische Übungsreihen zur Verbesserung bzw. zum Erlernen der Pflichtübung freier Grundsitz

Um den Sitz des Voltigierers in Bezug auf Gleichgewicht, kinästhetischer Differenzierbarkeit etc. zu verbessern, bieten sich vor allem Übungen auf dem Pferd in den verschiedenen Grundgangarten an. Diese Basisübungen können dann vielfach mit kleinen Handgeräten modifiziert werden. Das schafft Abwechslung, fördert die Koordination und ist motivierend für alle Beteiligten. Die nachfolgend aufgeführten Übungen sollen als Anregung dienen und zeigen lediglich einen kleinen Ausschnitt möglicher Übungen. Gleichzeitig werden sie in die methodischen Übungsreihen eingebettet.

- **Schulung der Aufrichtung:** Der Voltigierer sitzt mit einem Säckchen auf dem Kopf im freien Grundsitz vw. Dabei ist wichtig, dass auf eine korrekte wie in der Bewegungsbeschreibung dargelegte Haltung geachtet wird. Das Säckchen unterstützt hierbei die Aufrichtung.
  Modifiziert werden kann diese Übung durch verschiedene Gangarten und Zusatzanforderungen wie unterschiedliche Armhaltungen oder Zuwerfen eines Balles zu einem anderen Voltigierer, der innen oder außen mitläuft.
  Zur Stabilisierung der Wahrnehmung der Endaufrichtung kann die Basisübung hinterher auch mit geschlossenen Augen durchgeführt werden.

- **Erlernen der Armhaltung:** Der Sportler sitzt zuerst im Schritt in der korrekten Ausgangsposition und nimmt die Arme in die Endstellung. Ein weiterer Voltigierer kann durch taktile Hilfestellungen Korrekturen vornehmen wie Vermeidung hochgezogener oder nach vorne gezogener Schultern, zu hoch oder falsch eingestellter Arme und Hände. Um den optischen Analysator zu schulen, sitzen sich zwei Voltigierer gegenüber. Einer nimmt die Endstellung ein, der zweite spiegelt anschließend die Armhaltung seines Partners wider. Das schult die Eigen- und Fremdwahrnehmung. Ist die korrekte Armhaltung erlernt und soll sie stabilisiert werden, können zum Beispiel Säckchen oder andere kleine Handgeräte, wie Softtennisbälle o.Ä., auf den Handrücken oder die Handinnenfläche (bei supiniertem Unterarm) gelegt werden.

Achtung: Die Handgeräte sollten dem Könnensstand der Voltigierer angepasst werden. Ein Säckchen ist aufgrund seines Gewichts schwieriger zu bewältigen als z.B. ein Tuch. Des Weiteren ist auf Ausweichbewegungen zu achten wie Hochziehen der Schultern, Hohlkreuz etc.

Rhythmusschulung

Einerseits Anspannen des Rumpfes, andererseits Mitgehen in der Bewegung des Pferdes fordert ein großes Maß an inter- und intramuskulärer Koordination und Rhythmusempfinden. Hier bieten sich vor allem die Gangarten Trab und Galopp an.

Der Voltigierer sitzt in Ausgangsposition des Grundsitzes und legt die Arme in die Hüftbeuge. Der Schwerpunkt liegt nun in der Aufnahme der Bewegung des Pferdes. Die in der Hüftbeuge liegenden Arme fördern einerseits die Stabilität im Rumpf, lassen auf der anderen Seite aber ein selektives Mitschwingen im Bereich des Beckens und der LWS zu.

Um die Aufnahme des Bewegungsrhythmus des Pferdes weiter zu schulen, bieten sich verschiedene Sitzpositionen an wie Außen(quer)- oder Innen(quer)sitz bzw. der Rückwärtssitz. Zudem können die unterschiedlichen Sitzpositionen auch auf dem Hals eingenommen werden. Das erfordert, durch die kleinere Unterstützungsfläche bedingt, allerdings ein großes Maß an Koordination.

Durch leichtes Klopfen (mit den flachen Händen) am Hals und am Rücken des Pferdes im Takt der jeweiligen Gangart wird neben dem Gleichgewicht vor allem das Rhythmusgefühl verbessert. Durch lautes Mitzählen im Takt kann besonders bei Anfängern ein zusätzlicher Reiz gesetzt werden. Abwechselndes diagonales Klopfen des Pferdehalses und des Rückens mit beiden Händen erfordert zusätzlich ein hohes Maß an kinästhetischer Differenzierbarkeit.

Eine ähnliche Übung ist das rhythmische Klatschen der Hände. Variationen: Vor, hinter, über, neben dem Körper klatschen.

Als Partnerübung: Zwei Voltigierer sitzen sich gegenüber und klatschen gegenseitig in die Hände, erschwert werden kann dies durch verschiedene Klatschrhythmen, einhändig, beidhändig oder diagonal etc.

Obwohl nicht explizit erwähnt, versteht es sich von selbst, dass die aufgeführten Übungen auch zur Verbesserung bzw. zum Erlernen des Grundsitzes rw. und der Quersitze dienen.

Fehler, Ursache, Korrektur kompakt

Hauptfehler beim Sitz sind mangelndes Bewegungsgefühl und fehlender Rhythmus

Fehler	Ursache	Korrektur
Der Voltigierer sitzt zu weit hinter dem Gurt	Fehlendes Bewegungsgefühl, mangelnde Körperwahrnehmung bezüglich des tiefsten Punktes im Pferderücken	Verschiedene Sitzpositionen in verschiedenen Gangarten, Analysatorentraining, Sitzschule mit verbundene Augen
Unruhiger Oberkörper, mangelnde/fehlende Aufrichtung	Mangelnde konditionelle Voraussetzungen bezüglich der Haltekraft im Rumpf, mangelnde koordinative Fähigkeiten bezüglich des Gleichgewichts, Fehlhaltungen der Wirbelsäule	Gezieltes Kräftigen der gesamten Bauch- und Rückenstreckmuskulatur, Übungen im Langsitz, Gleichgewichtstraining auf dem Pezziball, z.B. freies Sitzen oder Knien
Abheben des Gesäßes, Stuhlsitz/Spaltsitz	Mangelndes Rhythmusgefühl, verkürzte Hüftbeuger	Tanzen, Übungen mit Vorgabe des Taktes von außen, Voltigierer muss Rhythmus akustisch begleiten, Dehnung der auf das Hüftgelenk einwirkenden Muskulatur
Aktiv ausgedrehte Knie	Mangelnde Differenzierungsfähigkeit der Muskulatur im Rumpf, der Hüftbeuger, Dysbalancen der Ab- und Adduktoren	Gezieltes An- und Abspannen der beanspruchten Muskulatur, Agonisten und Antagonisten dehnen und kräftigen, Überkorrektur durch gezielte Innen- und Außenrotation der Beine
Zu hohe/zu tiefe Arme, Handflächen abgewinkelt/verdreht	Mangelnde Körperwahrnehmung	Gezielte Korrekturen durch taktile Reize, allgemeine Übungen zur Verbesserung der Körperwahrnehmung
Nach vorn gezogene Schultern	Verkürzung der Brustmuskulatur, abgeschwächte Rückenmuskulatur, Angst	Aufhebung der muskulären Dysbalancen durch Dehnung und Kräftigung der entsprechenden Muskulatur, Angstabbau
Hochgezogene Schultern	Verkürzung der Schulter-Nacken-Muskulatur, Angst	Beseitigung des muskulären Ungleichgewichtes zwischen Schulterheber und Schulter senkender Muskulatur durch Dehnung und Kräftigung der beanspruchten Muskeln; Angstabbau

2.1.3 Die Fahne

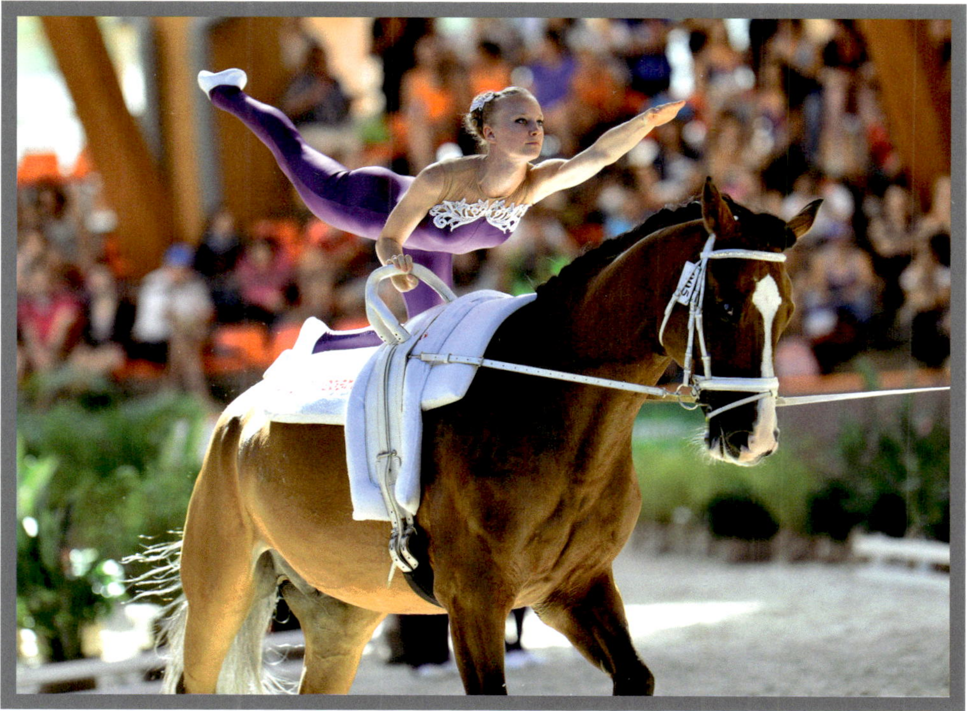

Die Fahne erfordert über alle Leistungsklassen hinweg methodisch gestaffelte, körperliche Voraussetzungen. Liegen die Hauptaugenmerke beim Erlernen der korrekten Fahne im Anfängerstadium besonders auf der Grundkonstruktion Bank, die im Gleichgewicht und mit einer optimalen Bewegungsweite im Hüftgelenk geturnt werden soll, werden die konditionellen und koordinativen Anforderungen bis zum Könnerstadium gesteigert. Dadurch, dass die Unterstützungsfläche durch Hinzunahme des diagonalen linken Armes minimiert wird, kommt es zu einer labilen Gesamtkonstruktion Fahne, die durch muskuläre Haltekraft in den oberen und unteren Extremitäten sowie die Rumpfkraft kompensiert werden muss. Die Bewegungsweite in Schulter- und Hüftgelenk wird erst durch ein ausgeglichenes Kraft-, Dehnungsverhalten erreicht. Der Unterschied zwischen Fortgeschrittenen und Könnern besteht überwiegend in den koordinativen Fähigkeiten Gleichgewicht, Kopplung, Differenzierung. Diese werden durch das zeitlich getrennte Ausstrecken von Arm und Bein im fortgeschrittenen Turniersport nur vereinfacht abverlangt. Den Voltigierern dieser Leistungsklasse wird durch die reduzierten Anforderungen eine bessere Kontrolle der Fahne ermöglicht.

Was macht die Ausführung der Fahne so schwer?

Zum einen stellt die Fahne durch die Komplexität der konditionellen und koordinativen Fähigkeiten eine Besonderheit der Pflicht dar. Muskuläre Defizite führen unabdinglich zu einer fehlerhaften Bewegungsausführung und Technik. Darüber hinaus ist es nicht zu verleugnen, dass das Absorbieren der Galoppade in den dem Voltigierer zur Verfügung stehenden Gelenken eine nicht zu unterschätzende Rolle spielt. Ist die Galoppade „flacher“ und weniger schwungvoll, so ist es dem Voltigierer eher möglich, eigene Defizite zu vertuschen. Zum anderen liegt die Besonderheit der Fahne in der Verteilung der verschiedenen Gelenke: In der oberen Extremität mit Handgelenk,

Ellbogengelenk und Schultergelenk können Bewegungen leichter und feiner differenziert werden als im Hüft- und Kniegelenk. Es besteht also ein Ungleichgewicht zwischen der Stützfläche „vorne“ über dem Gurt und der „hinteren“ Stützfläche, dem Stützbein. Steht das Stützbein senkrecht unter dem Becken, sodass der Winkel Oberschenkel/Rumpf und Ober-/Unterschenkel exakt 90° beträgt, ist kein Absorbieren der Bewegung des Pferdes möglich, da die „hinteren“ Gelenke „steif“ gestellt sind. Deshalb ist schon bei der Bank darauf zu achten, dass der Winkel zwischen Rumpf und Oberschenkel nur annähernd 90° beträgt.
Da die Anfänger-Fahne nur eine reduzierte Form der Fortgeschrittenen-/Könner-Fahne darstellt, gehen wir in der Bewegungsbeschreibung von der Endform im Könnerstadium aus.

Die Hauptkriterien lauten

Anfänger

1. Gleichgewicht
2. Bewegungsweite im Hüftgelenk

Fortgeschrittene und Könner

1. Gleichgewicht
2. Bewegungsweite in Schulter- und Hüftgelenk

Der Bewegungsablauf

Die Fahne beginnt mit einem korrekten, angefassten Grundsitz. Aus dem Basissitz erfolgt das beidbeinige Aufknien diagonal zur Wirbelsäule des Pferdes in die Bankstellung. Beim Aufknien ist auf eine flüssige Bewegung in Harmonie zum Pferd zu achten. Das Aufknien in die optimale Bankstellung erfolgt über eine flüchtige Fußristposition (s. Pikt. 33). Eine gute Bank (s. Pikt. 34) ist dadurch gekennzeichnet, dass sich die Schultern auf einer Höhe über den Griffen befinden. Die Hände fassen dabei auf die Griffe und die Arme sind gebeugt. Die Schultern und das Becken befinden sich annähernd auf einer Höhe. Der Winkel zwischen Rumpf/Oberschenkel und Ober-/Unterschenkel beträgt jeweils annähernd 90°. Das Gewicht ist gleichmäßig auf Arme und Beine verteilt.

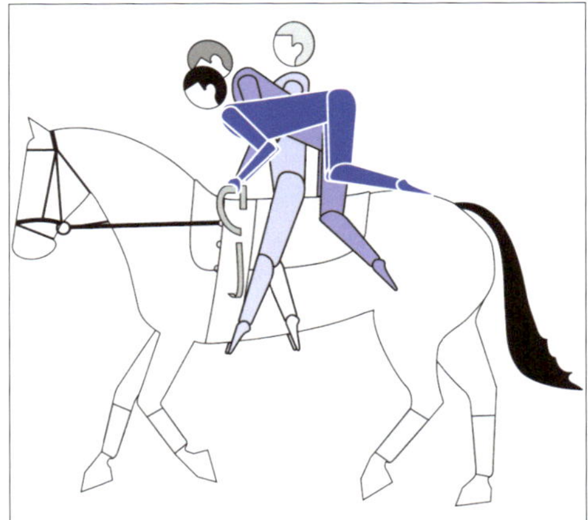

Pikt. 33: Das Aufknien bis zur Bank

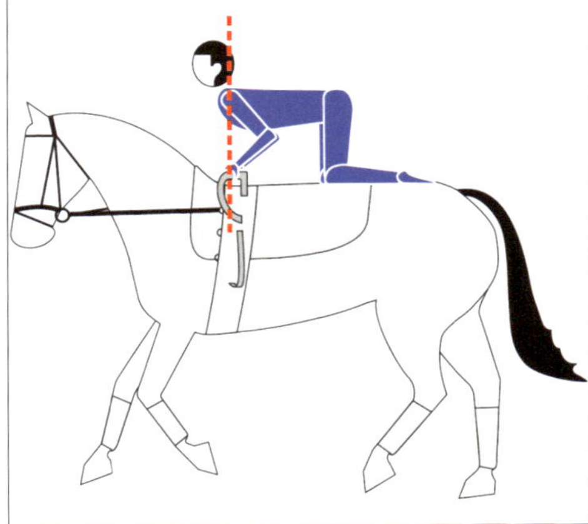

Pikt. 34: Die Bank

Fahne (Anfänger)

Das rechte Bein wird eng am Stützbein nach hinten oben ausgestreckt. Die Beckenachse ist waagerecht. Schulter- und Beckenachse befinden sich annähernd auf einer Höhe. Das Gewicht ist gleichmäßig auf die Arme und dem linken Stützbein verteilt. Der linke Unterschenkel und der gestreckte Fuß bilden eine Linie. Der Winkel zwischen Rumpf/Oberschenkel und Ober-/Unterschenkel beträgt annähernd 90°. Der Blick ist geradeaus gerichtet.

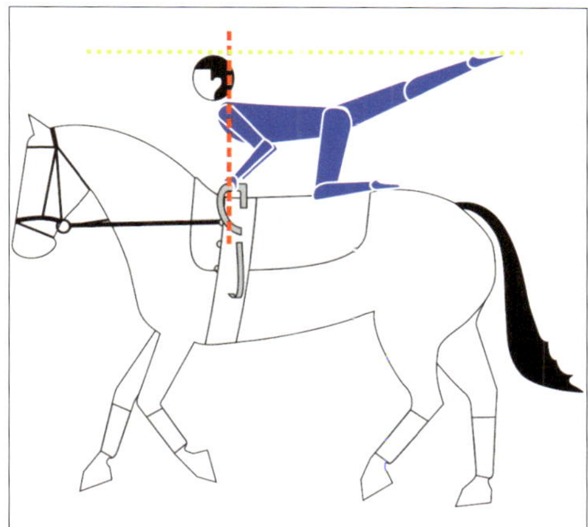

Pikt. 35: Die Anfänger-Fahne

Es ist bei der Fahne zwischen einer Längs- und einer Breitenachse zu unterscheiden. Unter der Längsachse versteht man, dass sich der Körper des Voltigierers an der Länge des Pferdes ausrichtet. Bei der Breitenachse befinden sich die Schultern des Voltigierers parallel zu denen des Pferdes.

Die Schultern, der Rücken und das rechte Bein bilden eine gleichmäßig gebogene Linie über der Horizontalen mit freier Kopfhaltung (s. Pikt. 35).

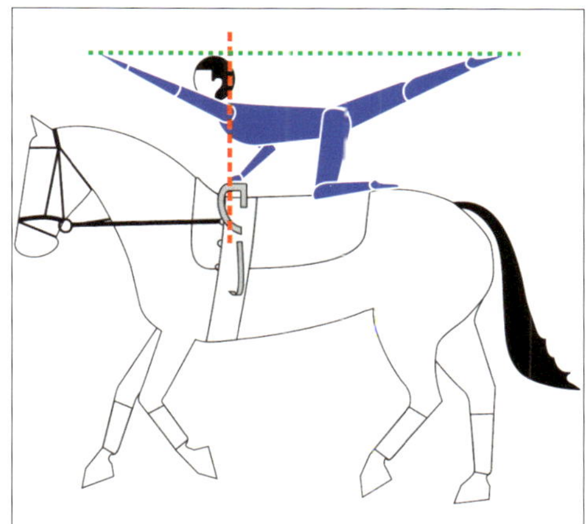

Pikt. 36: Die Könner-Fahne

Fahne (Fortgeschrittene und Könner)

Während im fortgeschrittenen Turnierbereich Bein und Arm nacheinander ausgestreckt werden, müssen Könner Arm und Bein gleichzeitig ausstrecken. Die Endposition ist gleich/identisch (s. Pikt. 36). Zur korrekten Bank wird das Gewicht auf einem labileren Untergrund verteilt, denn das Gewicht ist, bei ausgestrecktem linken Arm und rechtem Bein, gleichmäßig auf die Unterstützungspunkte verteilt. Hand, linker Arm, Rücken und das rechte Bein bilden mit dem rechten Fuß eine gleichmäßig gebogene Linie über der Horizontalen mit freier Kopfhaltung. Die restlichen Kriterien gleichen denen im Anfängerbereich.

Abbau der Fahne (Anfänger)

Das rechte äußere Bein wird gestreckt auf der Kruppe so abgestützt, dass der Fußrist zum Liegen kommt. Bei gleichzeitiger Gewichtsaufnahme der Arme mit dem Verlagern der Schultern nach vorne über den Gurt hinaus wird das innere linke Bein gestreckt dem rechten Bein beigestellt. Das Ziel ist, eine korrekte Liegestützposition einzunehmen.

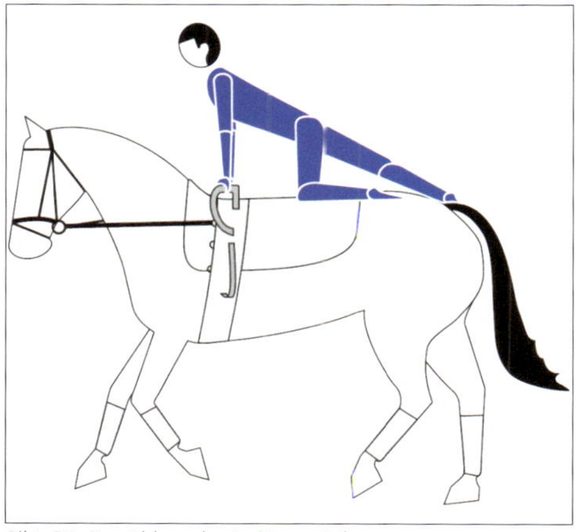

Pikt. 37: Der Abbau der Anfänger-Fahne

Abbau der Fahne (Fortgeschrittene und Könner)
Während bei der Anfänger-Fahne mit dem Absenken des rechten äußeren Beines der Liegestütz eingeleitet wird, heißt es bei der Fahne, den linken Arm und das rechte Bein gleichzeitig in die Bankstellung abzusenken. Der Blick ist geradeaus gerichtet. Könner gleiten aus der Bankstellung zum Grundsitz vw. ein, Fortgeschrittene müssen beim Turnierablauf zur nächsten Pflichtübung „Stehen" aufhocken.

Körperliche Voraussetzungen für die Fahne

Kraft

Bauchmuskulatur
Um die Fahne optimal positioniert halten zu können, ist ein hohes Kraftpotenzial innerhalb der Bauchmuskulatur wichtig.

Rückenmuskulatur
Eine gute Rumpfstabilisation erfordert ein gezieltes Anspannen der Rückenstrecker etc.

Hüftstrecker (Extensoren)
Das aktive Herausstrecken des Spielbeines in die Endposition der Fahne ohne Ausweichbewegungen geht nicht ohne eine gute Gesäßmuskulatur (M. gluteus maximus) und die Hüftstrecker der ischiocruralen Muskelgruppe.

Hüftabduktoren/-adduktoren
Das statische Verweilen des Standbeines in der Endposition sowie das korrekte Herausstrecken des Spielbeines sind durch ein gutes intermuskuläres Zusammenspiel der Hüftadduktorengruppe und der -abduktoren (M. gluteus medius und minimus) gekennzeichnet.

Kniestrecker
Hervorgehoben werden muss die Arbeit, die die Kniestreckmuskulatur, vor allem der M. quadriceps femoris (speziell der M. rectus femoris), in Bezug auf das Stützbein hat. Bei richtiger Lage ist die hauptsächlich isometrische Anspannung, um den Unterschenkel in der korrekten Auflage zu halten, enorm.

Muskulatur des Schultergürtels
Hier muss in isometrischer Arbeit, die Schultergürtel- und Armmuskulatur des Standarmes leisten, und in die Arbeit, die vor allem die Schultermuskulatur in Bezug auf die aktive Arbeit des Spielarmes hat, unterschieden werden. Beim Standarm muss die gesamte Schultermuskulatur angespannt werden, um den Schultergürtel stabilisieren zu können. Beim Spielarm ist vor allem die Muskulatur gefordert, die den Arm in die Elevation, also in die Endposition der Fahne bringt. Dabei sind die letzten Grade der Bewegung wichtig, denn hier fehlt meistens die Kraft. Ein gutes intermuskuläres Zusammenspiel ist wichtig, um Ausweichmechanismen vorzubeugen.

Insgesamt ist ein gutes Zusammenarbeiten der gesamten Rumpfmuskulatur und der Extremitäten von großer Bedeutung, um das hauptsächlich statische Gleichgewicht halten zu können.

Beweglichkeit

Schultergelenk

Bei der Fahne wird ein übergroßes Maß an Beweglichkeit im Schultergelenk verlangt. Dabei wird diese hauptsächlich in Richtung Elevation gefordert.
Es muss zum einen die Beweglichkeit des Gelenkes, zum anderen aber auch die Dehnfähigkeit der Brustmuskulatur (speziell M. pectoralis major) und die des großen Rückenmuskels (M. latissimus dorsi) gegeben sein. Die kleineren, etwas unwichtigeren Muskeln sollen hier vernachlässigt werden.

Hüftgelenk

Die starke Streckung des Hüftgelenkes auf der Seite des Spielbeines setzt, wie auch im Schultergelenk, eine hohe Gelenkigkeit auf der einen und eine hohe Dehnfähigkeit des Hüftbeuger auf der anderen Seite voraus. Die am meisten betroffenen Muskeln sind speziell der M. rectus femoris und der M. iliopsoas.

Koordination

Die Fahne im Gleichgewicht zu halten, wie es eines der Hauptkriterien der Fahne verlangt, erfordert gute koordinative Voraussetzungen, die sich unter anderem in der inter- und intramuskulären Koordination widerspiegeln und deshalb weiterführend bei den Übungen zur Schulung der Kraft behandelt werden.

Übungen zur Verbesserung der Kraft in Bezug auf die Fahne

Übungen am Boden

- Vierfüßler (Bank): Ausführen einer korrekten Bank (s. Bewegungsbeschreibung) eines Voltigierers; ein Partner gibt leichte Widerstände an unterschiedlichen Punkten des Körpers, die Aufgabe des Voltigierers ist, die Ausgangsposition zu halten.

  Wichtig: Auf die Dosis kommt es an. Entscheidend ist, dass der Voltigierer den Vierfüßler halten kann.
  Variation: Der Voltigierer legt die Hände auf zwei Gymnastikbällen ab; das stärkt zusätzlich die Unterarmmuskulatur.
  Variation: Der Voltigierer bekommt zusätzlich einen Ball zwischen die Knie und hebt die Knie leicht von der Unterlage ab (s. auch Foto 23).

- Einarmiger Vierfüßler: Ausgangsposition wie beim Vierfüßler, ein Voltigierer hebt nun den Arm aktiv in die Endposition der Fahne, ein zweiter Voltigierer gibt leichten Widerstand entgegen der Bewegungsrichtung.

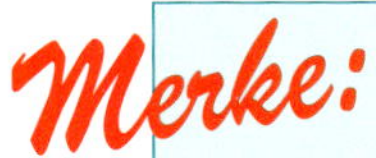

Der Widerstand darf nur so groß sei, dass keine Ausweichbewegungen entstehen, z.B. Hohlkreuz, Verlassen der Ausgangsposition etc. Bei jüngeren Kindern und Anfängern reicht ein minimaler Führungswiderstand.

Achtung: Je distaler ein Widerstand gesetzt wird, d.h., je weiter man eine Position von der Schulter in Richtung Hand oder vom Becken in Richtung Fuß wählt, desto schwieriger wird es für den Sportler, dem Widerstand entgegenzuwirken! Dies geschieht aufgrund von Hebelgesetzen.

Variation: Ein Theraband wird um die rechte Fußsohle gelegt, die Enden in die linke Hand gegeben. Der Arm wird nun aktiv in die Endposition der Fahne gestreckt.

Merke: **Bei der Arbeit mit Therabändern ist auf die richtige Stärke und auf Sicherheitsregeln zu achten. Die Farben zeigen die Stärke der Therabänder an. Diese ist vom Herstellertyp abhängig. Zudem ist auf die richtige Länge zu achten, sie bestimmt zusätzlich den Schwierigkeitsgrad.**

Variation: Der Voltigierer führt die oben genannte Übung mit einer kleinen Freihantel aus.

Bei allen Variationen des einarmigen Vierfüßlers sollte zunächst über den gesamten Bewegungsumfang trainiert werden, bei fortgeschrittenen Sportlern ist vor allem an der endgradigen Position zu üben, da dort die größten Schwächen auftreten.

- Einbeiniger Vierfüßler: Die Grundübung Vierfüßler bleibt erhalten. Um die Hüftstrecker zu aktivieren, wird das Bein aktiv in die Fahnenendposition bewegt. Ein Partner gibt Widerstand entgegen der Bewegungsrichtung. Es gelten weiterhin oben angesprochene Ausführungsregeln.

Merke: **Auf Ausweichbewegungen achten. Schwache Hüftextensoren werden häufig über Rumpfmuskulatur und Hüftrotatoren kompensiert („aufgedrehte Hüfte").**

Variation: Ein Theraband wird wie beim einarmigen Vierfüßler in Position gebracht. Das Spielbein wird nun aktiv in Hüft- und Kniegelenken gestreckt (wie oben), der Fuß bleibt dabei dorsal flektiert.
Variation: Der Sportler befindet sich in der bereits erwähnten Ausgangsposition vor einem Seilzug. Das Spielbein wird nun wieder aktiv in die Zielposition der Fahne gestreckt.

Bei allen Variationen des einbeinigen Vierfüßlers sollte auch zunächst über den gesamten Bewegungsumfang trainiert werden, bei fortgeschrittenen Sportlern ist anschließend Training an der endgradigen Position angezeigt.

- **Diagonaler Vierfüßler:** Aus der Grundposition werden die diagonalen Arm- und (Fahne) Beinpaare in die Endposition der Fahne gebracht. Dabei kann ein Partner z.B. den Arm oder das Bein mit Widerstand begleiten. In der Endposition können Widerstände an den einzelnen Körperpunkten gegeben werden.

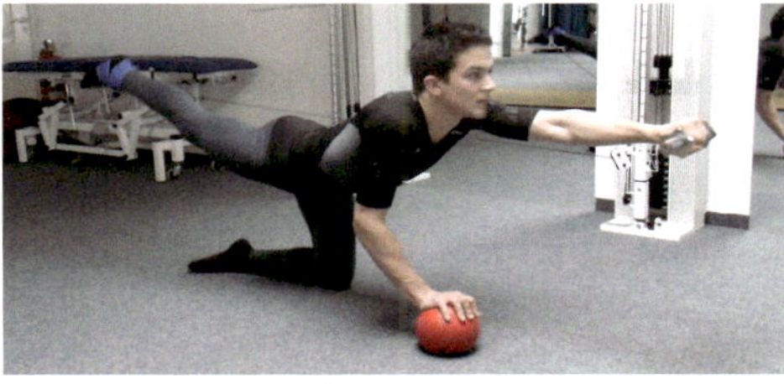

Foto 16: Diagonaler Vierfüßler am Seilzug

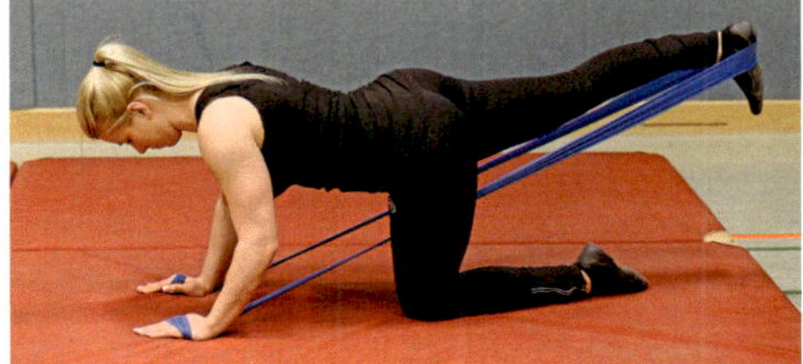

Foto 17: Einbeiniger Vierfüßler mit Theraband

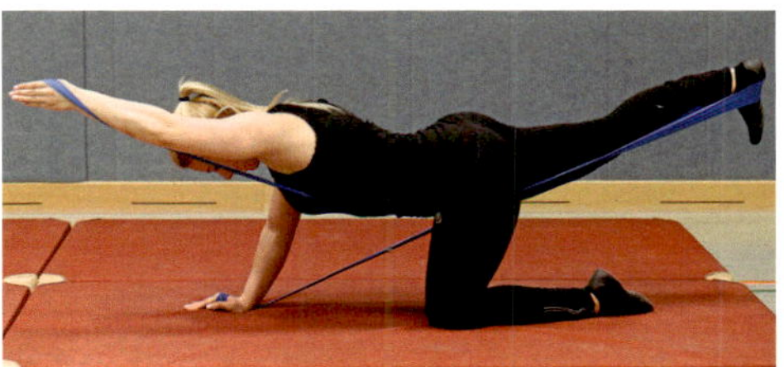

Foto 18: Diagonaler Vierfüßler mit Theraband

Variation: Der einarmige und einbeinige Vierfüßler, mit dem Theraband ausgeführt, werden nun miteinander verbunden. Alle Sicherheits- und Ausführungsregeln müssen genau beachtet werden (s. Foto 16–18).
Variation: Der einbeinige Vierfüßler am Seilzug wird kombiniert mit dem einarmigen Vierfüßler mit Freihantel (s. Foto 16).

- **Diagonalzüge:** Diagonalzüge im „PNF-Design" in alle Richtungen, mit Therabändern oder am Seilzug, kräftigen hervorragend die Schulter- und Rückenmuskulatur sowie die Strecker (Extensoren) der Hüfte (s. Foto 19+20).
  Variationen: Um die koordinativen Anteile zu erhöhen, kann die Unterstützungsfläche verkleinert werden. Auch der Übergang von stabilem zu labilem Untergrund vergrößert den koordinativen Anspruch (s. Foto 21+22).

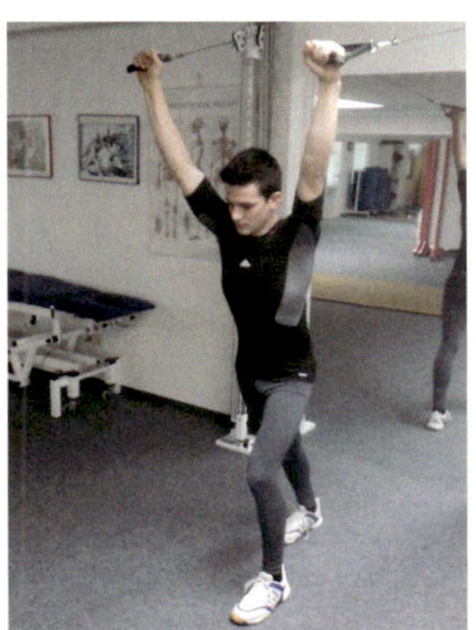

Foto 19+20: Diagonalzüge im „PNF-Design"

Weitere allgemeine Kräftigungsübungen können den anderen Pflichtkapiteln entnommen werden!

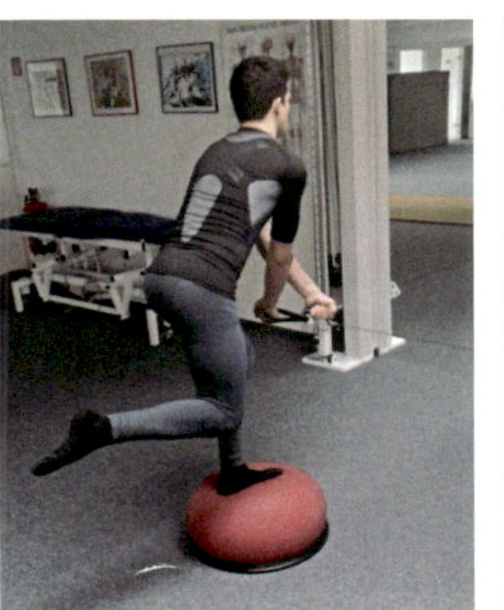

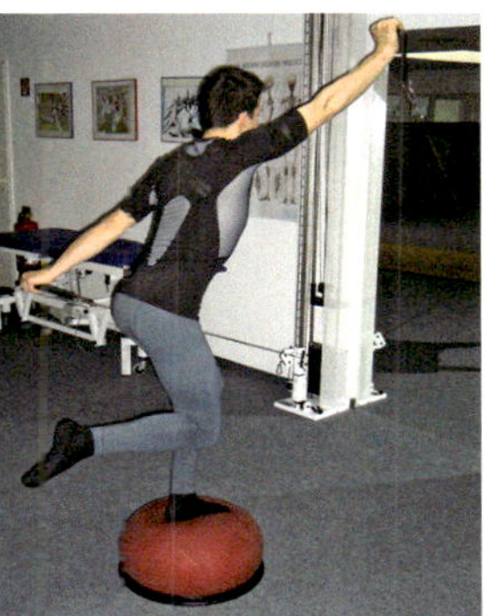

Foto 21+22: Diagonalzüge mit labilem Untergrund

Übungen am Übungspferd/ Pferd

- Alle Arten des Vierfüßlers: Je nach Ausbildungsgrad und körperlichen Voraussetzungen können die am Boden angesprochenen Variationen des Vierfüßlers auf das Standpferd übertragen werden. Dabei ist vor allem der Vierfüßler mit dem Handgerät Ball (s. Foto 23+24) sehr gut geeignet, um Rumpfspannung zu entwickeln und die Ausgangsbasis für die spätere Zielübung herzustellen.

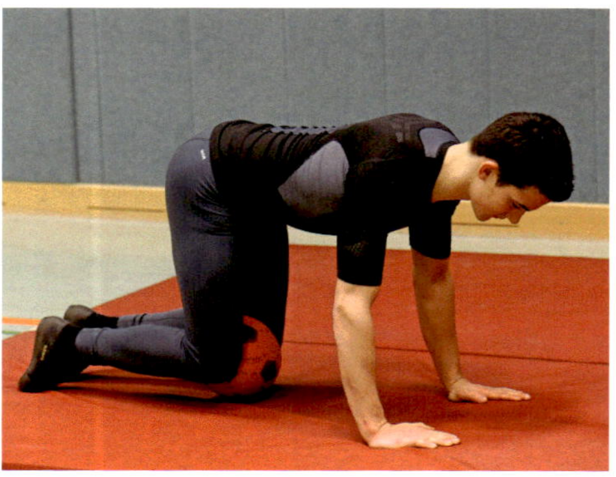

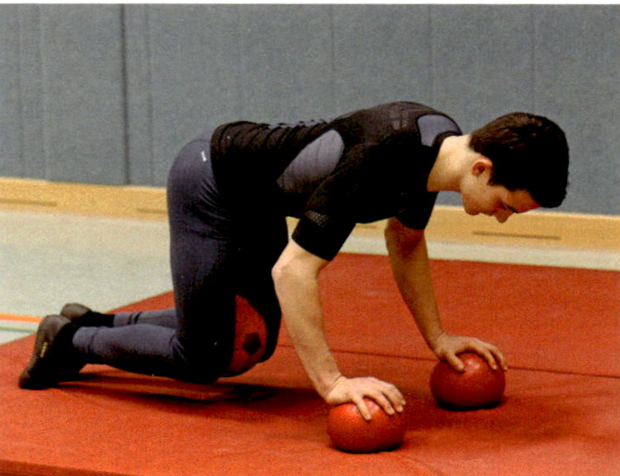

Foto 23+24: Vierfüßler mit Ball

Bei Anfängern und Kindern vor der Pubertät sollte aufgrund ihrer fehlenden körperlichen Voraussetzungen auf eine Zuhilfenahme von Zusatzgewichten verzichtet werden. Die unterschiedlichen Gangarten und die unterschiedlichen Richtungen des Zirkels („linke oder rechte Hand") sorgen für geeignete Trainingsreize.

Übungen zur Verbesserung der für die Fahne spezifischen Beweglichkeit

Übungen zur Verbesserung der Schulterbeweglichkeit

- Verbesserung der Schulterbeweglichkeit in Rückenlage: Ein Voltigierer liegt in Rückenlage mit angestellten Beinen auf einem Kasten o.Ä., dabei schließt der Kopf mit dem Kastenende ab. Er hebt nun beide Arme gestreckt über den Kopf bis zu seinem Bewegungsende (maximale Elevation). Dabei werden die Arme leicht nach außen rotiert. Dehnung erfolgt in dieser Stellung nach der passiv-statischen Dehnmethode (s. Kap. 1.2.3 Bewegung und Motorik).
  Variation: Ein Partner steht bei gleicher Ausgangsstellung am Kopfende und unterstützt die Dehnung nach den Prinzipien des aktiven Dehnens (vgl. Kap. 1.2.3 Bewegung und Motorik). Dabei fasst der Partner relativ nah am Schultergelenk, um den Hebelarm möglichst gering zu halten und Ausweichbewegungen vorbeugen zu können.

- Verbesserung der Schulter-Beweglichkeit im Kniestand an einer Kiste:
  Ausgangsstellung (s. Pikt. 38). Verbesserung der Schulterbeweglichkeit durch Dehnung der Brustmuskulatur etc. Der Sportler bewegt aktiv den Schultergürtel in Richtung Boden, unterstützt werden kann die Dehnung durch einen Partner, der durch senkrechten Druck auf die Schulterblätter die Dehnungshaltung intensiviert.
  Wichtig: Ausweichbewegungen wie Hohlkreuz vermeiden.

  Variation: Anstatt an der Kiste kann die Dehnungshaltung auch über einen Pezziball erfolgen oder im Stand an der Bande etc.
  Variation: Dehnung der Brustmuskulatur in Rutschhalteposition (s. Pikt. 39)

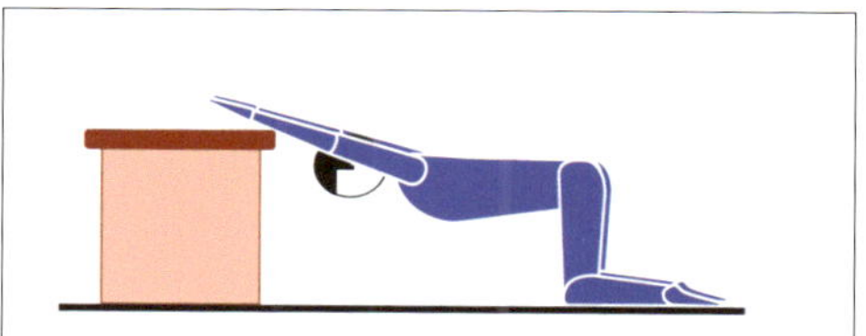

Pikt. 38: Dehnung der Brustmuskulatur an einer Kiste im Kniestand

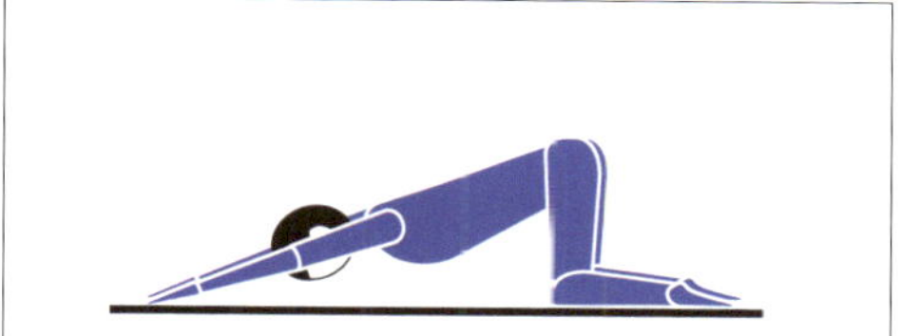

Pikt. 39: Dehnung der Brustmuskulatur in Rutschhalteposition

Bei allen gezeigten Übungen werden die oben genannten Muskelgruppen gedehnt und dadurch die Schulterbeweglichkeit verbessert.

Übungen zur Verbesserung der für die Fahne spezifischen Beweglichkeit im Hüftgelenk

➥ Verbesserung der Beweglichkeit im Hüftgelenk über den Thomas'schen Handgriff:
Der Voltigierer liegt auf dem Rücken mit den Beinen im Überhang und dem Becken mit dem Kasten abschließend. Das eine Bein ist in der Hüfte und im Knie maximal gebeugt, beide Arme unterstützen durch Umfassen des Oberschenkels diese Ausgangsposition, das andere Bein hängt entspannt. Die Dehnung erfolgt nun auf die Hüftbeuger des hängenden Beines über die Schwerkraft (s. Foto 25). Ein Partner kann auch hier durch Unterstützung an beiden Beinen die Dehnung intensivieren.

Variation: Durch leichte Veränderungen der Dehnposition können unterschiedliche Muskelgruppen in dieser Position vermehrt gedehnt werden:

- Gleichzeitige Beugung des Kniegelenkes beim hängenden Bein intensiviert den Zug auf den M. rectus femoris.
- Leichter Druck von außen (lateral) an den Oberschenkel dehnt vermehrt die Hüftabduktoren.
- Leichter Druck an die Oberschenkelinnenseite (medial) dehnt die Hüftadduktoren.

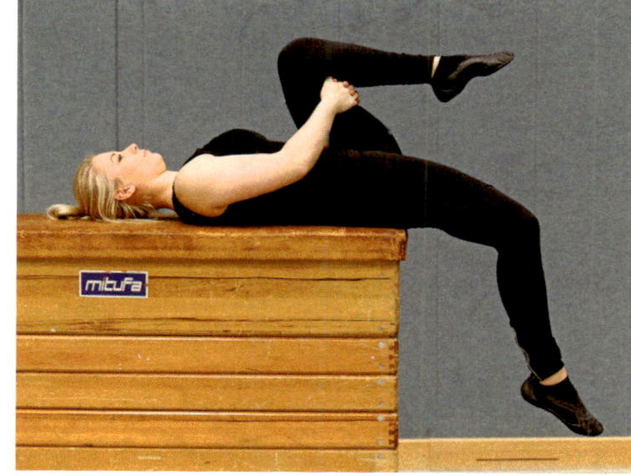

Foto 25: Thomas'scher Handgriff

Merke:

Der Thomas'sche Handgriff dient auch als Testverfahren, um die Beweglichkeit im Hüftgelenk zu überprüfen. Ist in oben beschriebener Ausgangsposition der Oberschenkel über der horizontalen Linie, kann vor allem der M. iliopsoas verkürzt sein. Verstärkt sich der Zug bei zusätzlicher Beugung im Knie, ist die Ursache evtl. beim M. rectus femoris zu suchen. Steht der Oberschenkel mehr nach außen oder nach innen, könnten die Hüftabduktoren bzw. Hüftadduktoren nicht gut gedehnt sein.

➥ Verbesserung der Hüftbeweglichkeit in Rückenlage: s. Kap. Aufsprung

Weitere allgemeine Übungen zum Thema Beweglichkeit im Schulter- und Kniegelenk sind in den anderen Kapiteln zum Thema Verbesserung der Beweglichkeit zu finden und gut einsetzbar. Können verschiedene Übungen aufgrund von Schmerzen oder übermäßigen Bewegungseinschränkungen nicht ausgeführt werden, ist eine Abklärung durch einen Arzt und Physiotherapeuten angebracht. Eventuell liegen die Ursachen in anderen Gelenken wie z.B. der Wirbelsäule etc.

Methodische Übungsreihen zur Fahne

Übungen am Boden

- Erlernen der Bank: Die Position der Bank ist eine wesentliche Voraussetzung zum Erlernen und Verbessern der Fahne in allen Leistungsklassen. Fehler, die hier entstehen, werden in die Zielübung übernommen und führen zu mangelnder Bewegungsausführung.
  Wichtig: Zu achten ist auf die gleiche Höhe in Schulter und Hüfte. Hüft- und Kniegelenkswinkel betragen jeweils annähernd 90°, der Kopf ist leicht angehoben. Der Rumpf ist angespannt, beide Unterschenkel und Fußrücken liegen parallel am Boden.
  Variation: Die Hände werden auf Bällen, kleinen Hanteln oder „Putzbrettern" abgelegt. Zur Stabilisierung werden Widerstände gesetzt. Um die Beinhaltung zu festigen, kann ein kleiner Schaumstoffklotz oder ein Ball zwischen die Knie geklemmt werden. Um die Rumpfstabilisation und den Druck auf den Unterschenkel und den Fußrist zu schulen, können zusätzlich die Knie in der Bankposition leicht abgehoben werden (s. Foto 23+24).

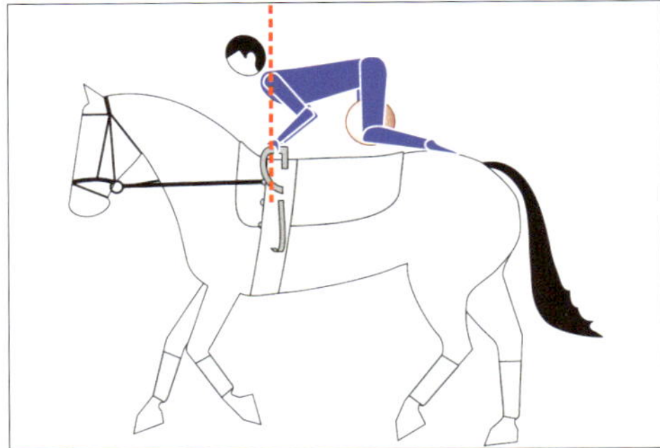

Pikt. 40: Rumpfstabilisation in der Bank auf dem Pferd

- Fahne mit einem Bein: Das Spielbein (rechts oder links) wird aus der korrekten Bank in die Endposition (s. Bewegungsbeschreibung) gestreckt. Ein Partner korrigiert die Beinhaltung und setzt in der Endstellung kleinere Widerstände zur Stabilisation.
  Wichtig: Gerade bei Anfängern und Kindern die Endposition nur kurz statisch ausführen lassen, da die mangelnden körperlichen Grundvoraussetzungen zu Ausweichbewegungen führen können. Besser wäre eine höhere Wiederholungszahl. Das „schleift" die Bewegung zusätzlich ein.
  Variation: Bewegung wie beim einbeinigen Vierfüßler mit Theraband, ein Partner korrigiert die Bewegungsabweichungen.

- Fahne mit einem Arm: Aufbau analog zur Fahne mit einem Bein

- Fahne, Aufbau Arm und Bein nacheinander: Kombination aus den vorherigen Übungen, zuerst wird nun das Spielbein aus der Bank in Position gebracht, bevor anschließend wie bei der Fortgeschrittenen-Fahne der Arm hinzugenommen wird. Alternativ können die diagonalen Arm- und Beinpaare auch gewechselt werden – das fördert das kinästhetische Bewegungsempfinden.

- Vervollständigung der Zielübung: Die Zielübung Fahne wird abschließend mit gleichzeitigem Aufbau von Arm und Bein geturnt, die bisher genannten Ausführungshinweise gelten besonders bei der Zielübung.

Übungen am Übungspferd/Pferd

Die für den Boden beschriebenen Übungen sind komplett auf das Übungspferd und anschließend auf das Pferd zu übertragen. Dabei können je nach Ausbildungsgrad Vorübungen heraus-

oder hinzugenommen werden. Treten Fehler auf oder ist der Voltigierer überfordert, sollte auf die nächstgelegene Übung mit weniger Anforderungen zurückgegriffen werden und von dort wieder nach oben weitertrainiert werden. Das gilt für den Anfänger wie auch für den Leistungsvoltigierer. Alle Grundgangarten und sowohl linke als auch rechte Hand sollten benutzt werden.

Fehler, Ursache, Korrektur kompakt

Fehler	Ursache	Korrektur
Übertriebenes/ unzureichendes Aufknien	Mangelndes Bewegungsgefühl, zu viel/wenig Tempo in den Beinen	Aufknien isoliert üben, aus der Bank hochstützen, über den Fußrist in die Bank
Schultern zu weit/ vorne hinten	Falsche Position des Stützbeines, fehlende Haltekraft in Rumpf und Armen	Korrektur des Stützbeines, Verbessern der Rumpfkraft z.B. mit Ball zwischen den Knien, Verbessern der Haltekraft in Schultern und Armen
rechter Ellbogen zu sehr durchgedrückt, sodass sich die Schultern über der Beckenhöhe befinden	Fehlende/mangelnde Haltekraft zwischen den Schulterblättern und in den Schultern	Gezieltes Krafttraining besonders der Rhomboiden und des M. Trapezius unterer Anteil
Sichelarm	Mangelndes Kraft-, Dehnungsverhältnis im Bereich des Schultergürtels	Gezieltes Dehnen und Kräftigen des Schultergürtels
Übertriebener Bogen/Knick in der Lendenwirbelsäule, unphysiologischer Knick im Rücken	Fehlende Rumpfkraft, besonders der Bauchmuskulatur	Gezieltes Bauchmuskeltraining
Bohrende Knie/ bohrender Fuß	Falsche Lage des Stützbeines, keine gleichmäßige Gewichtsverteilung, Gleichgewichtsprobleme	Stützbein korrigieren, zurück zur Bank; Bewegungsgefühl verbessern durch taktile Hilfen; Gleichgewichtstraining
Längsachsen von Pferd und Voltigierer nicht parallel	Falsche Position der Bank, fehlende Haltekraft in oberer und unterer Extremität, mangelnde Dehnung im Hüftgelenksbereich und Schultergelenk	Dehnung und Kräftigung der beanspruchten Muskulatur
Breitenachse nicht parallel zu den Schultern des Pferdes	Linke Schulter wird nach vorne geschoben, aufgrund mangelnder Dehnung im Brustmuskelbereich; mangelnde Kraft im Schultergürtel	Vierfüßler zum Verbessern der Haltekraft im Schultergürtel; Brustmuskel dehnen; Trainieren der aktiven Beweglichkeit des Schultergürtels
Mangelnder Bewegungsspielraum im Schultergürtel	Mangelnde Dehnung im Brustmuskelbereich; mangelnde Kraft im Schultergürtel	Vierfüßler zum Verbessern der Haltekraft im Schultergürtel; Brustmuskel dehnen; Trainieren der aktiven Beweglichkeit des Schultergürtels
„Ausgedrehte Hüfte", d.h. Gesäßmuskeln nicht annähernd auf einer Höhe	Zu wenig Haltekraft im Rumpf; Gesäßmuskulatur zu schwach trainiert, Das Bein wird über die Außenrotatoren des Hüftgelenkes und seitlicher Rumpfmuskulatur angehoben	Gezieltes Bauchmuskeltraining und Kräftigung der Rückenstrecker; Gesäßmuskulatur (Gluteen) und ischiocrurale Muskeln kräftigen

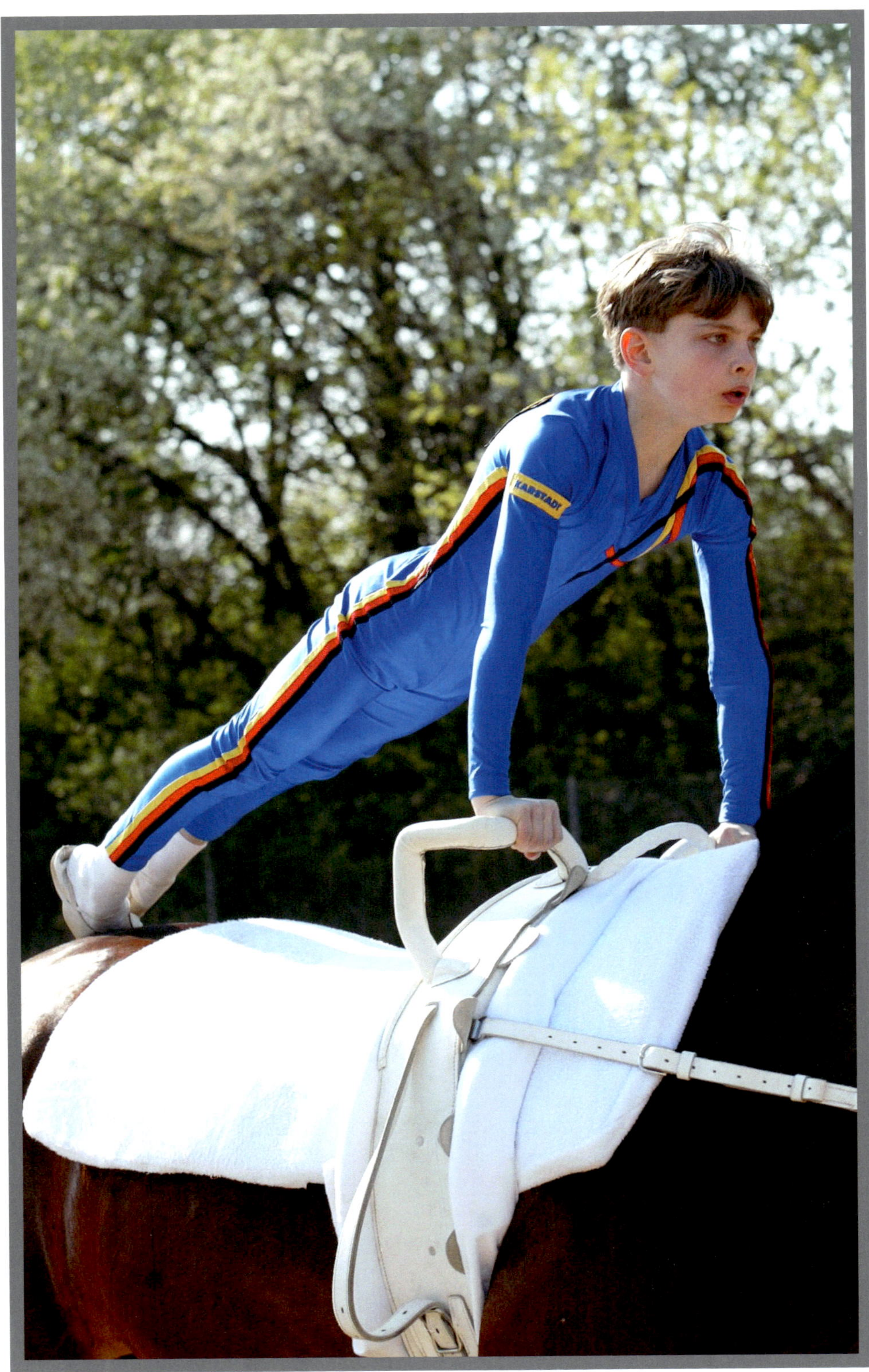
KARSTADT

2.1.4 Der Liegestütz

Der Liegestütz

Einen wichtigen methodischen Schritt zum Erlernen einer Schwungübung bildet der Liegestütz. Bei dieser Übung wird die für das Voltigieren so dringend erforderliche Ganzkörperspannung abgeprüft. Im Gegensatz zur Schwungübung befindet sich der Voltigierer in einer statischen Position und muss zeigen, dass er in der Lage ist, isometrische Haltearbeit über verschiedene Muskelketten hinweg zu leisten. Eine besondere Schwierigkeit stellt das zum Liegestütz gehörende Einsitzen dar, das zur isometrischen Haltearbeit ein aktives Verkleinern des Bein-Rumpfwinkels verlangt. Zeitgleich erfordert es enorme Haltearbeit in den annähernd gestreckten Armen und im Schultergürtel.

Was ist die Besonderheit des Liegestützes?
Wie bereits im anatomischen Teil (Kap. 1) erwähnt, hat die Wirbelsäule eine natürliche doppelte S-Form, die bei muskulären Dysbalancen im Liegestütz an Fehlhaltungen wie dem Hohlkreuz (Hyperlordose) in der LWS, dem Rundrücken (Hyperkyphose) in der BWS oder an dem vorgeschobenen Kopf (Hyperlordose) in der HWS erkennbar ist.

Hauptkriterien

1. Körperspannung
2. Stütz

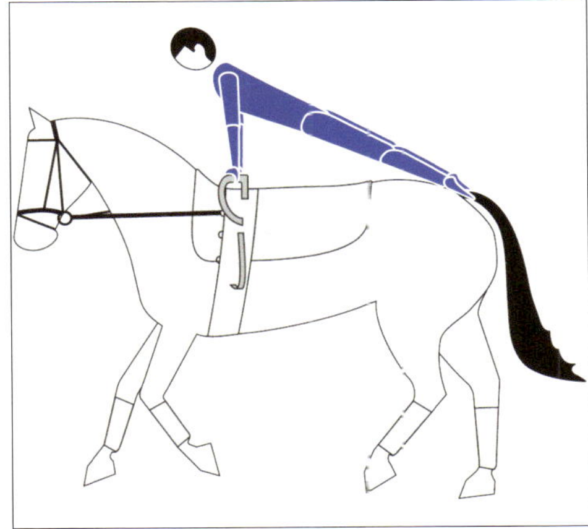

Pikt. 41: Der Liegestütz (Endposition)

Die Bewegungsbeschreibung
Der Liegestütz wird aus der Fahne mit zeitgleichem Strecken der Arme bei zunehmender Gewichtsverlagerung auf die Hände aufgebaut. Während das rechte, äußere, gestreckte Fahnenbein auf den Fußrist aufgelegt wird (s. Pikt. 37), werden die Schultern deutlich nach vorne über den Gurt verlagert. Gleichzeitig, mit der verstärkten Lastaufnahme auf die gestreckten Arme, wird das Stützbein der Fahne parallel zum rechten Spielbein beigestellt, sodass die Liegestützposition (s. Pikt. 41) eingenommen werden kann. Der Kopf befindet sich in Verlängerung der Wirbelsäule, das „Kinn ist in". Die Körperlängsachse bildet von Kopf bis Fußrist eine Gerade.

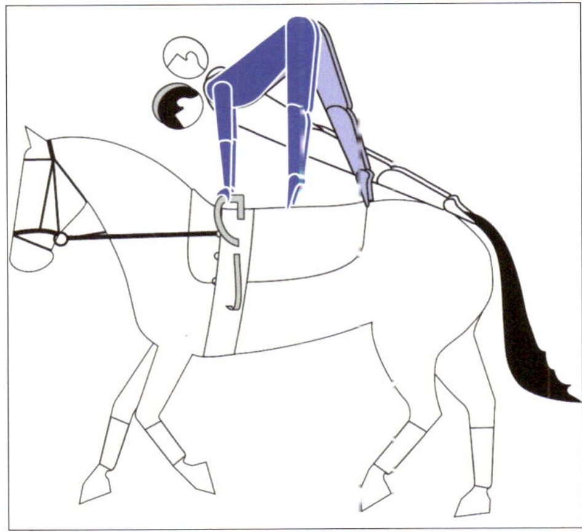

Pikt. 42: Der Abbau aus dem Liegestütz

Das Abbücken zum Einsitzen (s. Pikt. 42)
Eine besondere Schwierigkeit bildet für viele Voltigierer das korrekte Einbücken aus der Liegestützposition in den Sitz. Das Abbücken soll schwunglos erfolgen. Das bedeutet, der Bein-/Rumpfwinkel wird durch verstärkten Einsatz der Hüftbeuger so verkleinert, dass sich das

Gesäß im Idealfall annähernd über der Unterstützungsfläche der Arme befindet. Das Eingleiten zum Sitz erfolgt direkt hinter dem Gurt.

Zum Liegestütz gehört der Abgang nach außen.

Hauptkriterien

1. **Körperspannung**
2. **Landetechnik**

Das linke Bein wird aus dem aufrechten, geschmeidigen Sitz von innen nach außen geführt. Die Beine werden bei gleichzeitigem Abdruck der Arme von den Griffen geschlossen. Der Kreisbogen, den das Bein beschreibt, ist gleichmäßig und der Abdruck von den Griffen vollzieht sich mit gestreckter Hüfte, um eine optimale Landung mit Blickrichtung nach vorne zu ermöglichen. Die Landung erfolgt beidbeinig, hüftbreit bei paralleler Fußstellung. Wie bei allen Abgängen ist es wichtig, den Schwung in den zur Verfügung stehenden Gelenken, in Hüfte, Knie, in den Füßen abzufangen (s. Übungen Aufsprung). Die Landung soll federnd vollzogen werden, mit anschließendem Auslaufen in Bewegungsrichtung des Pferdes. Die für alle Abgänge geltende Landung ist in Pikt. 43 dargestellt.

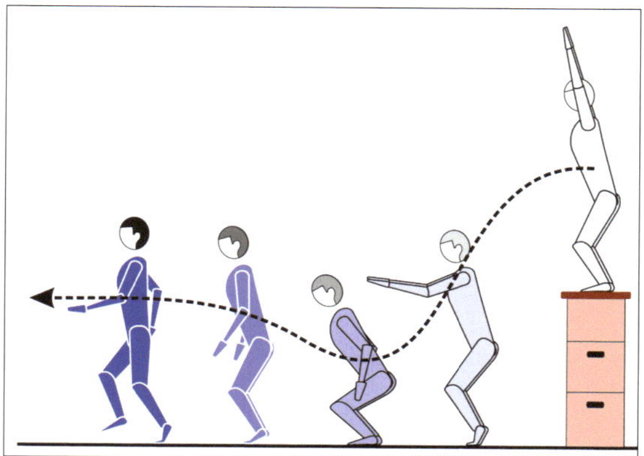

Pikt. 43: Die Landung und das anschließende „Auslaufen"

Übungen zur Schulung des Abganges sowie Fehler, Ursachen und Korrekturen sind im Kap. 2.1.5 wiederzufinden.

Merke:

Der korrekten Landung in Pflicht und Kür kommt eine elementare Bedeutung zu. Die Gesunderhaltung des Sportlers steht im Vordergrund.
Bekannt ist: Die Landung vollzieht sich beidbeinig in Laufrichtung des Pferdes. Die Bewegungen werden in Knie-, Hüft- und Fußgelenken bei hüftbreiter Fußstellung federnd abgefangen. Anschließend folgt ein Auslaufen in Bewegungsrichtung des Pferdes.
Zusätzlich: Die Bewegung wird mit einer exzentrischen Kraftbeanspruchung der Beine abgefangen. Die Knie sind parallel und über den Fußspitzen. Zunächst erfolgt eine Landung über den Fußballen zur Ferse, die in ein Auslaufen nach vorne mündet (s. Pikt. 43).

Körperliche Voraussetzungen für den Liegestütz

Der Liegestütz ist eine reine Kraftübung. Weder Beweglichkeit noch Koordination werden hier explizit abgefragt. Nur der Vorgang des Einsitzens erfordert eine gewisse Beweglichkeit. Diese entspricht im weitesten Sinne der Flexibilität, die für das Eingleiten in den Innenseitsitz nach dem ersten Teil der Flanke benötigt wird (vgl. Kap. 2.1.6). Der Schwerpunkt liegt dabei während der Übung in der statischen Arbeit, während beim Einsitzen, wie in der Bewegungsbeschreibung ersichtlich, dynamisch-konzentrische Kraft auf der einen und Stützkraft auf der anderen Seite benötigt wird. Das bedeutet im Einzelnen:

- **Ganzkörperstabilität:** Während der Endposition werden besonders die gesamte Rumpfmuskulatur als auch die Streckerketten der Beine gefordert (= „Ganzkörperspannung").
- **Stützkraft:** Hauptsächlich betroffen sind die Streckmuskulatur des Armes und die Stabilisatoren des Schultergelenkes. Gemeint ist die gesamte Schultergürtelmuskulatur.
  Zusätzlich wird die Brustmuskulatur aktiviert.
- **Dynamisch arbeitende Muskulatur:** Beim Einsitzen werden die Hüftbeuger und die Bauchmuskulatur gebraucht.

Da bei dieser Übung viele Muskelgruppen gleichzeitig arbeiten, wird hier auf die Angabe einzelner Muskeln verzichtet. Sie können dem Kapitel 1.1.1 entnommen werden.

Übungen zur Verbesserung der motorischen Fähigkeiten in Bezug auf den Liegestütz

Übungen zur Verbesserung der Ganzkörperstabilität

➯ **Unterarmliegestütz vl.:** Der Körper befindet sich in der Liegestützposition wie in der Bewegungsbeschreibung; Auflagefläche sind Fußrücken, Unterarm und Hände. Der Kopf ist in Verlängerung der Wirbelsäule eingestellt.

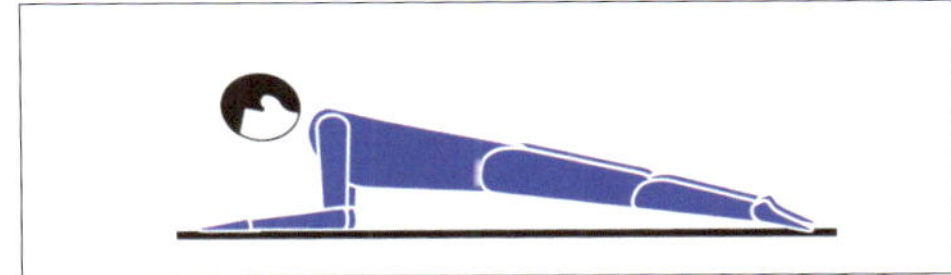

Pikt. 44: Unterarmstütz vl.

Variation: Die Füße werden auf eine Bank oder einen Pezziball gelegt. Bei Fortgeschrittenen können auch Arme und Füße auf Pezzibällen positioniert werden.

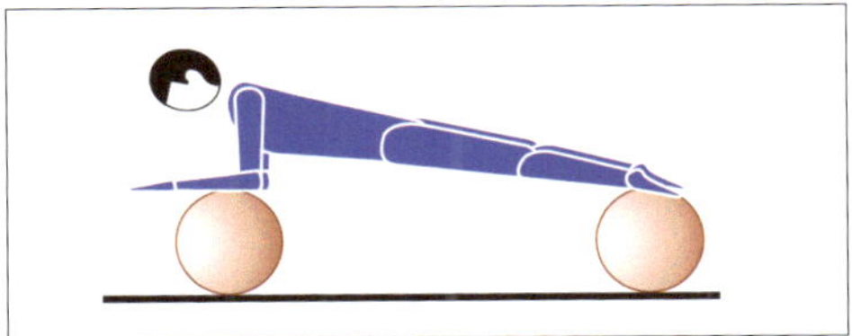

Pikt. 45: Unterarmstütz vl. auf Pezzibällen

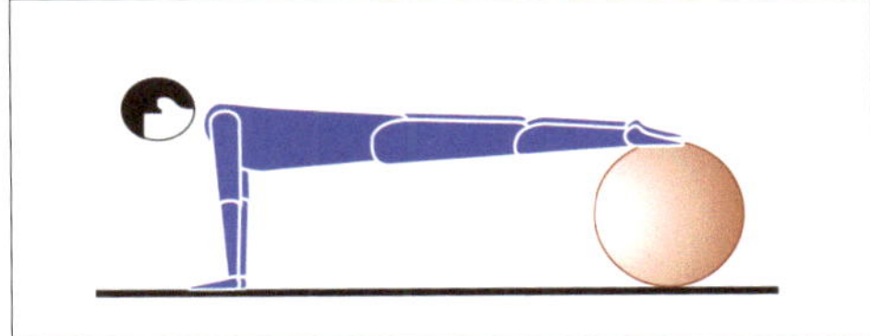

Pikt. 46: Liegestütz vl. auf dem Pezziball

Variation für Anfänger: Die oben beschriebene Grundposition wird im Stand an der Bande oder der Turnhallenwand durchgeführt. Das entlastet die schwache Schultergürtelmuskulatur.
Als weitere Vereinfachung kann statt der Unterarmposition der Handstütz z.B. auf „Putzbrettern" gewählt werden. Auch hier wird der Schultergürtel entlastet.
Variation: Grundübung Liegestütz auf dem Unterarm oder in Handstützposition, ein Partner hebt die Beine ab. Eine weitere Schwierigkeit wäre das kurzfristige Lösen eines Beines durch den Partner.
Wichtig: Die Liegestützpositionen sollten immer so gewählt werden, dass ein Hohlkreuz vermieden wird. Bei Anfängern mit schwacher Rumpfmuskulatur sollte ein kleines Dach gebildet werden. Das bedeutet, dass die Hüfte nicht völlig gestreckt, sondern leicht gebeugt wird, sodass ein Absinken der Lendenwirbelsäule vermieden wird.

- **Unterarmliegestütz rl.:** Der Körper wird so eingestellt, dass Unterarme und Hände sowie die Fersen die Auflageflächen bilden. Ansonsten bildet der Körper wiederum mit dem Kopf eine Linie, wobei die Körperrückseite zum Boden zeigt.

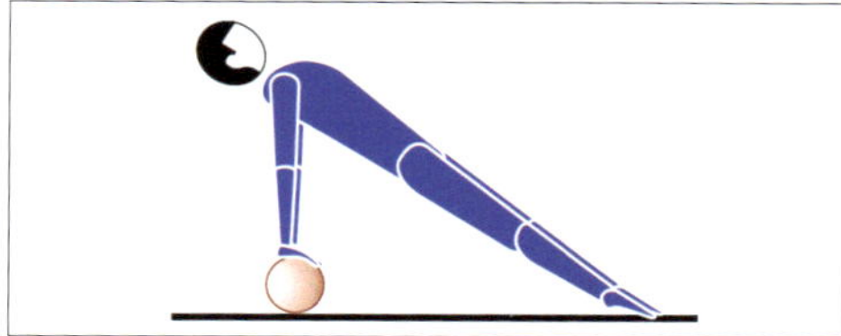

Pikt. 47: Liegestütz rl. auf zwei Gymnastikbällen

Variation: Als Auflagefläche wird die Handstützposition gewählt. Das erleichtert dem Anfänger die Stabilisation des Schultergürtels. Eine weitere Erleichterung ist die Positionierung der Hände auf einer Kiste, einer Bank oder Gymnastikbällen (s. Pikt. 47).

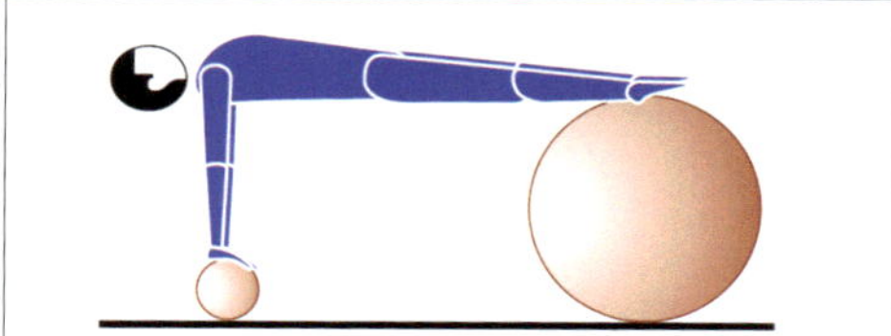

Pikt. 48: Liegestütz rl. mit Pezzi- und Gymnastikbällen

Variation: Grundposition wie oben, die Beine werden auf eine Bank oder einen Pezziball gelegt. Die erhöhte Unterstützungsfläche der Beine steigert die Aktivität im Schultergürtel und die Instabilität des Balls fördert die intermuskuläre Koordination (s. Pikt. 48).

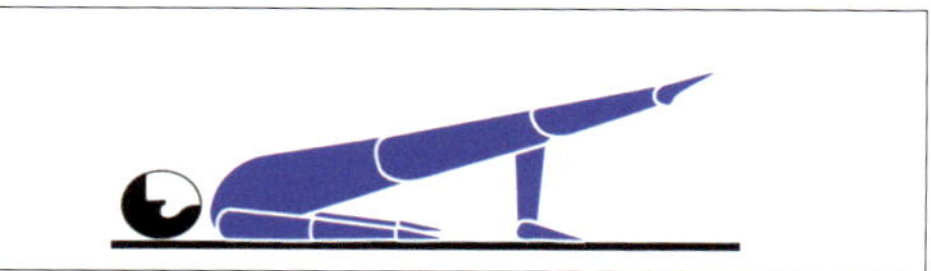

Pikt. 49: Training Rumpfspannung (Alternative für Anfänger)

Variation: Grundübung Liegestütz mit Abheben der Beine durch einen Partner.
Variation: Für Anfänger wird die Rumpfspannung aus der Rückenlage entwickelt. Die Beine werden angestellt, das Gesäß angehoben und ein Bein von der Unterlage abgehoben (s. Pikt. 49).

- **Unterarmliegestütz sl.:** Der Körper bildet, auf dem zum Boden zeigenden Fuß und Unterarm abgestützt, eine Linie in der Form, dass die andere Körperseite nach oben zeigt. Dabei ist das oben liegende Bein auf dem unteren Bein abgelegt und der oben liegende Arm befindet sich auf der nach oben zeigenden Rumpfseite.

Variation: Die Unterarmposition kann gegen den Handstütz ausgetauscht werden. Eine erhöhte Handstützposition auf einer Kiste oder an der Bande im Stand erleichtert anfänglich die Übung.
Variation: Zur oben beschriebenen Grundübung können Spielarm und -bein sternförmig weggestreckt werden (s. Pikt. 29).

- **„Toter Mann":** Ein Voltigierer liegt auf dem Rücken in gestreckter Haltung und mit am Rumpf angelegten Armen. Ein Partner hebt die Beine ab. Er kann zusätzlich hin und wieder das rechte oder linke Bein kurzfristig loslassen, wobei der Liegende seine Position nicht verändern darf (s. Pikt. 50).

Variation: Eine ganze Voltigiergruppe steht um einen auf dem Rücken liegenden Voltigierer. Auf Kommando heben sie ihn waagerecht an, weitere Positionen sind aus der Rückenlage in den Stand, Handstand, Drehung in die Bauchlage etc.

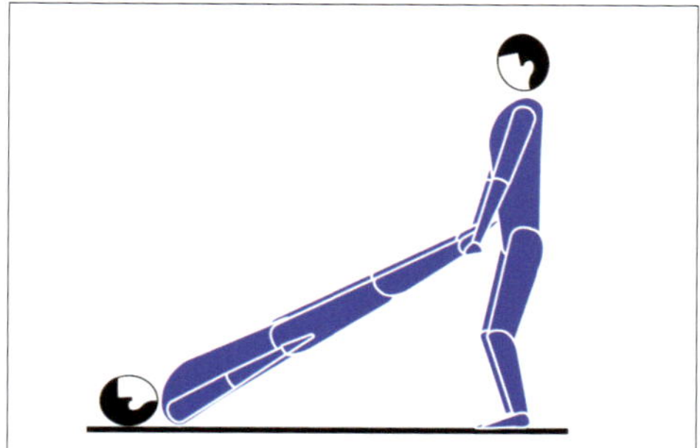

Pikt. 50: „Toter Mann"

- „Pendel": Eine Gruppe steht verteilt auf beiden Seiten neben einem auf dem Bauch liegenden Voltigierer, der die Arme wie beim Stehen seitlich abgespreizt hält. Zwei körperlich stärkere Personen stehen rechts und links neben den Schultern. Der Voltigierer wird von allen gleichzeitig angehoben und die an den Schultern stehenden Personen fixieren diesen körpernah. Auf Kommando geben die fußwärts und am Rumpf haltenden Voltigierer Schwung und der Körper dreht sich ähnlich wie bei der Riesenfelge am Reck um die Schulterachse auf die andere Seite, an der weitere Voltigierer den Ankommenden auffangen. Ziel ist es, den oben genannten Sportler wie ein Pendel von der einen zur anderen Seite hin- und herzubewegen. Dies soll in einem gleichmäßigen und dem Leistungsniveau der Voltigierer angemessenen Tempo erfolgen.

- „Riesenfelge": Die Grundposition bleibt wie beim „Pendel". Es wird durch einen unzerbrechlichen Turnstab, der durch zwei körperlich starke Personen gehalten wird, eine andere Drehachse geschaffen. Der Unterschied zum Pendel besteht weiterhin darin, dass die zu drehende Person die Arme wie beim Handstand lang über dem Kopf hält und eine halbe Riesenfelge wie beim Reckturnen durchführt.
  Wichtig: Sowohl beim „Pendel" als auch bei der „Riesenfelge" muss zum einen eine gewisse Ganzkörperspannung Voraussetzung sein, zum anderen sollten leichtere Gruppenübungen wie „toter Mann" o.Ä. vorweggeschaltet werden, um Kommandos und Gruppenverhalten zu üben. Des Weiteren ist die „Riesenfelge" nur mit Fortgeschrittenen und körperlich stärkeren Jugendlichen und Erwachsen zu üben und sollte nicht mit einer reinen Kindergruppe durchgeführt werden.

Übungen zur Verbesserung der Stützkraft

Alle vorher genannten Liegestützpositionen, bei denen die Handstützposition gewählt wird, eignen sich hervorragend zur Verbesserung der Stützkraft. Sie können dynamisch oder statisch durchgeführt werden. Dabei können die Positionen labiler, z.B. durch Bälle unter den Händen oder den Füßen, gemacht oder vermehrte Belastung des Schultergürtels durch Erhöhung der Füße bis in den Handstand erreicht werden. Weiterhin bieten die Vierfüßlerpositionen (s. Kap. 2.1.3) und alle Handstützpositionen (s. Kap. 2.1.1 UND 2.1.6) geeignete Möglichkeiten, um Trainingsreize auf die Streckmuskulatur der Arme und des Schultergürtels zu setzen.

Schulung der Stützkraft an Geräten

- Bankdrücken:
  Ausgangsposition: Rückenlage mit angestellten Beinen. Ein Gewicht wird nun entgegen der Schwerkraft nach oben gedrückt. Dabei kann die Übung mit einer Langhantel oder an einem fest installierten Gerät durchgeführt werden. Neben dem M. triceps bracchii wird vor allem die Brustmuskulatur gestärkt (Mm. pectorales).

- Stützbeugen (Dips):
  Der Sportler stützt sich im Barren oder am Gerät in der Weise, dass sich der Körper vertikal frei schwebend und nur durch die Stützkraft gehalten in Ausgangsposition befindet. Nachfolgend wird der Körper durch Beugen der Ellenbogen und Verändern des Arm-Rumpf-Winkels abgesenkt und anschließend wieder hochgestützt (s. Pikt. 59).

- Übungen am Seilzug: (s. Kap. 2.1.3)

Übungen zur Verbesserung der Bauchmuskulatur und des Hüftbeugers

Die Übungen zur Verbesserung der Bauchmuskulatur können dem Kapitel 2.1.2 und 2.1.3 entnommen werden. Explizit dargestellte Übungen zum Aufbau des Hüftbeugers befinden sich im Kapitel 2.1.5.

Methodische Übungsreihen zum Erlernen und Verbessern des Liegestützes

Übungen am Boden

- Erlernen der Liegestützposition

  Der Liegestütz wird aus der Bank, wie in der Bewegungsbeschreibung erwähnt, aufgebaut. Dabei können die Hände auf Putzbrettern abgelegt werden. Anfänger sollten die Liegestützposition zuerst mit einem kleinen Dach turnen, um ein Hohlkreuz zu vermeiden.

  Zur Stabilisation der Übung kann ein Partner in der Endposition verschiedenartige Widerstände an unterschiedlichen Körperteilen durchführen.

  Eine weitere Stabilisation des Liegestützes kann durch zusätzliche Bälle unter den Händen anstatt der Putzbretter erreicht werden.

- Erüben des schwunglosen Einsitzens

  Ausgangsstellung ist der Liegestütz mit den Füßen auf einem Pezziball. Der Voltigierer zieht nachfolgend den Ball in Richtung Arme in der Art, dass sich der Bein-Rumpfwinkel so weit verkleinert, dass das Gesäß in optimaler Position über den Armen steht. Anschließend wird der Ball wieder in Richtung Ausgangsstellung gerollt (s. Pikt. 51).

  Ist der Sportler allein zu oben genannter Übung noch nicht in der Lage, so kann ein zweiter, am Kopfende stehend, an der Hüfte die Bewegung begleiten.

  Zur Schwierigkeitserhöhung können die Hände wiederum auf zwei Gymnastikbällen positioniert werden.

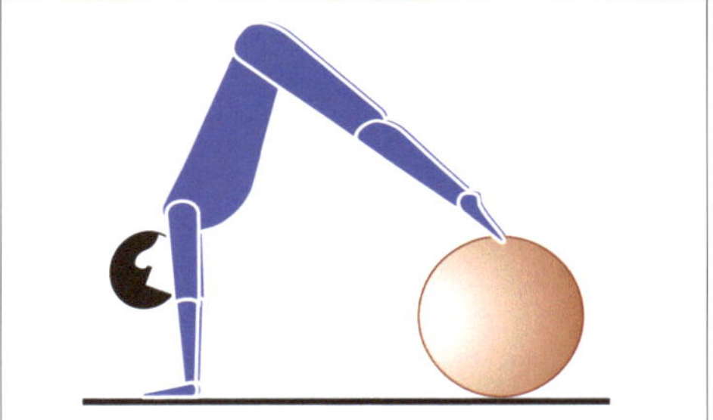

Pikt. 51: Erarbeiten des schwunglosen Einsitzens mithilfe des Pezziballs (Endposition)

  Alternative: Steht kein Pezziball zur Verfügung, kann ein Partner unterstützend wirken. Er steht fußwärts mit Blickrichtung zum Voltigierer und hält dessen Unterschenkel knapp über dem Boden. Die weitere Ausführung der Übung findet wie oben mit dem Pezziball statt. Um die Übung zu erleichtern, wird weiter in Richtung Hüfte angefasst, z.B. am Oberschenkel. Das verkürzt den Hebel und erfordert weniger Muskelaktivität (s. Foto 26).

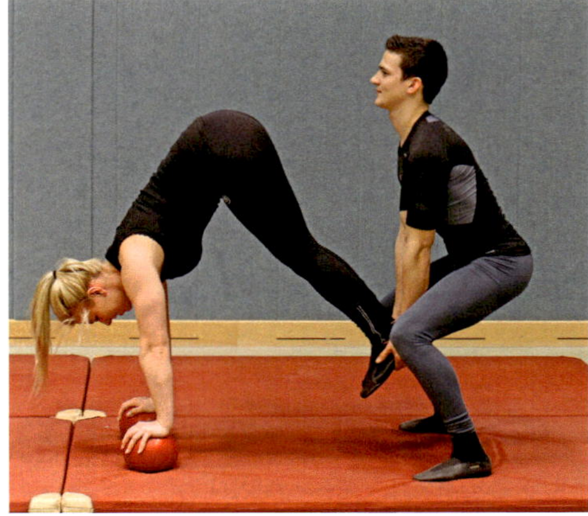

Foto 26: Schwungloses Einsitzen

Übungen am Übungspferd und Pferd

Erlernen der Stützposition

Von der Bank mit abgehobenen Knien ausgehend, wird sich langsam in Richtung Liegestütz vorgearbeitet. Dabei muss immer auf die korrekte Rumpf- und Kopfhaltung geachtet werden. Um den Stütz zu üben, können auch andere Stützpositionen auf dem Pferd/Übungspferd eingenommen werden, z.B. seitlicher Stütz außen/innen am Pferd, Stütz rücklings, Bank rücklings etc.

Isoliertes Üben des Liegestützes

Zunächst sollte der korrekte Liegestütz, auf dem Holzpferd geübt, auf das Pferd übertragen werden. Über Schritt und Trab kann der Galopp anvisiert werden. Wie bei fast allen Übungen wird rechts- und linksherum voltigiert.

Schulung des schwunglosen Abbaus

Anfänglich wird aus der korrekten Liegestützposition zum Abbau mehr Gewicht auf die Arme übertragen und mit fast gestreckter Hüfte ein Eingleiten durchgeführt.
Im weiteren Schritt wird die Hüfte mehr und mehr aktiv gebeugt. Dabei darf der Anfänger mit leichtem Schwungeinsatz aus den Knien (nicht aus der Wirbelsäule!) arbeiten.
Nach und nach wird der Schwungeinsatz abgebaut und die Hüfte aktiv bis zur optimalen Position gebeugt. Vorgehensweise am Übungspferd/Pferd wie s.o.

Zusammensetzen der komplexen Übung

Am Ende der methodischen Reihe kann je nach Vorgehensweise der Zusammenschluss der Einzelteile stehen.

Fehler, Ursache, Korrektur kompakt

Fehler	Ursache	Korrektur
Auflage der Fußspitzen des Schienbeins	mangelnde Bewegungsvorstellung; fehlende Körperwahrnehmung	Taktile Hilfen zur Verbesserung der Körperwahrnehmung; Videoanalyse, um Fehler zu verdeutlichen
Offene Beinhaltung	Anatomische Ursachen, O- oder X-Beine; fehlende Ganzkörperspannung	Stärkung der Muskulatur in den unteren Extremitäten und des Rumpfes, um Spätschäden vorzubeugen, kleiner Ball oder Bierdeckel zwischen die Beine
Kopf im Nacken	Mangelhaft ausgeprägte Hals- und Nackenmuskulatur	„Kinn in", Muskulatur stärken
Mangelnde Körperspannung (Hohlkreuz)	Hypermobilität in der LWS bei gleichzeitig schwacher Bauchmuskulatur	Kräftigung des gesamten Rumpfes durch isometrisches Ganzkörperspannungstraining
Rundrücken	Fehlende Mobilität der BWS sowie fehlende Haltekraft im Schultergürtel und in der Rückenstreckmuskulatur	Gezieltes Krafttraining; BWS z.B. durch Drehlagen (s. Kap. 2.1.6) mobilisieren; Schulterblätter bei Ganzkörperspannungsübungen nach hinten unten ziehen
Einsitzen nicht direkt hinter dem Gurt	Schultern nicht genug nach vorne verlagert; mangelnde Kraft im Hüftbeuger und unterer Bauchmuskulatur	Schultern deutlich vor den Gurt verlagern; Hüftbeuger und Bauchmuskulatur kräftigen, Dehnen der Antagonisten
Unkontrolliertes, hartes Einsitzen	Mangelnde Harmonie mit dem Pferd; nicht aktiv genug abgebückt	Einsitzen aus der Hockstellung mit unterschiedlichen Abdrücken in den Sitz, in unterschiedlichen Gangarten

2.1.5 Die Mühle und der Quersitz

In der Mühle und im Quersitz wird der ausbalancierte, sich im Gleichgewicht befindende Sitz abgeprüft. Bei Anfängern wird besonderer Wert auf die körperlichen Grundvoraussetzungen gelegt, deshalb wird der Sitz nicht nur in Form des isolierten, freien Grundsitzes abgefragt, sondern ist auch ein Schwerpunktkriterium der Bewertung des Quersitzes.

Im fortgeschrittenen Turnierbereich sowie im gehobenen Turniersport zeigen die Voltigierer ergänzend zum freien Grundsitz vw. eine halbe Mühle (Fortgeschrittene) bzw. die ganze Mühle (Könner). Dem Voltigierer werden unter Hinzunahme des 4er-Taktes komplexere, koordinativ anspruchsvollere Bewegungsabfolgen abverlangt. Im Könnerstadium wird schließlich eine 360°-Drehung im Sitzen gefordert, die im 4er-Takt zu erfolgen hat. Durch die methodische Staffelung, beim Erlernen der Pflichtübung Mühle über die verschiedenen Leistungsklassen hinweg, sollen Trainer und Sportler dazu veranlasst werden, einen Schwerpunkt ihrer täglichen Arbeit in die Sitzschulung zu investieren. Wie bereits erwähnt, ist der ausbalancierte, aufrechte Sitz eine Grundvoraussetzung zum Erlernen einer Vielzahl von Voltigierübungen.

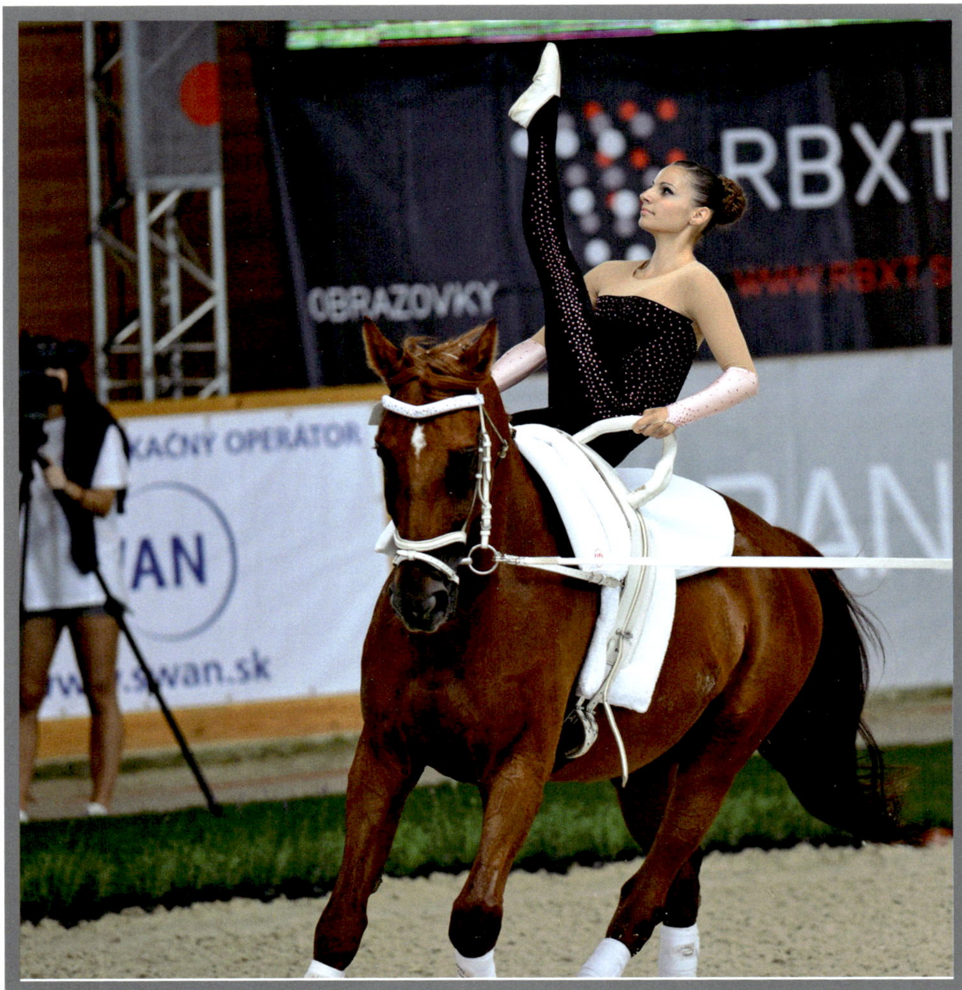

Die Hauptkriterien des Quersitzes

1. Balance in der Bewegung des Pferdes
2. Haltung

Bewegungsbeschreibung Quersitz
Aus dem ausbalancierten, aufrechten und angefassten Grundsitz vw. führt der Voltigierer sein rechtes Bein im gleichmäßigen Fluss gestreckt nach innen, sodass er einen Innenquersitz mit geschlossenen Beinen einnimmt. Die Gesäßknochen werden gleichmäßig belastet, die Beine liegen geschlossen am Pferd an, bei gestreckter (plantarflektierter) Fußhaltung. Die Blickrichtung ist geradeaus nach innen. Die Schulter- und Beckenachse des Voltigierers befindet sich parallel zur Längsachse des Pferdes. Der gurtferne, linke Arm wird in die Seithalte bewegt, wobei Schulter, Arm und Fingerspitzen eine gerade Linie bilden. Der rechte Arm fasst weiterhin am äußeren Griff. Die Oberlinie der geschlossenen Fingerspitzen des linken Armes befindet sich auf Augenhöhe des Voltigierers, die Handfläche zeigt nach unten. Der Innenquersitz ist vier Galoppsprünge auszuhalten (s. Pikt. 52).

Aus dem Innenquersitz fasst der Voltigierer mit seiner linken Hand wieder den inneren Griff, führt sein rechtes Bein gestreckt zum Vorwärtssitz und führt anschließend sein inneres, linkes Bein im gleichmäßigen Fluss, gestreckt zum Außenquersitz. Während die linke Hand den inneren Griff fasst, wird der rechte Arm analog zum Innenquersitz in die Seithalte bewegt. Auch der Außenquersitz ist vier Galoppsprünge auszuhalten (s. Pikt. 53). Anschließend wird das linke Bein, nach dem Grifffassen des rechten Armes, zum Vorwärtssitz geführt. Auch dieses Zurückführen des linken Beines hat gestreckt und im Bewegungsfluss zum Pferd zu erfolgen.

Im Anschluss an die Übung wird das linke Bein zum Abgang nach außen geführt. Die Bewegung erfolgt in einem im Fluss ausgeführten Halbkreisbogen, mit dem Schließen der Beine im Außensitz und dem beidarmigen Abdruck von den Griffen. Mit dem Abdruck der Arme wird die Hüfte gestreckt, die Landung vollzieht sich beidbeinig in Laufrichtung des Pferdes. Die Bewegungen werden in Knie-, Hüft- und Fußgelenken bei hüftbreiter Fußstellung federnd abgefangen. Anschließend folgt ein Auslaufen in Bewegungsrichtung des Pferdes.

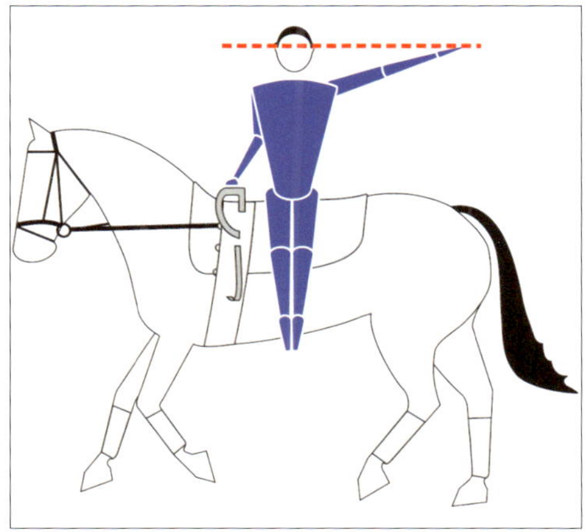
Pikt. 52: Der Innenquersitz

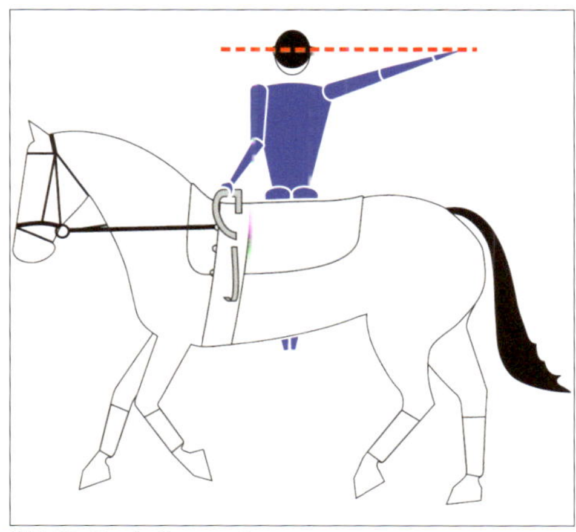
Pikt. 53: Der Außenquersitz

Wichtig: Die Haltung des Voltigierers und die Balance in der Bewegung des Pferdes sind stärker zu gewichten als ein hoher, runder und gestreckter Beinschlag.

Die Hauptkriterien der Mühle

1. ausbalancierter aufgerichteter Sitz
2. Bewegungsweite

Die Bewegungsbeschreibung
Die eigentliche Mühle vereint alle zuvor genannten Merkmale. Sie ist eine Drehung um 360° im Sitzen und ist im Vierertakt auszuführen. Neben den bisher genannten Kriterien, der Drehung im Vierertakt, dem Innenquer- und Außenquersitz parallel zur Längsachse des Pferdes, dem Grundsitz vorwärts und rückwärts parallel zur Schulterachse des Pferdes, kommt jetzt auch noch die Bewegungsweite des Beinschlages hinzu bei optimaler Aufrichtung des Oberkörpers.

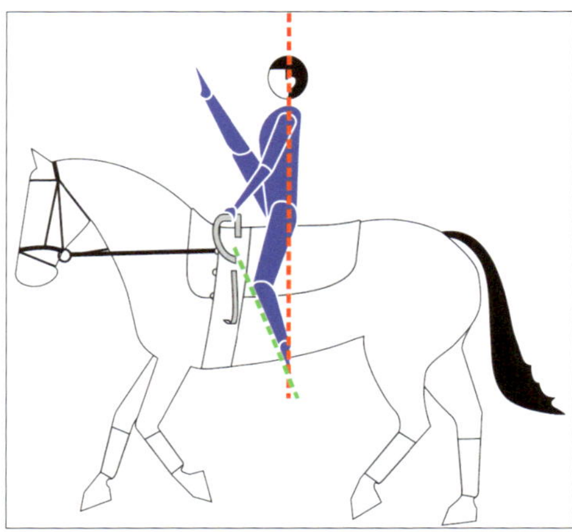

Pikt. 54: Beinbewegung bei der Mühle (1. Phase)

Im Detail

Aus dem angefassten Grundsitz vw. wird das rechte Bein gestreckt und in einem hohen Kreisbogen zum Innenquersitz mit geschlossener Beinhaltung geführt (s. Pikt. 54). Aus dem Innenquersitz erfolgt eine Vierteldrehung zum Rückwärtssitz (s. Pikt. 55), eingeleitet durch das linke, gestreckte, im Halbkreisbogen zu führende Bein (s. Pikt. 56). Das rechte Bein wird anschließend gestreckt in einem hohen Halbkreisbogen zum Außenquersitz mit geschlossener Beinhaltung geführt. Ähnlich wie im Anfängerbereich wird das linke Bein aus dem Außenquer- in den Vorwärtssitz geführt, nur dass diese Phase im 4er-Takt und in einem hohen Halbkreisbogen erfolgt.

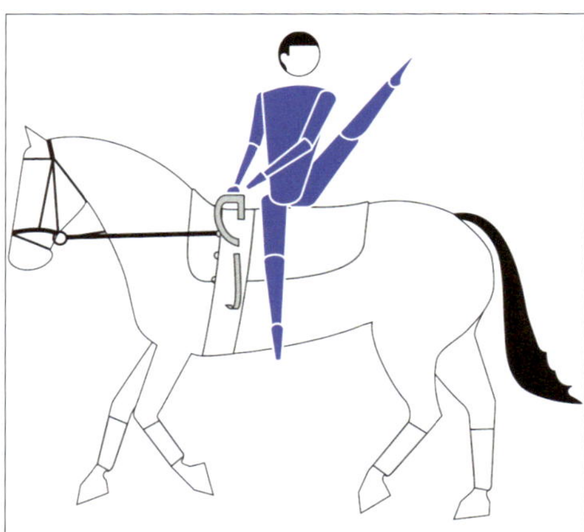

Pikt. 55: Beinbewegung bei der Mühle (2. Phase)

Während aller Phasen ist der Griffwechsel so zu wählen, dass die Drehung im Bewegungsfluss erfolgt und die jeweilige Achsenparallelität erhalten bleibt (s. Pikt. 57+58).

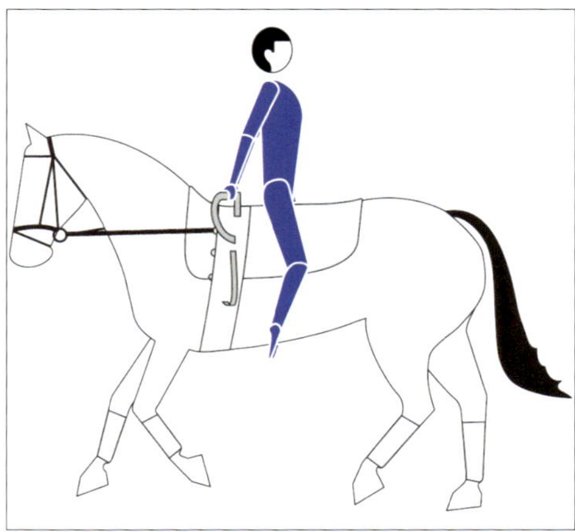

Pikt. 56: Der Grundsitz rw.

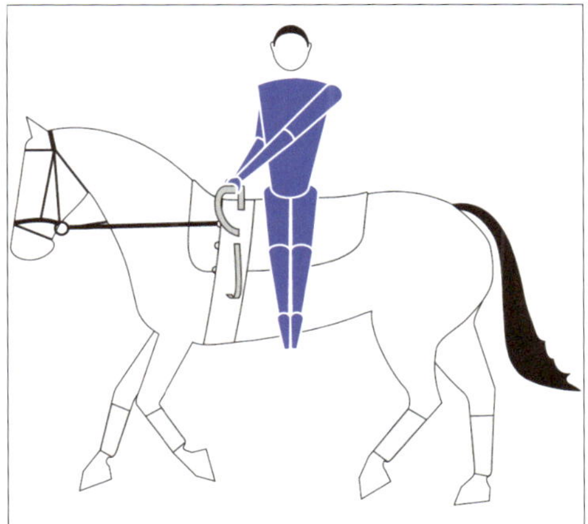
Pikt. 57: Innenquersitz angefasst

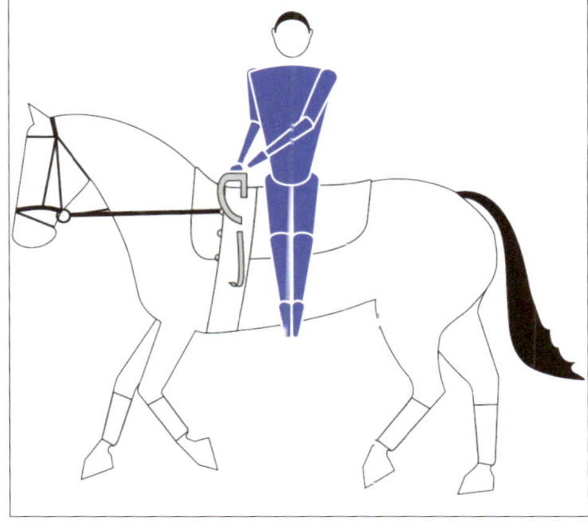
Pikt. 58: Erhalten der Achsenparallelität im Innenquersitz durch Lösen der linken Hand

Im Anschluss an die Mühle wird das rechte Bein zum Abgang nach innen geführt. Auch dies erfolgt in einem hohen Halbkreisbogen, mit dem Schließen der Beine im Innensitz und dem beidarmigen Abdruck von den Griffen. Mit dem Abdruck der Arme wird die Hüfte gestreckt, die Landung vollzieht sich beidbeinig in Laufrichtung des Pferdes. Die Bewegungen werden in Knie-, Hüft- und Fußgelenken bei hüftbreiter Fußstellung federnd abgefangen. Anschließend folgt ein Auslaufen in Bewegungsrichtung des Pferdes. Während aller Phasen ist auf den 4er-Takt zu achten.

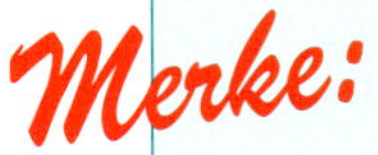

Der hohe Halbkreisbogen des Beines darf nicht auf Kosten eines schlechten, nicht ausbalancierten Sitzes gehen. Der optimale Sitz hat immer Vorrang!

Körperliche Voraussetzungen für die Übungen Mühle und Quersitz

Für den Quersitz gelten sowohl die körperlichen Voraussetzungen als auch die Übungen des bereits behandelten Grundsitzes vorwärts. Deshalb werden in diesem Kapitel schwerpunktmäßig die voraussetzenden Übungen für die Mühle behandelt.

Kraft

Schultergürtelmuskulatur

Für alle Sitzpositionen werden im Bereich der Muskulatur des Schultergürtels vor allem die Mm. rhomboidei und die unteren Anteile des Trapezmuskels benötigt, um die Schulterblätter nach unten (caudal) zu verschieben und an der Wirbelsäule zu fixieren. Weiterhin wird die vordere Halsmuskulatur eingesetzt, um das Kinn nach hinten zu schieben („Kinn in").

Weitere Rumpfmuskulatur

Bauch- und komplette Rückenmuskulatur müssen wechselseitig angespannt werden, um eine Oberkörperaufrichtung gewährleisten zu können und um Fehler wie das bekannte „Hohlkreuz" (Hyperlordose) und den Rundrücken (Hyperkyphose) auszuschließen.

Hüftbeuger, Hüftadduktoren, Hüftrotatoren, Hüftabduktoren
Vor allem der M. iliopsoas und der M. rectus femoris des Spielbeines müssen ausgeprägt sein, um das Bein anheben zu können. Dieses geschieht in Koordination mit der unteren Bauchmuskulatur. Weitere Muskelgruppen, die am Heben und Führen des Beines beteiligt sind, können mit den Begriffen Hüftadduktoren, -abduktoren und -rotatoren abgedeckt werden.

Beweglichkeit

Hüftbeuger
Unerlässlich für einen guten Sitz ist eine gute Beweglichkeit der Hüftbeuger auf der Seite des Ruhebeins, vor allem des M. rectus femoris und des M. iliopsoas, der bei einer Verkürzung auch für ein Hohlkreuz verantwortlich ist.

Adduktoren der Hüfte
Für eine große Bewegungsweite ist zusätzlich eine gute Dehnfähigkeit der Adduktoren der Hüfte von großer Bedeutung.

Ischiocrurale Muskelgruppe
Um das Spielbein optimal anheben zu können, wird eine gute Dehnfähigkeit der Hüftstrecker, besonders der ischiocruralen Muskelgruppe („Ischis") verlangt.

Koordination

Wie beim Grundsitz vorwärts werden auch hier wieder alle koordinativen Fähigkeiten in mehr oder weniger ausgeprägter Form abgefragt, neben dem Gleichgewicht braucht der Voltigierer aber gerade bei der Mühle ein gutes Rhythmusgefühl.

Übungen zur Verbesserung der motorischen Fähigkeiten in Bezug auf die Pflichtübungen Mühle und Quersitz

Übungen zur Verbesserung der Rumpfkraft

Rumpfkraft verbessernde und stabilisierende Übungen befinden sich in den bereits behandelten Kapiteln Grundsitz, Fahne, Liegestütz und in den nachfolgenden Kapiteln der Schwungübungen.

Übungen zur Kräftigung der Hüftmuskulatur

➥ Diagonalzüge am Seilzug in Rückenlage

- Der Voltigierer liegt neben dem Seilzug, das danebenliegende Bein ist abgespreizt und mit der Ferse am Seilzug fixiert. Er zieht das gestreckte Bein zur diagonalen Schulter. Dabei wird das Bein in der Hüfte außen rotiert und der Fuß angezogen (dorsalflektiert). Auf dem Rückweg erfolgt die Bewegung genau umgekehrt.

- Ausgangsstellung wie oben, der Voltigierer ist jedoch mit dem zum Seilzug fernliegenden Bein an der Ferse fixiert und die Beine liegen in der Ausgangsstellung parallel nebeneinander. Das fernliegende Bein wird wiederum im Knie gestreckt, mit angezogenem Fuß und mit Innenrotation in der Hüfte in Richtung gleichseitiger Schulter abgespreizt (s. Foto 27+28).

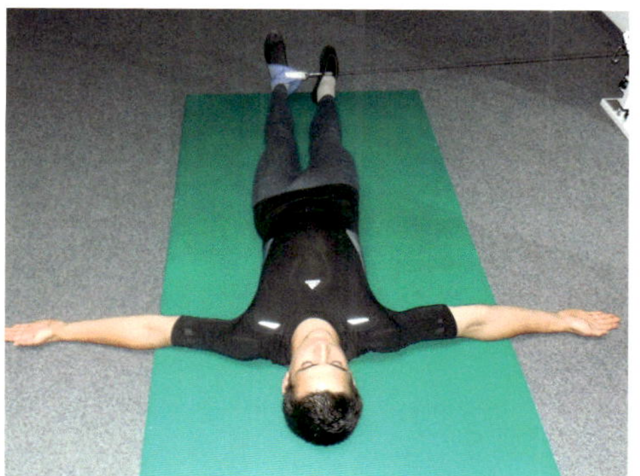

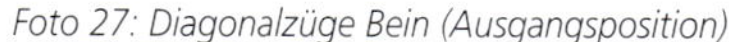
Foto 27: Diagonalzüge Bein (Ausgangsposition)

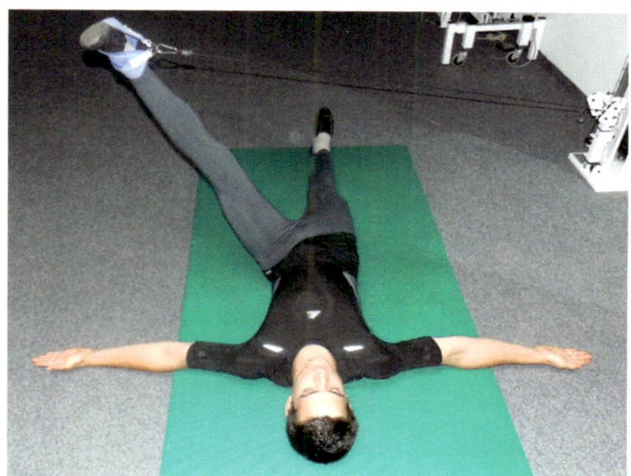
Foto 28: Diagonalzüge Bein (Endposition)

Diagonalzüge mit dem Theraband in Rückenlage

Ausgangs- und Endstellung erfolgen wie bei den Diagonalzügen am Seilzug. Wichtig ist die richtige Verschnallung der Therabänder und ein dem Leistungsniveau angepasster Widerstand. Wenn keine Befestigungsmöglichkeit z.B. in der Reithalle vorhanden ist, kann auch ein Partner unterstützen und das Band halten.

Variation: Sollten weder Therabänder noch Seilzüge vorhanden sein, können die Diagonalzüge auch gegen den Widerstand eines Partners erfolgen. Der Partner muss aber eine flüssige Bewegung zulassen.

Diagonalzüge im Sitz

Ausgangsstellung im Sitz, die Bewegung entspricht den Diagonalzügen in Rückenlage.
Wichtig: Es ist auf einen geraden Sitz und auf Ausweichbewegungen zu achten. Die Übung kann am Seilzug oder mit Therabändern durchgeführt werden.

Diagonalzüge im Stand wie oben:

Wichtig: Ausweichmechanismen treten vor allem im Stand auf. Sie sind durch Korrekturen und leichtere Widerstände zu vermeiden.

Schwebesitz

Ausgangsstellung Langsitz, der Voltigierer nimmt die Beine gestreckt bei geradem Rücken vor dem Körper hoch zum Schwebesitz.

Aufgaben:

- Die Beine im Schwebesitz anbeugen und strecken.
- Die geschlossenen Beine vor dem Körper kreisen lassen.
- Die Beine abspreizen und schließen.
- Als Partnerübung, voreinander sitzen und die Beinpaare umeinander kreisen oder hoch und runter mit Abspreizen und Schließen (s. Foto 29).
- Als Partnerübung einen Ball übergeben von rechts nach links, mit Drehung um die Längsachse etc.

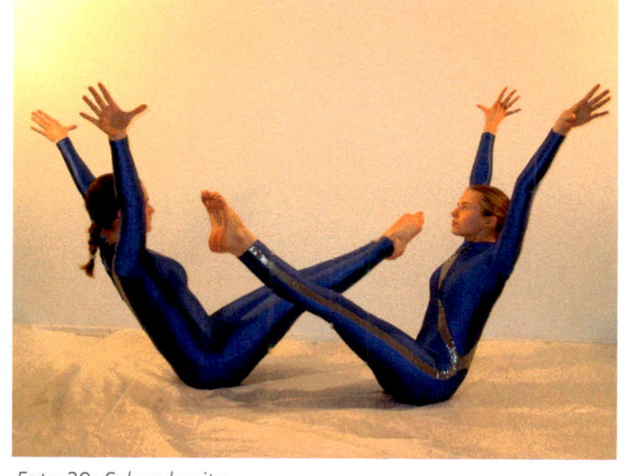
Foto 29: Schwebesitz

Langhang an der Sprossenwand

Langhang an der Sprossenwand mit wechselseitigem Heben eines Beines, z.B. zur gleichseitigen oder zur gegenüberliegenden Schulter

Variation: Anheben beider Beine vor dem Körper, zunächst mit gebeugten Knien, später gestreckt. Spielerisch Bälle nach oben übergeben, Beine kreisen, Bälle wegschießen oder mit den Füßen fangen etc.

Für Könner: Oben genannte Übung nicht an der Sprossenwand, sondern am Reck im Langhang. Das erfordert eine starke Bauchmuskulatur.

Variation: An Stelle des Recks eignen sich auch die Ringe als Trainingsmaterial für Fortgeschrittene.

Stützbeugen und Hüftbeugertraining im Barren

Ausgangsstellung wie bei den Stützbeugen im Parallelbarren (s. Kap. Liegestütz), abwechselnd wird zunächst eine Stützbeuge durchgeführt und anschließend das Heben beider Beine über die Holmen. Dabei können die Beine im Knie anfangs gebeugt und mit zunehmendem Leistungsniveau gestreckt werden (s. Pikt. 59).

Variation: Ausgangsposition wie oben, die Beine über die Holme heben und abspreizen.

Variation: Die Beine abwechselnd geschlossen vom einen zum anderen Holm bewegen.

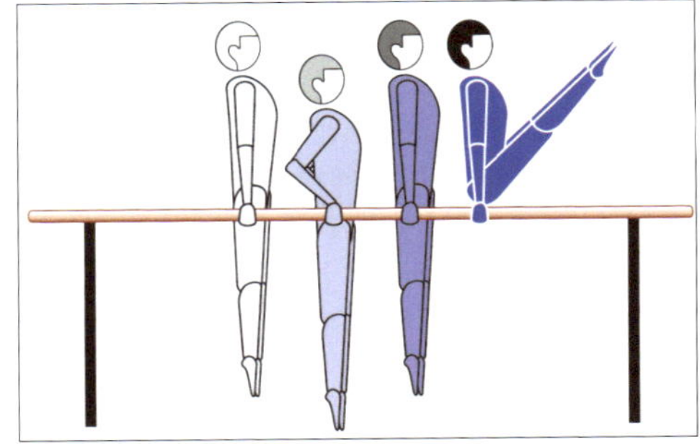

Pikt. 59: Stützbeugen im Barren mit anschließendem Spitzwinkelstütz

Übungen auf dem Pferd:

Sitz mit Hochhalten eines Beines

Grundsitz vorwärts mit Abheben eines Beines vor dem Körper bei aufgerichteter Sitzposition.

Variation: Namenschreiben in der Luft, Zeichnen eines Gegenstandes etc., Berühren von Seifenblasen mit dem Spielbein.

Variation: Änderung der Sitzposition, z.B. sw. oder rw., Durchführung der oben genannten oder ähnlichen Übungen.

Variation: Ein Voltigierer sitzt rw. und hält ein Bein hoch, weitere neben dem Pferd mitlaufende Voltigierer werfen Tücher auf das hochgehaltene Bein etc.

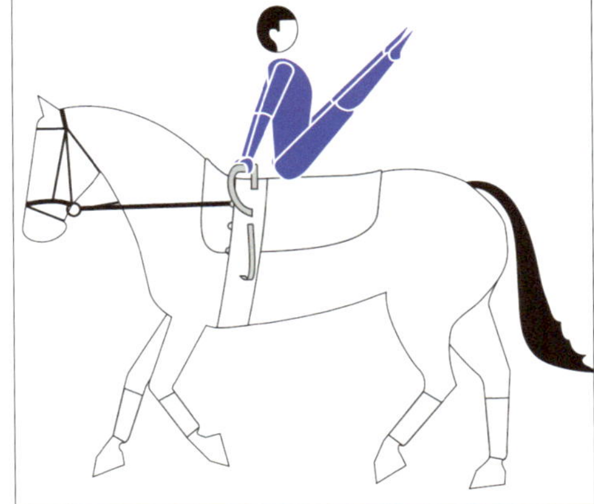

Pikt. 60: Schwebesitz rw. auf dem Pferd

Schwebesitz auf dem Pferd

Endposition wie auf dem Boden, gerader Rücken und aufgerichtete Haltung sind zusätzliche Ziele der Übung. Es können verschiedene Sitzpositionen (rw., sw., auf dem Hals) eingenommen werden (s. Pikt. 60).

Variation: Kreisen der geschlossenen Beine, abspreizen und schließen, Bewegung mit geschlossenen Beinen um die Sitzposition (Innensitz – Außensitz – Innensitz), als Kreisbewegung wie bei der Mühle oder als Pendel wie beim „Scheibenwischer".

Variation: Oben genannte Kreisbewegung mit einem Ball zwischen den Füßen.

Weiterhin kräftigen viele Übungen die Hüftmuskulatur, die bei den methodischen Vorübungen erwähnt werden. Des Weiteren sind die oben angesprochenen Übungen auf dem Pferd in allen Gangarten durchführbar und können durch Zusatzanforderungen oder Verringerung der Unterstützungsfläche (z.B. freier Sitz) erschwert bzw. intensiviert werden.

Übungen zur Verbesserung der Beweglichkeit in Bezug auf die Mühle

Übungen zur Verbesserung der Beweglichkeit im Hüftgelenk

- **Verbesserung der Dehnfähigkeit der Hüftbeuger**
  s. Kap. Aufsprung und Fahne

- **Dehnung der Hüftstrecker im Kniestand**
  Der Voltigierer befindet sich mit einem Bein im Kniestand, das zweite ist gestreckt nach vorne gestellt. Der Oberkörper wird anschließend gestreckt nach vorne geführt, bis ein Dehnungsreiz im hinteren Oberschenkelbereich des vorderen Beines erreicht wird (Foto 30).
  Variation: Gleiche Dehnung im Stand. Hinteres Bein angebeugt, vorderes gestreckt. Bei sehr dehnbaren Personen kann das vordere Bein auch erhöht abgelegt werden.

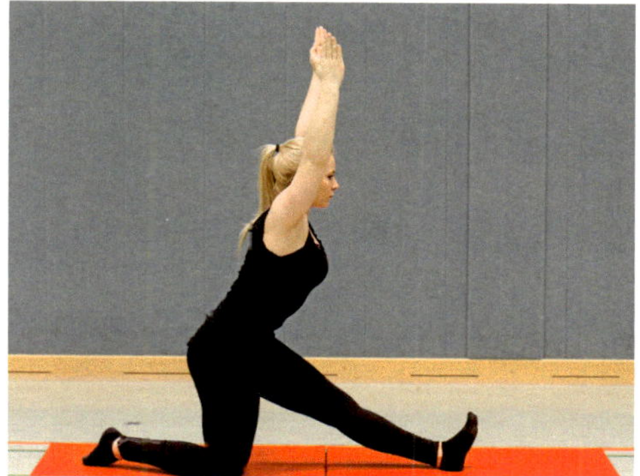
Foto 30: Dehnung im Kniestand

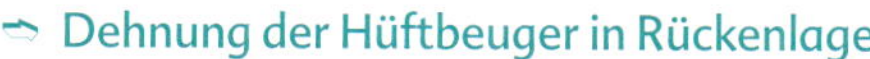

- **Dehnung der Hüftbeuger in Rückenlage**
  S. Kapitel Aufsprung

- **Dehnung der Hüftstrecker im Sitz**
  Ausgangsstellung Langsitz, aus der aufgerichteten Oberkörperhaltung wird dieser gestreckt nach vorn geneigt (Foto 31).
  Variation: Ausgangsstellung Grätschsitz, gleiche Bewegungsausführung. Bei dieser Übung werden gleichzeitig die Hüftadduktoren gedehnt.

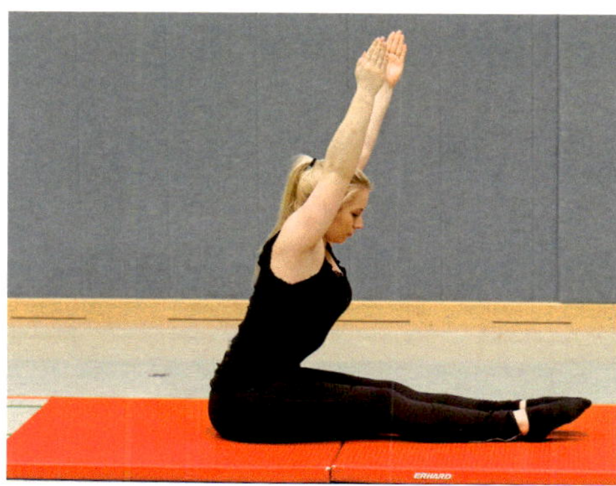
Foto 31: Dehnung Hüftstrecker

- **Dehnung der Hüftadduktoren in Rückenlage**
  Ein Voltigierer liegt in Rückenlage, die Beine werden senkrecht nach oben angehoben und abgespreizt. Die Dehnung erfolgt durch die Schwerkraft. Zur Unterstützung kann der Voltigierer durch Druck an den Oberschenkelinnenseiten den Dehnungsreiz erhöhen. Gleiches gilt für Dehnung durch einen Partner.

- **Dehnung der Hüftadduktoren aus dem Stand**
  Die zu dehnende Person spreizt aus dem Grätschstand, mit nach vorn abgestützten Armen, beide Beine langsam ab. Endposition ist der seitlich abgespreizte Spagat (Foto 32).

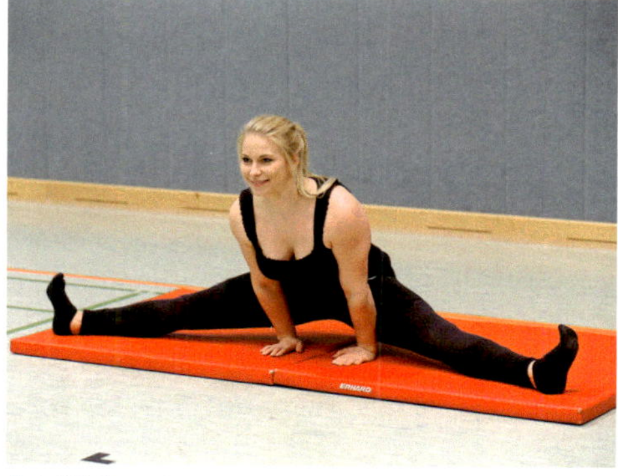
Foto 32: Spagat

Übungen zur Schulung der Koordination für Quersitz und Mühle

- Rhythmusschulung auf dem Pferd
  Klopfen des Pferdes am Hals und Rücken etc. im Grundsitz vw. Geklopft wird im Rhythmus der jeweiligen Gangart (s. auch Kapitel Grundsitz).
  Variation: Beidhändiges oder einhändiges, gleichseitiges oder diagonales Klopfen, bei jedem Schritt/Tritt/Sprung oder nur hin und wieder in einem festgelegten Abstand.
  Variation: Verschiedene Sitzpositionen, Armhaltungen in einem vorgegebenen Rhythmus und einer bestimmten Abfolge ändern, z.B. oben-unten-links-rechts, gebeugt-gestreckt-oben-unten etc.
  Variation: Lautes Zählen der Takte in den Sitzpositionen, z.B. mit oben genannten Aufgaben als Zusatzanforderung oder mit geschlossenen Augen.

Weitere Übungen zu diesem Thema befinden sich auch im Kapitel Grundsitz.

Methodische Übungsreihen zu den Übungen Grundsitz rw., Quersitz und Mühle

Übungen am Boden
Neben den vorbereitenden Übungen, die bereits oben erwähnt worden sind, bieten sich z.B. an:

- „Scheibenwischer" auf dem Pezziball
  Auf dem Pezziball sitzend erfolgt ein abwechselndes, kreisförmiges Führen der Beine vor dem Körper.
  Variation: Falls kein Pezziball vorhanden ist, kann diese Übung auch auf einer Kiste oder einem Cavaletti durchgeführt werden.

- „Scheibenwischer" im Grätschsitz
  Zunächst wird über einen kleineren Gegenstand wie z.B. über einen Medizinball der „Scheibenwischer" ausgeführt. Mit gesteigertem Leistungsniveau kann der Medizinball durch Partner ersetzt werden.
  Variation: Gleiche Bewegung mit mehreren Partnern. Mühlenbewegung über mehrere Partner. Für Könner werden an den Unterschenkel zusätzlich Gewichtsmanschetten befestigt.

- „Scheibenwischer" im Stand
  Gleiche Bewegung mit dem Rücken an der Wand stehend

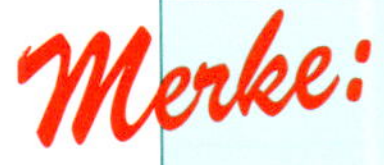

Die Basis eines optimalen Stützschwungs ist der korrekt vorhergegangene Sitz. Erst der korrekte Sitz ermöglicht eine gute Impulsübertragung (s. Kap. Biomechanik).

Mögliche methodische Vorübungen zum Erlernen und Verbessern der Übungen Quersitz und Mühle am Übungspferd und Pferd

- Isoliertes Erarbeiten der Sitzpositionen
  Isoliertes Üben und Stabilisieren der einzelnen Sitzpositionen Grundsitz vw., Quersitz und Grundsitz rw. in allen Gangarten und auf beiden Händen, angefasst und frei, anfangs ohne, später mit Zusatzanforderungen, z.B. Säckchen auf dem Kopf, geschlossene Augen, Jonglieren mit Tüchern etc.

Isoliertes Durchführen der Beinbewegung vom Grundsitz vw. zum Quersitz innen/außen

Aus dem korrekten Grundsitz vw. werden die Beine in die Quersitz- Positionen gebracht. Dabei wird bei Anfängern weniger auf die Bewegungsweite als auf die korrekte Sitzposition geachtet. Um diese zu schulen, wird die Bewegung aufgesplittet, z.B. aus dem korrekten Sitz das Bein bis zum höchsten Punkt der Kreisbahn vor dem Körper führen, Halten und wieder zurückführen. Diese Übung ist beliebig variierbar.

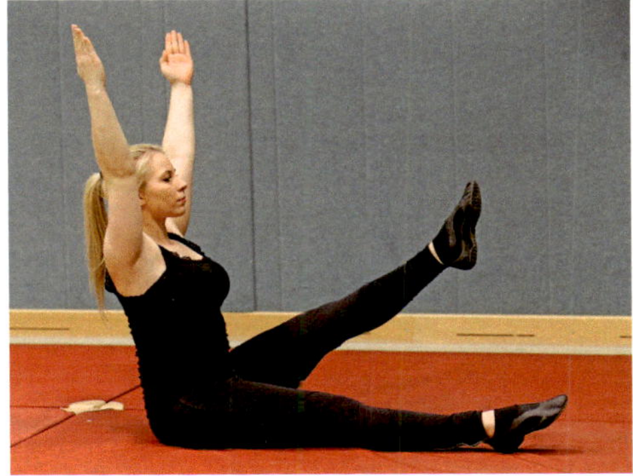
Foto 33: Langsitz

Für Könner: Gewichtsmanschetten an den Unterschenkeln, freier Sitz mit Armen über dem Kopf, gleiche Bewegung. Profis können zusätzlich ein Theraband über dem Kopf auseinanderziehen. Das fördert die Aufrichtung.
Grundübung ist der Langsitz mit abgehobenem Bein am Boden (s. Foto 33).

Isolierte Beinführung aus dem Grundsitz rw. zum Quersitz innen/außen

Gleiche Übungen wie aus dem Grundsitz vw., Unterschied: veränderte Ausgangsstellung

Erüben der Beinführung aus dem Grundsitz vw. zum Grundsitz rw.

Gleichmäßiges Führen der Beine aus dem Grundsitz vw. zum Grundsitz rw. und zurück, dabei sowohl über die Zwischenposition Innenquersitz als auch alternativ über den Außenquersitz gehen.

Durchführung einer „Viertelmühle"

Das äußere Bein aus dem Grundsitz vw. in den Quersitz innen bewegen, anschließend wieder zurück. Dabei wird mit Anfängern ohne Takt gearbeitet und mit angefasstem Quersitz. Nach und nach kann ein Rhythmus zur Beinführung hinzugenommen werden. Dieser sollte zuerst z.B. ein Achter-, dann ein Sechser- und später ein Vierertakt sein. Zusätzlich kann auch der Quersitz frei (s. Bewegungsbeschreibung) geturnt werden.
Variation: „Viertelmühle" zum Quersitz außen.

Kombination der Bewegungen Quersitz innen und außen

„Halbe Mühle"

180°-Drehung vom Grundsitz vw. zum Grundsitz rw.

„Dreiviertel-Mühle"

Wie vorher beschrieben, geturnt werden: Grundsitz vw. – Quersitz innen – Grundsitz rw. – Quersitz außen und wieder zurück.
Variation: Gleiche Bewegung, nur über den Außenquersitz.

Mühle

Kombination aller Einzelbewegungen, zunächst ohne, später mit Rhythmus, die Vorgehensweise entspricht den oben genannten Übungen.

Optimales Voltigiertraining

Alle genannten Übungen können zunächst auf dem Übungspferd, mit steigendem Leistungsniveau in den einzelnen Gangarten auf dem Pferd geturnt werden. Es sollte wiederum auf beiden Händen geturnt werden. Alternativ können die Übungen auch auf dem Hals, mit oder ohne Partnerhilfe und bei geeigneten Sicherheitsbedingungen ohne Gurt und Voltigierpad im Schritt geturnt werden. Zusatzanforderungen stabilisieren das bereits Gelernte und setzen neue Trainingsreize.

Fehler, Ursache, Korrektur kompakt

Fehler	Ursache	Korrektur
Fehler Quersitz		
Mangelnde Beinstreckung beim Anheben des Beines	Fehlende muskuläre Kraft in den unteren Extremitäten und im Hüftbeuger, schlechter Sitz	Krafttraining, Sitzschulung
Rücklage des Oberkörpers beim Anheben des Beines	Mangelnde Dehnung im Hüftbeuger, schlechte Bauchmuskeln, mangelnde Rückenmuskulatur, fehlende Harmonie mit dem Pferd	Dehnung der Hüftbeuger; Kräftigung vor allem der unteren Bauchmuskulatur; Rückenkräftigung, z.B. Übungen im Langsitz; Sitzschulung
Rundrücken	Mangelnde Rückenmuskulatur, verkürzte Hüftbeuger, Verkürzung der Brustmuskulatur	Rückenkräftigung, z.B. Übungen im Langsitz; Sitzschulung
Einseitige Belastung der Gesäßknochen	Fehlendes Bewegungsgefühl, keine Parallelität von Schulter- und Beckenachse	Sitzschulung, Hinzunahme von Hilfsmitteln, z.B. Bierdeckel unter dem Gesäß
Beine nicht am Pferd/offen/ unruhig, Abheben des Gesäßes	Falsche Sitzposition; Rhythmusgefühl mangelt; Gleichgewichtsprobleme	Korrektur der Sitzposition; Rhythmusschulung (z.B. Tanztraining, verbales Begleiten des Galoppsprunges); Analysatorentraining zur Gleichgewichtsverbesserung
Schulterachse versetzt/verdreht	Gesäßknochen nicht gleichmäßig belastet	s.o.
zu hohe, tiefe Arme, Handflächen abgewinkelt	Kinästhetisches Bewegungsempfinden bezüglich der körperlichen „Grenzen" gestört	Schulung der Körperwahrnehmung (z.B. Übungen am Boden mit dem Gymnastikball oder Seil)
Fehler Mühle		
Schulterachse vor/hinter/seitlich der Hüftachse; Rücklage des Oberkörpers; Rundrücken; Stuhlsitz;	Siehe L- Mühle oder A-Quersitz	Siehe L-Mühle oder A-Quersitz; Korrektur der Griffhaltung
Ruhebein unruhig/ nicht am Pferd	Keine korrekte Sitzposition; einseitig belastete Gesäßknochen; Oberkörper nicht aufrecht	Sitztraining auf labilen Untergründen; Analysatorentraining; „freie" Mühle in verschiedenen Gangarten
Abheben des Gesäßes (besonders bei den Drehungen)	Keine beidseitige Belastung der Gesäßknochen; hintere Oberschenkelmuskulatur schlecht gedehnt; fehlende aktive Beweglichkeit in den Hüftbeugern	Bei der Drehung darauf achten, dass vermehrt das Gesäß des zu hebenden Beines belastet wird; „Ischis" dehnen, Hüftbeuger kräftigen
Abgang nach innen		
Rücklage/Rundrücken	s.o.	s.o.
Verharren im Innensitz; Abrutschen/ kein bzw. geringer Abdruck	Fehlender Bewegungsfluss; mangelnde Stützkraft in den Armen	Abgang zunächst isoliert trainieren; Kräftigen der Arme
Landung in Schrittstellung/ x-beinig; zu harte Landung (fehlendes Abfedern)	Muskuläre Defizite der unteren Extremitäten; mangelnde Beweglichkeit der Gelenke	Fußgelenkarbeit; Landetraining, Beinachsentraining

2.1.6 Die Schwungübungen

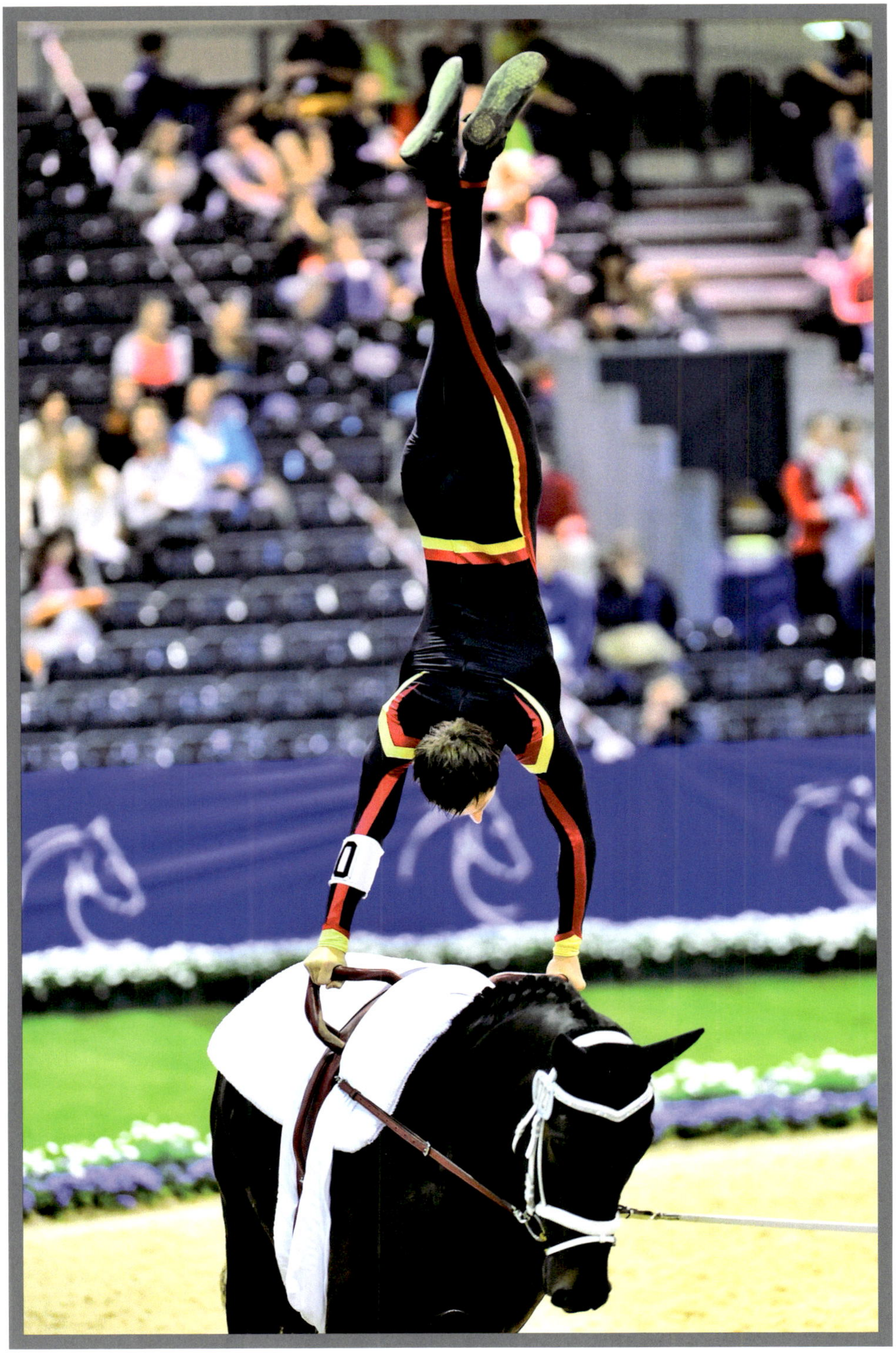

Im Turniereinstieg sind die Schwungübungen, bedingt durch die methodische Staffelung über die verschiedenen Leistungsklassen hinweg, zu Recht nur rudimentär vorhanden. Die Grundvoraussetzungen werden hier durch den Liegestütz und das Stütz-Abhocken gelegt, die für das Erlernen der Schwungübungen Voraussetzung sind. Fehler, die im Basisturniersport gemacht werden, lassen sich später nur schwer beseitigen. Neulernen ist dann leichter als umzulernen. Das muss aber nicht sein! Ein korrektes Erlernen der Schwungübungen und ein fundiertes Grundlagentraining sind die Basis eines positiven Endziels. Ein ausgeprägtes Bewegungsverständnis erleichtert dem Trainer und Sportler ein gutes Bewegungssehen und somit auch das frühzeitige Erkennen und Vorbeugen von Fehlern.

Wir haben das Kapitel bewusst unter dem Thema Schwungübungen zusammengefasst, um Zusammenhänge besser verdeutlichen zu können. Eine optimale Schwungübung, sei es bei der Wende oder der anspruchsvollen Schere, hat immer den gleichen Technikansatz.

In der Regel wächst mit der zunehmenden Leistungsklasse auch das körperliche Leistungsvermögen, welches im Könnerstadium mit zunehmenden koordinativen Anforderungen abgeprüft wird. Ein besonderer Schwerpunkt wird in diesem Kapitel auf die „Königsübung" Schere gelegt, die sicherlich die anspruchvollste der zu zeigenden Pflichtelemente darstellt. Der Stützschwung vorlings und der Stützschwung rücklings sind nicht nur elementare Bestandteile der Pflicht bei fortgeschrittenen Voltigierern, sondern auch die bekanntesten Vorübungen zum Thema Schwungübung beim täglichen Training. Deshalb werden wir diese Elemente der Wende, wie auch der Übungen Schere und Flanke, aus methodisch-didaktischen Gründen vorschalten.

Der Stützschwung vorlings:

Die Hauptkriterien des Stützschwungs vorlings

1. **Höhe und Lage des Schwerpunktes**
2. **Koordination der Schwungübertragung**

Die Bewegungsbeschreibung des Stützschwung vl.:
Bekanntermaßen ist das Kriterium „Höhe und Lage des Schwerpunktes" auch ein Kernbestandteil der Bewertung des Aufsprungs im Leistungs- und Spitzensport. Während beim Aufsprung die Höhe des Schwerpunktes durch einen aktiven Sprung einleitet wird, gilt es bei der Schwungübung vorlings, einen optimalen Schwungansatz aus dem Sitzen zu haben.

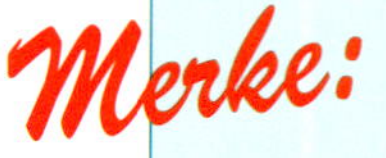

Die Basis eines optimalen Stützschwungs ist der korrekt vorhergegangene Sitz. Erst der korrekte Sitz ermöglicht eine gute Impulsübertragung (s. Kap. Biomechanik).

Aus dem korrekten Sitz erfolgt über den flüchtigen Grätschwinkelsitz ein schnell-kräftiger Rückschwung der Beine nach hinten oben. Je länger der aufrechte Sitz beibehalten wird, je schneller der Beinzug, desto besser ist die Impulsübertragung der Beine auf den Oberkörper. Der Impuls der Beine überträgt sich auf den Rumpf, wenn die Beine beim Rückschwung den Oberkörper passieren und fixiert werden: genau dann, wenn Rumpf und Beine eine Linie bilden. Durch das Fixieren des Beckens wird das Abtauchen des Oberkörpers nach außen vorne eingeleitet. Der Kopf befindet sich in Verlängerung der Wirbelsäule, das „Kinn ist in". Während der Aufwärtsbewegung in den Handstütz werden die Beine geschlossen. Wie im Kapitel zur Biomechanik erwähnt, wird im Abtauchen des Oberkörpers durch das Fixieren des Schultergürtels und dem Strecken der Arme der nötige Kraftstoß gegeben, um in den Handstütz bzw. die Handstandposition zu gelangen. Im höchsten Punkt ist der Arm- Rumpfwinkel optimal geöffnet, der Körper ist in seiner Gänze gestreckt und gespannt. Im höchsten Punkt, kurz vor dem Erreichen der Handstandposition, wird die Umkehrbewegung in den Sitz eingeleitet. Durch ein Vorverlagern der Schultern und einen aktiven Einsatz der Hüftbeuger wird die Hüfte gebeugt und der Voltigierer gleitet bei gestreckter und pferdebreit geöffneter Beinhaltung zum Vorwärtssitz direkt hinter dem Gurt ein (s. Pikt. 61).

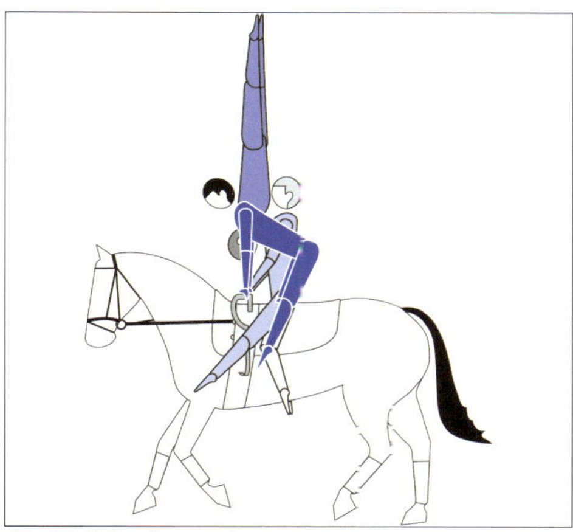

Pikt. 61: Stützschwung vl.

Der Stützschwung rücklings

Die Hauptkriterien für den Stützschwung rücklings

1. **Höhe des Beckens**
2. **Stütz**

Die Bewegungsbeschreibung

Die Basis eines optimalen Stützschwungs rücklings ist der korrekte Rückwärtssitz mit gefassten Griffen. Ähnlich wie der Stützschwung vorlings, ist auch der Stützschwung rücklings von einem optimalen Schwungansatz abhängig.

Aus dem Rückwärtssitz wird der Schwung durch eine flüchtige Bogenspannung eingeleitet. Der Bogen wird dadurch erreicht, dass die Hüfte aktiv überstreckt wird. Keine Hohlkreuzposition! Die Füße ziehen, bei gestreckter Beinhaltung, nach hinten unten, während die Schultern mit an der Wirbelsäule fixierten Schulterblättern, bei annähernd gestreckter Armhaltung, die Tendenz hinten oben haben. Man spricht bei der Bogenspannung auch von einer aktiven Vorspannung, um einen optimalen Vorschwung gewährleisten zu können.

Aus der Bogenspannung erfolgt ein schnellkräftiger Vorschwung über den flüchtigen Grätschwinkelsitz rücklings, die Beine sind pferdebreit geöffnet. Im Idealfall erreicht das Becken des Voltigierers einen deutlichen Höhenunterschied zum Pferderücken. Der Bein/Rumpf-Winkel beträgt annähernd 90°. Aus dieser Position werden die Beine aktiv zum Rückwärtssitz zurückgeführt (s. Pikt. 62).

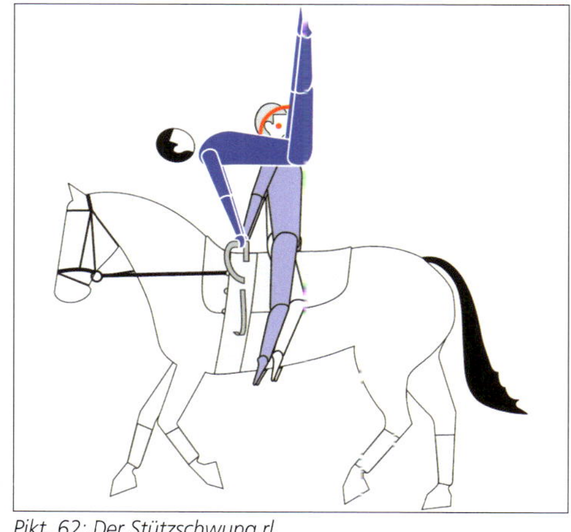

Pikt. 62: Der Stützschwung rl.

2.1.6 Die Schwungübungen

Zum Stützschwung rl. gehört der Abgang nach innen. Das linke Bein wird in einem gestreckten Halbkreisbogen nach innen zu einer geschlossenen Beinhaltung geführt, mit einem sofortigen Abdruck der Arme von den Griffen bei gestreckter Hüfte. Die Landung erfolgt beidbeinig nach innen, hüftbreit mit paralleler Fußhaltung. Wie bei allen Abgängen üblich, wird die Bewegung in Hüft-, Knie-, und Fußgelenken abgefedert und anschließend erfolgt ein Auslaufen in Bewegungsrichtung des Pferdes.

Die Wende

Die Hauptkriterien der Wende

1. **Höhe und Lage des Schwerpunktes**
2. **Koordination der Schwungübertragung**
3. **Landetechnik**

Bewegungsbeschreibung der Wende
Nachdem wir zuvor die Grundlage eines optimalen Stützschwung vorlings erklärt haben, lassen sich aus methodisch-didaktischen Gründen die Wenden günstig anschließen.

Das Beherrschen eines guten Stützschwungs ist eine wichtige Voraussetzung für die Wende. Nur wer den Bewegungsablauf aus dem Sitzen in den Handstütz vl. beherrscht, wird in der Lage sein, einen aktiven Abdruck nach innen oder außen anzuschließen.

Der Unterschied zwischen der Wende und dem Stützschwung liegt in den gesteigerten koordinativen Anforderungen. Der Voltigierer muss bei der Wende in der Lage sein, im Rückschwung, vor dem Erreichen des Umkehrpunktes, einen aktiven Abdruck von den Griffen zu erzeugen. Wie in dem Pikt. 63 ersichtlich, benötigt der Voltigierer für die Höchstnote 10 nur eine hohe Handstützposition und keine Handstandposition. Während des Abdrucks von den Griffen ist der Körper gespannt, so dass er durch den Impuls des Abdruckes in eine Flugphase gelangt. Der Phase des freien Flugs schließt sich eine beidbeinige Landung an. Wie bei allen Landungen in der Pflicht erfolgt auch diese in hüftbreiter Fußstellung und wird in Hüft-, Knie- und Fußgelenken federnd abgefangen. Es schließt sich ein Auslaufen in Bewegungsrichtung des Pferdes an.

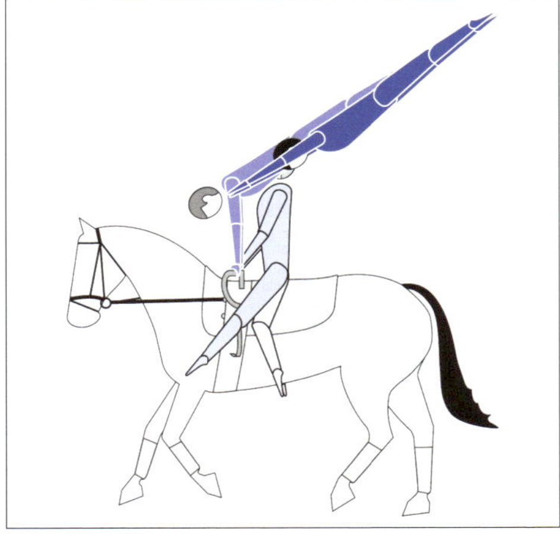

Pikt. 63: Die Wende (nach innen)

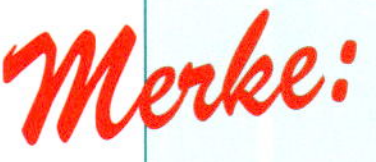

Ein gezieltes Landetraining ist für die Gesunderhaltung des Körpers unabdinglich. Die Landung findet in der Bewertung der Übung eine starke Berücksichtigung.

Die Flanke

Das Hauptkriterium der Flanke

Höhe und Lage des Schwerpunktes

Die Bewegungsbeschreibung der Flanke

Flanke 1. Teil

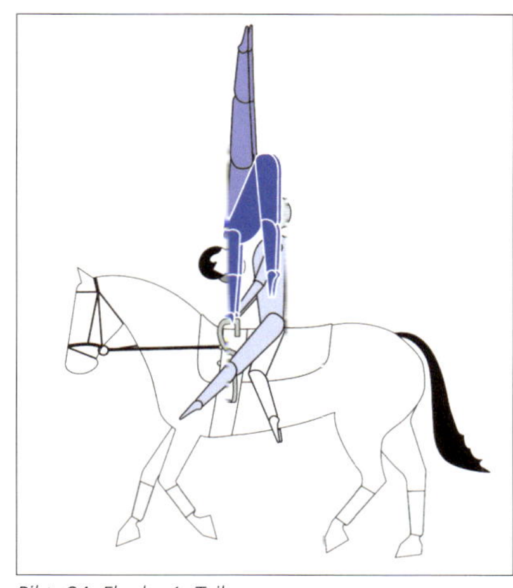

Pikt. 64: Flanke 1. Teil

Die Flanke ist deutlich leichter zu erlernen als die Schere. Während bei der Schere die Drehung ein enormes koordinatives Hindernis darstellt, werden bei der Flanke lediglich die Höhe und Lage des Schwerpunktes abgeprüft, mit einer Besonderheit, dass die Handstützposition, die erreicht werden soll, annähernd einem Handstand gleicht, denn der Körper bildet mit seinem Schwerpunkt und der Schulterachse fast eine Senkrechte über der Unterstützungsfläche (s. Pikt. 64). Aus dem angefassten Grundsitz vorwärts schwingt der Voltigierer über den flüchtigen Grätschwinkelsitz mit einer schnell-kräftigen Rückbewegung der gestreckten Beine nach hinten oben in den Handstütz. Im Handstütz sind die Beine gestreckt und geschlossen. Im höchsten Punkt erfolgt ein aktives Beugen der Hüfte, sodass sich der Bein-/ Rumpf-Winkel schließt. Die Schultern werden beim Abbeugen leicht vor den Gurt verlagert. Es folgt ein Eingleiten mit geschlossenen Beinen, eng am Gurt, zum Seitsitz innen. Es ist darauf zu achten, dass das Eingleiten über die Außenseite des rechten Beines am Pferd entlang erfolgt. Der Kopf bleibt in Verlängerung der Wirbelsäule mit der Blickrichtung im rechten Winkel zur Schulterachse.

Flanke 2. Teil

Deutlich schwerer als der erste Teil der Flanke, so zeigt es die Praxis, ist der zweite Teil der Flanke. Aus dem Seitsitz innen mit gefassten Griffen ist ein schnellkräftiger Rückschwung, mit gestreckten und geschlossenen Beinen, über den flüchtigen Winkelsitz innen anzuschließen. In der anschließenden Phase macht sich bemerkbar, ob die Wende korrekt erlernt worden ist. Nach dem Schwungansatz erfolgt das Abtauchen des Oberkörpers außen am Hals vorbei genau dann, wenn die geschlossenen Beine den Rumpf passieren. Der Körper befindet sich während des Passierens der Beine kurzfristig in einer gestreckten Stützposition, bei der die Beine unterhalb der Unterstützungsfläche sind, sodass Rumpf und Beine eine Linie bilden. Auch hier vollzieht sich eine Impulsübertragung der Beine auf den Rumpf, die das Abtauchen des Oberkörpers, außen am Hals vorbei, einleitet.

Kurz vor Erreichen der optimalen Höhe schließt sich der Abdruck der Arme von den Griffen an. Die Bewegung ist im Idealfall nach oben/außen mit einem deutlichen Höhengewinn in der Flugphase verbunden (s. Pikt. 65). Der Phase des freien Fluges schließt sich eine beidbeinige Landung an. Wie bei allen Landungen in der Pflicht erfolgt auch diese in den Füßen hüftbreit und wird in Hüft-, Knie- und Fußgelenken federnd abgefangen. Es schließt sich ein Auslaufen in Bewegungsrichtung des Pferdes an.

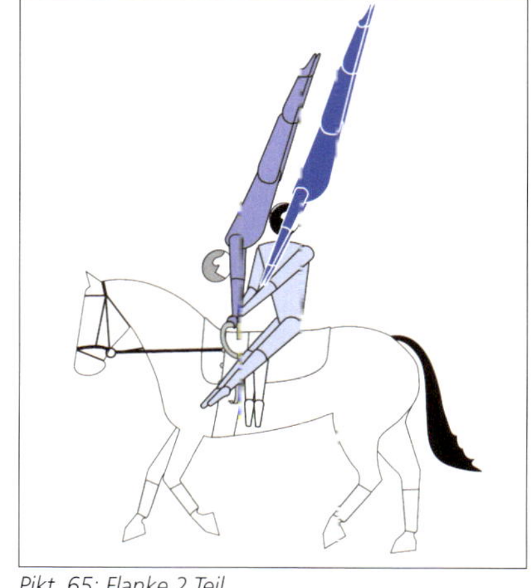

Pikt. 65: Flanke 2.Teil

Die Schere

Die Hauptkriterien der Schere

1. Koordination der Scherbewegung
2. Höhe und Lage des Schwerpunktes

Die Bewegungsbeschreibung
Zu Recht wird die Schere als „Königsübung" der Pflicht bezeichnet! Kaum eine andere Übung der Pflicht verlangt dem Voltigierer konditionell und koordinativ so viel ab. Neben den körperlichen Grundvoraussetzungen werden dem Voltigierer ein enormes Körpergefühl für die richtige Lage im Raum und ein differenziertes Arbeiten abgefordert (s. Körperliche Voraussetzungen). Das Beherrschen der zuvor aufgeführten Schwungelemente vorlings wie rücklings ist elementarer Bestandteil der Schere. Zuvor aufgeführte Bewegungsbeschreibungen werden in komprimierter Form aufgegriffen, um ein besseres Bewegungsverständnis zu ermöglichen.

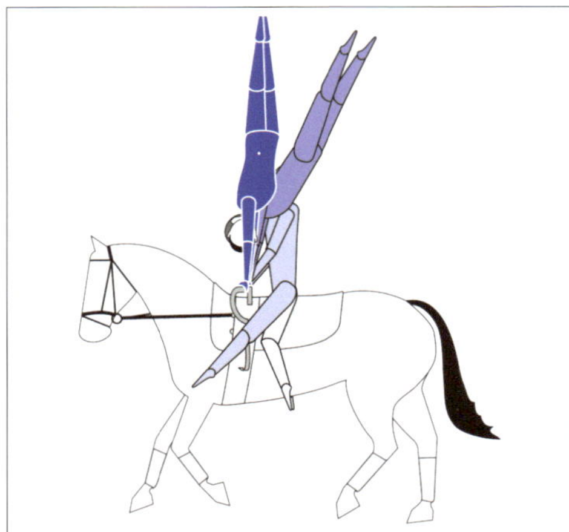
Pikt. 66: Schere 1. Teil (Höhengewinn und Beginn der Beckendrehung)

Schere 1. Teil

Aus dem angefassten Grundsitz vorwärts schwingt der Voltigierer über den flüchtigen Grätschwinkelsitz mit einer schnell-kräftigen Rückbewegung der gestreckten Beine nach hinten oben in den Handstütz. Die Beine sind pferdebreit geöffnet. Während des Hochschwingens leitet der Voltigierer eine Beckendrehung ohne Beinbeteiligung nach links ein (s. Pikt. 66). Vor dem endgültigen Erreichen des höchsten Punktes, also um den Umkehrpunkt herum, werden die Beine so aneinander vorbeigeführt, dass das rechte Bein nach innen und das linke Bein nach außen bewegt werden. Man spricht deshalb von einer Scherbewegung der Beine. In der Abwärtsbewegung (s. Pikt. 67) wird die Drehung zum rückwärtigen Einsitzen vollendet. Erst dann erfolgt ein Umgreifen der Hände. Die Entwicklung des Voltigiersports lässt erkennen, dass Spitzenvoltigierer beim ersten und zweiten Teil der Schere die Beckendrehung durch das Lösen des jeweils linken Armes unterstützen (s. Pikt. 67+68). Dies setzt natürlich ein hohes Maß an körperlichen und technischen Grundlagen voraus.

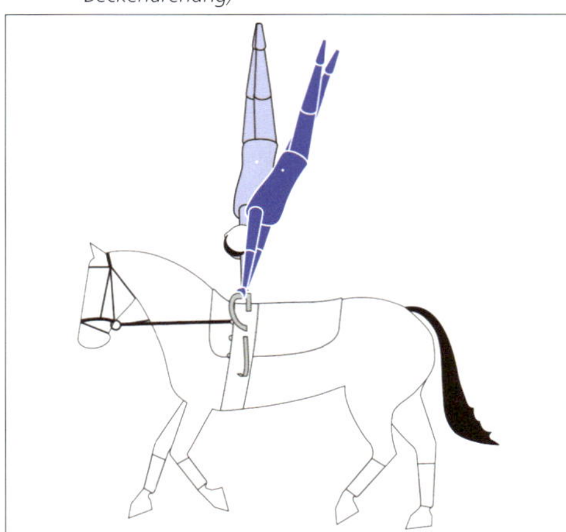
Pikt. 67: Schere 1. Teil (Scherbewegung)

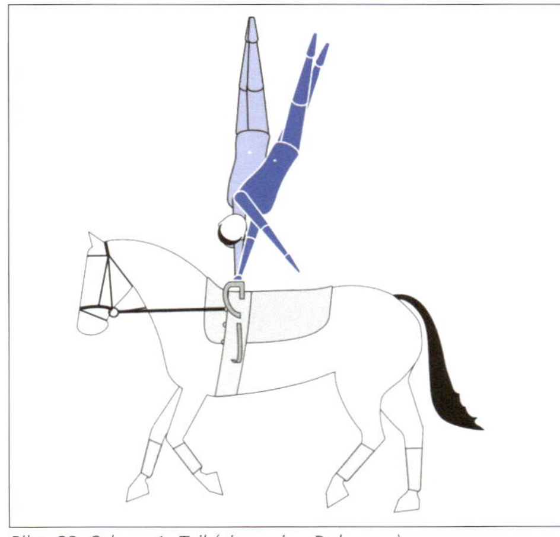
Pikt. 68: Schere 1. Teil (einarmige Dehnung)

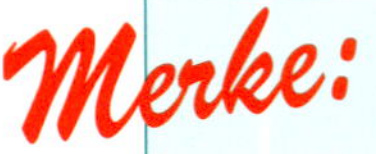

Zur optimalen Drehung im Becken ist eine hohe Schwerpunktlage erforderlich. Eine Drehbewegung darf nicht zu einer harten Landung auf dem Pferd führen.

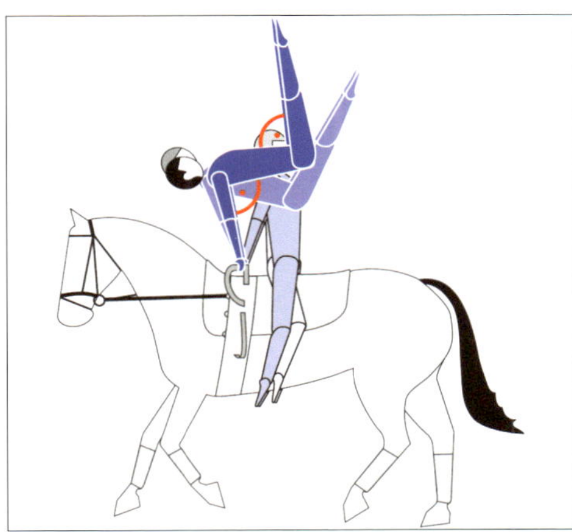
Pikt. 69: Schere 2. Teil (Höhengewinn)

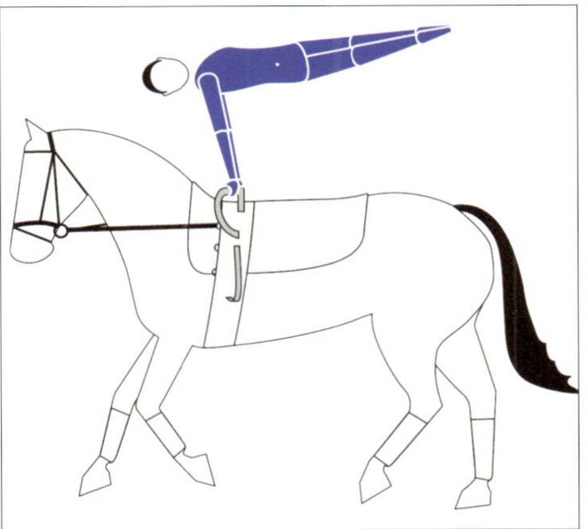
Pikt. 70: Schere 2. Teil (Beginn der Beckendrehung)

Schere 2. Teil

Aus dem angefassten Rückwärtssitz erfolgt, über die flüchtige Bogenspannung, ein schnellkräftiger Vorschwung der Beine zum flüchtigen Grätschwinkelstütz rücklings. Das Ziel ist eine maximale Beckenhöhe bei gestreckten Armen. Für die Höchstnote 10 ist es erforderlich, dass der Bein/Rumpf-Winkel 90° und der Arm/Rumpf-Winkel annähernd 90° ergeben (s. Pikt. 69).

Im Vorschwung sind die Beine pferdebreit geöffnet, während im Hochschwung eine Beckendrehung (s. Pikt. 70), ohne Beinbeteiligung, nach innen erfolgt, sodass die Beine um den Umkehrpunkt herum in der Form aneinander vorbeigeführt werden, dass das rechte Bein nach außen und das linke Bein nach innen geführt werden (s. Pikt. 71). Im Absenken zum Vorwärtssitz wird die Beckendrehung zum Sitz vollendet. Erst dann erfolgt ein Umgreifen der Hände.

Wichtig: Der Kopf befindet sich in Verlängerung der Wirbelsäule, um eine optimale Beckenhöhe gewährleisten zu können. Das „Kinn ist in“.

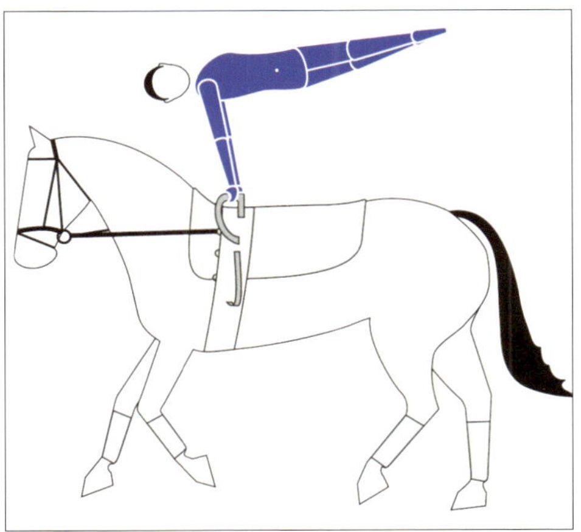
Pikt. 71: Schere 2. Teil (Scherbewegung)

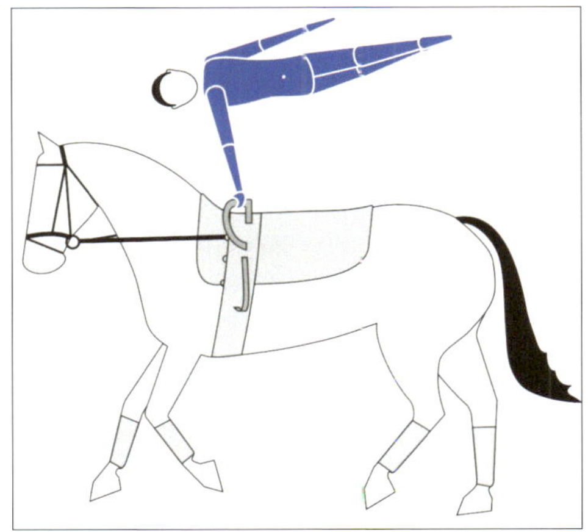
Pikt. 72: Schere 2. Teil (einarmige Dehnung)

Körperliche Voraussetzungen für die Schwungübungen (Stützschwung vl., rl., Schere, Wende, Flanke)

Kraft

Schultergürtelmuskulatur und Armstrecker
Für die Stützbewegung bei den Schwungübungen werden eine enorme Stabilisation des Schultergürtels und Schnellkraft in der Streckerkette der Arme verlangt.

Rumpfmuskulatur
Neben einem Muskelkorsett, das bei allen Schwungübungen für die Ganzkörperspannung wichtig ist, müssen bei der Schere zusätzlich besonders die kleinen rotatorisch auf die Wirbelsäule wirkenden Muskeln arbeiten. Dazu gehören neben verschiedenen Rückenmuskeln auch die schrägen Bauchmuskeln. Gerade für den zweiten Teil der Schere bzw. den Stützschwung rücklings benötigt der Voltigierer eine gute Bauchmuskulatur, wobei besonders der untere Teil der Bauchmuskulatur gebraucht wird.

Bein- und Beckenmuskulatur

Hüftstrecker
Für eine schnell-kräftige Schwungbewegung werden besonders die Hüftextensoren wie die ischiocrurale Muskelgruppe und der große Gesäßmuskel (M. gluteus maximus) gefordert.

Hüftbeuger
Für den zweiten Teil der Schere werden zur Schwungentfaltung neben der Bauchmuskulatur auch die Hüftbeuger eingesetzt. Diese sind vor allem für die ersten Grade der Bewegung unersetzbar.

Knie- und Fußstrecker
Um eine gute Hebelbewegung während aller Schwungübungen, außer Stützschwung rl. und Schere 2. Teil, erzeugen zu können, muss die gesamte Streckerkette der unteren Extremität arbeiten. Dazu gehören auch die Kniestrecker und die Fußstrecker.
Bei der Landung nach der Wende innen/außen sowie nach dem 2. Teil der Flanke wird die Abbremsbewegung vor allem durch Hüft- und Kniestrecker sowie durch den „Steigbügel" (s. Kap. 1.1.1) des Fußes durchgeführt. Neben den aufgeführten koordinieren auch eine Reihe anderer Muskelgruppen die Landebewegung und amortisieren die Kräfte. Sie aufzuführen würde aber zu weit führen.

Beweglichkeit

Schultergelenk
Um in die optimale Handstützposition zu gelangen, muss ein Arm-/Rumpf-Winkel von Min. 180° möglich sein. Das setzt eine gute Dehnfähigkeit der Brustmuskulatur (Mm. pectorales) etc. und eine gute Gelenkigkeit des Schultergelenkes voraus. Des Weiteren sollte der Arm-/Rumpf-Winkel für den Stützschwung rl. und die Schere rl. ca. 90° in die Streckung (Extension) zu öffnen sein.

Wirbelsäule

Um eine optimale Drehung einleiten zu können, wird eine bewegliche Wirbelsäule gebraucht. Dabei müssen vor allem die Rotation im Bereich der unteren Brustwirbelsäule und deren Übergang in die Lendenwirbelsäule (thoracolumbaler Übergang) geschult werden. An der Stelle hat die Wirbelsäule in Bezug auf die Rotation ihre größte Bewegungsfreiheit.

Hüftstrecker

Ein optimales Eingleiten in den Innenseitsitz nach dem 1. Teil der Flanke erfordert eine große Beweglichkeit im Hüftgelenk und eine enorme Dehnfähigkeit der Hüftstrecker.

Koordination

Die größte Schwierigkeit bei allen Schwungübungen besteht beim Anfänger in der Koordination der Schwungbewegung, insbesondere der Schwungübertragung der Beine auf den Oberkörper und dem sich anschließenden Herausstützen aus den Armen in die Handstützposition und damit in der Koordination der Teilimpulse. Ist die Schwungübertragung nicht gewährt, wird er bei der Schere zusätzlich mit dem nachfolgenden Problem konfrontiert.

Beim technisch fortgeschrittenen Voltigierer besteht die Hauptproblematik während der Schere in der Einleitung der in der Bewegungsbeschreibung dargelegten „aktiven Beckendrehung". Zusätzlich werden auch weitere koordinative Aspekte wie Raum-Lage-Orientierung etc. angesprochen.

Übungen zur Verbesserung der motorischen Fähigkeiten in Bezug auf die Schwungübungen

Übungen zur Verbesserung der Kraft

Verschiedenartige Übungen, die der Schulung der Kraft dienen, sind unter anderem in den bisherigen Kapiteln zu den einzelnen Pflichtübungen aufgelistet und erklärt worden. Im Kapitel Schwungübungen werden nur Übungen erklärt, die funktionell zur Steigerung der Leistungsfähigkeit in Richtung Verbesserung der Schwungübungen führen.

- Aufschwingen in den Handstand
  Grundübung für jeden Voltigierer, aus der korrekten Grundposition Stand Aufschwingen in den Handstand.

Merke: Das Aufschwingen in den Handstand bietet Anfängern neben den körperlichen Defiziten noch ein weiteres Problem: Angst vor dem Überschlagen. Durch eine Vertrauensperson am Kopfende kann einerseits der Angst entgegengewirkt und andererseits direkt taktile Korrektur angesetzt werden.

Wichtig: Alle Handstandpositionen sollten aufgrund von Sicherheitsvorkehrungen nicht an der Wand oder an der Bande erfolgen.
Variation: Aufschwingen aus der Position der Standwaage. Die Hände sind auf Putzbrettern positioniert.

- Handstand aus dem Grätschstand
  Ausgangsstellung Grätschstand. Die Hände auf Putzbrettern oder Minibarren abgestützt. Schwungloses Bewegen der Beine in den Handstand.

- Handstand aus dem Vierfüßler
  Ausgangsposition Vierfüßler. Der Anfänger drückt sich mit wenig Schwung aus dem Körper in den Handstand. Der Könner führt die gleiche Übung schwunglos aus.
  Variation: Aufschwingen in den Handstand aus dem einbeinigen Vierfüßler (einbeinige Fahne).

- Handstandaufschwung unter Zuhilfenahme eines Pezziballs

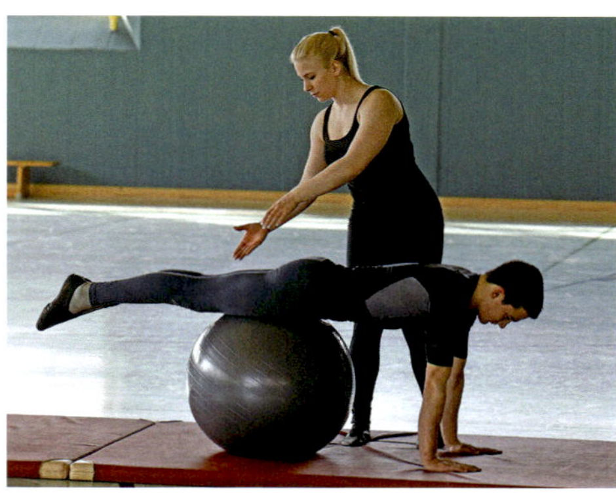

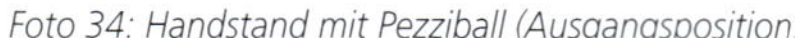

Foto 34: Handstand mit Pezziball (Ausgangsposition)

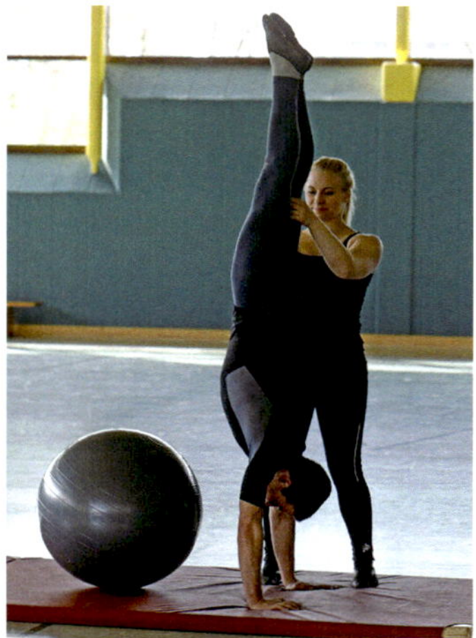

Foto 35: Handstand mit Pezziball (Endposition)

Der Voltigierer liegt bäuchlings mit dem Becken auf dem Pezziball, die Hände in liegestützähnlicher Haltung positioniert. Mit beiden Beinen Schwung nehmend, katapultiert sich die Person in den Handstand (s. Foto 34+35).

Übungen am Parallelbarren

- Ausgangsstellung vertikaler Stütz. Beine sind geschlossen, der Sportler stützt sich vorwärts durch die Holmengasse vom einen zum anderen Barrenende.
- Ausgangsstellung wie oben, Durchstützen rückwärts.
- Wie oben, der Voltigierer bewegt sich auf den Händen hüpfend vw. oder rw. durch den Barren.
- Ein Barrenende wird hochgestellt, sodass eine schiefe Ebene entsteht. Übungen wie oben.
- Die Holme werden so eingestellt, dass seitlich gesehen ein Kreuz entsteht. Übungen wie oben.
- Schwingen im Parallelbarren, zunächst vorlings und rücklings bis in Holmenhöhe. Mit steigendem Leistungsniveau sollte die Zielhöhe vorlings oberhalb der waagerechten Körperposition und rücklings eine hohe Handstützposition sein (mit kurzfristiger Einnahme des Handstandes).

Wichtig: Bei allen Positionen bleibt der Körper in absolut gestreckter Haltung und die Arme bleiben durchgedrückt. Fehlende Ganzkörperspannung führt vor allem vorlings zu starken Fehlern in der Bewegungsausführung und rücklings zu Sicherheitsrisiken.

- Schwingen mit seitlichem Abspreizen der Beine am Umkehrpunkt.
- Grätschsitz auf den Holmen. Hände fassen vorn nah am Körper. Die Beine werden nach hinten über die Holme zusammengeführt, anschließend zwischen den Holmen nach vorne schwingend am Umkehrpunkt seitlich abgespreizt und zum Grätschsitz auf den Holmen abgelegt. Hände wieder nach vorne greifen lassen und die Übung wiederholen. In der Bewegungsabfolge wird sich vom einen zum anderen Barrenende fortbewegt.
- Gleiche Übung wie oben nur rückwärts. Die oben genannten Bewegungsmerkmale laufen genau umgekehrt ab.

Übungen zur Verbesserung der Beweglichkeit

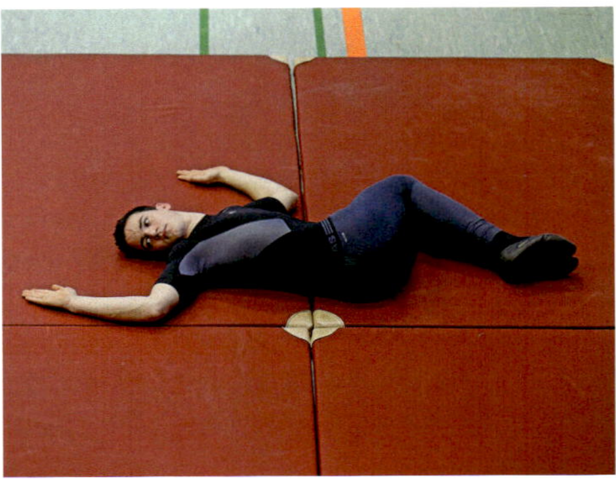

Foto 36: Untere Drehlage

- **Beweglichkeitsverbesserung im Hüftgelenk**
  Übungen zu dem Thema befinden sich in den Kapiteln Aufsprung, Grundsitz, Fahne und Mühle.

- **Untere Drehlage**
  Untere Drehlage nach HAASE (1985, S. 57) zur Verbesserung der Beweglichkeit in den unteren Abschnitten der Wirbelsäule. Endstellung (s. Foto 36).

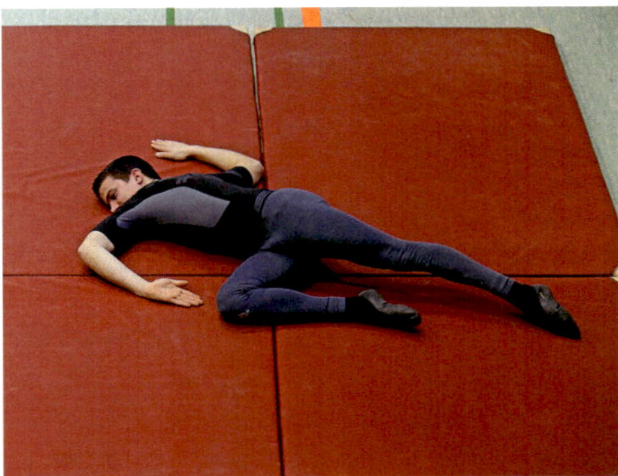

Foto 37: Brustdrehlage

- **Brustdrehlage**
  Brustdrehlage nach HAASE (1985, S. 60) zur Verbesserung der Beweglichkeit der BWS etc. Endposition (s. Foto 37).

- **Rückendrehlage**
  Rückendrehlage nach HAASE (1985, S. 64) zur Beweglichkeitsschulung der Wirbelsäule und Dehnung der Brustmuskulatur. Endposition (s. Foto 38).

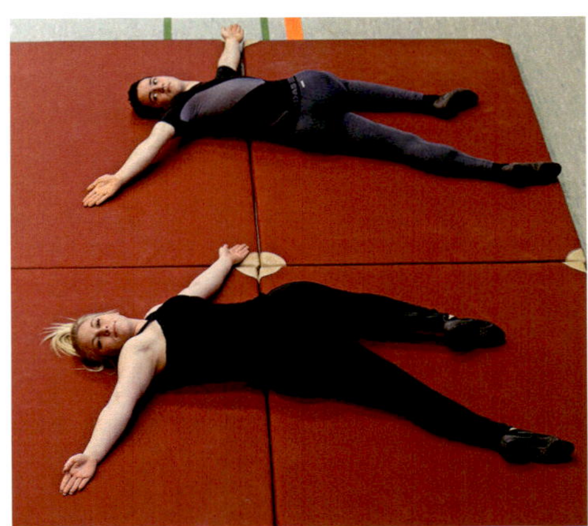

Foto 38: Rückendrehlage

Wichtig: Alle Drehlagen werden unter den gleichen Gesichtspunkten durchgeführt:

- Langsames Einnehmen und Auflösen der Drehlage.
- Dehnung nach den Prinzipien des statischen Dehnens.
- Bewusste Wahrnehmung der zu dehnenden Körperteile, Aufforderung: „Atme in den „Dehnungsschmerz“ hinein und lass ganz bewusst locker”.
- Wahrnehmung des Körpers vor und nach der Dehnung, Beschreibung der Veränderungen.

Übungen zur Verbesserung der Koordination

Koordinationsschwierigkeiten bestehen bei den Schwungübungen vor allem durch Technikprobleme. Übungen zur Beseitigung der technischen Defizite werden durch die themenbezogenen methodischen Übungsreihen abgedeckt.

Allgemeine methodische Übungsreihen zu den Schwungübungen

Erarbeitung der Grundübung Stützschwung vorlings

➫ Erlernen des korrekten Vorschwungs

Einnahme des korrekten Grundsitzes vw., Strecken der Kniegelenke bei weiterhin bestehendem korrektem Sitz zum Vorschwung. Zurückführen der gestreckten Beine bis zur Hüftstreckung, am Endpunkt leichtes Senken des Kopfes als Signal zur Einleitung der Abtauchphase. Der Oberkörper bleibt in der Ausgangssituation (s. Pikt. 73).

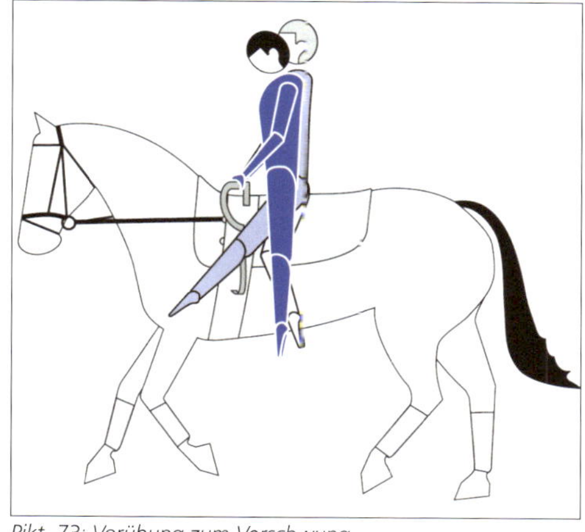

Pikt. 73: Vorübung zum Vorschwung

Achtung: Nur bei dieser Übung wird zum besseren Verständnis der Kopf leicht gesenkt. Bei allen nachfolgenden Übungen bleibt das „Kinn in"!

Mehrmalige Wiederholung zunächst am Übungspferd, später am Pferd im Schritt und Galopp. Dabei sollte besonders im Galopp auf den Rhythmus geachtet werden.

➫ Dosierter Rück-Hochschwung

Aufbauend auf oben genannter Vorübung sollte im nächsten Schritt der richtige Punkt für die Abtauchbewegung des Oberkörpers gefunden werden. Dieser darf erst dann in Richtung Pferdehals gehen, wenn der Bein/Rumpf-Winkel ca. 180° beträgt, das Hüftgelenk folglich gestreckt ist. Ziel ist das Abtauchen des Oberkörpers (außen) am Pferdehals und der Rück-Hochschwung der Beine bis in eine annähernd waagerechte Körperposition, die allmählich durch Zunahme des Tempos der Beine und des Oberkörpers gesteigert wird.

Wichtig: Die Schulter wird nah am Gurt am Pferdehals abgelegt. Bei dieser Übung erfolgt kein aktiver Armeinsatz in Richtung Stütz. Der Kopf bleibt annähernd gerade und wird nicht in Richtung Überstreckung der Halswirbelsäule nach hinten genommen. Die Blickrichtung geht zum (äußeren) Hinterbein.

➫ Aufschwingen in den Schulterstand vw.

Erweiterung der vorherigen Übung. Alle Richtlinien bleiben erhalten.

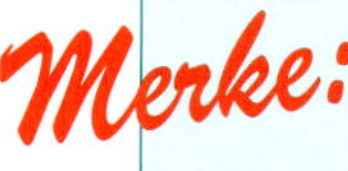

Bei Angst vor dem Schulterstand kann als Vorübung die Einnahme des Schulterstandes aus dem Knien oder der Fahnenposition vorweggeschaltet werden. Ein Partner hilft alternativ, am Kopfende des Holzpferdes stehend, durch aktive Unterstützung an der Hüfte, damit die Endposition erreicht werden kann.

➥ Stützschwung mit Hilfe

Als weitere Schwierigkeit erfolgt jetzt die Hinzunahme des aktiven Armeinsatzes. Dabei muss der Punkt gefunden werden, an dem der Sportler die Streckung der Arme durchführen und er den Körperschwerpunkt maximal nach oben verlagern kann.
Dabei wird er am Übungspferd von zwei Partnern unterstützt. Beide stehen z.B. auf einer Kiste seitlich am Übungspferd und unterstützen die Streckung der Arme und die Aufwärtsbewegung des gesamten Körpers in die Bewegungsrichtung.
Für diese Übung eignen sich Übungspferd, Parallelbarren oder Kasten.

➥ Aufschwingen in den Handstand aus der Standwaage (s. Kap. 2.1.1)

Bei weniger fortgeschrittenen Sportlern empfiehlt sich eine Person als Sicherung. Diese steht auf dem Hals oder am Kopfende des Holzpferdes und verhindert ein Überschlagen.

➥ Aufschwingen in den Handstand aus dem Sitz

Aufbauend auf der Übung Stützschwung mit Hilfe erfolgt das Aufschwingen in den Handstand ohne Hilfe und nur mit Sicherung.

➥ Aktives Einsitzen

Das aktive Einsitzen nah am Gurt wird zuerst am Boden geschult. Aufschwingen in den Handstand. Das aktive Einklappen wird durch einen Partner unterstützt. Dieser steht am Kopfende und führt die Bewegung durch taktile Hilfe an der Hüftbeuge. Ziel ist, die Beine nah an den Händen in den „Grätschstand" auf den Boden zu bringen. Andere Möglichkeit: gleiche Übung auf dem Minibarren.
Variation: Die gleiche Übung wird auf einem Kasten oder dem Übungspferd durchgeführt. Jedoch sitzt der Voltigierer ein. Alternativ kann die Übung auch mit dem Parallelbarren durchgeführt werden. Dabei steht der Partner auf einem Kasten zwischen den Holmen.

➥ Handstand Einsitzen am Pferd

Klassische Übung zur Wahrnehmung des Grenzwertes. Aus der Standwaage wird zuerst im Schritt, später im Galopp in den Handstand geschwungen. Anschließend erfolgt das aktive Einsitzen.

Spezielle Vorübungen für Flanke 1. Teil

Um die Höhe und Lage des Körperschwerpunktes maximal zu gestalten, eignen sich alle bisher genannten Übungen. Der Unterschied zum Stützschwung vorlings besteht in der Einsitzphase. Deshalb sollen nachfolgend einige Übungen zur Schulung des korrekten Eingleitens in den Innensitz gegeben werden.

➥ Aktives Einklappen mit geschlossenen Beinen aus dem Handstand

Vgl. Übungen zur Schulung des aktiven Einsitzens aus dem Handstand am Boden. Im Unterschied zu oben genannter Übung werden die geschlossenen Beine nah an die linke Hand in den Stand gebracht.

➥ Aktives Einklappen am Parallelbarren

Durch die Mithilfe eines am Kopfende stehenden Partners schwingt der Voltigierer aus dem Grätschsitz in den Handstand, beugt aktiv die Hüfte und sitzt nah an der linken Hand auf dem linken Holm ein.
Variation: Gleiche Übung und Einsitzen auf dem rechten Holm.

Aktives Einsitzen am Übungspferd

Aus der Standwaage wird in den Handstütz geschwungen. Aktives Einsitzen in den Innenseitsitz mit oder ohne Partnerhilfe. Alternativ kann die Übung auch am Kasten erfolgen.

Variation: Um den Vorgang des Einsitzens aus dem Handstütz nach jeder beliebigen Vorbereitung ausführen zu können, eignen sich neben der Standwaage auch der Kniestand und die Fahne als Ausgangsposition, aus der der Handstütz erfolgt.

Handstand Einsitzen in den Innenseitsitz am Pferd

Bewegungsabfolge wie Handstand Einsitzen, jedoch mit dem Unterschied, dass das Einsitzen in den Innenseitsitz vorgenommen wird.

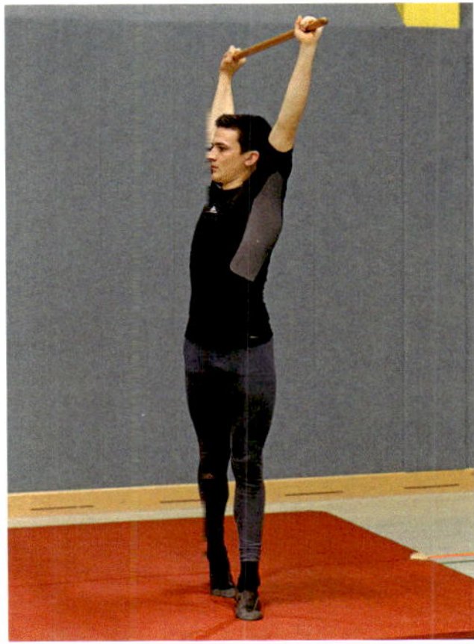

Foto 39: Schere im Stand

Spezielle Übungen zur Schulung der Schere (1. Teil)

Die nachfolgenden Übungen beziehen sich ausschließlich auf die Verbesserung der Koordination der Scherbewegung.

Schere im Stand am Boden

Ausgangsposition: schulterbreiter Stand, Arme über den Kopf gestreckt. Durch die Linksdrehung des Beckens und des Kopfes bewegt sich der Körper in Schrittstellung (linkes Bein vorne) (s. Foto 39).

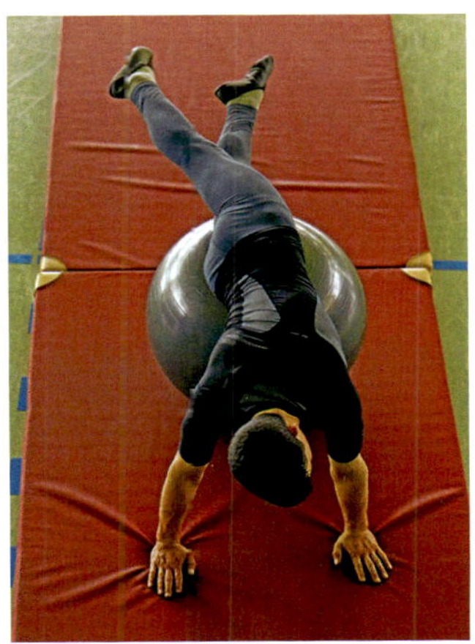

Foto 40: Schere auf Pezziball

Schere auf dem Pezziball

Ausgangsstellung: Bauchlage auf dem Ball, Hände fassen etwa in doppelter Schulterbreite. Der Körper bildet eine gerade Linie. Zur Endstellung geht der Körper, durch die Drehung des Kopfes eingeleitet, auf die rechte Seite, die Beine gehen in Schrittstellung (rechtes Bein vorne). Es erfolgt kein Überkreuzen der Beine! Anschließend dreht der Körper wieder in die Bauchlage zurück (s. Foto 40).

Variation: Zur Schulung der allgemeinen Koordination erfolgt die Bewegung auch zur anderen Seite.

Mit zunehmendem Leistungsniveau wird der Abstand zwischen den Händen verringert.

Koordination der Scherbewegung im Handstand am Boden

Der Voltigierer schwingt (wie bereits erwähnt) mit Partnerhilfe in den Handstand, aus der korrekten Grundstellung wird das Becken ca. 45 Grad nach links gedreht. Die Beine werden zur Schrittstellung geöffnet (linkes Bein vorne). Auch bei dieser Übung erfolgt kein Überkreuzen der Beine (s. Foto 41).

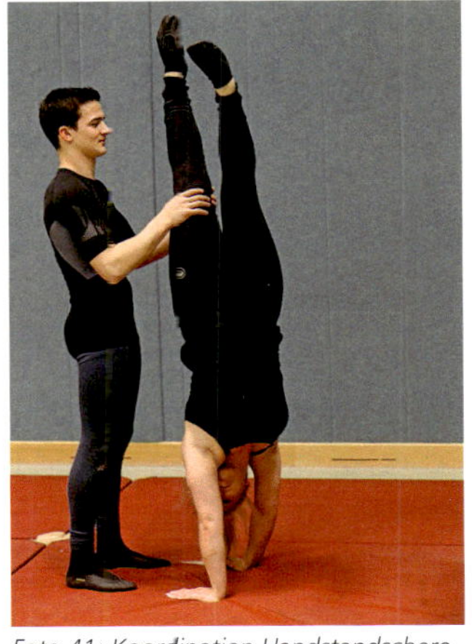

Foto 41: Koordination Handstandschere

➺ Koordination der Scherbewegung am Barren

Aus dem Grätschsitz schwingt der Voltigierer in die hohe Handstützposition mit gleichzeitiger Scherbewegung (s. Pikt. 74).
Wichtig: Diese Übung ist nur für Könner geeignet!

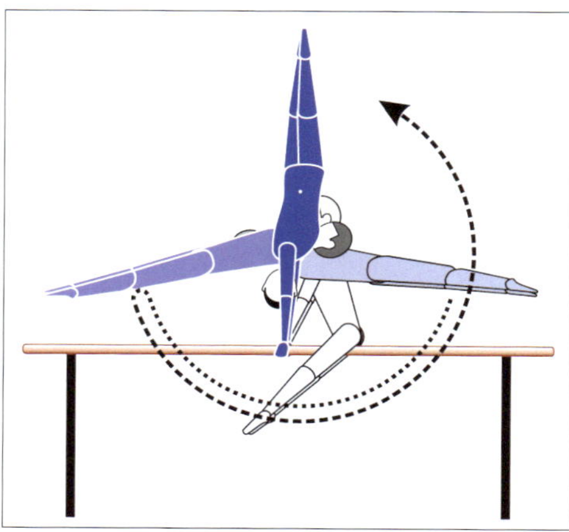

Pikt. 74: Koordination der Scherbewegung am Barren

➺ Koordination der Scherbewegung am Übungspferd/ Pferd

Kombination der bisher beschriebenen Übungen zur Verbesserung der Höhe und Lage des Schwerpunktes mit der Koordination der Scherbewegung. Alle Übungen erfolgen zunächst mit Partnerhilfe. Aus den verschiedenen Ausgangs- und Endpositionen wird die in den beiden vorherigen Übungen erlernte aktive Beckendrehung integriert.
Endpositionen: Schulterstand, Handstand

➺ Schere in den gedrehten Liegestütz

Aus dem korrekten Sitz auf dem Pferd/Übungspferd wird in den Liegestütz geschwungen. Dabei wird das Becken gedreht. Die Beine werden in eine leichte Schrittstellung bewegt. In der Endstellung ist der Körper gestreckt, der Blick ist nach innen gerichtet, das Gewicht ruht auf den gestreckten Armen, der Innenseite des linken und der Außenseite des rechten Fußes/Unterschenkels.
Variation: Mit zunehmender Sicherheit wird über den flüchtigen Liegestütz in den Sitz rw. geturnt.

➺ Handstand-Schere

Erweiterung der Grundübung Handstand, Einsitzen aus der Standwaage. In der Aufschwungphase wird die Scherbewegung über Becken und Kopf eingeleitet. Die weitere Bewegungsabfolge entspricht der Schere. Dabei ist folgende Problematik zu bedenken: Wird das rechte Bein als Schwungbein genommen, kann die Scherbewegung im Fluss gestört sein. Erfolgt der Aufschwung primär über das linke Bein, besteht die Gefahr, dass das rechte zu spät oder gar nicht in die korrekte Position gebracht oder hängen gelassen wird.

Übungen zur Verbesserung der Schwungtechnik und der Landebewegung von Wende und Flanke (2. Teil)

Da die Grundübungen zur Schwungtechnik der Wende bereits beim Stützschwung vorlings behandelt worden sind, werden sich nachfolgende methodische Übungen mit der Schwungtechnik des 2. Teils Flanke, dem Abdruckverhalten und der Landetechnik nach Wende und Flanke befassen. Die Übungen zum richtigen Landeverhalten nach Abgang und Wende etc. sind identisch.

➩ Erlernen der Vorschwungphase 2. Teil Flanke

Einnahme des korrekten Innenseitsitzes am Holzpferd/Pferd, Schwungholen der geschlossenen Beine nach vorne, bei korrekter Oberkörperposition. Rückschwung der Beine bis in die Ganzkörperstreckung, an der Endposition „Kinn in" zur Markierung des Zeitpunktes, an dem der Oberkörper mit der Abtauchphase beginnt (s. Bewegungsbeschreibung)

➩ Schwingen in den Schulterstand

Aus oben erlernter Position schwingt der Voltigierer in den Schulterstand auf den Hals, dabei taucht der Kopf außen am Hals vorbei. Wie beim Stützschwung vl. erwähnt, setzt die Schulter nah am Gurt auf.

Die Übung wird zuerst am Übungspferd mit Partnerhilfe geübt, anschließend ohne Partner am Übungspferd stabilisiert und dann auf das Pferd transferiert.

➩ Erlernen des Abdruckverhaltens und der Landung am quer gestellten Kasten mit Minitramp/Reuterbrett

Vorweg geschaltete Übungen am Kasten und Übungspferd schulen allgemein das Abdruckverhalten und minimieren die Angst vor der Höhe. Des Weiteren schulen sie hervorragend die Landebewegung.

Beispiel: Hockwende, hohe Wende, Durchhocken, Handstand ab/aus verschiedenen Positionen (Bank, Fahne, Stand, Standwaage etc.), Handstützüberschlag etc.

Wichtig: Bei allen Bewegungen ist auf eine korrekte Landetechnik zu achten. Durch einen unmittelbar nach der Landung angeschlossenen Strecksprung kann die Übung verstärkt werden.

➩ Abdruckverhalten und Landetechnik am Parallelbarren

Zur Schulung des Abdrucks vom Pferd eignen sich auch Übungen am Barren: Wende, Wende mit Drehungen (Viertel-, Halbe-, Dreiviertel-, Ganze Drehung) rechts/links.

➩ Prellfedern im Handstand/-stütz

Aufschwingen in den Handstand, beidarmiger Abdruck aus den Schultern mit gestreckten Armen, ein Hüpfer in die endgültige Handstandposition.

Für Könner: Aus der bekannten Grundübung (s. o.) wird die Übungsform vom Boden auf Geräte erweitert, z.B. vom Boden auf eine erhöhte Ebene oder vom Reuterbrett auf ein Kastenteil.

Wichtig: Diese Übung eignet sich nicht für Anfänger. Es ist besonders darauf zu achten, dass der Abdruck aus den Schultern kommt und die Arme gestreckt bleiben.

Landeschulung an Geräten

- Strecksprünge am Boden mit und ohne Drehungen um die Längsachse.
- Streck-, Grätsch-, Bück-, Grätschwinkelsprung zunächst von kleinen Kisten, Höhe allmählich steigern, Drehungen einbauen etc.

Wichtig: Mit kleineren Kindern sollte ein forciertes Landetraining aus großen Höhen vermieden werden.

Merke: **Bei allen Übungen zum Landetraining ist auf eine korrekte Beinachse zu achten, d.h., bei der Landung stehen die Füße parallel und hüftbreit auseinander, die Knie sind leicht gebeugt und stehen über den Füßen. X- und O-Beinstellungen sind zu vermeiden. Die Hüftgelenke sind leicht gebeugt, der Oberkörper ist relativ aufgerichtet. Eine minimale Oberkörpervorlage ist erlaubt.**

Wende innen/außen am Übungspferd/Pferd

Kombination des Stützschwunges vl. und Abdruck vom Übungspferd/Pferd nach innen/außen. Ziel der Übung ist die Koordination der einzelnen Bewegungen und Schulung des optimalen Zeitpunktes für den Abdruck. Stabilisation der Übung durch die Verbindung mit anderen Übungen zu einer Bewegungsreihe wie Stehen- Einsitzen- Wende nach innen, Standwaage- Einsitzen- Wende nach außen etc.

Handstützabgang nach außen aus der Standwaage

Grenzwertbestimmung und Landetraining am Übungspferd oder Pferd in allen Gangarten.

Schulung des 2.Teils Flanke über den flüchtigen Schulterstand

Kombination der bekannten Vorübung Schwingen aus dem Seitsitz innen in den flüchtigen Schulterstand mit nachfolgendem Abdruck vom Pferd nach außen (analog Flanke 2.Teil).
Ein Partner steht am Kopfende des Holzpferdes und unterstützt den Abdruck durch kräftigen Druck an den Schultern.

Am Pferd im Schritt kann ein Partner evtl. außen an der Schulter die Bewegung unterstützen.
Im Galopp hilft das Pferd dem Voltigierer.

Durchführung der komplexen Übung 2. Teil Flanke

Training der Feinkoordination, Erarbeiten eines Bewegungsflusses, Stabilisation durch komplexe Übungsverbindungen wie Knien-Einsitzen innen – 2. Teil Flanke; Stehen – Einsitzen innen – 2. Teil Flanke etc.

Methodische Reihen zur Verbesserung des Stützschwunges rl. und Schere 2. Teil

- Beckenschub auf dem Pezziball

Liegestütz rl. mit den Beinen auf einem Pezziball. Aus der Position wird das Becken zwischen die Arme und anschließend wieder in die Ausgangsposition zurückgeführt.

Wichtig: Der Schwerpunkt der Übung liegt auf dem Schub des Beckens in die Streckung. Dabei sollte die Übung zum „Einschleifen" langsam und bei gutem Leistungsvermögen schnell-kräftig durchgeführt werden. Es gelten für die Ausführung der Übung alle Bewegungsmerkmale aus der Bewegungsbeschreibung Stützschwung rl. und Schere 2. Teil (analog Beckenschub mit Partner)

- Beckenschub mit Partner

Die Bewegungsdurchführung entspricht vorheriger Übung. Der Pezziball wird durch einen Partner ersetzt, der Fußwärts stehend die Unterschenkel hält und die Bewegung begleitet (s. Foto 42+43).

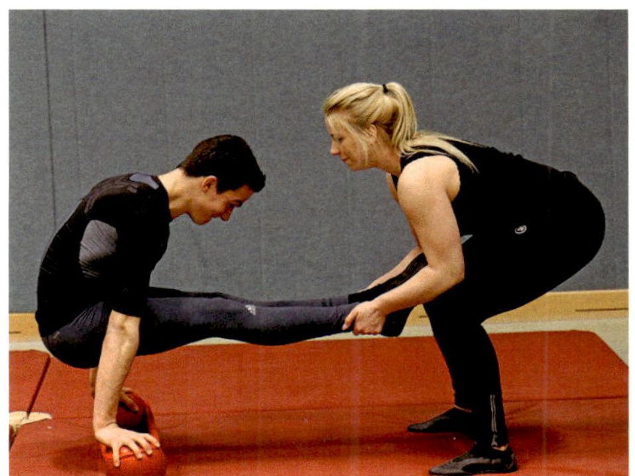
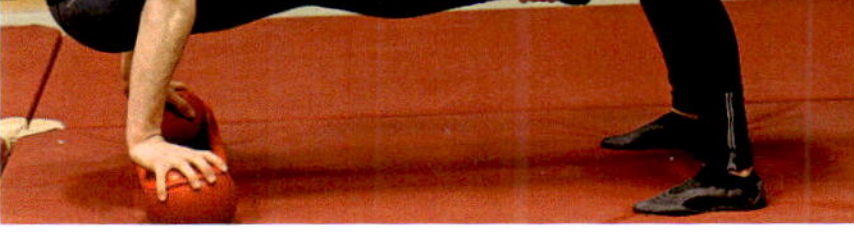

Foto 42: Beckenschub (Ausgangsposition)

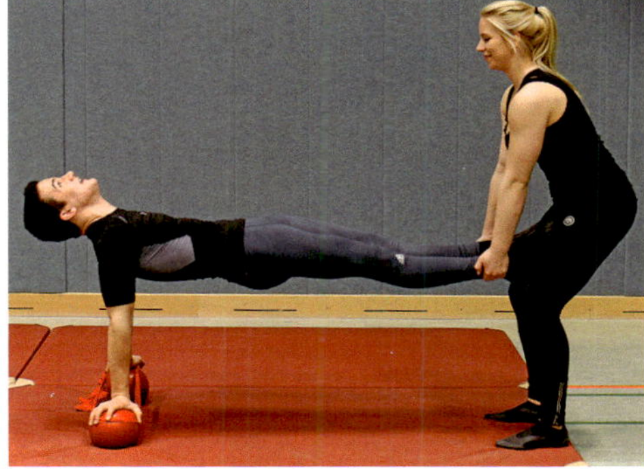

Foto 43: Beckenschub (Endposition)

- Bogenspannung am Übungspferd

Erlernen der korrekten Vorspannung
Durch Anspannen der gesamten Streckerkette des Körpers korrekte Einstellung des Kopfes.

- Stützschwung rl. mit Hilfe

Erlernen der Übertragung der Kraft aus der Vorspannung in den Stützschwung rl. am Übungspferd/Pferd. Dabei wird der Voltigierer anfangs durch zwei Partner, die rechts und links in Höhe des Gurtes neben dem Holzpferd stehen, unterstützt.
Eine dritte Person kann die Beine an der Endposition des Stützschwunges rl. (s. Bewegungsbeschreibung) auffangen. Nach und nach werden die aktiven Hilfen abgebaut.

Wird die Übung auf das Pferd übertragen, eignet sich am besten eine Hilfestellung, die vw. auf dem Rücken des Pferdes stehend die ankommenden Beine auffängt und die Bewegung begleitet.

Stützschwung rl. am Parallelbarren aus dem Schwingen

Um das Gefühl für grenzwertige Bewegungen wahrzunehmen, eignen sich Übungen am Barren wie Stützschwung rl. aus dem bekannten Schwingen. Es gelten die bisher angesprochenen Ausführungskriterien für den Stützschwung rl. in Bezug auf Körperspannung und Kopfhaltung (s. Pikt. 75).

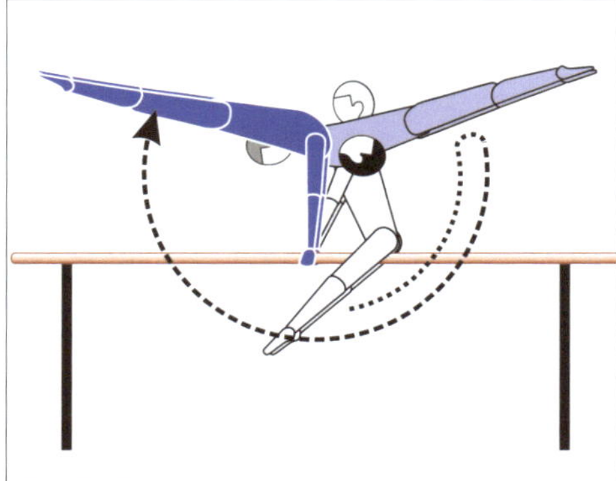

Pikt. 75: Stützschwung rl. am Barren

Stützschwung rl. aus der Bank rl.

Eine Möglichkeit, die Zielübung zu erleichtern, ist, eine erhöhte Ausgangsposition für das Becken zu wählen. Ein Beispiel dafür ist, den Stützschwung rl. aus der Bank rl. durchzuführen. Ein Schwungbein leitet die Bewegung ein.

Wichtig: Das Becken wird in Richtung Kruppe und nach oben geschoben. Ein Klappen der Beine ist zu vermeiden.

Stützschwung rl. am Pferd.

Am besten eignet sich der Galopp zur Verbesserung und zum Erlernen der Übung, denn hier bietet das Pferd die größte Schwungentfaltung, also am meisten Hilfestellung (s. Bewegungsbeschreibung).

Tipp: Ein erstes Etappenziel sollte sein, das Becken möglichst hoch und in Richtung Kruppe zu schieben. Dabei dürfen die Beine auch anfangs nur waagerecht sein.

Scherbewegung auf dem Pezziball

Ausgangsstellung Liegestütz rl., beide Unterschenkel liegen auf dem Pezziball, die Beine sind gestreckt. Um in die Endposition zu gelangen, werden Becken und Kopf nach rechts gedreht, die Beine gehen in Schrittstellung (linkes Bein vorne). In der Endposition ist das Becken gegenüber der Ausgangsstellung um 45° gedreht, Blickrichtung rechts, das Gewicht auf den Armen und der Außenseite des rechten Unterschenkels verteilt. Das linke Bein ist leicht abgehoben (s. Foto 44).

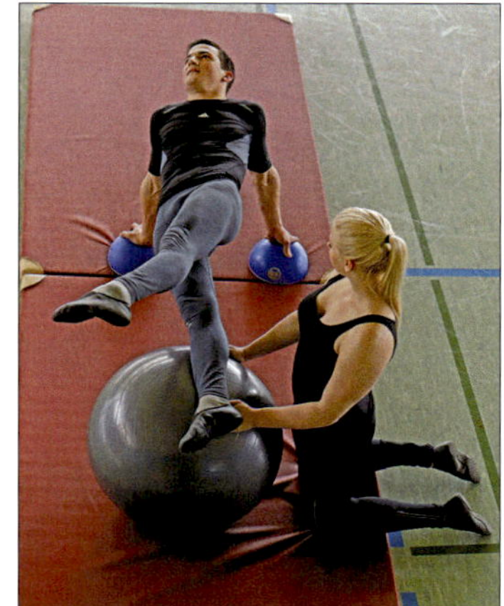

Foto 44: Scherbewegung auf Pezziball

Beckenschub kombiniert mit Scherbewegung auf dem Pezziball

Kombinierte Bewegung aus den oben beschriebenen Übungen zum Beckenschub und der Scherbewegung auf dem Pezziball. Ausgangsstellung wie oben. Das Becken wird zwischen die Arme geführt und mit einem Schub wieder in Richtung Ausgangsposition gebracht. Dabei wird das Gewicht von beiden Unterschenkeln auf den rechten verlagert. Kurz vor der Hüftstreckung beginnt die oben beschriebene Beckendrehung.

➭ 2. Teil Schere am Parallelbarren

Diese Übung ist eine Erweiterung zum Stützschwung rl. am Parallelbarren. Zusätzlich wird hier die Beckendrehung eingebaut (s. Bewegungsbeschreibung 2. Teil Schere).

➭ 2. Teil Schere am Übungspferd/Pferd

Analog zum Stützschwung rl. wird zunächst mit Hilfestellung am Übungspferd und anschließend im Galopp auf dem Pferd geübt.

➭ 2. Teil Schere aus der Bank rl.

Vereinfachung der komplexen Übung Schere rl. aus den bekannten Gründen (s. o.).

Wichtig: Die Auswahl des Schwungbeines ist für auftretende Ausweichmechanismen entscheidend. Wird das linke Bein als Schwungbein benutzt, kann dadurch die Einleitung der Beckendrehung unterstützt werden. Eine Korrektur muss erfolgen, wenn das rechte Bein nicht in die Bewegung integriert wird, z.B. wenn es hängen gelassen wird. Ist das rechte Bein das Schwungbein, kann die Einleitung der Scherbewegung gestört sein.

➭ Stabilisation des 2. Teiles Schere

Um den Bewegungsfluss verbessern und die erlernte Bewegung stabilisieren zu können, eignen sich Bewegungskombinationen, z.B. Turnen der komplexen Schere, Stehen- Einsitzen rw. Schere 2. Teil, halbe Mühle, Schere 2. Teil etc.

Fehler, Ursache, Korrektur kompakt

Fehler	Ursache	Korrektur
Der Stützschwung vorlings		
Runder Rücken im Schwungansatz	Mangelnde Muskulatur im Rumpf, fehlende Dehnung in den Hüftbeugern	Kräftigen des Rumpfes; Dehnen der Hüftbeuger
Mangelndes Abtauchen des Oberkörpers	Zu geringer Schwungansatz; keine Impulsübertragung der Beine auf den Rumpf; zu frühes Abtauchen im Oberkörper	Tempo der Schwungbeine bei langem aufrechten Sitz verbessern
Kopf ist nicht in Verlängerung der Wirbelsäule, „langer Hals“	Falsche Bewegungsvorstellung; mangelnde Halsmuskulatur	„Kinn in“, Kräftigung der Halsmuskulatur; Bewegungsempfinden schulen
Zu wenig Höhengewinn des Körperschwerpunktes	Schwungansatz fehlerhaft; zu frühes Abtauchen und zu wenig Tempo der Beine, folglich keine Impulsübertragung	Technikschulung: lange hinten- aufrecht sitzen bleiben; Übungen zur Verbesserung des Beintempos
Voltigierer kommt nicht zum Stützen	Mangelnde Arm- und Schulterkraft	Schnellkrafttraining der Streckmuskulatur in den Armen; Schultergürtel kräftigen
Hohlkreuz; „krumme“ Beine	Fehlende Ganzkörperspannung	Isometrisches Krafttraining zur Verbesserung der Ganzkörperspannung
Hartes Einsitzen	Körperschwerpunkt zu weit hinter dem Gurt; kein aktives Abbeugen in der Hüfte	Gezielte Übungen zum isolierten Einsitzen; Schulung der Ganzkörperspannung
Schwungholen gegen den Galopprhythmus	Fehlendes Rhythmusgefühl	Tanzen, Übungen nach Musik; verbales Vorgeben des Schwungrhythmus

Fehler	Ursache	Korrektur
Wende		
Zu geringer Abdruck	Fehlende Koordination der Teilimpulse	Schwungansatz verbessern; isolierten Abdruck üben (z.B. aus dem Knien oder aus dem Handstand)
Landung in Schrittstellung/X-beinig, harte Landung	Fehlende Muskulatur, um exzentrische Abfangbewegung zu ermöglichen; falsche Stellung der Beine	Gezieltes Landetraining; zunächst Fußgelenksarbeit, Prellfedern, Landungen aus kleinen Höhen
Schere 1. Teil		
Fehlende Beckendrehung	Fehlende Koordination der Teilimpulse; falsche Bewegungsvorstellung; zu wenig Höhengewinn des Körperschwerpunktes	Isoliertes Üben der Beckendrehung am Boden/Bock; Bewegungsvorstellung durch taktile Hilfen verbessern; verbale Hilfen: „Bauchnabel nach innen"; gezielten Höhengewinn beim Stützschwung schulen
„Propellerschere"; Füße nicht auf einer Höhe	Zu wenig Höhengewinn des Körperschwerpunktes; keine/geringe Beckendrehung; falsche Scherbewegung der Beine	s.o.; gezieltes Scheren der Beine mit Partnerhilfe üben
Harte Landung	Zu wenig Höhengewinn, dadurch Vorbereitung der Landung nicht möglich; falsche Drehung; kein gurtnahes Abfangen der Bewegung über „bewusstes Abbremsen" des Schwungs	Übungen zum Höhengewinn; gezieltes Einsitzen aus der Handstandposition üben; Beckendrehung isoliert trainieren; Krafttraining zum Abfangen der Bewegung
Stützschwung rücklings		
Rücklage/Rundrücken	Ungünstige/falsche Sitzposition	Sitzschulung
Mangelnder Stütz	Keine/falsche Bogenspannung; zu wenig Arm- und Schulterkraft	Bogenspannung isoliert trainieren; Krafttraining für Schultergürtel und Streckmuskulatur der Arme
Keine Beckenhöhe, hartes Einsitzen	Falsche Bogenspannung; fehlendes Tempo der Beine; Kinn auf der Brust; fehlende Rumpfmuskulatur	Bogenspannung aus dem korrekten Sitz isoliert trainieren; Tempo des Beinschwungs verbessern; Kopf in Verlängerung der WS -„Kinn in"-; Kräftigen der Rumpfmuskulatur
Schere 2. Teil		
Keine aktive Beckendrehung	Keine Beckenhöhe; mangelnder Stütz; fehlendes Tempo; zu starkes „Klappen" der Beine (Bein/Rumpf-Winkel zu eng)	S.o.; frühes Fixieren des Beckens, um „Klappen" zu vermeiden; „Bauchnabel nach innen drehen"
Landung nicht in der Längsachse des Pferdes	Kein beidarmiges Stützen; Beinstellung zu breit; aktive Drehung fehlt	Arme und Schultergürtel kräftigen; Füße müssen sich annähern; Beckendrehung verbessern
Flanke 1. Teil		
Zu wenig Höhengewinn	Fehlendes Tempo; schlechte Impulsübertragung	Schwungansatz und Tempo verbessern
Keine annähernde Handstandposition	Arm/Rumpf- Winkel nicht weit genug geöffnet	Schultergürtel-, Rumpf- und Beinmuskulatur funktionell kräftigen, Brustmuskeln dehnen
Hartes Einsitzen	Kein aktives Abbücken der Beine; Schultern nicht weit genug nach vorne verlagert; schlechte Dehnung der „Ischis"	Abbücken getrennt üben; Hüftbeuger kräftigen, „Ischis" dehnen; bewusstes Vorverlagern der Schultern
Flanke 2. Teil		
Aufgeben der Sitzposition	Oberkörper zu weit in Vorlage	Bewusstes Aufrichten des Oberkörpers
Einbeiniges Schwungholen	Fehlende Ganzkörperspannung; zu frühes Abtauchen des Oberkörpers	Ganzkörperspannung trainieren; Hilfsmittel wie kleiner Ball zwischen die Beine -eine methodisch zwingende Situation schaffen
Nach außen wegschleudern, fehlender Abdruck	Fehlende Ganzkörperspannung; rechter Arm drückt nicht aktiv genug	Ganzkörperspannung trainieren; Prellfedern im Handstand zur Verbesserung des Abdrucks

2.1.7 Das Knien und das Stehen

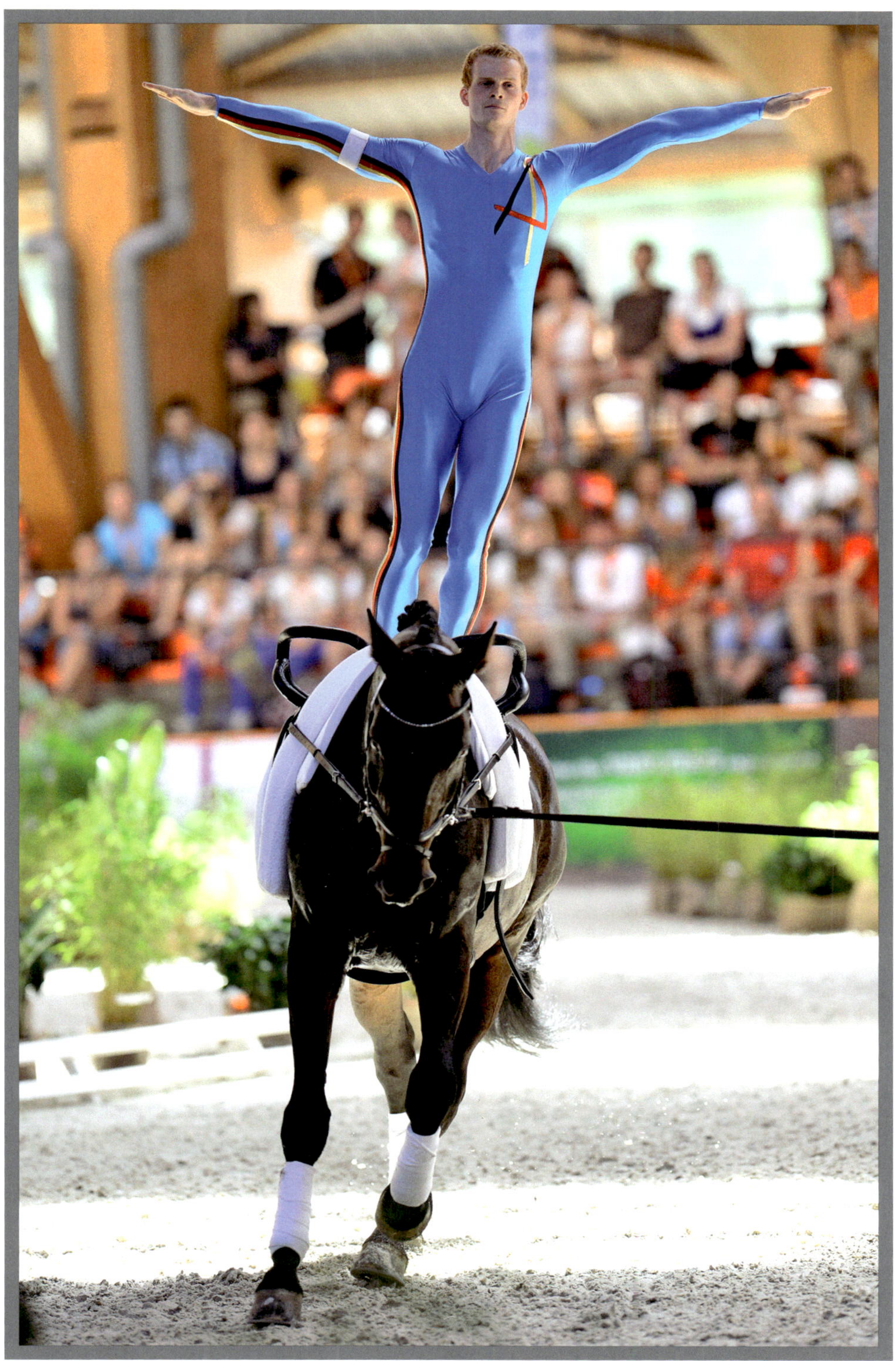

Die konditionellen und koordinativen Grundvoraussetzungen abzuprüfen, eingebunden in die verschiedenen technischen Anforderungen, ist der Kerninhalt der Pflichten in den diversen Leistungsklassen. Das Knien im Anfängerbereich sowie das Stehen in den weiteren Leistungsklassen sind in ihrem Anspruch an den Voltigierer eindeutig. Im Vordergrund steht die koordinative Fähigkeit Gleichgewicht. Während es durch die labile Unterstützungsfläche Pferd, bedingt durch die dreidimensionale Bewegung, in jeder Übung verlangt wird, stellen das Knien und das Stehen die Möglichkeit dar, das Gleichgewichtsvermögen isoliert abzuprüfen.

Das Knien

Die Hauptkriterien Kniens

1. Gleichgewicht
2. Haltung

Die Bewegungsbeschreibung Knien

Der Voltigierer kniet mit beiden Unterschenkeln, aus dem aufrechten Sitz, hüftbreit und parallel zur Wirbelsäule des Pferdes, mit gestreckten Fußspitzen auf. Das Aufknien erfolgt über einen kurzen Rückschwung der Beine. Um eine weiche Landung der Unterschenkel zu gewährleisten, bietet es sich an, den Schwung über den Fußrist zum Knie abzufangen.
Es folgt ein Aufrichten des Oberkörpers leicht hinter die Senkrechte. Das Gewicht ist gleichmäßig, flächig von den Knien über die Unterschenkel bis zum Fußrist auf beide Beine verteilt. Bei einer optimalen Knieposition bilden Ober- und Unterschenkel **annähernd** 90 Grad, bei annähernd gestreckter Hüfte. Ein gewisser Spielraum im Hüft- und Kniegelenk ist wichtig, um die Bewegung des Pferdes ausbalancieren zu können.

Nachdem sich der Oberkörper aufgerichtet hat, werden die Arme, mit der Blickrichtung geradeaus, in die Seithalte geführt. Wie beim freien Grundsitz bilden Schulter, Arm und Fingerspitzen eine gerade Linie, bei der sich die Oberlinie der Fingerspitzen auf Augenhöhe befindet. Auch hier zeigen die Handflächen, bei geschlossener Fingerhaltung, nach unten (s. Pikt. 76).

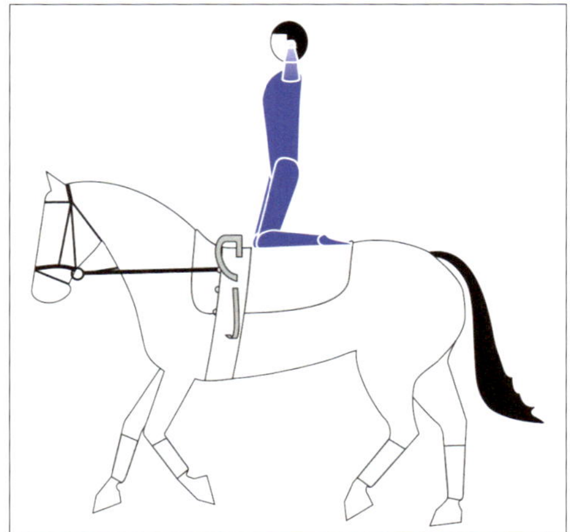

Pikt. 76: Das Knien vw.

Wie bei allen statischen Übungen wird auch das Knien vier Galoppsprünge ausgehalten, bevor die Arme aus der Seithalte, über die Seite ohne Unterbrechung zum Anfassen der Griffe, abgesenkt werden. Der Voltigierer gleitet nach dem Fassen der Griffe mit geschlossenen Beinen direkt hinter dem Gurt ein.

Das Stehen

Die Hauptkriterien des Stehens

1. Gleichgewicht
2. Haltung

Die Bewegungsbeschreibung des Stehens

Das Stehen im fortgeschrittenen Wettkampfsport unterscheidet sich vom Stehen im Leistungs- und Spitzensport lediglich im Aufbau. Fortgeschrittene hocken bei einem Turnier aus der Bankstellung (s. Fahne) auf, da zuvor die Fahne geturnt werden muss. In höheren Leistungsklassen wird das Stehen aus dem Grundsitz vw. über das flüchtige Knien aufgebaut, weil zuvor die Schere zu turnen ist. Die weitere Übungsfolge ist gleich.

Im Aufhocken nehmen die Füße eine hüftbreite Fußstellung ein und die Knie zeigen nach vorne. Nach der Aufnahme des Galopprhythmus in Knie-, Hüft- und Fußgelenken richtet sich der Oberkörper, mit gleichzeitigem Lösen der Hände von den Griffen, auf. Es ist darauf zu achten, dass die ganze Sohle belastet wird. Zunächst erfolgt ein harmonisches Aufrichten des Oberkörpers in die Senkrechte, erst dann werden die Arme zum freien, aufrechten Stehen hinter dem Gurt in die Seithalte geführt. Der Blick ist geradeaus gerichtet (s. Pikt. 77).

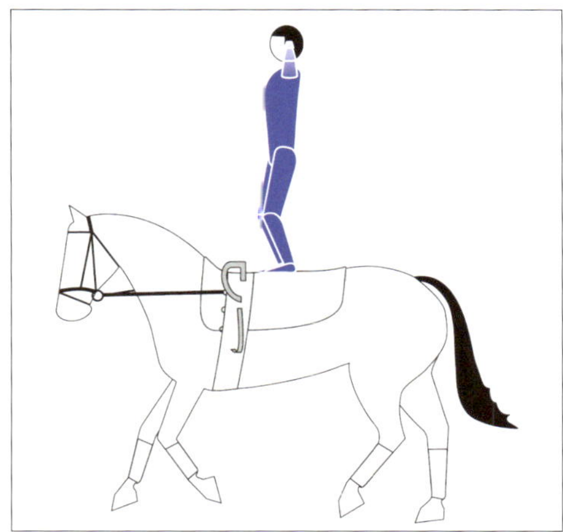

Pikt. 77: Das Stehen vw.

Auch dann gilt wieder:
Wie beim freien Grundsitz bilden Schulter, Arm und Fingerspitzen eine gerade Linie, bei der sich die Oberlinie der Fingerspitzen auf Augenhöhe befindet. Auch hier zeigen die Handflächen, bei geschlossener Fingerhaltung, nach unten.

Wie bei allen statischen Übungen gefordert, wird auch das Stehen vier Galoppsprünge ausgehalten, bevor die Arme aus der Seithalte, an der Seite ohne Unterbrechung zum Anfassen der Griffe, abgesenkt werden. Der Voltigierer gleitet nach dem Fassen der Griffe mit geschlossenen Beinen direkt hinter dem Gurt ein.

Körperliche Voraussetzungen für das Knien und das Stehen

Kraft

Rumpfkraft

Für die aufrechte Haltung werden wie beim Grundsitz oder bei der Mühle etc. die Rumpfmuskeln gebraucht, die den Rücken strecken, die Schultern nach hinten zur Wirbelsäule und nach unten ziehen, und die Bauchmuskulatur, die ein Hohlkreuz verhindert.

Hüftmuskulatur

Hier werden besonders die Hüftadduktoren und -strecker zur Arbeit angeregt. Erstgenannte, um ein seitliches Abrutschen der Beine zu verhindern (vor allem beim Knien), Letztgenannte, um die Hüfte möglichst gestreckt zu halten.

Kniestrecker

Die bekannten Kniestrecker arbeiten (synergistisch) mit den Hüftstreckern zusammen, um ein Absinken des Gesäßes zu vermeiden und den Galoppsprung abfedern zu können.

Beweglichkeit Allgemeine Beweglichkeit vor allem in den Hüft-, Schulter-, Wirbelsäulen- und in den Sprunggelenken.

Koordination Die Übungen Knien und Stehen verlangen aufgrund des höher gelagerten Körperschwerpunktes ein großes Maß an Gleichgewicht. Daneben werden unter anderem auch die kinästhetische Differenzierbarkeit und das Rhythmusgefühl geschult.

Übungen zur Verbesserung der körperlichen Voraussetzungen in Bezug auf das Knien und das Stehen

Übungen zur Schulung der konditionellen Fähigkeiten, die das Knien und Stehen betreffen, sind bereits in allen vorgeschalteten Kapiteln angesprochen worden, sodass die nachfolgenden Übungen nicht speziell auf Kraft- und Beweglichkeitsverbesserung ausgerichtet, sondern vielmehr auf Gleichgewichtsschulung und methodisches Heranführen an die Zielübung abgestimmt sind.

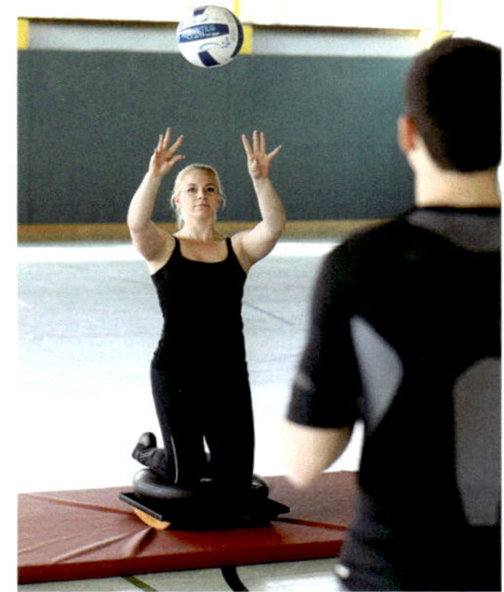

Foto 45: Kippelbrett

Knien auf dem Kippelbrett

Die Person kniet längs auf dem Kippelbrett, die Armhaltung ist frei wählbar. Ein Partner bewegt vorsichtig das Kippelbrett.

Variation: Bei gleicher Ausgangsposition werden Zusatzanforderungen gestellt, z.B. Jonglieren mit Tüchern oder Bällen, Prellen eines Balles neben oder auf dem Brett, Werfen des Balles zu einem weiteren Partner, Übungen am Seilzug (s. vorherige Kapitel), Übungen mit dem Theraband etc.

Variation: Gleiche Ausgangsposition, unter die Unterschenkel und Füße kommen Ballkissen. Variationen wie oben beschrieben (s. Foto 45).

Knien auf dem Pezziball

Knien auf dem Pezziball entweder mit einem Partner oder an der Wand/Bande
(s. Foto 46).

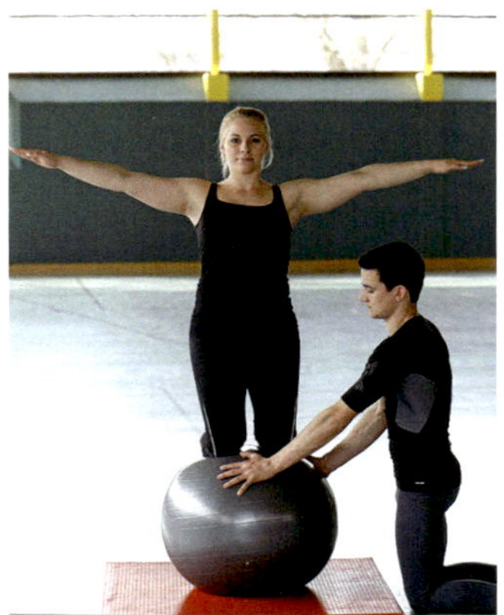

Foto 46: Knien auf dem Pezziball

Stehen auf dem Pezziball

Gleiche Übungen und Variationen wie beim Knien auf dem Kippelbrett (s. Foto 47).

Variationen: Auch in dieser Ausgangsstellung können oben genannte Zusatzanforderungen eingebaut werden.

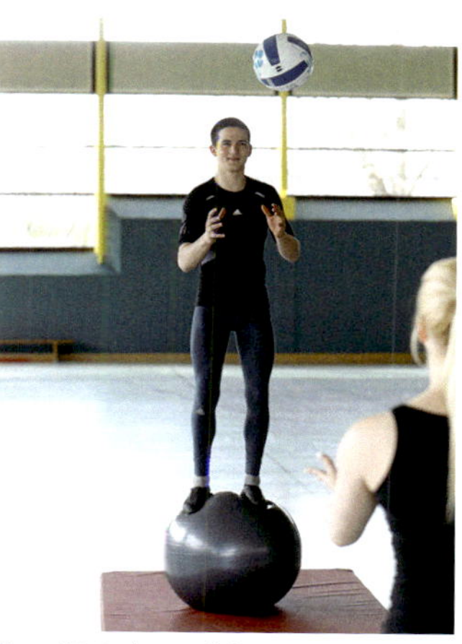

Foto 47: Stehen auf dem Pezziball

Pedalo fahren

Einer- oder Zweierpedalo fahren rw. oder vw., mit oder ohne Zusatzanforderungen.

Balancieren auf einer Bank

Eine umgedrehte Bank wird auf zwei Kisten gelegt. Die Voltigierer balancieren unter Beachtung möglicher Sicherheitsregeln (Matten unter und hinter dem Gerät, Sicherungen in Form eines Partners neben dem Gerät) über die Bank.

Variationen:

- Vw., rw., sw. balancieren
- Augen geöffnet oder geschlossen
- Kombination mit Drehungen um die Körperlängsachse
- Integration von Pferdchen-, Schritt-, Hock- oder Grätschsprung auf dem Gerät
- Einbau von Bewegungskombinationen wie Hinsetzen, Schwebesitz, Hocke, Standwaage o.Ä.
- Zusätzliche Hindernisse wie Medizinbälle auf der Bank
- Zusatzaufgaben, z.B. Hochwerfen und Fangen eines Balles, Jonglieren, Prellen von 1–2 Bällen parallel neben der Bank
- Veränderung des Untergrundes, z.B. durch Geräteturnmatten unter den Kisten

Tipp: Alle genannten Variationsmöglichkeiten können in unterschiedlichster Form miteinander kombiniert werden, sodass ein großes Repertoire zusammengestellt werden kann, mit dem in jeder Unterrichtsstunde erneut das Gleichgewicht geschult werden könnte.

Variation: Mit einigen Abstrichen können diese Übungen auch auf anderen Materialien durchgeführt werden. Mögliche „Geräte“: Linien in der Turnhalle, Cavalettis, Seilchen, Taue, Springstangen (an beiden Seiten fixiert), Medizinballreihe (an beiden Längsseiten durch ein am Boden liegendes Tau fixiert).

Gleichgewichtsparcours

Aufbau , Übungsauswahl wie oben Knien auf dem Pferd. Alle Variationen des Kniens auf dem Pferd schulen das Gleichgewicht. Dabei wird der Schwerpunkt nicht auf das technisch korrekte Knien gelegt, sondern vielmehr auf die Bewegungserfahrung, die der Voltigierer gewinnt.

Beispiele: Knien vw., rw. sw., angefasst oder frei, einbeinig oder beidbeinig, mit oder ohne Zusatzanforderungen, Augen geöffnet oder geschlossen. Das Pferd geht Schritt, Trab oder Galopp, rechte oder linke Hand.

Stehen auf dem Pferd

Alle Variationen, s. Knien auf dem Pferd. Evtl. Hilfestellung durch einen rw. auf Hals sitzenden Partner. Kombination oben genannter Variationen mit Drehungen im Stand um die Körperlängsachse, Bewegungsverbindungen mit Knie- und Standpositionen.

Methodische Übungsreihen zum Knien

- **Erlernen der Grundübung am Boden/Übungspferd**
  Erlernen des korrekten Kniens am Boden und am Übungspferd unter Anleitung. Besonderes Augenmerk ist auf die Beinposition, Rumpfaufrichtung, Arm- und Kopfhaltung zu legen. Dabei kann/können ein Partner und/oder ein Spiegel als zusätzliche Korrektur helfen.

- **Schulung des Auf- und Abbaus am Übungspferd**
  Auf- und Abbau sind beim Knien wie bei allen statischen Übungen von großer Bedeutung.
  Wichtig: Der Trainer sollte darauf achten, dass beim Aufbau zuerst der Oberkörper und dann die Arme in die Endposition gehen. Der Abbau erfolgt genau umgekehrt. Der Bewegungsfluss darf dabei aber nicht verloren gehen.

- **Knien auf dem Pferd mit Partnerhilfe**
  Transfer der erlernten Bewegung auf das Pferd. Dabei sitzt ein Partner rw. auf dem Hals und dient am Anfang als aktive Hilfe, mit zunehmendem Können nur noch als passive Sicherung. Dabei kann der Voltigierer das Knien zunächst angefasst, mit zunehmendem Leistungsniveau frei durchführen.

- **Freies Knien mit Ball**
  Zur Stabilisation der korrekten Beinstellung wird ein Schaumstoffball zwischen die Beine geklemmt. Dadurch wird ein zusätzlicher Trainingsreiz gesetzt.

- **Freies Knien ohne Partnerhilfe**
  Erschwerte Bedingungen gegenüber der zuvor genannten Übung. Wiederum zuerst angefasst, später einhändig und frei, wird diese Übung von leicht nach schwer verändert. Wenn das Knien frei geturnt werden kann, sollten verschiedene Armpositionen gewählt werden, um das Erlernte zu stabilisieren.

- **Turnen der Zielübung**
  Integration des korrekten Auf- und Abbaus in die bisher ausgeführten Übungen.

- **Stabilisation der Zielübung**
  Einordnung des Kniens in eine Übungskombination, z.B. Knien- Einsitzen- Wende innen; Liegestütz- Knien- Stützschwung vl. etc.

Methodische Übungsreihe zum Stehen

Bei der methodischen Reihe zum Erlernen und Verbessern des Stehens wird auf der bekannten Bewegungserfahrung des Kniens aufgebaut und die Zielposition mit der Verkleinerung der Unterstützungsfläche erschwert.

- **Erlernen der Übung am Boden/Übungspferd**
  Erlernen der korrekten Grundposition am Boden und am Übungspferd

- **Schulung des korrekten Auf- und Abbaus am Boden**
  Kombination der Grundposition mit dem korrekten Auf- und Abbau. Es gelten auch beim Stehen die bereits beim Knien angesprochenen Ausführungshinweise.

- **Stehen auf dem Pferd mit Partnerhilfe**
  Übergang von der stabilen Position des Übungspferdes auf das Pferd. Hier werden alle drei

Grundgangarten unter den bekannten methodischen Aspekten, vom Leichten zum Schweren und vom Bekannten zum Unbekannten, genutzt. Dabei sitzt zunächst ein Partner rw. auf dem Hals, der unterstützend eingreifen kann.

Stehen mit Ball und Partnerhilfe

Ein häufiger Ausführungsfehler ist das Ausweichen der Beine aus der Beinachse, d.h. X- oder O-Beine. Das kann durch einen Schaumstoffball, der zwischen die Knie platziert wird, verhindert werden.

Freies Stehen ohne Partnerhilfe

Erschwerte Bedingungen gegenüber der zuvor genannten Übung. Wiederum zuerst angefasst, später einhändig und frei, wird diese Übung von leicht nach schwer verändert. Wenn das Stehen frei geturnt werden kann, sollten verschiedene Armpositionen gewählt werden, um das Erlernte zu stabilisieren.

Turnen der Zielübung

Durchführung der komplexen Zielübung (s. Bewegungsbeschreibung)

Stabilisation der Zielübung

Einbau der Zielübung in Bewegungskombinationen wie Stehen- Einsitzen- Flanke oder Stehen- Einsitzen- Wende etc.

Fehler, Ursache, Korrektur kompakt

Fehler	Ursache	Korrektur
Das Knien		
Hartes Aufknien	Schlechter Schwungansatz aus dem Sitzen; mangelndes Stützen	Schwungansatz verbessern; Haltekraft in den Armen und im Schultergürtel verbessern
Breites Knien	Falsche Bewegungsvorstellung; mangelnde Kraft in Rumpf und Beine	Methodisch zwingende Situation schaffen, z.B. kleiner Ball zwischen die Oberschenkel; Kräftigung von Rumpf und Beine
Bohrende Knie/Füße	Keine gleichmäßige Gewichtsverteilung; Gleichgewichtsprobleme	Schulung des Gleichgewichts
Zu hohe/tiefe Arme, Handflächen abgewinkelt/verdreht	Mangelndes Bewegungsgefühl	Gymnastische Übungen zum Erfühlen der körperlichen Grenzen (Ball/Seil)
Das Stehen		
Aufstellen der Füße nacheinander	Keine Bewegungsvorstellung; zu geringe Stützphase der Arme	Bewegungsvorstellung verbessern (Video); Aufhocken isoliert üben; bewusst lange Stützphasen einbauen
Zu breite Fußstellung; zu enge/breite Kniestellung	Muskuläre Defizite bezüglich der Haltekraft in Ober- und Unterschenkel	Beinachsentraining; Krafttraining der Beine; methodisch zwingende Situation schaffen
Fußsohlen nicht gleichmäßig belastet	Mangelndes Gleichgewicht	Gleichgewichtstraining, z.B. Stehen mit Partnerhilfe, verschiedene Gangarten und Stehpositionen; Analysatorentraining
Stehen vor oder hinter der Senkrechten	Gleichgewichtsprobleme	Gleichgewichtstraining, z.B. viele labile Untergründe auf dem Boden schaffen
Hartes Einsitzen	Mangelndes Stützen; zu wenig Beugung in der Hüfte	Einsitzen bewusst üben, Stützphasen länger halten/verzögern
Zu steife Knie/Füße	Mangelnde Beweglichkeit in den Gelenken; Verkrampfung der Muskulatur	Viele Übungen im Trab mit und ohne Partnerhilfe

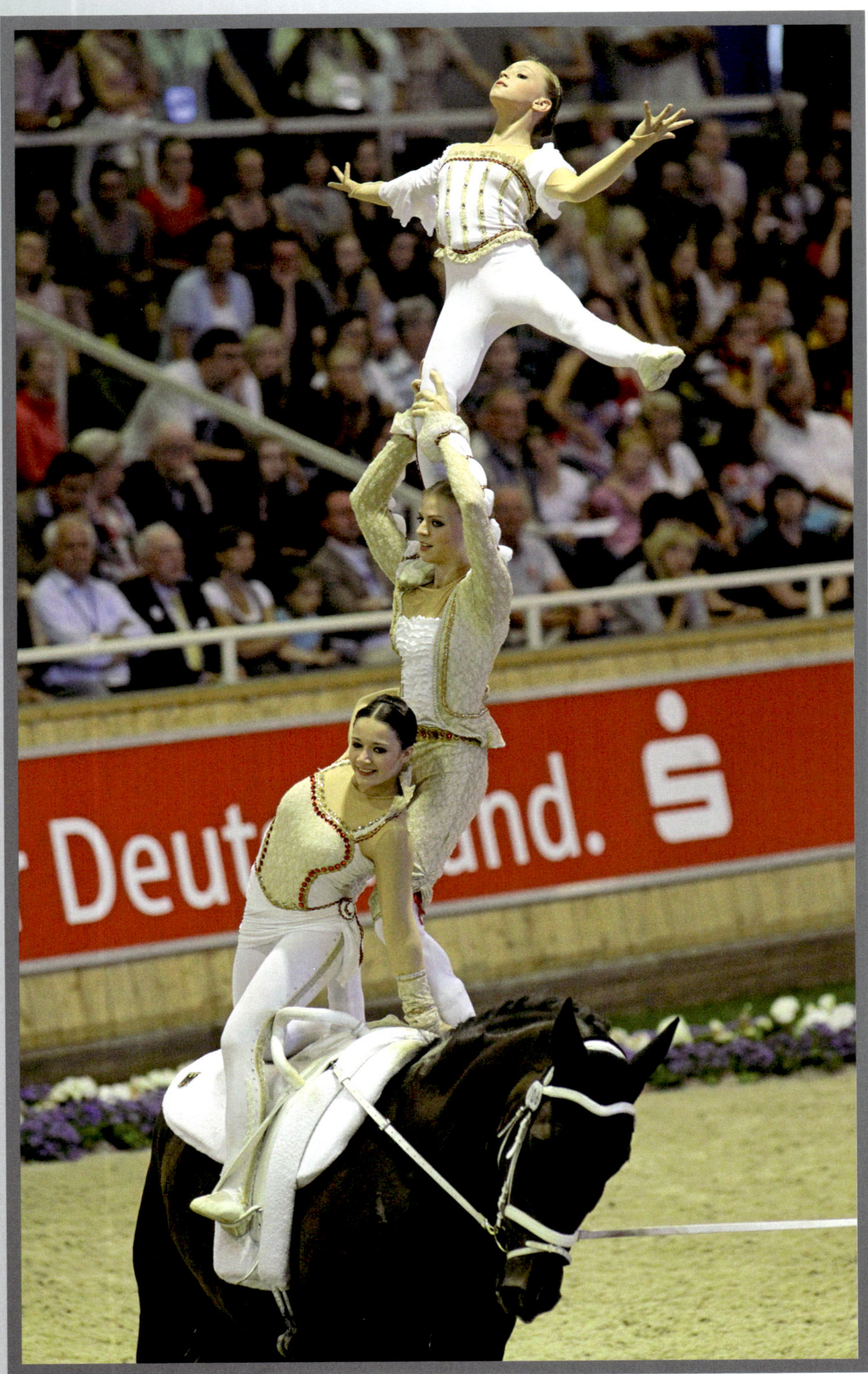
r Deut
and.

2.2 Die Kür

Nachdem sich die vorhergegangenen Kapitel mit dem Pflichttraining auseinandergesetzt haben, soll in den folgenden Abschnitten ein Überblick zum Thema Kür gegeben werden. Die Kür bildet mit dem hohen Maß an Kreativität und Individualität über die verschiedenen Klassen hinweg, sehr viel Abwechslung und kann zu Recht als Publikumsmagnet bezeichnet werden. Grundsätzlich wird zwischen Gruppen-, Einzel- und Doppelküren unterschieden. Bewertet werden die Küren nach Schwierigkeit, Gestaltung und Ausführung, die aber in der verschiedenen Entwicklungsstufen und Disziplinen unterschiedlich gewichtet werden. Die Autoren widmen sich neben der Erklärung und Herleitung der Hauptkriterien besonders der Kürkomposition ausgewählter Könnensstadien. Es werden signifikante Strukturgruppen anhand exemplarischer Übungen voneinander abgegrenzt. Die Beantwortung folgender Schwerpunktfragen steht im Vordergrund:

Wie wird eine Gruppen-, Einzel- und Doppelkür gestaltet?
Wie könnte eine mögliche Jahresplanung zur Kür aussehen?
Was ist unter Strukturgruppen zu verstehen und wie lassen sich diese in eine Kür einbauen?

Darüber hinaus sollen praktische Tipps zu Kürabgängen gegeben und einzelne Lernwege zu diesem Thema aufgezeigt werden.

2.2.1 Die Gruppenkür

In den nachfolgenden Ausführungen wird nicht explizit auf die Bewertung einer Gruppenkür eingegangen. Vielmehr geht es darum, einen Überblick über das schrittweise Heranführen an eine optimale Kür zu geben. Aufgrund der Leistungsfähigkeit sind die Schwerpunkte bei der Zusammenstellung einer Gruppenkür in den verschiedenen Könnensstufen vorgegeben. Dies wird auch durch eine Gewichtung der Kürkriterien bei der Bewertung sichtbar. Anhand der Komponenten Schwierigkeit, Gestaltung und Ausführung werden die spezifischen Anforderungen und ihre Bewertung, sowie der jeweilige Trainingsansatz erklärt. Darüber hinaus wird mithilfe einer ausgewählten Könnensstufe eine mögliche Saisonplanung für das schrittweise Aufbauen einer Gruppenkür gegeben. Gleichzeitig werden die Unterschiede zur Einzel- und Doppelkür verdeutlicht.
Ähnlich wie in der Pflicht ist auch in der Kür eine Methodik zu erkennen. Wie die Tabelle 10 erkennen lässt, haben die einzelnen Bewertungselemente unterschiedlichen Einfluss auf die Kürbewertung in den verschiedenen Könnensstufen. Anhand verschiedener Kriterien werden im Folgenden Schwierigkeit, Gestaltung und Ausführung erklärt.

		Schwierigkeit	Gestaltung	Ausführung
Könner	Spitzensport	●●●	●●●	●●●
	Leistungssport	●●●	●●●	●●●
Fortgeschrittene		●●	●●	●●●
(Turnier-)Anfänger		●	●	●●●

● wenig Einfluss ●● mittlerer Einfluss ●●● starker Einfluss

Tab. 10 Einfluss von Schwierigkeit, Gestaltung und Ausführung auf die Kürbewertung in den Könnensstufen

Die Schwierigkeit

Wie bereits erwähnt, haben die verschiedenen Klassen sowohl in der Pflicht als auch in der Kür unterschiedliche Anforderungen. In Bezug auf die Schwierigkeit lassen sich vom Anfänger bis zum Könnerstadium Unterschiede aufzeigen, die die gesteigerten Anforderungen mit zunehmender Leistungsklasse (Lkl.) erkennen lassen. Um den Schwerpunkt des Trainings auf eine gute und sichere Ausführung zu legen, besteht die Kür im Anfängerbereich aus festgelegten Pflichtkürelementen, die frei miteinander verbunden werden können. Die zu erreichende Höchstpunktzahl setzt sich aus den gezeigten Technikelementen zusammen. Dabei dürfen maximal zwei Voltigierer gemeinsam auf dem Pferd turnen. Es können leichte (L), mittlere (M) und schwere (S) Übungsteile miteinander verbunden werden. Die Schwierigkeit einer einzelnen Übung ergibt sich z.B. aus den unterschiedlichen Ebenen (untere, mittlere, obere Ebene), in denen eine Kürübung durchgeführt wird. So ist eine Übung, die auf einem sitzenden Partner (untere Ebene) geturnt wird, deutlich leichter als die, die auf einem stehenden (obere Ebene) gezeigt wird. Darüber hinaus geben Angaben über die Anzahl von Haltepunkten, die Richtung, in die geturnt wird (vw., rw., sw.), und besondere Anforderungen an die körperlichen Fähigkeiten Hinweise darauf, in welche Kategorie eine Kürübung fällt. Limitierte Höchstpunktzahlen und eine geringere Gewichtung in der Beurteilung der Schwierigkeit beabsichtigen, dass Trainer und Athleten das Hauptaugenmerk ihres Trainings auf eine gute Ausführung der Technikelemente legen. Gemeinsam mit eigens ausgewählten Übungsverbindungen gilt es, eine ansprechende Kür zu gestalten.

Im Fortgeschrittenenstadium nimmt die Variabilität bei der Auswahl der Kürübungen zu. Eine frei zusammengestellte Kür mit limitierten statischen Dreier-Übungen erweitert den Spielraum. Eingeschränkt bleiben die Voltigierer durch eine immer noch begrenzte Maximalpunktzahl. Diese Einschränkung wird mit Zunahme der Leistungsentwicklung bei den Könnern aufgehoben. Erlaubt sind dann durchgehend drei Voltigierer auf dem Pferd und die Höchstschwierigkeit von 10 ist zu erreichen.

Während die Kür der Doppelvoltigierer ebenfalls Einzel- und Partnerübungen in dynamische und statische Elemente mit den Wertigkeiten L, M, S einteilt, jedoch keine weitere Unterteilung der Könnensstufen vornimmt, hat der Sport in den letzten Jahren beim Einzelvoltigieren diesbezüglich eine Entwicklung durchgemacht. Mittlerweile gibt es auch in dieser Disziplin im Turniereinsteigerbereich des Einzelvoltigierens vorgeschriebene Technikelemente, die mit frei wählbaren zusätzlichen Übungen die Schwierigkeitsnote bilden. Hinzu kommt, dass es bei den Individualsportlern neben L, M und S zusätzlich Übungen gibt, die als Höchstschwierigkeiten (HS) deklariert werden, weil sie besonders hohe Anforderungen an die körperlichen Fähigkeiten stellen.

Die Gestaltung

Eine zweite sehr wichtige Bewertung, an der sich eine Methodik innerhalb der Kür vom Turnieranfänger bis zum Spitzensportler zeigen lässt, ist die Gestaltungsnote. Auch bei ihr fallen Unterschiede hinsichtlich ihres Einflusses auf die Beurteilung auf.

Wie setzt sich eine gute Gestaltungsnote zusammen?

Ursprünglich in zwei große Kategorien unterteilt, in den sportlichen und in den künstlerischen Aspekt, haben sich neuerdings drei Kategorien ausdifferenziert, die je nach Könnensstufe einen mehr oder weniger starken Einfluss durch ihre Gewichtung auf die Gestaltungsnote haben.

Der athletische Aspekt

Bei einer Höchstnote von 10 hat er den größeren Stellenwert bei der Notenfindung. Mit bis zu 6 Punkten im Spitzenbereich des Gruppen-, Doppel- und Einzelvoltigierens zählt er 60 % in der Gestaltungsnote. Zum einen zählt hier die Vielfalt der Bewegungselemente, d.h. unter anderem der Einbau der verschiedenen Strukturgruppen (s. Kap. Einzelkür), Abwechslung von Statik und Dynamik sowie der Wechsel in Auf-/Ab- und Übergängen etc. Zum anderen müssen Höchstschwierigkeiten erbracht werden, um die volle Punktzahl zu erlangen. Man spricht von „Risiko". Damit ist nicht etwa ein Unfallrisiko gemeint, sondern „das Ausführen von Übungen der höchsten Schwierigkeit in Bezug auf das Fehlerrisiko" (vgl. FN 2013, S. 26 ff; FN 2013a, S. 159).

Etwas abzusetzen davon ist der Einfluss der „Athletik" beim Technikprogramm der Einzelvoltigierer. Hier wird dem Aspekt ebenfalls das größte Gewicht beigemessen, jedoch wird bei der Notenfindung in dieser Teildisziplin zusätzlich zu der Auswahl der weiteren Elemente die besonders hohe Anforderung an den Auf- und Abbau der Technikelemente, den sogenannten „In und Outs", berücksichtigt. Je anspruchsvoller sich der Voltigierer aus der vorhergehenden Übung in das Technikelement begibt und ebenso dieselbe mit der folgenden Übung koppelt, desto höherwertiger ist die Note.

Der artistische Aspekt

Bei bis zu 3 Punkten in Bezug auf einen maximalen Wert von 10 Punkten spielt der artistische Aspekt eine geringere Rolle für die Gestaltungsnote. Mit ca. 30–40 % Einfluss auf die Gesamtgestaltungsnote je nach Leistungsklasse ist er aber keinesfalls zu vernachlässigen. Denn hier bringen die Voltigierer ihre Kreativität und ihren eigenen Stil ein. Kriterien in der Bewertung sind die gestalterischen Möglichkeiten wie Originalität, Harmonie zwischen Mensch und Tier, der Bewegungsfluss der Kür, neue und unübliche Übungen bzw. Auf-/Ab- und Übergänge sowie Höhepunkte und der Spannungsverlauf einer Kür. Die einzelnen Teilkomponenten ziehen sich durch alle Disziplinen des Voltigiersports.

Der künstlerische Aspekt

Hier findet man die sicherlich am schwersten greifbaren und an objektiven Maßstäben anzulegenden Punkte vor. Aspekte, die hier zum Tragen kommen und einen Vergleich mit anderen gymnastischen Sportarten zulassen, sind die Interpretation der Musik, verbunden mit der Authentizität und der Ausstrahlung des Paars, der Gruppe oder des Sportlers. Hier gibt jeder seine persönliche Note ab. Interpretation heißt in diesem Fall, eine Harmonie zwischen dem Stil der Bewegung und dem Stil der Musik (vgl. FN 2013, S. 160) herzustellen. Dazu die eigene, persönliche Ausstrahlung, die jeder Voltigierer mit in seine Kür einbringt, d.h. ob eine Kür geturnt oder „gelebt" wird.

	Turnier-Anfänger		Könner	
		Fortgeschrittene	Leistungssport	Spitzensport
Vielfalt der technischen Bewegungselemente	●	●●	●●●	●●●
Risiko	—	—	●●	●●●
Bewegungsfluss, Originalität, Übergänge etc.	●	●●	●●●	●●●
Musikinterpretation, Ausstrahlung	●	●●	●●●	●●●

— nicht zu erwarten ● wenig zu erwarten ●● zu erwarten ●●● sehr zu erwarten

Tab. 11 Übersicht über die zu erwartenden Komponenten der Gestaltungsnote in den einzelnen Leistungsklassen

Ein Blick in die Tabelle 11 zeigt, dass eine Zunahme der einzelnen Gestaltungskomponenten vom Anfänger bis zum Könner erfolgt. Im Anfängerstadium kann davon ausgegangen werden, dass aufgrund der Pflichtkürelemente und der Vorgabe, dass maximal zwei Voltigierer gemeinsam auf dem Pferd turnen dürfen, eine große Vielfalt an technischen Bewegungselementen kaum zu erwarten ist. Des Weiteren hemmen körperliche Voraussetzungen der Voltigierer den Bewegungsfluss und die Musikinterpretation. Die Vorgabe der limitierten Schwierigkeitspunktzahl hindert die Sportler, mit ihren körperlichen Defiziten den Versuch zu unternehmen, für sie zu schwere Kürübungen mit einem daraus resultierenden erhöhten Verletzungsrisiko durchzuführen.
Vergleicht man beim Gruppenvoltigieren die Anforderungen der Anfänger mit denen der Fortgeschrittenen, ist zu erkennen, dass durch den Wegfall der Pflichtkürelemente unter Hinzunahme einer begrenzten Anzahl statischer Dreierübungen eine Vielfalt technischer Bewegungselemente zu erwarten ist. Der Bewegungsfluss und der Einbau kleinerer innovativer Übungen sind genauso im Turnieralltag zu sehen wie Ansätze von Musikinterpretation und Ausstrahlung. Daher nimmt die Gestaltungsnote jetzt einen größeren Raum in der Kürbewertung ein. Im Gegensatz zu den Könnern kann der Einbau von Höchstschwierigkeiten in der Kür ausgeschlossen werden. Zudem sind immer noch Defizite im Bewegungsfluss, in Harmonie und Musikinterpretation sichtbar, sodass eine Vergabe der Höchstnote von 10 wie im Leistungs- und Spitzensport möglich, aber nicht realistisch wäre. Eine Sonderstellung nehmen hierbei sicherlich die Juniorteams ein. In der Übungsauswahl mit statischen Dreierübungen ebenfalls limitiert, findet man hier durchaus Kürkompositionen, die annähernd vergleichbar mit denen im Könnerstadium sind und durchaus im sehr guten gestalterischen Rahmen einzuordnen sind.

Auch im Könnerstadium grenzen sich Leistungs- und Spitzensportgruppen durch die Komposition ihrer Kür voneinander ab. Gelingt es den Teams häufig, die Höchstpunktzahl bei der Schwierigkeit zu erreichen, hebt sich eine Spitzengruppe zusätzlich durch eine brillante Kürgestaltung ab. So reicht es heute nicht mehr, durch „klassische Pyramiden“ zu einer hohen Gestaltungsnote zu gelangen. Einen besonderen Platz nehmen mehr und mehr die dynamischen Elemente in Form von Übungsverbindungen, Auf- und Abgängen ein. Diese sind aufgrund ihrer hohen Anforderungen an die körperlichen Fähigkeiten zumeist nur von Spitzensportlern turnbar.
Ähnlich verhält es sich auch beim Einzel- und Doppelvoltigieren. Es ist bei den Individualsportlern nicht mehr ausreichend, schwere Übungen aneinanderzureihen. Die Kür ist als Gesamtkonzept zu sehen und dementsprechend mit allen gestalterischen Facetten zu belegen. Beim Doppelvoltigieren zeigen Trends der vergangenen Jahre zwei unterschiedliche Herangehensweisen. Während die Rollen klar verteilt sind, wenn analog des Eiskunstlaufens ein männlicher größerer Voltigierer und eine weibliche kleinere Sportlerin turnen, sehen wir auf der anderen Seite annähernd körperlich gleiche Athleten, die während der Kür mehrfach ihre Rollen tauschen. Erfolgreich scheinen beide Varianten zu sein.

Die Ausführung

Die Ausführungsnote ist eine der wichtigsten Noten bei der Kürbewertung. Zusätzlich hat sie einen großen Einfluss auf die Gesamtnote. In allen Entwicklungs- und Leistungsstufen kann eine maximale Punktzahl von 10 erreicht werden. Abzüge von der Höchstpunktzahl ergeben sich aus Haltungs- und Technikfehlern mit unterschiedlich großem Ausmaß sowie aus Stürzen auf oder von dem Pferd. Die Ausführung hat vom Anfänger bis zum Könner einen großen Einfluss auf die Gesamtbewertung (s. Tab. 7). Besonders deutlich ist dieser bei den Turnieranfängern und Fortgeschrittenen zu erkennen. Eine Erklärung ist, dass gerade in den Einsteigerklassen darauf Wert zu legen ist, eine Kür zu bauen, die Voltigierer und Pferd nicht überfordert und ihren körperlichen und technischen Fähigkeiten angepasst ist.

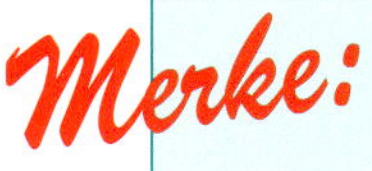

Eine Gruppen-/Einzel-/Doppelkür sollte immer so aufgebaut werden, dass sie den körperlichen und technischen Voraussetzungen der Voltigierer und des Pferdes angepasst ist!

Hinweise zu weiterführender Literatur:
FN: LPO – Leistungs-Prüfungs-Ordnung. Regeln für den deutschen Turniersport. Warendorf 2013.
FN: Richtlinien für Reiten, Fahren und Voltigieren, Band 3, Voltigieren. Warendorf 2013.
FN: Aufgabenheft Voltigieren 2012. Anforderungen und Kriterien im deutschen Turniersport gem. LPO. Warendorf 2013.
Rieder, U.: Voltigieren. Vom Anfänger zum Könner. München 2002.

Aufbau einer „optimalen Gruppenkür"

Wie die vorher dargestellten Ausführungen zeigen, ist „die optimale Kür" ein relativer Begriff. Denn durch das Bewertungssystem auf der einen und körperliche und technische Voraussetzungen von Voltigierer und Pferd auf der anderen Seite ist die Kürzusammenstellung in einem großen Maße vorgegeben. Was bedeutet das für die Praxis? Nach welchen Kriterien kann bei der Zusammenstellung der Kür vorgegangen werden? Diese beiden Fragen sollen in einem Überblick über die verschiedenen Leistungsklassen nachfolgend behandelt werden.

Kriterien bei der Zusammenstellung einer Gruppenkür

Turnieranfänger

- Einbau und Technikschulung der geforderten Pflichtkürelemente
- Dem Leistungsstand von Voltigierer und Pferd angepasste Übungsverbindungen der Pflichtkürelemente wählen, durch verschiedene Auf-/Ab- und Übergänge aus den Strukturgruppen
- Das Pferd „umturnen", Wechsel der Bewegungsrichtungen, Statik und Dynamik
- Einbau zusätzlicher „eigener" Übungen aus den verschiedenen Strukturgruppen nach den bereits oben aufgeführten Kriterien
- Musik wählen, die der Kür angemessen ist, d.h. Pferd und Voltigierer unterstützt/begleitet und nicht hemmt oder die Kür überlagert
- Musikinterpretation einfach halten und die natürliche Ausstrahlung der Voltigierer wirken lassen
- Auf den gleichmäßigen Einsatz aller Voltigierer achten
- Gewichtung der Kürkriterien:
  1. Ausführung
  2. Schwierigkeit (Pflichtkürelemente)
  3. Gestaltung

Fortgeschrittene

- Einer-, Zweier- und (wenn möglich) Dreier-Übungen abwechseln
- Kürschwierigkeit nicht zulasten des Pferdes und der Voltigierer hochsetzen
- Dem Leistungsstand der Voltigierer entsprechende Übungen aus den unterschiedlichen Strukturgruppen wählen, dabei das Pferd „umturnen"
- Auf-/Ab- und Übergänge aus und in verschiedene Bewegungsrichtungen turnen
- Musikwahl anhand des Leistungstandes von Pferd und Voltigierer ausrichten
- Musikinterpretation nicht zulasten der Ausführung der eigentlichen Übung einbringen, ggf. Interpretation durch bestimmte Armbewegungen einfach halten
- Auf den gleichmäßigen Einsatz der Voltigierer achten

- Gewichtung der Kürkriterien: 1. Ausführung
  2. Gestaltung
  3. Schwierigkeit

Könner/Leistungssport

- Einer-, Zweier- und Dreier-Übungen abwechseln
- Kürschwierigkeit am Leistungszustand von Pferd und Voltigierer ausrichten
- Dem Leistungszustand der Voltigierer entsprechende Übungen aus den unterschiedlichen Strukturgruppen wählen, dabei das Pferd „umturnen"
- Auf-/Ab- und Übergänge aus und in verschiedene Bewegungsrichtungen turnen
- Musikauswahl abwechslungsreich gestalten und dem Spannungsverlauf der Kür anpassen
- Musikinterpretation durch Arm-, Kopf- und einfache Körperbewegungen, dabei darf die eigentliche Übung durch die Interpretation nicht gestört werden
- Auf den gleichmäßigen Einsatz der Voltigierer achten
- Gewichtung der Kürkriterien: 1. Ausführung
  2. Schwierigkeit
  3. Gestaltung

Könner/Spitzensport

- Einer-, Zweier- und Dreier-Übungen abwechseln
- Kürschwierigkeit am Leistungszustand von Pferd und Voltigierer ausrichten, Einbau (wenn möglich) von Höchstschwierigkeiten
- Dem Leistungszustand der Voltigierer entsprechende Übungen aus den unterschiedlichen Strukturgruppen wählen, dabei das Pferd „umturnen" und Höhepunkte setzen
- Auf-/Ab- und Übergänge aus und in verschiedene Bewegungsrichtungen turnen nach Möglichkeit der Integration schwerer turnerischer Elemente
- Schwierigkeit nicht auf Kosten der Ausführung und des Gesundheitszustandes von Voltigierer und Pferd hochsetzen
- Einbau origineller Übungen und Übungsverbindungen
- Musik nach dem Stil der Gruppe auswählen und dem Spannungsverlauf der Kür angleichen
- Musikinterpretation durch den ganzen Körper ausführen lassen, wenn möglich Thema interpretieren, welches durch die Musikauswahl vorgegeben wird
- Ausstrahlung fördern durch starke Harmonie von Mensch, Tier und Musik, dabei aber „echt sein"
- Auf den gleichmäßigen Einsatz der Voltigierer achten
- Gewichtung der Kürkriterien: 1. Ausführung
  2. Schwierigkeit
  3. Gestaltung

Saisonplanung einer Gruppenkür

„Wie baue ich mein Kürprogramm auf, um optimal in die Turniersaison starten zu können?" Eine der am häufigsten gestellten Fragen von Trainern im Gruppenvoltigieren. Diese Frage lässt sich nicht mit einem „Kochrezept" lösen, da es viele verschiedene Möglichkeiten gibt, um zum Ziel zu gelangen. Anhand eines Beispiels wird nachfolgend eine Möglichkeit beschrieben, die in abgewandelter Form für alle Leistungsklassen beim Gruppen-, Einzel- und Doppelvoltigieren gelten kann.

Beispiel: **Könner mittleren Niveaus mit den Saisonhöhepunkten Landesmeisterschaft und einem überregionalem Wettkampf (z.B. Länder-Vergleichswettkampf)**

<table>
<tr><th></th><th>November</th><th>Dezember</th><th>Januar</th><th>Februar</th><th>März</th><th>April</th><th>Mai</th><th>Juni</th><th>Juli</th><th>August</th><th>September</th><th>Oktober</th></tr>
<tr><td rowspan="2">Trainingsperiode</td><td colspan="5">Vorbereitungsperiode</td><td colspan="6">Wettkampfperiode</td><td>ÜP</td></tr>
<tr><td colspan="3">1. Etappe</td><td colspan="2">2. Etappe</td><td colspan="3">1. WK-Periode</td><td>Zwischenperiode</td><td colspan="2">2. WK-Periode</td><td>ÜP</td></tr>
<tr><td>Wettkämpfe</td><td colspan="5">nicht vorhanden</td><td colspan="2">Aufbau-Turniere</td><td>Sichtung, Landesmeisterschaft</td><td>Entspannung</td><td colspan="2">kleinere WK, ÜR-WK</td><td>evtl. A-WK)</td></tr>
<tr><td>Saisonhöhepunkte</td><td colspan="7"></td><td>1.</td><td></td><td colspan="2">2.</td><td></td></tr>
</table>

A-WK = Abschluss-Wettkampf, ÜP = Übergangsperiode, ÜR-WK = überregionaler Wettkampf, WK = Wettkampf

Tab. 12 Zweigipflige Jahresperiodisierung einer Voltiergruppe (z.B. im Könnerbereich)

Übergangsperiode

- Sammeln von Kürideen (anhand von Videos, Büchern, Erfahrung, Ausprobieren)
- Suche nach passender Musik (Filmmusik, Musical etc.)
- Formulierung von Saisonzielen
- Aktive Erholung durch andere Sportarten etc.

...

Vorbereitungsperiode

1. Etappe

- Ordnen der Kürideen
- Erste Versuche auf dem Holzpferd, später Erstellung der gesamten Kür am Boden und auf dem Übungspferd (von der Grobform zur Feinform)
- Musik anhand der fertigen Kür zusammenstellen (evtl. erste Versuche auf dem Pferd im Schritt)
- Erarbeiten der Positionen/„Unterkonstruktion" im Galopp (Stand-, Knie-, Halspositionen etc.)

2. Etappe

- Kür am Übungspferd (von der Feinform zur Feinstform)
- Kür am Pferd im Galopp (von der Grobform zur Feinform)
  - erste Versuche einzelner Übungen
  - Üben ganzer „Kürblöcke"/ Übungsverbindungen
  - Üben mehrerer „Kürblöcke"/ Übungsverbindungen
  - Schrittweise die Kür im Zusammenhang turnen
- Erste Musikinterpretationen am Übungspferd (zu Korrekturzwecken Turnen der Kür im Schritt)

Vorsicht im Wintertraining mit Abgängen! Je nach Boden- und Wetterverhältnissen sollten die forcierten Trainingseinheiten diesbezüglich am Ende der zweiten Etappe stattfinden.

1. Wettkampfperiode

(März–April)

- Stabilisierung und Musikinterpretation am Übungspferd (Feinstform)
- Turnen der Kür im Galopp (von der Feinform zur Feinstform)
    - Korrekturarbeit einzelner „Kürblöcke"/ Übungsverbindungen
    - Turnen der gesamten Kür im Zusammenhang
    - Erarbeiten der Musikinterpretation auf dem Pferd
- (evtl. zu Korrekturzwecken Turnen der Kür im Schritt)

Bei Beginn der Wettkampfsaison sollte der Leistungszustand der Gruppe so weit sein, dass die Kür ohne große Ausführungsfehler bei den Aufbauwettkämpfen auszuführen ist. Dabei darf die Musikinterpretation noch mittelmäßig sein.

(Mai–Juni)

- Stabilisierung der Kür und der Musikinterpretation am Übungspferd (Feinstform)
- Stabilisierung der Kür mit Musikinterpretation auf dem Pferd im Galopp

Der Leistungszustand sollte mit der Wichtigkeit der Wettkämpfe zunehmen. Dosierung des Trainings, damit die Leistungsfähigkeit beim Saisonhöhepunkt (Landesmeisterschaft) am höchsten ist.

Zwischenperiode

- Aktive Erholung durch andere Sportarten
- Training auf dem Pferd variabel und vielseitig gestalten

Vermeiden von übermäßigem Verlust der Leistungsfähigkeit

2. Wettkampfperiode

- Wiederaufnahme des Kürtrainings wie in der zweiten Hälfte der ersten Wettkampfperiode

Training zeitlich am zweiten Saisonhöhepunkt ausrichten. Leistungsfähigkeit sollte beim zweiten Saisonhöhepunkt (Länder-Vergleichswettkampf) wiederum maximal sein.

2.2.2 Die Einzelkür

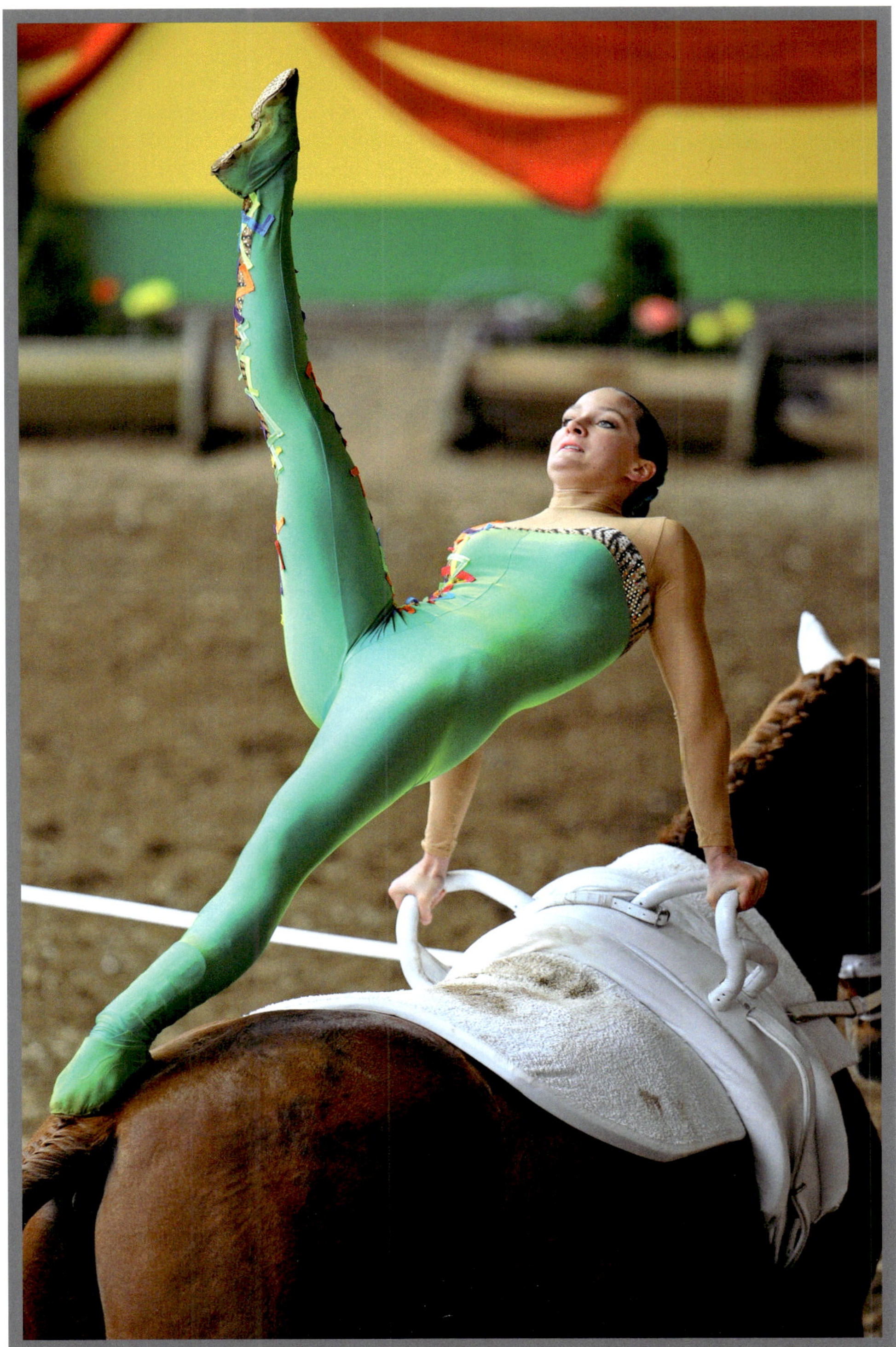

Schwierigkeit, Gestaltung, Ausführung begleiten auch das Einzelvoltigieren. Wie bereits erwähnt, kommt zu den auch im Gruppenvoltigieren verwendeten Schwierigkeitsgraden leicht (L), mittel (M), schwer (S) zusätzlich die Höchstschwierigkeit (HS) hinzu. Grundsätzlich lassen sich Standardübungen mit ihren Schwierigkeitsgraden im Regelwerk definieren. Dort wird aber nur ein Bruchteil der möglichen Übungen in die verschiedenen Schwierigkeitsgrade dargestellt und eingeordnet. Täglich gibt es neu erfundene Übungen, die es vor allem für die Richter korrekt einzuordnen gilt. Im Gruppen- und Doppelvoltigieren hat man die Mehrpersonenkomponente, im Einzelvoltigieren ausschließlich nur eine Person, deren Übungen nicht in der Raumhöhe und -weite gezeigt werden können: Wie lassen sich also die Übungen voneinander abgrenzen?

Die Übungen lassen sich über Strukturgruppen definieren:

statisch	dynamisch
Hang Knien Lieger/Flieger Sitz Stand Stütz Waage	Drehungen Schwünge Sprünge

Tab. 13 Übersicht über die Strukturgruppen

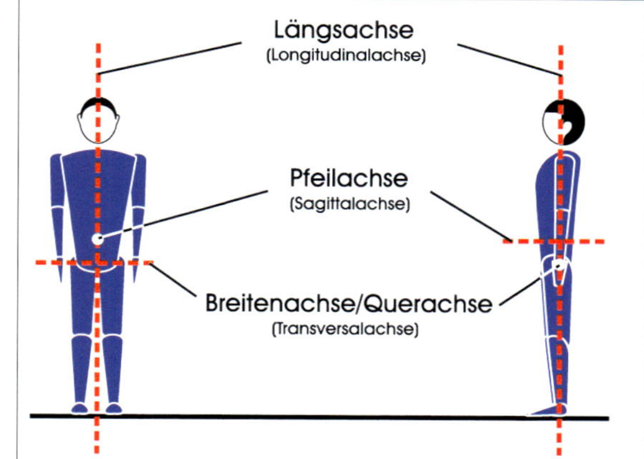

Pikt. 78: Die Hauptachsen des menschlichen Körpers

Wir möchten uns nachfolgend nicht mit allen Strukturgruppen beschäftigen, sondern haben gezielt Übungen ausgewählt, die den Aufbau der Strukturgruppen näher erklären. Sie werden am Beispiel einiger Elemente erläutert, die auch Bestandteil des Technikprogramms sind. Da gerade im Technikprogramm die Übungen in regelmäßigen Abständen wechseln, besteht nachfolgend kein Anspruch auf Vollständigkeit. Es sei an dieser Stelle auf das jeweils gültige Aufgabenheft Voltigieren gemäß LPO verwiesen.

Die Rotation um die Querachse

Der Rollaufsprung

Der Rollaufsprung wird unter die Strukturgruppe der dynamischen Übungen gefasst, er gehört also zu den Übungen, bei denen der Körperschwerpunkt bezogen auf das Pferd in Bewegung ist. Die Muskelkraft und/oder die Bewegungsenergie sorgen für die notwendige Energie der dynamischen Übungen. Der Rollaufsprung ist eine Bewegung, die sowohl als Aufsprung wie auch als Bodensprung in die Kür eingebaut werden kann. In korrekter Ausführung, auf die später eingegangen werden soll, wird diese dynamische Bewegung als schwere Übung in der Bewertung eingestuft. Wird diese Übung aufgesplittet, so erhält man eine kombinierte Bewegung aus Sprung und Rotation um die Breitenachse.

Hauptkriterium

Koordination der Rollbewegung

Die Bewegungsbeschreibung
Damit sich der Körperschwerpunkt der Drehachse annähern kann – beim Rollaufsprung von innen/außen in den Rückwärtssitz auf den Hals ist die Drehachse der Voltigiergurt –, ist es wichtig, die Rotation um die Breitenachse mit einem schnell-kräftigen Absprung einzuleiten. Der Absprung zur Rolle erfolgt rückwärts (s. Pikt. 79). Dem Absprung folgt ein Zug mit beiden Armen bei gleichzeitigem Beugen der Hüfte (s. Pikt. 80). Der Voltigiergurt ist bei dieser Bewegung einer Reckstange bildhaft gleichzusetzen. Die Drehachse ist also annähernd horizontal und annähernd parallel zur Schulterachse des Pferdes. Wichtig ist, dass die Parallelität von Schulter- und Beckenachse des Voltigierers während der gesamten Bewegung zueinander und zur Drehachse bewahrt bleibt. Die Beine sind während der Rollbewegung gestreckt und die Landung erfolgt unmittelbar in den aufrechten Sitz rückwärts auf dem Hals.

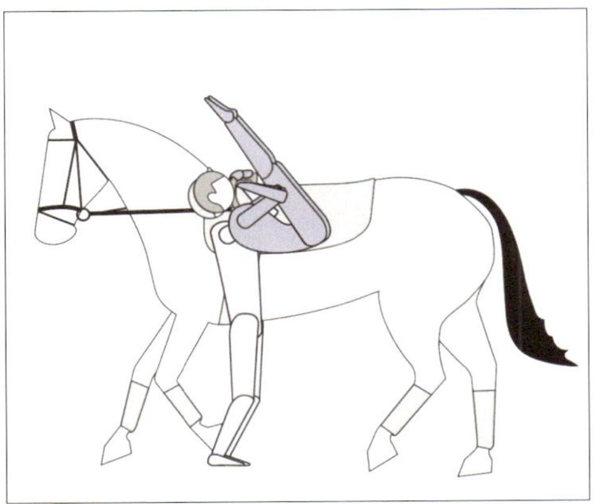

Pikt. 79: Rollaufsprung von innen zum Rückwärtssitz auf den Hals (Phase 1+2)

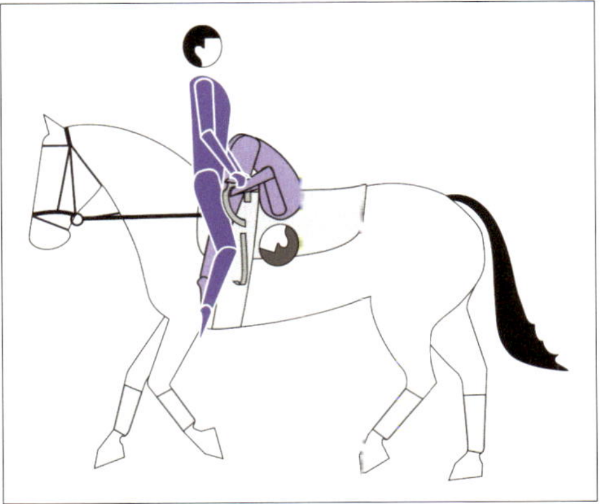

Pikt. 80: Rollaufsprung von innen zum Rückwärtssitz auf den Hals (Phase 3–4)

Felgaufsprung

Hauptkriterien

1. Koordination der Felgbewegung 2. Höhe und Lage des Schwerpunktes

Vom Rollaufsprung zu unterscheiden ist der Felgaufsprung (s. Pikt. 81–82). Beide werden im Voltigieren oft miteinander verwechselt, deshalb soll der Unterschied hier einmal klärend dargestellt werden. Eingeleitet wird der Felgaufsprung beim Voltigieren wie der Rollaufsprung. Der Absprung und die Parallelität der Achsen sind genauso von Bedeutung wie beim Rollaufsprung. Der entscheidende Unterschied liegt in der veränderten Aufwärtsverlagerung des Körperschwerpunktes über den Gurt sowie der damit einhergehenden Hüftstreckung und dem Schub der Arme in die hohe Handstützposition. Das Hüftgelenk wird also nach einer Teilrotation gestreckt und der KSP bewegt sich geradlinig von der Drehachse weg. Nur wem es gelingt, die Hüfte in der Aufwärtsbewegung schnellkräftig über dem Gurt zu strecken und den Impuls auf den Druck der Arme zu übertragen, der wird die hohe Handstützposition erreichen. Die Landung erfolgt analog zum Stützschwung, allerdings spiegelverkehrt. Wird der Felgaufschwung in die hohe Handstützposition geturnt, erfolgt die Einordnung dieses Elementes in der Kür als Höchstschwierigkeit. Häufige Fehler, Ursachen und Korrekturen des Rollaufsprungs sowie des Felgaufsprungs sind der Tabelle zu entnehmen.

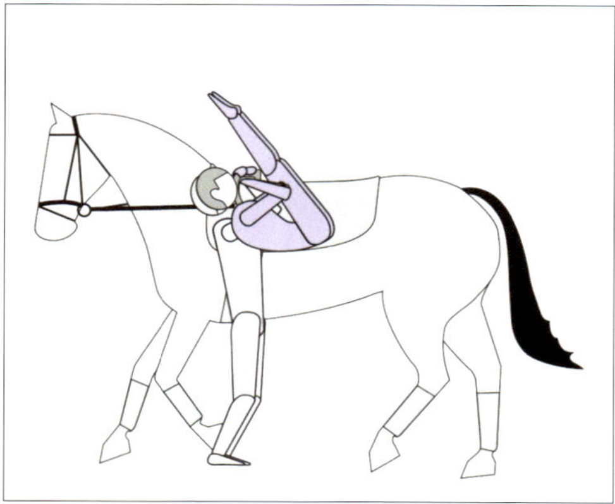
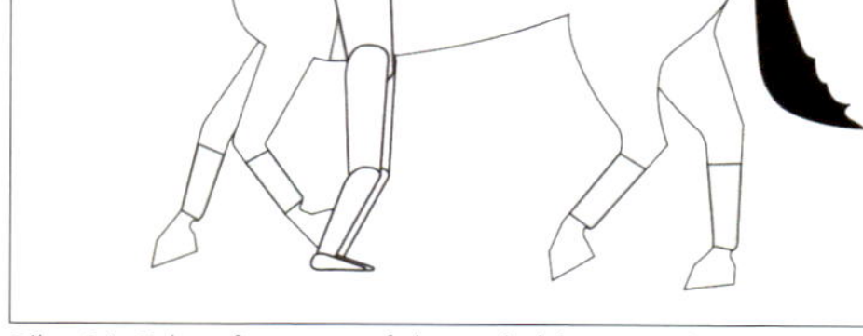

Pikt. 81: Felgaufsprung auf den Hals (Phase 1+2)

Pikt. 82: Felgaufsprung (Phase 3+4)

Fehler, Ursache, Korrektur kompakt

Fehler	Ursache	Korrektur
Mangelnder Höhengewinn beim Absprung	Fehlendes Timing; Rhythmus des Pferdes nicht richtig aufgenommen; fehlende Sprungkraft	Training zur Rhythmusschulung, Sprungkrafttraining (s. jeweils Kapitel zum Pflichttraining)
Die Drehachse ist bei der Rollbewegung nicht horizontal zur Schulter des Pferdes, die Bewegung führt vermehrt über die Außenseite des Pferdes	Falsche Grifftechnik; Absprung erfolgt nicht rw; fehlende Koordination der Sprung-/Rotations-Bewegung	Verschiedene Grifftechniken entsprechend der Größenrelation Pferd/Voltigierer austesten; isoliertes Training von Sprung und Rotation; Rollaufsprung mit Partnerhilfe; Felgaufschwung am erhöhten Reck trainieren
Mangelnde Beinstreckung; Beine angehockt	Fehlendes Tempo in der Rollbewegung; mangelnde Ganzkörperspannung	Gehockter Rollaufsprung nur als Vorübung trainieren, um eine schnellere Rotation zu bewirken; Rollbewegungen am Boden üben; Ganzkörperspannung trainieren (s. entsprechende Kapitel zum Pflichttraining)
Landung erfolgt nicht im korrekten Sitz, schief oder mit dem äußeren Bein nicht vor dem Gurt	Verlust der Breitenachse bei der Rollbewegung; mangelnde Rotationsgeschwindigkeit; zu tiefe Körperschwerpunktlage	Rollaufsprünge mit Partnerhilfe, zunächst gehockt, danach gestreckt; Sprungkraft verbessern
Zusätzlich Felgaufsprung Mangelnder Höhengewinn des KSP	Keine/zu langsame Hüftstreckung; fehlendes Timing	Schnellkrafttraining der Hüftstrecker; Rolle rw aus dem Langsitz in den Handstand mit schnell-kräftiger Hüftstreckung
Mangelnde Beinstreckung/ Anhocken der Beine	Falsche Bewegungsvorstellung der Felge	Felgaufsprung mit Partnerhilfe Vorübungen zur Hüftstreckung

Rolle vw. von der Kruppe zum Sitz vw. auf dem Hals

Hauptkriterien

1. Koordination der Rollbewegung
2. Gleichgewicht

Die Bewegungsbeschreibung

Die Rolle vw. (s. Pikt. 83+84) ist eine klassische Rotation um die Querachse. Bei der Ausführung im Technikprogramm ist die Ausgangsposition das Knien vw. auf der Kruppe. Im Rahmen der Kür geturnt, wird sie als schweres Element eingestuft. Die Hände stützen bei geschlossener und gestreckter Fingerhaltung parallel und flach auf dem Pad oder der Kruppe. Das Körpergewicht wird so über die Hände und die gebeugten Arme verlagert, dass die Rotation eingeleitet werden kann. Dabei wird der Hinterkopf in Verlängerung der Wirbelsäule zwischen oder leicht vor den Händen aufgesetzt. Die Rollbewegung erfolgt bei gestreckter und pferdebreit geöffneter Beinhaltung entlang der Längsachse des Pferdes. Kurz vor Beendigung der Rollbewegung mit der Endposition des senkrechten Sitzes vw. vor dem Gurt auf dem Pferdehals greifen die Hände die Griffe.

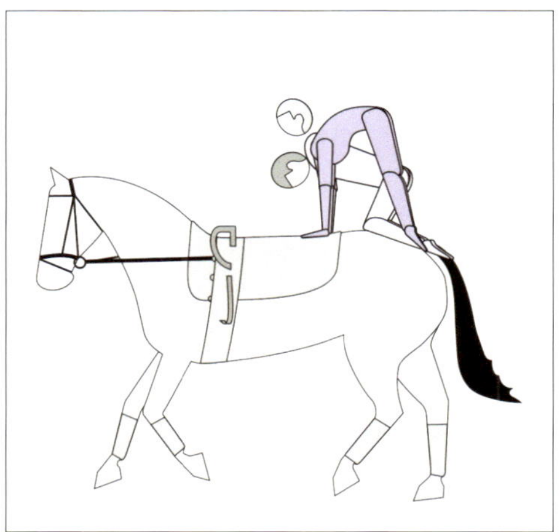

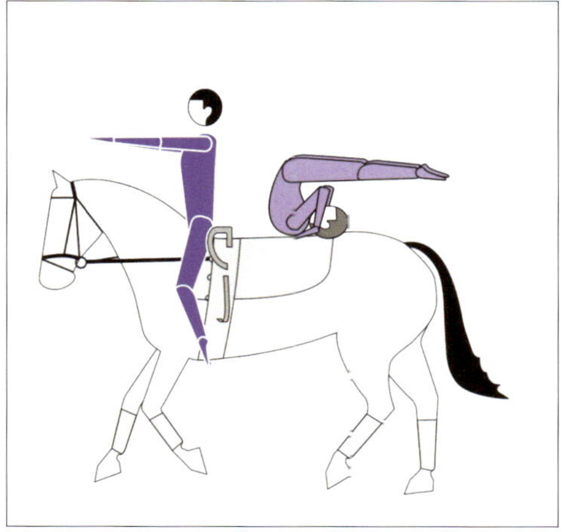

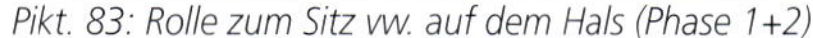

Pikt. 83: Rolle zum Sitz vw. auf dem Hals (Phase 1+2)

Pikt. 84: Rolle zum Sitz vw. auf dem Hals (Phase 3+4)

Fehler, Ursache, Korrektur kompakt

Fehler	Ursache	Korrektur
Rollbewegung weicht von der Längsachse des Pferdes ab	Falsche/schiefe Auftaktbewegung; fehlendes Timing; nicht gleichmäßiges Stützen der Arme	Rollbewegung mit Hilfestellung; Rollen auf schmalem Untergrund (z.B. Schwebebalken)
Hände fassen zu früh an die Griffe	Fehlendes Gleichgewicht	Verbesserung des Timings (schnelle/langsame Rollen); Rolle in den freien Sitz üben; erst nach Beendigung der Bewegung greifen die Hände an die Griffe
Mangelnder Bewegungsfluss	Zu langes Stützen auf dem Pad/der Kruppe, unangemessenes Tempo in der Rollbewegung	Rollen in unterschiedlichen Tempi üben

Der Stand

Der Stand gehört zu den statischen Übungen und ist einer der am häufigst eingesetzten Übungen in der Kür. Der Körperschwerpunkt befindet sich bezüglich des Pferdes im Zustand der Ruhe.

Der Körperschwerpunkt befindet sich über dem stützenden Köperteil im Gleichgewicht. Stützende Körperteile können die oberen oder unteren Extremitäten sowie Teile davon sein, aber auch Schulter, Nacken oder Kopf (s. Aufgabenheft Voltigieren 2012, S. 12).

Das Stehen rw.:
Das Stehen rw. auf dem Pferderücken ist ein Stand, bei dem sich der Kopf oberhalb der Hüftachse befindet. Er wird aufgrund seiner hohen Anforderungen an das Gleichgewicht und der erschwerten Raum-/Lageorientierung als schwere Übung eingestuft. Die Anforderungen sind gemäß der Pflichtübung Stehen. Die Armhaltung ist allerdings beliebig. Das Piktogramm 85 zeigt den Aufbau zum Stehen rw. aus dem Knien vw. Fehler, Ursache und Korrektur sind analog der Pflichtübung Stehen vw. zu sehen.

Pikt. 85: Knien vw. ins Stehen rw.

Der Schulterstand

Der Schulterstand rw. mit geschlossenen und gestreckten Beinen ist ebenso als schweres Element einzuordnen.

Hauptkriterien

1. Gleichgewicht
2. Haltung

Die Bewegungsbeschreibung

Beim Schulterstand rw. mit geschlossenen und gestreckten Beinen fassen beide Hände an die Griffe. Die linke oder rechte Schulter liegt auf dem Pferderücken/Pad auf und der Körperschwerpunkt bildet eine Senkrechte über der auf dem Pferderücken/Pad aufliegenden Schulter. Diese Übung stellt neben den Anforderungen an das Gleichgewicht auch hohe Anforderungen an die statische Haltearbeit des gesamten Körpers, also vermehrte Ansprüche an die Ganzkörperspannung. Um die Übung optimal ausführen zu können, sollte die Hüfte bei geschlossener und gestreckter Beinhaltung gestreckt sein. Auch der Schulterstand lässt sich beliebig in der Kür variieren. In einer optimalen Ausführung sind die Schulter- und Hüftachse parallel zur Schulterachse des Pferdes (s. Pikt. 86).

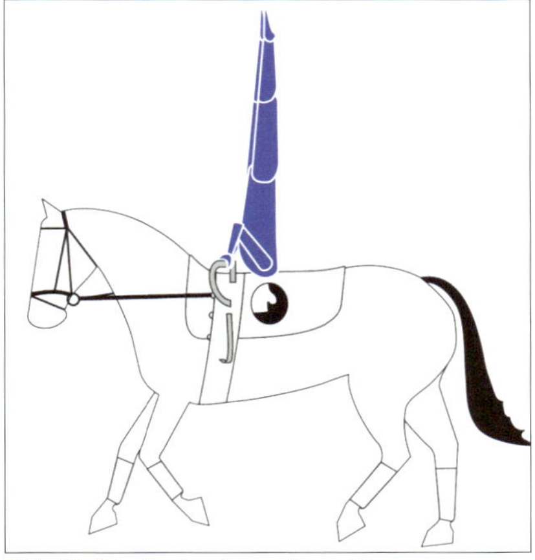

Pikt. 86: Schulterstand rw. mit geschlossenen und gestreckten Beinen

Fehler, Ursache, Korrektur kompakt

Fehler	Ursache	Korrektur
Abweichungen von der senkrechten Achse; Verwringung zwischen Schulter- und Hüftachse oder Verdrehung gegenüber der Schulterachse des Pferdes	Der Körper steht nicht senkrecht über der Schulter; falsche Lage der Schulter; zu wenig Rumpfspannung	Korrektur der Schulterlage; taktile Hilfen zur Positionskorrektur; Trainieren der Ganzkörperspannung
Mängel in der Hüftstreckung, Beinstreckung oder/und im Beinschluss, Hohlkreuzbildung (Hyperlordose LWS)	Fehlende Ganzkörperspannung; mangelnde Raum-/Lageorientierung	Trainieren der Ganzkörperspannung (isometrische Haltearbeit); Koordinationstraining (s. Kap. 1.2.3)

Die Nadel (Standspagat gestützt)

Wir haben für die Strukturgruppe Stand zusätzlich die Nadel ausgewählt, um ein gymnastisches Element in die Liste der beispielhaften Kürübungen aufzunehmen.

Hauptkriterien

1. Bewegungsweite
2. Gleichgewicht

Die Bewegungsbeschreibung der „angefassten Nadel rw. auf dem Pferderücken mit Blickrichtung nach vorne“

In optimaler Ausführung befinden sich Oberkörper und Spielbein senkrecht über der Unterstützungsfläche, somit der Fußsohle des Standbeines. Beide Hände fassen flach auf das Pad. Der Kopf ist in Verlängerung der Wirbelsäule. Dabei positionieren sich Oberkörper und Kopf in der Vertikalen nah am Stützbein. Zusammen mit dem gestreckten Spielbein bilden sie bei einer optimalen Bewegungsweite von 180° zwischen Stütz- und Spielbein eine annähernd gerade Linie. Das Stützbein ist leicht gebeugt, um die Bewegung des Pferdes absorbieren zu können. Die Schultern des Voltigierers sind parallel zu den Schultern des Pferdes, die Hüftachse ist annähernd parallel zur Schulterachse (s. Pikt. 87). Der Oberkörper und das Spielbein sind maximal 20° auseinander

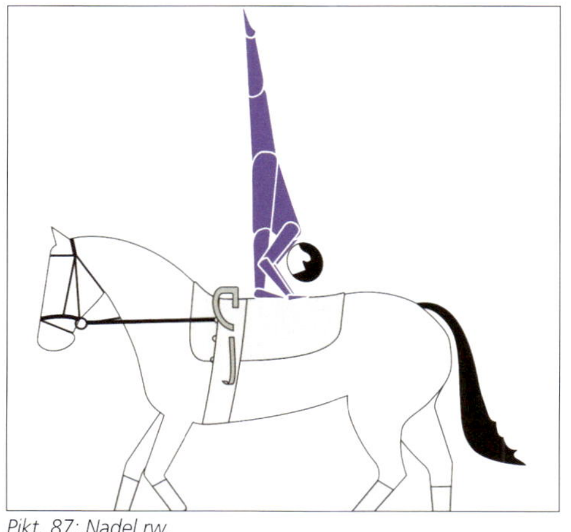

Pikt. 87: Nadel rw.

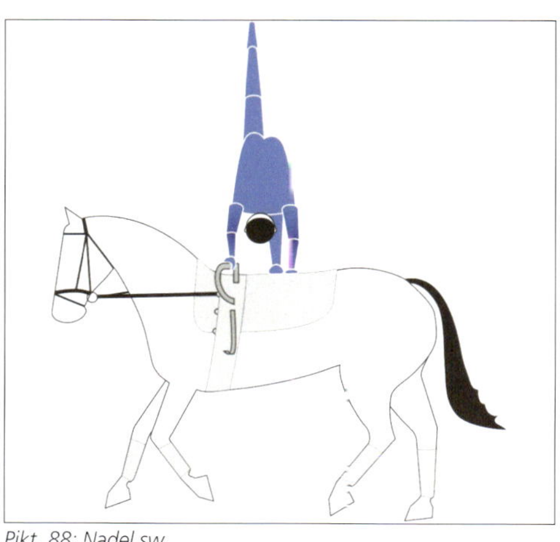

Pikt. 88: Nadel sw.

Fehler, Ursache, Korrektur kompakt

Fehler	Ursache	Korrektur
Das Bein steht nicht senkrecht über der Unterstützungsfläche	Fehlende „aktive Beweglichkeit"; mangelnde Beweglichkeit der „Ischis" und der Hüftbeuger, fehlende Kraft in den jeweiligen Antagonisten;	Dehnung und Kräftigung der beanspruchten Muskulatur
Die Nadel ist „verdreht"	Der Voltigierer verdreht seine Schulter- und Hüftachse und neigt zum Querspagat	Partnerkorrektur der Nadel am Boden, um Ausweichbewegung zu vermeiden; Dehnung und Kräftigung der beanspruchten Muskulatur
Das Spielbein ist nicht gestreckt	Mangelnde Haltekraft im Bein; mangelnde Körperwahrnehmung	Training der Ganzkörperspannung; Wahrnehmungsschulung
Bewegung des Pferdes wird nicht absorbiert	Das Stützbein und die Arme sind vollständig gestreckt	Leichte Beugung von Stützbein und Arme

Das Knien

Das einbeinige Knien sw

Die Strukturgruppe Knien ist, wie auch der Stand, eine statische Übung. Der Körperschwerpunkt befindet sich bezüglich des Pferdes in Ruhe.

> **Ein oder beide Unterschenkel bilden/bildet die Unterstützungsfläche des Körperschwerpunktes (s. Aufgabenheft Voltigieren 2012, S. 12).**

Auch für die Strukturgruppe Knien wählen wir ein schweres Element aus. Das freie einbeinige Knien seitwärts mit Blickrichtung nach innen, bei gestrecktem und frei auf der Gruppe aufliegendem Stützbein, mit frei wählbarer Armhaltung/-führung, wird zu Recht als schweres Element eingestuft. Dieses Element stellt hohe Anforderungen an das Gleichgewicht und ist besonders bei einer großen Körperlänge des Voltigierers und einer schwungvollen Galoppade des Pferdes schwierig auszuführen.

Hauptkriterien

> 1. Gleichgewicht
> 2. Haltung

Bewegungsbeschreibung

In optimaler Ausführung liegen der rechte Unterschenkel und Fuß quer zum Pferderücken und möglichst flach hinter dem Gurt auf. An dieser Stelle ist der Hinweis angebracht, dass die Lage des Unterschenkels nur in den seltensten Fällen quer zum Pferderücken ist. Damit ein groß gewachsener Voltigierer mit langem Unterschenkel ein flaches Aufliegen des Unterschenkels auf dem Pferderücken/Pad gewährleisten kann und somit pferdeschonend turnt, ist eine diagonale Lage des Unterschen-

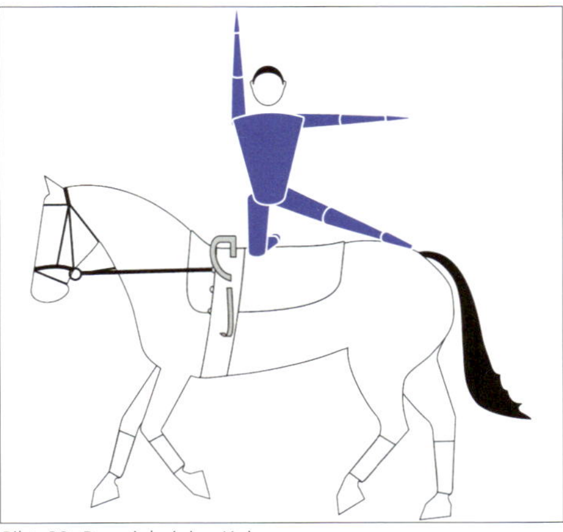

Pikt. 89: Das einbeinige Knien sw.

kels nötig. Die Längsachse des Oberkörpers steht senkrecht über der Unterstützungsfläche, sodass das Körpergewicht auf den Unterschenkel und Fuß verteilt wird. Das linke Bein liegt ausgestreckt auf der Kruppe und behält dauerhaft Kontakt zu dieser. Die Schulter- und Hüftachse des Voltigierers ist parallel zur Längsachse des Pferdes ausgerichtet. Die Bewegung des Pferdes sollte bei annähernder Hüftstreckung in den zur Verfügung stehenden Gelenken in Hüfte und Knie absorbiert werden (s. Pikt. 89).

Fehler, Ursache, Korrektur kompakt

Fehler	Ursache	Korrektur
Der rechte Fuß liegt auf dem Gurt/ äußeren Griff auf	Fehlendes Gleichgewicht; der Voltigierer sucht eine zusätzliche Stütze	Gleichgewichtsschulung; z.B. freies Knien auf dem Pezziball; einbeiniges Knien mit gestrecktem Spielbein auf zwei Gymnastikkreiseln üben
Schlechte Gewichtsverteilung	Der Oberkörper befindet sich nicht senkrecht über der Unterstützungsfläche, die Schultern sind zu weit in Vorlage	Korrektur der Schulterachse; Lage des Unterschenkels der Körpergröße des Voltigierers anpassen
Deutliches Absenken des Gesäßes	Mangelnde Hüftstreckung	Hüftstreckung und Schulterachse zu einer annähernden Senkrechten angleichen
Mangelnde Absorption	Hüft- und Kniegelenk sind zu steif gestellt	Eine absolute Senkrechte des Oberkörpers über der Unterstützungsfläche schaltet Spielraum in Hüft- und Kniegelenk aus; nur annähernde Senkrechte des Oberkörpers anstreben
Verdrehung in Schulter- und/oder Hüftachse	Mangelndes Gleichgewicht; fehlende Rumpfspannung; falsche Lage des Unterschenkels	Gleichgewichtstraining; Kräftigung der Rumpfmuskulatur; Lage des Stützbeins korrigieren
Das linke Bein hebt von der Kruppe ab	Falsche Gewichtsverteilung; Oberkörper steht nicht senkrecht über der Unterstützungsfläche	Lage des Oberkörpers korrigieren, sodass das Gewicht gleichmäßig verteilt wird

Der Stütz

Das Aufgabenheft Voltigieren unterscheidet zwischen Beuge-, Hand- und Wechselstütz. Nachfolgend wird die kombinierte Form des Stützes am Beispiel des Technikelementes einbeiniger Liegestütz rücklings erklärt.

Hauptkriterien

1. Ganzkörperspannung
2. Gleichgewicht

Bewegungsbeschreibung

Beim einbeinigen Liegestütz rücklings (s. Pikt. 90) stützen beide Hände auf den Griffen, idealerweise im Kammgriff, sodass sich die Schulterblätter optimal annähern können. Das Stützbein/bzw. der Fuß sollte so auf der Kruppe aufliegen, dass eine Außenrotation des Beines vermieden wird. Das heißt, die gestreckte Fußspitze folgt der Längs-

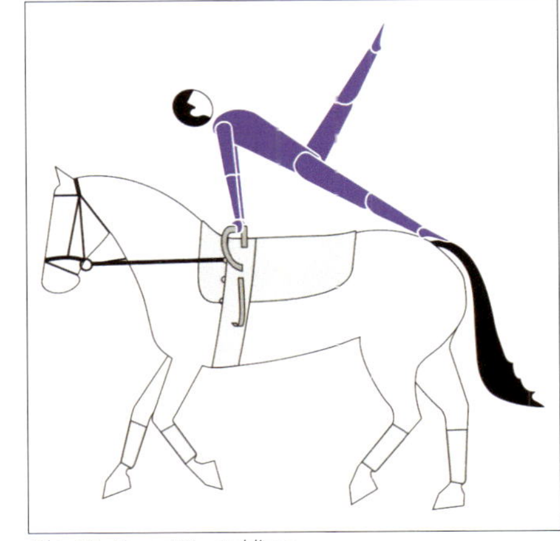

Pikt. 90: Liegestütz rücklings

achse des Körpers. Kopf, Rumpf, Bein und Fuß bilden eine Linie. Das gestreckte Spielbein bildet einen rechten Winkel zum gestreckten Körper.

Fehler, Ursache, Korrektur kompakt

Fehler	Ursache	Korrektur
Körper ist nicht gestreckt	Mangelnde Ganzkörperspannung; mangelnde Beweglichkeit im Schultergürtel	Isometrisches Krafttraining; Ganzkörperspannung; Beweglichkeitstraining Schultergürtel
Spielbein weniger als 90°	Mangelnde Beweglichkeit Hüftstrecker; mangelnde Haltekraft Hüftbeuger	Beweglichkeitstraining Hüftstrecker; Krafttraining Hüftbeuger
Spielbein mehr als 90° bei gestreckter Hüfte	Hyperbeweglichkeit der Hüftstrecker bei gleichzeitig fehlender Haltekraft	Isometrisches Krafttraining Hüftstrecker

Die Rotation um die Sagittalachse

Das Rad

Am Beispiel des Rollaufsprungs wurde in der Strukturgruppe der dynamischen Übungen eine Kombination aus Rotation und Sprung um die Breitenachse erklärt. Nachfolgend soll eine Rotation um die Sagittalachse (Pfeilachse) am Beispiel des Rads vom Pferdehals auf den Pferderücken erklärt werden.

Hauptkriterien

1. Koordination der Radbewegung
2. Lage des Schwerpunktes

Bewegungsbeschreibung

Entscheidend für das Rad vom Pferdehals auf den -rücken ist der einbeinige Schwungansatz, unabhängig von der Ausgangsposition, in der sich der Voltigierer auf dem Pferdehals befindet. In dem aufgeführten Piktogramm (s. Pikt. 91) zum Rad haben wir einen rückwärtigen Radansatz gewählt. Die Griffhaltung bei der Radbewegung kann ebenso beliebig gewählt werden. Sicherlich hat die Griffhaltung beider Hände an den Griffen den Vorteil, dass das Rad mit mehr Tempo geturnt und enger hinter dem Gurt gelandet werden kann. Die zweite Greifmöglichkeit ist mit einer Hand auf dem Griff und mit der anderen Hand auf dem Pferderücken/Pad. Diese Greifmöglichkeit bietet die Möglichkeit eines kontrollierteren Tempos in der Radbewegung. Bei optimaler Streckung der Arme wird das Schwungbein über die Senkrechte um die Sagittalachse bewegt, das zweite Bein folgt zeitversetzt (s. Pikt. 92). Die Radbewegung zeichnet sich dadurch aus, dass der Schwerpunkt bei gestreckter Hüfte über der Unterstützungsfläche geschwungen wird. Die Rotation um die Sagittalachse bedeutet, dass die Hüftachse im Umkehrpunkt parallel zur Längsachse des Pferdes ist. Ähnlich wie der Schwungansatz ist auch die Landung einbeinig und zunächst mit dem Schwungbein. Die Radbewegung erfolgt mit gestreckten Beinen und weicher Landung auf dem Pferderücken (s. Pikt. 93).

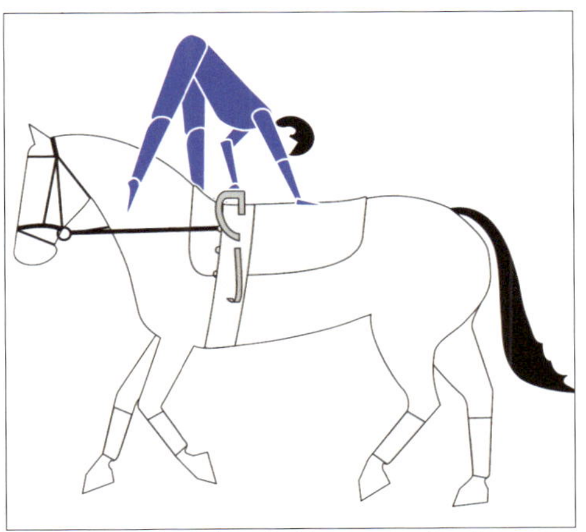

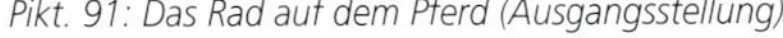

Pikt. 91: Das Rad auf dem Pferd (Ausgangsstellung)

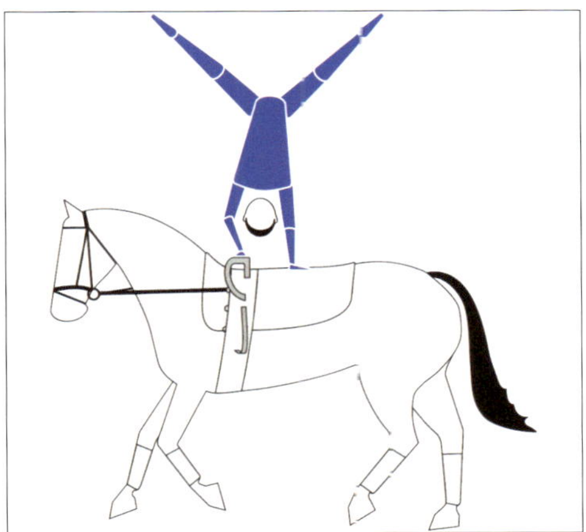

Pikt. 92: Das Rad auf dem Pferd (Phase)

Nachdem jetzt einige Strukturgruppen mit ausgewählten Übungen vorgestellt worden sind, gilt es, diese zu einer gestalterisch schönen Kür zusammenzusetzen. Dafür gibt es sicherlich kein Patentrezept! Allerdings gibt es einige grundlegende Faktoren, die bei einer Kür zu beachten sind.

Wie aus dem oben beschriebenen Beispiel ersichtlich, gelten auch hier die im Kapitel 2.2.1 angesprochenen grundlegenden Elemente einer Saisonplanung und Jahresperiodisierung.

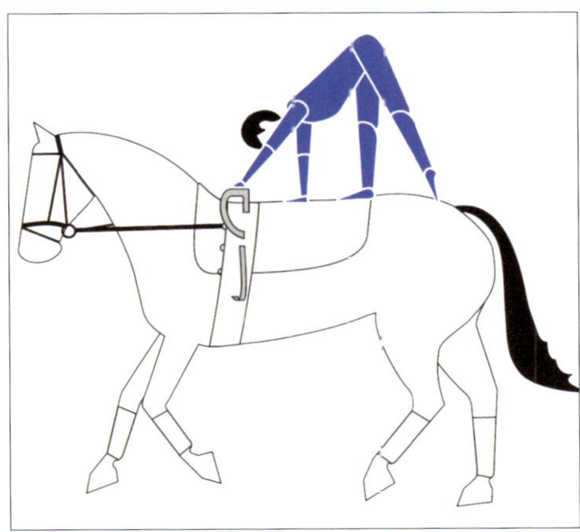

Pikt. 93: Das Rad auf dem Pferd (Endposition)

Fehler, Ursache, Korrektur kompakt

Fehler	Ursache	Korrektur
Der Voltigierer kommt beim Rad nicht zum Stützen, er greift in die Griffe oder stützt auf dem Unterarm	Mangelnde Lernvoraussetzungen (LV): LV sind Stützkraft in den Armen, Beherrschung des Rads am Boden und auf schmaler Unterstützungsfläche wie dem Schwebebalken; Ganzkörperspannung	Erarbeiten der LV; Räder mit Partnerhilfe am Bock; Trainieren der Ganzkörperspannung; Lernweg von breiter zu schmaler Unterstützungsfläche, vom stabilen zum labilen Untergrund; Rad erst im Schritt, danach im Galopp
Mängel in der Beinstreckung	Mangelnde Ganzkörperspannung	Trainieren der Ganzkörperspannung
Die Senkrechte wird nicht erreicht	Falscher Schwungansatz; zu wenig Tempo im Schwungbein; fehlende Stützkraft	Verbessern der LV
Hüftachse nicht parallel zur Längsachse des Pferdes	Das Rad wird „in Richtung Handstand“ angesetzt	Bewusst seitliches Ansetzen des Schwungbeines
Unterbrechung des Bewegungsflusses und mangelnde Beinstreckung; harte und/oder beidbeinige Landung	Mangelnde LV	Verbessern der LV

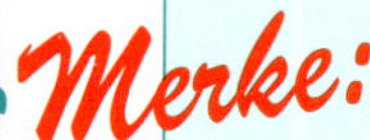

1. Eine Kür sollte immer dem Leistungsstand des Voltigierers angepasst sein.
2. Eine gute Ausführung hat immer Vorrang vor der Schwierigkeit.
3. Kürauf- und Kürabgang sollten dem Schwierigkeitsgrad der Kür angepasst sein.
4. Eine gute Kür zeichnet sich durch Abwechslung der Strukturgruppen aus.
5. Das Pferd sollte gleichmäßig umturnt werden.
6. Eine Kür ist immer nur so gut wie die Übergänge, mit denen die Übungen verbunden werden.
7. Bewegungsfluss und Harmonie mit dem Pferd sind stets zu beachten.
8. Eine Kürmusik sollte zum Typ des Voltigierers und zur Bewegung des Pferdes passen.
9. Eine Musikinterpretation erfolgt mit dem ganzen Körper und nicht nur mit den Armen.
10. Ausstrahlung beinhaltet die Präsentation des Vortrags und meint nicht die Quantität der Armbewegung im Fortgang der Kür.

Hinweise zu weiterführender Literatur:

FN: Richtlinien für Reiten, Fahren und Voltigieren, Band 3, Voltigieren. Warendorf 2013.
FN (Hrsg.): LPO – Leistungs-Prüfungs-Ordnung. Regeln für den deutschen Turniersport. Warendorf 2013.
FN: (Hrsg.): Aufgabenheft Voltigieren 2012. Anforderungen und Kriterien im deutschen Turniersport gem. LPO. Warendorf 2013.

2.2.3 Kürabgänge

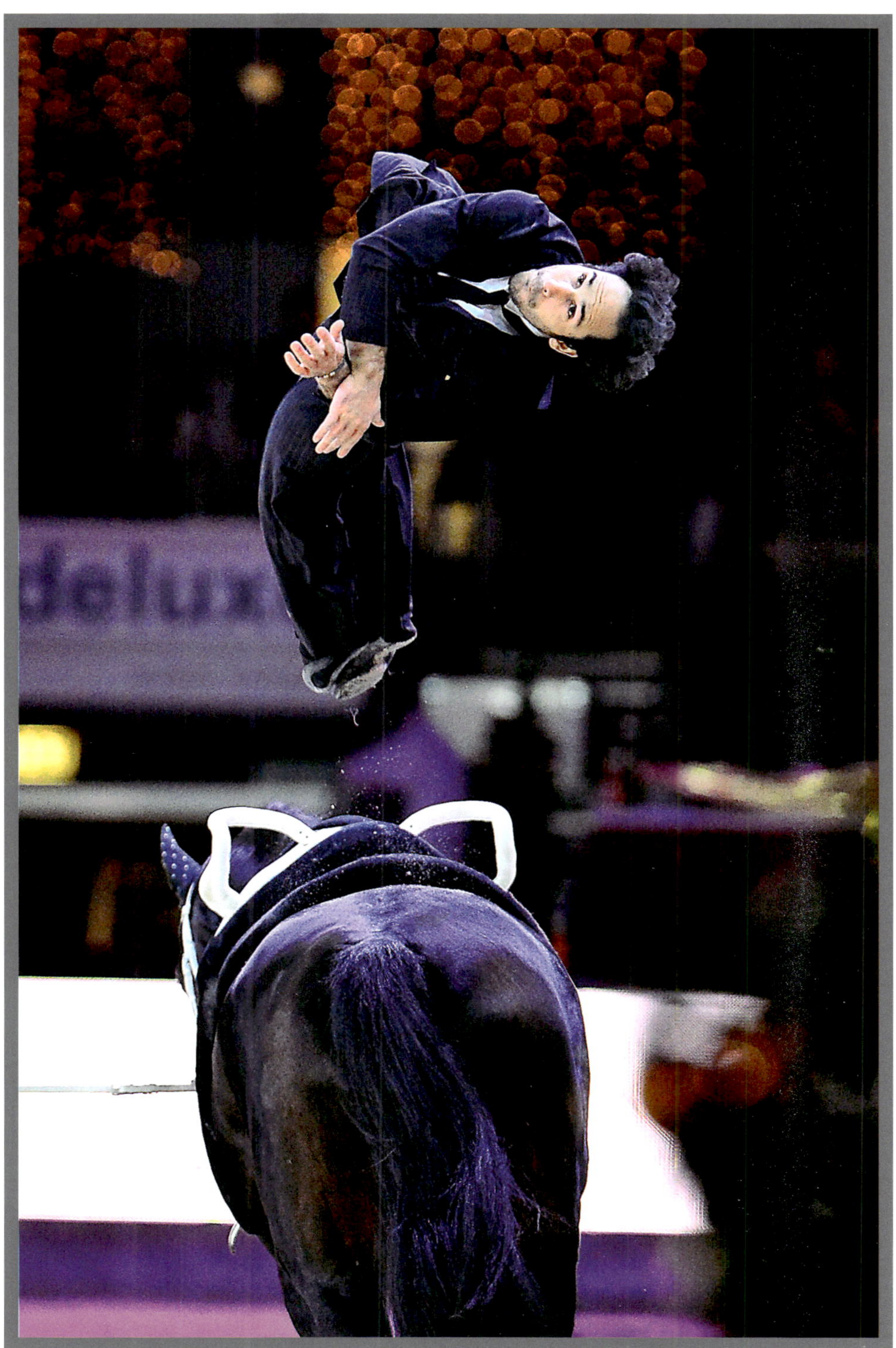

Das Thema Kürabgänge umfasst sicherlich einen weit gefächerten Bereich, der den Ideen kaum Grenzen aufzeigt. Die Tendenz der vergangenen Jahre, besonders kombinierte Abgänge aus Sprung und Rotation in Anlehnung an das Gerätturnen auch in das Voltigieren zu integrieren, ist deutlich sichtbar. Saltobewegungen vw. und rw. sind bereits eine Selbstverständlichkeit und werden in isoliert geturnter und einfacher Form nur als schweres Element und nicht als HS eingestuft. In diesem Kapitel möchten wir ein paar ausgewählte „Kürabsprünge" mit ihrem besonderen Anforderungsgehalt vorstellen, verzichten aber bewusst auf Lernwege, da diese den Rahmen dieses Buch bei Weitem sprengen würden.

In Anlehnung an das vorhergegangene Kapitel werden wir diese Abgänge nach Strukturgruppen aufgliedern, wobei alle die Gemeinsamkeit haben, ein dynamisches Element zu sein.

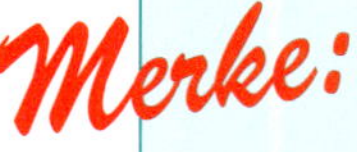

1. **Kürabgänge sind dem Leistungsstand des Voltigierers anzupassen.**
2. **Das Beherrschen einer guten Landetechnik, mit entsprechend angepasster Muskulatur, ist eine unbedingte Voraussetzung.**
3. **Das Beherrschen des Elementes in der Turnhalle, am Übungspferd und am Schritt gehenden Pferd ist eine wichtige Lernreihenfolge.**

Kürabgänge vom Pferd unterscheiden sich maßgeblich von Abgängen und Bodenelementen beim Gerätturnen. Das Pferd ist ein sich bewegender labiler Untergrund. Anläufe wie beim Bodenturnen gibt es nicht. Der Voltigierer hat keine dämpfenden Matten zur Verfügung. Die einwirkende und erzeugte Energie gilt es richtig einzusetzen und abzufangen. Abgänge sind schwer mit Hilfestellungen zu sichern. Belastungen auf die unteren Extremitäten und die Wirbelsäule sind enorm hoch.

Der Salto vorwärts gehockt

Der Salto vw. ist ein Sprung um eine freie Drehachse, der Rollaufsprung bildet mit der Griffhaltung beispielsweise eine feste Drehachse. In einfacher Form, also ohne Schrauben, ist der Salto ein Sprung um die Querachse und ist sicherlich – bedingt durch die erschwerte Landung – höher zu gewichten als der Salto rw. vom Pferd. Er könnte deshalb auch als HS-Element eingestuft werden.

Lernvoraussetzungen
Zunächst ist der Salto vw. am Boden aus dem Anlauf sowie von einer erhöhten Ebene aus dem Stand in den Stand zu beherrschen, bevor er auf dem Pferd umgesetzt werden kann.
Um Saltobewegungen vw. erlernen zu können, sollten Lernvoraussetzungen wie ein Überdrehen vw., die Kopplung von Anlauf und Absprung, der Prellabsprung, Schnellkraft in den Hüftbeugern wie auch in der Bauchmuskulatur und Orientierungsfähigkeit gegeben sein. Für ein automatisiertes Landen ist ein hohes Maß an kinästhetischer Differenzierungsfähigkeit nötig (vgl. Gerling 2002).

Hauptkriterien

1. Höhe und Lage des Körperschwerpunktes
2. Koordination von Sprung und Rotation
3. Landung

Die Bewegungsbeschreibung des gehockten Saltos vw. vom Pferd

Da der flache weite Einsprung beim Salto vw. vom Pferd wegfällt, gilt es, bei aufrechter Oberkörperhaltung, den Schwung des Pferdes zu nutzen und schnell-kräftig abzuspringen. Während die Arme beim Salto am Boden aus dem Anlauf in die Vorhochhalte geschwungen werden, ist es vom Pferd ratsam, die Vorhochhalte der Arme als Ausgangssituation zu nutzen. Der Körper löst sich mit gestreckten Beinen und leicht gewinkelter Hüfte vom Pferd. Der Körper gewinnt an Höhe und rotiert um die freie Drehachse (Körperschwerpunkt) vw. Die Arme schwingen zu den Beinen (bei der Japanertechnik variiert die Bewegungsausführung ein wenig). Mit dem deutlichen Höhengewinn erfolgt eine Einrollbewegung, der Kopf geht zum Oberkörper, die Hände umfassen die Unterschenkel und die Fersen gehen Richtung Gesäß. Diese Einrollbewegung mit den gehockten Beinen und der gebeugten Hüfte erhöht die Drehgeschwindigkeit, bedingt durch die Verringerung der Massenträgheit. Im Sinne der Verletzungsprophylaxe kommt der Landungsvorbereitung eine wichtige Bedeutung zu. In waagerechter Position wird die Landung vorbereitet, indem der Knie-, Hüft- und Arm-Rumpfwinkel geöffnet werden. Die Fußballen haben den ersten Kontakt zum Boden, der Restrotationsbetrag richtet den Körper auf. Bei dem Salto vw. vom Pferd ist es wichtig, dass die Beugung der bei der Landung beanspruchten Gelenke reaktiv erfolgt und in ein Auslaufen vw. mündet. Den Salto gibt es in gehockter (s. Pikt. 94), gebeugter und gestreckter Ausführung. (vgl. GERLING 2002).

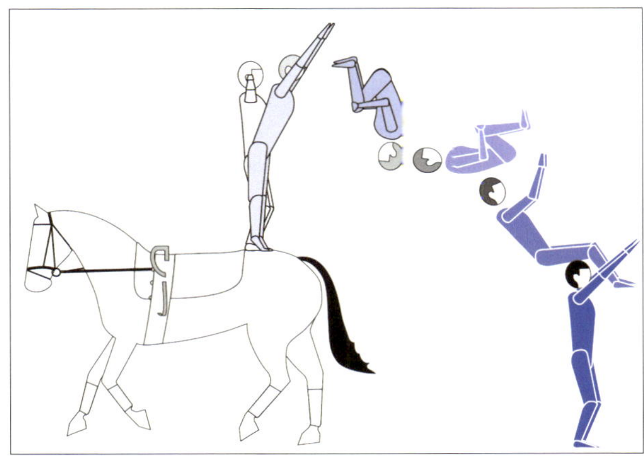

Pikt. 94: Salto vw. gehockt

Fehler, Ursache, Korrektur kompakt

Fehler	Ursache	Korrektur
Der Salto ist zu flach, Landung auf dem Gesäß	Absprung nicht schnell kräftig genug; Drehung zu früh eingeleitet	Schnellkrafttraining; erst der Absprung dann die Drehung
Zu langsame Rotation, Landung erfolgt nicht auf den Beinen	Armführung zu langsam; Salto nicht genug angehockt (Massenträgheit zu groß); Kopf im Nacken	Beschleunigung der Rotation durch Absprung in leichter Körpervorlage; schnellere Armführung in Richtung Beine, mehr Beugung in der Hüfte, Beine anhocken; Kopf Richtung Brust
Der Salto ist überdreht; Landung auf den Knien oder in der Bauchlage	Zu späte Antizipation des Bodens; zu spätes Einleiten der Landung durch zu spätes Öffnen	Wenn der Körper in der Waagerechten ist, Landung einleiten; Öffnen durch akustisches Signal von außen durch den Trainer geben (vgl. NOLTE 1987)

Der Salto rückwärts gehockt

Lernvoraussetzungen
Die konditionellen Voraussetzungen ähneln denen, die beim Salto vw. benötigt werden. Sicherlich stellt der Salto rw. bezüglich der ungewohnten Rückwärtsbewegung, im Sinne der Orientierungsfähigkeit, besonders für Anfänger eine zu überwindende Hürde dar. Die Kopplungs- und Differenzierungsfähigkeit als koordinative Voraussetzungen bilden auch für den Salto rw. erforderliche Lerngrundlagen. Im technischen Bereich sollten zuvor Rückwärtsrotationen gehockt an Hang- und Stützgeräten wie Ringe, Taue oder am Parallelbarren geübt werden.

Hauptkriterien

1. **Höhe und Lage des Körperschwerpunktes**
2. **Koordination von Sprung und Rotation**
3. **Landung**

Die Bewegungsbeschreibung des gehockten Saltos rw. vom Pferd

In einer leicht vorgeneigten Standposition schwingt der Voltigierer die Arme vor, hoch hinter den Kopf. Gleichzeitig erfolgt ein schnell-kräftiger Abdruck der Beine vom Pferd. Bedingt durch den zeitgleichen Schwung der Arme und den schnell-kräftigen Abdruck der Beine gewinnt der Körper an Höhe. Der Kopf bleibt in Verlängerung der Wirbelsäule fixiert. Dadurch, dass die Arme nach dem Absprung hinter dem Kopf abrupt fixiert werden, wird die Impulsübertragung bezüglich des Höhengewinns verstärkt. Im letzten Drittel der Steigphase werden die Beine schnell-kräftig angehockt, der Körper rotiert um die freie Drehachse. Hat der Oberkörper die Waagerechte erreicht, beginnen sich die Beine und die Hüfte nach hinten, danach nach hinten unten zu öffnen, um die Landung einzuleiten (s. Pikt. 96). Die Arme sind in der Schrägvorhochhalte (vgl. Gerling 2002). Wie beim Salto vw. erreichen die Fußballen als Erste den Boden, die Energie wird reaktiv abgefangen und mündet in einem Auslaufen in Bewegungsrichtung des Pferdes.

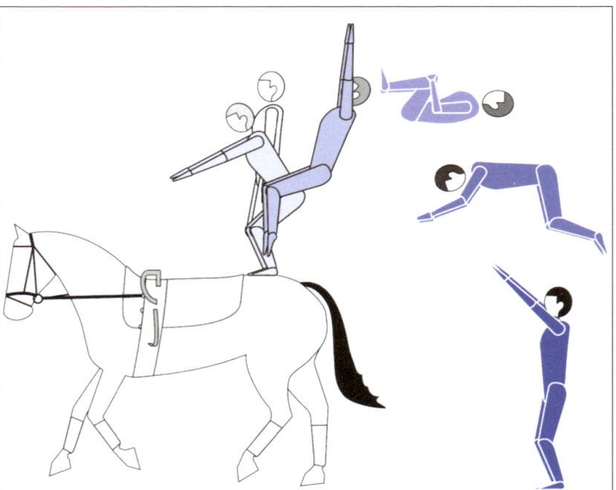

Pikt. 95: Salto rw. gehockt (alternative Armhaltung)

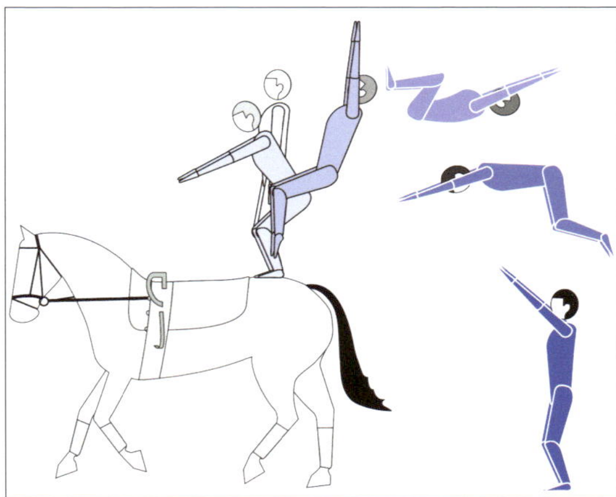

Pikt. 96: Salto rw. gehockt

Fehler, Ursache, Korrektur kompakt

Fehler	Ursache	Korrektur
Der Körper erreicht nicht ausreichend an Höhe	Kein schnellkräftiger Absprung	Prellfedern üben, Reaktivkrafttraining der Beine
Langsame Rotation des Körpers	Mangelnder Absprung und Armzug, Arme werden nicht hinter dem Kopf fixiert, Beine werden zu langsam angehockt	Sprungkrafttraining; Tempo im Armzug und Kopplung des Absprungs isoliert trainieren; schnelles Anhocken in Rücklage am Boden üben
Landung erfolgt nicht im Stand, sondern auf den Knien	Zu langsame Rotation; zu spätes Öffnen der Beine nach hinten/hinten unten	Rotation beschleunigen; Landungstiming mit akustischen Signalen begleiten
Landung erfolgt nicht im Stand, sondern auf dem Gesäß	Zu spätes Öffnen der Beine; mangelnde Landungsantizipation	Landungstiming mit akustischen Signalen begleiten

Der Handstützüberschlag vorwärts

Der Handstützüberschlag vom Pferd ist ebenfalls ein schweres Element innerhalb des Kürkatalogs. In guter Ausführung ist er schön anzusehen. Bedingt durch falsche Ausführungen, leidet leider oft die Höhe der Flugphase nach dem Abstützen vom Pferd.

Hauptkriterien

1. Koordination der Rotationsbewegung
2. Höhe und Lage des Körperschwerpunktes während der Flugphase
3. Landung

Lernvoraussetzungen
Im konditionellen Bereich sind das Vorhandensein einer guten Ganzkörperspannung und eine gute Stützkraft in den Armen wichtige Vorbedingungen. Da es sich um eine Rotation um die Breitenachse handelt, ist im koordinativen Bereich besonders die Orientierungsfähigkeit gefragt. Technisch gilt es den Handstand am Boden, den Handstützüberschlag am Boden aus dem Anlauf und dem Handstütz-Sprungüberschlag über den Längskasten oder dem Pegasus zu beherrschen, bevor man vom Pferd springt.

Bewegungsbeschreibung des Handstützüberschlags vw. vom Pferd
Eine wichtige Komponente des Handstützüberschlages vw. vom Pferd (s. Pikt. 97) fehlt in Bezug zum gleichwertigen Element am Boden oder über den Kasten, nämlich der Anlauf. Darüber hinaus erfolgt der Absprung aufgrund der Länge des Pferdes nur aus einem Schritt und ist wie am Boden einbeinig. Ein flacher und weiter Einsprung ist ebenso nicht möglich. Es gilt, die Bewegung des Pferdes in eine günstige Flugphase des Körpers umzusetzen.

Aus dem Stand erfolgt ein einbeiniger, kurzer Absprung (meistens auf die Kruppe des Pferdes), die Arme stützen mit einem Vorschwung parallel auf dem Pferd auf und die Beine werden nach dem Absprung geschlossen. Bedingt durch einen schnellkräftigen Rückschwung des Spielbeins, zeitgleich zum Absprung, gewinnt der Körper an Rotation, die durch einer Prellabstoß der gestreckten Arme vom Pferd in eine hohe Flugphase des Körpers mündet. Der Kontakt der Arme zum Pferd erfolgt reaktiv. Man spricht in diesem Fall von einer Stützrotation, also der möglichst kurzen Stützdauer zwischen Gegenstemmen und Abprellen. Der Körper rotiert um die „Hand-

Pferd-Kontaktstelle". Der Abdruck der Arme vollzieht sich durch eine Streckung aus dem Schultergürtel und der Körper ist gestreckt. Während der Flugphase bleiben die Arme in Verlängerung des Rumpfes. Wie bei allen Landungen vom Pferd setzen auch hierbei zunächst die Fußballen auf, die Bewegung wird in den Gelenken von Hüfte, Knien und Füßen reaktiv abgefangen und endet in einem Auslaufen.

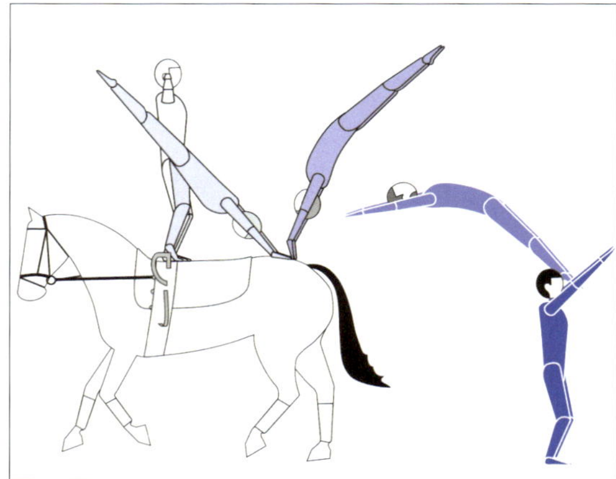

Pikt. 97: Handstützüberschlag vw. vom Pferd

Fehler, Ursache, Korrektur kompakt

Fehler	Ursache	Korrektur
Die Arme werden beim Aufstützen gebeugt; zu lange Stützphase auf dem Pferd	Mangelnde Haltekraft in Armen und Schultern; kein reaktiver Abdruck	Kräftigung von Armen und Schultern; Prellfedern im Handstand am Boden üben
Zu langsame Rotation des Körpers	Mangelnder Abdruck des Stützbeines; mangelnder Einsatz des Schwungbeines; kein reaktiver Abdruck der Arme	Sprungkrafttraining mit einbeinigem Abdruck; Schwungbein Einsatz Verbessern (s. Kap. Aufsprung); Prellfedern im Handstand am Boden üben
Beugung im Hüftgelenk	Mangelnde Haltekraft im Rumpf	Ganzkörperspannung verbessern
Arm/Rumpfwinkel nicht weit genug geöffnet	Fehlende Beweglichkeit im Schultergürtel	Dehnung der beanspruchten Muskulatur
Landung erfolgt einbeinig	Kein Schließen der Beine	Ganzkörperspannung verbessern

Der Handstützüberschlag rückwärts (Flickflack)

Der Flickflack vom Pferd wird zu Recht nur als schweres Element innerhalb der Kür und nicht als Höchstschwierigkeit eingestuft. Denn der Flickflack ist von seinen bewegungstechnischen Anforderungen als eher gering einzuschätzen. Aufgrund der fehlenden visuellen Kontrolle während der Rückwärtsbewegung bereitet er den Lernenden oftmals Schwierigkeiten und sollte deshalb in kleinen Lernschritten in Richtung der ganzen Bewegung erlernt werden. Den Flickflack einfach mal zum Ausprobieren zu springen könnte ins „Auge" gehen. Bezüglich der kontrollierten Landung ist er der am wenigsten belastende Abgang. Dennoch zeigt die Praxis beim Voltigieren, dass er oftmals mit schlechter Ausführung gesprungen wird.

Hauptkriterien

1. Koordination der Rotationsbewegung
2. Ganzkörperstreckung mit Stützverhalten
3. Landung

Lernvoraussetzungen

Im konditionellen Bereich sollten Schnellkraft und Haltekraft in Hüft- und Kniestreckern sowie der langen Rückenstreckmuskulatur vorhanden sein. Ähnlich wie beim Handstützüberschlag vw. sollte bei gestrecktem Arm-/Rumpfwinkel ausreichend Haltekraft im Schultergürtel und Armen zur Verfügung stehen. Natürlich ist auch beim Flickflack eine gute Ganzkörperspannung wichtig. Eine gesunde Beweglichkeit im Bereich der Wirbelsäule und im Schultergürtel erleichtert die Bewegungsausführung.

Bezüglich der koordinativen Fähigkeiten ist gerade bei der Überkopfsituation eine gute Orientierungsfähigkeit nötig.

Zum Erlernen des Flickflacks im technischen Bereich ist das Absenken rw. in der Handstand eine wichtige Lernvoraussetzung (vgl. GERLING 2002). Da das Springen dieser Abgangvariante vom Pferd deutlich schwerer ist als am Boden, sollte der Flickflack am Boden und vom Kasten beherrscht werden.

Tipp: Anstelle des Flickflacks als Abgang lässt sich der Handstützüberschlag rückwärts gespreizt auch gut auf dem Pferd springen. Der sogenannte MENICHELL zeichnet sich dadurch aus, dass der Abdruck nicht aus einer „Sitzposition", sondern vom Fußballen des vor den vorderen Fuß herangestellten Beins erfolgt. Die Beine sind gespreizt.

Die Bewegungsbeschreibung des Flick-Flacks auf dem Pferd

Als Abgang (s. Pikt. 98) geturnt, befindet sich der Voltigierer erwartungsgemäß auf dem Gurt oder kurz dahinter, um eine möglichst lange Turnfläche zu haben. Während sich der Flickflack am Boden durch eine flache, weite Flugphase und durch einen optimalen Raumgewinn kennzeichnen lässt, muss er am Pferd auf kleinster Fläche gesprungen werden.

Der Voltigierer befindet sich möglichst eng am oder auf dem Gurt stehend mit Blick in Bewegungsrichtung des Pferdes, die Arme sind in Hochhalte. Bei aufrechtem Oberkörper senkt der Voltigierer den Körperschwerpunkt leicht nach hinten unten ab, bei zeitgleichem Absenken der Arme. Der Voltigierer nimmt kurzzeitig eine Art Sitzposition auf einem imaginären Stuhl ein, bevor er zuerst Arme und Oberkörper nach hinten schwingt und folgend Hüft-, Knie- und Fußgelenke schnell-kräftig streckt. Während die Schubbewegung beim Flickflack am Boden deutlich nach hinten oben erfolgt und dadurch eine weite und flache Flugphase zur Folge hat, heißt es am Pferd, den Flickflack etwas höher anzuspringen, um vermehrt den Flickflack unterziehen und somit auf kleinster Fläche springen zu können. Bei überstrecktem Körper stützen die Hände auf dem Pferd auf, die Arme sind gestreckt, es folgt eine Rotation des Körpers um die Stützfläche. Während am Boden, nach dem Passieren der Senkrechten, die Hüfte gewinkelt wird, um die Landung einzuleiten, ist die Hüftwinkelung am Pferd aufgrund der Höhe nicht in dem Ausmaß erforderlich. Die Landung erfolgt auf den Füßen, wird reaktiv abgefangen und mündet in ein Auslaufen in Bewegungsrichtung des Pferdes.

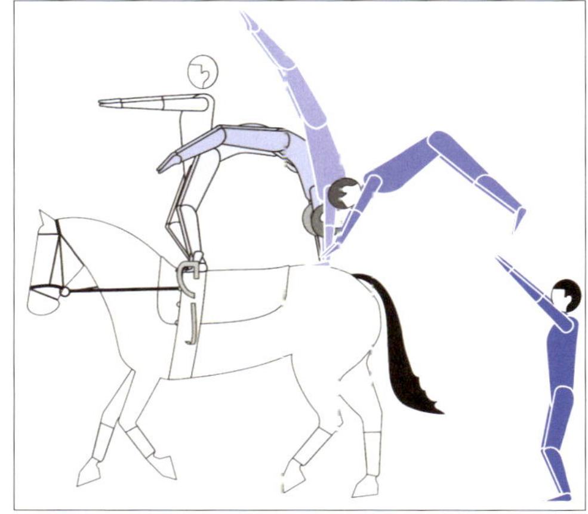

Pikt. 98 Der Flickflack als Kürabgang

Fehler, Ursache, Korrektur kompakt

Fehler	Ursache	Korrektur
Der Flickflack wird zu hoch gesprungen	Absprung vom Fußballen; Knie gehen im Absprung nach vorne weg	Sitzposition als Bewegungsansatz üben
Arme werden in der Stützphase gebeugt	Mangelnde Haltekraft in den Armen und im Schultergürtel	Krafttraining für die Arme und den Schultergürtel
Keine Überstreckung des Körpers	Winkelung in der Hüfte; Arm-/Rumpfwinkel nicht weit genug geöffnet	Dehnung des Schultergürtels; Übungen zur Verbesserung der Überstreckung (z.B. Flickflack-Ansatz in die Rückenlage auf die Dickmatte)
Breitenachsenrotation geht im Sprung verloren	Der Voltigierer schaut im Sprung über die Schulter; mangelnde Orientierungsfähigkeit; Angst	Übungen zur Verbesserung der Orientierungsfähigkeit; Flickflack mit viel Hilfestellung am Boden üben (z.B. Tragegriff)

Der freie Überschlag seitwärts gespreizt (freies Rad)

Das freie Rad ist eine 360°-Rotation um alle drei Drehachsen. Ebenfalls als schweres Element eingestuft, ist das freie Rad vom Pferd auf den Boden von den bisher genannten Kürabgängen der leichteste und kann innerhalb kürzester Zeit auf dem Pferd umgesetzt werden.

Hauptkriterien

1. Höhe und Lage des Schwerpunktes
2. Koordination der Überschlagsbewegung
3. Landung

Lernvoraussetzungen

Im konditionellen Bereich ist die Schnellkraftfähigkeit im Bauch, Gesäß und den Hüftbeugern gefordert sowie eine gute konzentrische und exzentrische Muskelkraft in den Kniestreckern. Um ein optimales Tempo im Beinschlag zu gewährleisten, ist eine gute Dehnfähigkeit in den Beinen (Adduktoren) gefragt. Auch beim freien Rad sollte der Voltigierer über eine gute Ganzkörperspannung verfügen. Da auch hier eine Überkopfsituation vorliegt, bedarf es einer ausgeprägten Orientierungsfähigkeit. Laut Gerling (2002) ist das schnelle, hohe Rad über die Senkrechte mit frontalem Bewegungsansatz eine wichtige Lernvoraussetzung, um das freie Rad zu erlernen. Da es von einer Erhöhung auf den Boden leichter zu turnen ist als auf dem ebenen Boden, sollte es, bevor es vom Pferd gesprungen wird, zumindest von einer kleinen Erhöhung beherrscht werden.

Bewegungsbeschreibung

In der Regel wird das freie Rad vom Pferd auf den Boden (s. Pikt. 99) aus einer leichten Schrittposition angesetzt. Durch ein leichtes Beugen des Stützbeines mit einem frontalen, schnell-kräftigen Absenken des Oberkörpers wird die Bewegung eingeleitet. Die Arme schwingen nach unten. Das gestreckte Schwungbein zieht schnell-kräftig nach hinten oben und der Oberkörper macht eine Vierteldrehung um die Körperlängsachse, die Arme schwingen weiter nach unten hinten. Mit dem Abdruck des Stützbeines, unterstützt durch den Impuls des Schwungbeines, verlagert sich der Körperschwerpunkt senkrecht über die Stützfläche und der Körper rotiert um die Sagittalachse. Mit dem Spreizen der Beine und durch den erhöhten Absprung vom Pferd beschreibt der Körper eine hohe Flugkurve. Der Oberkörper dreht mit einer Vierteldrehung weiter um die Längsachse und das Schwungbein zieht zunächst unter den Körper, bevor das zweite Bein vor Erreichen des Bodens parallel zum Schwungbein nachgezogen wird. Die Landung erfolgt in Bewegungsrichtung des Pferdes und beidbeinig. Die Arme werden nach oben bzw. in die Seithalte gezogen und unterstützen das Aufrichten des Oberkörpers. Die erzeugte Energie wird reaktiv abgefangen und mündet in ein Auslaufen.

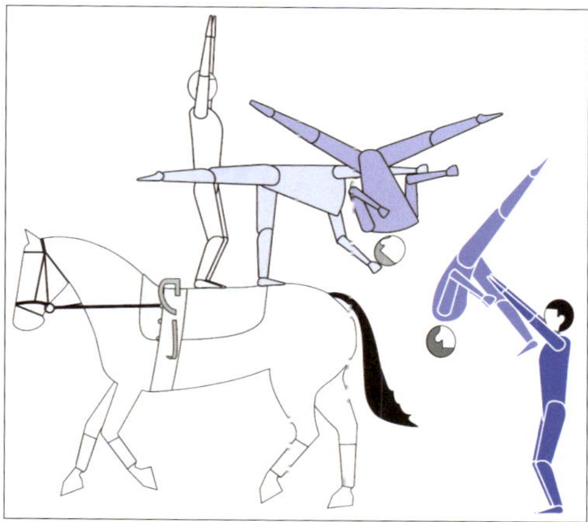

Pikt. 99: Das freie Rad

Fehler, Ursache, Korrektur kompakt

Fehler	Ursache	Korrektur
Kein Höhengewinn nach dem Absprung	Zu wenig Tempo im Schwungbein; kein reaktiver Abdruck	Schwungbein trainieren (s. Kap. Aufgang); Sprungkraft verbessern; schnelles hohes Rad am Boden üben (frontaler Schwungansatz)
Zu langsame Rotation	Oberkörper senkt sich zu langsam ab; zu langsames Schwungbein	Freies Rad von einer kleinen Erhöhung mit Partnerhilfe üben
Zu wenig Tempo im Schwungbein	Mangelnde Beweglichkeit in den Beinen, mangelnde Schnellkraft (Adduktoren, Hüftbeuger, „Ischis“)	Dehnung der beanspruchten Muskulatur; Schnellkrafttraining
Einbeinige Landung	Zweites Bein wird nicht schnell genug beigezogen	Freies Rad von einer kleinen Erhöhung mit Partnerhilfe üben
Keine Körperstreckung	Mangelnde Ganzkörperspannung	Ganzkörperspannung trainieren

Hinweise zu weiterführender Literatur:

GEHRLING, I.: Gerätturnen für Fortgeschrittene. Bd. 1. Boden und Schwebebalken. Aachen 2002.
KNIRSCH, K./MINNICH, M.: Gerätturnen mit Mädchen und Frauen. Kirchentellinsfurt 2005.

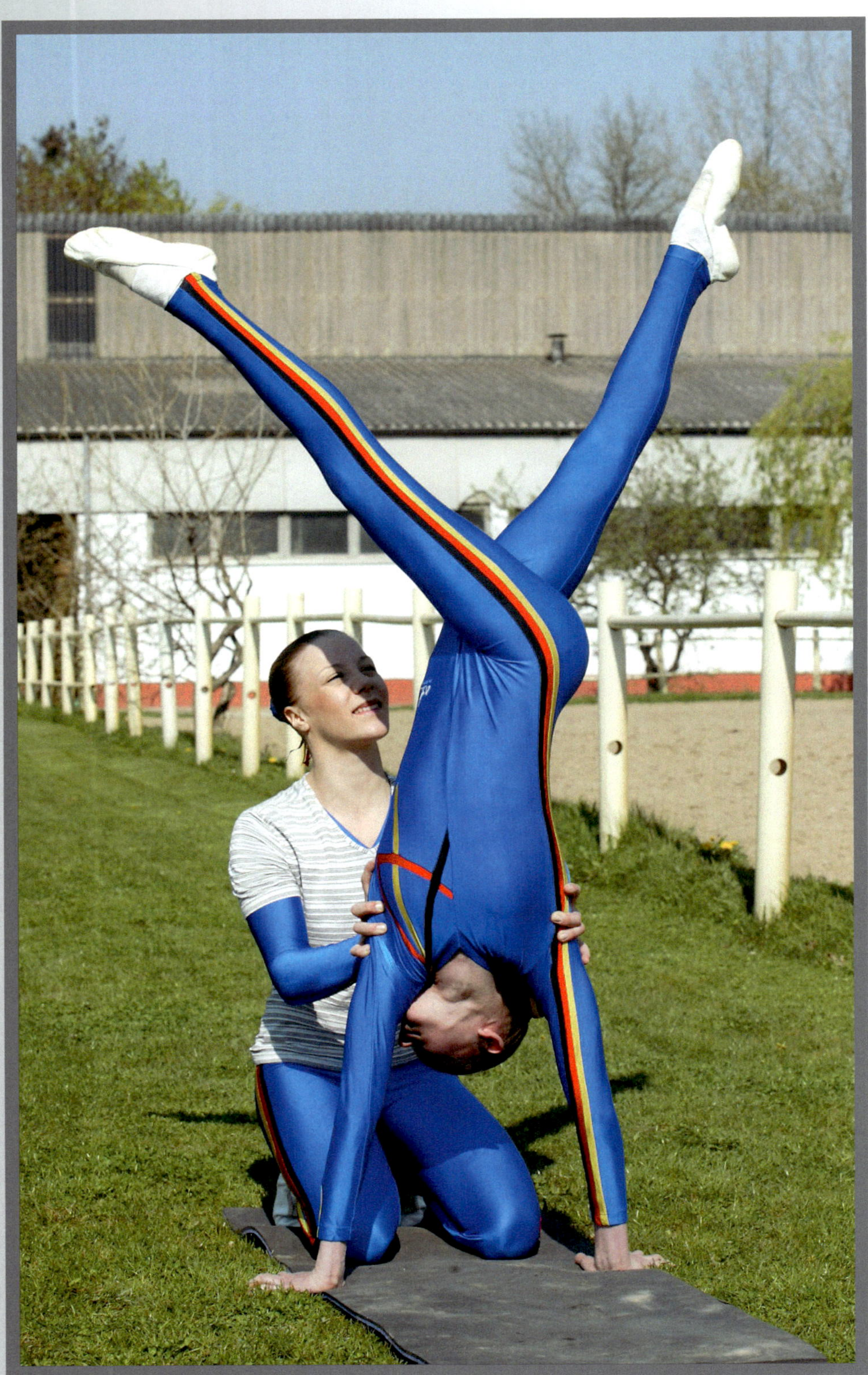

2.3 Die optimale Trainingseinheit und begleitende Maßnahmen

Dieses Kapitel beschäftigt sich mit dem optimalen Aufbau einer Trainingseinheit und weitergehend mit einem Wochentrainingsplan, der sowohl Voltigieren als auch begleitende Maßnahmen enthält. Dabei wird neben dem groben Aufbau einer Voltigierstunde besonders Wert auf das korrekte Aufwärmtraining gelegt, insbesondere auf die Unterscheidung: allgemeines vs. spezielles Aufwärmtraining. Innerhalb des Wochenplanes werden begleitende Maßnahmen genannt und Ergänzungssportarten auf positive und negative Effekte in Bezug auf den Voltigiersport untersucht.

Die optimale Trainingseinheit
Eine Trainingseinheit wird im klassischen Sinne in drei Untereinheiten aufgeteilt:

1. **Einführung und Erwärmungsphase**
2. **Hauptphase**
3. **Ausklang/Schlussteil**

Dabei ist die Bezeichnung der einzelnen Phasen in der Literatur unterschiedlich. Entscheidend ist der Inhalt der drei Phasen. Alle drei Phasen für sich sind wichtig, jedoch werden die erste und dritte Phase häufig vernachlässigt. Dabei ist die erste Phase mit der Erwärmung, Einstimmung auf das Stundenziel etc. mindestens genauso wichtig wie die Hauptphase, in der schwerpunktmäßig und zielgerichtet das eigentliche Stundenziel verfolgt wird. Aber auch der Schlussteil, der sich mit dem Abwärmen (Cool down) und einem motivierenden Ende für alle Beteiligten befasst, hat seinen festen Platz in der Planung und Durchführung einer Trainingseinheit. Ein praktisches Beispiel für die Erstellung einer Verlaufsplanung einer Trainingsstunde zeigt Tabelle 11.

Weitere allgemeine Inhalte zu den einzelnen Phasen, mit denen sich in diesem Kapitel nicht ausführlich auseinander gesetzt wird, können unter anderem in weiterführender Literatur nachgelesen werden.

Hinweise zu weiterführender Literatur:
FN: Richtlinien für Reiten, Fahren und Voltigieren, Band 3, Voltigieren. Warendorf 2013.
FN (Hrsg.): LPO – Leistungs-Prüfungs-Ordnung. Regeln für den deutschen Turniersport. Warendorf 2013.
Rieder, U.: Voltigieren. Vom Anfänger zum Könner. München 2002.

Zeit	Inhalte/ Übungsbeschreibungen	Zielsetzungen	Organisation Hilfsmittel (HM)
15 min	Erwärmungsphase: Ablongieren des Pferdes, Erwärmung der Voltigierer über oben genannte Form, zum Ende der Erwärmung „Einvoltigieren"	Aufwärmung von Voltigierer und Pferd, Verletzungsprophylaxe, Herz-Kreislauf-Anregung, Gewöhnung Pferd-Voltigierer	Selbstständig, mit Unterstützung von HM, Pezziball, Therabänder, Cavaletti, Übungspferd
30 min	Hauptphase: 1. Galoppphase: Aufsprünge in verschiedene Positionen: Knien, tiefe Fahne", Stehen, Standwaage, Rückhochschwung 2. Schrittphase: Auf dem Holzpferd und evtl. auf dem Pferd Handstand- Einsitzen, versch. Formen, Erübung der Drehung auf dem Pferd, Beckendrehung aus dem Sitz in den Liegestütz vw., parallel: o.g. Übungen am Boden 3. Galoppphase: Übungen aus dem Schritt, Aufsprung in die „tiefe Fahne", Standwaage, Schulterstand	Verbesserung der Sprungkraft und des Absprungpunktes, Schwungbeineinsatz, Timingverbesserung, Schnellkrafteinsatz, Verbesserung Orientierungsfähigkeit, Grenzen erkennen, Koordination der Beckendrehung **Wichtig:** Technikfehler vermeiden! s.o.	Am Pferd mit Trainer, am Übungspferd und am Boden mit ggs. Kontrolle und Korrektur, HM: Pezziball, Übungspferd, Cavaletti
15 min	Ausprobieren von Handstand- und Schulterstandvariationen nach Wahl, anschl. einige Minuten auslaufen	Zielübungsähnliche Positionen, Kreativitätsförderung, Koordination, Cool down, Schaffen eines positiven Abschlusses	am Pferd
anschl.	Pferd trocken führen und Geräte abbauen, Halle verlassen		

Tab. 14: Verlaufsplanung einer Trainingseinheit mit dem Schwerpunkt Verbesserung des Aufsprungs und des 1. Teils Schere in der Vorbereitungsperiode (Erklärungen zu den einzelnen Übungen s. Kap. Pflicht)

Das Aufwärmtraining

Innerhalb des Aufwärmtrainings kann man in ein allgemeines und ein spezielles Aufwärmtraining unterteilen. Während das allgemeine Aufwärmtraining nicht spezifisch auf eine Übungsform oder eine Sportart ausgerichtet ist, soll der Sportler durch die zweite Form speziell z.B. für die Schere oder die Mühle vorbereitet werden. Welche Anforderungen jeweils an die eine oder andere Ausführungsform gestellt werden, ist Schwerpunkt der weiteren Ausführungen. Insgesamt lassen sich für beide Programme gemeinsame Ziele benennen:

Gemeinsame Ziele:

- Verbesserte Aktivität der allgemeinen organischen Leistungsbereitschaft, z.B. Herz-Kreislauf-Aktivierung, verbesserter Sauerstofftransport im Blut, Aktivierung der Muskulatur (Tonuserhöhung, Temperaturanstieg) etc.
- Verbesserte koordinative Leistungsbereitschaft (vor allem beim speziellen Aufwärmtraining, z.B. Verbesserung technischer Abläufe einer Voltigierübung)
- Schaffen optimaler psychischer Leistungsbereitschaft (Motivation, Konzentration etc.)
- Verletzungsprophylaxe

Neben den gemeinsamen Zielen lassen sich dennoch unterschiedliche Schwerpunkte im Inhalt finden. Nachstehend (Tab. 15) werden exemplarisch mögliche Inhalte beider Aufwärmformen aufgelistet.

Aufwärmprogramm allgemein	Speziell (z.B. Stundenziel: Aufsprung verbessern)
• Fortbewegungsmöglichkeiten aller Art: laufen, springen, hüpfen, hinkeln, gehen, kriechen, balancieren etc. • Kleine Aufwärmspiele mit und ohne Handgeräte • Parcours zur Schulung der allgemeinen Koordination, z.B. Bälle fangen, verschiedene Rollen auf Turnmatten durchführen, Räder schlagen etc. • Stationen zur (allgemeinen) Verbesserung der Kraft, Beweglichkeit • Aufwärmen mit Pferd, z.B. Mitlaufen, Überholen, „Klopfen" etc.	• Zielgerichtete Fortbewegungen einbauen, z.B. hüpfen, Prellhopser, Sprünge (ein-/beidbeinig, mit/ohne Drehungen, über Gegenstände etc.), Seilchenspringen • Kleine Aufwärmspiele, die die Schnellkraft in den Beinen schulen, z.B. Staffelhüpfen,... • Handstandaufschwung am Boden und Cavaletti zur Schulung der Koordination des Bewegungsablaufes Aufsprung • Spezielles kurzzeitiges Dehnprogramm zur Vorbereitung der Muskulatur • „Einvoltigieren": z.B. Aufsprünge in verschiedene Endpositionen

Tab. 15: Gegenüberstellung möglicher unterschiedlicher Inhalte des allgemeinen und speziellen Aufwärmtrainings

In der Praxis ist häufig eine Mischform der beiden Aufwärmprogramme vorzufinden. Je spezieller der Schwerpunkt der Stunde definiert ist, desto mehr wird sich ein für den Stundenschwerpunkt speziell konzipiertes Aufwärmtraining eignen. Insgesamt ist festzuhalten, dass, je jünger die Voltigierer sind, desto größer der Anteil eines allgemeinen, motorisch vielseitigen Aufwärmtrainings sein sollte. Dabei könnte ein Aufwärmtraining von ca. 20 Minuten wie folgt aussehen:

- **Allgemeines Laufen**
  keine Aufgaben vorgeben, sondern den Voltigierern Möglichkeiten eröffnen, in aller Kürze das Wichtigste aus Beruf, Schule und Alltag an die Mitstreiter loszuwerden
  (ca. 2–3 Min.)

- **Fortbewegen mit Ansagen**
  verschiedene Formen des Laufens auf Ansage
  z.B. bei 1 = Laufen vw. mit Armkreisen rw.
  bei 2 = sw. Laufen und Beine beim Laufen überkreuzen
  bei 3 = rw. Laufen Arme gegengleich kreisen
  bei 4 = Schwebeschritte
  (ca. 3–4 Min.)

- **Kleiner koordinativer Teil**
  wenn möglich, verschiedene Rollen auf Turnmatten, Radschläge, Radwenden etc.
  (ca. 3–4 Min.)

- **Kurzes dynamisches Dehnprogramm**
  „kurzes Andehnen" wichtiger Hauptmuskelgruppen, Reihenfolge: von Kopf bis Fuß oder umgekehrt
  Alternativ: für jüngere und vielseitig zu schulende Voltigierer (spielerisch) aktive beweglichkeitsfördernde Übungen!
  (ca. 5–6 Min.)

- **Leichtes Sprungkrafttraining**
  Hüpfen durch Reifen/über Stangen mit Zusatzaufgaben, z.B. gleichzeitig Ball hochwerfen und fangen, hinkeln etc., anschließend Prellhopser
  (ca. 2–3 Min.)
  anschließend Kontaktaufnahme mit dem Pferd und „Einvoltigieren"

Abwärmen/Cool down

Genauso wie der Körper vom Ruhezustand durch das Aufwärmtraining in einen arbeitsfähigen Zustand gebracht wird, sollte er nach Beendigung der Arbeitsphase nicht abrupt in den Ruhezustand übergehen. Durch ein Abwärmen bzw. eine Cool-down-Phase kann diese Überführung schrittweise stattfinden und dadurch eine anschließende Regeneration günstig beeinflussen.

Möglichkeiten des Cool downs (je nach Training/Trainingsform)

- Ausdehnen / Entmüdungsdehnen
- Auslaufen
- Muskelentspannungstechniken
- Weitere regenerationsfördernde Maßnahmen: Sauna, Massage etc.

Die optimale Trainingswoche

Da wir uns im Amateursport befinden, lässt sich eine optimale Trainingswoche, wie es Bundes- und Landestrainer gerne hätten, nur bedingt realisieren. Neben beruflichen, schulischen und privaten Terminen sind es auch Krankheiten und Verletzungen von Voltigierer, Trainer und Pferd, die das Dreigespann in ihrer Arbeit behindern. Auch sind viele Sportler durch Hallenzeiten (Reithalle, Turnhalle etc.) gehandicapt. Dennoch sollte eine Trainingswoche genauso geplant werden wie eine Saison oder eine Trainingseinheit. In Tabelle 16 wird ein möglicher Wochentrainingsplan aufgeführt. Der Plan richtet sich in diesem Fall an einer Gruppe im Leistungs-/Spitzensport aus, ist aber für alle Klassen im Gruppen- und Einzelvoltigieren in abgewandelter Form gültig. Dabei ist es für einen optimalen Trainingserfolg vor allem wichtig, dass sich die gleichen Trainingsmaßnahmen über die Woche verteilen, wie im Kapitel 1.2.1 erklärt.

Montag	Dienstag	Mittwoch	Donnerstag	Freitag	Samstag	Sonntag
AT Laufen (45 Min)	ÜPT Pflicht (45 Min)	AT Laufen, Skaten,... (45 Min)	ÜPT Kür (30 Min)	KT (60 Min)	VT Pflicht (60 Min)	RP Sauna o.Ä.
BT Dehnpro- gramm (30 Min)	VT Pflicht-Trai- ning (60 Min)	RP Muskelentsp., (30 Min)	VT Kürtraining (60 Min)		Evtl. Schwim- men o.Ä.	
	KT (45 Min)		BT Dehnpro- gramm, (30 Min)			

AT Ausdauertraining, BT Beweglichkeitstraining, ÜPT Übungspferdtraining, VT Voltigiertraining (mit Pferd), KT Krafttraining, RP Regenerationsprogramm

Tab. 16: Darstellung des Wochentrainingsplans einer Voltigiergruppe im Leistungs-/Spitzensport während der 2. Etappe der Vorbereitungsperiode

Ergänzungssportarten

Jede Sportart birgt neben viel Freude auch positive und negative Aspekte auf den menschlichen Organismus. Oftmals fragen Voltigierer ihre Trainer, ob sie neben dem eigentlichen Voltigiertraining noch weitere ergänzende Sportarten durchführen sollen und inwieweit diese einen positiven Einfluss auf die sportliche Leistungsfähigkeit in Bezug auf den Voltigiersport haben. In Tabelle 17 werden verschiedene Sportarten aufgeführt, ihre positiven und negativen Einflüsse auf die Leistungsfähigkeit des Voltigierers und damit ihre mögliche Eignung als Ergänzungssportart erläutert.

Sportart	Einfluss auf die motorischen Fähigkeiten				
	Ausdauer	Kraft	Beweglichkeit	Koordination	Schnelligkeit
Jogging	●●● (LZA)	●	-- ▼	●	-- ▼
Speed Skaten	●●● (LZA)	●●	--	●●●	●
Spiel-Sportarten (Fußball, Handball, Volleyball etc.)	●●● (KZA)	●●	-- ▼	●●●	●●●
Leichtathletik (außer Lang-/Mittelstrecke)	●● (LZA)	●●●	●●●	●●●	●●●
Ballett	●	●●	●●●	●●●	--
Turnen	●	●●●	●●●	●●●	●●●
Rhythm. Sportgymn.	●	●	●●●	●●●	●●
Akrobatik	●	●●	●●	●●●	●
Schwimmen	●●●	●●	-- ▼	●●	●
Turmspringen	--	●	●●●	●●●	●●
Trampolin-Springen	●● (KZA)	●	--	●●●	●●●
Tanzen	●	--	--	●●	--
Kampfsport	●	●●●	●●●	●●●	●●●
Radfahren	●●● (LZA)	●	-- ▼	--	-- ▼
Krafttraining (Fitnessstudio)	●	●●●	--	●●	●●
Reiten	●	●	-- ▼	●●	--
Klettern	●● (KZA)	●●●	●	●●●	--
Ski-/Snowboardfahren	●	●	--	●●●	--

▼ negativer Einfluss auf die voltigiersportspezifische Leistungsfähigkeit,
-- nicht geeignet, ● bedingt geeignet, ●● geeignet, ●●● gut geeignet als Ergänzungsmaßnahme,
LZA Langzeitausdauer, KZA Kurzzeitausdauer

Tab. 17: Überblick über verschiedene Sportarten und ihren Einfluss auf die voltigierspezifische Leistungsfähigkeit

Der Vergleich der verschiedenen Sportarten in Tabelle 17 zeigt, dass sich nicht alle Disziplinen gleichermaßen für eine Steigerung der voltigierspezifischen Leistungsfähigkeit eignen. Werden mit Jogging und Radfahren die Ausdauerfähigkeiten sehr gut geschult, wirkt sich ein forciertes Ausdauertraining wiederum nachhaltig ungünstig auf Schnelligkeit, Schnellkraft und Beweglichkeit aus. Das bedeutet, dass eine Grundlagenausdauer im Voltigiersport (wie im Kapitel Ausdauer erwähnt) einerseits sehr wichtig ist, andererseits eine „Überdosierung" zum Leistungsabfall führen kann.

Als optimale Ergänzungsmaßnahmen eignen sich neben Turnen, Ballett und rhythmischer Sportgymnastik unter anderem auch Kampfsportarten und Klettern, weil sie neben einem hohen Maß an Körperbeherrschung zusätzlich funktionell Kraft, Beweglichkeit und Koordination schulen. Dagegen eignen sich Spielsportarten schwerpunktmäßig zur Schulung von Schnellkraft und Koordination. Darüber hinaus fördern sie hervorragend die Teamfähigkeit und ein „Fair Play".

Begleitende Maßnahmen

Neben Ergänzungssportarten, Stunden-/Wochen- und Saisonplänen gibt es noch weitere diverse Möglichkeiten, um den Sport professioneller durchführen zu können. Die nachstehenden Beispiele dienen dabei nicht als Verpflichtung, sondern vielmehr als Anregung, das eine oder andere vielleicht im Rahmen eines Trainingslagers oder Lehrganges durchzuführen.

- **Physiotherapie**
  Physiotherapeuten sind im Umgang mit Verletzungen geschult und können Tipps zur Verletzungsprophylaxe geben. Darüber hinaus können sie durch detaillierte Trainingsempfehlungen muskuläre Schwachstellen abstellen. Sportphysiotherapeutische Betreuung bei Wettkämpfen und während Trainingslagern ist leider noch sehr selten, gehört in anderen Sportarten durchaus zum Alltag.

- **Sportmedizinische Untersuchung**
  Jeder Sportler, der vermehrt Sport treibt, sollte sich einmal im Jahr sportmedizinisch untersuchen lassen. Dabei wird der Körper auf orthopädische Probleme wie Haltungsfehler und orthopädische Erkrankungen untersucht. Auch ein internistischer Check ist sehr sinnvoll. Dabei werden die inneren Organe, vor allem das Herz-Kreislauf-System auf Fehlfunktionen untersucht. Kleinere Checks umfassen Blutuntersuchungen, Ruhe- und/oder Belastungs-EKGs und Urinproben. Nicht selten sind bei sportmedizinischen Untersuchungen durch die Landessportbünde nicht erkannte kleinere Erkrankungen aufgefallen, die durch weitere richtige Therapie einer möglichen Aufgabe des Leistungssports vorgebeugt haben.

- **Leistungsdiagnostik**
  Die Leistungsdiagnostik enthält neben der oben beschriebenen sportmedizinischen Untersuchung eine Reihe weiterer Tests, die für die professionellere Durchführung des Leistungssports unabdingbar sind. So werden mithilfe von z.B. Laktat-Parametern (vgl. Kap. 1.2.3) die Ausdauerfähigkeiten gemessen, durch Kraftmessplatten die effektive Sprungkraft dargestellt und durch Beweglichkeitstests Verkürzungen von Muskeln aufgedeckt. Die Ergebnisse dienen den Versuchsleitern als Hilfsmittel, um detaillierte individuelle Trainingspläne zu erstellen. Gleichzeitig dienen sie Trainer und Athlet als objektive Maßnahme, um die Effektivität eines Trainingsplanes zu überprüfen.

- **Sportpsychologische Betreuung**
  Bei den Bundeskaderathleten ein fester Bestandteil der Betreuung, erhält die Sportpsychologie auch in den Landeskadern verschiedener Landesverbände erfolgreich Einzug. Denn nicht nur der Körper muss trainiert werden, sondern auch die Psyche der Voltigierer (vgl. Kap. 1.5). Eine ganzheitliche Sicht des Athleten durch die Schulung von physischen und psychischen Fähigkeiten steigert die Leistungsfähigkeit.

- **Laufbahnberatung für Leistungsvoltigierer**
  Die Laufbahnberatung gehört nicht primär zu den begleitenden Maßnahmen, soll hier aber erwähnt werden, um bei einer möglichen weiteren Entwicklung des Voltigiersports in Richtung semiprofessioneller Leistungssport nicht vergessen zu werden. Leistungssport bedeutet für viele Athleten Einschränkung in Schule und Beruf, eine Laufbahnberatung kann finanzielle Unterstützungen aufzeigen, berufliche Möglichkeiten offerieren und dem Voltigierer damit helfen, seinen Sport auszuüben und sich dabei gleichzeitig um seinen beruflichen Werdegang bemühen zu können.

- **Ernährungsberatung**
  Ein optimaler Leistungszuwachs kann nur dann gewährleistet werden, wenn das Training durch eine ausgewogene, auf die Beanspruchung abgestimmte Ernährung unterstützt wird. In einigen Landesverbänden ist die Ernährung in Informationsveranstaltungen bereits ein Thema. Eine gute Beratung hinsichtlich des „Speiseplans“ ist zukünftig unbedingt wünschenswert.

2.3.1 Core-Training – funktionelle Rumpfstabilisation im Voltigiertraining

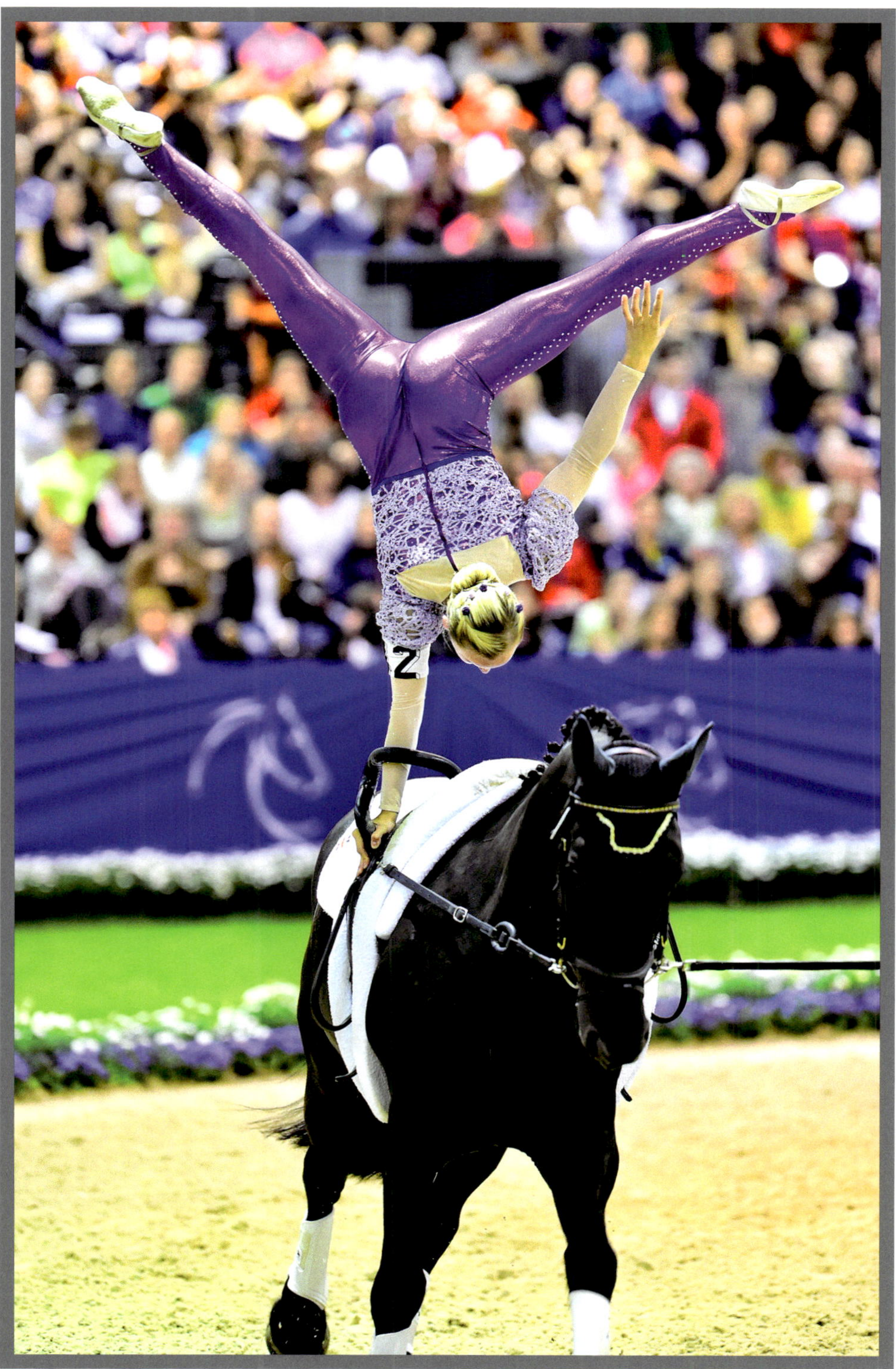

Es ist das Schlagwort der neueren Trainingspraxis. Die Rede ist vom sogenannten Core-Training. Damit gemeint ist ein funktionelles (Stabilisations-)Training für die Rumpfmuskulatur, insbesondere der kleinen (lokalen) Muskulatur, die für die Stabilisierung des Rumpfes zuständig ist (vgl. Kap. 1.1.1). Vor einigen Jahren noch verpönt, trainieren heute immer mehr Leistungssportler mit Pezziball, Slingtrainer und Co. Auch für den Voltigiersport hat die segmentale Stabilisation der Körperkernregion eine immense Bedeutung zur Kraftentwicklung oder Durchführung vieler technisch anspruchsvoller Elemente. In den vorangegangenen Kapiteln immer wieder eingeflossen, wollen wir uns hier noch einmal explizit mit dem Thema auseinandersetzen, Anregungen für das Grundlagentraining geben und unterschiedliche Facetten des Core-Trainings beleuchten.

Merke: **Nur ein gut gedehnter Muskel ist ein leistungsfähiger Muskel. Nur mit voller Bewegungsamplitude lässt sich die maximale Kraft eines Muskels entwickeln. Funktionelle oder anatomische Bewegungseinschränkungen schwächen daher die Leistungsfähigkeit.**

1. Dynamisches Beweglichkeitstraining des Rumpfes

Wie in Kapitel 2.1.6 dargestellt, eignen sich bestimmte Drehdehnlagen zur Verbesserung der Beweglichkeit. Folgende Übungen werden dynamisch, aber langsam durchgeführt und sollten in keinem Warm-up fehlen:

- **Drehlage 1: Hip-Crossover** (vgl. VERSTEGEN/WILLIAMS 2011)
  In der Rückenlage werden die Arme in einem ca. 90°-Winkel vom Oberkörper abgespreizt, auf dem Boden abgelegt, die Beine sind hüftbreit aufgestellt. Die Beine werden abwechselnd seitlich abgelegt. Die Schultern bleiben dabei auf dem Boden liegen (s. Fotos 48+49).

  Wiederholungen: 10–15
  Serien: 1–2
  Pause: 30 Sek.

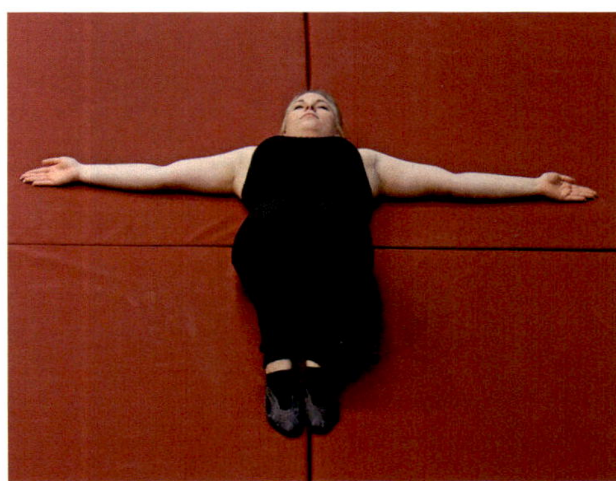

Foto 48: Hip-Crossover Ausgangsstellung

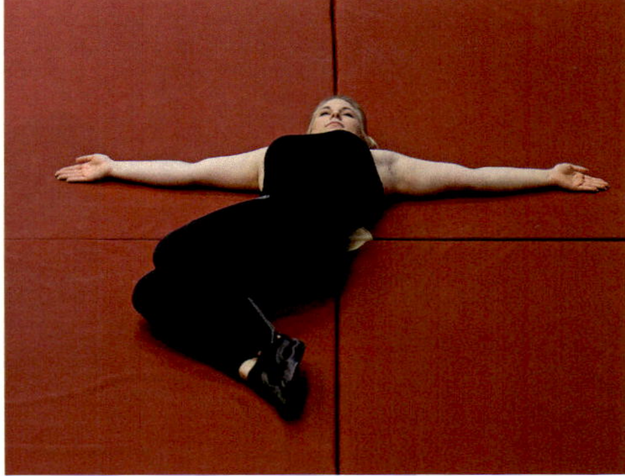

Foto 49: Hip-Crossover Endstellung

Alternativ können die Beine auch abgehoben werden.

- **Drehlage 2: Cross-Turn** (vgl. JAHODA/MITTERBAUER 2013)
  In der Rückenlage werden die Arme in einem ca. 90°-Winkel vom Oberkörper abgespreizt, die Beine liegen hüftbreit gestreckt auf dem Boden. Ein Bein wird abwechselnd gestreckt zum gegenüberliegenden Arm bewegt. Die Schultern bleiben auf dem Boden liegen. (s. Fotos 50+51)

  Wiederholungen: 10–15
  Serien: 1–2
  Pause: 30 Sek.

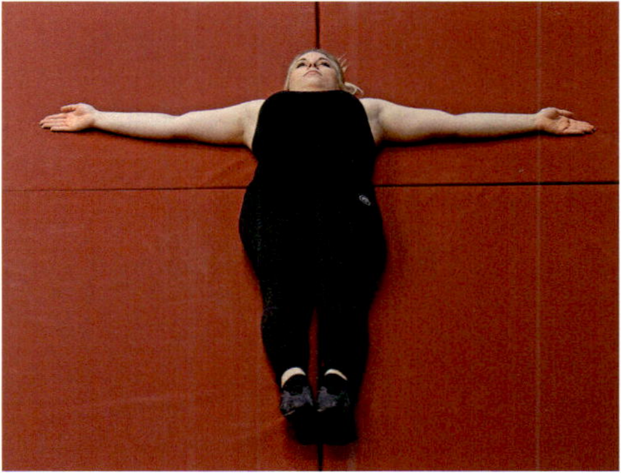

Foto 50: Cross-Turn Ausgangsstellung

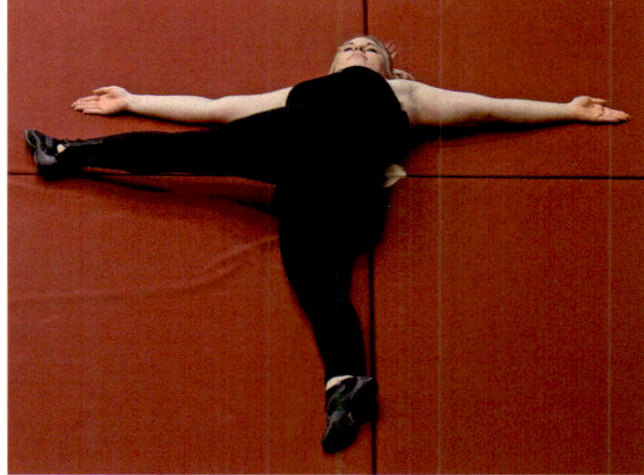

Foto 51: Cross-Turn Endstellung

- **Drehlage 3:**
  In der Seitlage wird das oben liegende Bein im Knie- und Hüftgelenk ca. 90° gebeugt und vor dem Körper abgelegt. Der unten liegende Arm fixiert das Knie am Boden. Der obere Arm dreht sich mit dem Oberkörper in die Rückenlage. Der Kopf folgt der Bewegung (s. Fotos 52+53). Das fixierte Knie bleibt am Boden.

  Wiederholungen: 10–15
  Serien: 1–2
  Pause: 30 Sek.

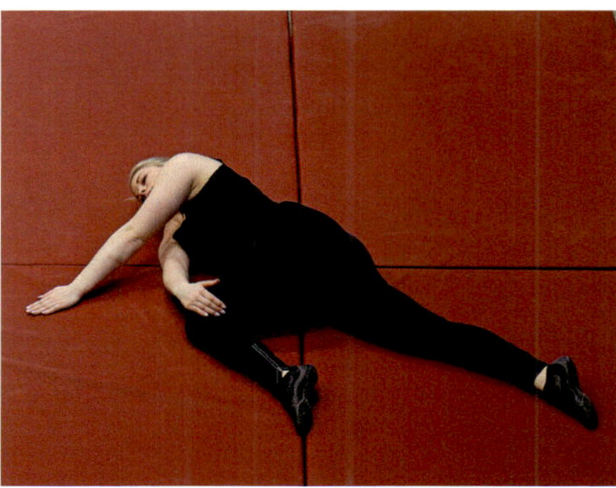

Foto 52: Drehlage 3 Ausgangsstellung

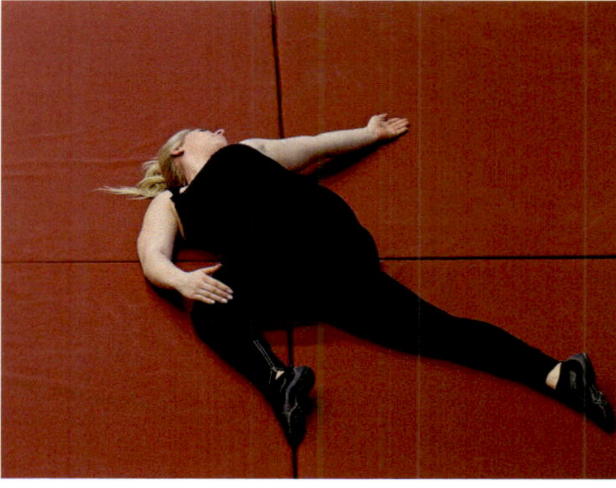

Foto 53: Drehlage 3 Endstellung

- **Drehlage 4: Skorpion** (vgl. Verstegen/Williams 2011)
  In der Bauchlage werden die Arme in einem ca. 90°-Winkel vom Oberkörper abgespreizt, die Handflächen liegen auf dem Boden und die Beine liegen hüftbreit gestreckt auf dem Boden. Es wird abwechselnd ein Bein zum gegenüberliegenden Arm bewegt. Dabei wird der Kopf, wenn das linke Bein zum rechten Arm geführt wird, zur linken Seite gedreht und umgekehrt (s. Fotos 54+55).

  Wiederholungen: 10–15
  Serien: 1–2
  Pause: 30 Sek.

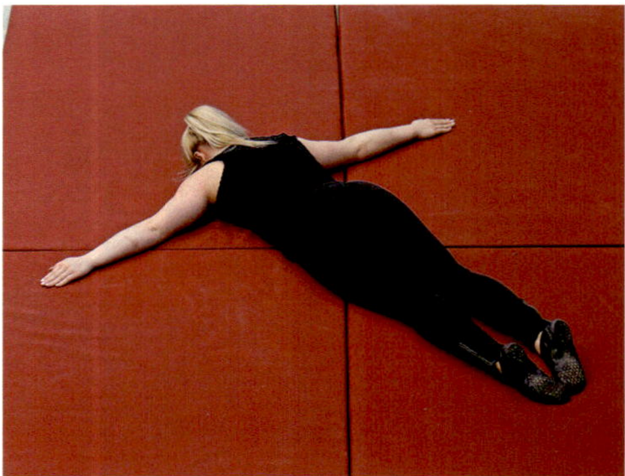

Foto 54: Skorpion Ausgangsstellung

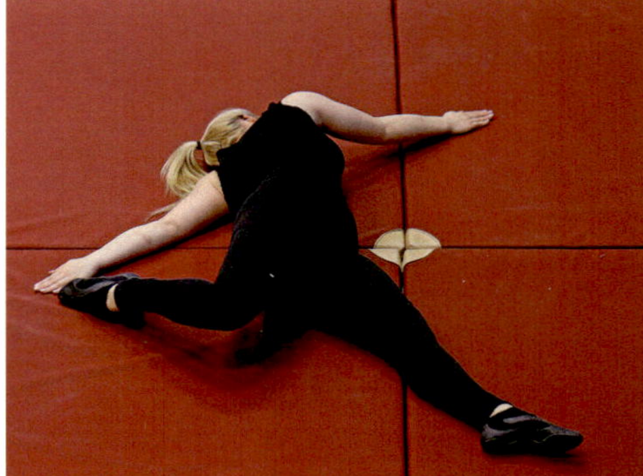

Foto 55: Skorpion Endstellung

- **Rundrücken – Hohlkreuz** (vgl. Jahoda/Mitterbauer 2013)

Im Vierfüßler wird die Lendenwirbelsäule aus der Mittelposition ins Hohlkreuz (s. Foto 57) geführt, daraus wieder in die Mittelposition und in einen Rundrücken (s. Foto 56)

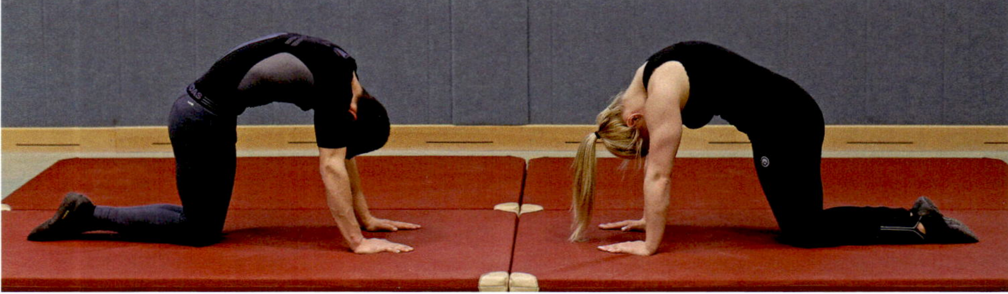

Foto 56: Vierfüßler Rundrücken

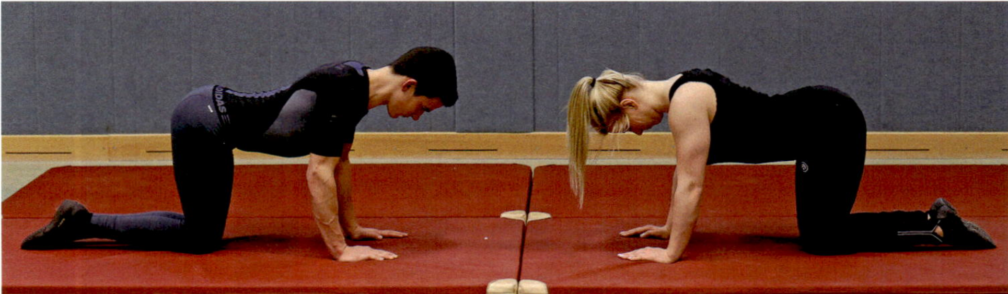

Foto 57: Vierfüßler Hohlkreuz

Alternativ können die Arme weiter nach vorne oder mehr unter den Körper gestellt werden. Die Bewegungsausführung bleibt gleich (s. Fotos 58+59).

Wiederholungen: 10–15
Serien: 1–2
Pause: 30 Sek.

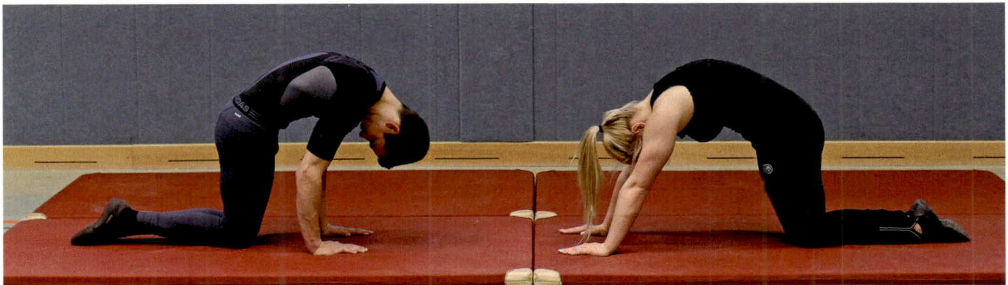

Foto 58: Vierfüßler Rundrücken

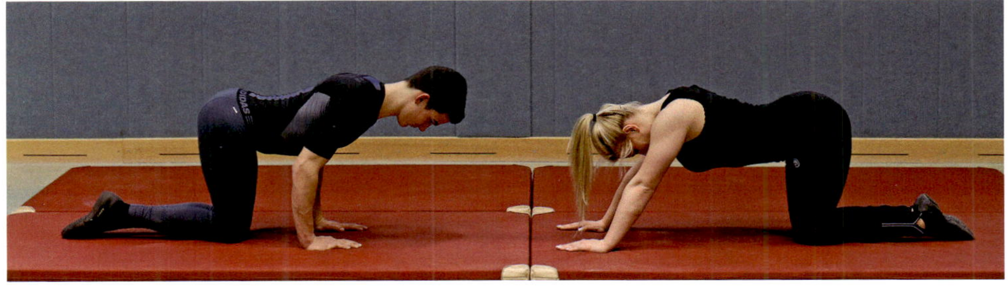

Foto 59: Vierfüßler Hohlkreuz

2. Segmentale Rumpfstabilisation

Als Basisprogramm eignet sich für Anfänger das Übungsrepertoire aus dem sportmotorischen Test für Voltigierer (vgl. Anhang). Insbesondere die Übungen zur Rumpfstabilisation und die Rückenübungen sollten beherrscht werden (vgl. auch Kap. 2.1.4).
Als Voraussetzung für die weitere Arbeit ist auch die segmentale Stabilisation wichtig. Der Sportler muss in den unterschiedlichen Positionen lernen, die Körpermitte gezielt anzusteuern.

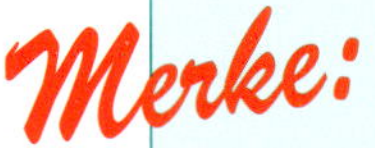

Wichtige Kriterien zur Anspannung der kleinen (lokalen) Muskulatur sind

- **Wirbelsäule in neutraler Position**
- **Becken in Mittelstellung**
- **Beckenboden anspannen (Tipp: „Beim Wasserlassen auf der Toilette den Vorgang unterbrechen wollen")**
- **Bauchnabel nach innen oben ziehen**
- **Langsam Spannung aufbauen**
- **Normale Atmung beibehalten**

(vgl. Jahoda/Mitterbauer 2013)

Ausgangspositionen (vgl. JAHODA/MITTERBAUER 2013):

Rückenlage (Anfänger):
Wirbel nach innen ziehen, Bauchnabel nach hinten oben (s. Merke-Kasten) (s. Foto 60)

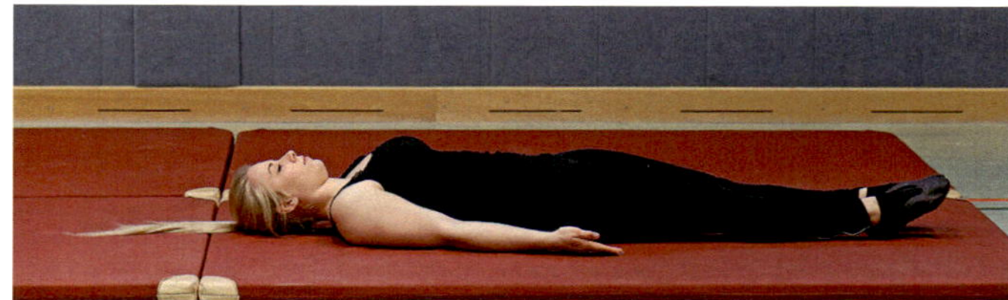

Foto 60: Segmentale Rumpfstabilisation in Rückenlage

Seitlage (Fortgeschrittene):
Wirbel nach innen ziehen, Bauchnabel nach hinten oben (s. Merke-Kasten) (s. Foto 61)

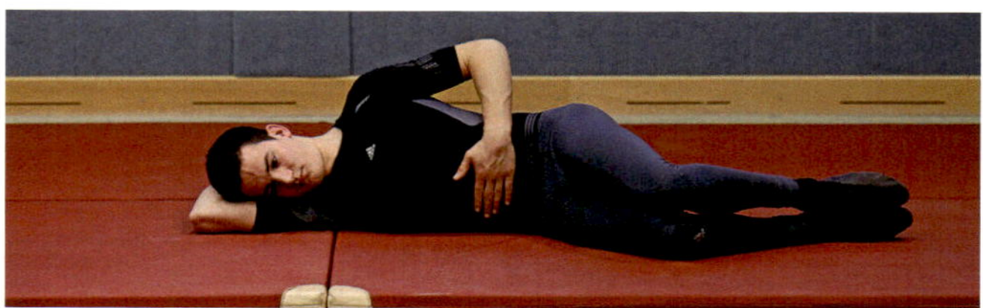

Foto 61: Segmentale Rumpfstabilisation in Seitlage mit abgespreiztem Bein

Seitlage mit Abspreizen eines Beines
(Könner):
Wirbel nach innen ziehen, Bauchnabel nach hinten oben (s. Merke-Kasten S. 217)

Anspannungsdauer:	10–30 Sek.
Serien:	2–3
Pause:	30 Sek.

3. Funktionelle Rumpfstabilisation (besonders) der globalen Muskulatur

Die nachfolgenden Übungen ergänzen die in Kapitel 2 genannten Rumpfstabilisationsübungen.

Anspannungsdauer/ Wiederholungen:	10–30 Sek.
Serien:	2–3
Pause:	30 Sek.
Intensität (subj. Anstrengungsempfinden):	mittelanstrengend – anstrengend

- **Übungen mit dem Sling-Trainer (Sling-Exercise-Training)**
  Alle Übungen werden langsam aufgebaut. In der Endstellung ist ein leichtes Zittern durch die Anspannung erlaubt, die Atmung ist normal. Die korrekte Bewegungsausführung ist sehr wichtig.

Ventrale Muskelkette

Anfänger

1. **Der Voltigierer** befindet sich in einer Art „Unteramstützposition". Die Füße stehen hüftbreit. Der Kopf ist in Verlängerung der Wirbelsäule, der Blick geradeaus (s. Foto 62). Die Übung wird erschwert, indem die Arme beide leicht handwärts geschoben werden.

2. **Vierfüßler**
   Die Ausgangsposition ist der Vierfüßler, die Arme sind leicht gebeugt. Die Hände stehen direkt unter den Schultern. Für die Endstellung werden die Knie leicht angehoben (s. Fotos 63+64).

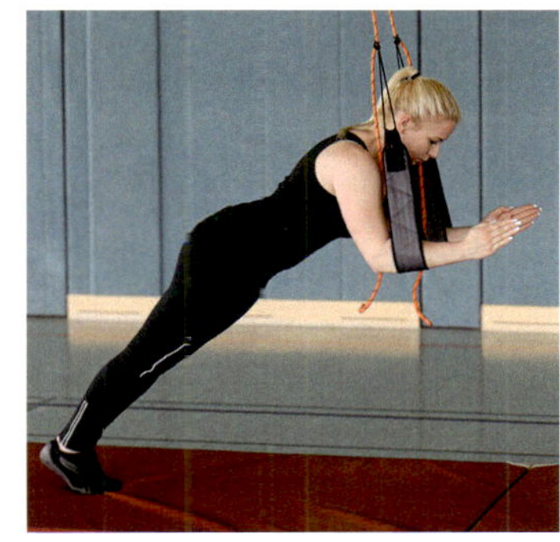

Foto 62: „Unterarmstützposition" im Sling-Trainer

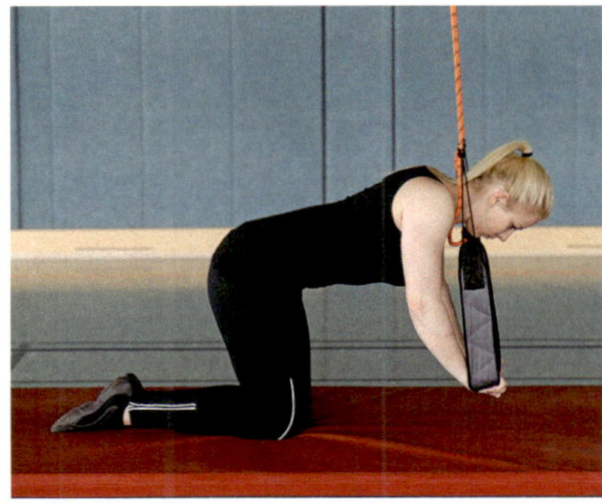

Foto 63: Vierfüßler im Sling-Trainer Ausgangsstellung

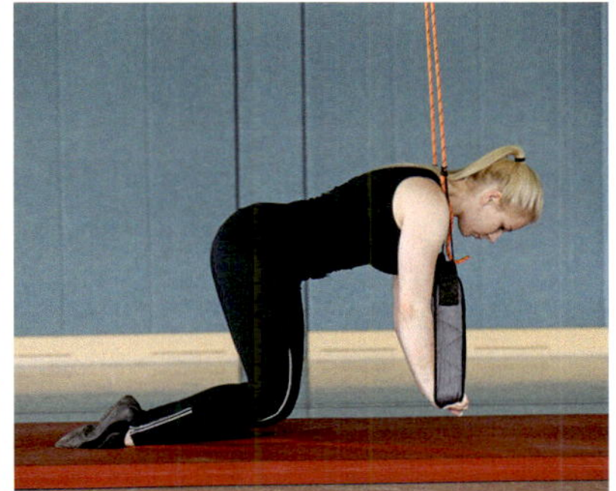

Foto 64: Vierfüßler im Sling-Trainer Endstellung

Fortgeschrittene

1. **Der Voltigierer** befindet sich im Unterarmstütz. Die Füße stehen hüftbreit. Der Kopf ist in Verlängerung der Wirbelsäule, der Blick geradeaus (s. Foto 65). Die Übung wird erschwert, indem die Arme beide oder im Wechsel leicht handwärts geschoben werden.

2. **Vierfüßler**
   Die Ausgangsposition ist der Vierfüßler, die Arme sind leicht gebeugt. Die Hände stehen direkt unter den Schultern. Für die Endstellung werden die Knie leicht angehoben. Die Arme werden wechselseitig leicht nach vorne geschoben (s. Foto 66).

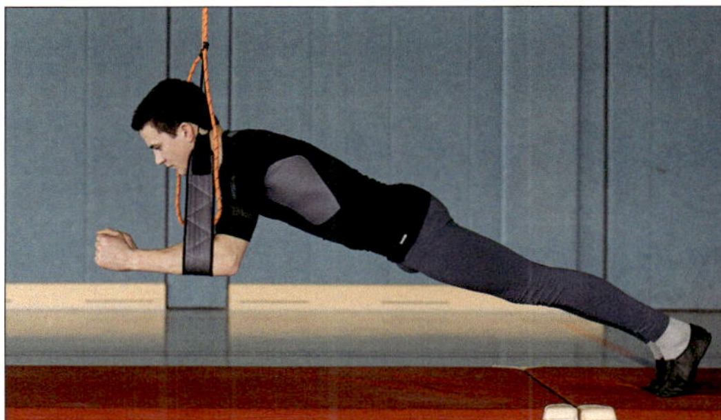

Foto 65: Unterarmstütz im Sling-Trainer

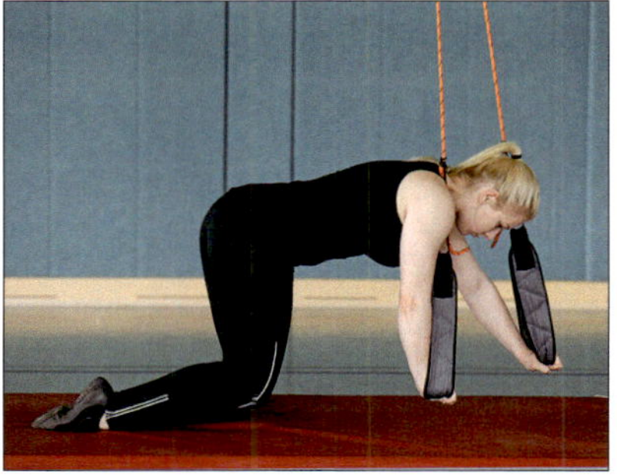

Foto 66: Vierfüßler im Sling-Trainer mit wechselnder Armposition

Könner

1. **Der Voltigierer** befindet sich im Unteramstütz. Die Füße stehen hüftbreit. Der Kopf ist in Verlängerung der Wirbelsäule, der Blick geradeaus. Wechselseitig wird das gestreckte Bein leicht nach oben angehoben Die Übung wird erschwert, indem die Arme beide oder im Wechsel (diagonales Arm-Bein-Paar) ein paar Zentimeter handwärts geschoben werden. (s. Foto 67).

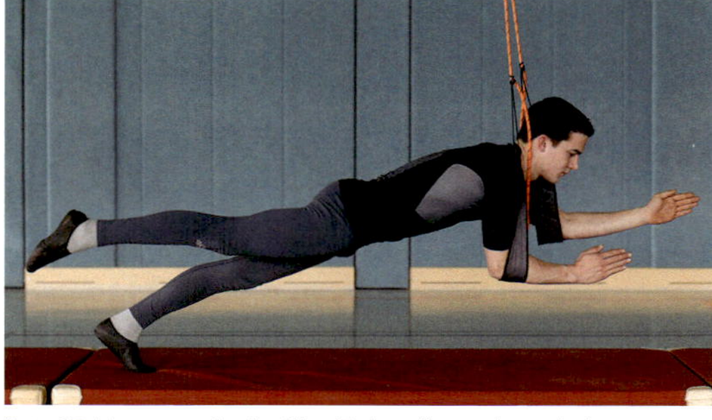

Foto 67: Unterarmstütz im Sling-Trainer diagonal angehobenen Arm-Bein-Paar

2. **Vierfüßler**
   Die Ausgangsposition ist der Vierfüßler, die Arme sind leicht gebeugt. Die Hände stehen direkt unter den Schultern. Für die Endstellung werden die Knie leicht angehoben. Ein Bein wird zur Fahne herausgestreckt (und der diagonale Arm angehoben (s. Foto 68).

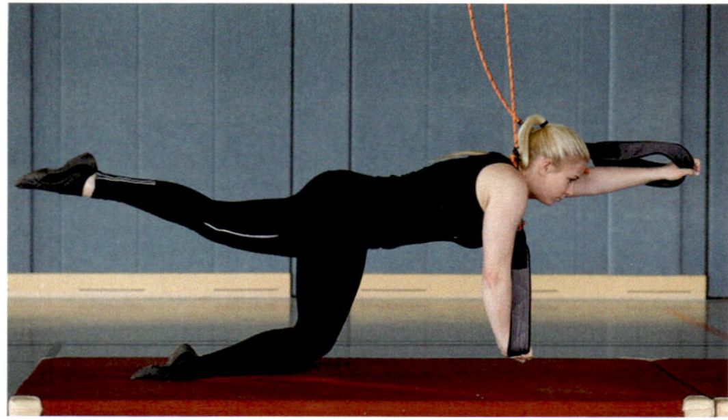

Foto 68: „Fahne" im Sling-Trainer

3. **Vierfüßler mit zwei Slingtrainern**
   Der Voltigier befindet sich mit den Händen und Füßen im Slingtrainer. Aus dem Vierfüßler nimmt er das diagonale Arm-Bein-Paar zur Fahne heraus. Die Vorstufe zu dieser sehr schweren Übung sind Vierfüßler bzw. Vierfüßler mit einem Arm oder einem Bein herausgestreckt (s. Fotos 69+ 70).

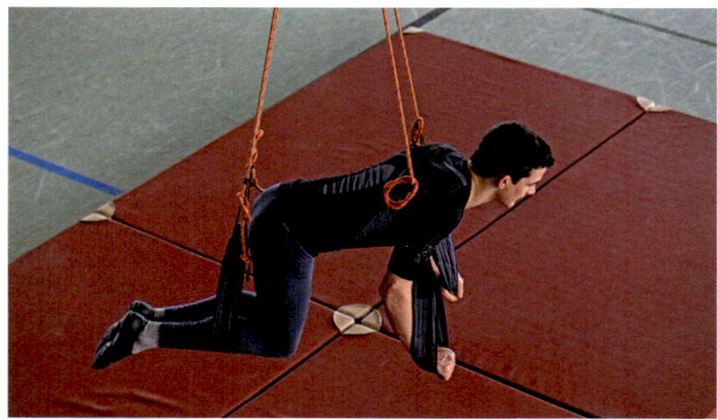

Foto 69: Fahne in zwei Sling-Trainern Ausgangsstellung

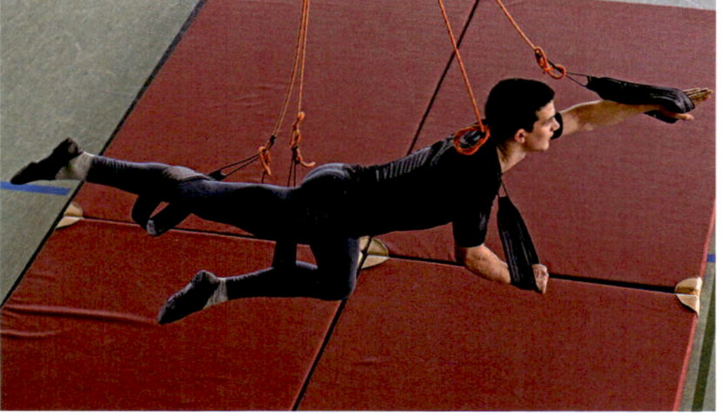

Foto 70: Fahne in zwei Sling-Trainern Endstellungstellung

Dorsale Muskelkette

Anfänger

1. **Ausgangsstellung Rückenlage**
   Die Füße befinden sich in Höhe der Sprunggelenke in den Schlaufen. Für die Endstellung wird der ganze Körper in Streckung gebracht, sodass nur noch die Schultern und die Arme Kontakt zum Boden haben. Alternativ können die Arme in Richtung Decke zusätzlich angehoben und/oder ein Bein kann aus der Schlinge genommen werden (s. Fotos 71+72).

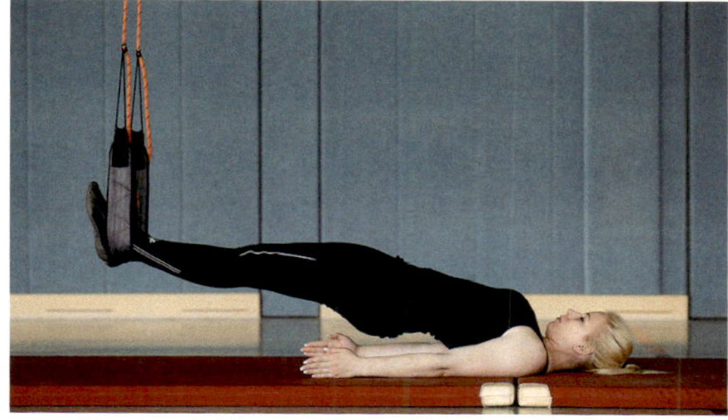

Foto 71: Training der dorsalen Muskelkette im Sling-Trainer

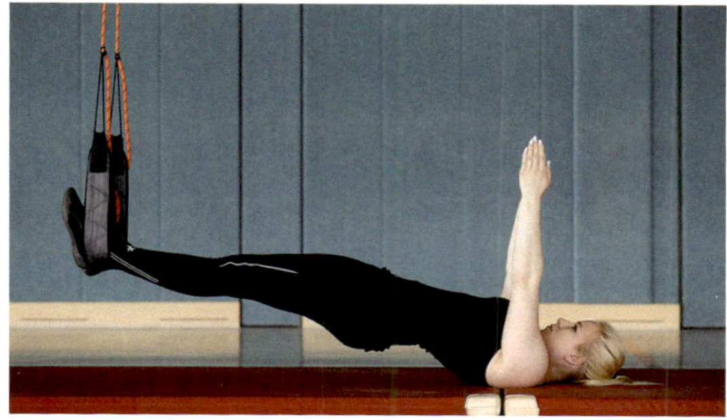

Foto 72: Training der dorsalen Muskelkette im Sling-Trainer alternativ

2. **Ausgangsstellung Rückenlage**
   Die Füße sind bei ca. 90° Kniebeugung aufgestellt. Die Hände greifen durch die Schlaufen und umfassen sie anschließend. Zur Endposition zieht sich der Voltigierer über die Arme bei gestrecktem Oberkörper so weit hoch, bis sich die Ellenbogen neben dem Körper befinden. Schwerer wird die Übung, wenn die Arme dabei ca. 90° abgespreizt sind (s. Fotos 73+74).

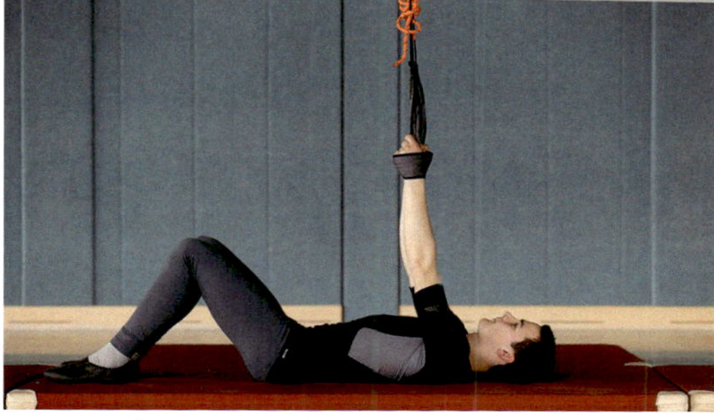

Foto 73: Rückentraining im Sling-Trainer Ausgangsstellung

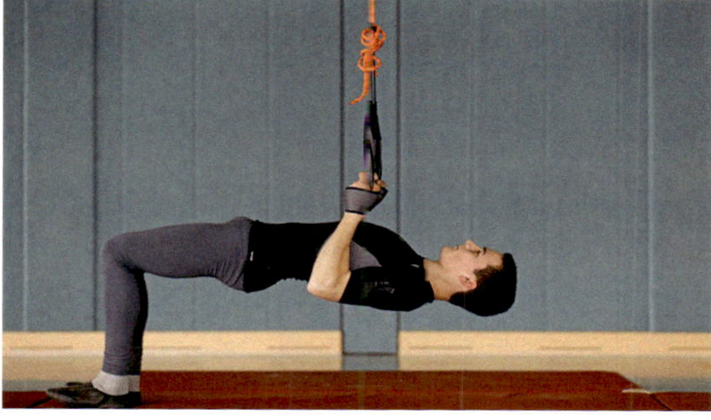

Foto 74: Rückentraining im Sling-Trainer Endstellung

Fortgeschrittene

1. **Ausgangsstellung Stand**

   Die Hände greifen durch die Schlaufen und umfassen sie anschließend. Zur Endposition lässt sich der Voltigierer über die Arme bei gestrecktem Körper so weit nach hinten absinken, bis sich der Körper in ca. 45° Rücklage befindet (s. Fotos 75+76). Danach zieht er sich wieder in die Ausgangsposition zurück. Alternativ kann die Endposition gehalten werden und ein Bein nach vorne angehoben werden.

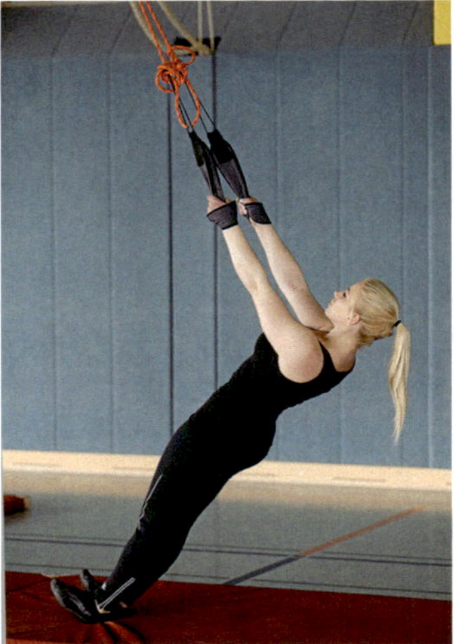

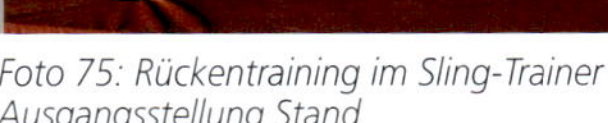

Foto 75: Rückentraining im Sling-Trainer Ausgangsstellung Stand

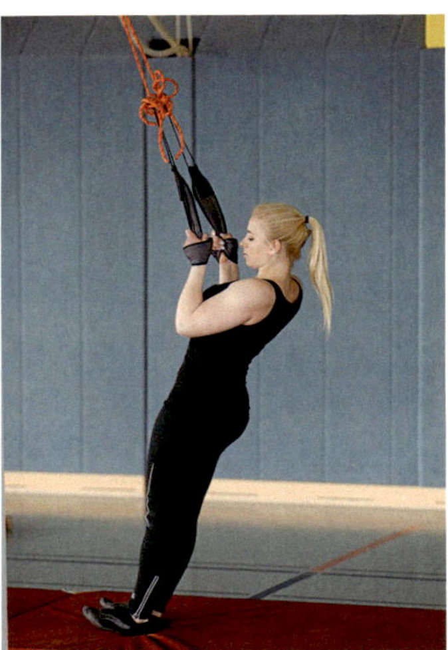

Foto 76: Rückentraining im Sling-Trainer Endstellung Stand

2. **Ausgangsstellung Rückenlage**

   Die Füße sind bei ca. 90° Kniebeugung aufgestellt. Die Oberarme befinden sich in den Schlaufen, die Ellenbogen sind ca. 90° gebeugt. Zur Endposition drückt sich der Voltigierer über die Arme bei gestrecktem Oberkörper so weit hoch. Die Schulterblätter werden in Richtung Wirbelsäule bewegt. Die Endposition wird gehalten (s. Fotos 77+78).

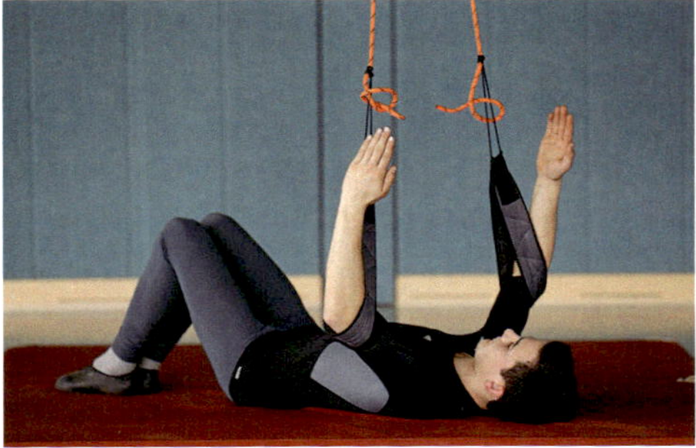

Foto 77: Oberer Rücken im Sling-Trainer Ausgangsstellung

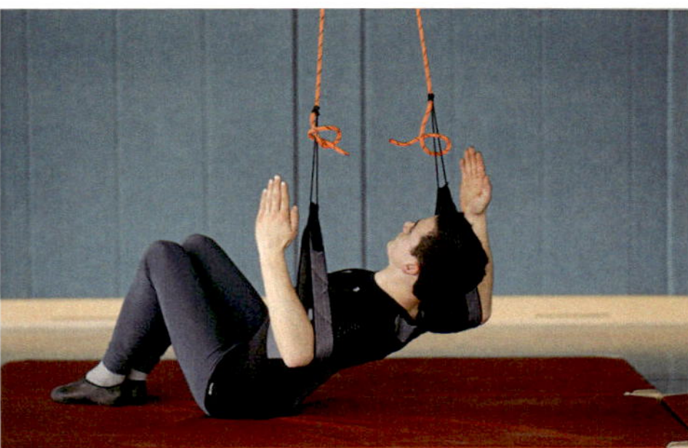

Foto 78: Oberer Rücken im Sling-Trainer Endstellung

Könner

1. **Ausgangsstellung Rückenlage**
   Der Körper ist gestreckt. Die Hände greifen durch die Schlaufen und umfassen sie anschließend. Zur Endposition zieht sich der Voltigierer über die Arme bei gestrecktem Körper so weit hoch, bis sich die Ellenbogen neben dem Körper befinden. Schwerer wird die Übung, wenn die Arme dabei ca. 90° abgespreizt sind und/ oder ein Bein während der Übung angehoben wird (s. Fotos 79+80).

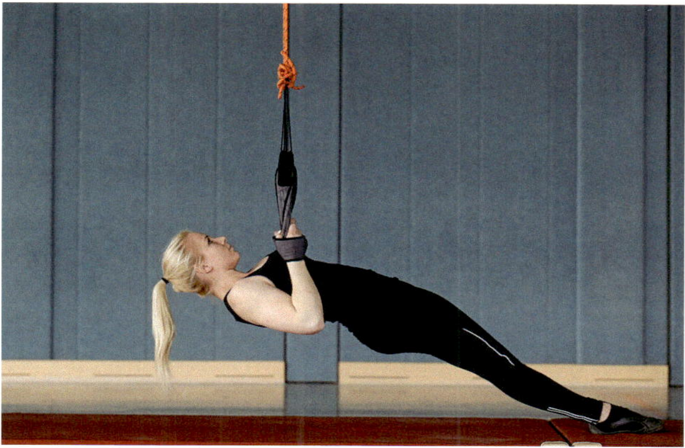

Foto 79: Rückentraining Könner im Sling-Trainer

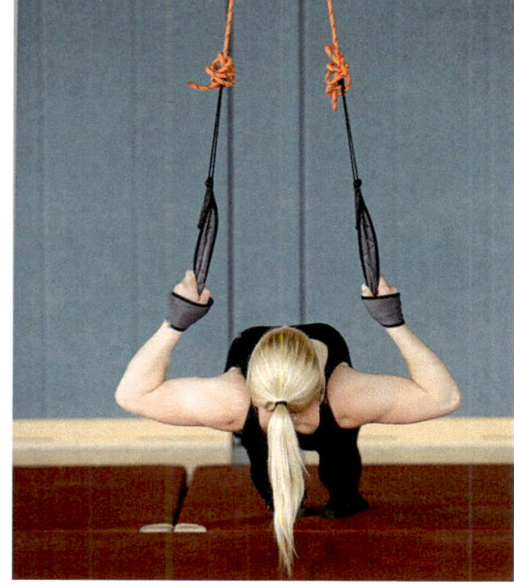

Foto 80: Rückentraining Könner im Sling-Trainer alternativ

2. **„Toter Mann" mit zwei Slingtrainern**
   Ausgangsstellung Rückenlage. Die Füße befinden sich in Höhe der Sprunggelenke in den Schlaufen. Die Oberarme werden in den Schlaufen platziert. Die Arme sind gestreckt und abgespreizt. Zur Endposition wird der Körper angespannt, so dass der Voltigierer nur noch Kontakt zu den Schlaufen hat. Schwerer wird die Übung, wenn die Arme dabei in Richtung Kopf weiter abgespreizt werden und/oder ein Bein während der Übung angehoben wird (s. Fotos 81+82).

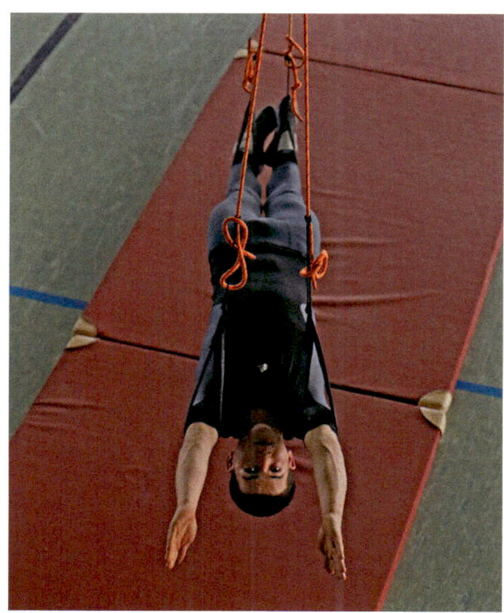

Foto 81 „Toter Mann" im Sling-Trainer geschlossen

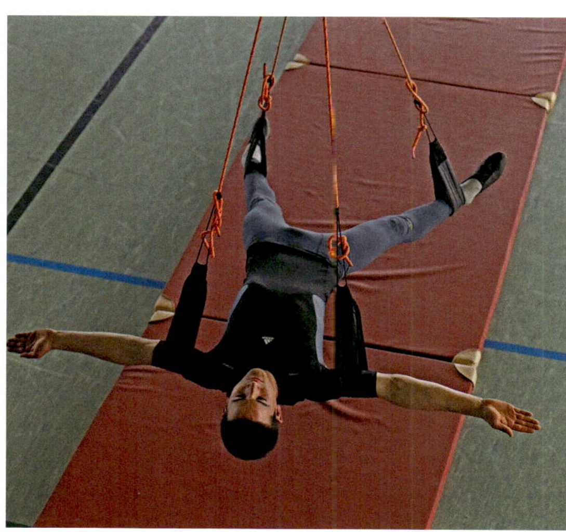

Foto 82 „Toter Mann" im Sling-Trainer geöffnet

Laterale Muskelkette

Anfänger

1. **Ausgangsstellung Knieposition**
   Der Unterarm ist in der Schlaufe. Zur Endposition wird der gestreckte Körper in einen Kniestütz seitlings gebracht (s. Foto 83).

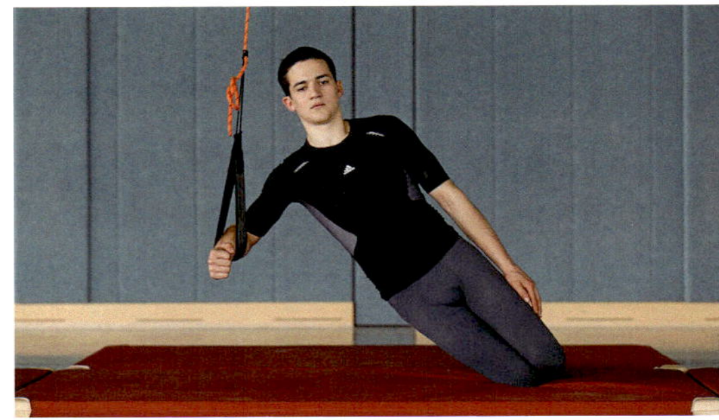

Foto 83: Seitliche Rumpfmuskulatur im Sling-Trainer

2. **Ausgangsstellung Seitlage**
   Die Oberschenkel werden im Slingtrainer fixiert, der Unterarm aufgestützt. Zur Endstellung wird der Körper in einer Unterarmstütz seitlings angehoben (s. Foto 84).

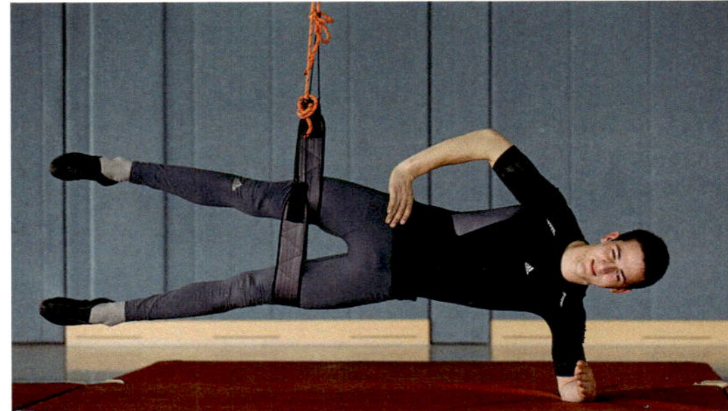

Foto 84: Unterarmstütz seitlings im Sling-Trainer

Fortgeschrittene

1. **Unterarmstütz seitlings**
   Der Unterarm wird in der Schlaufe platziert (s. Foto 85).

2. **Unterarmstütz seitlings**
   Die Unterschenkel sind in den Schlaufen (s. Foto 86).

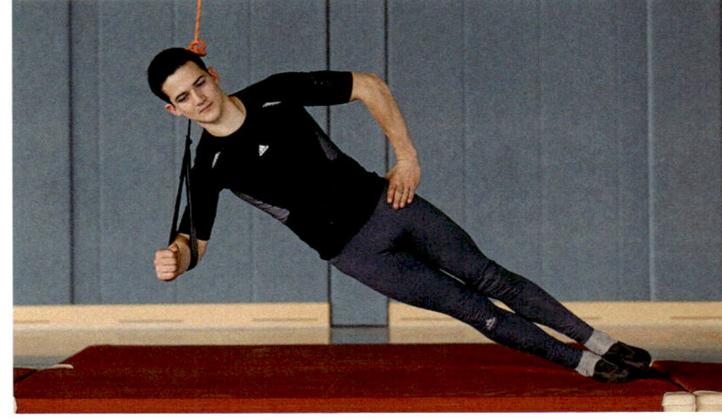

Foto 85: Unterarmstütz sl. Fortgeschrittene im Sling-Trainer

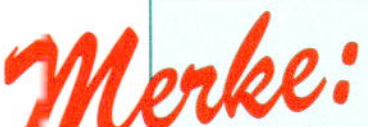

Bei vielen Übungen im Sling-Trainer oder mit dem Pezziball wird ihre Schwierigkeit über die Hebelverhältnissse geregelt. Je näher sich die Schlaufen an der Körpermitte befinden, desto kürzer wird der Hebel auf die Rumpfmuskulatur. Folglich wird die Übung leichter. Soll sie erschwert werden, wird der Hebel verlängert und die aufzubringende Kraft für die Rumpfmuskulatur erhöht!

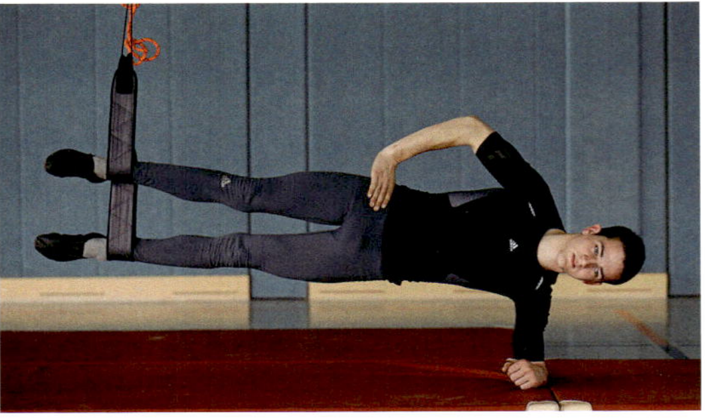

Foto 86: Alternativer Unterarmstütz sl. Fortgeschrittene im Sling-Trainer

Könner

1. **Unterarmstütz seitlings**
   Der Unterarm wird in der Schlaufe platziert. Ein Bein wird angehoben. Alternativ kann es zusätzlich nach vorne und hinten bewegt werden.
   Variation: Die Übung wird nicht als Unterarmstütz, sondern als Liegestütz sl. durchgeführt. Dabei stützt die Hand in der Schlaufe.

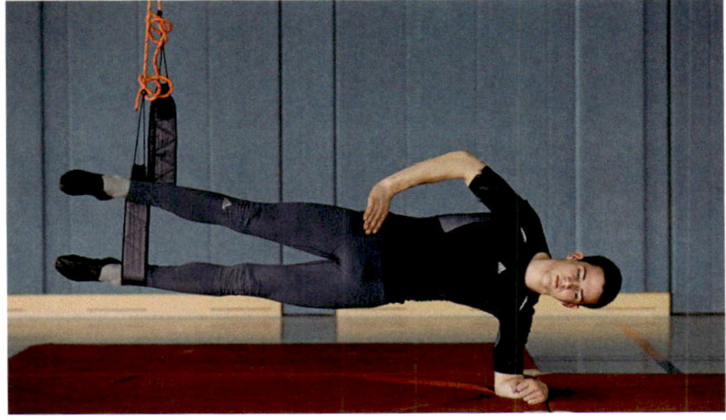

Foto 87: Unterarmstütz sl. abgespreizt im Sling-Trainer

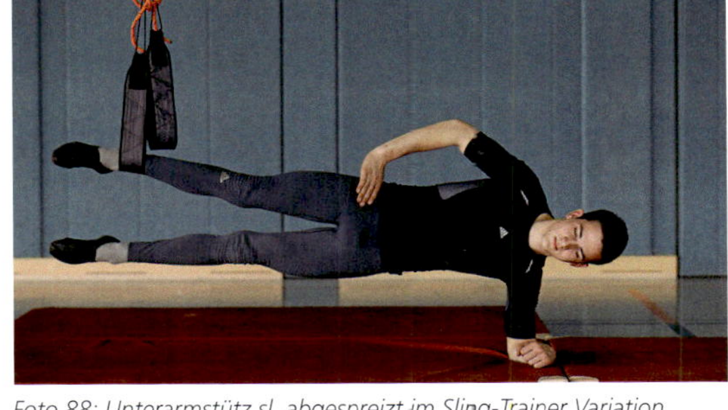

Foto 88: Unterarmstütz sl. abgespreizt im Sling-Trainer Variation

2. **Unterarmstütz seitlings**
   Die Unterschenkel sind in den Schlaufen. Ein Bein wird aus der Schlaufe genommen (s. Fotos 87+88). Alternativ kann es zusätzlich nach vorne und hinten bewegt werden.

   Zusätzlich kann unter dem Stützarm ein labiler Untergrund geschaffen werden (s. Foto 89).

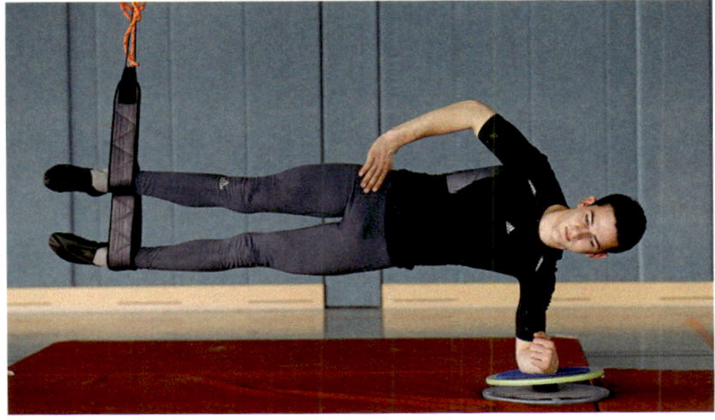

Foto 89: Unterarmstütz sl. abgespreizt im Sling-Trainer erschwert

   Variation: Die Übung wird nicht als Unterarmstütz, sondern als Liegestütz sl. durchgeführt (s. Foto 90).

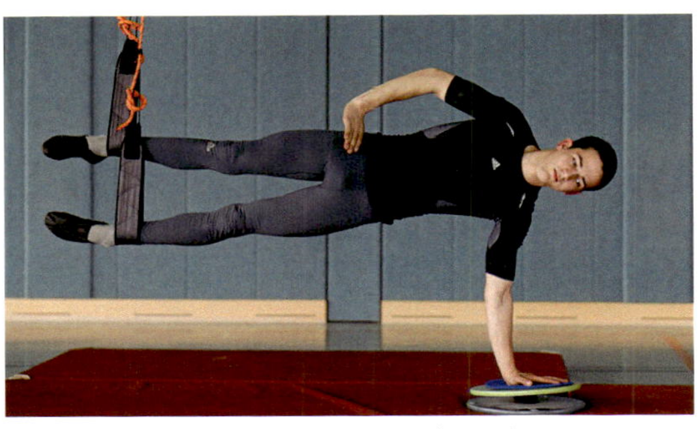

Foto 90: Liegestützstütz sl. abgespreizt im Sling-Trainer

Stabilisation im Stand

Der Voltigierer steht im Ausfallschritt, der vordere Fuß steht in der Schlaufe. Das Knie steht direkt über dem Fuß (s. Foto 91).

Variation für Fortgeschrittene:
Aus dem Stand in den Ausfallschritt nach vorne bewegen und wieder zurück.

Variation für Könner:
In der Endstellung Ausfallschritt den Oberkörper leicht nach links und rechts drehen. Beine und Becken bleiben stabil in der Position. Kombination mit der Übung für Fortgeschrittene (s. Foto 92).

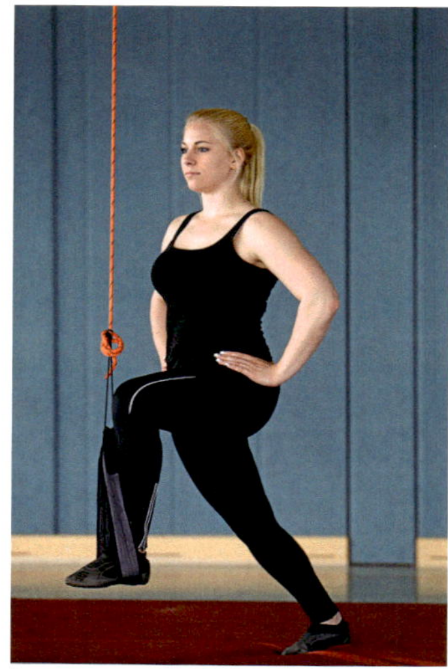

Foto 91: Ausfallschritt im Sling-Trainer

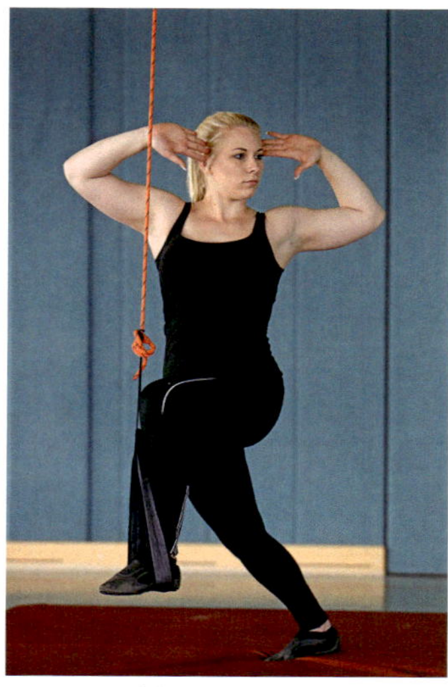

Foto 92: Ausfallschritt Könner im Sling-Trainer

Komplexübungen für Spitzensportler

1. **„Spiderman"**
   Der Voltigierer befindet sich im Liegestütz vl. mit zwei Slingtrainern. Aus der Position senkt er sich ab, bis die gestreckten Arme 90° abgespreizt sind. Daraus drückt er sich in eine gebückte Position hoch, sodass Arme und Bein maximal angenähert sind (s. Fotos 93+94).

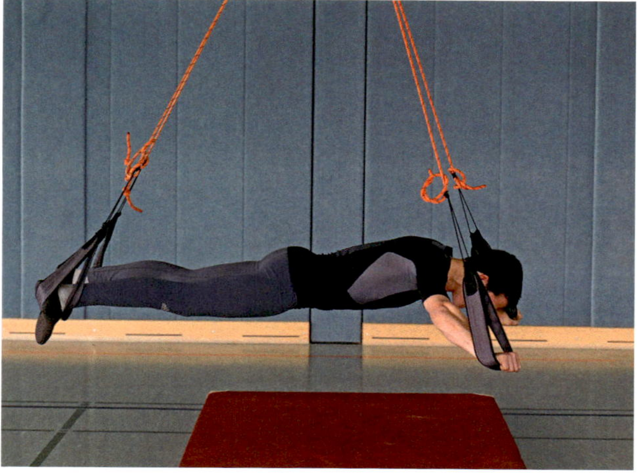

Foto 93: Gestreckter „Spiderman" im Sling-Trainer

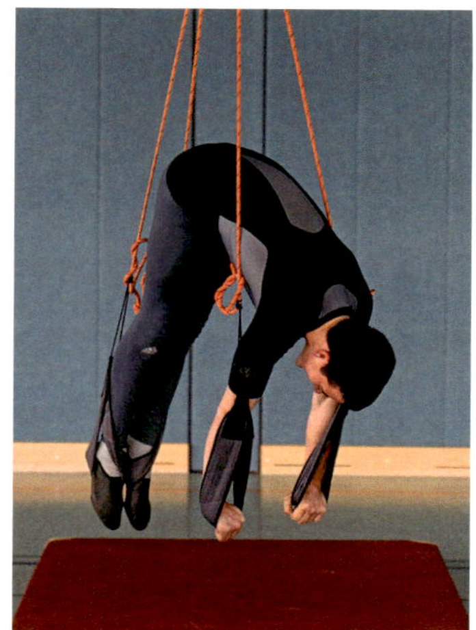

Foto 94: Gebückter „Spiderman" im Sling-Trainer

2. **„Handstütz – Liegestützlauf"**
   Der Sportler platziert die Füße in den Schlaufen des Sling-Trainers, die Hände auf Bällen oder einem Pedalo etc.. Endposition ist der Liegestütz vl. Daraus bewegt er sich in der Position nach vorne und wieder zurück bis in die hohe Handstützposition (s. Fotos 95+96).

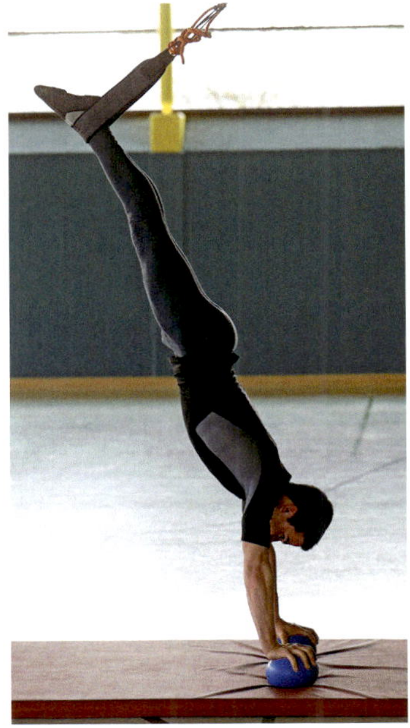

Foto 95: Hohe Handstützposition im Sling-Trainer

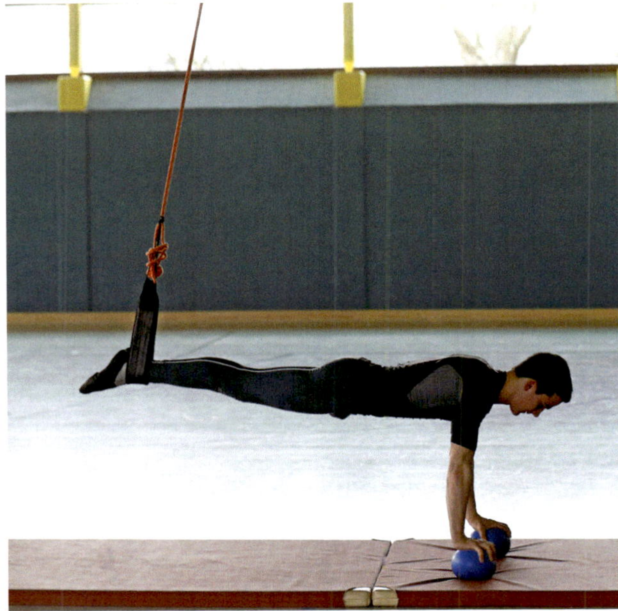

Foto 96: Liegestützposition im Sling-Trainer

- **Übungen mit dem Pezziball**
  Ein Großteil der Übungen mit dem Sling-Trainer lässt sich alternativ auch mit dem Pezziball durchführen. Teilweise ist dabei ein bisschen Kreativität bei der Abwandlung der Ausgangs- und Endstellung gefragt. Beispiele sind auch in den vorbereitenden Übungen zur Pflicht zu finden (vgl. z.B. Kap. 2.1.4).

  Zusätzlich zu den bereits dargestellten sind exemplarisch nachfolgende Übungselemente zu verstehen (vgl. Carrière 1999, Jahoda/Mitterbauer 2013, Verstegen/Williams 2011).

Anspannungsdauer/ Wiederholungen:	10–30 Sek.
Serien:	2–3
Pause:	30 Sek.
Intensität (subj. Anstrengungsempfinden):	mittelanstrengend – anstrengend

Zur Ergänzung des Übungsrepertoires sei auf die weiterführende Literatur hingewiesen.

1. **Liegestütz vl.**
   Liegestützposition vl. Die Unterschenkel liegen auf dem Ball. Zur Endposition werden beide Beine in der Hüfte und im Knie gebeugt, sodass sich der Ball in Richtung Arme bewegt (s. Fotos 97+98).

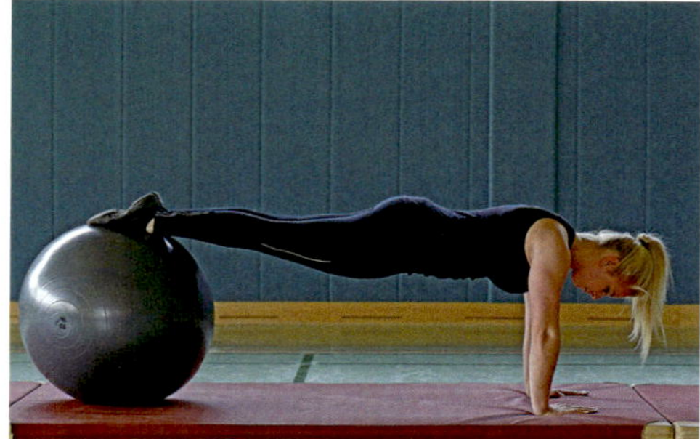
Foto 97: Liegestütz vl. Pezziball Ausgangsstellung

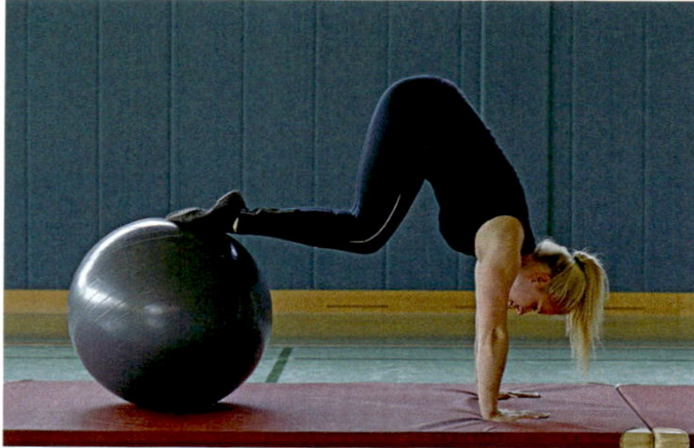
Foto 98: Liegestütz vl. Pezziball Endstellung

Variation: Beide Beine werden gebeugt, jedoch erfolgt der Rückweg in die gestreckte Position nur über ein Bein. Das andere Bein wird angehoben (s. Foto 99).

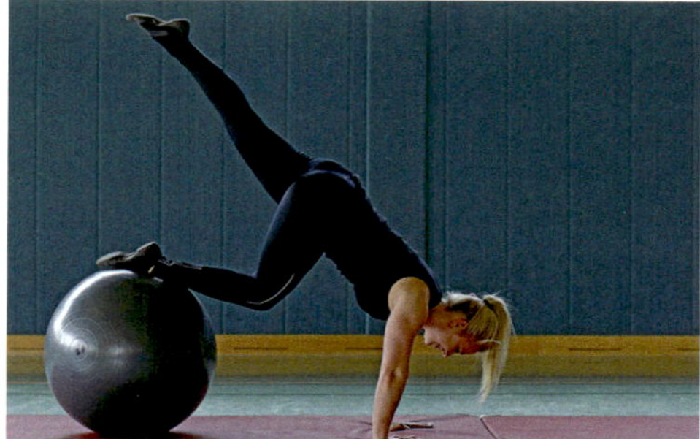
Foto 99: Liegestütz vl. Pezziball Variation

Variation: Hin- und Rückweg werden nur mit einem Bein absolviert. Das andere Bein wird gestreckt angehoben (s. Fotos 100+101).

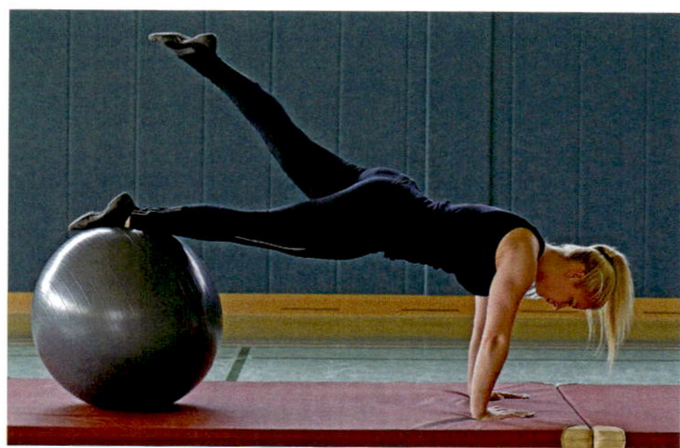
Foto 100: Liegestütz vl. einbeinig Pezziball Ausgangsstellung

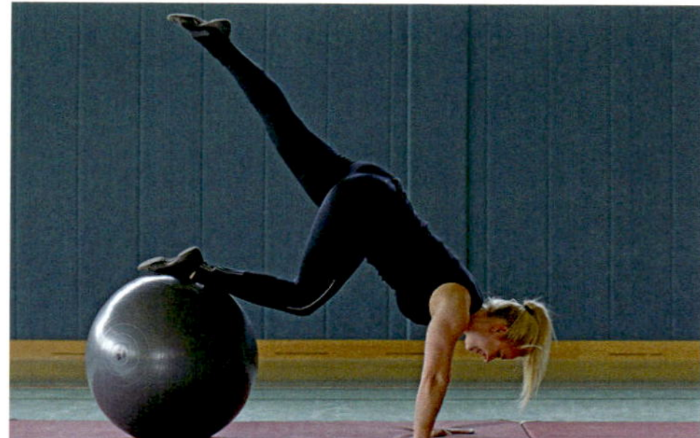
Foto 101: Liegestütz vl. einbeinig Pezziball Endstellung

2. Dynamischer Handstütz

Liegestützposition. Die Unterschenkel liegen auf dem Ball. Der gestreckte Körper wird so weit zurückgeschoben, bis der Arm-Rumpf-Winkel 180° geöffnet ist (s. Fotos 102+103).

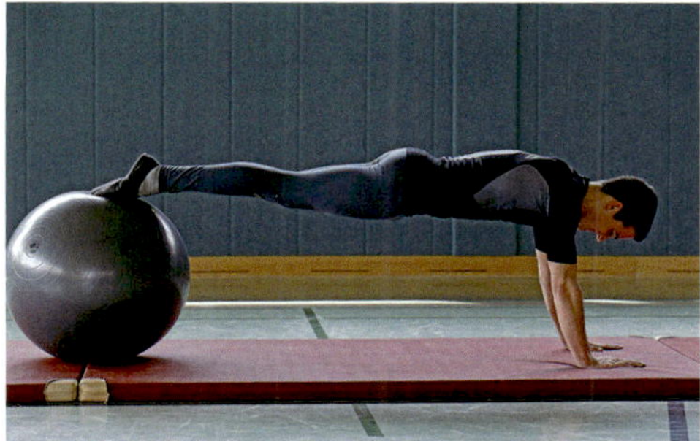

Foto 102: Dynamischer Liegestütz Pezziball Ausgangsstellung

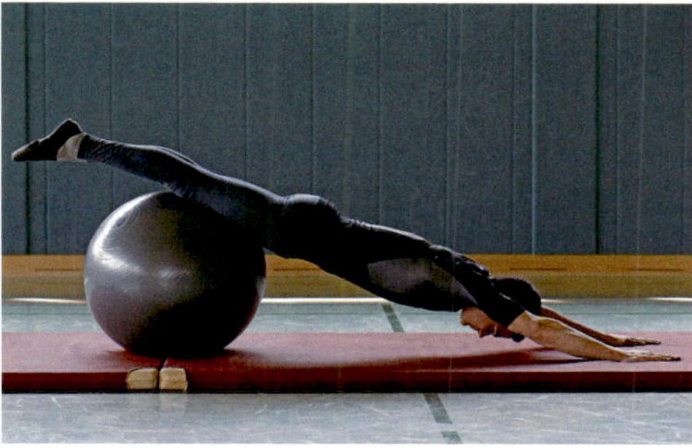

Foto 103: Dynamischer Liegestütz Pezziball Endstellung

Variation: Liegestützposition. Die Unterschenkel liegen auf dem Ball. Der gestreckte Körper wird so weit zurückgeschoben, bis der Arm-Rumpf-Winkel 180° geöffnet ist. Danach wird die Hüfte so weit gebeugt, bis eine gebückte Handstützposition entsteht (s. Foto 104).

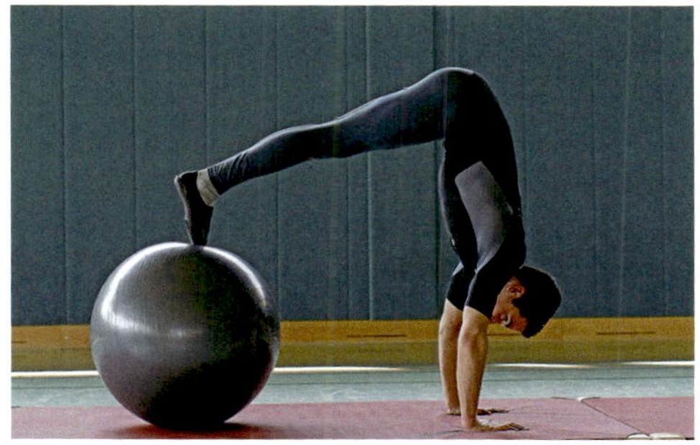

Foto 104: Dynamischer Liegestütz Pezziball Variation

Variation: Liegestützposition. Ein Unterschenkel liegt auf dem Ball. Das andere Bein ist leicht gestreckt angehoben. Der gestreckte Körper wird zurückgeschoben, bis der Arm-Rumpf-Winkel 180° geöffnet ist. Danach wird die Hüfte gebeugt, bis eine hohe gebückte Handstützposition entsteht. Dabei bleibt das angehobene Bein in der gestreckten Position, bis sich im hohen Handstütz eine aufsprungähnliche Beinhaltung ergibt (s. Fotos 105+106).

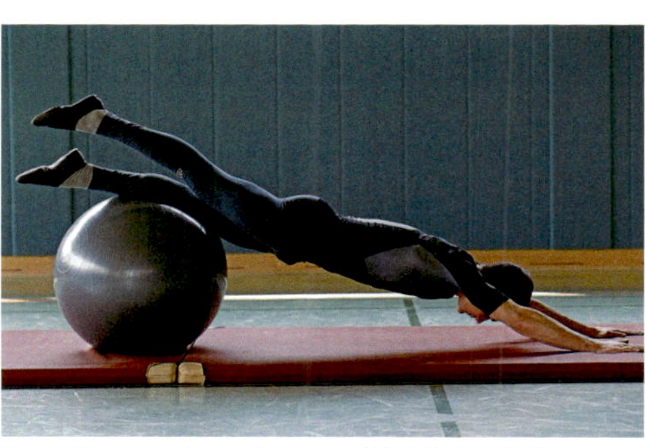

Foto 105: Dynamischer Liegestütz einbeinig Pezziball Ausgangsstellung

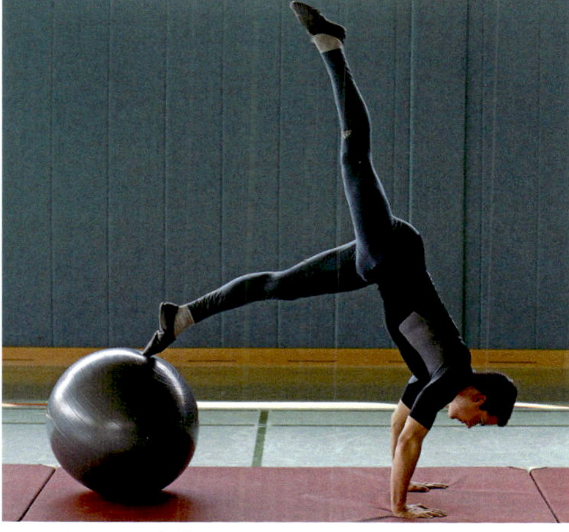

Foto 106: Dynamischer Liegestütz einbeinig Pezziball Endstellung

3. **Skiflieger**

Der Voltigierer liegt auf dem Bauch. Die Füße stehen schulterbreit auf, der gesamte Körper ist gestreckt. Die Handinnenfläche zeigt zum Boden (s. Foto 107).

Variation: Die Arme werden bei ansonsten gleicher Endstellung in die U-Halte-Position gebracht.

Variation: Es wird zusätzlich ein Bein angehoben. Außerdem kann der Hebel mittels Gewichten in den Händen verstärkt werden.

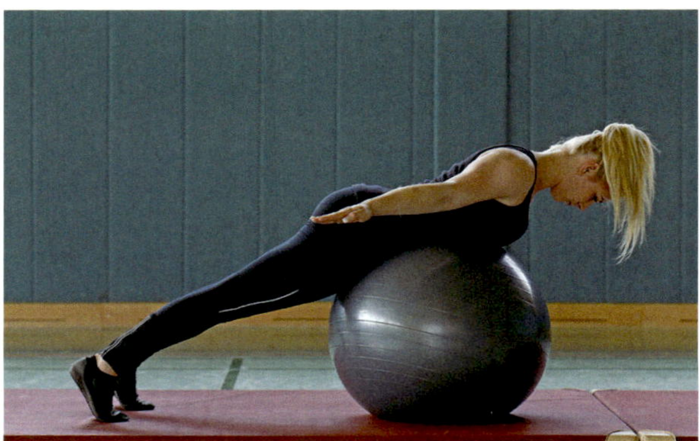

Foto 107: Skiflieger Pezziball

Hinweise zu weiterführender Literatur:

Carrière, B.: Der große Ball in der Physiotherapie. Theorie und Anwendung in Klinik und Praxis. Berlin 1999.

Jahoda, R./ Mitterbauer, G.: Complex Core. Rumpfstabilisation in Training und Therapie. 2013.

Verstegen, M./ Williams, P.: Core performance. Das revolutionäre Workout-Programm für Körper und Geist. München 2011.

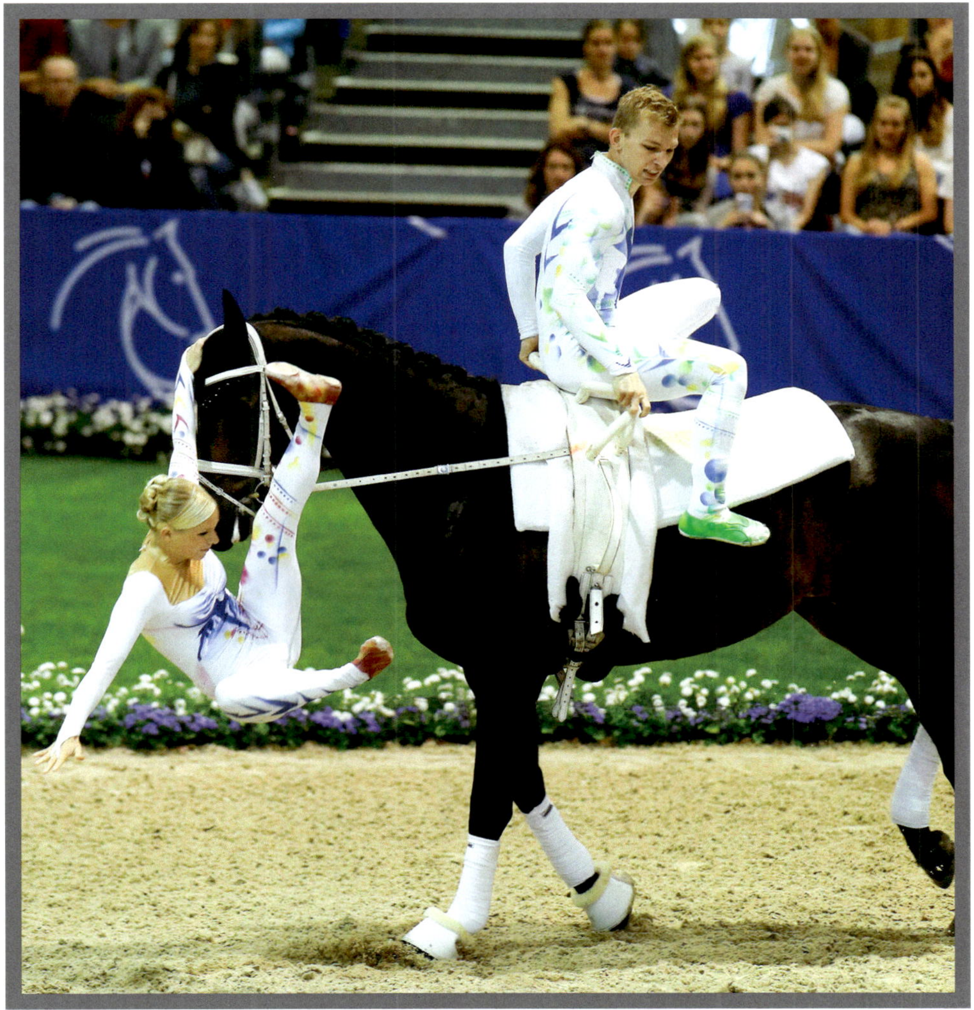

2.3.2 Falltraining

Das Thema Sicherheit im Pferdesport gewinnt zunehmend an Bedeutung. Dabei stehen die richtige Ausbildung sowie die korrekte Ausrüstung von Pferd und Reiter, Fahrer, Voltigierer im Vordergrund. Nur wer sein Hobby angstfrei ausüben kann, hat daran Freude. Zur Ausbildung des Pferdesportlers gehört aber mehr als nur das Erlernen pferdesportspezifischer Techniken wie z.B. die richtige Hilfengebung. Seit einigen Jahren ist auch das richtige Fallen vom Pferd als Ausbildungsthema erkannt. Leider hat das Falltraining noch zu wenig Einzug in das Ausbildungsprogramm aller Pferdesportdisziplinen erhalten.

Wenn das Falltraining im Pferdesport in den vergangenen Jahrzehnten überhaupt praktiziert wurde, dann im Voltigieren. Dies geschah vermutlich in den meisten Fällen unbewusst, denn es ist im Kern Bestandteil des täglichen Koordinationstrainings. Die Schulung der Reaktionsfähigkeit, das Erlernen der Rollbewegung vw. wie rw. sind eine wichtige Grundlage zum Erlernen der richtigen Falltechnik.

Wir möchten unsere Erfahrungen mit dem Thema „richtig Fallen“ an dieser Stelle einfließen lassen. Sowohl beim Reiten als auch beim Voltigieren hat uns die richtige Falltechnik schon häufig vor größeren Verletzungen bewahrt. Die Technik, z.B. der Judorollen, haben wir über die Jahre für den Pferdesport modifiziert und aufgrund der Sturzhöhe vom Pferd angepasst.

Das Erlernen von Falltechniken kann problemlos in das Grundlagentraining beim Voltigieren integriert werden und ist ein ergänzender Teil des Koordinationstrainings. Sinn und Zweck ist, das Risiko einer schweren Verletzung zu minimieren und die Angst vor dem Fallen zu reduzieren. Es geht darum, vorrangig Kopf und Wirbelsäule zu schützen, die Aufprallenergie auf eine größere Körperfläche zu verteilen und damit auch zusätzlich empfindliche Gelenke und Knochen an Fingern, Händen und Armen beim Aufprall auf den Boden zu entlasten. Die richtige Ausatmung ist dabei von besonderer Bedeutung, um die Lunge beim Aufprall zu entlasten und einem möglichen „Pressschlag“ vorzubeugen.

Wir weisen ausdrücklich darauf hin, dass nachfolgende Schilderungen zum Erlernen von Falltechniken auf unseren Erfahrungswerten als Voltigierer und Trainer beruhen. Zur Methodik: Wir konzentrieren uns auf das Erlernen der Fallrollen vorwärts und rückwärts, da sie erfahrungsgemäß am häufigsten beim Voltigieren zum Einsatz kommen. Ergänzend sei auf das Fallen seitwärts hingewiesen, welches dem Fallen rw. ähnlich ist.

Die nachfolgenden methodischen Schritte sollten zunächst in einem gesonderten Training erarbeitet werden. Wichtig ist, dass sie anschließend regelmäßig im Training wiederholt werden. Nur so kann die Bewegung automatisiert und im Falle eines Sturzes reflexartig abgerufen werden.

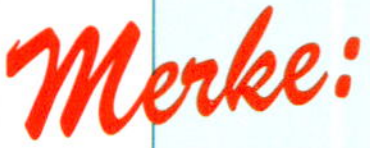

Grundsätzlich gilt beim unvorhergesehenen Verlassen des Pferdes:

1. **Kopf (Kinn) auf die Brust (links oder rechts): Entlastung der Halswirbelsäule und Schutz des Kopfes; durch die schräg geneigte Kopfposition ist eine Schulter frei zum Abrollen**
2. **Ausatmen: Entlastung der Lungen und Unterstützung der Falltechnik**
3. **Abschlagen des langen Armes vw./der lange Arm rw. als Stoßdämpfer: Entlastung empfindlicher Gelenke und Knochen; Reduzierung der Aufprallgeschwindigkeit und Vergrößerung der Körperfläche**

Bewegungsablauf Fallrolle vw. vom Pferd (die Beschreibung gilt für die Rolle über die rechte Schulter, der Bewegungsablauf über die linke Schulter erfolgt entsprechend seitenverkehrt)

1. Abdruck vom Pferd: Egal ob beim Reiten oder Voltigieren, es ist wichtig, sich im Falle eines Sturzes so vom Pferd zu lösen, dass der Kontakt beim Aufprall auf dem Boden mit dem Pferd vermieden wird.
2. Rollbewegung einleiten:
   a. Kopf auf die Brust: Durch die Neigung des Kopfes Richtung Brust wird die Rotation (Rollbewegung) ermöglicht, Kopf und Halswirbelsäule werden geschützt. Durch die zusätzliche Seitneigung nach links wird die rechte Schulter für die Abrollbewegung frei gemacht.
   b. Arme in Fallrichtung: Indem die Arme in die Fallrichtung zeigen, werden eine bessere Orientierung und Kontrolle der Bewegung ermöglicht.
   c. Ausatmen: Vor Erreichen des Bodens wird die Luft aus den Lungen ausgestoßen. Ein Kampfschrei erleichtert das schnelle Ausatmen.

3. Bodenkontakt der Arme: Vor Kontakt der rechten Schulter mit dem Boden taucht der rechte Arme gestreckt, diagonal am linken Bein vorbei (Bild: an die linke Hosentasche fassen) und schlägt so früh wie möglich ab. Die Wucht des Aufpralls auf den Rest des Körpers wird dadurch gemildert. Der linke Arm begleitet die Bewegung leicht stützend. Die Einleitung der Rollbewegung erfolgt mit dem Abschlagen des Armes.
4. Rollbewegung vollenden: Sobald der rechte Arm den Boden abgeschlagen hat, rollt der Voltigierer über die rechte Schulter diagonal ab. Die Beine sind leicht geöffnet, sodass bei Vollendung der Rollbewegung ein Kontakt mit dem Gesicht vermieden wird. Die Rolle endet im Sitzen oder Stehen. Bis zu Beendigung der Rolle bleibt der Kopf auf der Brust fixiert.

Das Aufwärmen (vgl. auch Kap. 2.3)

Um das Falltraining vorzubereiten, sollte bereits beim Aufwärmen ein besonderer Fokus auf die Erwärmung des Oberkörpers und des Schultergürtels sowie des Hals- und Nackenbereiches gelegt werden. Geeignete Übungen sind z.B.:

- Schulter-, Armkreisen vw., rw.; kleine Kreise, große Kreise; diagonal, parallel und entgegengesetzt; im Stand, Laufen Hopserlauf vw., rw.; weitere Übungen zur Verbesserung der Schulterbeweglichkeit (vgl. Fahne 116 ff)
- Kopf drehen: langsam von der linken zur rechten Seite und umgekehrt; vom Nacken zur Brust und umgekehrt; Kopf kippen: seitlich von links nach rechts neigen und umgekehrt
- Rotationsmobilisation der Wirbelsäule: Drehlagen (vgl. auch Kap. 2.3.1)
- Reaktionsübungen: Bewegungsaufgaben mit akustischen, optischen, taktilen Signalen

Schritt 1: Einführung in die Rollbewegung (vorbereitende Übungen)

Wenngleich das Üben von Rollen vw. und rw. Grundbestandteil einer Trainingsstunde sein sollte und sie von vielen Voltigierern spielend beherrscht werden, sollten sie immer dem Erlernen einer Fallrolle vorgeschaltet werden: Geeignete methodische Schritte zum Erlernen der Rolle sind folgende:

- Das „Kleine Schiffchen" in Rückenlage (s. Foto 108): Hierbei umfasst der Voltigierer in Rückenlage liegend beide Knie, die an den Oberkörper gezogen sind, mit den Händen und neigt gleichzeitig den Kopf Richtung Knie: Er schaukelt über den gesamten Rücken.

  Varianten: Schiffchen auf der erhöhten Ebene Bank/Kasten (s. Foto 109):

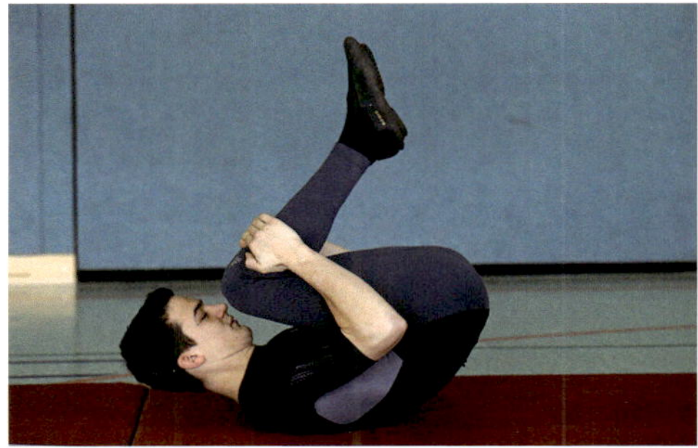
Foto 108: Das Kleine Schiffchen in Rückenlage

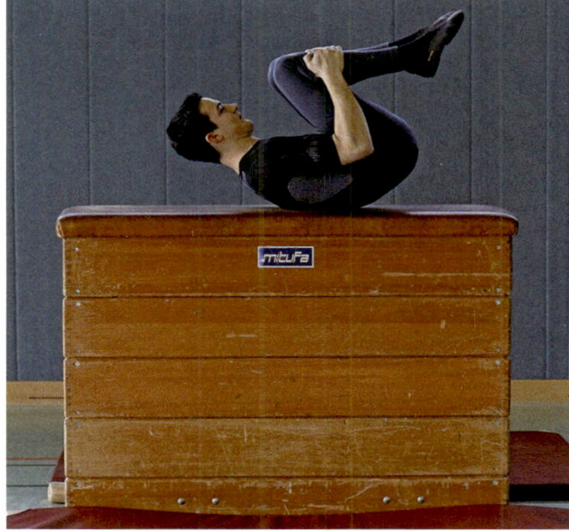

Foto 109: Das kleine Schiffchen auf der erhöhten Ebene

2.3.2 Falltraining

- Diagonales Schiffchen zur Vorbereitung der Kopfhaltung bei der Fallrolle (s. Foto 110): Ausführung wie oben, allerdings ist der Kopf abwechselnd zur linken und rechten Brust geneigt, die Knie gehen rechts (Kopfneigung links) oder links an der Schulter vorbei und berühren den Boden.

  Varianten: Schiffchen auf der erhöhten Ebene Bank/Kasten

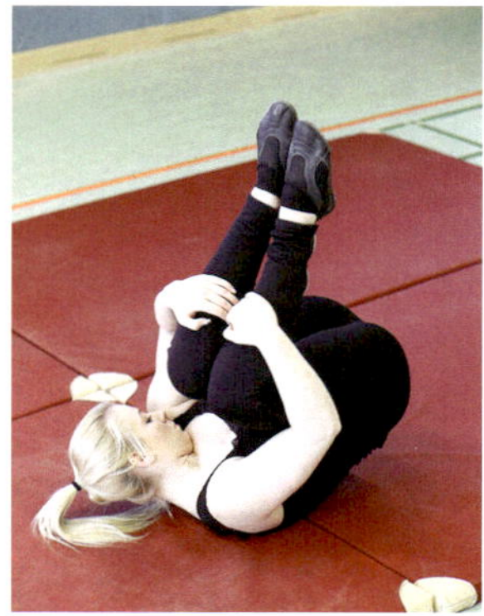

Foto 110: Diagonales Schiffchen

- Rollen vw. aus der Hocke/dem Stand in den Stand (s. Foto 111):

  Varianten: Rollen auf der schiefen Ebene (s. Fotos 112+113):

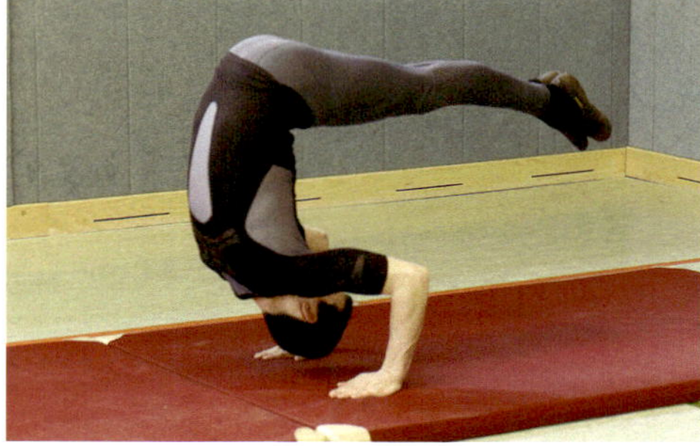

Foto 111: Rolle vw. aus dem Stand mit gestreckter Beinhaltung

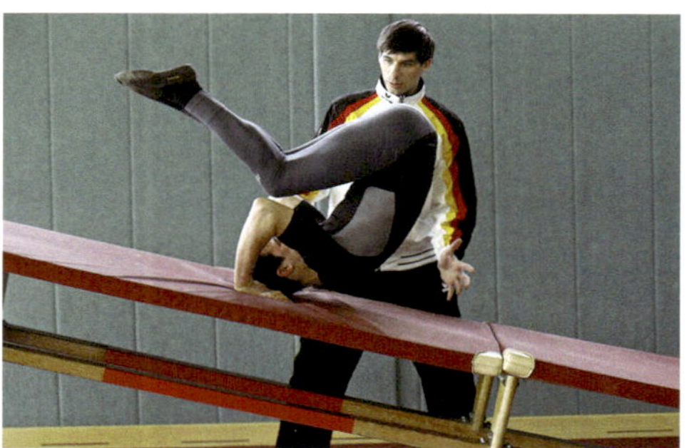

Foto 112: Rolle vw. auf der schiefen Ebene

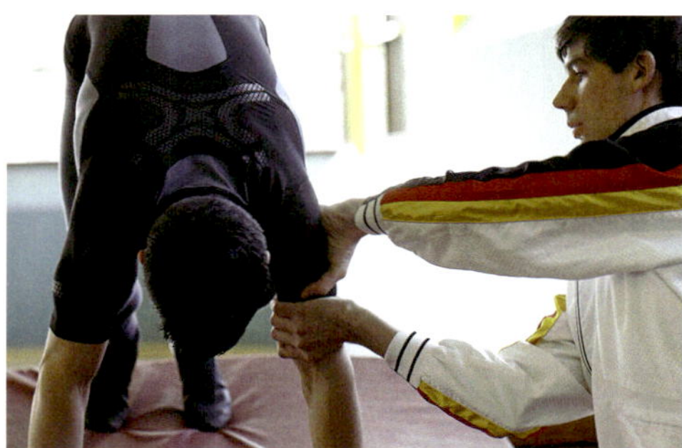

Foto 113: Die korrekte Hilfestellung: Oberarmdrehgriff vw.

- Rollen vw. aus der Hocke/dem Stand in den Stand mit bewusstem und deutlich hörbarem Ausstoßen der Luft vor Bodenberührung als Vorbereitung der Atemtechnik bei der Fallrolle

- Rollen vw. mit größerer Flughöhe und Ausstoßen der Luft: Sprungrollen, Flugrollen (s. Foto 114):

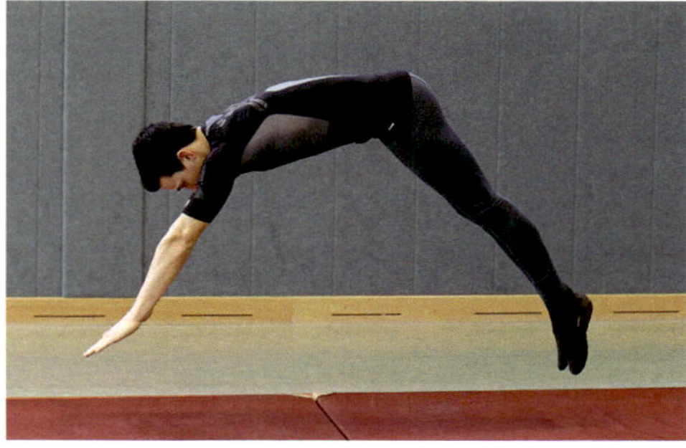

Foto 114: Sprungrolle mit deutlichem Höhengewinn

Varianten: Sprungrollen/Flugrollen über Hürden, über kleine Kisten, über einen Partner in Bankposition mit Ausstoßen der Luft (s. Foto 115):

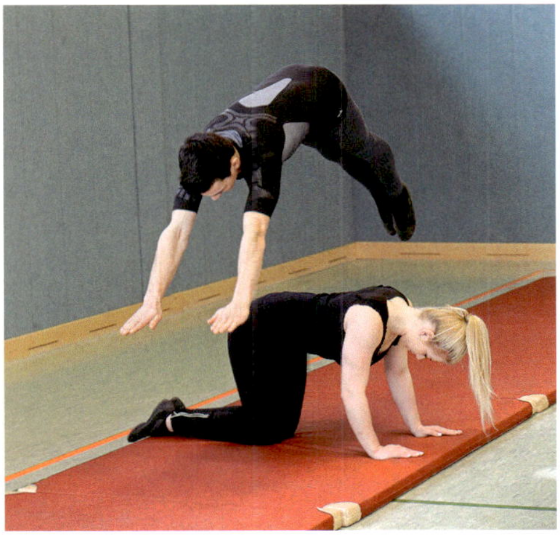

- Rollen vw. von der erhöhten Ebene mit Ausstoßen der Luft
  Varianten: Flugrollen mit dem Trampolin mit Ausstoßen der Luft

Foto 115: Sprungrolle über den Partner in der Bankposition

Schritt 2: Einführung in die Fallrolle vw.

- Judorolle vw. aus der Hocke/dem Stand in den Stand (s. Fotos 116–118): Der rechte Arm gleitet als Sichel zwischen die Beine und die Rolle erfolgt diagonal über die rechte Schulter. Das Kinn ist dabei zur linken Brust geneigt. Vor Bodenkontakt der Schulter ist die Luft ausgeatmet. (Die Beschreibung gilt für die Rolle über die rechte Schulter, der Bewegungsablauf über die linke Schulter erfolgt entsprechend seitenverkehrt.)

  Varianten: Judorolle vw. aus dem Knien, der breiten Hocke, dem Prinzensitz

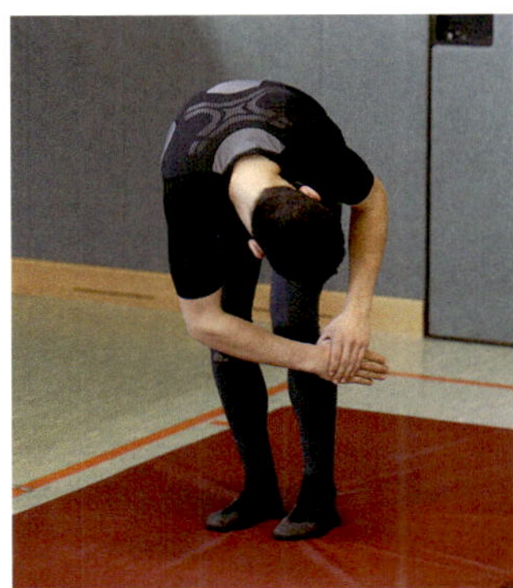

Foto 116: Die Judorolle vw. zur Vorbereitung auf die Fallrolle (Ausgangsstellung)

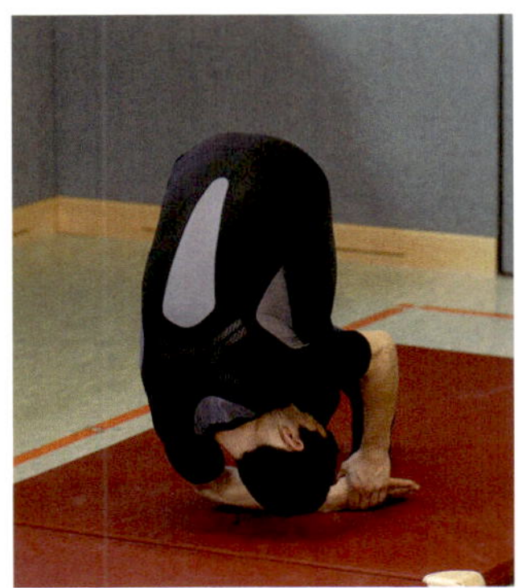

Foto 117: Judorolle vw. – Diagonales Abrollen

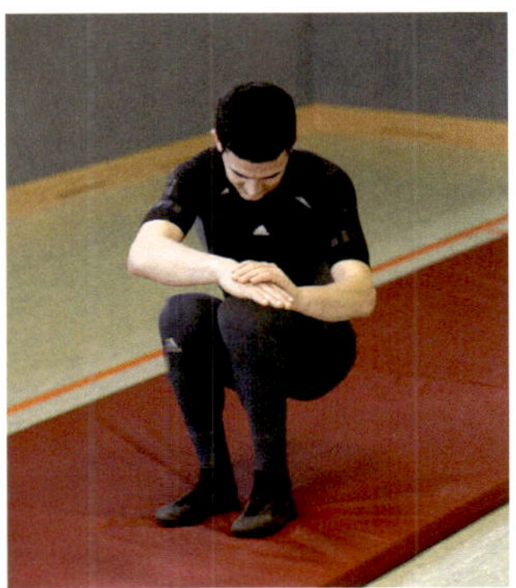

Foto 118: Judorolle vw. (Endstellung)

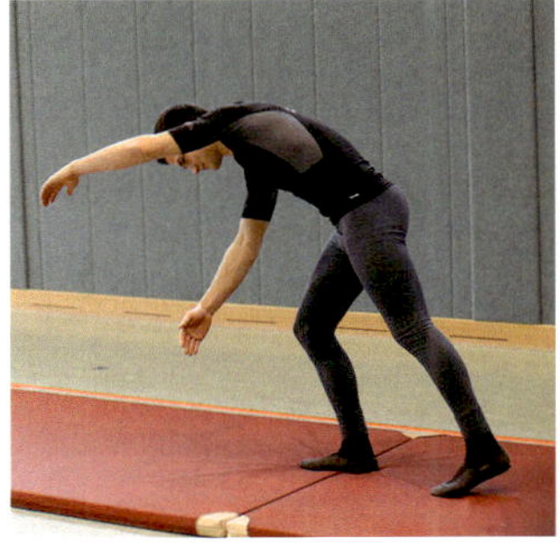

Foto 119: Judorolle vw. aus dem Gehen (Ausgangsstellung)

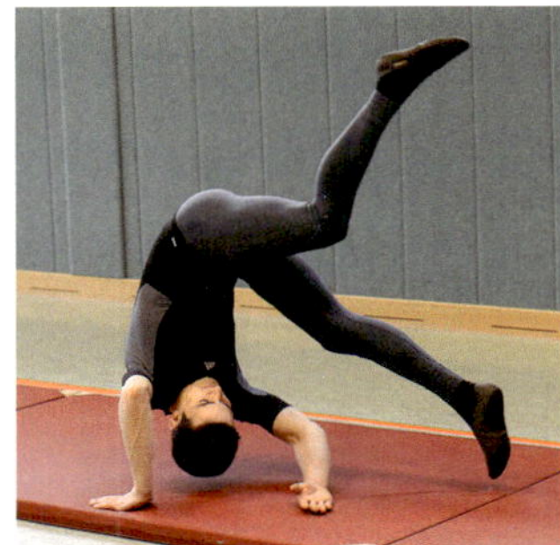

Foto 120: Judorolle vw. aus dem Gehen (Rollbewegung)

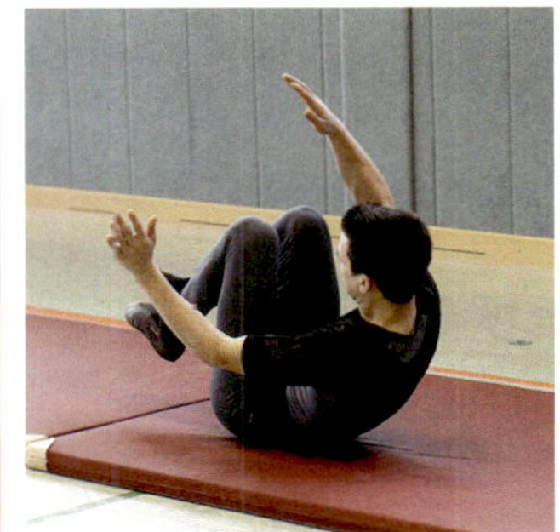

Foto 121: Judorolle vw. aus dem Gehen (Endstellung)

- Abschlagender Arm (s. Fotos 122+123): Der Voltigierer steht seitlich an einer gepolsterten Wand (z.B. mit senkrecht gestellter Dickmatte) und schlägt mit dem ausgestreckten, angespannten Handrücken (wandnaher Arm) an die Wand. Die Bewegung geht von der linken Hüfte diagonal oben an die Wand.

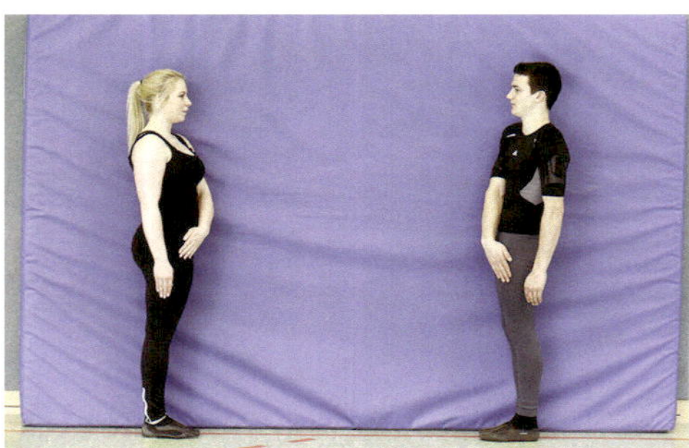

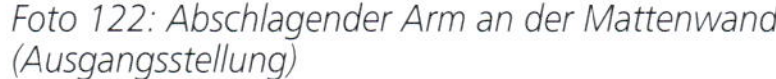

Foto 122: Abschlagender Arm an der Mattenwand (Ausgangsstellung)

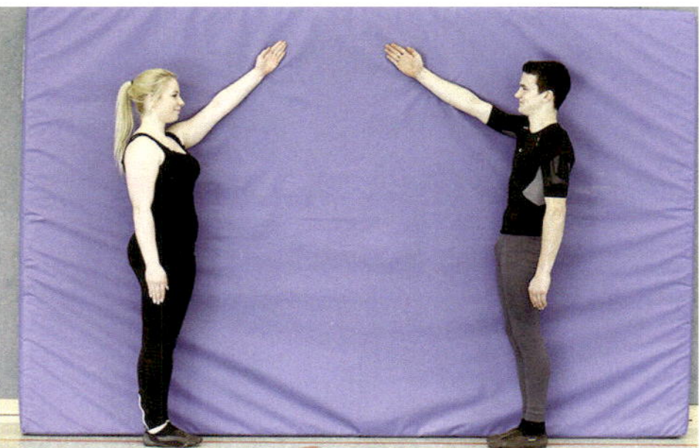

Foto 123: Abschlagender Arm an der Mattenwand (Endstellung)

Varianten: Der Voltigierer liegt seitlich auf dem Boden, Bewegung wie oben

- Judorolle mit abschlagendem Arm (Fallrolle/s. Fotos 124–126): Bewegung erfolgt analog zur Judorolle. Allerdings wirkt der rechte Arm als Stoßdämpfer und schlägt vor Bodenkontakt der Schulter den Boden ab. Der rechte Arm ist dabei gespannt, der linke Arm begleitet die Bewegung leicht stützend.

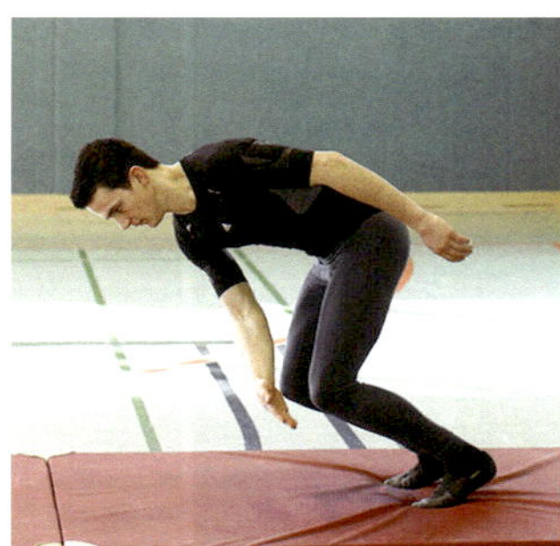

Foto 124: Fallrolle vw aus dem Stand (Ausgangsstellung)

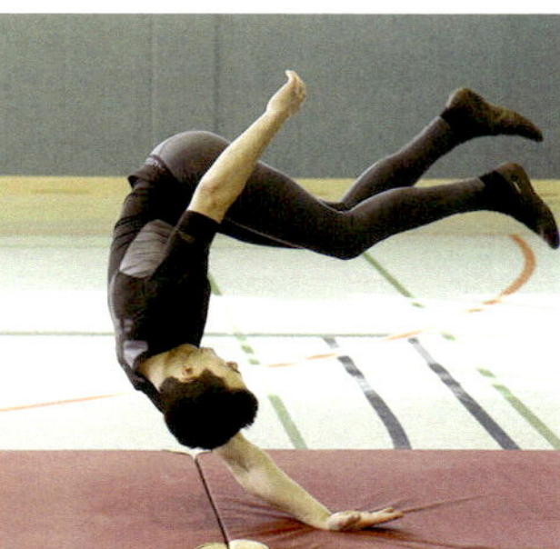

Foto 125: Energisches Abschlagen bei der Fallrolle vw.

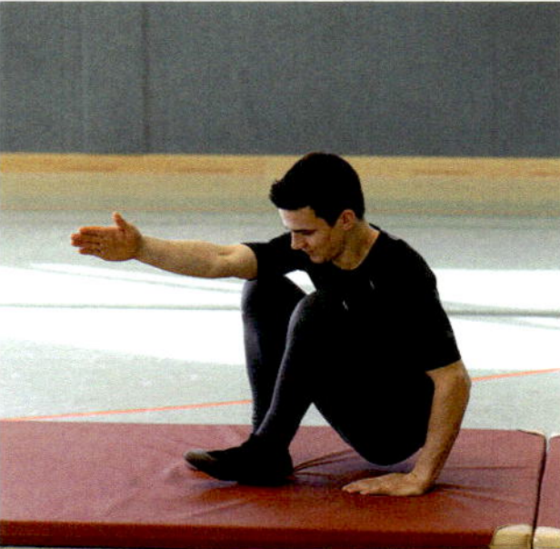

Foto 126: Fallrolle (Endstellung)

- Judorolle vw. aus dem Gehen (s. Fotos 127–129)

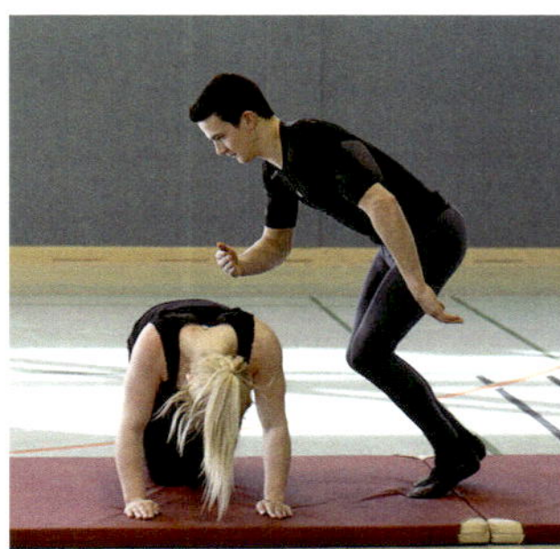

Foto 127: Fallrolle als Sprungrolle über den Partner (Ausgangsstellung)

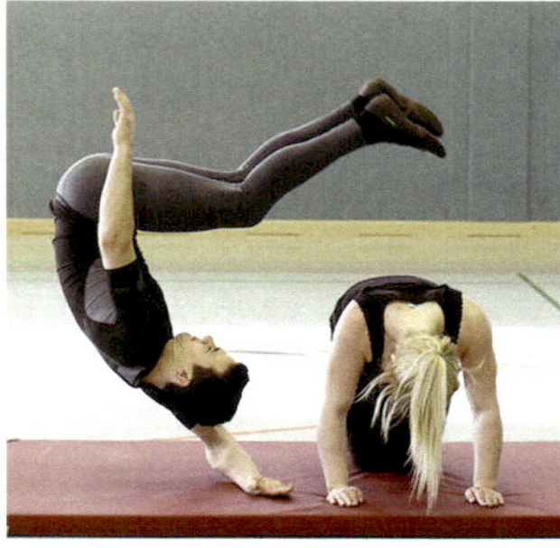

Foto 128: Flugphase mit energischem Abschlagen des Armes

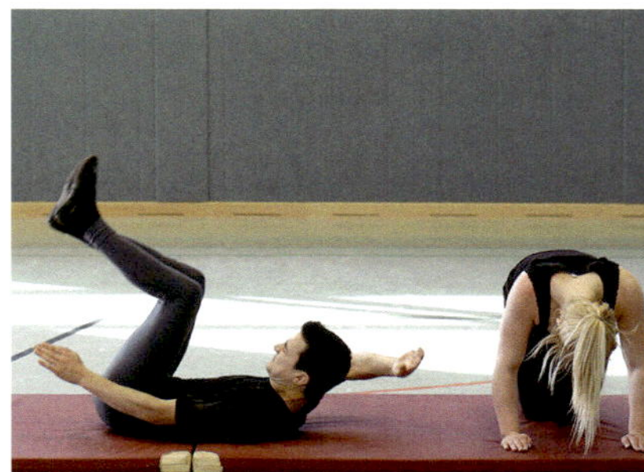

Foto 129: Fallrolle als Sprungrolle (Landephase)

Varianten: Fallrolle als Sprung- oder Flugrolle mit abschlagendem Arm; Fallrolle über Partner in Bankposition, Fallrolle über kleine Hürde

Hilfestellung: Der Helfer sollte die Rollbewegung mit der Körper nahen Hand am Nacken begleiten, um insbesondere die Kopfhaltung korrigieren und härtere Landungen abfedern zu können. Die Körper ferne Hand kann ggf. die Rotation unterstützen.

Schritt 3: Fallrolle vw. von der erhöhten Ebene

- Fallrolle von der erhöhten Ebene (kleine Kiste/s. Foto 130): Bewegungsausführung siehe oben. Die Fallrolle erfolgt von der Kiste aus der Hocke, später aus dem Stand. Zunächst sollte die Bewegung auf eine Weichbodenmatte, anschließend auf eine Turnmatte und später auf den Reithallenboden erfolgen.

  Varianten: Insbesondere bei ängstlichen Voltigierern sollte zunächst ein Sprung von der Kiste aus dem Stand auf den Boden mit sofortiger Fallrolle erfolgen. Erst anschließend ist die Fallrolle vw. direkt von der Kiste zu turnen.

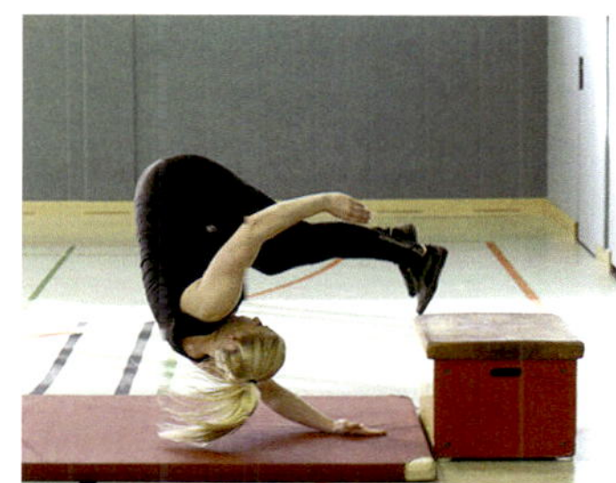

Foto 130: Fallrolle vw von der erhöhten Ebene (Kiste)

- Fallrolle von der erhöhten Ebene (Kasten ca. 1.30 m) auf den Weichboden (s. Fotos 131–133)

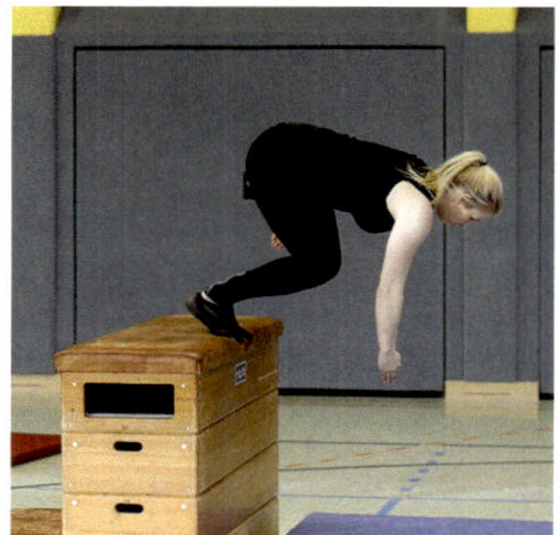

Foto 131: Fallrolle vw. von der erhöhten Ebene auf den Weichboden (Ausgangsstellung)

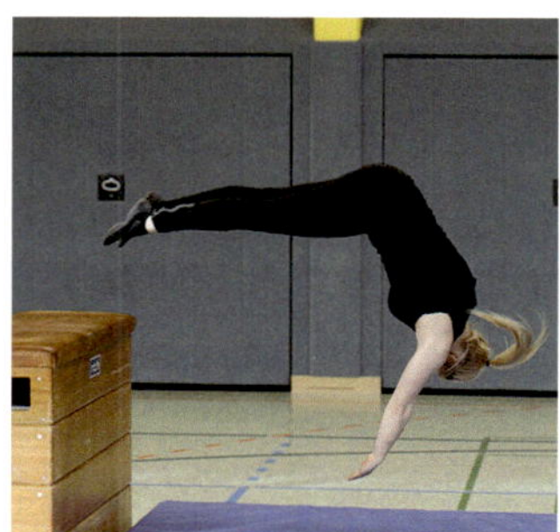

Foto 132: Fallrolle vw. von der erhöhten Ebene (Flugphase)

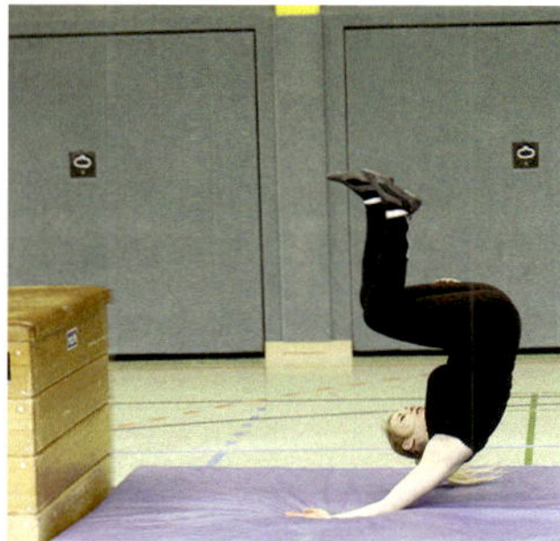

Foto 133: Fallrolle vw. von der erhöhten Ebene auf den Weichboden (Landephase)

Varianten: Fallrolle als Flugrolle mit dem Trampolin ggf. über den Kasten

- Fallrolle aus verschiedenen Ausgangspositionen/Voltigierübungen vom Kasten/Übungspferd auf den Weichboden

  Varianten: Fallrolle über taktile, akustische, visuelle Signale einleiten; Fallrolle mit Vorgabe der Richtung (Anweisung: einmal pfeifen rechts vom Kasten/Übungspferd, zweimal pfeifen links vom Kasten/Übungspferd)

Schritt 4: Fallrolle vw. vom Pferd (nur bei beherrschter Falltechnik)

- Fallrolle vom stehenden Pferd auf den Weichboden
- Fallrolle im Anschluss an Pflicht- und Kürabgängen (Landung auf den Füßen mit sofortiger Fallrolle vw.)

Wichtiger Hinweis: Von einer direkten Fallrolle vom Pferd auf den Reithallenboden ist in der Übungssituation abzuraten, da das Verletzungsrisiko bei nicht beherrschter Technik zu hoch ist. Bei Übungen mit dem Weichboden am Pferd muss sichergestellt sein, dass das Pferd an den Weichboden gewöhnt ist.

Bewegungsablauf Fallrolle rw. vom Pferd (die Beschreibung gilt für die Rolle über die rechte Schulter, der Bewegungsablauf über die linke Schulter erfolgt entsprechend seitenverkehrt):

1. Abdruck vom Pferd: Egal ob beim Reiten oder Voltigieren, es ist wichtig, sich im Falle eines Sturzes so vom Pferd zu lösen, dass der Kontakt beim Aufprall auf dem Boden mit dem Pferd vermieden wird.
2. Rollbewegung einleiten:
   a. Kopf auf die Brust: Durch die Neigung des Kopfes Richtung Brust wird die Rotation (Rollbewegung) ermöglicht, durch die zusätzliche Seitneigung nach links wird die rechte Schulter für die Abrollbewegung frei gemacht.
   b. Arme seitlich zum Körper: Beide Arme sind gestreckt neben dem Körper (ca. 45°), die Handflächen zeigen nach hinten.
   c. Ausatmen: Vor Erreichen des Bodens wird die Luft aus den Lungen ausgestoßen. Ein Kampfschrei erleichtert das schnelle Ausatmen.
3. Bodenkontakt der Arme: Beide Arme fungieren als Stoßdämpfer, deshalb müssen vor dem Aufprall des Oberkörpers auf dem Boden die Handflächen und Unterarme abgeschlagen haben. Die Wucht des Aufpralls auf den Rest des Körpers wird dadurch gemildert. Die Einleitung der Rollbewegung erfolgt mit dem Abschlagen der Arme.
4. Rollbewegung vollenden: Sobald beide Arme den Boden abgeschlagen haben, rollt der Voltigierer über die rechte Schulter diagonal ab. Die Beine folgen der rechten Schulter am Kopf vorbei und sind leicht geöffnet. Die Rolle endet im Knien oder Stehen. Es kommt durchaus vor, dass die Beine nur nach oben geschwungen werden und der Körper liegen bleibt. Bis zur Beendigung der Rolle/Fallbewegung bleibt der Kopf auf der Brust fixiert.

Schritt 1: Einführung in die Rollbewegung (vorbereitende Übungen)

- Das „Kleine Schiffchen" in Rückenlage: Beschreibung s. oben
  Varianten: Schiffchen auf der erhöhten Ebene Bank/Kasten

- Diagonales Schiffchen zur Vorbereitung der Kopfhaltung bei der Fallrolle: Ausführung wie oben. Zur Vorbereitung auf das Fallen rw können die langen Arme, seitlich neben dem Körper mit Handflächen zum Boden zusätzlich bewusst als Stütze eingesetzt werden.
  Varianten: Schiffchen auf der erhöhten Ebene Bank/Kasten

- Rollen rw. aus der Hocke/dem Stand in den Stand: Zunächst stützen die Hände neben dem Kopf und erleichtern damit das Aufstehen in den Stand.

Varianten: Rolle rw. auf der schiefen Ebene (s. Fotos 134+135)

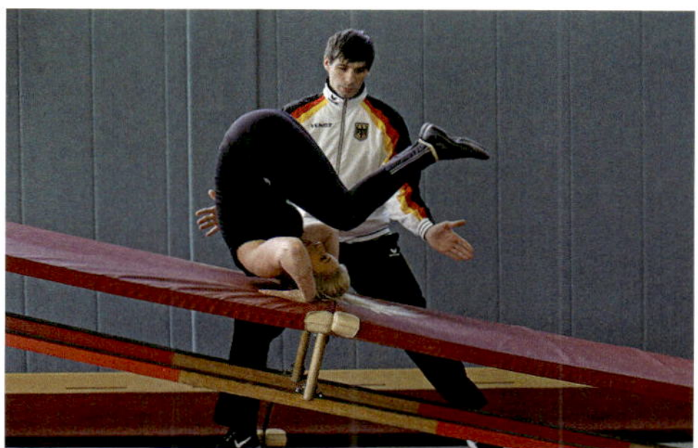
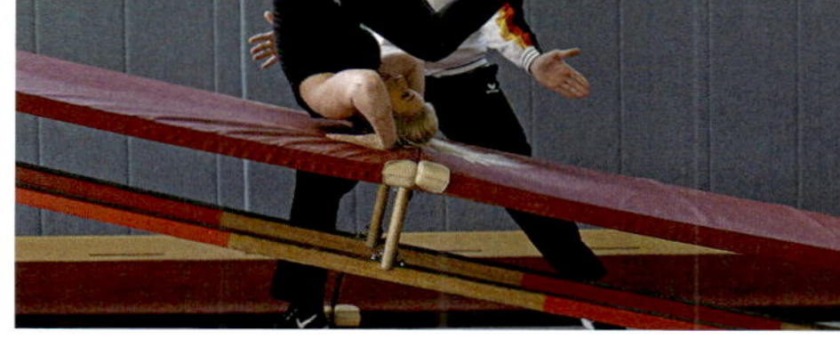

Foto 134: Rolle rw. auf der schiefen Ebene

Foto 135: Die korrekte Hilfestellung – Oberarmdrehgriff rw.

- Rollen rw aus der Hocke/dem Stand in den Stand/in die Hocke/ins Knien mit langen Armen neben dem Körper: Die Hände stützen nicht mehr neben dem Kopf, sondern der Voltigierer legt die Arme und Handflächen gestreckt neben den Körper.

Schritt 2: Einführung in die Fallrolle rw.

- Abschlagende Arme: Der Voltigierer schlägt in Rückenlage die Arme seitlich am Boden ab. Die Arme und Handflächen sind dabei gestreckt und gespannt. Die Unterarme und Handflächen berühren den Boden.
- Das „Diagonale Schiffchen" in Rückenlage mit abschlagenden Armen (s. Foto 136): Die Ausgangs- und Endposition ist die tiefe Hocke. Unmittelbar vor Berühren des Steißbeines am Boden schlagen die Arme ab.

  Variationen: Kleines Schiffchen aus der Kniebeuge mit Abschlagen der Arme

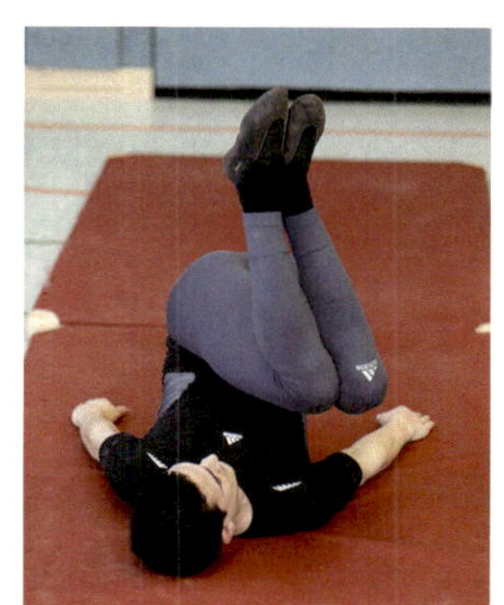

Foto 136: Abschlagen der Arme beim diagonalen Schiffchen

- Judorolle rw aus der Hocke in das Knien/in den Stand: Als Ausgangsposition befindet sich der Voltigierer in der Hocke. Der Kopf befindet sich dabei auf der linken Brust (rechten Brust). Vor Bodenkontakt ist die Luft ausgeatmet. Die Abrollbewegung erfolgt über die freie Schulter bei geöffneter Beinhaltung. Die Endposition ist im Knien oder Stehen.
- Fallen rw. als Partnerübung mit Judorollen (s. Fotos 137+138): Als Ausgangsposition hocken oder stehen sich zwei Voltigierer gegenüber und halten sich an den Handgelenken/Händen. Beide Voltigierer lösen ihre Hände und leiten über das Abschlagen der Arme eine Rolle rw. ein.

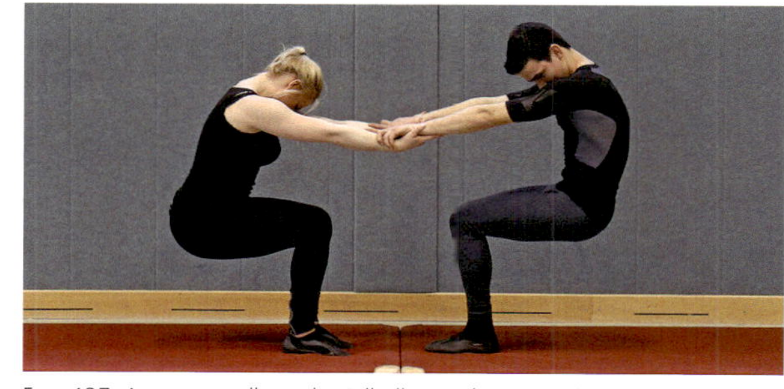

Foto 137: Ausgangsstellung der Fallrolle rw. als Partnerübung

Varianten: Ein Voltigierer hockt, der andere leitet die Bewegung ein, indem er hinter dem Fallenden steht und leicht an den Schultern zieht.

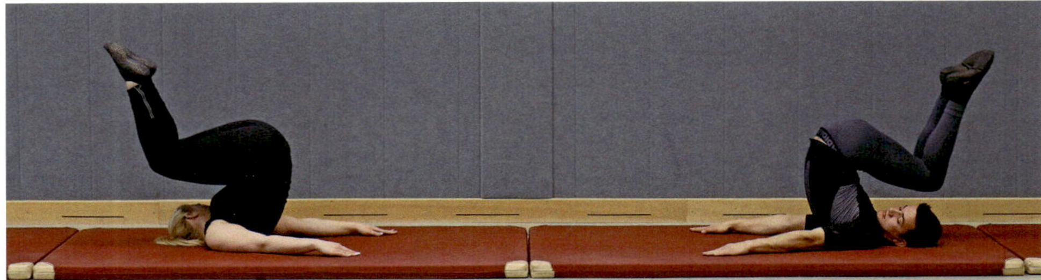

Foto 138: Vollendung der Fallrolle rw. nach Abschlagen der Arme auf dem Boden

Schritt 3: Fallrolle rw. von der erhöhten Ebene

- Fallrolle von der erhöhten Ebene mit Partnerhilfe (kleine Kiste): Bewegungsausführung s. oben. Die Fallrolle erfolgt von der Kiste zunächst aus dem Sitzen, dann aus der Hocke, später aus dem Stand. Ein Partner hält die ausgestreckten Hände, der Turnende lässt sich langsam nach hinten fallen, der Partner löst dabei die Verbindung. Zunächst sollte die Bewegung auf eine Weichbodenmatte, anschließend auf eine Turnmatte und später auf den Reithallenboden erfolgen. Fühlt sich der Turnende sicher, erfolgt die Fallbewegung ohne Partnerhilfe.

  Varianten: Fallrolle vom Pezziball mit/ohne Partnerhilfe, Fallrolle von einem Partner in Bankposition, Fallrolle als Partnerübung von der Kiste (s. Fotos 139–141)

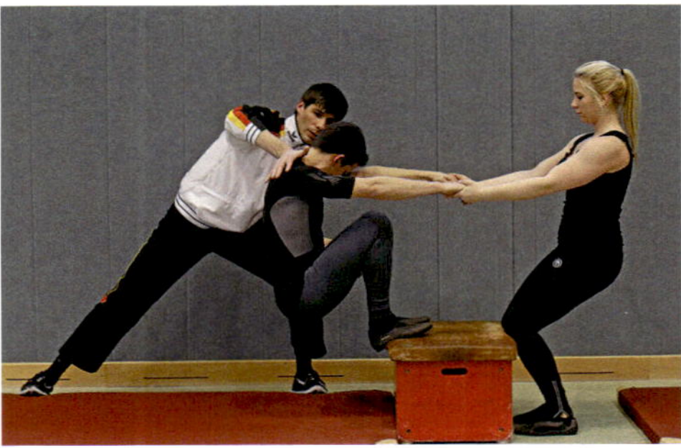

Foto 139: Fallrolle rw. mit Partnerhilfe von der erhöhten Ebene

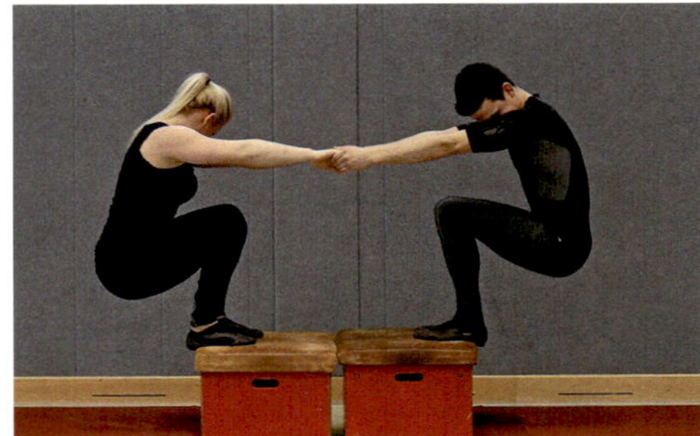

Foto 140: Ausgangsstellung der Fallrolle rw als Partnerübung von der erhöhten Ebene

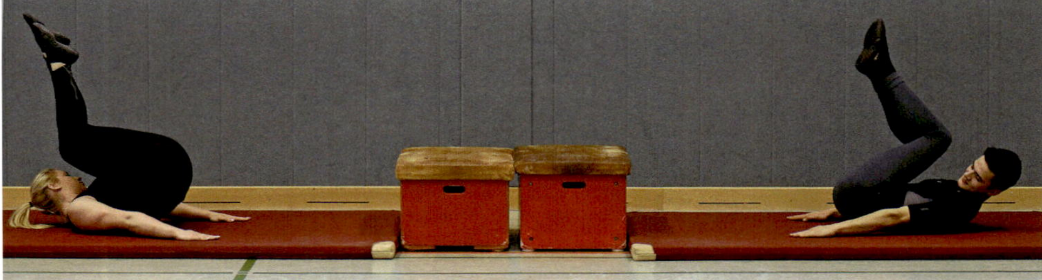

Foto 141: Endstellung der Fallrolle rw. als Partnerübung von der erhöhten Ebene

- Fallrolle von der erhöhten Ebene auf den Weichboden mit/ohne Partnerhilfe (Kasten ca. 1,30 m) (s. Fotos 142–144)

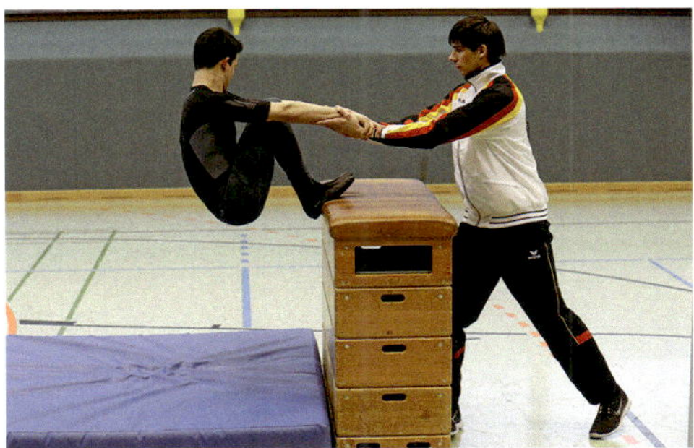

Foto 142: Fallrolle rw. von der erhöhten Ebene auf den Weichboden mit Partnerhilfe (Ausgangsstellung)

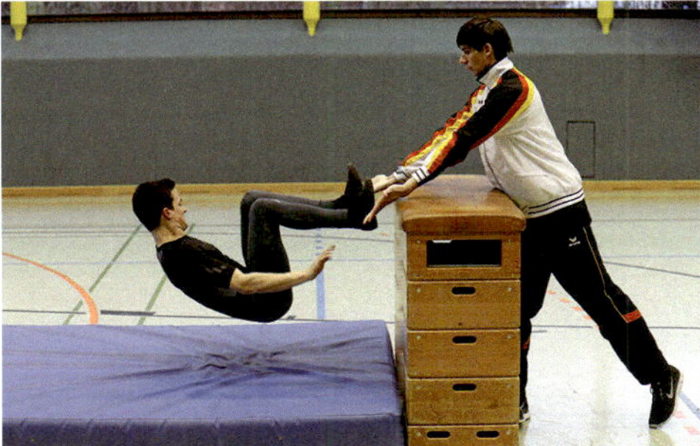

Foto 140: Fallrolle rw. als Partnerübung von der erhöhten Ebene (Flugphase)

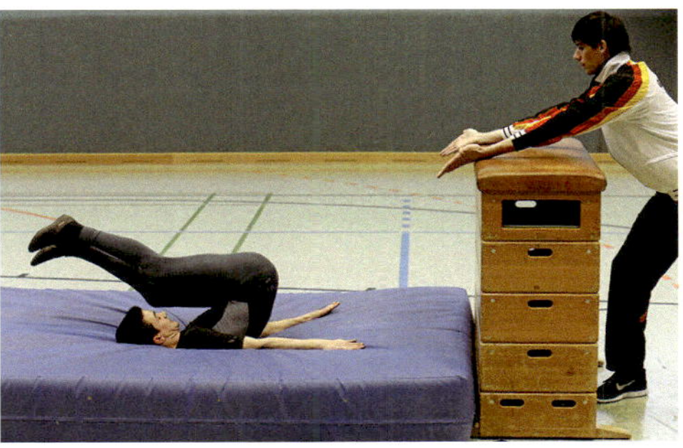

Foto 141: Fallrolle rw. als Partnerübung von der erhöhten Ebene (Landephase)

- Fallrolle aus verschiedenen Ausgangspositionen/Voltigierübungen vom Kasten/Übungspferd auf den Weichboden

  Varianten: Fallrolle über taktile, akustische Signale; Fallrolle mit Vorgabe der Richtung (Anweisung: Einmal pfeifen rechts vom Kasten/Übungspferd, zweimal pfeifen links vom Kasten/ Übungspferd)

  Hilfestellung: Der Helfer sollte die Rollbewegung mit der körperfernen Hand am Nacken begleiten, um insbesondere die Kopfhaltung korrigieren und härtere Landungen abfedern zu können. Die körpernahe Hand kann ggf. die Rotation unterstützen.

Schritt 4: Fallrolle rw vom Pferd (nur bei beherrschter Falltechnik)

- Fallrolle vom stehenden Pferd auf den Weichboden: Der Voltigierer befindet sich im Innen- oder Außensitz. Eine Weichbodenmatte liegt auf der anderen Seite neben dem Pferd. Ein Partner sichert die Hände, lässt den Voltigierer langsam nach außen abgleiten und löst die Handverbindung, sobald der Voltigierer den Fall eingeleitet hat.

  Varianten: Fallrolle aus der tiefen Hocke von der Kruppe mit Partnerhilfe auf den Weichboden: Der Partner befindet sich im Sitz rw. hinter dem Gurt und hält den Turnenden an den ausgestreckten Händen. Nachdem der Fall eingeleitet ist, wird der Griff gelöst.

- Fallrolle im Anschluss an Pflicht- und Kürabgängen (Landung auf den Füßen mit sofortiger Fallrolle vw.)

> **Wichtiger Hinweis: Von einer direkten Fallrolle vom Pferd auf den Reithallenboden ist in der Übungssituation abzuraten, da das Verletzungsrisiko aufgrund noch nicht beherrschter Technik zu hoch ist. Bei Übungen mit dem Weichboden am Pferd muss sichergestellt sein, dass das Pferd an den Weichboden gewöhnt ist.**

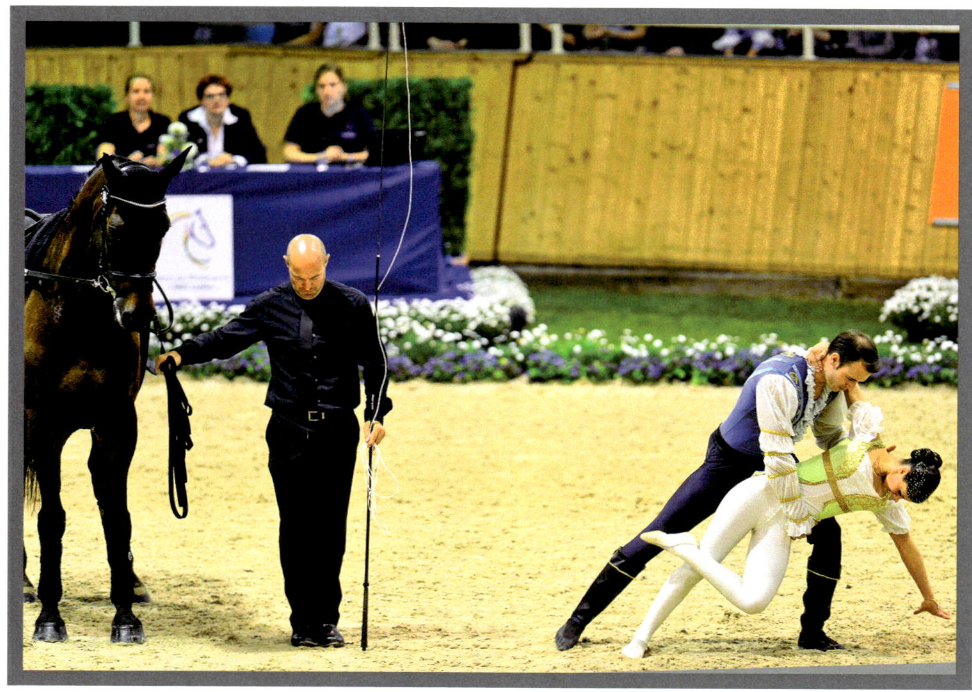

Sachregister

Literaturverzeichnis

BOECKH-BEHRENS, W.-U./ BUSKIES, W.: Fitness-Krafttraining. Hamburg 2000.

BRÜGGEMANN, G.P.: Biomechanik sportlicher Bewegungen. Institut für Biomechanik, Deutsche Sporthochschule Köln. Köln 2000/2001.

CARRIÈRE, B.: Der große Ball in der Physiotherapie. Theorie und Anwendung in Klinik und Praxis. Berlin 1999.

DEUTSCHES OLYMPIADE-KOMITEE FÜR REITEREI: Sportmotorischer Test für Voltigierer. Warendorf 2014.

EBERSPÄCHER, H.: Mentales Training. München 2001, 81.

ESTON, R./ REILLY, T.: Kinathropometry and exercise physiology laboratory manual. London und New York 2001.

FN: LPO – Leistungs-Prüfungs-Ordnung. Regeln für den deutschen Turniersport. Warendorf 2013.

FN: Richtlinien für Reiten, Fahren und Voltigieren, Band 3, Voltigieren. Warendorf 2013.

FN: Aufgabenheft Voltigieren. Anforderungen und Kriterien im deutschen Turniersport gem. LPO. Warendorf 2012.

FREIWALD, J./ENGELHARDT, M.: Neuromuskuläre Dysbalancen in Medizin und Sport. In: Deutsche Zeitschrift für Sportmedizin 47, Nr. 3 (1996), 99–106.

FISCHER, D.: Professionelle Körperfettanalyse. Das Handbuch zur Hautfaltenmessung. Worms 2013.

FROBÖHSE, I./ FIEHN,R.: Das Training in der Therapie – Grundlagen. In: Froböhse et al. (Hrsg.): Training in der Therapie. Grundlagen und Praxis. München 2003, 2. überarbeitete Auflage.

GEIGER, L.V.: Überlastungsschäden im Sport. München 1997.

GEHRLING, I.: Gerätturnen für Fortgeschrittene. Bd. 1. Boden und Schwebebalken. Aachen 2002.

GROSSER, M./EHLENZ, H./GRIEBL, R./ZIMMERMANN, E.: Richtig Muskeltraining. München 2000.

GROSSER, M./STARISCHKA, S./ZIMMERMANN, E.: Das neue Konditionstraining. München 2001, 8. Auflage

HAASE, H.: Lösungstherapie in der Krankengymnastik. München 1985, 57–66.

HOCHMUTH, G.: Biomechanik sportlicher Bewegungen. Frankfurt 1981.

HOLLMANN, W./HETTINGER, T.: Sportmedizin – Arbeits- und Trainingsgrundlagen. Stuttgart, New York 1980.

HORSTMANN, T. ET AL.: Traumatologie und Sportschäden im Voltigiersport des Jugendlichen. In: Sportverletzung – Sportschäden 12 (1998), 66–70.

JAHODA, R./ MITTEREAUER, G.: Complex Core. Rumpfstabilisation in Training und Therapie. 2013.

KNIRSCH, K./MINNICH, M.: Gerätturnen mit Mädchen und Frauen. Kirchentellinsfurt 1997.

KURZ, D.: Die pädagogische Grundlegung des Schulsports in Nordrhein-Westfalen. In: Landesinstitut für Schule und Weiterbildung (Hrsg.): Erzieher der Schulsport. Pädagogische Grundlagen der Curriculumrevision in Nordrhein-Westfalen. Bönen 2000, 9–55.

MARÉES, H. DE: Sportphysiologie. Köln 2002, 9. Auflage.

MARKWORTH, P.: Sportmedizin. Hamburg 1983.

MARTIN, D./CARL, K./LEHNERTZ, K.: Handbuch Trainingslehre. Schorndorf 2001, 3. Auflage.

MEINEL, K./SCHNABEL,G.: Bewegungslehre – Sportmotorik. Berlin 1998, 9. Auflage.

MENKE, W.: Einführung in die Sportorthopädie und -traumatologie. Wiebelsheim 2001.

PEILER, C.: Sportverletzungen und Sportschäden im Voltigiersport – Eine Bestandsaufnahme und mögliche Konsequenzen für die Trainingspraxis. Unveröffentlichte Diplomarbeit. Universität Bielefeld 2005.

PEILER, C./ PEILER, D.: Konzeption einer standardisierten Leistungsdiagnostik zur Prävention von Sportverletzungen und zur Leistungsoptimierung im Leistungs-/Spitzensport Voltigieren. Dissertation Universität Bielefeld 2008.

PLATZER, W.: Bewegungsapparat. Stuttgart 1991.

RIEDER, U.: Voltigieren. Vom Anfänger zum Könner. München 2002.

ROHEN, J.W.: Funktionelle Anatomie des Menschen. Stuttgart 1998.

ROTH, K.: Wie verbessert man die koordinativen Fähigkeiten? In: Bielefelder Sportpädagogen (Hrsg.): Methoden im Sportunterricht. Schorndorf 1998, 85–102.

ROTH, K./WILLIMCZIK, K.: Bewegungswissenschaft. Reinbek 1999.

SCHÄFFLER, A./SCHMIDT, S.: Mensch – Körper – Krankheit. Ulm 1996.

SILBERNAGL, S./DESPOPULUS, A.: Taschenatlas der Physiologie. München 1991.

SONNENSCHEIN, I.: Psychologisches Training im Leistungssport. In: Gabler, H./ Nitsch, J.R./Singer, R. (Hrsg.): Einführung in die Sportpsychologie Teil 2: Anwendungsfelder. Schorndorf 1993, 178–187.

SONNENSCHEIN, I.: Das Kölner Psychoregulationstraining. Ein Handbuch für Trainingsleiter. Köln 1989, 126–151.

SPORTWISSENSCHAFTLICHES LEXIKON. Schorndorf 1992, 6. Auflage, 82.

TUSKER, F.: Bestimmung von Kraftparametern eingelenkiger Kraftmessungen. Aachen 1994, 66 ff.

VERSTEGEN, M./ WILLIAMS, P.: Core performance. Das revolutionäre Workout-Programm für Körper und Geist. München 2011.

WEINECK, J.: Optimales Training. Erlangen 2000.

WIEMANN, K./KLEE, A.: Dehnen und Stretching-Effekte, Methoden, Hinweise für die Praxis. In: Sportpraxis 3/99 und 4/99.

WILLIMCZIK, K./ROTH, K.: Bewegungslehre. Reinbek 1988.

WILLIMCZIK, K.: Biomechanik der Sportarten. Hamburg 1989, 101–125.

Empfehlenswerte Basisliteratur

BOECKH-BEHRENS, W.-U./ BUSKIES, W.: Fitness-Krafttraining. Hamburg 2010.

FN: Aufgabenheft Voltigieren. Anforderungen und Kriterien im deutschen Turniersport gem. LPO. Warendorf 2012.

FN: Richtlinien für Reiten, Fahren und Voltigieren, Band 3, Voltigieren. Warendorf 2013.

FN: LPO – Leistungs-Prüfungs-Ordnung. Regeln für den deutschen Turniersport. Warendorf 2013.

GROSSER, M./STARISCHKA, S./ZIMMERMANN, E.: Das neue Konditionstraining. München 2012.

MARÉES, H. DE: Sportphysiologie. Köln 2003.

RIEDER, U.: Voltigieren. Vom Anfänger zum Könner. München 2002.

WEINECK, J.: Optimales Training. Erlangen 2009.

Abkürzungsverzeichnis

Aste	Ausgangsstellung
Este	Endstellung
Lig.	Ligamentum (Band)
Ligg.	Ligamenta (Bänder)
Lkl.	Leistungsklasse
M.	Musculus (Muskel)
Mm.	Musculi (Muskeln)
rl.	rücklings
rw.	rückwärts
sl.	seitlings
sw.	seitwärts
vl.	vorlings
vw.	vorwärts

Abbildungsnachweis
1. Sportwissenschaftlicher Teil (Theorie)

BOECKH-BEHRENS, W.-U./ BUSKIES, W.: Fitness-Krafttraining. Rowohlt Taschenbuch Verlag. Hamburg 2000.
Abb. 8 S. 36
Abb. 9 S. 37

GROSSER, M./STARISCHKA, S./ZIMMERMANN, E.: Das neue Konditionstraining. BLV Verlag. München 2001.
Abb. 1 S. 8
Abb. 4 S. 23
Tab. 9 S. 46/47
Abb. 24a und 24b S. 73

MARÉES, H. DE: Sportphysiologie. Sport und Buch Strauß. Köln 2002.
Abb. 189 S. 464

MEINEL, K./SCHNABEL ET AL.: Bewegungslehre – Sportmotorik. Volk und Wissen. Berlin 1998.
Abb. 5.5–1 S. 221

MARKWORTH, P.: Sportmedizin. Physiologische Grundlagen. Illustrationen von Manfred Prinz. © 1983 by Rowohlt Taschenbuchverlag GmbH, Reinbek bei Hamburg.
Abb. 1/4 S. 29

ROTH, K./WILLIMCZIK, K.: Bewegungswissenschaft. © 1999 by Rowohlt Taschenbuchverlag GmbH, Reinbek bei Hamburg.
Abb. 2.14 S. 48
Abb. 5.1 S. 231

SCHÄFFLER, A./SCHMIDT, S.: Mensch – Körper – Krankheit. Jungjohann Verlag. Ulm 1996.
Abb. 8.1/8.2 S. 108/109
Abb. Deckelinnenseite das menschliche Skelett
Abb. 16.8/16.9 S. 277

WEINECK, J.: Optimales Training. Spitta Verlag. Erlangen 2000.
Tab. 68b S. 617

Anhang

Zum Ausdrucken:

Sportmotorischer Test für Voltigierer:
www.fnverlag.de > Downloads > Kostenlose Downloads

Trainingspläne für Anfänger/Fortgeschrittene/Könner:
www.fnverlag.de > Downloads > Kostenlose Downloads

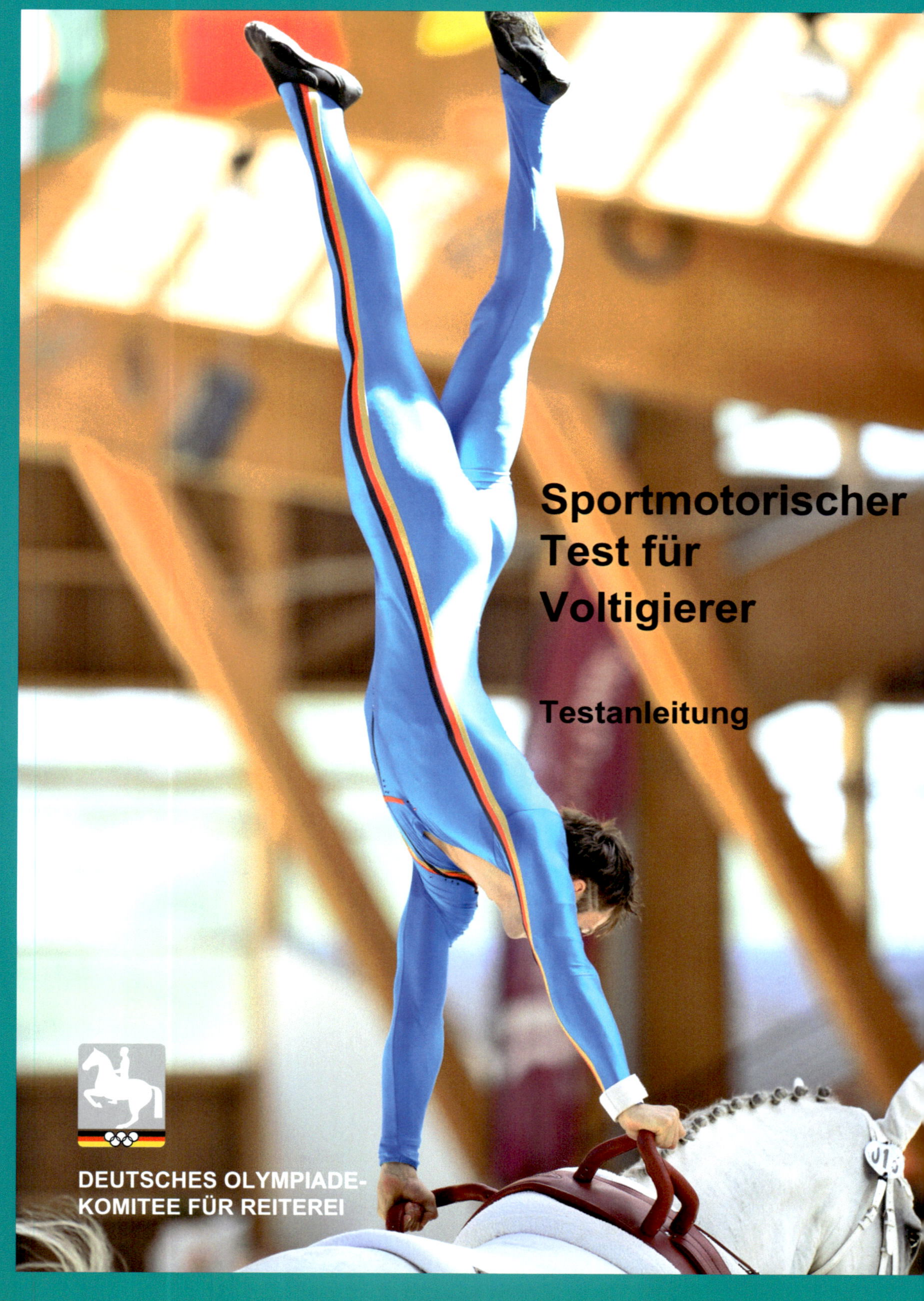
Sportmotorischer
Test für
Voltigierer
Testanleitung
DEUTSCHES OLYMPIADE-
KOMITEE FÜR REITEREI

Inhaltsverzeichnis

Vorwort

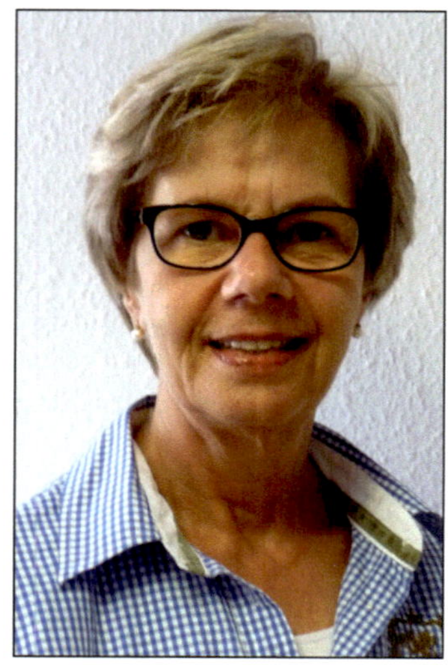

In der inzwischen sehr umfangreichen Fachliteratur über den Voltigiersport – als Leistungs- oder Freizeitsport – und seine historische Entwicklung fehlte bislang eine auf sportwissenschaftlichen Grundlagen und Erkenntnissen basierende Abhandlung über jene körperlichen Voraussetzungen, Trainingsprozesse und Trainingsziele, die vorhanden sein bzw. angestrebt werden müssen, wenn der Voltigiersportler im Wettkampf das optimale Erfolgsergebnis erreichen will. Diese Lücke wird durch den jetzt vorliegenden Sportmotorischen Test für Voltigierer auf professionelle Art und Weise geschlossen.

Ziele und Inhalte dieses Werks werden in der Einleitung hinreichend definiert und beschrieben. Man muss sie in diesem Vorwort nicht wiederholen. Aber man kann den Autoren bescheinigen, dass sie die Zielstellung ihres Werks in hervorragender Weise verwirklicht haben. Die Systematik, die der klaren Beschreibung der Testziele und der ebenso guten und instruktiven Anleitung zur Durchführung eines jeden einzelnen Tests zugrunde liegt, kann als ebenso stringent wie konsequent bezeichnet werden; alle Erklärungen und Anleitungen werden präzise und für jedermann verständlich formuliert. Jedem aktiven Sportler und jedem Trainer wird bei der Lektüre dieses Werks und der dargestellten verschiedenen Testverfahren klar, welche körperlichen Voraussetzungen vorhanden sind, um ein guter und erfolgreicher Voltigiersportler zu werden, und welche körperlichen Defizite bestehen, die es möglichst gezielt zu beheben gilt. Ferner können die Ergebnisse der einzelnen Testverfahren Aufschluss über die körperliche Fitness des Sportlers geben und als Grundlage für die Erstellung von Trainingsplänen und damit für die Optimierung von Trainingsprozessen bilden.

Eine besondere und wertvolle Hilfe stellt der Sportmotorische Test natürlich für die Leistungssportler und insbesondere für die Mitglieder der Bundes- und Landeskader im Voltigieren dar, die aufgrund von regelmäßig durchgeführten Wiederholungstests genaue Aufschlüsse über erzielte Leistungsfortschritte oder möglicherweise vorhandene körperliche Defizite erhalten. Bestimmte Entwicklungen können über einen längeren Zeitraum hinweg nachvollzogen und bei Bedarf verändert werden.

Die Leistungs- und Spitzensportler im Voltigiersport wissen: hohe sportliche Leistungen setzen eine ebenso hohe physische Leistungsfähigkeit und eine stabile Gesundheit voraus.

Höchstleistungen können aber heutzutage nur erreicht werden, wenn das Training auf der Basis wissenschaftlicher Erkenntnisse und eindeutiger körperlicher Testergebnisse durchgeführt wird. Insofern bildet der jetzt vorliegende Sportmotorische Test für Voltigierer, dessen anschauliche Bebilderung ebenfalls zu loben ist, eine große und ganz wichtige Hilfe für ihr zukünftiges Training und bei der Erreichung der gesetzten sportlichen Ziele. Den Autoren muss Dank und hohe Anerkennung dafür gesagt werden, dass es ihnen gelungen ist, in einer klaren und verständlichen Sprache ein Werk vorzulegen, das für jeden ambitionierten Voltigiersportler und seinen Ausbilder von hohem Nutzwert ist.

Helma Schwarzmann
Voltigiermeisterin, Internationale Richterin und Trainerin

1. Einleitung

Der Sportmotorische Test für Voltigierer ist im Auftrag des DOKR und der Bundestrainerin zusammengestellt worden, um die körperliche Leistungsfähigkeit der Voltigierer besser beurteilen zu können.

Ziel des Tests ist es, in einem ersten Schritt die sportmotorische Leistungsfähigkeit von Voltigierern zu erfassen. Die erhobenen Daten dienen als Grundlage zur Erstellung eines geeigneten Trainingsplans und zur Kontrolle bei der Trainingssteuerung. Mittel- bis langfristig wird hierdurch die Optimierung der koordinativen und konditionellen Fähigkeiten für den Voltigiersport sowie der Gesundheit der Athleten angestrebt.

Bei diesem Test handelt es sich um eine Spezifizierung des Sportmotorischen Tests für Reiter. Er wurde von der Expertengruppe Voltigieren, bestehend aus den Sportwissenschaftlern Dr. Christian Peiler (Zentrum für Physiotherapie GmbH Bielefeld), Lena Marie Koch (DOKR Warendorf), Anna Weßelmann (Master of Exercise Science and Coaching), Bundestrainerin Ulla Ramge und Disziplintrainer Kai Vorberg, zusammengestellt.

Der Sportmotorische Test für Reiter basiert zum einen auf verschiedenen Testaufgaben aus dem Motorischen Test für Nordrhein-Westfalen, der im Auftrag des Innenministeriums Nordrhein-Westfalen von einer Expertengruppe unter der Leitung von Prof. Dr. Klaus Bös entwickelt wurde. Grundlage dafür waren der Deutsche Motorik-Test (DMT 6–18) und das Motorik-Modul (MoMo), bei dem bundesweit Daten von Kindern und Jugendlichen erhoben wurden, die es ermöglichten, repräsentative Vergleichswerte zu erstellen. Aus diesem Test wurden nur die Subtests ausgewählt, die für den Pferdesportler von Relevanz sind. Für die Reiter wurde die Testbatterie komplettiert, unter anderem mit weiteren sportmotorischen Testverfahren von Fetz und Kornexl (1993), Janda und Sachse (2000) sowie Rapp und Schröder (1977).

Um erste Aussagen über die allgemeine durchschnittliche Qualität der sportmotorischen Leistungsfähigkeit von Voltigierern treffen zu können, wurden in einem Pilotprojekt Ende 2012 die aktuellen Bundeskadervoltigierer dem Sportmotorischen Test für Reiter unterzogen, welcher 2011 entwickelt wurde.

Bei der Auswertung der Ergebnisse bestätigte sich allerdings die Annahme, dass die Voltigierer ein weitaus komplexeres Anforderungsprofil aufweisen. Dies erforderte eine weitere Modifikation des Tests. Es wurden einige spezifischere Testformen hinzugefügt, um ein klareres Leistungsprofil abfragen zu können. Daher finden ergänzend Testverfahren von Peiler & Peiler (2008) sowie dem Swiss Olympic Medical Center (Swiss Olympic Association, 2003) ihre Anwendung, aber auch eigens entwickelte Module, für die zukünftig voltigierspezifische Vergleichswerte eingeholt werden sollen.

2. Motorische Fähigkeiten

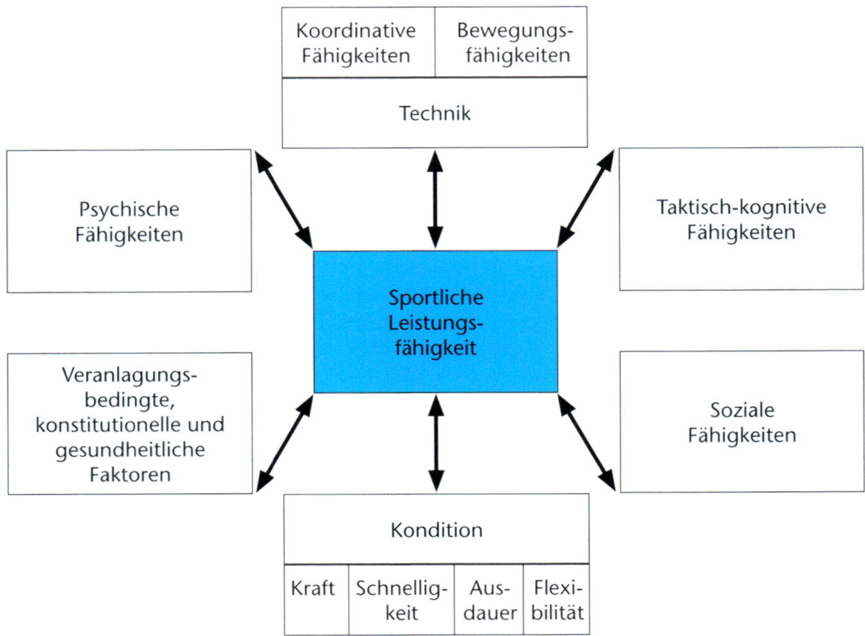

Abbildung 1: Komponenten der sportlichen Leistungsfähigkeit (Weineck, 2007)

Motorische Fähigkeiten gelten als elementare Bestandteile der sportlichen Leistung. Sie werden in konditionelle und koordinative Einheiten differenziert.
Das Modell von Weineck (2007) verdeutlicht, dass neben den koordinativen und konditionellen Fähigkeiten auch andere Komponenten, wie zum Beispiel die psychischen und sozialen Einflussfaktoren, für die sportliche Leistungsfähigkeit eine wichtige Rolle spielen. Das Modell zeigt die Komplexität und das Zusammenspiel der verschiedenen Teilelemente für die sportliche Leistung.

Da sich das Voltigieren als eine Mischform zwischen Turnen, Akrobatik und Tanz auf dem Pferderücken beschreiben lässt (Peiler & Peiler, 2008), zeigen sich hier sehr vielseitige Anforderungen für den Athleten. Das Beherrschen der erforderlichen Techniken sowie eine sehr ausgeprägte Körperkontrolle sind Voraussetzung für eine gute Leistung in dieser Sportart. Daher werden Bewegungspräzision, Ausdruck, konditionelle und koordinative Fähigkeiten und Fertigkeiten benötigt (Zülow, 2006).

Im Folgenden werden die motorischen Hauptbeanspruchungsformen (koordinative und konditionelle Fähigkeiten) und ihre Relevanz für den Voltigiersport kurz dargestellt.

Koordinative Fähigkeiten

Als **Koordination** wird das Zusammenwirken des Zentralnervensystems und der Skelettmuskulatur innerhalb eines Bewegungszyklus definiert (Hollmann & Strüder, 2009). Die koordinativen Fähigkeiten sind laut Zülow (2006) die wichtigsten der erforderten Voraussetzungen im Voltigiersport, weil sie für die Bewegungstechnik eine zentrale Bedeutung darstellen. Insbesondere sind die Gleichgewichts-, die Rhythmisierungs- und die Reaktionsfähigkeit wichtige Faktoren für den Voltigierer, denn die eigene Bewegung muss auf die des Pferdes abgestimmt werden. Weiterhin werden Differenzierungs-, Orientierungs-, Kopplungs- und Umstellungsfähigkeit in einem außerordentlichen Ausprägungsgrad benötigt.

Konditionelle Fähigkeiten

Ausdauer beschreibt die Fähigkeit des Menschen, eine bestimmte muskuläre Leistung lang andauernd durchzuführen, ermüdungswiderstandsfähig zu sein und eine rasche Regenerationsfähigkeit zu haben (de Marées, 2003). Bezüglich der Energiebereitstellung wird zwischen aerober und anaerober Ausdauer differenziert. Bei der aeroben Ausdauerleistungsfähigkeit steht genügend Sauerstoff zur Verfügung. Die energieliefernden Stoffwechselprozesse der anaeroben Ausdauerleistungsfähigkeit hingegen laufen ohne die Verstoffwechselung von Sauerstoff und damit unter Bildung von Laktat ab. Die Laktatkonzentrationen beim Voltigieren liegen oberhalb der individuellen anaeroben Schwelle und zeigen genau wie die Herzfrequenz und die Katecholaminkonzentration während des Wettkampfes häufig deutlich höhere Werte als im Stufentest auf dem Fahrradergometer (Kropp, 1996). Zudem steigen im Wettkampf eines Einzelvoltigierers Adrenalin, Noradrenalin und Laktat über die Werte, die im Training ermittelt wurden (Kropp, 1996, Peiler & Peiler, 2008). Da im Voltigiersport verstärkt eine anaerobe Beanspruchung gefordert wird, ist es für die Sportler von großem Nutzen, erhöhte Laktatwerte möglichst gut tolerieren zu können.

Die **Kraft** hat im motorischen Beanspruchungsprofil eine hervorgehobene Bedeutung, da weder eine primär auf die Ausdauer noch eine auf Koordination, Beweglichkeit oder gar Schnelligkeit basierende Motorik sich ohne bewegungserzeugende Kraftkomponente verwirklichen lässt (de Marées, 2003). Eine gut ausgeprägte Kraftgenerierungsfähigkeit ist zudem im Hinblick auf die Prävention sportartspezifischer Verletzungen für Voltigierer von besonderer Bedeutung (Weßelmann, 2007).

Beim Voltigieren ist eine gut entwickelte Schnellkraft gefragt. Bei vielen Absprüngen kommt es auf ein exaktes Timing an, da innerhalb kürzester Zeit eine relativ hohe Kraft erzeugt werden muss. Hier wird unter anderem eine möglichst geringe Bodenkontaktzeit angestrebt, auf die ein guter reaktiver Kraftstoß erfolgen muss. Zudem wird im Voltigiersport ein besonders gutes Zusammenspiel der Teilkomponenten statischer und dynamischer Kraft benötigt. Muskelketten müssen optimal aufeinander abgestimmt höchste Leistungen verrichten. Je nach Position auf dem Pferd wird der Streck-, Beuge- und Haltemuskulatur eine größtmögliche Aktivität abverlangt. Inter- und intramuskuläre Koordination sind auch bezüglich der Kraftentwicklung von besonderer Bedeutung.

Beweglichkeit ist die Fähigkeit, Bewegungen mit optimaler Schwingungsweite der Gelenke auszuführen (Hollmann & Strüder, 2009). Sie setzt sich aus Dehnfähigkeit und Gelenkigkeit zusammen (Weineck, 2007). Die Flexibilität eines Voltigierers ist eine der Grundvoraussetzungen für eine saubere Technik. Das Bewegungsausmaß von Hüft- und Schultergelenk ist nicht nur in Pflichtübungen wie z.B. der Fahne oder der Mühle von Bedeutung, sondern auch in etlichen Kürübungen ein wichtiges Bewertungskriterium. Neben den Gelenken müssen jedoch auch die Muskeln eine große Bewegungsspanne zulassen, sodass für die Beweglichkeit mehrere Strukturen einen leistungslimitierenden Faktor darstellen. Neuromuskuläre Dysbalancen, z.B. durch eine eingeschränkte Dehnfähigkeit einzelner Muskeln, führen in der Konsequenz nicht selten zu Leistungseinbußen und Verletzungen.

Schnelligkeit beschreibt die Fähigkeit, in kürzester Zeit auf Ereignisse zu reagieren und Bewegungen mit höchster Geschwindigkeit durchführen zu können (Schnabel, Harre & Krug, 2008). Die Reaktionsschnelligkeit hat für den Voltigierer eine herausragende Position, da er sich ständig an neuen Bewegungsabfolgen und Gegebenheiten des Pferdes oder Partners orientieren muss. Die Schnelligkeit wird sowohl von konditionellen als auch von koordinativen Aspekten bestimmt. Ihr kommt eine wichtige Funktion bei der Beschleunigung des Körpers während dynamischer Elemente wie Schwungübungen oder Sprünge zu.

Neben den rein physischen Anforderungen, auf welche sich der vorliegende Test bezieht, steigt im leistungsorientierten Voltigiersport auch die psychische Belastung, welche sich beispielsweise durch eine vermehrte Adrenalinausschüttung zeigen lässt (Ahsbahs & Rieder, 1998 S. 102; Kropp, 1996; Peiler & Peiler, 2008). Zudem wird ein hohes Maß an Konzentration und Mut gefordert. An dieser Stelle sei darauf hingewiesen, dass in der Sportpsychologie entsprechende Testverfahren Anwendung finden.

3. Testaufgaben

Jede Testperson erhält einen Erfassungsbogen (siehe Anhang), auf dem zunächst folgende Punkte ausgefüllt werden:

- Testperson
- Datum
- Geschlecht
- Disziplin
- Leistungsklasse und Kaderzugehörigkeit
- Geburtstag
- Anthropometrische Daten: Körpergröße, Gewicht, BMI
- Sonstige Sportarten
- Trainingsdaten
- Eventuell bestehende körperliche Einschränkungen, den Test durchzuführen

Auf diesem Erfassungsbogen werden dann im Folgenden die Testergebnisse vom Testleiter eingetragen.

Vorab ist eine Einverständniserklärung der Voltigierer bzw. der Erziehungsberechtigten notwendig.
Der Test sollte in vorgegebener Reihenfolge durchgeführt werden. Je nachdem, wie viele Helfer zur Verfügung stehen, macht es Sinn, zwei bis drei Testaufgaben in einer Station zusammenzufassen. Beispielsweise gibt es dann einen Testleiter für die Station ventrale und laterale Rumpfkette.

Stellenweise kann es hilfreich sein, wenn der Testleiter die Übungen in der korrekten Ausführung zusätzlich demonstriert.

Bei den Probeversuchen gibt der Testleiter noch Korrekturen, sodass die Aufgabe bei Testbeginn richtig durchgeführt wird.

Der 6-Minuten-Lauf sollte idealerweise am Ende durchgeführt werden.

Erfassung von Größe und Gewicht

Um den Body-Mass-Index (BMI) berechnen zu können, werden Körpergröße und Gewicht der Testperson erfasst.

Dazu stellt sich die Testperson ohne Schuhe auf die Waage. Anschließend wird die Körpergröße mit einem Metermaß gemessen. Dabei positioniert sich die Testperson aufrecht mit dem Rücken zur Wand und hält mit Fersen, Gesäß und Rücken Kontakt zu derselben. Der Kopf wird in Verlängerung der Wirbelsäule gehalten.

Die Größe wird auf den Zentimeter genau in den Erfassungsbogen eingetragen, ebenso wird das Gewicht auf 1/10 kg genau auf dem Bogen notiert.

Testmaterialien:

- 1 Metermaß von 2 Metern
- 1 Waage

Der BMI wird durch folgende Formel berechnet:

BMI = Köpergewicht (kg) / Körpergröße (m)²

Die Einordnung des BMI ist mithilfe der Wachstumskurven möglich.

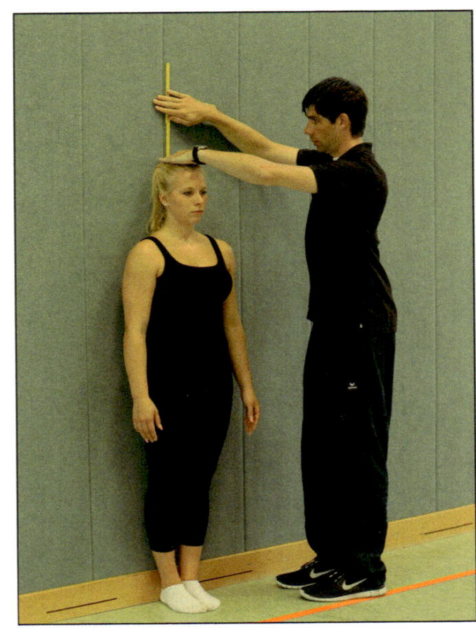

Aufgabe 1: Beweglichkeit der Hüftbeuger

(Janda & Sachse, 2000)

Testziel
Der Test überprüft die Dehnfähigkeit der Hüftbeuger (M. iliopsoas und M. rectus femoris), die z.B. für einen aufgerichteten und losgelassenen Sitz bei der Mühle erforderlich ist.

Testdurchführung
Die Testperson platziert das Steißbein auf einer Kastenkante, umgreift einen Oberschenkel in Kniehöhe und führt diesen so nah wie möglich an den Oberkörper **(die Hüfte ist maximal gebeugt!)**. Oberkörper und Kopf werden auf den Kasten abgelegt. Die Testperson soll nun das andere Bein langsam und entspannt nach unten bewegen, bis es locker über der Kastenkante hängt. Es ist darauf zu achten, dass ein Hohlkreuz vermieden wird. Der Oberschenkel sollte sich unter der Waagerechten befinden und der. Unterschenkel senkrecht zum Boden zeigen.

Für die Auswertung der Dehnfähigkeit wird der Wert aller vier Muskeln (M. iliopsoas rechts und links sowie der M. rectus femoris rechts und links) ermittelt und bewertet (1 = starke Verkürzung, 3 = leichte Verkürzung oder 5 = keine Verkürzung).

Verkürzungen M. iliopsoas:
- keine Verkürzung:
  Oberschenkel hängt 10° unterhalb der Kastenkante
- leichte Verkürzung:
  Oberschenkel hängt auf Niveau (0°) der Kastenkante
- starke Verkürzung:
  Oberschenkel hängt oberhalb der Kastenkante

Verkürzungen M. rectus femoris:
- keine Verkürzung:
  Unterschenkel hängt senkrecht
- leichte Verkürzung:
  Unterschenkel zeigt leicht nach oben
- starke Verkürzung:
  Unterschenkel befindet sich annähernd in Verlängerung des Oberschenkels

Testaufbau
Der Test wird auf einem Kasten durchgeführt. Mindesthöhe: Bein muss frei hängen können.

Testmaterialien
- 1 großer Tisch bzw. Kasten

Testinstruktion
„Bei diesem Test wird die Beweglichkeit der Hüftbeuger überprüft. Setze dich auf die Kante des Kastens, sodass dein Steißbein leicht über die Kastenkante ragt. Umfasse nun mit beiden Händen einen Oberschenkel knapp über der Kniekehle und ziehe das Bein so weit zu dir, dass dein Oberschenkel so nah wie möglich am Oberkörper ist. Dann lege dich auf den Kasten, sodass dein gesamter Rücken und dein Kopf Kontakt zur Unterlage haben. Achte darauf, dass dein Oberschenkel so nah wie möglich am Oberkörper bleibt. Lasse dann das andere Bein mit gebeugtem Kniegelenk entspannt nach unten hängen. Danach führst du die Übung mit dem anderen Bein aus."

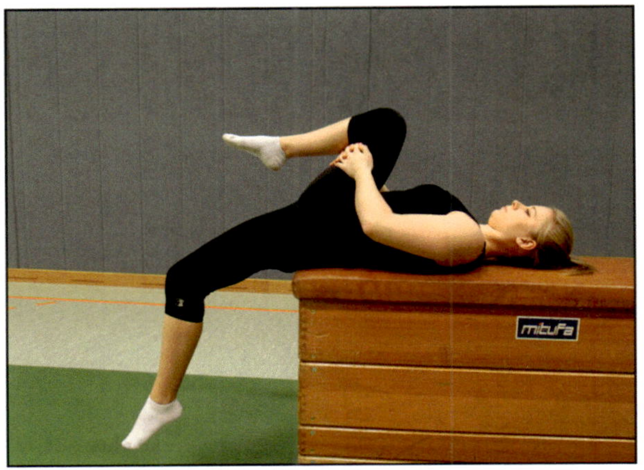

Aufgabe 2: Elevation

(Peiler & Peiler, 2008)

Testziel
Der Test überprüft die aktive Beweglichkeit des Schultergelenkes, welche unter anderem für die Fahne benötigt wird.

Testdurchführung
Die Testperson liegt in Bauchlage auf der Liege. Beide Arme werden nach vorn gestreckt und halten schulterbreit einen Stab, wobei die Daumen zueinander gerichtet sind. Die Nase berührt während des ganzen Tests die Auflage. Nun sollen die gestreckten Arme so hoch wie möglich angehoben werden, ohne die Nase und das Brustbein von der Unterlage zu lösen. Die Endposition wird 3 Sekunden gehalten. In dieser Zeit wird ein Foto aufgenommen. Nach einer kurzen Pause werden insgesamt drei Versuche absolviert. Gemessen wird der Arm-Rumpfwinkel anhand des Fotos mithilfe von Klebepunkten. Der Messwert ergibt sich aus dem Mittelwert der drei Versuche.

Testaufbau
Der Test wird auf einer Behandlungsliege oder einem Kasten durchgeführt. Zudem ist ein ca. 1 m langer Stab erforderlich. Die Marker werden angebracht, wenn der Arm nach vorn gestreckt ist. Einer wird unterhalb des Schulterdaches angebracht, der zweite Marker markiert den Epicondylus lateralis, den äußeren, knöchernen Punkt oberhalb der Ellenbeuge. Der dritte Marker wird in Höhe des Beckenkamms in der Art angebracht, dass eine Verbindungslinie zwischen dem zweiten und dritten Marker parallel zur Behandlungsliege gezogen werden kann (siehe Foto) 2 m seitlich des Schultergelenkes wird eine Kamera auf einem Stativ positioniert.

Testmaterialien
- 1 Tisch bzw. Kasten
- 1 Stab (1 m lang)
- 1 Kamera und Stativ
- Klebemarker (1 cm²)

Testinstruktion
„Bei diesem Test überprüfen wir, wie beweglich deine Schulter ist. Dafür legst du dich bitte auf den Bauch, nimmst den Stab in beide Hände und die Arme gestreckt nach vorne. Der Kopf befindet sich in Verlängerung der Wirbelsäule, Nase und Brustbein halten während der gesamten Übung Kontakt zur Unterlage. Dann hebst du die Arme gestreckt an und führst sie so hoch wie möglich. Die Endposition hältst du bitte 3 Sekunden. Insgesamt wird diese Bewegung dreimal wiederholt."

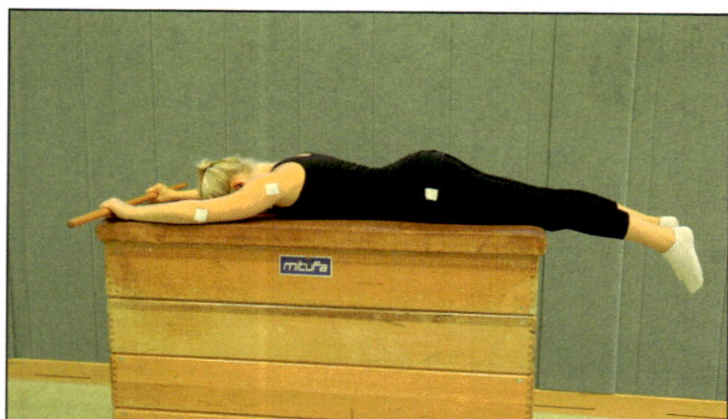

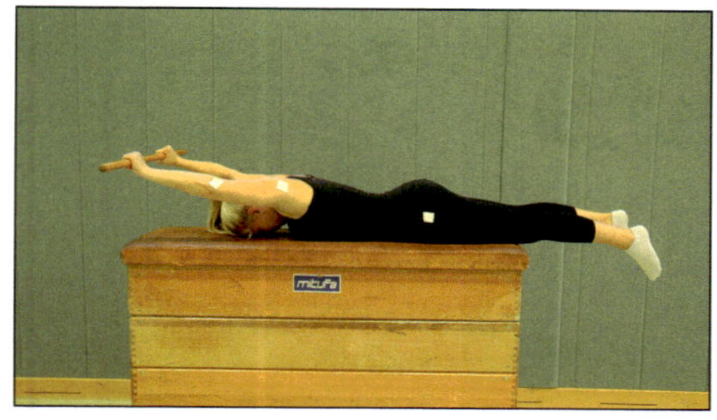

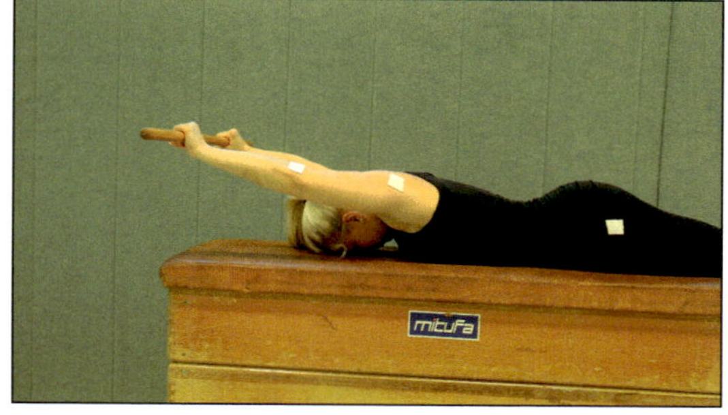

Aufgabe 3: Extension

(Peiler & Peiler, 2008)

Testziel

Der Test überprüft die aktive Beweglichkeit des Schultergelenkes, welche unter anderem für die Schere 2. Teil und den Liegestütz rücklings nötig ist.

Testdurchführung

Die Testperson liegt in Bauchlage auf der Liege. Der Stab wird schulterbreit mit beiden Händen hinter dem Rücken gehalten. Die beiden Handrücken sind dabei nach oben gedreht, sodass die Daumen nach außen zeigen. Nase und Brustbein berühren während des gesamten Tests die Auflage. Nun sollen die gestreckten Arme so hoch wie möglich angehoben werden, ohne die Nase von der Unterlage zu lösen. Der Rumpf bleibt gestreckt. Die Endposition soll 3 Sekunden gehalten werden, während ein Foto aufgenommen wird. Nach einer kurzen Pause werden insgesamt drei Versuche absolviert. Gemessen wird der Arm-Rumpfwinkel anhand des Fotos mithilfe von Klebepunkten. Der Messwert ergibt sich aus dem Mittelwert der drei Versuche.

Testaufbau

Der Test wird auf einer Behandlungsliege oder einem Kasten durchgeführt. Zudem ist ein ca. 1 m langer Stab erforderlich. Die Marker werden in der Ausgangsposition angebracht. Ein Marker wird unterhalb des Schulterdaches angebracht, der zweite Marker markiert den Epicondylus lateralis, den äußeren, knöchernen Punkt oberhalb der Ellenbeuge. Der dritte Marker wird in Höhe des Beckenkamms in der Art angebracht, dass eine Verbindungslinie zwischen dem zweiten und dritten Marker parallel zur Behandlungsliege gezogen werden kann (siehe Foto) 2 m seitlich des Schultergelenkes wird eine Kamera auf einem Stativ positioniert.

Testmaterialien

- 1 Tisch bzw. Kasten
- 1 Stab (1 m lang)
- 1 Kamera und Stativ
- Klebemarker (1 cm²)

Testinstruktion

„Bei diesem Test überprüfen wir, wie beweglich deine Schulter ist. Dafür legst du dich bitte auf den Bauch, nimmst den Stab in beide Hände hinter den Rücken und streckst die Arme. Die Handinnenseiten sind dabei Richtung Unterlage gedreht und der Daumen umschließt den Stab und zeigt nach außen. Den Kopf hältst du gerade und behältst während der gesamten Übung mit der Nase Kontakt zur Unterlage. Dann hebst du die Arme gestreckt an und führst sie so hoch, wie es geht. Die Endposition hältst du bitte 3 Sekunden. In dieser Zeit nehme ich ein Foto von dir auf. Insgesamt wird diese Bewegung dreimal wiederholt."

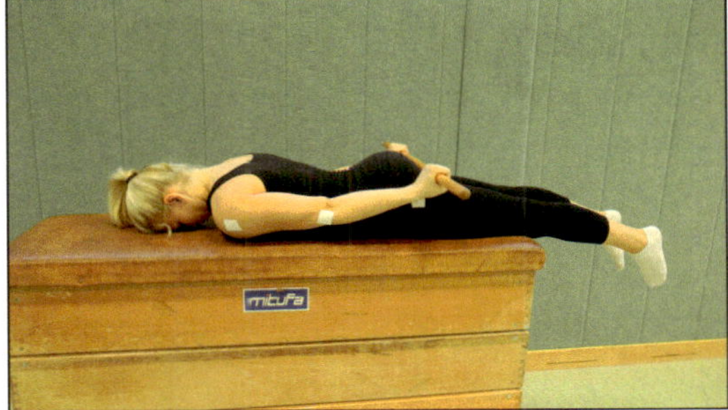

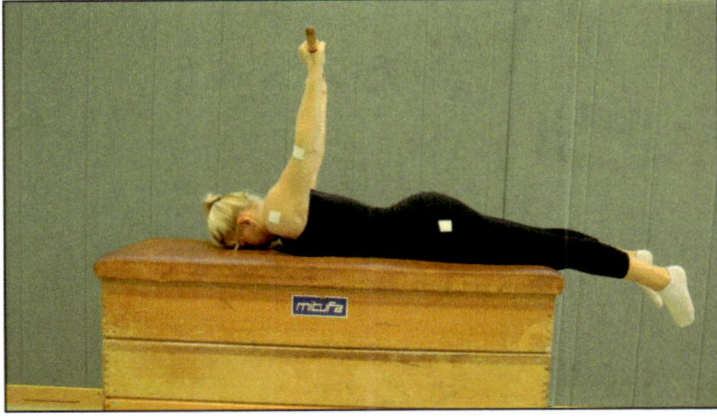

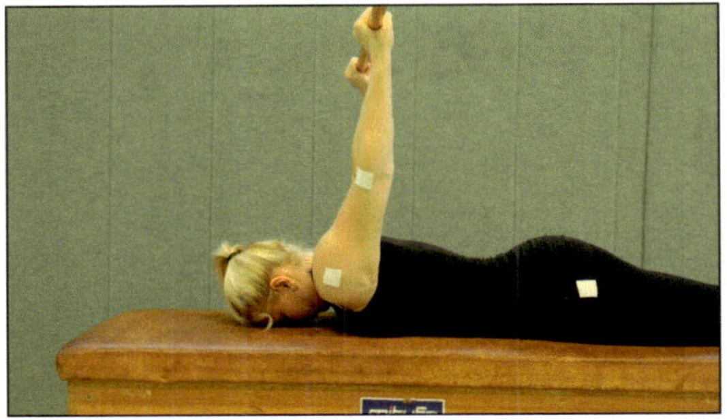

Aufgabe 4: Kreuzgriff

(Peiler & Peiler, 2008)

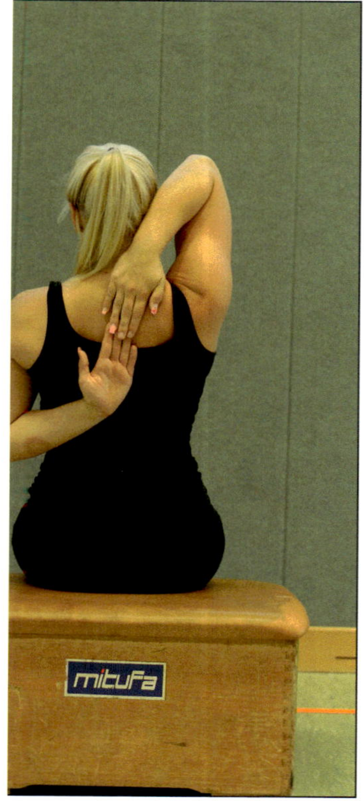

Testziel
Der Test überprüft die Beweglichkeit des Schultergürtels und der Brustwirbelsäule. Diese wird besonders bei der Fahne und den Schwungübungen in der Pflicht abgefragt.

Testdurchführung
Die Testperson sitzt aufrecht auf dem Rand des Stuhls. Ein Arm wird über den Nacken auf den Rücken geführt und zwischen den Schulterblättern gehalten. Der andere Arm wird von unten kommend mit der Handfläche nach außen zur oberen Hand geführt. Die Mittelfinger schieben sich dabei übereinander Die Endposition wird 5 Sekunden gehalten, wobei das Maß der Überlappung mithilfe eines Zentimetermaßes gemessen wird. Überschneiden sich die Mittelfinger, ergeben sich Werte im Minusbereich. Können die Finger keinen Kontakt zueinander aufbauen, wird die Differenz in positiven Werten ausgedrückt. Die Testperson hat mit jeder Seite drei Versuche, aus denen der Mittelwert gebildet wird.

Testaufbau
Der Test wird sitzend auf einem Stuhl durchgeführt.

Testmaterialien
- 1 Stuhl
- 1 Bandmaß/Zollstock

Testinstruktion
„Bei diesem Test überprüfen wir, wie beweglich deine Schulter- Armpartie ist. Dafür setzt du dich bitte hier auf den Rand des Stuhls und führst eine Hand über den Kopf auf den Rücken zwischen die beiden Schulterblätter. Die andere nimmst du auf den Rücken und mit der Handfläche nach außen in Richtung der anderen Hand. Versuche deine Mittelfinger möglichst weit überlappen zu lassen. Am Ende der Bewegung messe ich die Entfernung der Finger zueinander. Für jede Seite hast du drei Versuche."

Aufgabe 5: Seitspagat

(Rapp & Schröder, 1977; Peiler & Peiler, 2008)

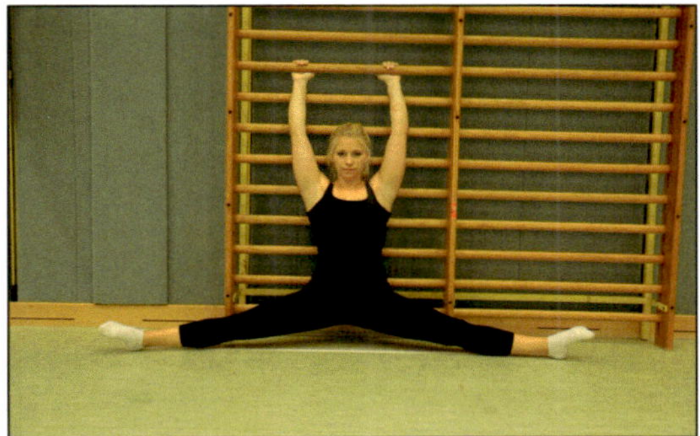

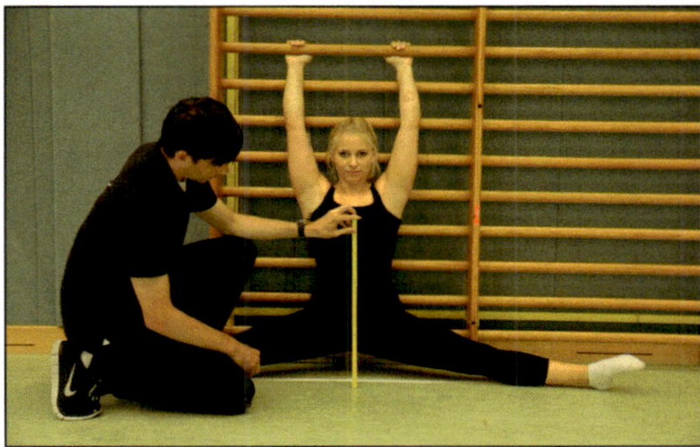

Testziel
Der Test überprüft die Beweglichkeit der Hüftgelenke sowie die Dehnfähigkeit der Adduktoren. Die Flexibilität der Hüfte ist besonders bei Aufsprung und Mühle von enormer Wichtigkeit.

Testdurchführung
Die Testperson führt einen Seitspagat mit zusätzlichem Halt an der Sprossenwand aus. Auf dem Boden vor der Sprossenwand wird in einem Abstand von 3 cm eine Orientierungslinie (mit Kreppband) aufgeklebt, auf der die Testperson (ohne Schuhe) die Endposition einnehmen soll.
Der Rücken des Probanden ist zur Sprossenwand gerichtet. Es wird mit beiden Händen eine beliebige Sprosse gegriffen. Aus dieser Ausgangsposition lässt sich die zu testende Person in den Seitspagat auf der Linie abgleiten. Die Endposition soll mindestens 3 Sekunden gehalten werden. Dabei ist darauf zu achten, dass die Hüfte nach außen rotiert ist, der Oberkörper aufgerichtet bleibt und der Blick geradeaus gerichtet ist. Der Abstand zwischen Symphyse und Boden wird mit einem Zentimetermaß gemessen.
Nach einem Probeversuch wird die Übung insgesamt dreimal durchgeführt und alle Versuche werden auf dem Erfassungsbogen eingetragen. Für die Gesamtauswertung wird der Mittelwert der drei Versuche gebildet.

Testaufbau
Der Test wird auf dem Boden vor einer Sprossenwand durchgeführt. 10 cm vor der Sprossenwand ist zur verbesserten Orientierung eine Linie mit Kreppband aufgeklebt.

Testmaterialien
- Kreppband
- 1 Sprossenwand
- 1 Zentimetermaß

Testinstruktion
„Stell dich bitte auf die Linie mit dem Rücken zur Sprossenwand und greife über Kopf zu einer beliebigen Sprosse. Danach lässt du dich auf der Linie so weit wie möglich in den Seitspagat abgleiten und hältst die Position ca. 3 Sekunden. Achte darauf, dass deine Fußspitzen nach außen zeigen. Bleibe im Oberkörper aufgerichtet und schaue geradeaus. In der Endstellung wird der Abstand zwischen Symphyse/Schambein und Boden gemessen. Danach begibst du dich wieder in den aufrechten Stand und beginnst von Neuem. Insgesamt hast du drei Versuche!"

Aufgabe 6: Querspagat

(Peiler & Peiler, 2008)

Testziel

Der Test überprüft die passive Beweglichkeit im Hüftgelenk und die Dehnfähigkeit der beteiligten Muskulatur. Die Flexibilität der Hüfte ist besonders bei Aufsprung und Mühle von enormer Wichtigkeit.

Testdurchführung

Der Spagat wird auf der Mittellinie eingenommen, wobei die Matten als Führungsbegrenzung dienen (siehe Foto). Das vordere Bein liegt erhöht auf einer Matte. Die Testperson soll sich auf den Kästen abstützen, damit eine gerade Körperposition gewährleistet bleibt. Die Endposition wird 3 Sekunden gehalten, in denen die Entfernung zwischen Symphyse und Fußboden mit einem Zollstock ermittelt wird. Der Test wird ohne Schuhe durchgeführt

Die Testperson hat je einen Probeversuch, bevor der Mittelwert von drei Versuchen je Bein gebildet wird.

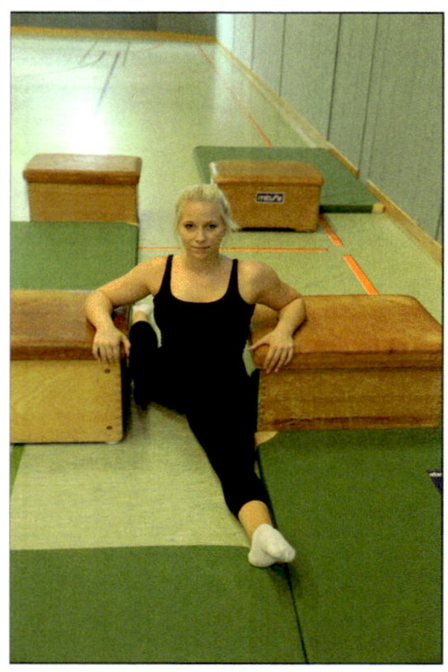

Testaufbau

Für den Test werden vier Kästen im Abstand von 45 cm von einer Orientierungsfläche zueinander aufgestellt. Drei Matten, die zur Mittellinie je nach Lage 21 cm und zu den Kästen 50 cm entfernt liegen, bilden eine seitliche Führung. Eine kleinere Matte im Zentrum der vier Kästen dient als erhöhte Ablage des vorderen Beines. Es werden nacheinander beide Seiten geprüft.

Testmaterialien

- 4 kleine Kästen
- 3 Matten
- 1 Zollstock

Testinstruktion

„Bitte nimm die Querspagatposition mit einem beliebigen vorderen Bein ein. Achte darauf, dass du dich auf den Kästen abstützt, entlang der Linie heruntergehst und den Oberkörper aufgerichtet lässt. Das vordere Bein legst du auf der Matte ab, sodass es leicht erhöht ist. Lass dich von den anderen Matten führen, damit die Beine gerade entlang der Linie bleiben. Die Endposition hältst du bitte 3 Sekunden, sodass ich den Abstand zwischen der Symphyse/Schambein und dem Boden messen kann. Für jedes Bein hast du drei Versuche."

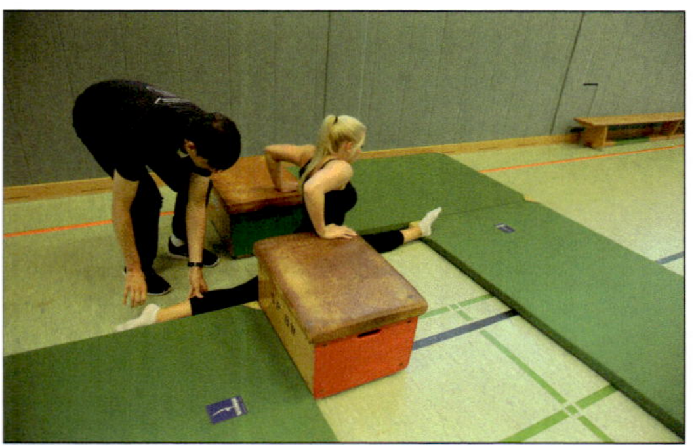

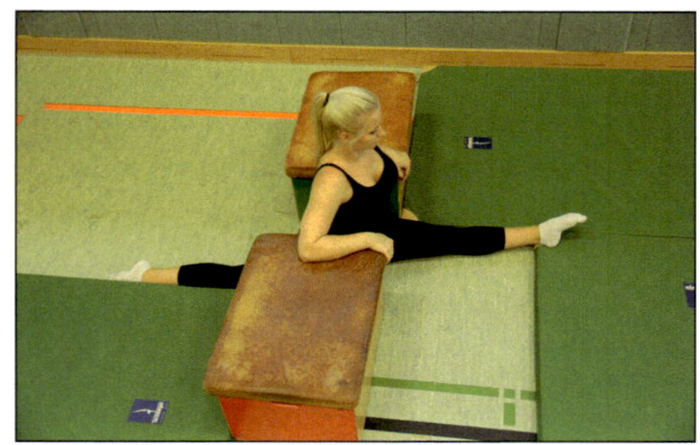

Aufgabe 7: Einbeinstand

(Fetz & Kornexl, 1993)

Testziel
Der Test überprüft die Gleichgewichtsfähigkeit. Diese ist für alle Übungen auf dem Pferd von elementarer Bedeutung.

Testdurchführung
Die Testperson stellt sich im Storchenstand auf eine T-Schiene und soll über einen Zeitraum von max. 60 Sekunden so ruhig wie möglich stehen bleiben. Sobald ein Bein abgehoben wird, stoppt der Testleiter die Zeit. Dabei stellt sich die Testperson auf ein Bein (Standbein) und führt den anderen Fuß (Spielbein) zum Knie des Standbeins. Das Knie des Spielbeins zeigt dabei nach vorne. Das Knie des Standbeins ist leicht gebeugt und der Oberkörper aufgerichtet. Die Arme werden seitlich in die Hüftbeuge gestützt und der Blick ist nach vorne gerichtet. Zu beachten ist dabei, dass die Übung in einer ruhigen Umgebung durchgeführt wird und sich die Teilnehmer Zeit nehmen. Die Übung soll unbedingt im Vorfeld geübt werden. Dieser Test wird mit Voltigierschuhen durchgeführt. Die Übung zählt nur, solange der Fuß des Spielbeins das Knie des Standbeins berührt und die Arme in der Hüftbeuge gestützt sind. Schafft es die Testperson direkt, 60 Sekunden auf der T-Schiene stehen zu bleiben, brauchen die weiteren Versuche des jeweiligen Standbeins nicht mehr ausgeführt werden.
Alle Durchgänge werden auf dem Bogen notiert. Der jeweils beste Versuch des linken und rechten Beines wird gewertet und jeweils der Mittelwert berechnet. (Vgl. Fetz & Kornexl, 1993; Kirkendall, Gruber & Johnson, 1987; Arnot & Gaines, 1990.)

Testaufbau
Der Test wird auf einer 3-cm-T-Schiene durchgeführt.

Testmaterialien
- 3-cm-T-Schiene
- 1 Stoppuhr

Testabbruch
- deutliches Ausweichen mit dem Oberkörper
- Absteigen von der T-Schiene
- Spielbein verlässt die Position am Knie des Standbeins
- Armposition wird verlassen

Testinstruktion
„Bei diesem Test überprüfen wir, wie lange du mit einem Bein auf der T-Schiene stehen bleiben kannst. Dazu stellst du dich mit einem Bein auf die T-Schiene und führst den Fuß des anderen Beines oberhalb des Standbeinknies (Testleiter macht die Übung dabei vor). Nun sollst du so lange wie möglich den Storchenstand halten, bis ich dich maximal nach 60 Sekunden unterbreche. Du hast drei Versuche, von denen der mit der besten Zeit gewertet wird. Danach wird das Standbein gewechselt.“ (Vgl. Bös, Bappert, Tittlbach, & Woll, 2004.)

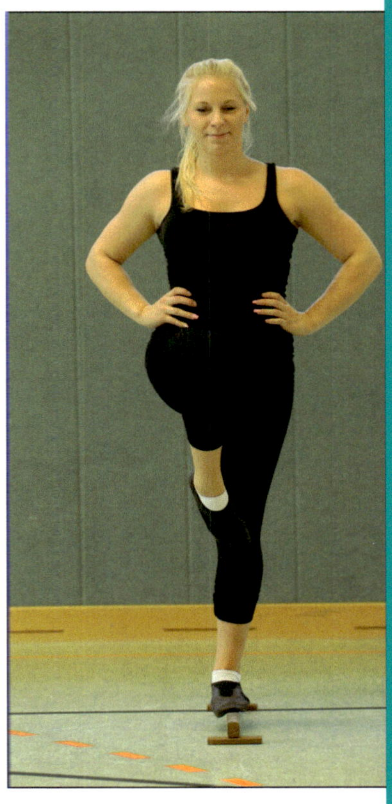

Aufgabe 8: Sit-ups

(Bös et al., 2009)

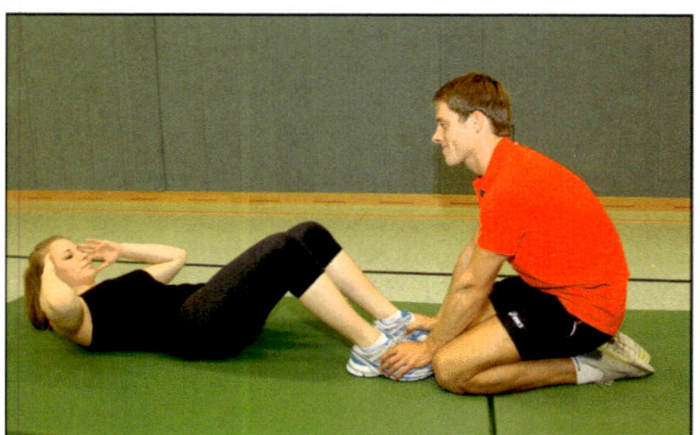

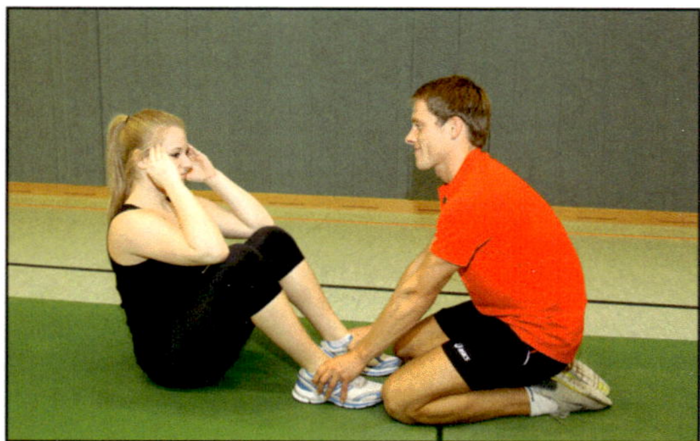

Testziel
Der Test überprüft die Kraftausdauer der Bauchmuskulatur und der Hüftbeuger. Diese ist wichtig für die Grundspannung im Rumpfbereich, die eine Grundvoraussetzung für das Voltigieren darstellt.

Testdurchführung
Die Testperson liegt mit dem Rücken auf dem Boden, die Füße sind aufgestellt und hüftbreit geöffnet. Die Füße werden durch den Testleiter auf dem Boden fixiert.
Die Daumen werden hinter die Ohrläppchen und die Fingerspitzen an die Schläfen gehalten. Der Kopf befindet sich in Verlängerung der Wirbelsäule. Die Handhaltung bleibt während der gesamten Übung bestehen. Die Testperson soll aus der liegenden Position den Oberkörper aufrichten und mit beiden Ellenbogen die Knie berühren. Die Schultern berühren beim Ablegen des Oberkörpers die Matte.
Die Übung wird 40 Sekunden lang durchgeführt und der Testleiter zählt die Anzahl der gültigen Versuche. Es sind zwei Probeversuche möglich.

Testaufbau
Der Test wird auf einer Matte durchgeführt.

Testmaterialien
- 1 Matte (Gymnastik- oder Isomatte)
- 1 Stoppuhr

Testinstruktion
„An dieser Stelle sollst du in 40 Sekunden möglichst viele Sit-ups durchführen. Du legst dich dazu auf den Rücken und stellst die Füße auf, so wie ich es dir gleich zeige. Dann halte ich dich an den Füßen fest. Du legst die Fingerspitzen an deine Schläfen und den Daumen hinter die Ohrläppchen und rollst so weit auf, bis du mit deinen Ellenbogen die Knie berührst. Anschließend rollst du wieder ab, bis deine Schulterblätter Bodenkontakt haben. Diese Bewegung wird zügig hintereinander durchgeführt. Du beginnst mit meinem Startkommando" (Bös et al., 2010, S. 15).

Aufgabe 9: Liegestütze

(Bös et al., 2009)

Testziel

Der Test überprüft die Kraftausdauer der Streckmuskulatur der Arme, der Brustmuskulatur und die des gesamten Rumpfes. Die Aktivierung des Rumpfes und der Arme hat eine zentrale Bedeutung für fast alle Voltigierübungen.

Testdurchführung

Die Testperson liegt in Bauchlage und die Hände berühren sich zunächst auf dem Gesäß (hinter dem Rücken). Die Hände lösen sich erst beim Startkommando und werden neben den Schultern aufgesetzt. Die Testperson drückt sich vom Boden ab, bis die Arme gestreckt sind und der Körper sich vom Boden abhebt. Daraufhin wird eine Hand vom Boden genommen und berührt den Handrücken der anderen Hand. In diesem Moment haben nur die Füße und eine Hand Bodenkontakt. Es ist darauf zu achten, dass ein Hohlkreuz vermieden wird. Danach wird die Hand wieder zurückgenommen und die Arme werden gebeugt, bis der Körper zurück in der Ausgangsposition ist. Die Hände werden erneut zum Gesäß geführt. Erst nachdem die Ausgangsstellung erneut eingenommen wird, darf zu einem neuen Liegestütz angesetzt werden.

Die Testperson hat zwei Probeversuche. Innerhalb von 40 Sekunden sollen anschließend so viele Liegestütze wie möglich durchgeführt werden.

Testaufbau

Der Test wird auf einer Matte durchgeführt.

Testmaterialien

- 1 Matte (Gymnastik- oder Isomatte)
- 1 Stoppuhr

Testinstruktion

„Hier sollst du Liegestütze durchführen. Es sind aber keine normalen Liegestütze, deshalb mache ich es einmal vor! (Testleiter legt sich in die Ausgangsposition und führt den Liegestütz während seiner Instruktion schrittweise aus). Du legst dich auf den Bauch. Die Hände berühren sich auf dem Gesäß. Nun setzt du deine Hände neben den Schultern auf und drückst dich mit gestrecktem Körper hoch. Wenn deine Arme gestreckt sind, berühre mit einer Hand die Andere. Stütze dich dann mit beiden Händen auf der Matte ab und beuge die Arme, bis du wieder auf dem Boden liegst. Dann berühren sich hinter deinem Rücken die Hände auf dem Gesäß erneut und der nächste Liegestütz folgt. Du kannst jetzt zwei Liegestütze ausprobieren. Dann führst du nach meinem Startkommando in 40 Sekunden möglichst viele Liegestütze durch. Achte darauf, den Rücken gerade zu halten und somit ein Hohlkreuz zu vermeiden."

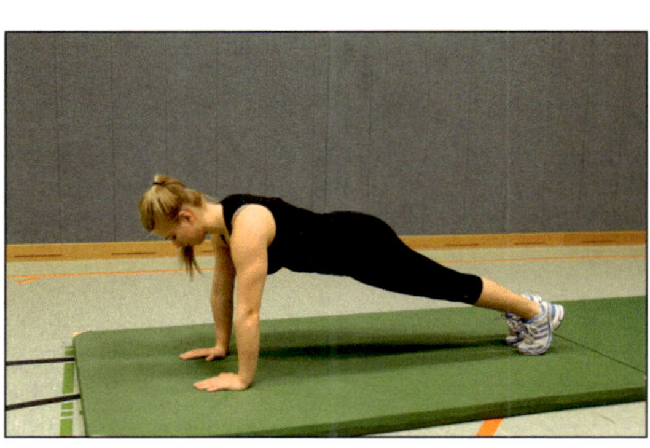

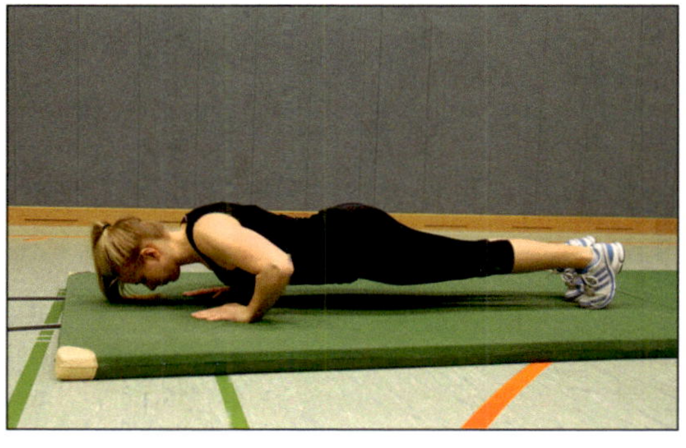

Aufgabe 10: Ventrale Rumpfkette

(Swiss Olympic Association, 2003)

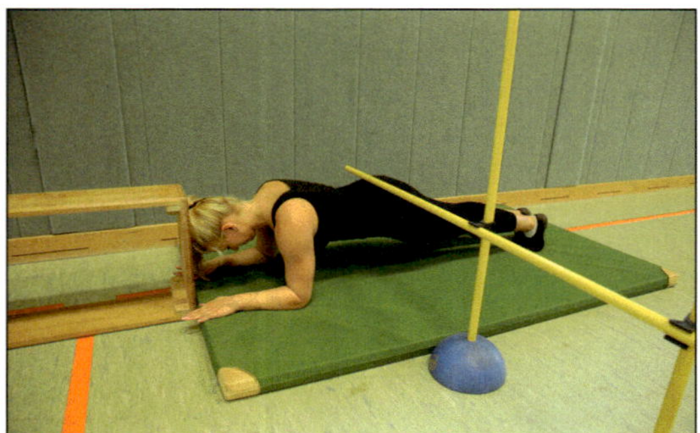

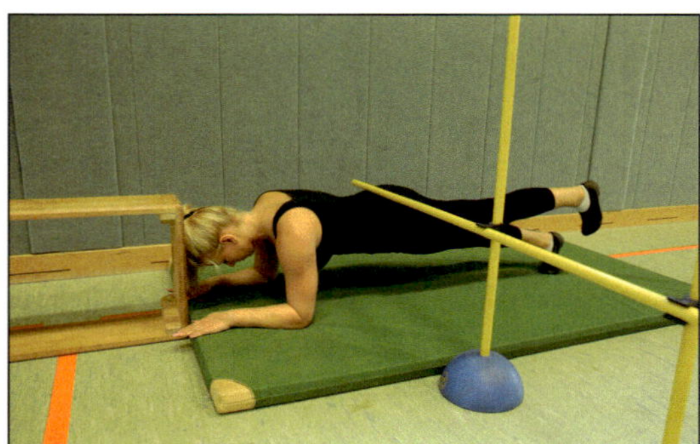

Testziel

Der Test überprüft die Kraftausdauer der vorderen Rumpfmuskulatur sowie wichtiger Stützmuskeln der Arme und Beine. Die ventrale Muskelkette sichert eine gespannte und aufrechte Körperposition und ermöglicht zudem die Kraftentfaltung der einzelnen Extremitäten gegenüber dem Oberkörper. Die Ganzkörperspannung ist von zentraler Bedeutung bei allen Stütz-, Halte- und Schwungübungen.

Testdurchführung

Die Testperson liegt auf dem Bauch und stützt die Unterarme auf. Die Unterarme liegen parallel zueinander und die Oberarme sind vertikal, sodass die Ellenbogen exakt unterhalb der Schultergelenke sind. Beim Startkommando hebt die Testperson ihren Körper vom Boden ab, sodass lediglich die Fussspitzen und Unterarme Kontakt zum Boden haben. Der Körper wird so angespannt, dass das Schultergelenk, das Hüftgelenk und der äußere Knöchel eine Gerade bilden. Dabei wird mit dem Scheitel stets Kontakt zur Wand und mit dem hinteren Beckenknochen Kontakt zu einer Markierungsschiene gehalten. Die Beine sind hüftbreit mit den Fußballen aufgestellt. Der Blick ist Richtung Boden gerichtet und der Kopf befindet sich in Verlängerung des Rumpfes.

Nun werden die Füße mit gestreckten Knien wechselseitig im Sekundenrhythmus um 2–5 cm angehoben. Der Testleiter zählt dabei die Sekunden.

Der Test wird beendet, wenn der Beckenkontakt zur Markierungsschiene oder der Kopfkontakt zur Wand nicht gehalten werden kann oder die Durchführung mangelhaft ist. Bei fehlerhafter Ausführung werden zwei Verwarnungen ausgesprochen, bevor der Test beendet wird. Die Zeit wird in Sekunden auf dem Erfassungsbogen notiert.

Testaufbau

Der Test wird auf einer Matte an einer Wand durchgeführt. Zusätzlich wird eine verstellbare Markierungsschiene auf Höhe des Beckens angebracht.

Testmaterialien

- 1 Matte
- 1 Stoppuhr
- 1 Markierungsschiene
- Wand

Testinstruktion

„Hier sollst du deinen Körper im Unterarmstütz vorlings halten. Du legst dich auf den Bauch. Die Unterarme werden parallel aufgestützt und die Ellenbogen sind direkt unterhalb der Schulter. Dann stützt du die Füße hüftbreit auf und kommst mit dem Becken hoch, bis eine gerade Linie mit Schulter und Füßen zustande kommt. Der Kontakt zu der am hinteren Becken angebrachten Markierungsschiene muss unbedingt gehalten werden! Du hältst den Blick Richtung Boden und den Kopf in Verlängerung des Rumpfes. Außerdem sollst du immer mit dem Kopf den Kontakt zur Wand halten.

Aus dieser Position heraus sollst du nun abwechselnd die Füße um 2–5 cm anheben. Der Wechsel erfolgt im Sekundenrhythmus. Halte diese Übung möglichst lange, ohne den Kontakt des Beckens oder des Kopfes zu verlieren!“

Aufgabe 11: Laterale Rumpfkette

(Swiss Olympic Association, 2003)

Testziel
Der Test überprüft die Kraftausdauer der seitlichen Rumpfmuskulatur sowie wichtiger Stützmuskeln der Arme und Beine. Die laterale Rumpfkette sichert eine aufrechte und gespannte Körperposition.

Testdurchführung
Die Testperson liegt auf einer beliebigen Seite vor einer Wand und stützt den Unterarm auf, sodass der Ellenbogen exakt unterhalb des Schultergelenkes stützt. Die Füße liegen aufeinander und haben jeweils mit Ferse und Fußsohle Kontakt zu je einer Wand. Beim Startkommando erhebt die Testperson ihren Körper vom Boden, sodass lediglich Fuß und Unterarm Kontakt zum Boden haben. Der Körper wird so angespannt, dass Schulterblätter, Gesäß und Fersen die Wand berühren. Der Ellenbogen ist etwas von der Wand entfernt. Der Kopf wird gerade in Verlängerung der Wirbelsäule gehalten. Die freie Hand wird auf dem Beckenkamm abgestützt und der Ellenbogen Richtung Zimmerdecke gerichtet, ohne die Wand zu berühren. Die Markierungsschiene wird so eingestellt, dass sie bei korrekter Haltung den Trochanter major markiert, welcher ca. eineinhalb Handbreit unterhalb des seitlichen Beckenkammes lokalisiert ist. Nun wird im Zweisekundenrhythmus das Becken abgesenkt und zur Markierungsschiene zurück angehoben. So dauert jeder Zyklus 2 Sekunden. Der Testleiter zählt laut mit, um einen korrekten Rhythmus zu unterstützen.

Der Test wird beendet, wenn der Kontakt zur Markierungsschiene nicht aufgebaut werden kann, der Wandkontakt verloren geht oder die Ausführung mangelhaft ist. Zwei Verwarnungen werden bei mangelnder Bewegungsqualität ausgesprochen. Die Zeit wird in Sekunden auf dem Erfassungsbogen notiert.

Testaufbau
Eine Matte wird auf den Boden in einer Ecke des Raumes gelegt. Die Markierungsschiene steht auf Höhe des Trochanter major zur Wand hin gerichtet. Der Testleiter steht so, dass er sowohl Wandkontakt als auch das flüchtige Aufsetzen des Beckens kontrollieren kann.

Testmaterialien
- 1 Matte in der Ecke des Raumes
- 1 Stoppuhr
- 1 Markierungsschiene

Testinstruktion
„Hier sollst du deinen Körper im Unterarmstütz seitlings halten. Du legst dich bitte seitlich vor die Wand und stützt den unten liegender Unterarm auf. Die Füße werder übereinandergelegt und mit Ferse und Fußsohle jeweils an eine Wand gestellt. Du stützt dich auf den Ellenbogen und hältst mit der Schulterblättern den Kontakt zur Wand aufrecht. Der obere Arm wird angewinkelt und die Hand am Beckenkamm abgestützt. Der Körper soll von Kopf bis Fuß eine gerade Linie bilden. Zu Beginn der Übung hältst du mit dem Becken Kontakt zur Markierungsschiene. Dann senkst du das Becken in Richtung Matte ab und bringst es wieder hoch. Ich gebe dir den Rhythmus vor. Du darfst dabei den Boden berühren, aber nicht dein Gewicht ablegen."

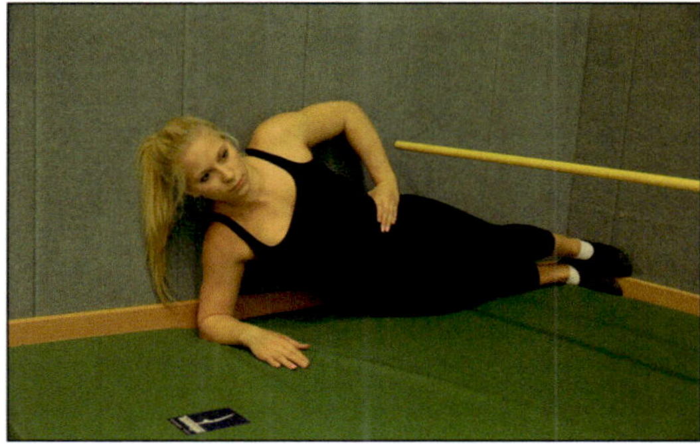

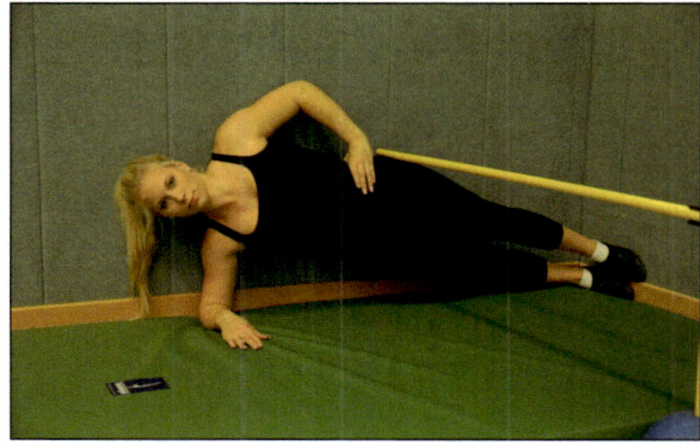

Aufgabe 12: Jump and reach

(Bös, 2001)

Testziel
Der Test überprüft die Schnellkraft und die Sprungkraft der Beine. Diese werden besonders bei Aufsprung und Sprüngen aller Art abgeprüft.

Testdurchführung
Die Testperson steht seitlich neben einer Wand. Sie nimmt etwas Kreide an die Fingerkuppen der rechten Hand und markiert so den höchstmöglichen Punkt bei ausgestrecktem Arm und höchstmöglicher Reichweite. Der linke Arm wird angewinkelt und die Hand in die Hüfte gestützt. Während des gesamten Tests verbleibt diese Hand in dieser Position. Nun springt die Testperson beidbeinig maximal hoch und tippt am höchsten Punkt mit den Fingern an die Wand. Dabei ist eine Auftaktbewegung mit den Beinen erlaubt. (Vgl. Counter-Movement-Jump.)

Die Differenz der beiden Punkte beschreibt die Sprunghöhe. Nach einem Probesprung wird dieser insgesamt dreimal durchgeführt und alle Versuche werden auf dem Erfassungsbogen eingetragen. Für die Auswertung wird der Mittelwert aus den drei Versuchen berechnet.

Testaufbau
Für den Test muss die Testperson mit der rechten Seite neben einer Wand stehen.

Testmaterialien
- 1 glatte Wand
- 1 Maßband oder Zollstock
- Kreide oder Magnesia

Testinstruktion
„Bei diesem Test soll die höchstmögliche Sprunghöhe ermittelt werden. Dafür stellst du dich seitlich neben die Wand und nimmst etwas Kreide an die Fingerkuppen der rechten Hand. Damit markierst du den höchsten Punkt an der Wand, den du mit den Fingern erreichst. Die linke Hand wird in die Hüfte gestützt und bleibt während des gesamten Tests dort. Den rechten Arm hältst du oben, gehst leicht in die Knie, springst mit beiden Füßen ab und markierst am höchsten Punkt ebenfalls die Wand mit den Fingerspitzen.
Du hast drei Versuche, um so hoch zu springen, wie du kannst.“

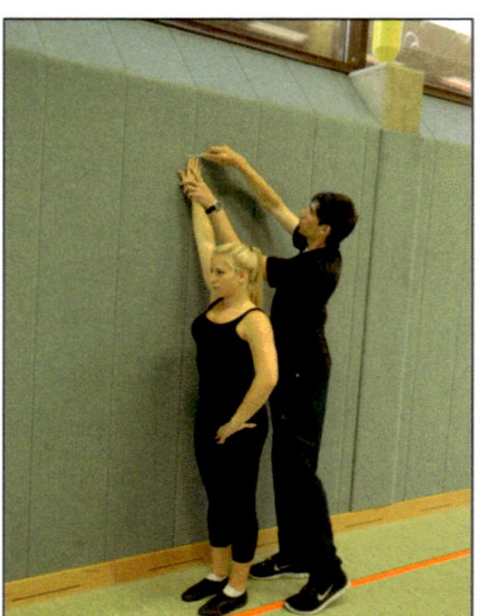

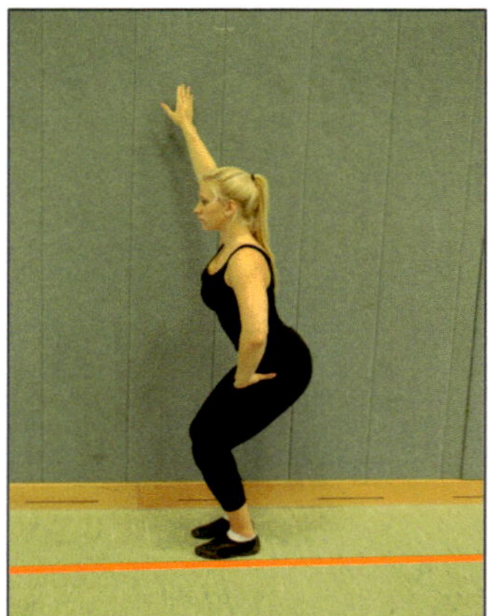

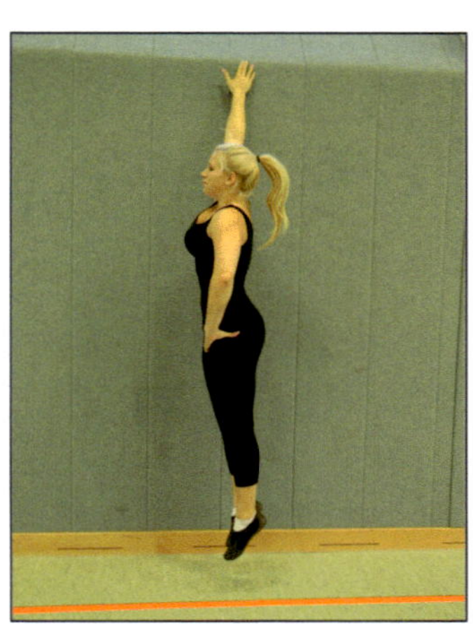

Aufgabe 13: Head-down-Liegestütz

Testziel
Diese Übung überprüft die Kraftausdauer der Armstrecker und Schultermuskulatur sowie der oberen Rumpfmuskulatur. Das Testverfahren lässt Aussagen über die Kraftentfaltung bei Stütz- und Schwungübungen zu.

Testdurchführung
Die Testperson befindet sich in einer Stützposition mit den Füßen auf einem Kasten und den Händen parallel unterhalb der Schultern auf zwei weiteren Kästen aufgestützt. Die Finger zeigen dabei nach vorn. Die Hüfte ist dabei ca. 90° gebeugt, sodass der Oberkörper in der Ausgangsstellung eine gerade Linie mit Winkelung von ca. 45° zum Boden bildet.

Die Knie sind gestreckt. Die Füße stehen schulterbreit auf. Bei dem Liegestütz sollten die Arme so weit gebeugt werden, dass das Kinn bis auf Höhe der Hände abgesenkt wird und der Oberkörper sich dabei der Senkrechten annähert. Der Kopf wird in Verlängerung der Wirbelsäule gehalten. Die Abwärtsbewegung wird in 2 Sekunden, die Aufwärtsbewegung in 1 Sekunde ausgeführt.

Die Testperson soll möglichst viele korrekt ausgeführte Liegestütze hintereinander durchführen. Der Testleiter zählt die Sekunden zur erleichterten Durchführung laut mit. Es ist ein Probeversuch möglich, bei dem auf eine korrekte Ausführung Wert gelegt wird. Die Anzahl der korrekt hintereinander ausgeführten Wiederholungen wird in den Erfassungsbogen eingetragen.

Testaufbau
Der Test wird auf drei kleinen Kästen durchgeführt.

Testmaterialien
- 3 kleine Kästen/Stühle (mind. 30 cm hoch)

Testinstruktion
„Stell bitte hier deine Füße schulterbreit auf den Kasten und stütze die Hände parallel auf die anderen Kästen. Dein Oberkörper soll gerade gehalten werden und die Hände stehen unterhalb der Schultern. Deine Knie sind gestreckt, deine Hüfte ist gebeugt und das Gesäß bildet dabei den höchsten Punkt. Halte den Kopf in Verlängerung der Wirbelsäule und gehe in den Liegestütz, bis sich dein Kinn auf Höhe der Handgelenke befindet. Für die Abwärtsbewegung hast du 2 Sekunden Zeit, den Rückweg führst du schneller, innerhalb 1 Sekunde aus. Ich zähle für dich die Sekunden mit. Nach meinem Startkommando machst du so viele Liegestütze wie möglich. Achte dabei unbedingt auf eine saubere Ausführung."

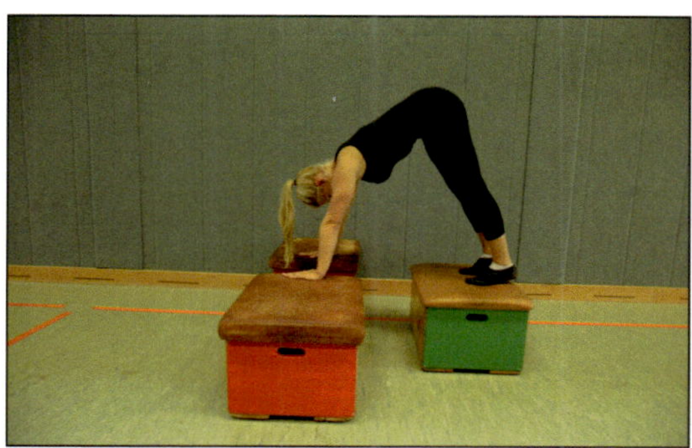

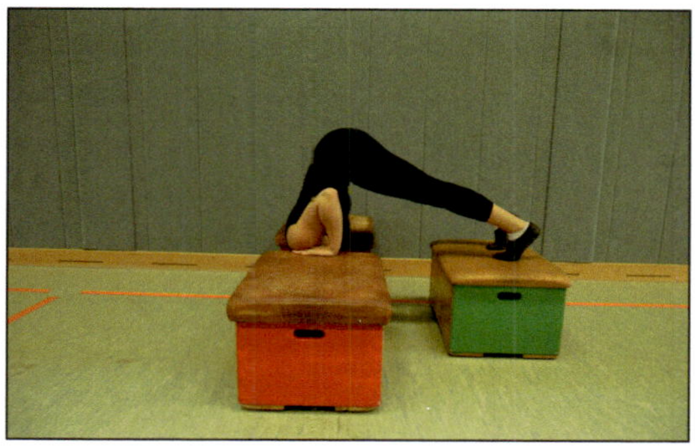

Aufgabe 14: Seitliches Hin- und Herspringen

(Bös, 2001)

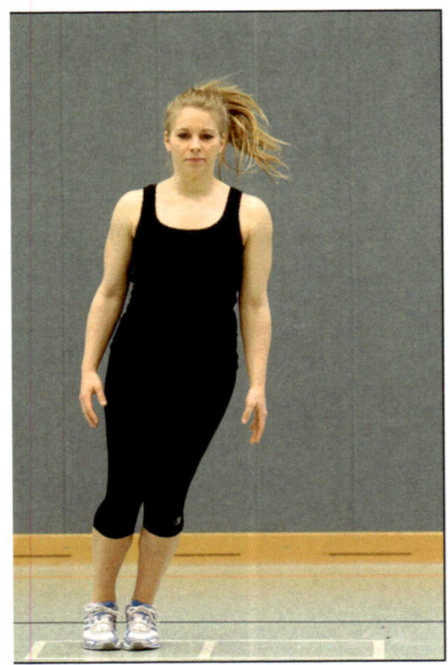

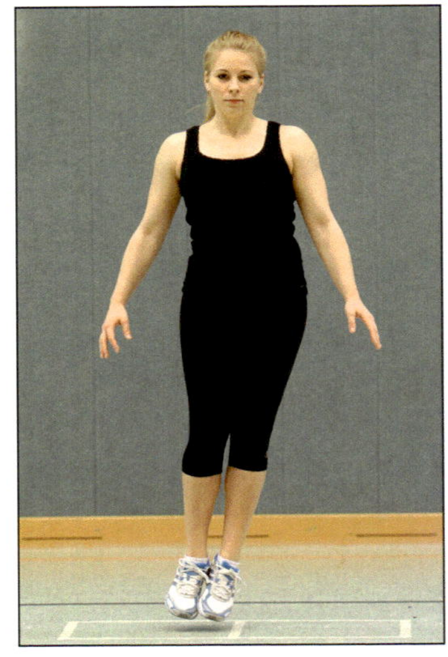

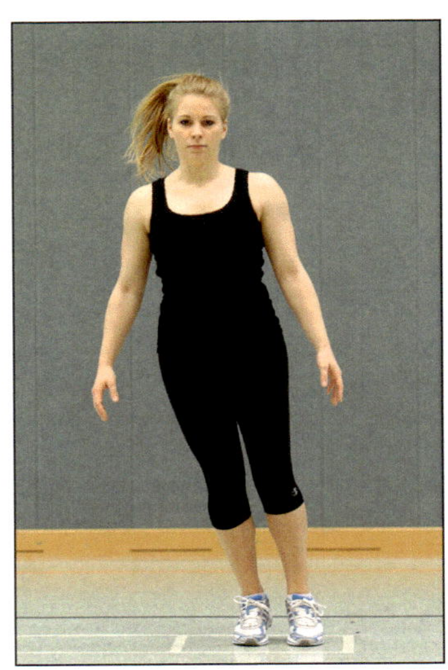

Testziel
Der Test überprüft die lokale Kraftausdauer und reaktive Schnellkraft der Beinmuskulatur. Diese sind besonders bei Auf- und Zwischensprüngen von besonderer Bedeutung.

Testdurchführung
Auf den Boden wird mit Kreppband die Testfläche von 50 x 100 cm einschließlich der Mittellinie aufgeklebt. Die Testperson steht mit geschlossenen Füßen in einer Hälfte des Feldes. Die Aufgabe besteht darin, nach dem Startkommando von einer Hälfte, über die Mittellinie, in die andere Hälfte des Feldes zu springen und ohne Zwischenhüpfer direkt wieder in die erste Hälfte zurück. Die Testperson hat fünf Probesprünge. Die Übung wird zweimal je 15 Sekunden (Pause zwischen den beiden Durchgängen 1 Minute) durchgeführt und der Testleiter zählt die korrekt ausgeführten Sprünge.

Ungültig sind Sprünge, bei denen auf die Mittellinie oder eine Seitenlinie getreten oder sogar überschritten wird, sowie Sprünge, die nicht beidbeinig durchgeführt werden.

Die Testperson bekommt die Möglichkeit, fünf Probesprünge zur Übung durchzuführen, sodass eine saubere Ausführung vor Testbeginn erfolgt. Es werden beide Testversuche auf dem Erfassungsbogen notiert. Zur Auswertung wird der Mittelwert der beiden Versuche berechnet.

Testaufbau
Auf den Boden wird mit Kreppband die Testfläche von 50 x 100 cm einschließlich der Mittellinie aufgeklebt.

Testmaterialien
- 1 Stoppuhr
- Kreppband zum Abkleben des Testfeldes (50 x 100 cm) mit Mittellinie

Testinstruktion
„Stelle dich mit geschlossenen Füßen auf eine Hälfte des Testfeldes neben die Mittellinie. Auf mein Zeichen hin beginnst du, so schnell du kannst, seitwärts über diese Linie hin- und herzuspringen, bis ich „Halt“ sage. Wenn du dabei auf die Mittellinie oder neben die Begrenzung trittst, so höre nicht auf, sondern springe weiter.“

Aufgabe 15: Hüftflexion

(Peiler & Peiler, 2008)

Testziel
Der Test überprüft die Haltekraft während der aktiven Hüftgelenksflexion sowie die untere Bauchmuskulatur. Diese Fähigkeit ist unter anderem für die Mühle wichtig.

Testdurchführung
Die Testperson hängt sich mit dem Rücken zur Sprossenwand, sodass die Beine keinen Bodenkontakt haben. Daneben wird als Referenz eine Stange gestellt, welche auf Höhe der Hüfte markiert ist. Nun wird ein Bein gestreckt angehoben und am höchsten Punkt 5 Sekunden gehalten. In dieser Zeit wird mit der ca. 1,5 Meter entfernten, seitlich stehenden Kamera ein Foto aufgenommen, um den Winkel zwischen Rumpf und Bein zu beurteilen. Das andere Bein sollte dabei gestreckt herabhängen. Die Bewegung wird dreimal je Beinseite wiederholt und der Mittelwert der drei Versuche zur Bewertung herangezogen.

Testaufbau
Für diesen Test wird eine Sprossenwand benötigt. Cirka 1,5 m entfernt steht seitlich eine Fotokamera, welche auf Beckenhöhe auf einem Stativ angebracht ist. Zur genaueren Auswertung werden Marker von 1 cm² Durchmesser auf folgenden Stellen angebracht:

- Außerhalb des Beines direkt auf Höhe der Hüftbeuge
- Äußerer Kniegelenkspalt (Palpation über das Wadenbeinköpfchen außen am Unterschenkel – dann mit den Fingern nach oben tasten, bis ein Spalt zu fühlen ist)

Zudem wird auf der Seite der Messung eine Stange senkrecht neben dem Bein platziert, an welcher auf gleicher Höhe der Hüftbeuge (Drehachse) ebenfalls Marker angebracht werden.

Testmaterialien
- 1 Sprossenwand
- 1 Stange
- 1 Kamera mit Stativ
- Klebemarker (1 cm²)

Testinstruktion
„Bei diesem Test wird die Haltefähigkeit der Hüftbeuger ermittelt. Hänge dich bitte mit dem Rücken zur Sprossenwand, sodass deine Beine frei herabhängen. Jetzt hebe dein Bein bei gestrecktem Kniegelenk an und halte es 5 Sekunden. In dieser Zeit mache ich ein Foto von der Endposition. Achte darauf, dass du das Bein mit gestrecktem Knie anhebst und die Kniescheibe nach oben zeigt. Das andere Bein hängt lang und gestreckt an der Sprossenwand herab. Diese Bewegung machst du bitte dreimal.“

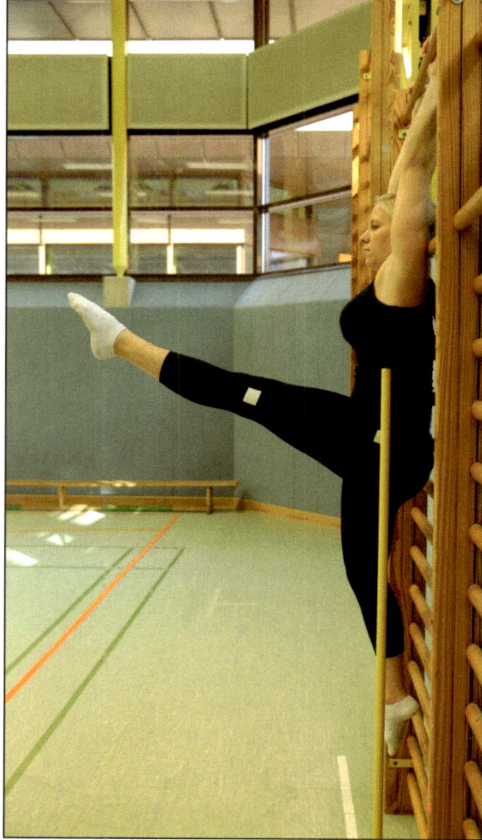

Aufgabe 16: Aufbäumen am Kasten

(Fetz & Kornexl, 1993)

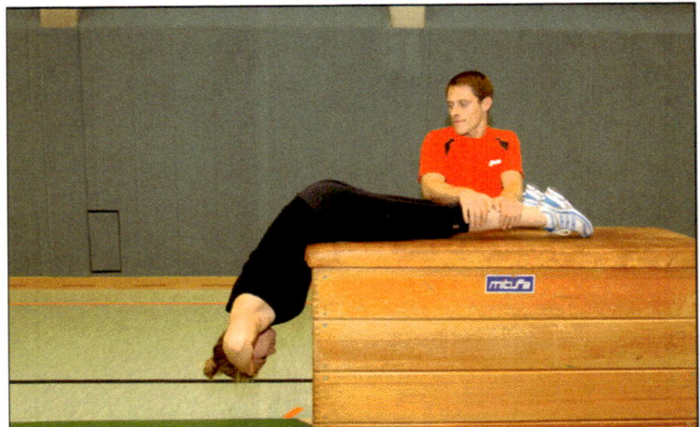

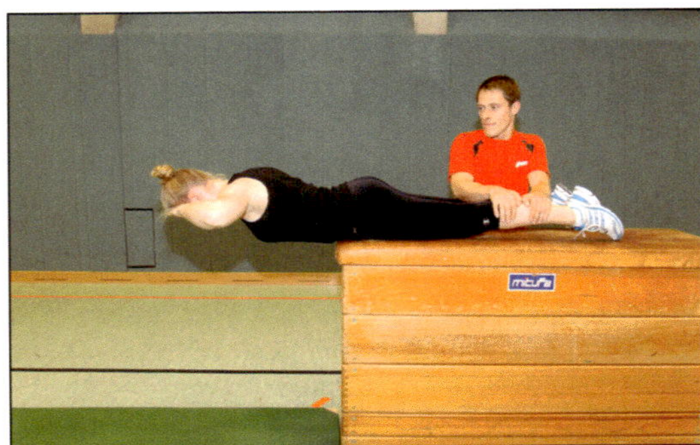

Testziel

Der Test überprüft die Kraftausdauer der Rückenstreckmuskulatur. Diese ist für die Aufrichtung und die Körperspannung von besonderer Bedeutung.

Testdurchführung

Die Testperson liegt in Bauchlage auf einem großen Kasten, wobei das Hüftgelenk an der Kante des Kastens liegt (Beckenkamm ist frei). Der Oberkörper wird nach unten gebeugt und die Fingerspitzen werden an der Schläfe platziert (die Ellenbogen sind seitlich vom Körper abgespreizt, Ellenbogen und Kopf bilden eine gerade Linie). Während der Übung fixiert ein Partner/der Testleiter die Beine auf dem Kasten. Die Testperson streckt sich mit dem Oberkörper bis zur Waagerechten, sodass Beine und Oberkörper eine gerade Linie bilden, und senkt sich danach wieder in die Ausgangslage zurück (Fetz & Kornexl, 1993).

Die Testperson hat einen Probeversuch. Gezählt wird die Anzahl der korrekt ausgeführten Versuche in 20 Sekunden.

Testaufbau

Der Test wird auf einem großen Kasten durchgeführt.

Testmaterialien

- 1 großer Kasten/Tisch
- 1 Stoppuhr
- ggf. möglichst eine zweite Person zum Fixieren der Beine

Testinstruktion

„Dieser Test überprüft die Kraftfähigkeit deiner Rückenmuskulatur. Lege dich bitte dafür in Bauchlage auf den Kasten und rutsche mit deiner Hüfte so weit nach vorne, dass das Hüftgelenk an der Kante des Kastens liegt. Ich halte bei dieser Übung deine Beine fest, damit du stabil auf dem Kasten liegen bleibst. Dein Oberkörper hängt zunächst an der kurzen Seite des Kastens herunter und deine Finger berühren die Schläfe. Nun sollst du so oft wie möglich in 20 Sekunden deinen Oberkörper in die Waagerechte bringen und anschließend wieder in die Ausgangsstellung zurückgehen."

Aufgabe 17: Turnen

Testziel
Der Test überprüft die Koordination und Körperbeherrschung. Diese Folge an Turnübungen ist besonders wichtig, um die Athletik der Voltigierer einschätzen zu können.

Testdurchführung
Die Testperson steht vor der Mattenbahn und turnt folgende Aufgaben direkt hintereinander: Rolle vorwärts, Strecksprung mit halber Drehung, Rolle rückwärts mit anschließendem Hochdrücken in den Handstand weiter bis zum Stand, Radschlag über eine beliebige Seite und anschließendem Strecksprung.

Die Testperson darf einen Probedurchlauf absolvieren, wobei der Testleiter Korrekturen gibt. Dann wird die Übungsfolge dreimal geturnt und die beste Übungsabfolge vom Testleiter subjektiv von 1–5 bewertet.

Kriterien, die zu Abzügen in der Bewertung führen, sind beispielsweise folgende:

- Kein harmonisches Abrollen über die komplette Wirbelsäule bzw. schräges Abrollen
- Strecksprung ohne ausreichende Körperspannung bzw. nicht beidbeiniges Aufkommen oder ohne vollendete, halbe Drehung bei der Landung
- Kein sicheres Hochdrücken in den Handstand
- Keine ausreichende Körperspannung während des Radschlages
- Keine flüssige Übungsfolge (zusätzliches Absetzen oder erneutes Ansetzen zu einem Übungsmodul)

Testaufbau
Fünf Matten oder eine lange Bodenturnmatte werden in einer Reihe hintereinandergelegt, wobei möglichst keinerlei Lücken entstehen.

Testmaterialien

- 5 Matten oder 1 lange Bodenturnmatte

Testinstruktion
„Hier wird dein turnerisches Können abgefragt. Du sollst auf diesen Matten folgende Übungen hintereinander turnen: Rolle vorwärts mit anschließendem Strecksprung mit halber Drehung, Rolle rückwärts mit anschließendem Hochdrücken über den Handstand in den Stand. Dann ein Radschlag mit anschließendem Strecksprung. Du hast einen Probeversuch, bei dem ich dich korrigiere. Im Anschluss daran folgen drei Testdurchgänge mit einer kleinen Pause zwischen den Wiederholungen."

Aufgabe 17: Turnen – Fortsetzung

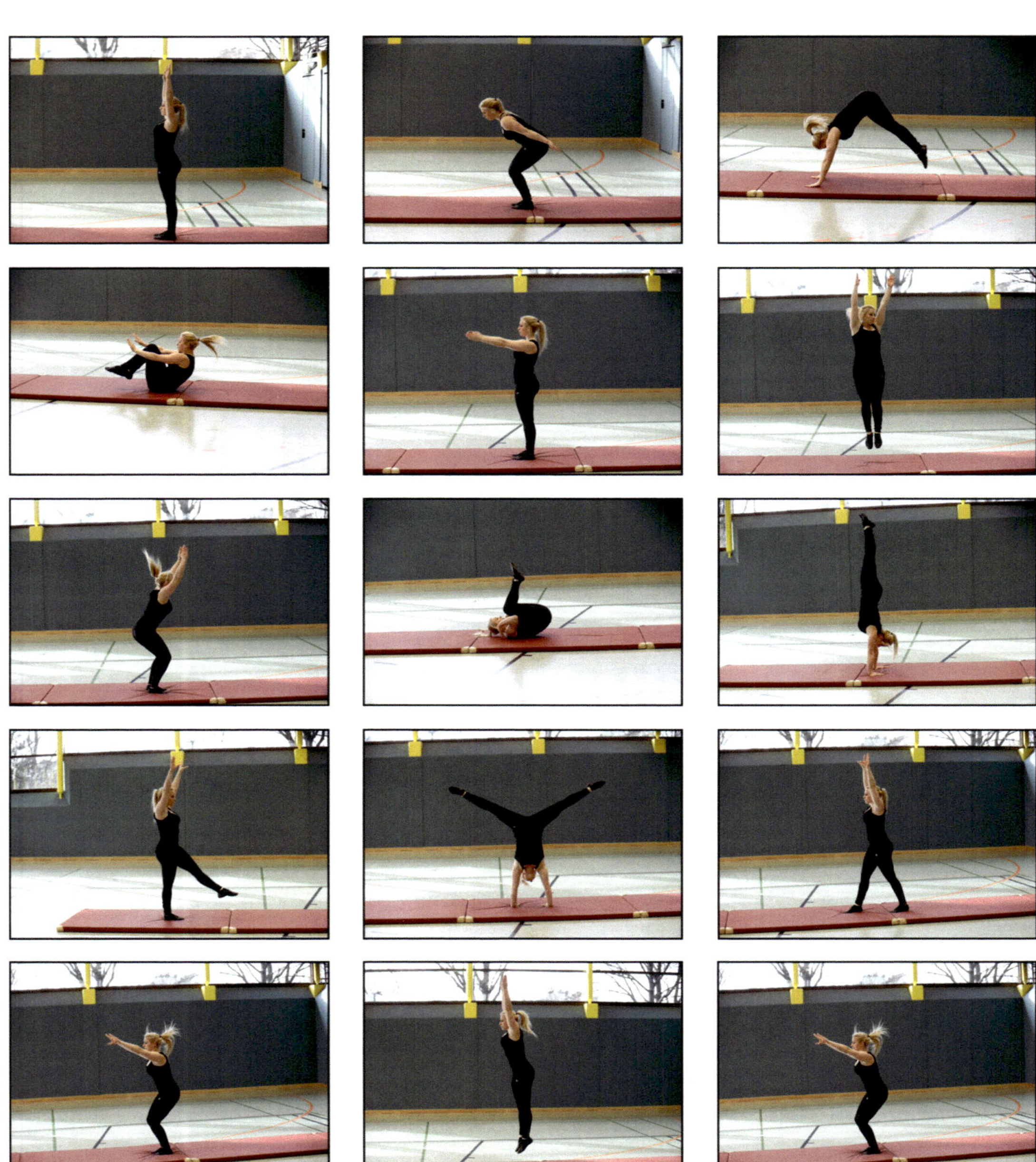

Aufgabe 18: Agility

Testziel
Der Test überprüft die Ausdauerfähigkeit unter den Gesichtspunkten Schnellkraft und Koordination. Diese Fähigkeit wird besonders bei schnell aufeinanderfolgenden Übungen in der Kür erfordert.

Testdurchführung
Die Testperson steht mittig auf den beiden Matten und trägt festes Schuhwerk. Auf das Startkommando werden innerhalb von 45 Sekunden folgende Bewegungsformen nacheinander durchgeführt:
Aus dem Stand geht die Testperson in die flüchtige Hocke, setzt die Hände auf und springt mit den Füßen zurück in die Liegestützposition. Die Arme bleiben gestreckt. Dann werden die Beine wieder angehockt und sofort ein Strecksprung angeschlossen, bei dem die Arme hochgestreckt werden. Aus diesem Strecksprung geht die Testperson direkt in die Hocke zurück und rollt mit angewinkelten Beinen über den Rücken in Richtung Kopf und pendelt wieder zurück in die flüchtige Hocke. Hieraus wird erneut ein Strecksprung absolviert und wieder die Hockposition eingenommen. An dieser Stelle wiederholt sich dann die Übungsfolge.

Die Testperson darf die Übungsfolge dreimal üben, wobei der Testleiter Korrekturen gibt.

Ziel dieses Tests ist es, in der vorgegebenen Zeit (45 Sekunden) so viele Wiederholungen wie möglich zu schaffen. Jede eingenommene Liegestützposition zählt als eine Wiederholung.

Testaufbau
Für diesen Test werden zwei Matten hintereinander platziert. Die Testperson steht zu Beginn der Übungsfolge mittig auf den Matten. Alternativ kann dieser Test auch in der Halle auf weichem Boden durchgeführt werden.

Testmaterialien
- 1 Stoppuhr
- 2 Matten

Testinstruktion
„Bei diesem Test sollst du in 45 Sekunden eine bestimmte Übungsfolge möglichst oft hintereinander durchführen. (Der Testleiter macht die Übungsfolge einmal langsam und korrekt vor und weist auf besondere Anforderungen hin.) Du beginnst im Stand, gehst in die Hocke und daraus in die Liegestützposition. Dann hockst du deine Füße wieder an und drückst dich in den Strecksprung heraus. Nimm dabei auch die Arme mit hoch. Dann landest du wieder in der Hocke und rollst über den Rücken einmal zurück und wieder vor. Nach einem zweiten Strecksprung beginnt die Übungsfolge von vorne. Turne die Übung möglichst schnell und kraftvoll, aber auch sauber."

Aufgabe 18: Agility – Fortsetzung

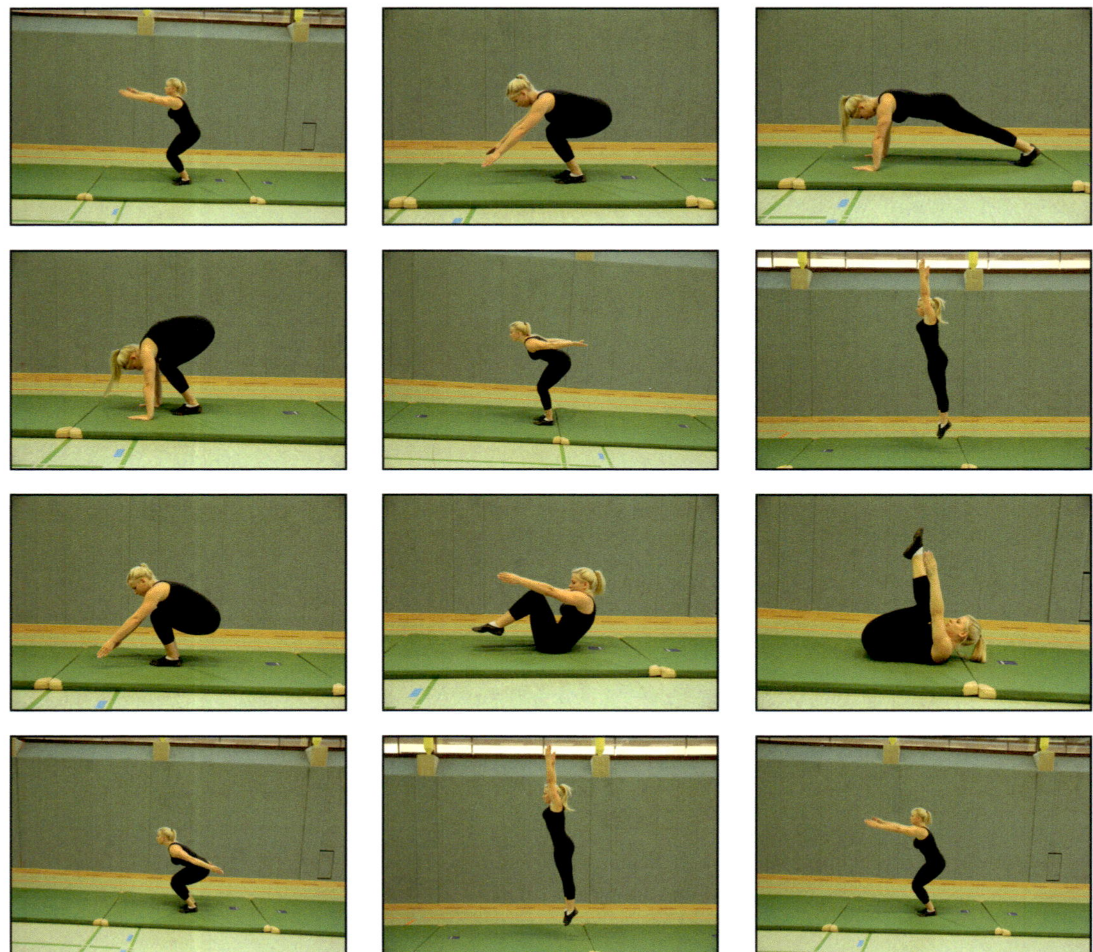

Aufgabe 19: 6-Minuten-Lauf

(Bös et al., 2009)

Testziel
Der Test überprüft die aerobe Ausdauer beim Laufen. Eine Grundlagenausdauer ist für die Ermüdungswiderstands- und Regenerierungsfähigkeit im Voltigiersport wichtig.

Testdurchführung
Für diesen Test ist es optimal, wenn jeder Testleiter nicht mehr als zwei Teilnehmer beaufsichtigt. Es empfiehlt sich, nicht mehr als 12 Personen zeitgleich zu testen. Dabei soll die Testgruppe ein abgestecktes Volleyballfeld (oder einen vergleichbar langen Rundkurs) in 6 Minuten so oft wie möglich umlaufen.

Der Testleiter instruiert alle Personen. Bei dem Test sind sowohl Laufen als auch Gehen erlaubt, allerdings müssen die Personen in Bewegung bleiben und sollen ihre maximale Reichweite zeigen. Es ist auf eine gleichmäßige Bewegung zu achten.

Der Testleiter gibt jede Minute die noch zu laufende Zeit durch. Die Testpersonen sollen versuchen, sich nicht vom Tempo der anderen beeinflussen zu lassen, und starten ggf. zeitversetzt. Nach 6 Minuten bleiben alle Teilnehmer an Ort und Stelle stehen. Die geschafften Runden und zusätzlichen Meter der neu angefangenen Runde werden vom Testleiter festgehalten. Bei dieser Übung gibt es keinen Probelauf.

Testaufbau
Die Laufstrecke soll um ein Volleyballfeld führen (9 x 18 m). An den Eckpunkten und Längsseiten werden Markierungspunkte durch Fahnen oder Pylonen aufgestellt (50 cm nach innen). Eine Laufrunde hat eine Länge von 54 m. Sollte eine andere Länge der Laufstrecke gewählt werden, ist dieses auf dem Erfassungsbogen zu notieren.

Testmaterialien
- 1 Stoppuhr
- Startnummern entsprechend der Anzahl der zugleich laufenden Testpersonen
- 6 Fahnen/Pylonen
- Testleiter entsprechend der Anzahl der zu testenden Personen

Testinstruktion
„Bei diesem Test sollt ihr 6 Minuten am Stück laufen. Stellt euch dazu an einer der vier Ecken auf (Haupt-Testleiter zeigt auf die Feldecken). Auf mein Startkommando hin lauft ihr in eurem Dauerlauftempo um das Volleyballfeld herum. Lauft in den 6 Minuten so weit ihr könnt. Ich gebe jede verstrichene Minute eine Information zu euch weiter, wie viel Zeit noch bleibt. Die letzten 10 Sekunden zähle ich für euch laut rückwärts. Bei null bleibt ihr sofort stehen. Erst wenn wir es euch sagen, könnt ihr euch von eurem Platz entfernen und weitergehen."

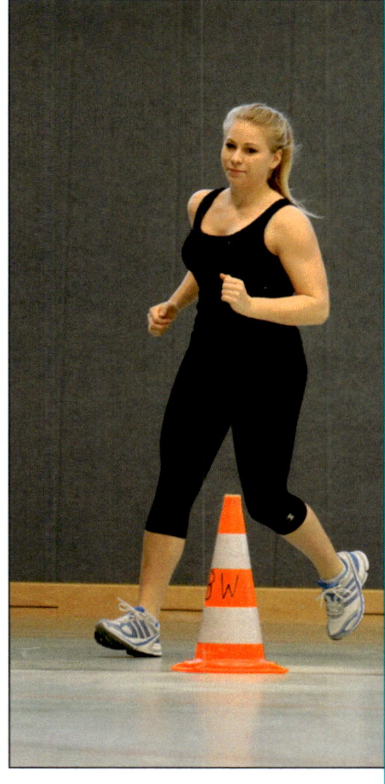

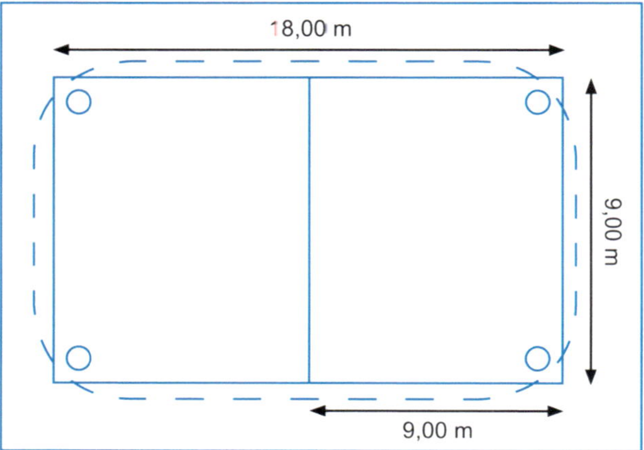

4. Testdurchführung

4.1 Testmaterialien

- Stoppuhren
- 1 Kreppband
- 2 Maßbänder bzw. Zollstöcke
- 6 Markierungsfahnen oder Pylonen
- mindestens 5 Gymnastikmatten
- Nummern oder Leibchen
- Waage
- Sprossenwand
- Standardisierungsgerät für die Stützübungen (z.B. Stangenhürden)
- 1 großer Kasten/Tisch/Behandlungsbank
- 4 kleine Kästen
- 3-cm-Schiene (T-Schiene)
- 1-m-Stab
- Fotokamera mit Stativ
- Winkelmesser
- Erfassungsbögen
- Einverständniserklärungen
- Stifte

4.2 Organisation und Durchführung des Sportmotorik-Tests

Entscheidend für die Testdurchführung ist immer die Anzahl der zu testenden Personen und Testleiter. Folgende Bedingungen sollten immer gegeben sein:

- eine standardisierte Testinstruktion für die Teilnehmer
- Durchführung der Testaufgaben im erholten Zustand nach kurzer Pause
- Sicherstellung, dass die Testperson die Aufgabe verstanden hat, bevor die Übung durchgeführt wird

Grundsätzlich hat sich folgende Testdurchführung bewährt:

- Begrüßung
- kurzes Warm-up
- Testdurchführung
- Abschluss

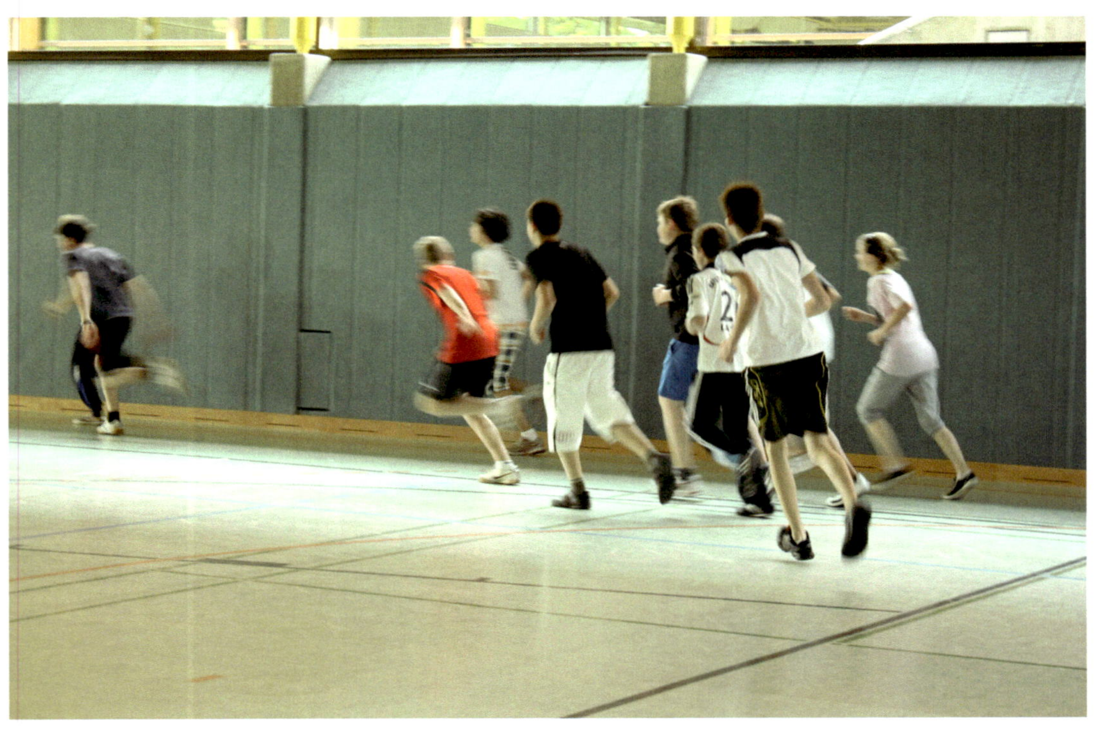

Begrüßung:

Der Testleiter erklärt den Teilnehmern, was sie erwartet und in welcher Reihenfolge der Sportmotorische Test durchgeführt wird.

Die Testpersonen füllen den obersten Teil des Erfassungsbogens aus und geben ihn zurück an den Testleiter. Dieser kann daraufhin kurz kontrollieren, ob die Teilnehmer alle wichtigen Fragen korrekt beantwortet haben.

Im Weiteren ist darauf zu achten, dass alle Testpersonen enge Sportkleidung und Voltigierschuhe tragen (bzw. bei den gekennzeichneten Übungen die Schuhe ausziehen), da ansonsten die Vergleichbarkeit der Testergebnisse beeinflusst wird.
Nur beim seitlichen Hin- und Herspringen und dem 6-Minuten Lauf sind geeignete Turn-/Laufschuhe erforderlich.

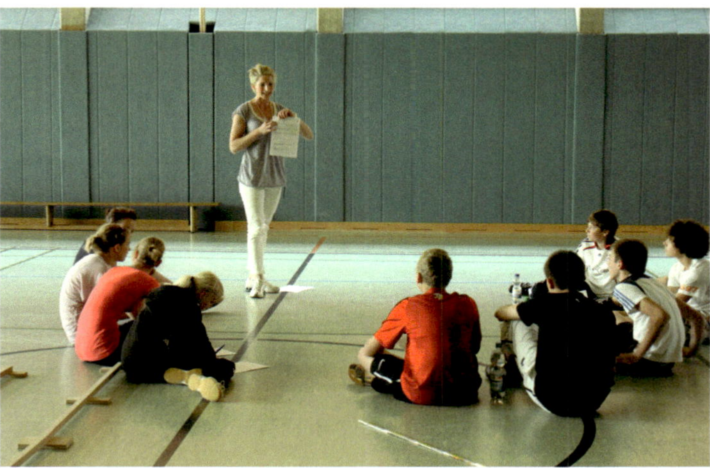

Warm-up

Das Warm-up kann vor Beginn des Tests von den Voltigierern allein durchgeführt werden. Hierbei soll darauf geachtet werden, dass sie sich ca. 5-7 Minuten bewegen und sich für ihre Verhältnisse gut vorbereitet fühlen. Denkbar sind hier verschiedene Laufvariationen wie Hopserlauf, Sidesteps, Kreuzlauf etc.

Testdurchführung

Bei nur einem Testleiter empfiehlt es sich, eine Messung in Zweierteams durchzuführen.

Hierbei sollte die Reihenfolge der Testübungen eingehalten werden und die Teilnehmer sollten an jeder Station nacheinander getestet werden. Die teilweise erforderlichen Hilfestellungen können sich die Sportler gegenseitig geben. Zudem wird durch die abwechselnde Ausführung auch eine ausreichende Pause zwischen den Übungen gewährleistet.

Stehen für die Durchführung mehrere Testleiter zur Verfügung, so sollten die Übungen in gleicher Reihenfolge absolviert, aber in Gruppen zusammengefasst von je einem Testleiter kontrolliert werden.

Nachdem die Testpersonen die erste Station absolviert haben, bringt der Testleiter die Teilnehmer mit ihren Bögen zu der nächsten Station und kehrt zu seiner eigenen zurück. Dort wird er von den nächsten Testpersonen erwartet.

Um den Teilnehmern genügend Erholung zu ermöglichen, sollte zwischen jeder Testaufgabe eine ausreichende Pause (ca. 1-2 Minuten) eingehalten werden.

Wenn die Teilnehmer alle Stationen durchlaufen haben, wird zum Schluss der 6-Minuten-Lauf gemeinsam durchgeführt. Ein Testleiter instruiert die Testpersonen für die letzte Aufgabe. Jedem Testleiter werden wieder zwei Testpersonen zugeteilt, für die er die gelaufenen Runden notiert.

Vor dem 6-Minuten-Lauf ist zu kontrollieren, ob die Ergebnisse aller Tests eingegeben sind.

Abschluss

Zum Schluss empfiehlt es sich, den Testpersonen mitzuteilen, wann und wie sie ihre persönlichen Ergebnisse des Tests erhalten. Der Testleiter verabschiedet sich dankend bei den Teilnehmern.

5. Testauswertung

Testauswertung Sportmotorischer Test für Voltigierer

Die aufgeführten Einzeltests stellen eine erste Zusammenstellung für einen voltigierspezifischen Sportmotorischen Test dar. Einige der aufgeführten Normierungsskalen (insbesondere die des seitlichen Springens und des Aufbäumens am Kasten) sind nicht athletenspezifisch oder älteren Literaturquellen entnommen und bedürfen einer Überarbeitung. Eine Neuvalidierung ist in Planung.

Die Bewertungen der Übungen aus den Auswertungstabellen (Punkte 1–5) werden auf dem Ergebnisbogen hinter den Rohwerten der Übungen eingetragen.

Die Übungen (Head-down-Liegestütz, Turnen und Agility), die noch keine Evaluierung durchlaufen haben bzw. subjektiv bewertet werden, werden separat auf dem Bogen eingetragen und im Laufe der Zeit evaluiert.

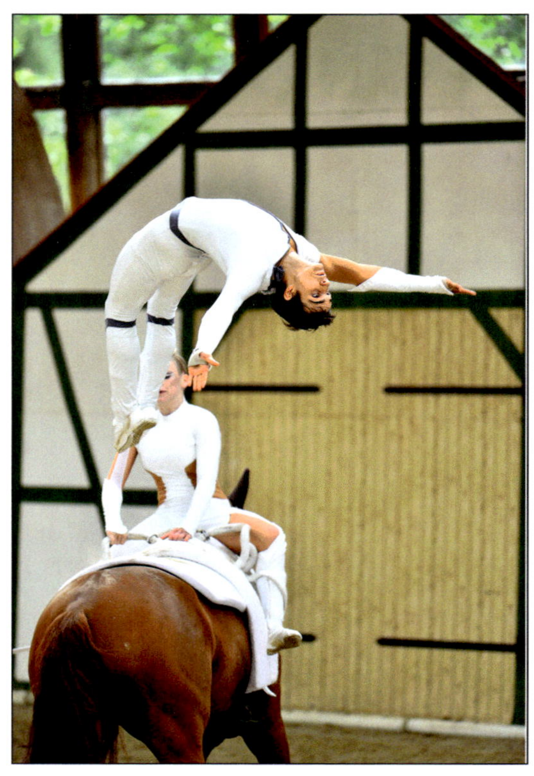

Tabelle 1:
Klassifikation der Teilkomponenten

Bewertung	Punkte
weit überdurchschnittlich	5
überdurchschnittlich	4
durchschnittlich	3
unterdurchschnittlich	2
weit unterdurchschnittlich	1

Tabelle 2:
Klassifikation der Beweglichkeit

Bewertung	Punkte
weit überdurchschnittlich	5
weit überdurchschnittlich (keine Verkürzung)	5
durchschnittlich (leichte Verkürzung)	3
weit unterdurchschnittlich (starke Verkürzung)	1

6. Anhang

6.1 Auswertungstabellen

10 Jahre weiblich					
Testaufgabe	1	2	3	4	5
Beweglichkeit der Hüftbeuger	stark verkürzt	x	leicht verkürzt	x	keine Verkürzung
Elevation (°)	< 160	160 - 164	165 - 169	170 - 174	> 175
Extension (°)	< 60	60 - 64	65 - 69	70 - 74	> 75
Kreuzgriff (cm)	> 3 cm	0 - 3	-2,9 - 0	-5,9 - -3	< -6
Seitspagat (cm)	> 25	21 -25	16 -20	11 - 15	< 10
Querspagat (cm)	> 25	21 -25	16 -20	11 - 15	< 10
Einbeinstand (Sek.)	< 30	30 - 39	40 - 49	50 - 59	> 59
Sit-ups (Anzahl in 40 Sek.)	< 17	17 - 19	20 - 23	24 - 26	> 26
Liegestütz (Anzahl in 40 Sek)	< 9	9 - 10	11 - 12	13 - 14	> 14
ventrale Rumpfkette (Sek.)	< 89	x	89 - 115	x	> 115
laterale Rumpfkette (Sek.)	< 44	x	44 - 57	x	> 57
Jump and reach (cm)	< 20	20 - 24	25 - 30	31 - 34	> 34
Head-down Liegestütz					
seitliches Springen (Anzahl in 15 Sek.)	< 23	26 - 26	26,5 - 29	29,5 - 32	> 32
Hüftflexion (°)	< 70	70 - 79	80 - 89	90 -99	> 100
Aufbäumen am Kasten (Anzahl in 20 Sek.)	< 10	10 - 12	13 - 15	16 - 18	> 18
Turnen					
Agility (Anzahl in 45 Sek.)					
6-Minuten Lauf (Distanz in m)	< 835	835 - 910	911 - 974	975 - 1049	> 1049

10 Jahre männlich					
Testaufgabe	1	2	3	4	5
Beweglichkeit der Hüftbeuger	stark verkürzt	x	leicht verkürzt	x	keine Verkürzung
Elevation (°)	< 160	160 - 164	165 - 169	170 - 174	> 175
Extension (°)	< 60	60 - 64	65 - 69	70 - 74	> 75
Kreuzgriff (cm)	> 3 cm	0 - 3	-2,9 - 0	-5,9 - -3	< -6
Seitspagat (cm)	> 25	21 -25	16 -20	11 - 15	< 10
Querspagat (cm)	> 25	21 -25	16 -20	11 - 15	< 10
Einbeinstand (Sek.)	< 30	30 - 39	40 - 49	50 - 59	> 59
Sit-ups (Anzahl in 40 Sek.)	< 20	22 - 22	23 - 26	27 - 29	> 29
Liegestütz (Anzahl in 40 Sek)	< 9	9 - 10	11 - 12	13 - 14	> 14
ventrale Rumpfkette (Sek.)	< 89	x	89 - 115	x	> 115
laterale Rumpfkette (Sek.)	< 44	x	44 - 57	x	> 57
Jump and reach (cm)	< 20	20 - 25	26 - 29	30 - 30	> 30
Head-down Liegestütz					
seitliches Springen (Anzahl in 15 Sek.)	< 22	22 - 25	25,5 - 28	28,5 - 32	> 32
Hüftflexion (°)	< 70	70 - 79	80 - 89	90 -99	> 100
Aufbäumen am Kasten (Anzahl in 20 Sek.)	< 10	10 - 12	13 - 15	16 - 18	> 18
Turnen					
Agility (Anzahl in 45 Sek.)					
6-Minuten Lauf (Distanz in m)	< 917	917 - 1000	1001 - 1072	1073 - 1156	> 1156

11 Jahre weiblich					
Testaufgabe	1	2	3	4	5
Beweglichkeit der Hüftbeuger	stark verkürzt	x	leicht verkürzt	x	keine Verkürzung
Elevation (°)	< 160	160 - 164	165 - 169	170 - 174	> 175
Extension (°)	< 60	60 - 64	65 - 69	70 - 74	> 75
Kreuzgriff (cm)	> 3 cm	0 - 3	-2,9 - 0	-5,9 - -3	< -6
Seitspagat (cm)	> 25	21 -25	16 -20	11 - 15	< 10
Querspagat (cm)	> 25	21 -25	16 -20	11 - 15	< 10
Einbeinstand (Sek.)	< 30	30 - 39	40 - 49	50 - 59	> 59
Sit-ups (Anzahl in 40 Sek.)	< 19	19 - 21	22 - 25	26 - 28	> 28
Liegestütz (Anzahl in 40 Sek)	< 10	10 - 11	12	13 - 14	> 14
ventrale Rumpfkette (Sek.)	< 89	x	89 - 115	x	> 115
laterale Rumpfkette (Sek.)	< 44	x	44 - 57	x	> 57
Jump and reach (cm)	< 21	21 - 26	27 - 32	33 - 38	> 38
Head-down Liegestütz					
seitliches Springen (Anzahl in 15 Sek.)	< 26,5	26,5 - 29	29,5 - 32	32,5 - 35	> 35
Hüftflexion (°)	< 70	70 - 79	80 - 89	90 -99	> 100
Aufbäumen am Kasten (Anzahl in 20 Sek.)	< 10	10 - 12	13 - 15	16 - 18	> 18
Turnen					
Agility (Anzahl in 45 Sek.)					
6-Minuten Lauf (Distanz in m)	< 869	869 - 946	947 - 1014	1015 - 1092	> 1092

11 Jahre männlich					
Testaufgabe	1	2	3	4	5
Beweglichkeit der Hüftbeuger	stark verkürzt	x	leicht verkürzt	x	keine Verkürzung
Elevation (°)	< 160	160 - 164	165 - 169	170 - 174	> 175
Extension (°)	< 60	60 - 64	65 - 69	70 - 74	> 75
Kreuzgriff (cm)	> 3 cm	0 - 3	-2,9 - 0	-5,9 - -3	< -6
Seitspagat (cm)	> 25	21 -25	16 -20	11 - 15	< 10
Querspagat (cm)	> 25	21 -25	16 -20	11 - 15	< 10
Einbeinstand (Sek.)	< 30	30 - 39	40 - 49	50 - 59	> 59
Sit-ups (Anzahl in 40 Sek.)	< 22	22 - 24	25 - 27	28 - 30	> 30
Liegestütz (Anzahl in 40 Sek)	< 9	9 - 10	11 - 12	13 - 14	> 14
ventrale Rumpfkette (Sek.)	< 89	x	89 - 115	x	> 115
laterale Rumpfkette (Sek.)	< 44	x	44 - 57	x	> 57
Jump and reach (cm)	< 22	22 - 27	28 - 32	33 - 38	> 38
Head-down Liegestütz					
seitliches Springen (Anzahl in 15 Sek.)	< 25	25 - 28	28,5 - 31	31,5 - 35	> 35
Hüftflexion (°)	< 70	70 - 79	80 - 89	90 -99	> 100
Aufbäumen am Kasten (Anzahl in 20 Sek.)	< 10	10 - 12	13 - 15	16 - 18	> 18
Turnen					
Agility (Anzahl in 45 Sek.)					
6-Minuten Lauf (Distanz in m)	< 957	957 - 1043	1044 - 1118	1119 - 1205	> 1205

12 Jahre weiblich					
Testaufgabe	1	2	3	4	5
Beweglichkeit der Hüftbeuger	stark verkürzt	x	leicht verkürzt	x	keine Verkürzung
Elevation (°)	< 160	160 - 164	165 - 169	170 - 174	> 175
Extension (°)	< 60	60 - 64	65 - 69	70 - 74	> 75
Kreuzgriff (cm)	> 3 cm	0 - 3	-2,9 - 0	-5,9 - -3	< -6
Seitspagat (cm)	> 25	21 -25	16 -20	11 - 15	< 10
Querspagat (cm)	> 25	21 -25	16 -20	11 - 15	< 10
Einbeinstand (Sek.)	< 30	30 - 39	40 - 49	50 - 59	> 59
Sit-ups (Anzahl in 40 Sek.)	< 19	19 - 21	22 - 25	26 - 28	> 28
Liegestütz (Anzahl in 40 Sek)	< 10	10 - 11	12 - 13	14 - 15	> 15
ventrale Rumpfkette (Sek.)	< 89	x	89 - 115	x	> 115
laterale Rumpfkette (Sek.)	< 44	x	44 - 57	x	> 57
Jump and reach (cm)	< 23	23 - 28	29 - 35	36 - 40	> 40
Head-down Liegestütz					
seitliches Springen (Anzahl in 15 Sek.)	< 28,5	28,5 - 31	31,5 - 34	34,5 - 37	> 37
Hüftflexion (°)	< 70	70 - 79	80 - 89	90 -99	> 100
Aufbäumen am Kasten (Anzahl in 20 Sek.)	< 10	10 - 12	13 - 15	16 - 18	> 18
Turnen					
Agility (Anzahl in 45 Sek.)					
6-Minuten Lauf (Distanz in m)	< 890	890 - 970	971 - 1039	1040 - 1119	> 1119

12 Jahre männlich					
Testaufgabe	1	2	3	4	5
Beweglichkeit der Hüftbeuger	stark verkürzt	x	leicht verkürzt	x	keine Verkürzung
Elevation (°)	< 160	160 - 164	165 - 169	170 - 174	> 175
Extension (°)	< 60	60 - 64	65 - 69	70 - 74	> 75
Kreuzgriff (cm)	> 3 cm	0 - 3	-2,9 - 0	-5,9 - -3	< -6
Seitspagat (cm)	> 25	21 -25	16 -20	11 - 15	< 10
Querspagat (cm)	> 25	21 -25	16 -20	11 - 15	< 10
Einbeinstand (Sek.)	< 30	30 - 39	40 - 49	50 - 59	> 59
Sit-ups (Anzahl in 40 Sek.)	< 23	23 - 26	27 - 29	30 - 32	> 32
Liegestütz (Anzahl in 40 Sek)	< 10	10 - 11	12 - 13	14 - 15	> 15
ventrale Rumpfkette (Sek.)	< 89	x	89 - 115	x	> 115
laterale Rumpfkette (Sek.)	< 44	x	44 - 57	x	> 57
Jump and reach (cm)	< 24	24 - 29	30 - 34	35 - 40	> 40
Head-down Liegestütz					
seitliches Springen (Anzahl in 15 Sek.)	< 27,5	27,5 - 30	30,5 - 33,5	34 - 37	> 37
Hüftflexion (°)	< 70	70 - 79	80 - 89	90 -99	> 100
Aufbäumen am Kasten (Anzahl in 20 Sek.)	< 10	10 - 12	13 - 15	16 - 18	> 18
Turnen					
Agility (Anzahl in 45 Sek.)					
6-Minuten Lauf (Distanz in m)	< 996	996 - 1085	1086 - 1163	1164 - 1253	> 1253

13 Jahre weiblich					
Testaufgabe	1	2	3	4	5
Beweglichkeit der Hüftbeuger	stark verkürzt	x	leicht verkürzt	x	keine Verkürzung
Elevation (°)	< 160	160 - 164	165 - 169	170 - 174	> 175
Extension (°)	< 60	60 - 64	65 - 69	70 - 74	> 75
Kreuzgriff (cm)	> 3 cm	0 - 3	-2,9 - 0	-5,9 - -3	< -6
Seitspagat (cm)	> 25	21 -25	16 -20	11 - 15	< 10
Querspagat (cm)	> 25	21 -25	16 -20	11 - 15	< 10
Einbeinstand (Sek.)	< 30	30 - 39	40 - 49	50 - 59	> 59
Sit-ups (Anzahl in 40 Sek.)	< 20	20 - 22	23 - 26	27 - 29	> 29
Liegestütz (Anzahl in 40 Sek)	< 10	10 - 11	12 - 13	14 - 15	> 15
ventrale Rumpfkette (Sek.)	< 89	x	89 - 115	x	> 115
laterale Rumpfkette (Sek.)	< 44	x	44 - 57	x	> 57
Jump and reach (cm)	< 25	25 - 30	31 - 37	37 - 43	> 43
Head-down Liegestütz					
seitliches Springen (Anzahl in 15 Sek.)	< 29	29 - 31,5	32 - 34,5	35 - 38	> 38
Hüftflexion (°)	< 70	70 - 79	80 - 89	90 -99	> 100
Aufbäumen am Kasten (Anzahl in 20 Sek.)	< 10	10 - 12	13 - 15	16 - 18	> 18
Turnen					
Agility (Anzahl in 45 Sek.)					
6-Minuten Lauf (Distanz in m)	< 890	890 - 970	971 - 1039	1040 - 1119	> 1119

13 Jahre männlich					
Testaufgabe	1	2	3	4	5
Beweglichkeit der Hüftbeuger	stark verkürzt	x	leicht verkürzt	x	keine Verkürzung
Elevation (°)	< 160	160 - 164	165 - 169	170 - 174	> 175
Extension (°)	< 60	60 - 64	65 - 69	70 - 74	> 75
Kreuzgriff (cm)	> 3 cm	0 - 3	-2,9 - 0	-5,9 - -3	< -6
Seitspagat (cm)	> 25	21 -25	16 -20	11 - 15	< 10
Querspagat (cm)	> 25	21 -25	16 -20	11 - 15	< 10
Einbeinstand (Sek.)	< 30	30 - 39	40 - 49	50 - 59	> 59
Sit-ups (Anzahl in 40 Sek.)	< 25	25 - 27	28 - 30	31 - 33	> 33
Liegestütz (Anzahl in 40 Sek)	< 11	11	12 - 13	14 - 15	> 15
ventrale Rumpfkette (Sek.)	< 89	x	89 - 115	x	> 115
laterale Rumpfkette (Sek.)	< 44	x	44 - 57	x	> 57
Jump and reach (cm)	< 26	26 - 31	32 - 36	37 - 42	> 42
Head-down Liegestütz					
seitliches Springen (Anzahl in 15 Sek.)	< 28,5	28,5 - 31	31,5 - 34,5	35 - 38,5	> 38,5
Hüftflexion (°)	< 70	70 - 79	80 - 89	90 -99	> 100
Aufbäumen am Kasten (Anzahl in 20 Sek.)	< 10	10 - 12	13 - 15	16 - 18	> 18
Turnen					
Agility (Anzahl in 45 Sek.)					
6-Minuten Lauf (Distanz in m)	< 1036	1036 - 1129	1130 - 1210	1211 - 1303	> 1303

14 Jahre weiblich					
Testaufgabe	1	2	3	4	5
Beweglichkeit der Hüftbeuger	stark verkürzt	x	leicht verkürzt	x	keine Verkürzung
Elevation (°)	< 160	160 - 164	165 - 169	170 - 174	> 175
Extension (°)	< 60	60 - 64	65 - 69	70 - 74	> 75
Kreuzgriff (cm)	> 3 cm	0 - 3	-2,9 - 0	-5,9 - -3	< -6
Seitspagat (cm)	> 25	21 -25	16 -20	11 - 15	< 10
Querspagat (cm)	> 25	21 -25	16 -20	11 - 15	< 10
Einbeinstand (Sek.)	< 30	30 - 39	40 - 49	50 - 59	> 59
Sit-ups (Anzahl in 40 Sek.)	< 21	21 - 23	24 - 26	27 - 29	> 29
Liegestütz (Anzahl in 40 Sek)	< 10	10 - 11	12 - 13	14 - 15	> 15
ventrale Rumpfkette (Sek.)	< 89	x	89 - 115	x	> 115
laterale Rumpfkette (Sek.)	< 44	x	44 - 57	x	> 57
Jump and reach (cm)	< 26	26 - 31	32 - 39	40 - 45	> 45
Head-down Liegestütz					
seitliches Springen (Anzahl in 15 Sek.)	< 29,5	29,5 - 32	32,5 - 35	35,5 - 38,5	> 38,5
Hüftflexion (°)	< 70	70 - 79	80 - 89	90 -99	> 100
Aufbäumen am Kasten (Anzahl in 20 Sek.)	< 11	11 - 13	14 - 16	17 - 19	> 19
Turnen					
Agility (Anzahl in 45 Sek.)					
6-Minuten Lauf (Distanz in m)	< 890	890 - 970	971 - 1039	1040 - 1119	> 1119

14 Jahre männlich					
Testaufgabe	1	2	3	4	5
Beweglichkeit der Hüftbeuger	stark verkürzt	x	leicht verkürzt	x	keine Verkürzung
Elevation (°)	< 160	160 - 164	165 - 169	170 - 174	> 175
Extension (°)	< 60	60 - 64	65 - 69	70 - 74	> 75
Kreuzgriff (cm)	> 3 cm	0 - 3	-2,9 - 0	-5,9 - -3	< -6
Seitspagat (cm)	> 25	21 -25	16 -20	11 - 15	< 10
Querspagat (cm)	> 25	21 -25	16 -20	11 - 15	< 10
Einbeinstand (Sek.)	< 30	30 - 39	40 - 49	50 - 59	> 59
Sit-ups (Anzahl in 40 Sek.)	< 26	26 - 28	29 - 31	32 - 34	> 34
Liegestütz (Anzahl in 40 Sek)	< 11	11 - 12	13 - 14	15 - 16	> 16
ventrale Rumpfkette (Sek.)	< 89	x	89 - 115	x	> 115
laterale Rumpfkette (Sek.)	< 44	x	44 - 57	x	> 57
Jump and reach (cm)	< 28	28 - 32	33 - 38	39 - 43	> 43
Head-down Liegestütz					
seitliches Springen (Anzahl in 15 Sek.)	< 29	29 - 32	32,5 - 35,5	36 - 39,5	> 39,5
Hüftflexion (°)	< 70	70 - 79	80 - 89	90 -99	> 100
Aufbäumen am Kasten (Anzahl in 20 Sek.)	< 11	11 - 13	14 - 16	17 - 19	> 19
Turnen					
Agility (Anzahl in 45 Sek.)					
6-Minuten Lauf (Distanz in m)	> 1057	1057 - 1171	1172 - 1255	1256 - 1352	> 1352

15 Jahre weiblich					
Testaufgabe	1	2	3	4	5
Beweglichkeit der Hüftbeuger	stark verkürzt	x	leicht verkürzt	x	keine Verkürzung
Elevation (°)	< 160	160 - 164	165 - 169	170 - 174	> 175
Extension (°)	< 60	60 - 64	65 - 69	70 - 74	> 75
Kreuzgriff (cm)	> 3 cm	0 - 3	-2,9 - 0	-5,9 - -3	< -6
Seitspagat (cm)	> 25	21 -25	16 -20	11 - 15	< 10
Querspagat (cm)	> 25	21 -25	16 -20	11 - 15	< 10
Einbeinstand (Sek.)	< 30	30 - 39	40 - 49	50 - 59	> 59
Sit-ups (Anzahl in 40 Sek.)	< 22	22 - 23	24 - 26	27 - 29	> 29
Liegestütz (Anzahl in 40 Sek)	< 10	10 - 11	12 - 13	14 - 15	> 15
ventrale Rumpfkette (Sek.)	< 89	x	89 - 115	x	> 115
laterale Rumpfkette (Sek.)	< 44	x	44 - 57	x	> 57
Jump and reach (cm)	< 27	27 - 33	34 - 40	41 - 47	> 47
Head-down Liegestütz					
seitliches Springen (Anzahl in 15 Sek.)	< 30	30 - 32,5	33 - 35,5	36 - 39	> 39
Hüftflexion (°)	< 70	70 - 79	80 - 89	90 -99	> 100
Aufbäumen am Kasten (Anzahl in 20 Sek.)	< 11	11 - 13	14 - 16	17 - 19	> 19
Turnen					
Agility (Anzahl in 45 Sek.)					
6-Minuten Lauf (Distanz in m)	< 890	890 - 970	971 - 1039	1040 - 1119	> 1119

15 Jahre männlich					
Testaufgabe	1	2	3	4	5
Beweglichkeit der Hüftbeuger	stark verkürzt	x	leicht verkürzt	x	keine Verkürzung
Elevation (°)	< 160	160 - 164	165 - 169	170 - 174	> 175
Extension (°)	< 60	60 - 64	65 - 69	70 - 74	> 75
Kreuzgriff (cm)	> 3 cm	0 - 3	-2,9 - 0	-5,9 - -3	< -6
Seitspagat (cm)	> 25	21 -25	16 -20	11 - 15	< 10
Querspagat (cm)	> 25	21 -25	16 -20	11 - 15	< 10
Einbeinstand (Sek.)	< 30	30 - 39	40 - 49	50 - 59	> 59
Sit-ups (Anzahl in 40 Sek.)	< 27	27 - 29	30 - 32	33 - 35	> 35
Liegestütz (Anzahl in 40 Sek)	< 12	12 - 13	14 - 15	16 - 17	> 17
ventrale Rumpfkette (Sek.)	< 89	x	89 - 115	x	> 115
laterale Rumpfkette (Sek.)	< 44	x	44 - 57	x	> 57
Jump and reach (cm)	< 35	35 - 42	43 - 49	50 - 57	> 57
Head-down Liegestütz					
seitliches Springen (Anzahl in 15 Sek.)	< 30	30 - 33,5	34 - 37	37,5 - 41	> 41
Hüftflexion (°)	< 70	70 - 79	80 - 89	90 -99	> 100
Aufbäumen am Kasten (Anzahl in 20 Sek.)	< 11	11 - 13	14 - 16	17 - 19	> 19
Turnen					
Agility (Anzahl in 45 Sek.)					
6-Minuten Lauf (Distanz in m)	< 1113	1113 - 1213	1214 - 1301	1302 - 1402	> 1402

16 Jahre weiblich					
Testaufgabe	1	2	3	4	5
Beweglichkeit der Hüftbeuger	stark verkürzt	x	leicht verkürzt	x	keine Verkürzung
Elevation (°)	< 160	160 - 164	165 - 169	170 - 174	> 175
Extension (°)	< 60	60 - 64	65 - 69	70 - 74	> 75
Kreuzgriff (cm)	> 3 cm	0 - 3	-2,9 - 0	-5,9 - -3	< -6
Seitspagat (cm)	> 25	21 -25	16 -20	11 - 15	< 10
Querspagat (cm)	> 25	21 -25	16 -20	11 - 15	< 10
Einbeinstand (Sek.)	< 30	30 - 39	40 - 49	50 - 59	> 59
Sit-ups (Anzahl in 40 Sek.)	< 22	22 - 24	25 - 27	28 - 30	> 30
Liegestütz (Anzahl in 40 Sek)	< 10	10 - 11	12 - 13	14 - 15	> 15
ventrale Rumpfkette (Sek.)	< 89	x	89 - 115	x	> 115
laterale Rumpfkette (Sek.)	< 44	x	44 - 57	x	> 57
Jump and reach (cm)	< 27	27 - 33	34 - 40	41 - 47	> 47
Head-down Liegestütz					
seitliches Springen (Anzahl in 15 Sek.)	< 30,5	30,5 - 33,5	34 - 36,5	37 - 39,5	> 39,5
Hüftflexion (°)	< 70	70 - 79	80 - 89	90 -99	> 100
Aufbäumen am Kasten (Anzahl in 20 Sek.)	< 11	11 - 13	14 - 16	17 - 19	> 19
Turnen					
Agility (Anzahl in 45 Sek.)					
6-Minuten Lauf (Distanz in m)	< 890	890 - 970	971 - 1039	1040 - 1119	> 1119

16 Jahre männlich					
Testaufgabe	1	2	3	4	5
Beweglichkeit der Hüftbeuger	stark verkürzt	x	leicht verkürzt	x	keine Verkürzung
Elevation (°)	< 160	160 - 164	165 - 169	170 - 174	> 175
Extension (°)	< 60	60 - 64	65 - 69	70 - 74	> 75
Kreuzgriff (cm)	> 3 cm	0 - 3	-2,9 - 0	-5,9 - -3	< -6
Seitspagat (cm)	> 25	21 -25	16 -20	11 - 15	< 10
Querspagat (cm)	> 25	21 -25	16 -20	11 - 15	< 10
Einbeinstand (Sek.)	< 30	30 - 39	40 - 49	50 - 59	> 59
Sit-ups (Anzahl in 40 Sek.)	< 28	28 - 30	31 - 33	34 - 36	> 36
Liegestütz (Anzahl in 40 Sek)	< 12	12 - 13	14 - 16	17	> 17
ventrale Rumpfkette (Sek.)	< 89	x	89 - 115	x	> 115
laterale Rumpfkette (Sek.)	< 44	x	44 - 57	x	> 57
Jump and reach (cm)	< 35	35 - 42	43 - 49	50 - 57	> 57
Head-down Liegestütz					
seitliches Springen (Anzahl in 15 Sek.)	< 31	31 - 34,5	35 - 38	38,5 - 42	> 42,5
Hüftflexion (°)	< 70	70 - 79	80 - 89	90 -99	> 100
Aufbäumen am Kasten (Anzahl in 20 Sek.)	< 11	11 - 13	14 - 16	17 - 19	> 19
Turnen					
Agility (Anzahl in 45 Sek.)					
6-Minuten Lauf (Distanz in m)	< 1153	1153 - 1257	1258 - 1347	1348 - 1452	> 1452

17 Jahre weiblich					
Testaufgabe	1	2	3	4	5
Beweglichkeit der Hüftbeuger	stark verkürzt	x	leicht verkürzt	x	keine Verkürzung
Elevation (°)	< 160	160 - 164	165 - 169	170 - 174	> 175
Extension (°)	< 60	60 - 64	65 - 69	70 - 74	> 75
Kreuzgriff (cm)	> 3 cm	0 - 3	-2,9 - 0	-5,9 - -3	< -6
Seitspagat (cm)	> 25	21 -25	16 -20	11 - 15	< 10
Querspagat (cm)	> 25	21 -25	16 -20	11 - 15	< 10
Einbeinstand (Sek.)	< 30	30 - 39	40 - 49	50 - 59	> 59
Sit-ups (Anzahl in 40 Sek.)	< 23	23 - 24	25 - 27	28 - 30	> 30
Liegestütz (Anzahl in 40 Sek)	< 10	10 - 11	12 - 13	14 - 15	> 15
ventrale Rumpfkette (Sek.)	< 89	x	89 - 115	x	> 115
laterale Rumpfkette (Sek.)	< 44	x	44 - 57	x	> 57
Jump and reach (cm)	< 27	27 - 33	34 - 40	41 - 47	> 47
Head-down Liegestütz					
seitliches Springen (Anzahl in 15 Sek.)	< 31	31 - 34	34,5 - 37	37,5 - 40,5	> 40,5
Hüftflexion (°)	< 70	70 - 79	80 - 89	90 -99	> 100
Aufbäumen am Kasten (Anzahl in 20 Sek.)	< 11	11 - 13	14 - 16	17 - 19	> 19
Turnen					
Agility (Anzahl in 45 Sek.)					
6-Minuten Lauf (Distanz in m)	< 890	890 - 970	971 - 1039	1040 - 1119	> 1119

17 Jahre männlich					
Testaufgabe	1	2	3	4	5
Beweglichkeit der Hüftbeuger	stark verkürzt	x	leicht verkürzt	x	keine Verkürzung
Elevation (°)	< 160	160 - 164	165 - 169	170 - 174	> 175
Extension (°)	< 60	60 - 64	65 - 69	70 - 74	> 75
Kreuzgriff (cm)	> 3 cm	0 - 3	-2,9 - 0	-5,9 - -3	< -6
Seitspagat (cm)	> 25	21 -25	16 -20	11 - 15	< 10
Querspagat (cm)	> 25	21 -25	16 -20	11 - 15	< 10
Einbeinstand (Sek.)	< 30	30 - 39	40 - 49	50 - 59	> 59
Sit-ups (Anzahl in 40 Sek.)	< 29	29 - 31	32 - 34	35 - 37	> 37
Liegestütz (Anzahl in 40 Sek)	< 13	13 - 14	15 - 16	17 - 18	> 18
ventrale Rumpfkette (Sek.)	< 89	x	89 - 115	x	> 115
laterale Rumpfkette (Sek.)	< 44	x	44 - 57	x	> 57
Jump and reach (cm)	< 35	35 - 42	43 - 49	50 - 57	> 57
Head-down Liegestütz					
seitliches Springen (Anzahl in 15 Sek.)	< 31,5	31,5 - 35,5	36 - 39	39,5 - 43,5	> 43,5
Hüftflexion (°)	< 70	70 - 79	80 - 89	90 -99	> 100
Aufbäumen am Kasten (Anzahl in 20 Sek.)	< 11	11 - 13	14 - 16	17 - 19	> 19
Turnen					
Agility (Anzahl in 45 Sek.)					
6-Minuten Lauf (Distanz in m)	< 1192	1192 - 1299	1300 - 1393	1394 - 1501	> 1501

Einverständniserklärung

Liebe Voltigiererinnen und Voltigierer,
liebe Eltern,

für die Kadervoltigierer/-innen wurde zur Überprüfung der körperlichen Leistungsfähigkeit ein Sportmotorischer Test entwickelt. Die erhobenen Daten dienen als Grundlage zur Erstellung eines geeigneten Trainingsplans und zur Kontrolle der Trainingssteuerung.

Die Leistungsdaten, die dabei abgefragt werden, können Sie dem unten abgebildeten Erfassungsbogen entnehmen.

Da es sich hierbei insoweit um personenbezogene Daten handelt, benötigen das DOKR, aber auch die Landesverbände des Pferdesports, Ihr Einverständnis zur Erhebung und Nutzung dieser Daten. Die Daten werden beim DOKR erfasst. Die erhobenen Daten werden nicht an sonstige Stellen weitergegeben oder anderen Dritten zugänglich gemacht.

Ich willige in die Erhebung und Nutzung der Daten durch die FN und durch die ihr angeschlossenen Landesverbände des Pferdesports ein, wie sie in dem u.a. Erfassungsbogen dargestellt sind.

____

Name des Sportlers/der Sportlerin

____

Unterschrift der Erziehungsberechtigten/gesetzlichen Vertreter

____

Datum

Erfassungsbogen Sportmotorischer Test für Voltigierer

Testperson: ______________________ **m:** ☐

Datum: ______________________ **w:** ☐

Disziplin: ______________________

Leistungsklasse/ Kaderzugehörigkeit: ______________________

Geburtstag: ______________________

Gewicht: ______________________

Größe: ______________________

BMI: ______________________

Ausübung sonstiger Sportarten (Std/ Woche): ______________________

Trainingstage pro Woche: ______________________

Trainingsstunden insgesamt pro Woche: ______________________

Bestehen körperliche Einschränkungen, die den Test heute beeinträchtigen?
Wenn ja: Welche? ______________________

Verantwortlicher Testleiter: ______________________

Nr. Testaufgabe **Wert** **Bewertung 1 – 5**

1. Beweglichkeit Hüftbeuger

	M. rectus femoris		M. iliopsoas	
	rechts	links	rechts	links
Keine Verkürzung (5 Punkte)				
Leichte Verkürzung (3 Punkte)				
Starke Verkürzung (1 Punkt)				

2. Elevation

Arm– Rumpfwinkel in Grad

1. Versuch ☐

2. Versuch ☐

3. Versuch ☐ Mittelwert ☐ ☐

3. Extension

Arm– Rumpfwinkel in Grad

1. Versuch ☐

2. Versuch ☐

3. Versuch ☐ Mittelwert ☐ ☐

Nr. Testaufgabe	Wert			Bewertung 1 – 5
4. Kreuzgriff	**Differenz bzw. Überlappung der Finger in cm**			
	rechts			
			Mittelwert	
	links			
			Mittelwert	
5. Seitspagat	**Abstand Symphyse– Boden in cm**			
	1. Versuch			
	2. Versuch			
	3. Versuch		Mittelwert	
6. Querspagat	**Abstand Symphyse– Boden in cm**			
	rechts			
			Mittelwert	
	links			
			Mittelwert	
7. Einbeinstand	**Zeit in Sekunden (maximal 60 Sekunden)**			
	rechts			
			Bester Versuch	
	links			
			Bester Versuch	

Nr.	Testaufgabe	Wert				Bewertung 1 – 5
8.	Sit– ups	Anzahl in 40 Sekunden		Rohwert		
9.	Liegestütze	Anzahl in 40 Sekunden		Rohwert		
10.	Ventrale Rumpfkette	Haltedauer in Sekunden		Rohwert		
11.	Laterale Rumpfkette	Haltedauer in Sekunden		Rohwert		
12.	Jump and reach	Sprunghöhe in cm				
		1. Versuch				
		2. Versuch				
		3. Versuch		Mittelwert		
13.	Head-down-Liegestütz	Anzahl gesamt		Rohwert		
14.	Seitliches Springen	Sprunghöhe in cm				
		1. Versuch				
		2. Versuch		Mittelwert		
15.	Hüftflexion	Winkel zwischen Rumpf und Beinen in Grad				
		rechts				
				Mittelwert		
		links				
				Mittelwert		
16.	Aufbäumen am Kasten	Anzahl in 20 Sekunden		Rohwert		

Nr. Testaufgabe	Wert	Bewertung 1 – 5
17. Turnen	**Subjektive Bewertung** 1. Versuch 2. Versuch 3. Versuch	Bester Versuch
18. Agility	**Anzahl Übungsfolgen in 45 Sek.** Rohwert	
19. 6– Minuten– Lauf	**Länge der zurückgelegten Strecke in m**	

1	2	3	4	5	6	7	8	9	10
11	12	13	14	15	16	17	18	19	20

Strecke

Bemerkungen:

Ergebnisbogen Sportmotorischer-Test Voltigieren

Name:	Geburtstag:	Alter:
Testdatum:	Disziplin/Kader:	Testleiter:
Größe (m):	Gewicht (kg):	BMI(kg/m²):

Testaufgabe		Rohwert/ MW/ bester Versuch	Bewertung
7	Einbeinstand rechts (Sekunden)		
	Einbeinstand links (Sekunden)		
8	Sit-ups (Anzahl in 40 Sek.)		
9	Liegestütze (Anzahl in 40 Sek.)		
10	Ventrale Rumpfkette (Haltedauer in Sek.)		
11	Laterale Rumpfkette (Haltedauer in Sek.)		
12	Jump and reach (Höhe in cm)		
13	Head-down-Liegestütz (Anzahl gesamt)		
14	seitl. Hin- u. Herspringen (Anzahl in 15 Sek.)		
15	Hüftflexion rechts (Bein-Rumpf-Winkel)		
	Hüftflexion links (Bein-Rumpf-Winkel)		
16	Aufbäumen am Kasten (Anzahl in 20 Sek.)		
17	Turnen		
18	Agility (Anzahl in 45 Sek.)		
19	6-Minuten-Lauf (Distanz)		

	Übung/Muskelgruppe	keine Verkürzung (= 5)	leichte Verkürzung (= 3)	starke Verkürzung (= 1)
1	M. rectus femoris rechts			
	M. rectus femoris links			
	M. iliopsoas rechts			
	M. iliopsoas links			
		Rohwert	Bewertung	
2	Elevation			
3	Extension			
4	Kreuzgriff rechts			
	Kreuzgriff links			
5	Seitspagat			
6	Querspagat rechts			
	Querspagat links			

Bewertung der Testübungen	
Punktanzahl	Bewertung
5	weit überdurchschnittlich
4	überdurchschnittlich
3	durchschnittlich
2	unterdurchschnittlich
1	weit unterdurchschnittlich

Bemerkungen:

6.5 Referenzswerte für den Body-Maß-Index

Body-Maß-Index (BMI) bei Kindern und Jugendlichen (7–18 Jahre), unter Berücksichtigung von Körpergewicht/-größe, Alter und Geschlecht (BZgA, 2011)

Alter / weiblich	Starkes Untergewicht	Untergewicht	Normalgewicht	Übergewicht
7	unter 13,0	13,0-13,6	13,7-18,4	18,5-20,3
8	unter 13,2	13,2-13,8	13,9-19,2	19,3-21,4
9	unter 13,4	13,4-14,1	14,2-19,9	20,0-22,4
10	unter 13,6	13,6-14,4	14,5-20,7	20,8-23,4
11	unter 14,0	14,0-14,8	14,9-21,5	21,6-24,4
12	unter 14,5	14,5-15,3	15,4-22,4	22,5-25,4
13	unter 15,0	15,0-16,0	16,1-23,2	23,3-26,2
14	unter 15,7	15,7-16,6	16,7-24,0	24,1-26,9
15	unter 16,2	16,2-17,2	17,3-24,5	24,6-27,4
16	unter 16,6	16,6-17,6	17,7-24,8	24,9-27,6
17	unter 17,0	17,0-17,9	18,0-25,0	25,1-27,6
18	unter 17,3	17,3-18,3	18,4-25,2	25,3-27,7

Alter / männlich	Starkes Untergewicht	Untergewicht	Normalgewicht	Übergewicht
7	unter 13,2	13,2-13,8	13,9-18,2	18,3-20,1
8	unter 13,4	13,4-14,0	14,1-18,9	19,0-21,0
9	unter 13,6	13,6-14,2	14,3-19,7	19,8-22,1
10	unter 13,8	13,8-14,5	14,6-20,5	20,6-23,3
11	unter 14,1	14,1-14,9	15,0-21,3	21,4-24,4
12	unter 14,5	14,5-15,3	15,4-22,2	22,3-25,3
13	unter 15,0	15,0-15,8	15,9-22,9	23,0-26,2
14	unter 15,5	15,5-16,4	16,5-23,6	23,7-26,9
15	unter 16,0	16,0-16,9	17,0-24,3	24,4-27,4
16	unter 16,6	16,6-17,5	17,6-24,8	24,9-27,9
17	unter 17,1	17,1-18,0	18,1-25,3	25,4-28,3
18	unter 17,6	17,6-18,5	18,6-25,8	25,9-28,7

Ab einem Alter von 19 Jahren werden die BMI-Werte (Müller, 1998) für die Auswertung des Sportmotorik-Tests wie folgt eingeordnet:

	Frauen	Männer
Untergewicht	unter 18,7	unter 20,5
Normalgewicht	18,7-23,8	20,5-25
Übergewicht	ab 23,8	ab 25

6.6 Allgemeine Hinweise für das Grundlagentraining

Trainingstagebuch

Wir empfehlen, für euer Training ein Trainingstagebuch zu führen. Das bedeutet, dass ihr in den Plan eintragt, wann ihr welches Training durchführt. Ein Beispielbogen haben wir euch beigelegt.

Wochenplanung

Es ist ratsam, sich einen Wochen-, Monats- oder Jahresplan aufzustellen. Für die Wochenplanung solltet ihr Folgendes beachten:

- Trainingseinheiten mit dem gleichen Schwerpunkt nicht an zwei hintereinander- liegenden Tagen durchführen, sondern mindestens einen Tag Pause dazwischen lassen.
- Forciertes Beweglichkeitstraining nicht unmittelbar an ein Krafttraining anhängen. Dehnübungen sind besonders gut nach einem moderaten Ausdauertraining durchzuführen.
- Viel hilft nicht immer viel! Legt auch mal einen Regenerationstag in der Woche ein, besonders nach harten Trainingseinheiten. Hier kann aktive Erholung (lockeres Schwimmen, Laufen) oder auch z.B. Sauna sinnvoll sein.

Ausdauertraining

Es ist vorteilhaft, ein Ausdauertraining mit Pulsuhr durchzuführen. Falls ihr aber keine habt, gelten für ein Ausdauertraining (Grundlagenausdauer) folgende Richtkriterien:

- Laufen ohne Schnaufen! Wenn ihr euch beim Laufen noch unterhalten könnt, seid ihr im richtigen Herzfrequenzbereich.
- 4er-Rhythmus! Ihr macht 4 Schritte pro Atemzug. Könnt ihr das locker durchhalten, seid ihr im richtigen Bereich (GLA I) Nach etwa sechs bis acht Wochen Intensität steigern: Ihr steigert das Tempo so, dass ihr den 4er-Rhythmus gerade noch aufrechterhalten könnt. (GLA II)

Im Winter solltet ihr auf jeden Fall mit warmer Funktionskleidung und Mütze laufen – Erkältungsgefahr! Außerdem empfehlen wir euch einen guten Laufschuh. Eine gute Ausdauer hilft euch in der Saison bei einer schnelleren Regeneration und macht euch für das Training und für die Turniere ermüdungswiderstandsfähiger.

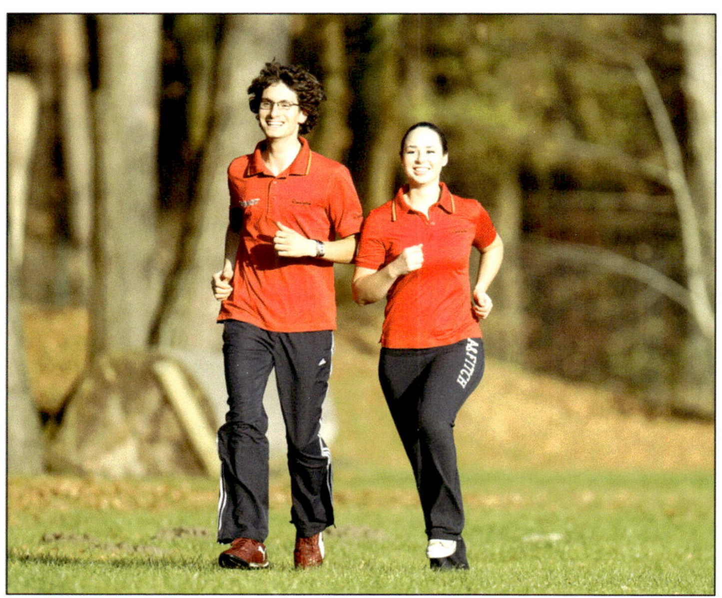

(Vgl. Peiler, C. & Peiler, D. (2008). Konzept einer standardisierten Leistungsdiagnostik zur Prävention von Sportverletzungen und zur Leistungsoptimierung im Leistungs-/Spitzensport Voltigieren. Universität Bielefeld)

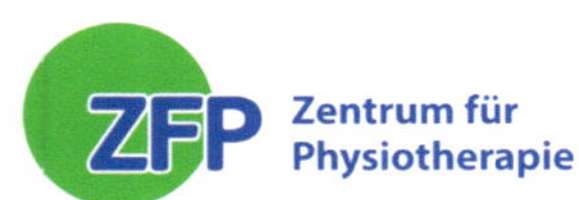

Wochentrainingsplan

Datum	**Trainingseinheiten** (z.B. AT, BT, KT ...*)	**Dauer** (Std./Min.)	**Trainingsinhalte** (Übungen, Sätze/Serien, Wdh., Gewicht)	**Bemerkungen** (Ziele, Befinden ...)
Montag				
Dienstag				
Mittwoch				
Donnerstag				
Freitag				
Samstag				
Sonntag				

*AT = Ausdauertraining, BT = Beweglichkeitstraining, KT = Krafttraining, KoT = Koordinationstraining, R = Reiten

(Vgl. Peiler, C. & Peiler, D. (2008). Konzept einer standardisierten Leistungsdiagnostik zur Prävention von Sportverletzungen und zur Leistungsoptimierung im Leistungs- /Spitzensport Voltigieren. Universität Bielefeld)

Zum Ausdrucken: www.fnverlag.de > Downloads > Kostenlose Downloads

6.8 Literaturverzeichnis

Ahsbahs, B. & Rieder, U. (1998). *Voltigieren – Tradition und Zukunft.* Bericht über die 2. Tagung in der Evangelischen Akademie Bad Boll vom 5.-8. März 1998. **FN**verlag: Warendorf.

Arnot, R. & Gaines, C. (1990). *Sport Talent.* Wien.

Bös, K. (2001). *Handbuch Motorische Tests.* Göttingen: Hogrefe.

Bös, K., Bappert, S., Tittlbach, S. & Woll, A. (2004). *Karlsruher Motorik Screening für Kindergartenkinder (KMS 3-6).* Sportunterricht, 53 (3), 79-87.

Bös et al. (2009). *Deutscher Motorik-Test 6-18.* Hamburg: Czwalina.

Bös et al. (2010, Dezember). *Motorischer Test für Nordrhein-Westfalen.* Testanleitung mit DVD. Zugriff am 19. September 2011 unter http://www.mfkjks.nrw.de/web/media_get.php?mediaid=15375&fileid=44257&sprachid=1

Fetz, F. & Kornexl, E. (1993). *Sportmotorische Tests* (3. überarbeitete und erweiterte Auflage). Wien: ÖBV Pädagogischer Verlag.

Hollmann, W. & Strüder, K. (2009). *Sportmedizin. Grundlagen für körperliche Aktivität, Training und Präventivmedizin* (5. völlig neu berabeitete und erweiterte Auflage). Aachen: Meyer & Meyer.

Janda, V. & Sachse, J. (2000). *Manuelle Muskelfunktionsdiagnostik* (4. Auflage). München: Urban & Fischer Verlag.

Kirkendall, D. R., Gruber, J. J. & Johnson, R. E. (1987). *Measurement and Evaluation for Physical Educators.* 2. Auflage. Champaign.

Kropp, I. (1996). *Kardiozirkulatorische und metabolische Beanspruchungen im Voltigiersport.* Dissertation Universität Saarbrücken.

Mareés, de H. (2003). *Sportphysiologie* (9. vollständig überarbeitete und erweiterte Auflage). Köln: Sport und Buch Strauß.

Peiler, C. & Peiler, D. (2008): *Konzeption einer standardisierten Leistungsdiagnostik zur Prävention von Sportverletzungen und zur Leistungsoptimierung im Leistungs-/Spitzensport Voltigieren.* Dissertation Universität Bielefeld.

Rapp, G. & Schröder, G. (1977). *Motorische Testverfahren.* Stuttgart: CDV.

Schnabel, G., Harre, D. & Krug, J. (Hrsg.) (2008). *Trainingslehre – Trainingswissenschaft.* Leistung – Training – Wettkampf. Aachen: Meyer & Meyer.

Swiss Olympic Association. *Manual Leistungsdiagnostik Kraft.* Version 2.0 (2003) Tschopp, M., Magglingen. Verfügbar unter: http://www.swissolympic.ch/desktopdefault.aspx/tabid-3554/ (letzter Zugriff: 2.1.2013)

Weineck, J. (2007). *Optimales Training. Leistungsphysiologische Trainingslehre unter besonderer Berücksichtigung des Kindes- und Jugendtrainings* (15. Auflage). Balingen: Spitta.

Weßelmann, A. (2007): *Spezifisches Krafttraining im Voltigiersport – Eine Pilotstudie zur Prävention sportartspezifischer Verletzungen.* Nicht veröffentlichte Bachelorarbeit, FH Osnabrück.

Zülow, N. (2006). *Leistungsdiagnostik im Voltigiersport – Untersuchung von internationalen Spitzensportlern und Kaderathleten.* Diplomarbeit Deutsche Sporthochschule Köln.

Impressum

1. Auflage 2014

Herausgeber:
Deutsches Olympiade-Komitee für Reiterei (DOKR)
Freiherr-von-Langen-Str. 15
48231 Warendorf
www.pferd-aktuell.de

Autoren:
Anna Weßelmann „Master of Exercise Science and coaching"
Dr. Christian Peiler
(Zentrum für Physiotherapie, Bielefeld)
Lena Marie Koch
(DOKR, Warendorf)

Kontakt:
Deutsches Olympiade-Komitee für Reiterei (DOKR)
Lena Marie Koch
Freiherr-von-Langen-Str. 15
48231 Warendorf
Tel.: 02581 6362-618
Fax: 02581 6362-400
lkoch@fn-dokr.de
www.pferd-aktuell.de

Gestaltung:
FNverlag, Warendorf

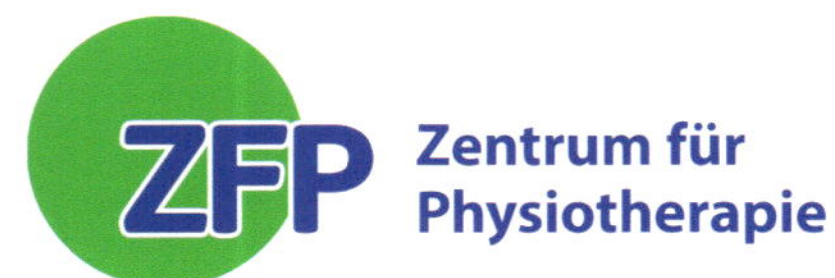

Trainingsplan für Anfänger

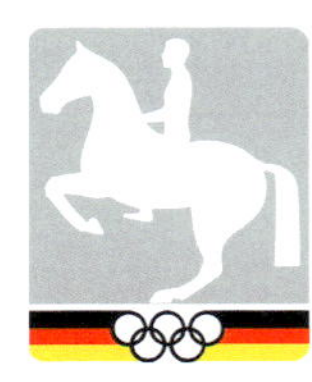

Name, Vorname: ________________________________ Geb.-Datum: ______________

Disziplin: ________________________________

____

1. Aufwärmen

Allg. Hinweise: das Aufwärmprogramm sollte mindestens 10–15 Minuten umfassen und leicht bis etwas schwer sein.

Crosstrainer ❏ Fahrrad(ergometer) ❏ Inlineskates ❏ Laufen ❏

Sonstiges: ____

Borg Skala (subj. Anstrengungsempfinden)			optimaler Trainingsbereich				
6	7–10	11	12	13	14	15–19	20
keine Anstren-gung	extrem – sehr leicht	leicht	etwas schwer	mittel schwer	schwer	sehr – extrem schwer	maximale Anstren-gung

2. Kräftigung

Allg. Hinweise: die dynamischen Übungen werden flüssig und langsam ausgeführt (12–15 Wiederholungen), die anderen Übungen langsam aufgebaut und statisch gehalten (12–15 sec.). Alle Übungen werden mit zwei bis drei Serien durchgeführt. Zwischen jeder Serie ca. 1,5 Min. Pause. Die Intensität sollte bei „etwas schwer" bis „mittel schwer" liegen (Borg-Skala). Evtl. müssen die Übungen erschwert oder erleichtert werden. Grundsätzlich gilt: Bei der Entspannung einatmen und bei der Anspannung ausatmen (AA-EE-Regel).

2.1 Bauch

2.1.1 Käfer

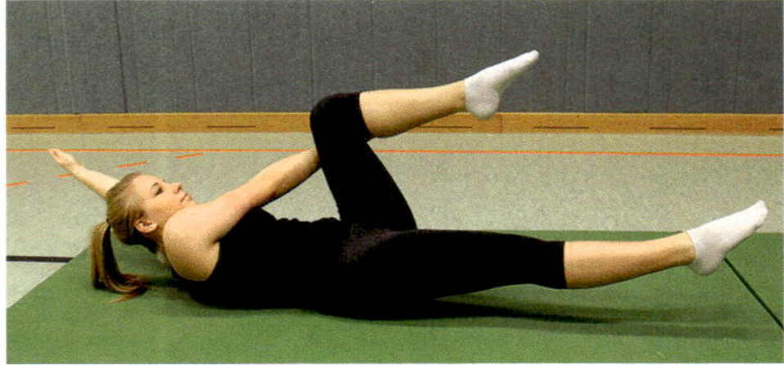

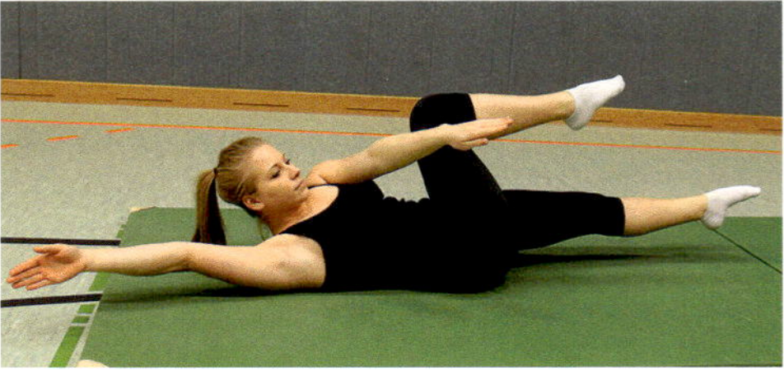

Bemerkung: In Rückenlage nähern sich diagonales Arm- und Beinpaar im Wechsel an. Der Kopf wird dabei in Verlängerung der Wirbelsäule mit Blickrichtung Decke gehalten.

2.1.2 Crunch gerade und schräg

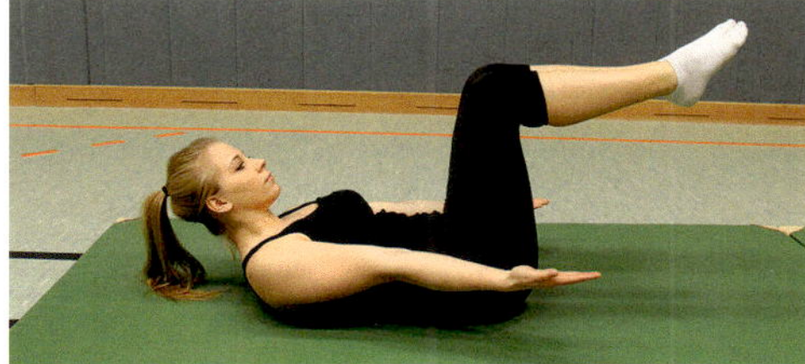
Gerade

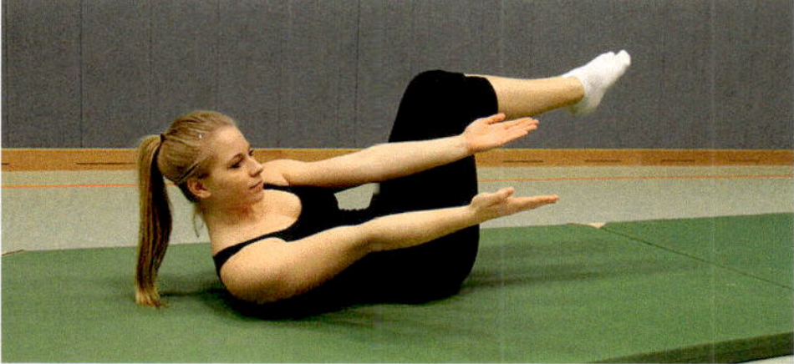
Schräg

Bemerkung:
Gerader Crunch: In Rückenlage werden die Füße aufgestellt, die Arme befinden sich neben dem Oberkörper und die Handinnenflächen zeigen nach oben. Der Kopf wird mit Blickrichtung zur Decke leicht angehoben. Schultern und Schulterblätter werden vom Untergrund abgehoben und die Hände werden dabei in Richtung Oberschenkel/Knie geführt.
Anschließend wird der Oberkörper wieder gesenkt.
Schräger Crunch: Ausgangsstellung wie zuvor beschrieben, beide Arme werden bei dieser Übung zu einer Seite geführt.

2.2 Rumpfstabilisation

2.2.1 Unterarmstütz vl.

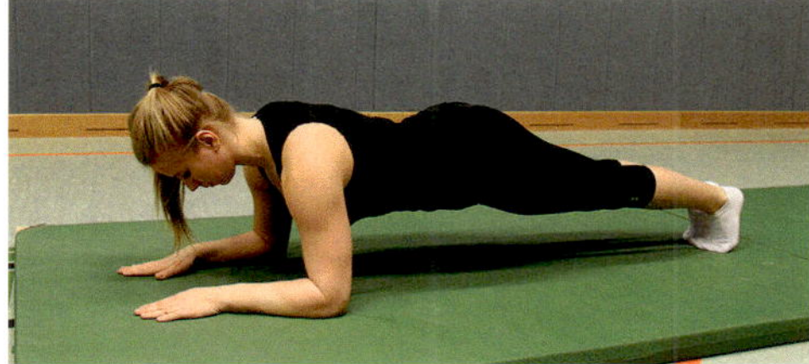
Ausgangsstellung

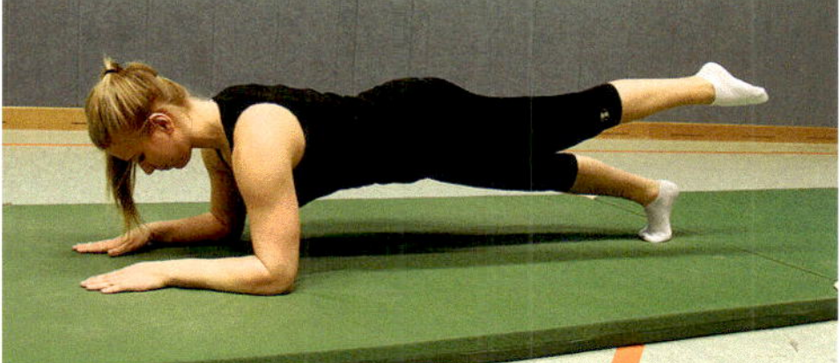
Endstellung

Bemerkung: In Bauchlage werden die Unterarme und die Fußspitzen auf dem Boden aufgesetzt. Die Arme sind parallel und die Schulterachse befindet sich über dem Ellenbogen. Der Körper wird angehoben, dabei wird insbesondere die Bauch- und Gesäßmuskulatur angespannt. Der Kopf bleibt in Verlängerung der Wirbelsäule mit Blickrichtung auf den Boden. Im Wechsel werden die Beine leicht angehoben.

2.2.2 Unterarmstütz sl.

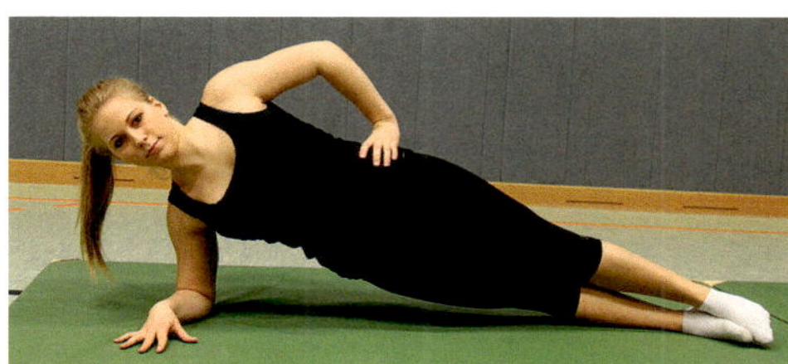

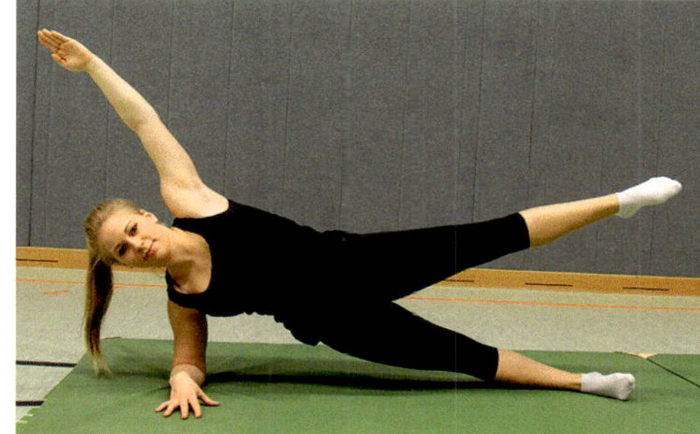
Alternative

Bemerkung: In der Seitenlage bilden Beine und Rumpf eine gerade Linie, der Kopf bleibt in Verlängerung der Wirbelsäule, der obere Arm wird am oberen Becken positioniert.

Alternativ: Ausgangsstellung wie zuvor beschrieben, das obere Bein und der obere Arm werden bei dieser Übung zusätzlich abgespreizt.

2.3.4 Bridging

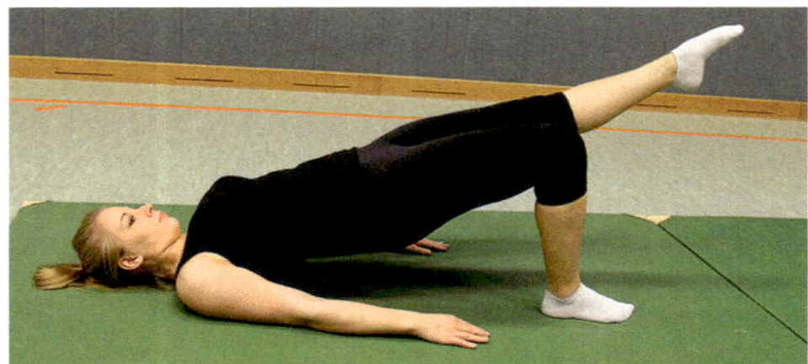

Bemerkung: In der Rückenlage werden die Füße hüftbreit aufgestellt, das Gesäß wird bis zur Hüftstreckung angehoben, die Arme liegen parallel zum Oberkörper und ein Bein wird gestreckt parallel zum anderen Oberschenkel angehoben.

2.3 Rücken

2.3.1 Rückenstrecker in Bauchlage

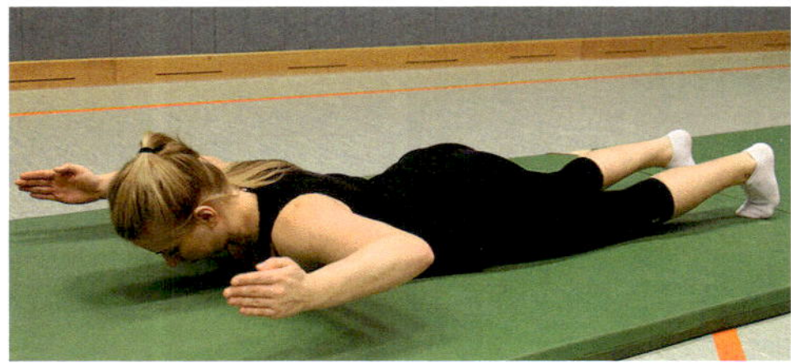

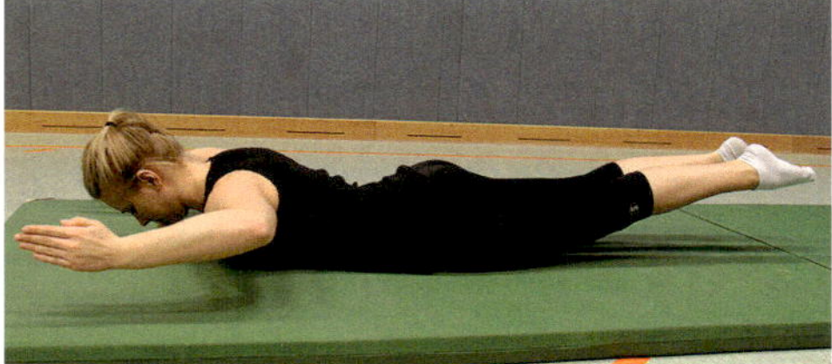

Alternative

Bemerkung: In Bauchlage sind die Beine gestreckt, die Knie sind angehoben und die Fußspitzen werden auf dem Boden aufgesetzt. Die Arme werden angehoben, dabei sind die Ellenbogengelenke 90° gebeugt. Der Kopf wird in Verlängerung der Halswirbelsäule mit Blickrichtung zum Boden gehalten.

Alternativ „Schiffchenstellung“:
Ausgangsstellung wie zuvor beschrieben, die gestreckten Beine werden zusätzlich abgehoben.

2.3.3 Oberer Rücken/Zwischenschulterblattmuskulatur

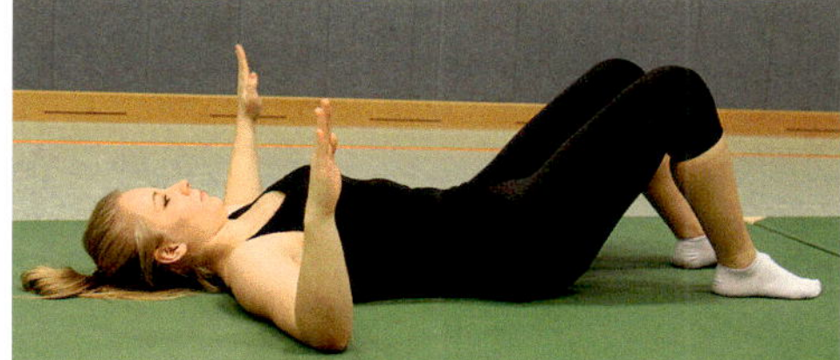
Ausgangsstellung

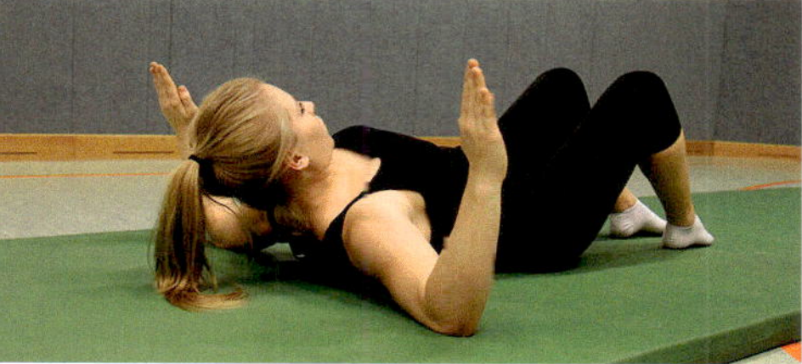
Endstellung

Bemerkung: In Rückenlage werden die Füße hüftbreit aufgestellt, die Arme werden in Höhe der Schultern soweit abgespreizt, dass die Oberarme auf dem Boden liegen, die Ellenbogen sind 90° gebeugt und die Unterarme und Fingerspitzen zeigen zur Decke. In der Endposition werden die Schulterblätter zusammengeführt. Es wird Druck auf die Ellenbogen aufgebaut, der Oberkörper wird gestreckt abgehoben und der Kopf bleibt in Verlängerung der Wirbelsäule.

2.4 Beine

2.4.1 Ausfallschritt

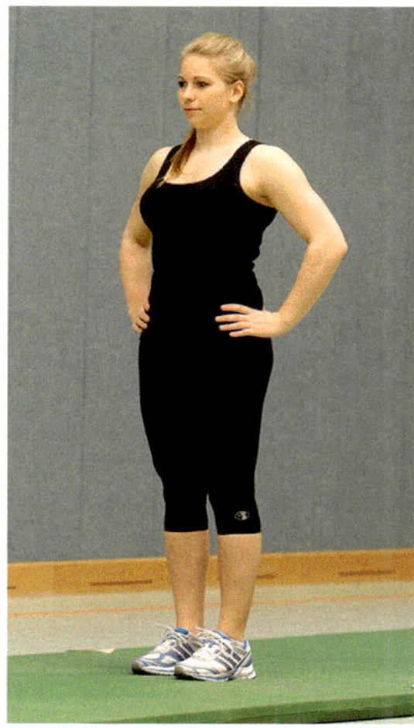
Ausgangsstellung

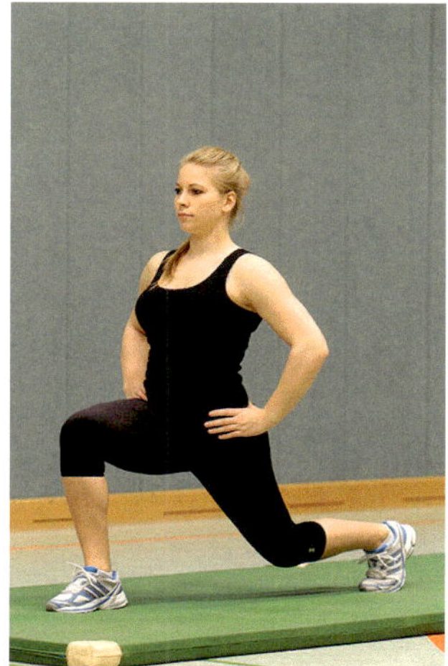
Endstellung

Bemerkung: Aus dem Stand wird abwechselnd ein Ausfallschritt vorwärts ausgeführt. Dabei wird das Knie des vorderen Beins ca. 90° gebeugt und bleibt über dem vorderen Fuß, beide Füße zeigen nach vorne, der Oberkörper ist aufgerichtet, die Hände werden in der Hüftbeuge fixiert. Anschließend wird die Ausgangsstellung eingenommen. Die Übung wird dynamisch ausgeführt.

2.4.2 Ausfallschritt mit erhöhtem Bein

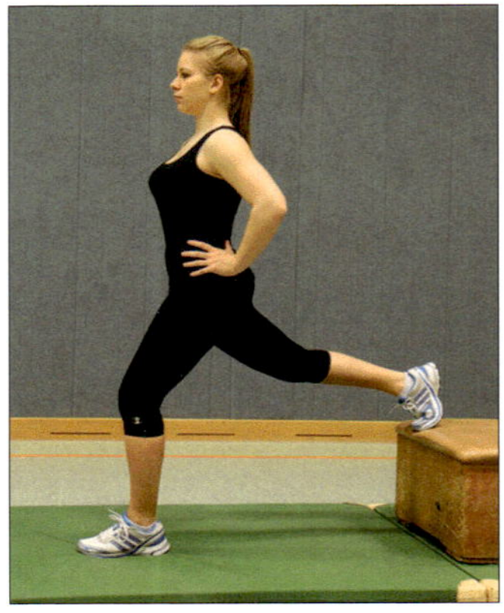

Ausgangsstellung

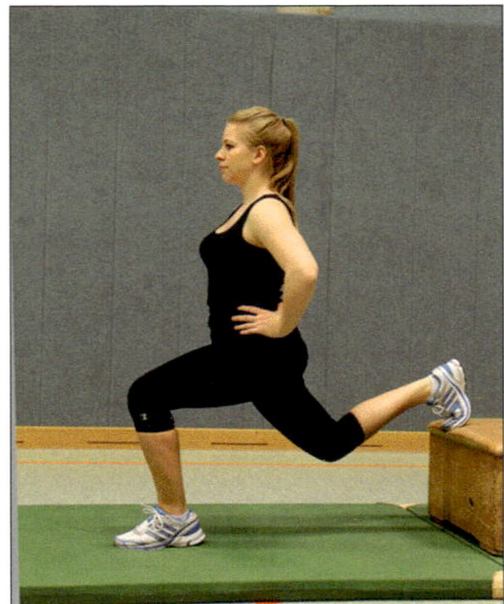

Endstellung

Bemerkung: Die Durchführung ist die gleiche, wie zuvor beschrieben. Das hintere Bein wird bei dieser Übung jedoch erhöht (z.B. auf einem kleinen Kasten) abgestellt, das vordere Bein wird gebeugt, das 90° gebeugte Knie des vorderen Beines bleibt über dem vorderen Fuß, beide Füße zeigen nach vorne, der Oberkörper ist aufgerichtet, Hände werden in die Hüftbeuge gestellt. Die Übung wird dynamisch ausgeführt.

2.4.3 Ischiocrurale Muskulatur (Oberschenkelrückseite und Gesäßmuskulatur)

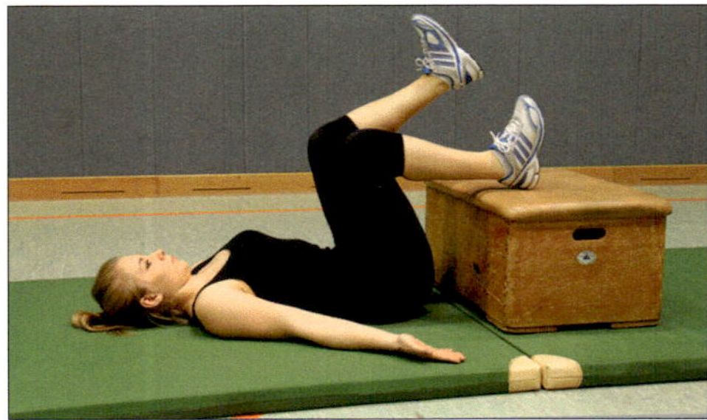

Ausgangsstellung

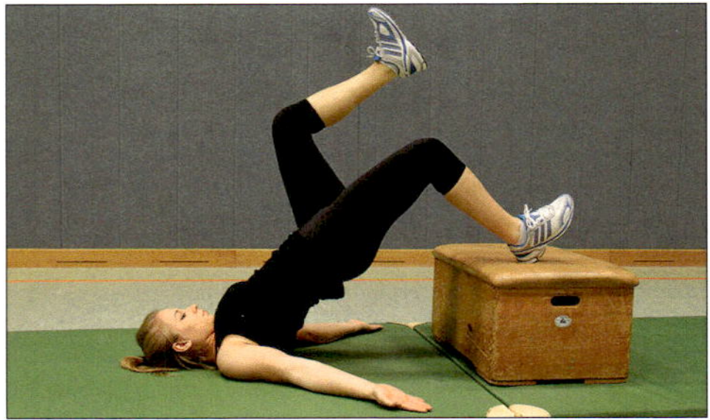

Endstellung

Bemerkung: In der Rückenlage wird die Ferse des einen Beines erhöht (z.B. auf einem kleinen Kasten) positioniert, das andere Bein wird mit einem ca. 90° Winkel im Kniegelenk angehoben, Oberkörper und Becken werden bis zur Hüftstreckung angehoben, die Arme liegen neben dem Körper, Handinnenflächen zeigen nach oben. Die Übung wird dynamisch ausgeführt.

2.5 Arm, Brust, Rumpf

2.5.1 Liegestütz

Bemerkung: Kopf, Oberkörper und Beine bilden eine gerade Linie, die Füße werden hüftbreit auf dem Boden aufgesetzt. Die Hände bzw. Fingerspitzen zeigen nach vorne, der Kopf bleibt in Verlängerung der Wirbelsäule mit Blickrichtung Boden. Die Arme werden soweit gebeugt, bis die Nase annähernd den Boden berührt.

Alternativ kann diese Übung auch im Stand mit den Händen an der Wand durchgeführt werden.

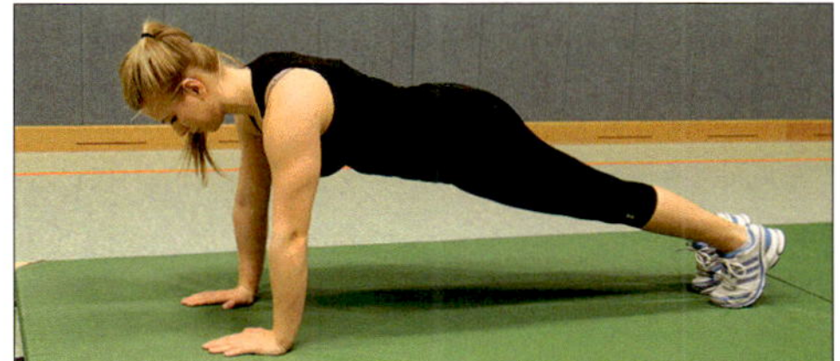

Ausgangsstellung

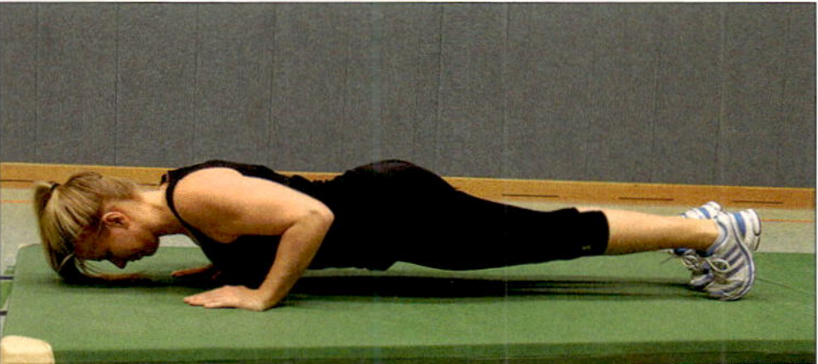

Endstellung

3. Koordination – Gleichgewicht

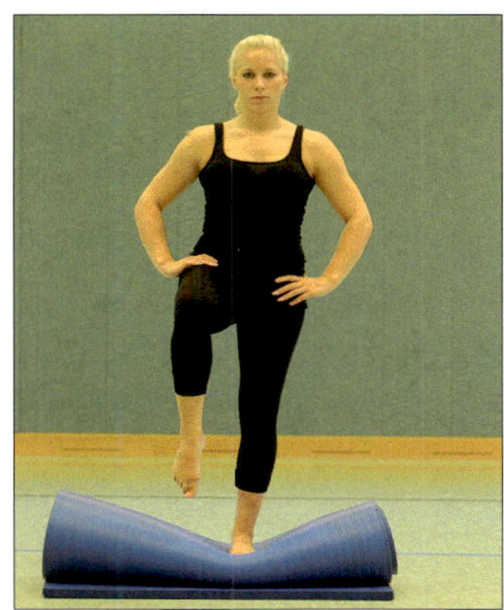

3.1 Storchstand

Das Standbein wird auf einem wackeligen Untergrund (zusammengerolltes Handtuch, Isomatte) in der Art platziert, dass Knie- und Hüftgelenk leicht gebeugt sind. Das Spielbein wird in der Hüfte und im Knie annähernd 90° gebeugt. Die Hände sind in der Hüftbeuge fixiert. Der Oberkörper ist aufgerichtet und gestreckt.

3.2 Standwaage

Bemerkung: Das vordere Bein steht auf einem wackeligen Untergrund (zusammengerolltes Handtuch, Isomatte) in der Art, dass Knie- und Hüftgelenk leicht gebeugt sind und das Knie über dem Fuß steht. Das hintere Bein ist gestreckt. Der Fuß hat nur mit dem Fußballen Kontakt zum Boden. Die Arme sind in Verlängerung des gestreckten Rumpfes. Durch Gewichtsverlagerung wird der Körper in die Position der Standwaage gebracht, bei der das Spielbein, Rumpf und die Arme eine gerade Linie bilden. Der Kopf ist in Verlängerung der Wirbelsäule.

Alternativ kann diese Übung auch im Stand mit den Händen an der Wand durchgeführt werden.

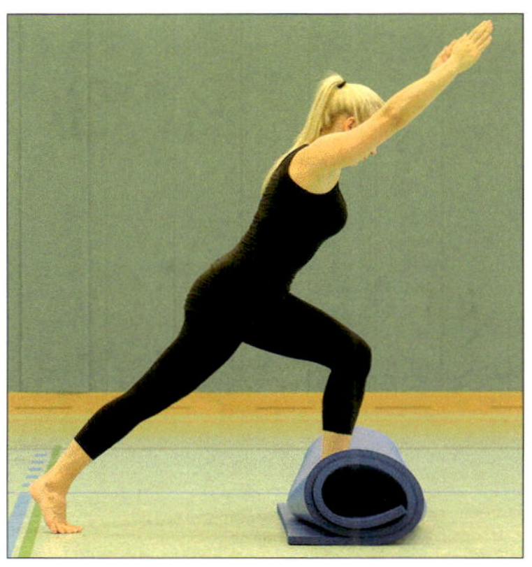

Ausgangsstellung

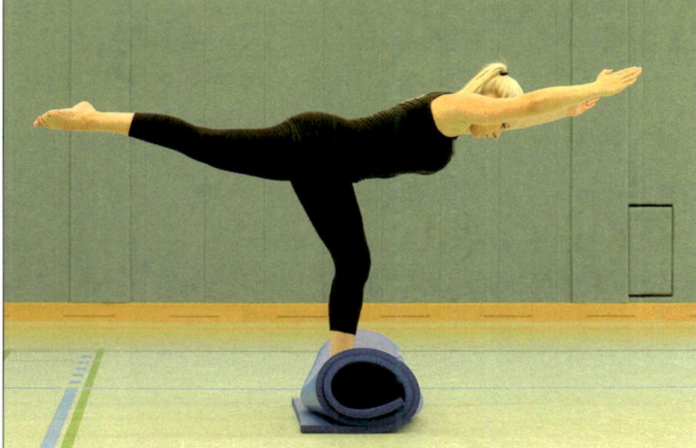

Endstellung

4. Beweglichkeit Rumpf

Allg. Hinweise: die Übungen werden flüssig und langsam mit jeweils 10 Wiederholungen durchgeführt.

4.1 Drehdehnlage 1 (Rückenlage)

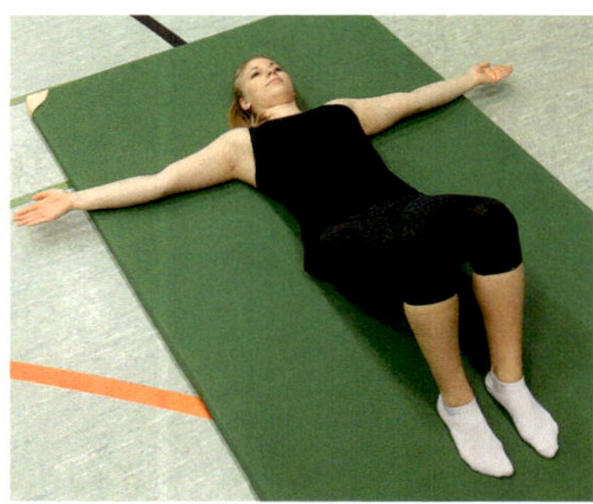

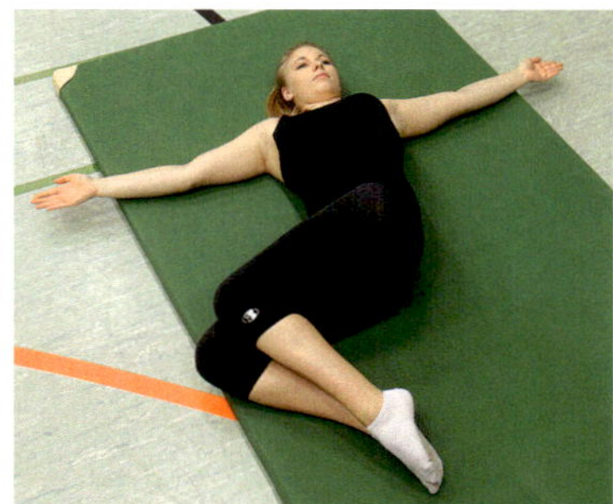

Bemerkung: In der Rückenlage werden die Arme in einem ca. 90° Winkel vom Oberkörper abgespreizt auf dem Boden platziert, die Beine sind hüftbreit aufgestellt.
Mit der Ausatmung werden die Beine seitlich abgelegt, mit der Einatmung werden die Beine wieder aufgestellt, die Schultern bleiben dabei auf dem Boden liegen. Die Übung wird abwechselnd zur linken und zur rechten Seite durchgeführt.

4.2 Drehdehnlage 2 (Rückenlage)

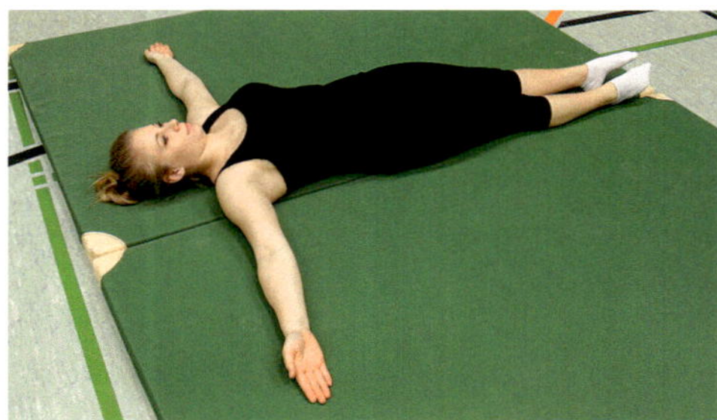

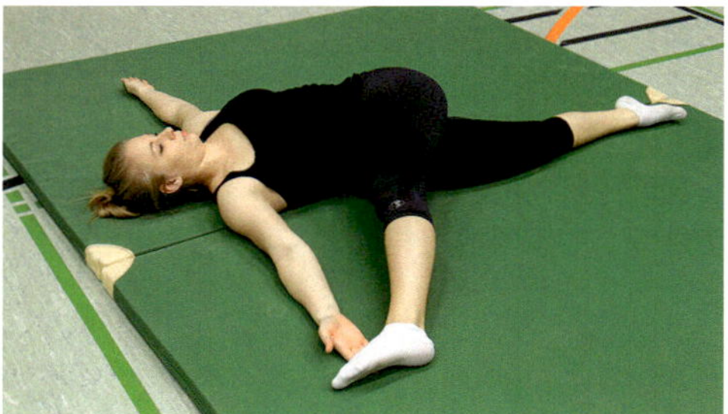

Bemerkung: In der Rückenlage werden die Arme in einem ca. 90° Winkel vom Oberkörper abgespreizt, die Beine liegen hüftbreit gestreckt auf dem Boden. Ein Bein wird abwechselnd gestreckt zum gegenüberliegenden Arm bewegt. Die Schultern bleiben auf dem Boden liegen.

4.3 Drehdehnlage 3 (Bauchlage)

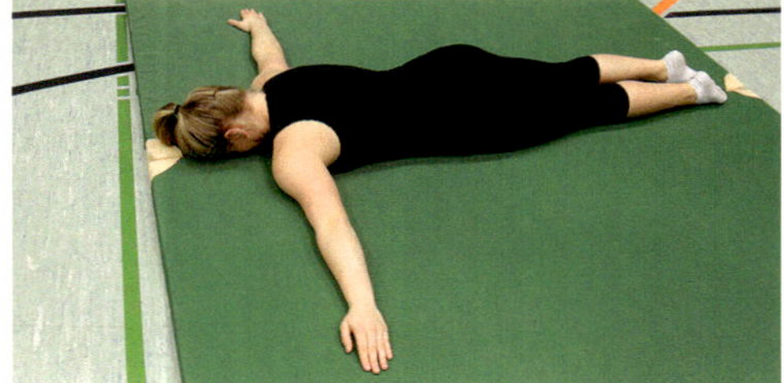

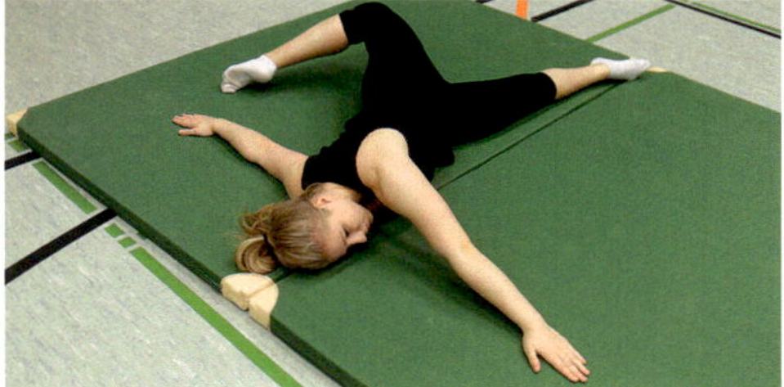

Bemerkung: In der Bauchlage werden die Arme in einem ca. 90° Winkel vom Oberkörper abgespreizt, die Handflächen liegen auf dem Boden und die Beine liegen hüftbreit gestreckt auf dem Boden. Es wird abwechselnd ein Bein zum gegenüberliegenden Arm bewegt. Dabei wird der Kopf, wenn das linke Bein zum rechten Arm geführt wird, zur linken Seite gedreht und umgekehrt.

5. Dehnübungen

Allg. Hinweise: Jede Übung wird mindestens 30–60 Sek. gehalten werden. Dabei sollte die jeweilige Position langsam eingenommen und verlassen werden. In der Endposition sollte ein leichtes Ziehen („Dehnschmerz“) spürbar sein. Allgemein sollte darauf geachtet werden, dass die Muskelgruppen beider Seiten gedehnt werden.

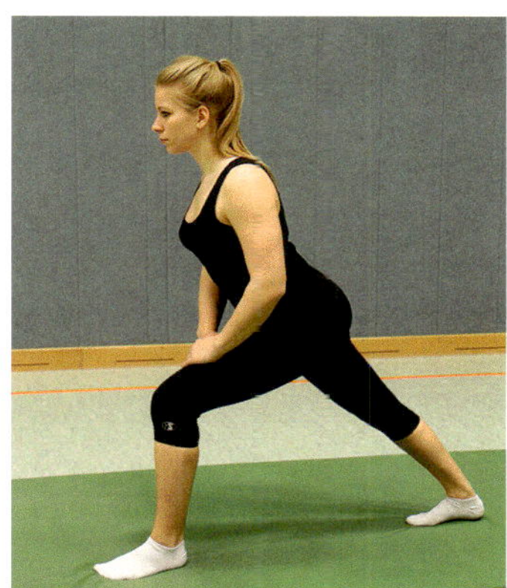

Wadenmuskulatur
Ausfallschritt, die Fußspitzen zeigen nach vorne. Das vordere Bein ist angewinkelt, das hintere Bein gestreckt. Die Ferse des nach hinten gestreckten Beines wird in den Boden gedrückt. Der Oberkörper ist gerade und bildet die Verlängerung zum hinteren Bein. Die Hände werden auf dem vorderen Oberschenkel abgestützt.

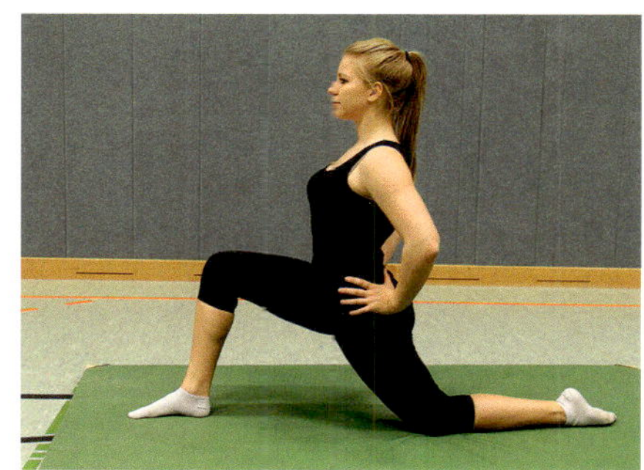

Hüftbeugermuskulatur
Im Einbeinkniestand wird das vordere Bein angewinkelt, der hintere Unterschenkel und der Fußspann liegen auf dem Boden. Der Oberkörper ist gerade und aufgerichtet, das Becken wird langsam nach vorne geschoben.

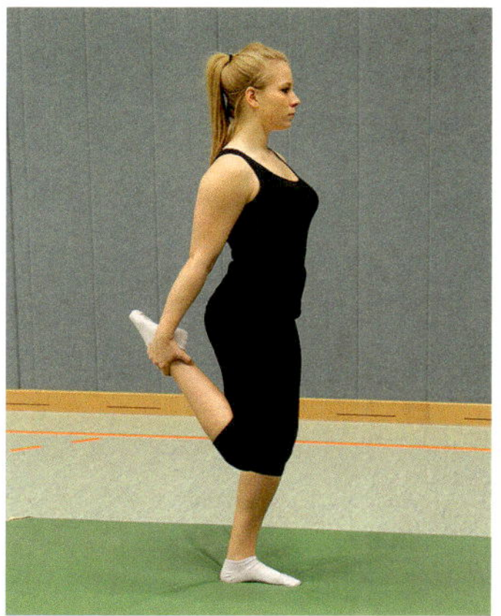

Vordere Oberschenkelmuskulatur (Kniestrecker)
Die Füße stehen hüftbreit auseinander, die Knie sind leicht gebeugt. Ein Fuß wird oberhalb des Sprunggelenkes umgriffen und an das Gesäß geführt. Die Oberschenkel bleiben parallel nebeneinander. Der Oberkörper ist gestreckt und aufgerichtet, der Bauch ist angespannt. Zur besseren Gleichgewichtskontrolle dient evtl. ein Festhalten an einer Wand oder an einem Partner.

Hintere Oberschenkelmuskulatur (ischiocrurale Muskulatur)

In Rückenlage wird ein Bein senkrecht nach oben gestreckt und an einem Türrahmen gelehnt, das Becken wird möglichst nah am Türrahmen positioniert, das andere Bein liegt gestreckt in Verlängerung des Oberkörpers auf dem Boden.

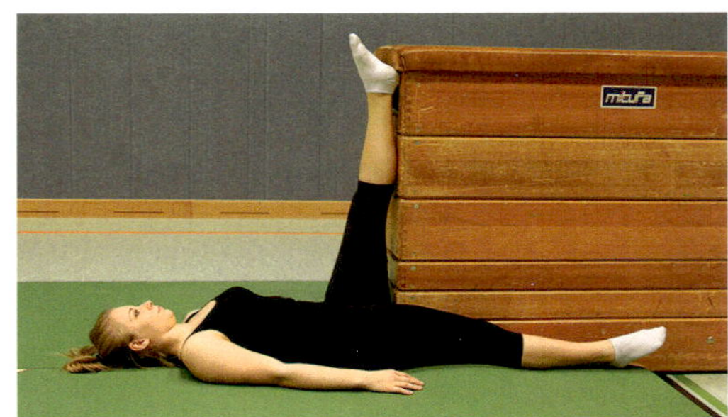

Alternative

Ausgangsstellung wie zuvor beschrieben. Bei dieser Übung wird das nach oben gestreckte Bein oberhalb des Fußes mit einem Handtuch o.ä. umgriffen und gestreckt zum in Richtung Kopf geführt.

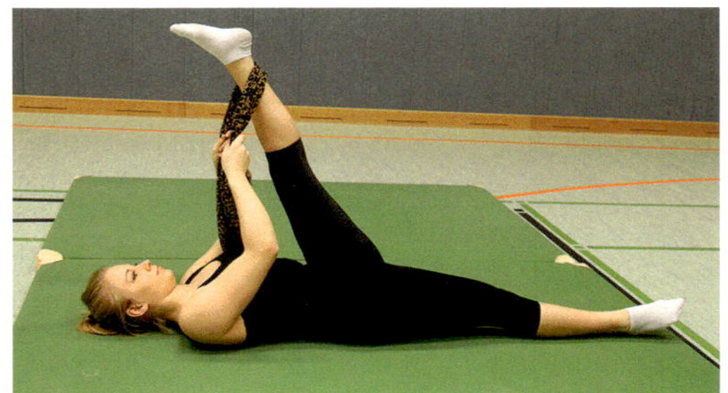

Muskulatur der Oberschenkelinnenseite (Adduktoren)

Die Füße zeigen nach vorne und stehen ca. in doppelter Schulterbreite, der Oberkörper ist gerade und aufrecht. Ein Kniegelenk wird gebeugt und der Schwerpunkt des Körpers wird zu dem gebeugten Bein verlagert. Das andere Bein ist gestreckt. Die Hände werden auf Höhe des Beckens abgestützt.

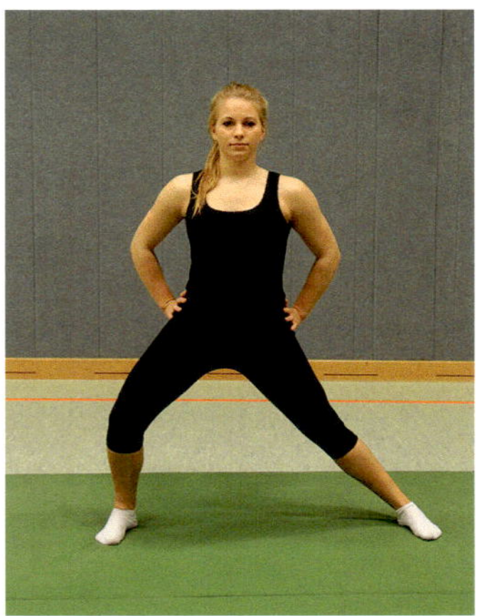

Brustmuskulatur

Im Vierfüßlerstand werden die Hände der gestreckten Arme schulterbreit auf einem Stuhl oder kleinen Kasten positioniert, die Handinnenflächen zeigen zueinander und die Arme und der Oberkörper sind auf einer Höhe. Die Schultern werden abgesenkt und der Kopf bleibt in Verlängerung der Wirbelsäule.

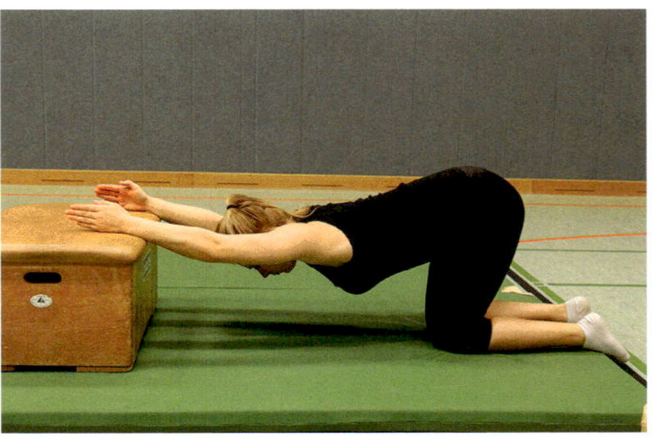

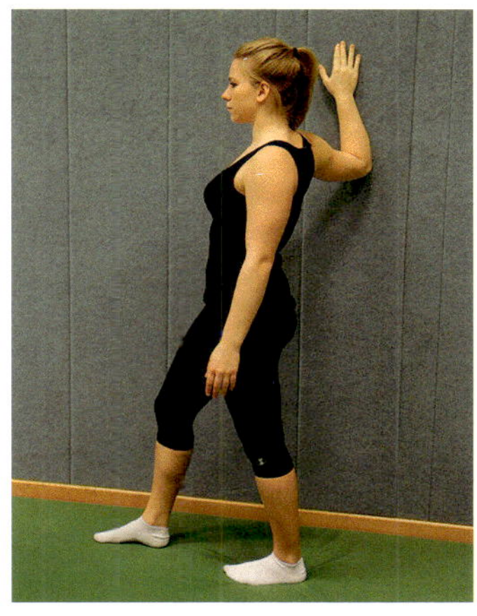

<u>Alternative</u>
Es wird eine Schrittstellung nahe einer Wand eingenommen. Der Arm wird im Ellenbogen 90° gebeugt und in Schulterhöhe an der Wand positioniert. Der Oberkörper bleibt gerade und aufgerichtet, Bauch und Gesäßmuskulatur werden angespannt.

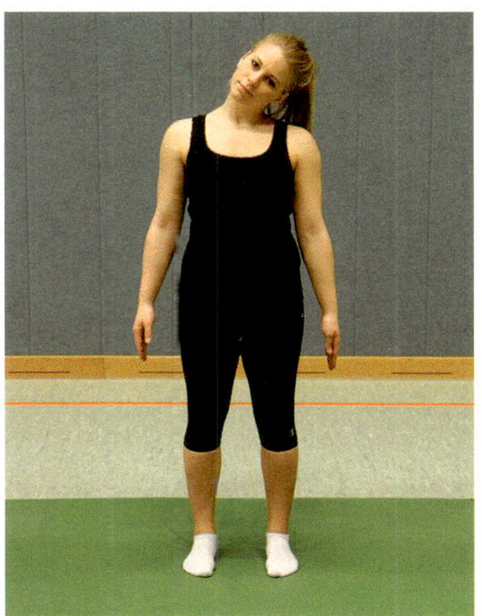

Schulter-Nacken-Muskulatur
Im Stand oder im Sitzen ist der Oberkörper aufgerichtet. Der Kopf wird zu einer Seite geneigt und der gegenüberliegende Arm wird in Richtung Boden geschoben.

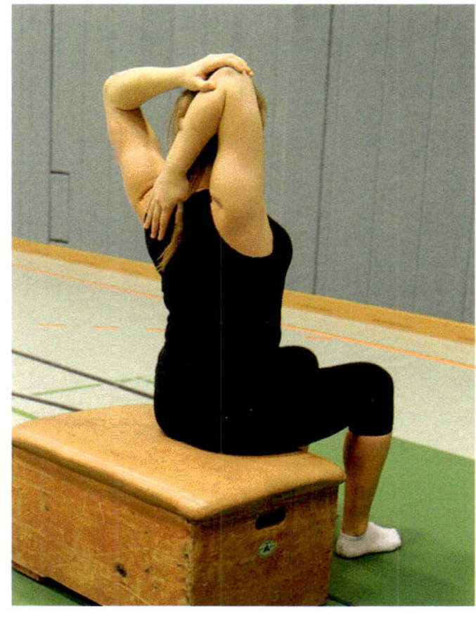

Armstreckermuskulatur (Triceps)
Im Sitz wird ein Arm senkrecht nach oben genommen und im Ellenbogengelenk gebeugt. Die andere Hand umgreift das gebeugte Ellenbogengelenk und drückt den Arm in Richtung der anderen Schulter geführt. Der Oberkörper ist gestreckt und aufgerichtet, der Kopf bleibt in der Verlängerung der Wirbelsäule.

Trainingsplan für Fortgeschrittene

Name, Vorname: ______________________________ Geb.-Datum: ______________

Disziplin: ______________________________

____

1. Aufwärmen

Allg. Hinweise: das Aufwärmprogramm sollte mindestens 10–15 Minuten umfassen und leicht bis etwas schwer sein.

Crosstrainer ❑ Fahrrad(ergometer) ❑ Inlineskates ❑ Laufen ❑

Sonstiges: ______________________________

Borg Skala (subj. Anstrengungsempfinden)			optimaler Trainingsbereich				
6	7–10	11	12	13	14	15–19	20
keine Anstren-gung	extrem – sehr leicht	leicht	etwas schwer	mittel schwer	schwer	sehr – extrem schwer	maximale Anstren-gung

2. Kräftigung

Allg. Hinweise: die dynamischen Übungen werden flüssig und langsam ausgeführt (12–20 Wiederholungen), die anderen Übungen langsam aufgebaut und statisch gehalten (12–30 sec.). Alle Übungen werden mit zwei bis drei Serien durchgeführt. Zwischen jeder Serie ca. 1,5 Min. Pause. Die Intensität sollte bei „mittel schwer" bis „schwer" liegen (Borg-Skala). Evtl. müssen die Übungen erschwert oder erleichtert werden. Grundsätzlich gilt: Bei der Entspannung einatmen und bei der Anspannung ausatmen (AA-EE-Regel).

2.1 Bauch

2.1.1 Käfer

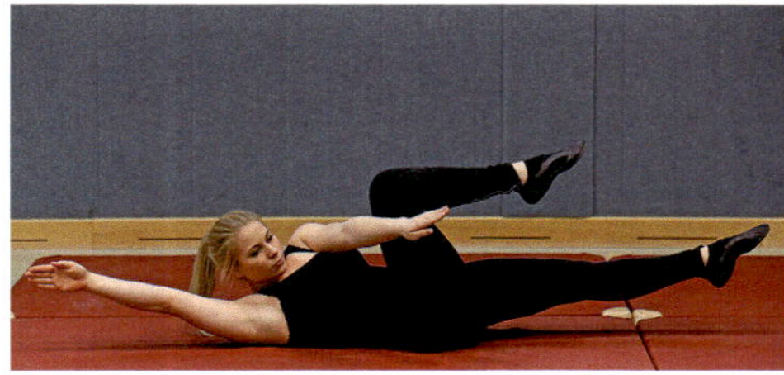

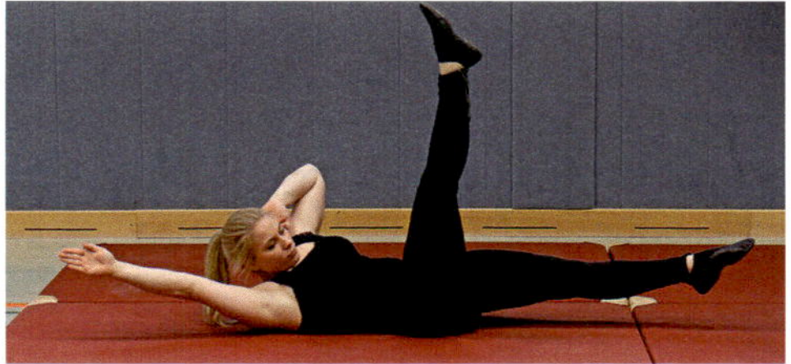

Alternative

Bemerkung: In Rückenlage nähern sich diagonales Arm- und Beinpaar im Wechsel an. Der Kopf wird dabei in Verlängerung der Wirbelsäule mit Blickrichtung Decke gehalten.

Alternativ: In Rückenlage wird ein diagonales Arm- und Beinpaar gestreckt gehalten. Das andere Bein wird in Richtung Decke gestreckt. Oberkörper und der Ellenbogen des gegenüberliegenden Armes werden zu diesem geführt. Die Schulterblätter bleiben während der ganzen Übung vom Boden abgehoben.

2.1.2 Crunch mit Becken Lift

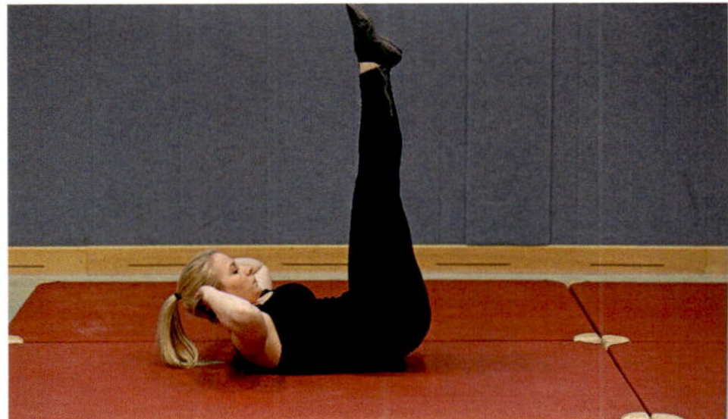
Gerade

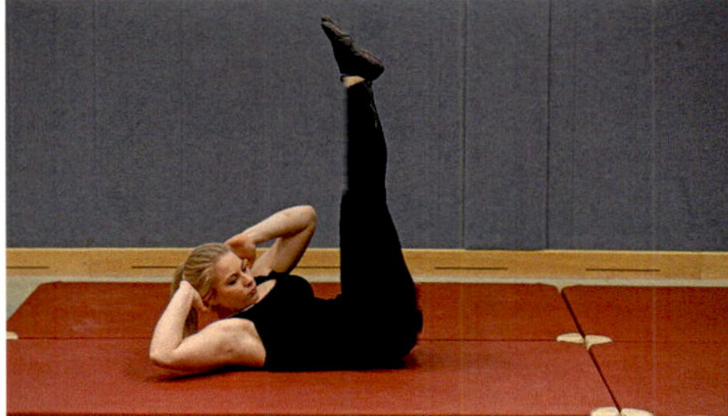
Schräg

Bemerkung:
Gerader Crunch mit Beckenlift:
In Rückenlage werden die Beine gestreckt angehoben, die Arme befinden sich hinten den Ohren. Der Kopf wird mit Blickrichtung zur Decke leicht angehoben. Schultern, Schulterblätter und Becken werden vom Untergrund abgehoben. Anschließend wird der Oberkörper wieder gesenkt.

Schräger Crunch mit Beckenlift:
Ausgangsstellung wie zuvor beschrieben, Oberkörper schräg anheben.

2.2 Rumpfstabilisation

2.2.1 Unterarmstütz vl. auf Pezziball

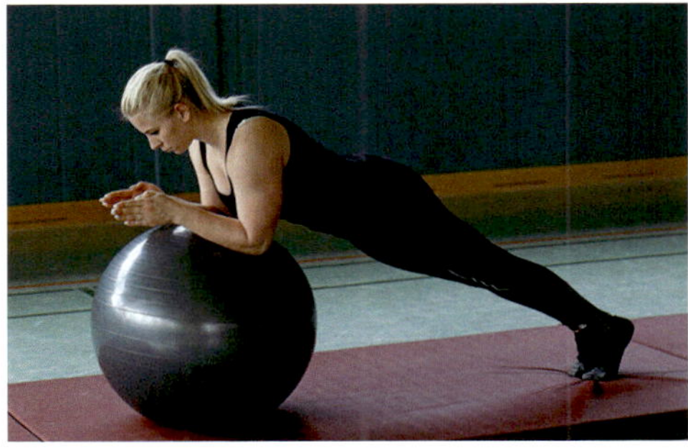

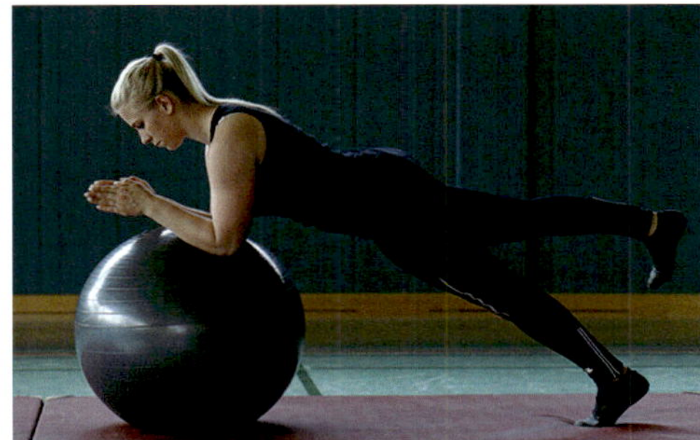
Alternative

Bemerkung: Die Unterarme werden auf dem Pezziball und die Fußspitzen auf dem Boden aufgesetzt. Die Arme sind parallel und die Schulterachse befindet sich über dem Ellenbogen. Der Körper wird angehoben, dabei wird insbesondere die Bauch- und Gesäßmuskulatur angespannt. Der Kopf bleibt in Verlängerung der Wirbelsäule mit Blickrichtung auf den Boden.

Alternativ: Zusätzlich werden die Beine im Wechsel leicht angehoben.

2.2.2 Unterarmstütz sl. auf Pezziball

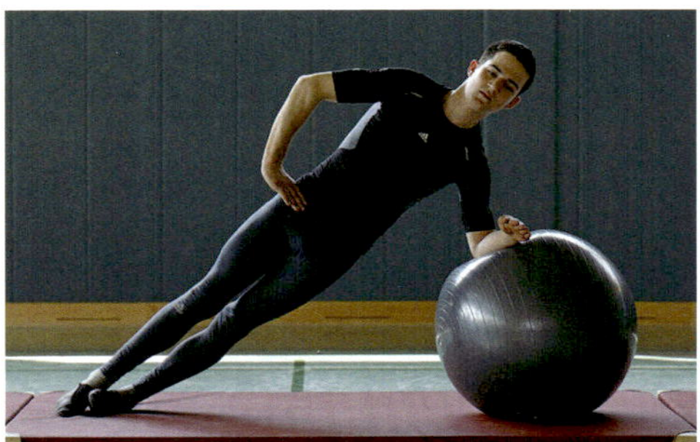

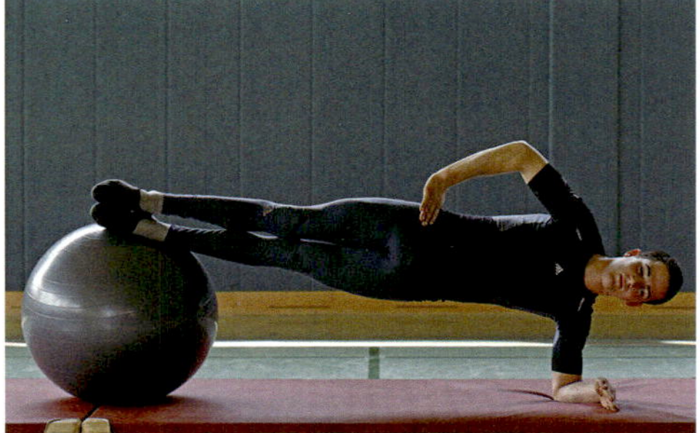

Alternative

Bemerkung: Der Unterarm wird auf dem Pezziball und der Fuß auf dem Boden aufgesetzt. Im Unterarmstütz sl. bilden Beine und Rumpf eine gerade Linie, der Kopf bleibt in Verlängerung der Wirbelsäule, der obere Arm wird am oberen Becken positioniert. Der Blick ist geradeaus.

Alternativ: Die Beine werden auf dem Pezziball platziert, der Unterarm stützt auf dem Boden. Die weiteren Kriterien sind analog der oberen Bewegungsbeschreibung zu sehen.

2.2.3 Bridging auf Pezziball

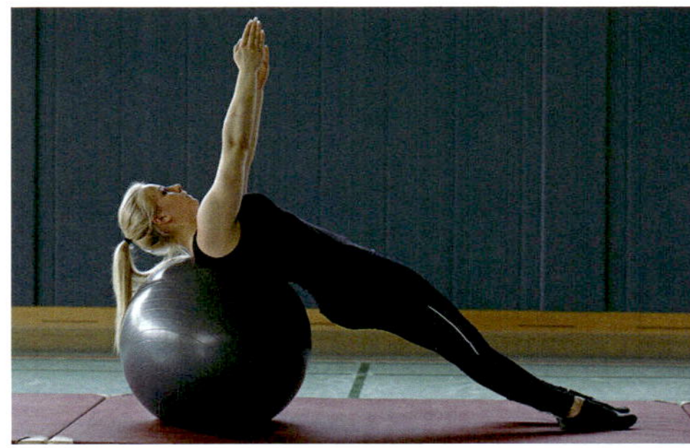

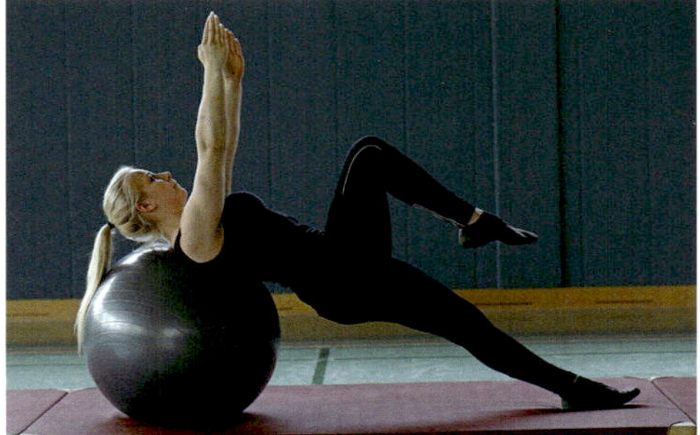

Alternative

Bemerkung: In der Rückenlage werden die Füße hüftbreit auf dem Pezziball aufgelegt, das Gesäß wird bis zur Hüftstreckung angehoben. Die Arme sind ca. 90° zum Oberkörper in Richtung Decke gestreckt. (Zusätzlich kann ein Bein gestreckt angehoben werden.)

Alternativ: Die Schultern werden auf dem Pezziball, die hüftbreite aufgestellten Füße auf dem Boden platziert. Beine und Rumpf bilden eine gerade Linie, Die Arme sind ca. 90° zum Oberkörper nach vorne gestreckt. Der Kopf bleibt in Verlängerung der Wirbelsäule. (Zusätzlich kann ein im Knie gebeugtes Bein angehoben werden.)

2.3 Rücken

2.3.1 Rückenstrecker auf Pezziball

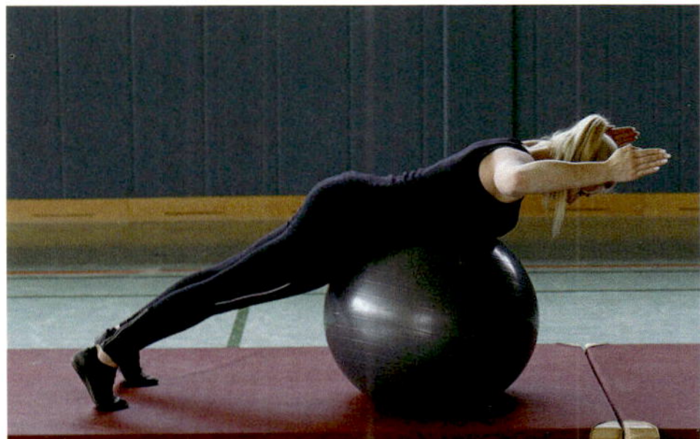

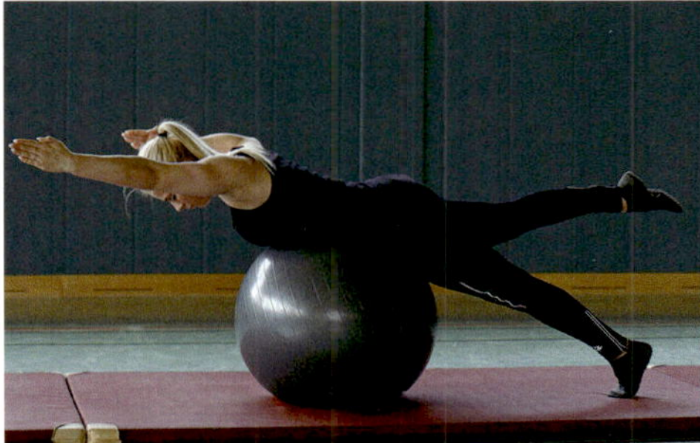

Alternative

Bemerkung: Der Oberkörper wird bäuchlings in Höhe des Bauchnabels auf dem Pezziball platziert. Die Arme sind in „U-Halte-Position“. Die Füße stehen schulterbreit auf. Beine und Rumpf bilden eine gerade Linie. Aus dieser Position wird der Oberkörper Wirbel für Wirbel eingerollt und wieder langsam in die Streckung gebracht.

<u>Alternativ:</u> Ausgangsstellung wie zuvor beschrieben. Zusätzlich wird im Wechsel das diagonale Arm-Bein-Paar bewegt, indem das gestreckte Bein leicht angehoben und der diagonale Arm über Kopf in die Streckung geführt wird.

2.3.2 Oberer Rücken/Zwischenschulterblattmuskulatur

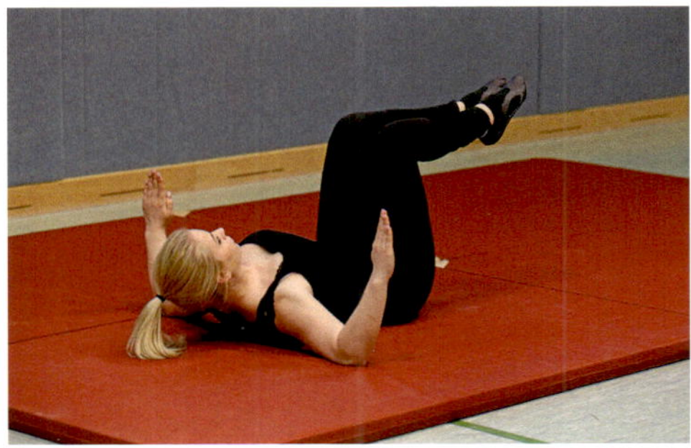

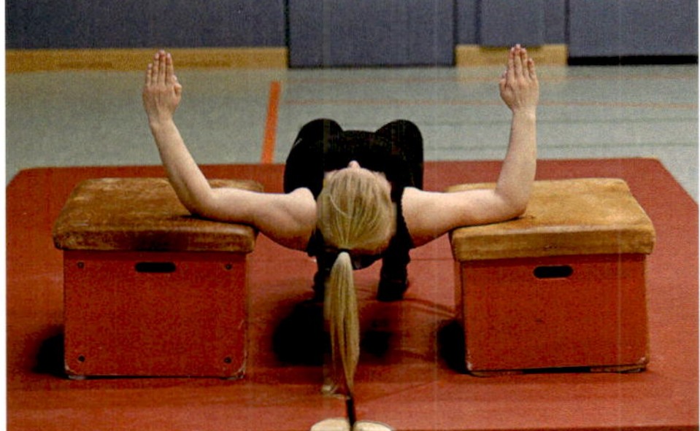

Alternative

Bemerkung: In Rückenlage werden die Beine im 90° Hüft- und Kniebeugung angehoben, die Arme werden in Höhe der Schultern soweit abgespreizt, dass die Oberarme auf dem Boden liegen, die Ellenbogen sind 90° gebeugt und die Unterarme und Fingerspitzen zeigen zur Decke.
In der Endposition werden die Schulterblätter zusammengeführt. Es wird Druck auf die Ellenbogen aufgebaut, der Oberkörper wird gestreckt abgehoben und der Kopf bleibt in Verlängerung der Wirbelsäule.

<u>Alternativ</u>: Die Schultern werden auf einer Kiste abgelegt, die Füße aufgestellt, die Hüfte gestreckt („Vierfüßler rl.“). Die Arme befinden sich in der oben beschriebenen Position. Die weitere Übungsabfolge ist analog zu sehen. Zusätzlich wird ein Bein angehoben.

2.4 Beine

2.4.1 Ausfallschritt seitwärts

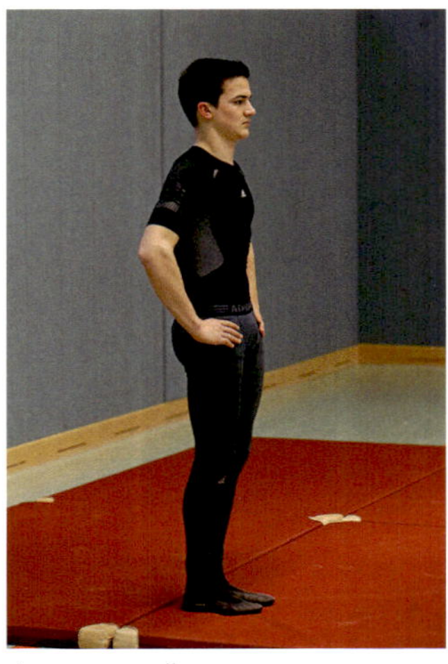
Ausgangsstellung

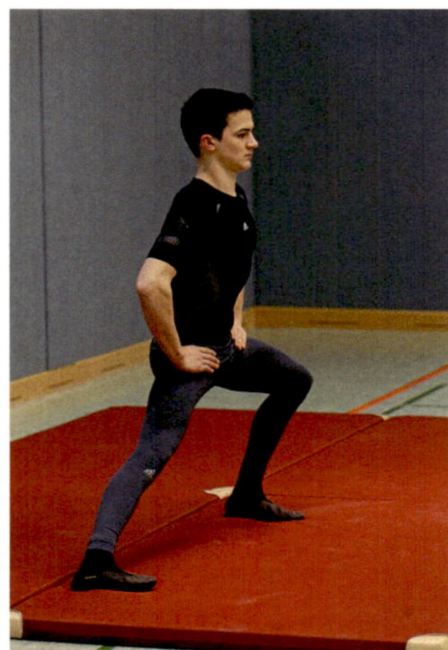
Endstellung

Bemerkung: Aus dem Stand wird abwechselnd ein Ausfallschritt seitwärts ausgeführt. Dabei wird das Knie des Beines zu der die Bewegung erfolgt ca. 90° gebeugt und bleibt über dem Fuß, beide Füße zeigen nach vorne, der Oberkörper ist aufgerichtet, die Hände werden in der Hüftbeuge fixiert. Anschließend wird die Ausgangsstellung eingenommen. Die Übung wird dynamisch schnellkräftig ausgeführt. Die Bewegung in den Ausfallschritt im ca. 2 sec. Ablauf. Der Weg zurück in den Stand erfolgt in 1 sec. (2-1-Rhythmus)

2.4.2 Ausfallschritt mit erhöhtem Bein

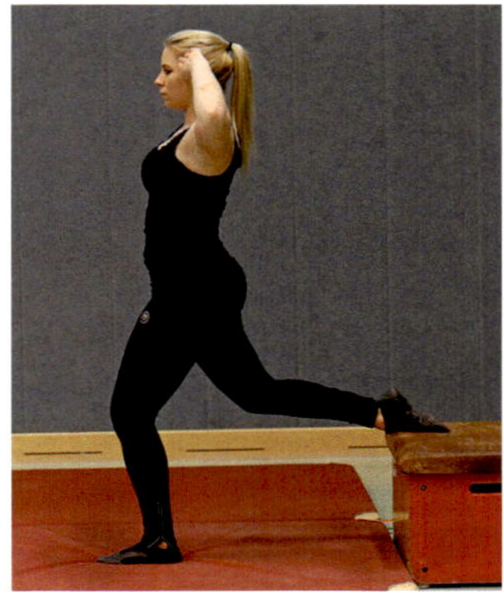
Ausgangsstellung

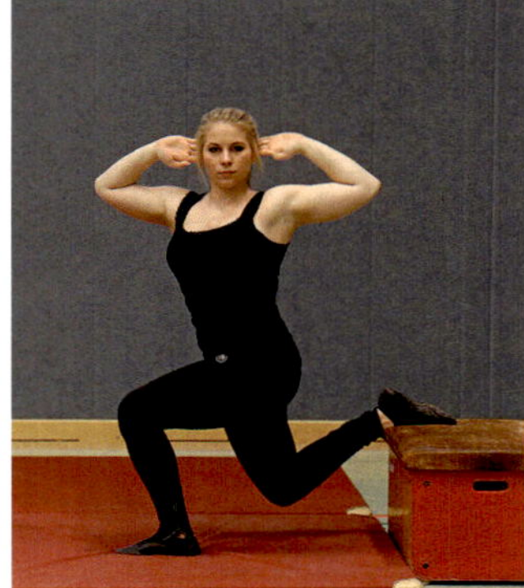
Endstellung

Bemerkung: Aus dem Stand wird ein Ausfallschritt vorwärts ausgeführt. Das hintere Bein wird bei dieser Übung erhöht (z.B. auf einem kleinen Kasten) abgestellt, das vordere Bein wird gebeugt, das 90° gebeugte Knie des vorderen Beines bleibt über dem vorderen Fuß, beide Füße zeigen nach vorne, der Oberkörper ist aufgerichtet, Hände werden hinter den Ohren platziert. In der Endstellung wird der Oberkörper zum vorderen Knie gedreht. Becken und Bein halten ihre Position. Die Übung wird dynamisch schnellkräftig ausgeführt (s. oben 2-1-Rhythmus).

2.4.3 Ischiocrurale Muskulatur (Oberschenkelrückseite und Gesäßmuskulatur)

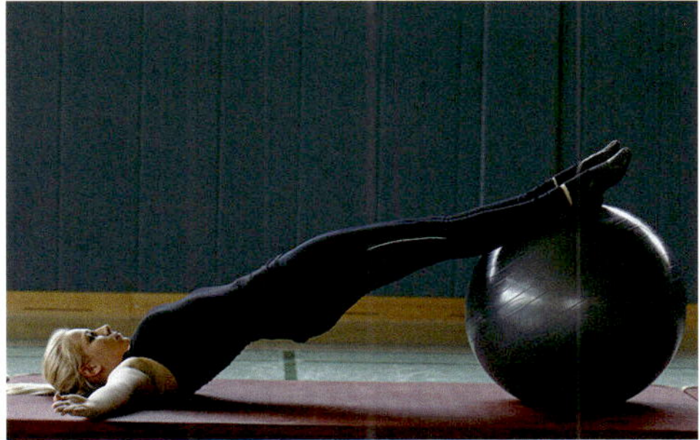
Ausgangsstellung

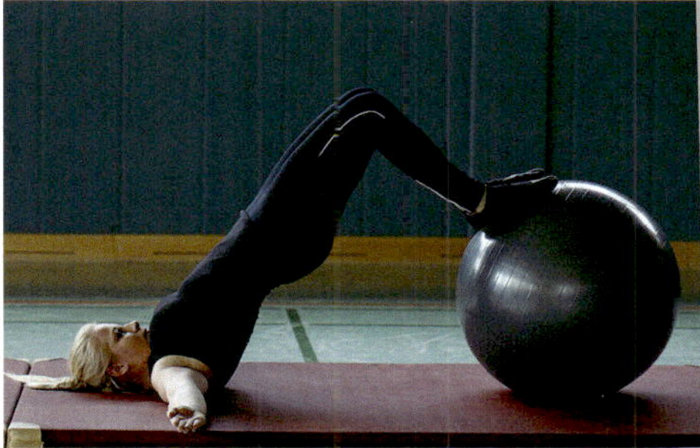
Endstellung

Bemerkung: In der Rückenlage werden die Beine auf einem Pezziball abgelegt. Oberkörper und Becken werden bis zur Hüftstreckung angehoben, die Arme liegen neben dem Körper, Handinnenflächen zeigen nach oben. Zur Endstellung werden die hüftbreit geöffneten Knie bei permanent gestreckter Hüfte maximal gebeugt. Anschließend wird die Ausgangsposition wieder eingenommen. Die Übung wird dynamisch langsam ausgeführt.

2.5 Arm, Brust, Rumpf

2.5.1 Liegestütz auf Pezziball

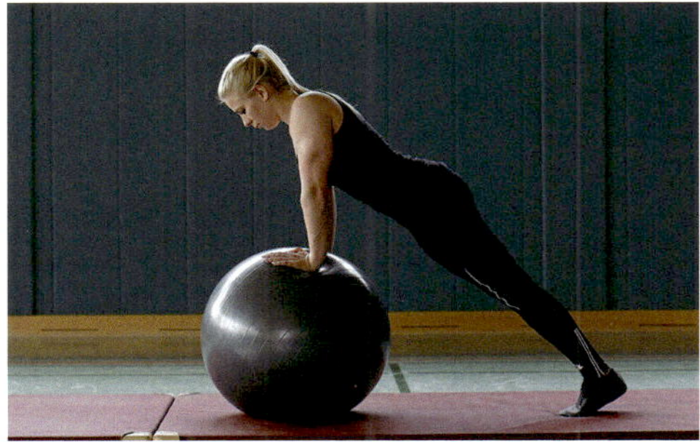

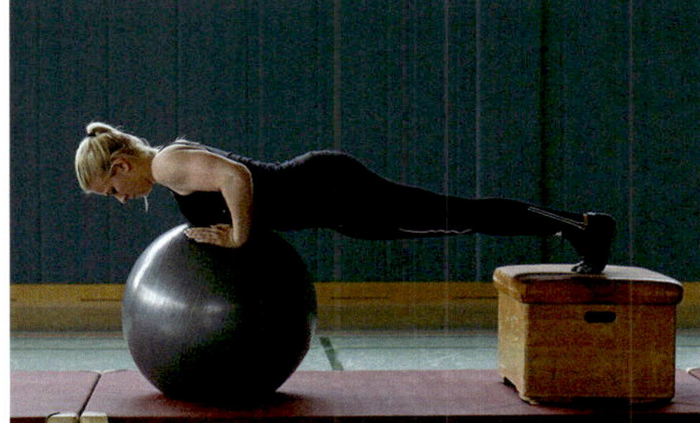
Alternative

Bemerkung: Kopf, Oberkörper und Beine bilden eine gerade Linie, die Füße werden hüftbreit auf dem Boden aufgesetzt. Die Hände bzw. Fingerspitzen zeigen nach vorne, der Kopf bleibt in Verlängerung der Wirbelsäule mit Blickrichtung Boden. Die Arme werden soweit gebeugt, bis die Brust annähernd den Pezziball berührt. Die Übung wird dynamisch schnellkräftig im 2-1-Rhythmus durchgeführt.

Alternativ: Die Füße werden erhöht auf einer Kiste oder ähnlichem abgestellt.

3. Koordination – Gleichgewicht

3.1 Dynamische Standwaage

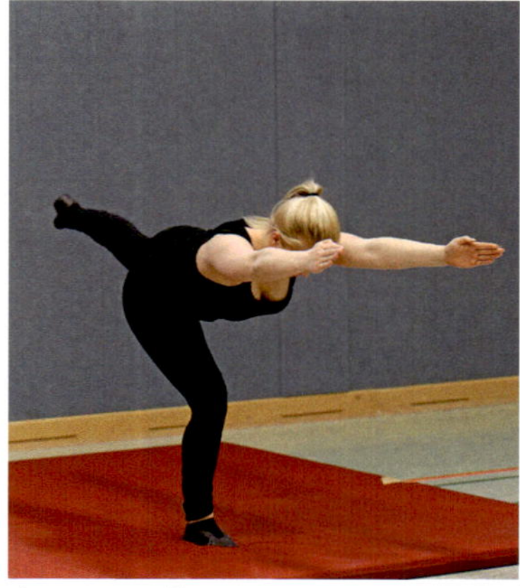
Ausgangsstellung

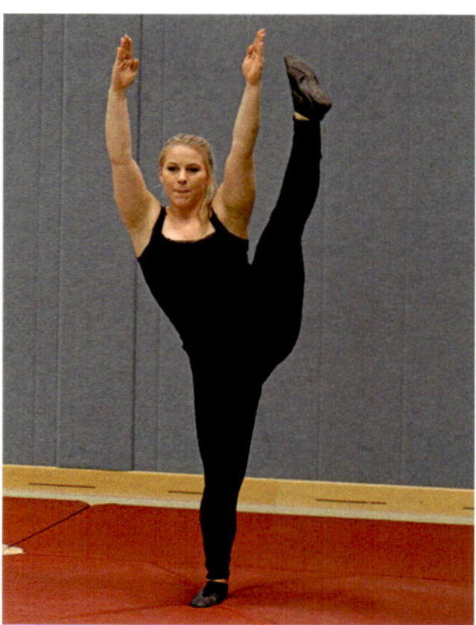
Endstellung

Bemerkung: In der Ausgangsstellung wird eine Standwaage eingenommen. Das Standbein ist dabei leicht gebeugt, die Arme sind über dem Kopf schulterbreit geöffnet und gestreckt. Daraus wird das Spielbein nach vorne zum Spreizstand gebracht (alternativ auch in den Standspagat). Die Arme bleiben in ihrer Position. Anschließend wird die Standwaage wieder eingenommen. Die Übung wird dynamisch langsam ausgeführt.

3.2 Einbeinsprünge sw.

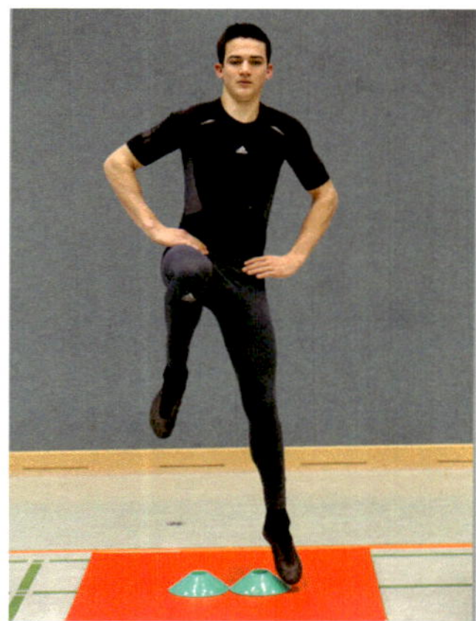

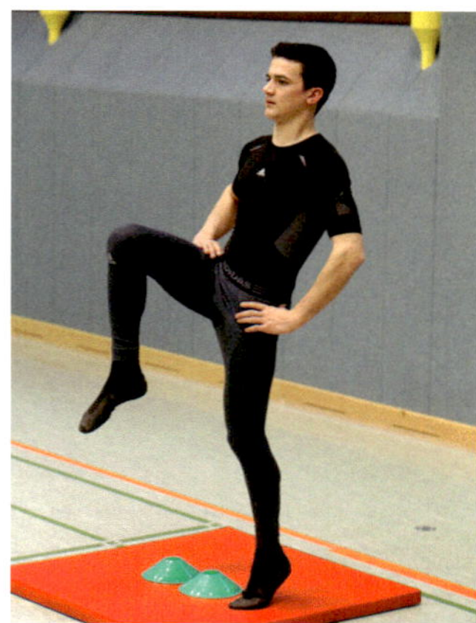
Alternative

Bemerkung: Aus der Ausgangsstellung Einbeinstand mit leicht gebeugtem Knie im Standbein und 90° gebeugter Knie- und Hüfte im Spielbein werden Einbeinsprünge sw. über ein Seilchen oder eine fixierte Stange etc. durchgeführt. Der Oberkörper bleibt aufgerichtet, die Arme in der Hüftbeuge fixiert. Zwischen den Sprüngen wird ca. 2 sec. die statische Ausgangsstellung eingenommen.
Alternativ: Die Übung wird im Ballenstand (Ferse des Standbeines bleibt durchgängig vom Boden abgehoben) durchgeführt.

4. Beweglichkeit Rumpf

Allg. Hinweise: die Übungen werden zunächst flüssig und langsam mit jeweils 10–15 Wiederholungen durchgeführt. Nach der letzten Wiederholung ca. 30–60 sec. in der Endstellung bleiben. Es sollte ein leichtes Ziehen („Dehnschmerz“) spürbar sein. Langsam die Position verlassen.

4.1 Drehdehnlage 1 (Rückenlage)

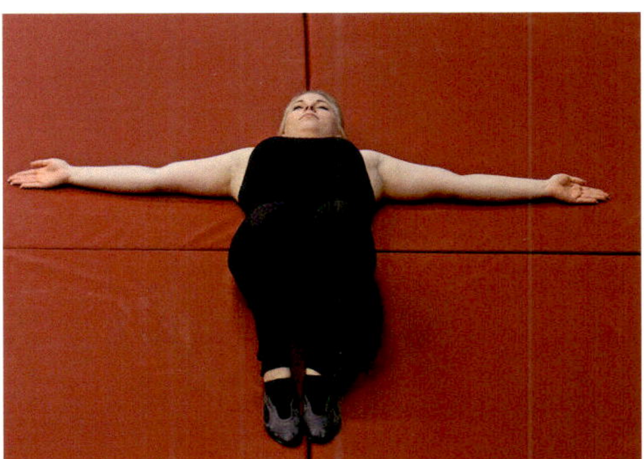

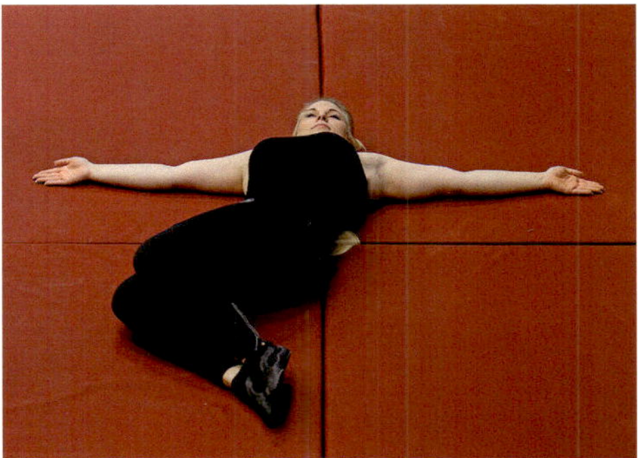

Bemerkung: In der Rückenlage werden die Arme in einem ca. 90° Winkel vom Oberkörper abgespreizt auf dem Boden platziert, die Beine sind hüftbreit aufgestellt.
Mit der Ausatmung werden die Beine seitlich abgelegt, mit der Einatmung werden die Beine wieder aufgestellt, die Schultern bleiben dabei auf dem Boden liegen. Die Übung wird abwechselnd zur linken und zur rechten Seite durchgeführt.

4.2 Drehdehnlage 2 (Rückenlage)

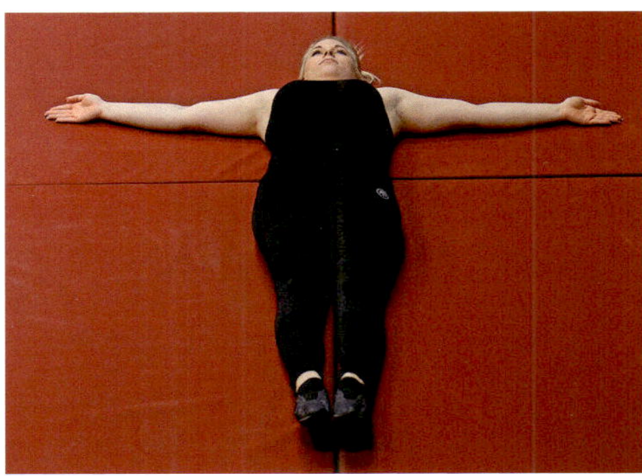

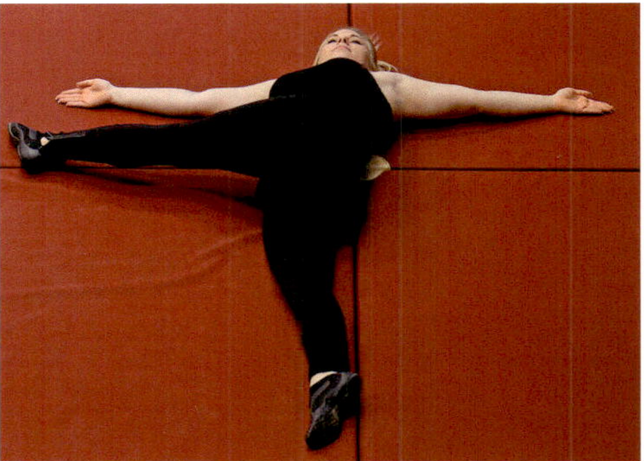

Bemerkung: In der Rückenlage werden die Arme in einem ca. 90° Winkel vom Oberkörper abgespreizt, die Beine liegen hüftbreit gestreckt auf dem Boden. Ein Bein wird abwechselnd gestreckt zum gegenüberliegenden Arm bewegt.
Die Schultern bleiben auf dem Boden liegen.

4.3 Dreh(dehn)lage 3 (Seitlage)

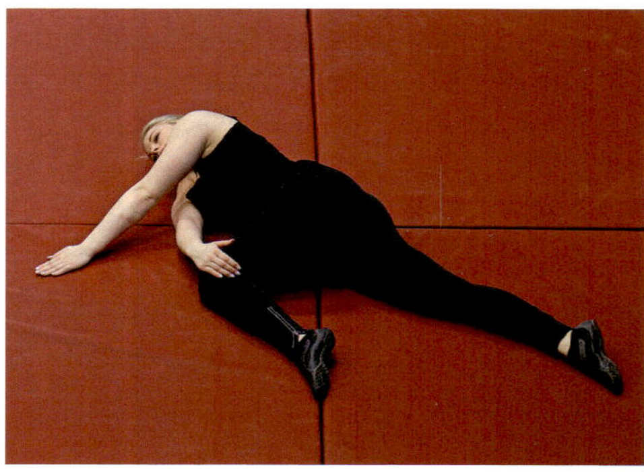
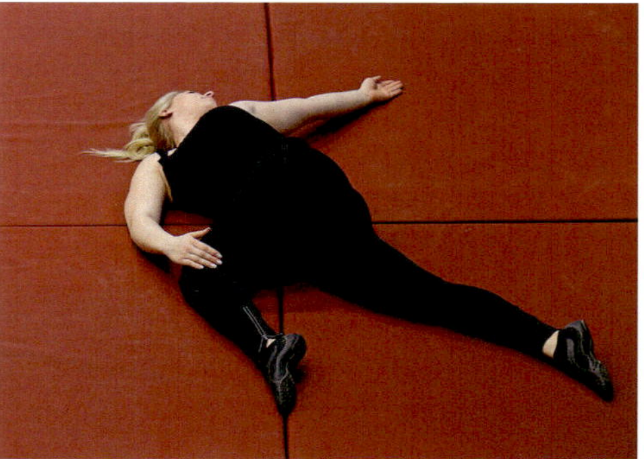

Bemerkung: In der Seitlage wird das obenliegende Bein im Knie- und Hüftgelenk ca. 90° gebeugt und vor dem Körper abgelegt. Der unten liegende Arm fixiert das Knie am Boden. Der obere Arm dreht sich mit dem Oberkörper in die Rückenlage. Der Kopf folgt der Bewegung (s. Fotos). Das fixierte Knie bleibt am Boden.

4.4 Dreh(dehn)lage 4 (Bauchlage)

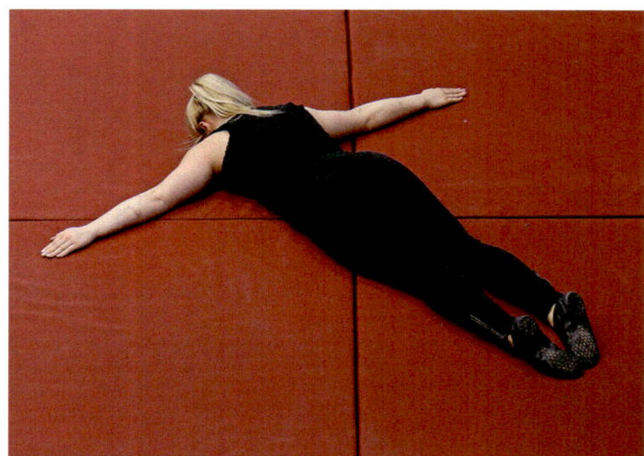
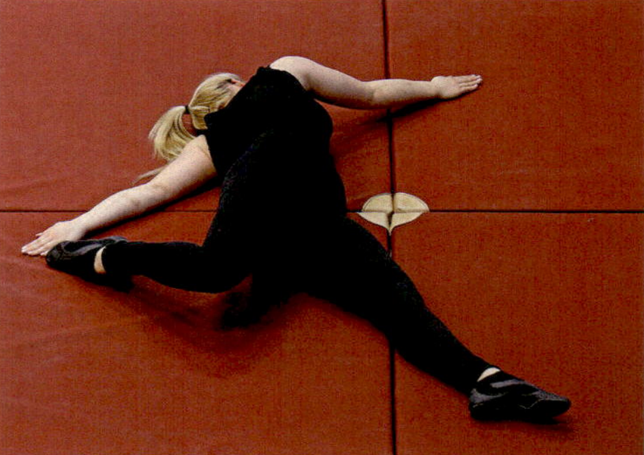

Bemerkung: In der Bauchlage werden die Arme in einem ca. 90° Winkel vom Oberkörper abgespreizt, die Handflächen liegen auf dem Boden und die Beine liegen hüftbreit gestreckt auf dem Boden. Es wird abwechselnd ein Bein zum gegenüberliegenden Arm bewegt. Dabei wird der Kopf, wenn das linke Bein zum rechten Arm geführt wird, zur linken Seite gedreht und umgekehrt.

5. Dehnübungen

Allg. Hinweise: Jede Übung wird mindestens 30–60 Sek. gehalten werden. Dabei sollte die jeweilige Position langsam eingenommen und verlassen werden. In der Endposition sollte ein leichtes Ziehen („Dehnschmerz") spürbar sein. Allgemein sollte darauf geachtet werden, dass die Muskelgruppen beider Seiten gedehnt werden.

5.1 Wadenmuskulatur

Bemerkung: Ausfallschritt, die Fußspitzen zeigen nach vorne. Das vordere Bein ist angewinkelt, das hintere Bein gestreckt. Die Ferse des nach hinten gestreckten Beines wird in den Boden gedrückt. Der Oberkörper ist gerade und bildet die Verlängerung zum hinteren Bein. Die Hände werden auf dem vorderen Oberschenkel abgestützt.

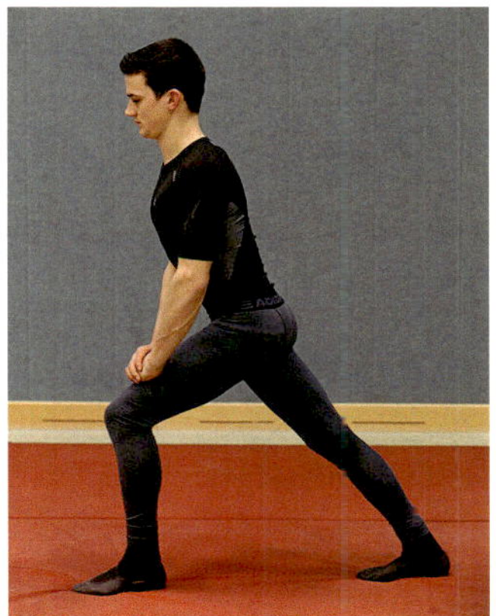

5.2 Hüftbeugermuskulatur

Bemerkung: Im Einbeinkniestand wird das vordere Bein angewinkelt, der hintere Unterschenkel und der Fußspann liegen auf dem Boden. Der Oberkörper ist gerade und aufgerichtet, das Becken wird langsam nach vorne geschoben.

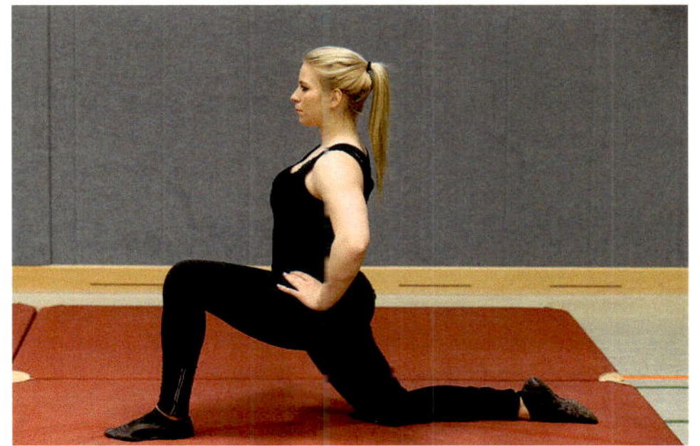

5.3 Vordere Oberschenkelmuskulatur (Kniestrecker)

Bemerkung: Die Füße stehen hüftbreit auseinander, die Knie sind leicht gebeugt. Ein Fuß wird oberhalb des Sprunggelenkes umgriffen und an das Gesäß geführt. Die Oberschenkel bleiben parallel nebeneinander. Der Oberkörper ist gestreckt und aufgerichtet, der Bauch ist angespannt. Zur besseren Gleichgewichtskontrolle dient evtl. ein Festhalten an einer Wand oder an einem Partner.

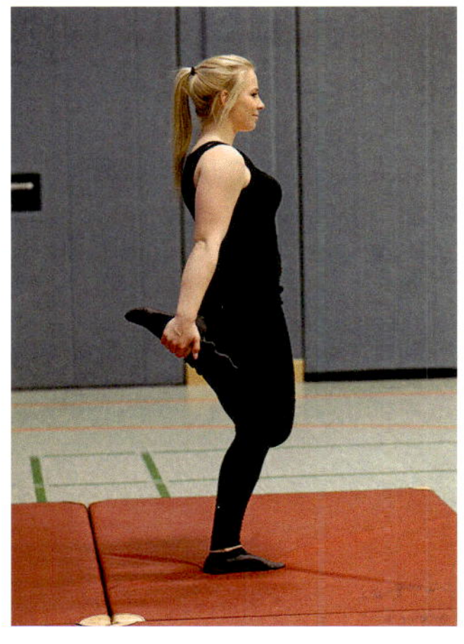

5.4 Hintere Oberschenkelmuskulatur (ischiocrurale Muskulatur)

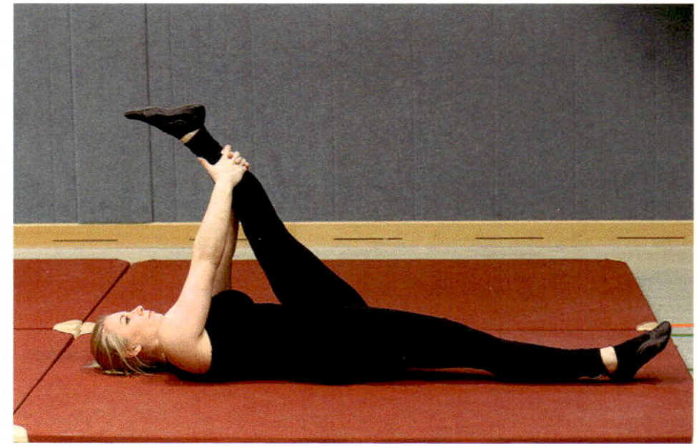

Bemerkung: In Rückenlage wird ein Bein senkrecht nach oben gestreckt, das andere Bein liegt gestreckt in Verlängerung des Oberkörpers auf dem Boden. Das oben gestreckte Bein wird oberhalb des Fußes mit einem Handtuch o.ä. umgriffen und gestreckt in Richtung Kopf geführt.

5.5 Kombinationsübung Hüftbeuger-/strecker

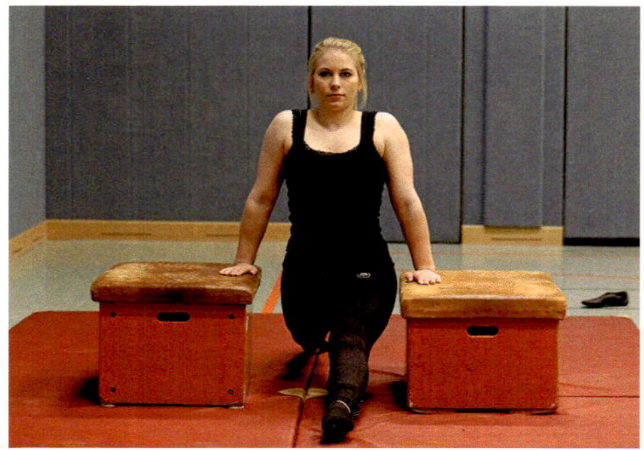

Ausgangsstellung

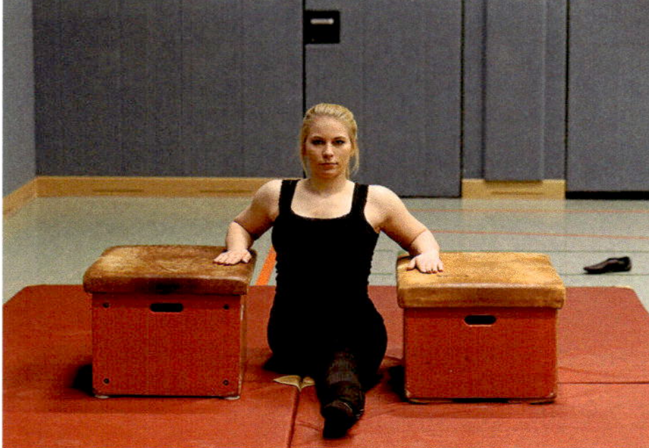

Endstellung

Bemerkung: In der Ausgangsstellung befindet sich der Voltigierer in einer Art Ausfallschritt, die Arme stützen seitlich neben dem Körper auf einem Stuhl oder einer Kiste. Aus der Position wird der Körper schrittweise in den Spagat abgesenkt, indem beide Füße auf einer gedachten geraden Linie nach vorne bzw. hinten rutschen. Die Beckenachse bleibt parallel zur Schulterachse, der Oberkörper ist aufgerichtet.

5.6 Muskulatur der Oberschenkelinnenseite (Adduktoren)

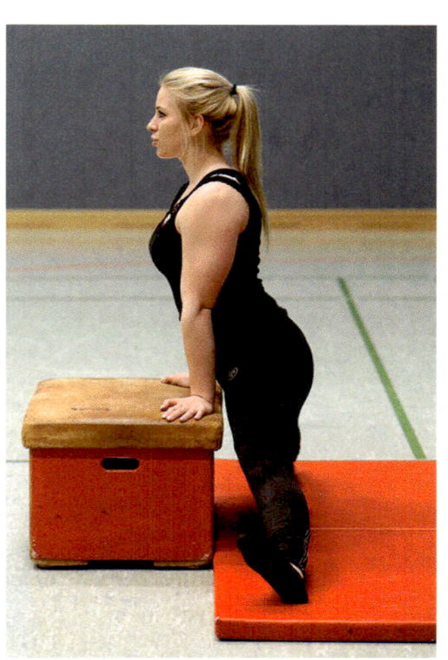

Bemerkung: Im Grätschstand stützt sich der Voltigierer auf einer Kiste vor dem Körper ab und senkt sich schrittweise in den Spagat ab. Die Füße werden auf einer gedachten geraden Linie nach außen geschoben. Die Hüfte ist möglichst gestreckt.

5.7 Brustmuskulatur (mit Pezziball)

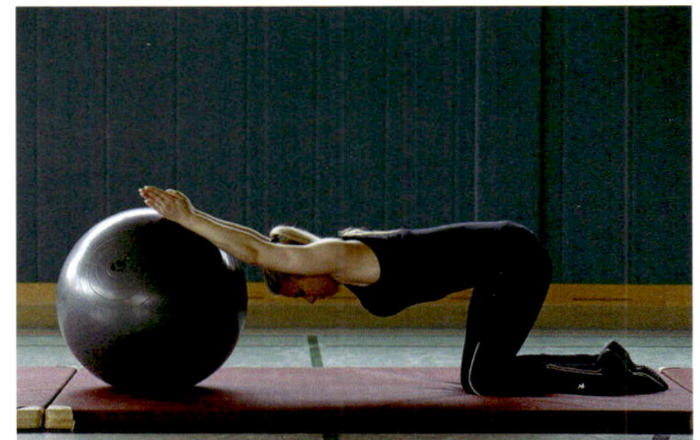

Bemerkung: Im Vierfüßlerstand werden die Hände der gestreckten Arme schulterbreit auf einem Pezziball positioniert, die Handinnenflächen zeigen zueinander und die Arme und der Oberkörper sind auf einer Höhe. Die Schultern werden abgesenkt und der Kopf bleibt in Verlängerung der Wirbelsäule.

5.8 Schulter-Nacken-Muskulatur

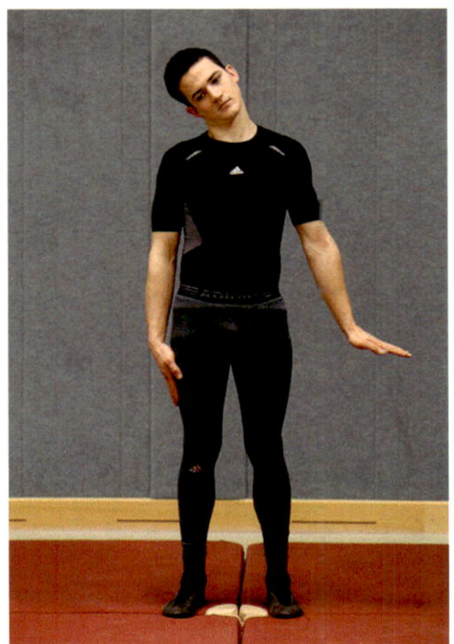

Bemerkung: Im Stand oder im Sitzen ist der Oberkörper aufgerichtet. Der Kopf wird zu einer Seite geneigt und der gegenüberliegende Arm wird in Richtung Boden geschoben.

5.9 Armstreckermuskulatur (Triceps)

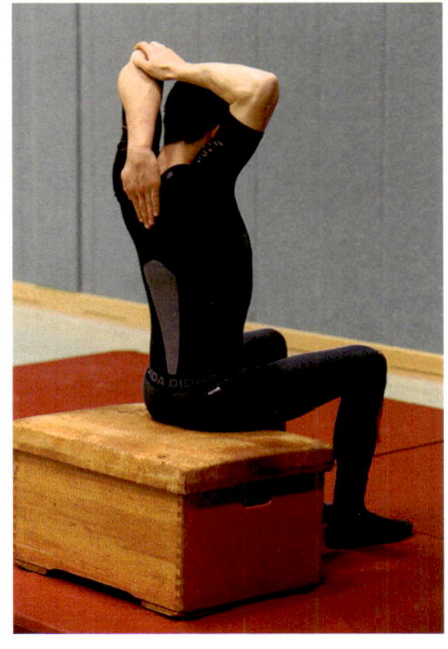

Bemerkung: Im Sitz wird ein Arm senkrecht nach oben genommen und im Ellenbogengelenk gebeugt. Die andere Hand umgreift das gebeugte Ellenbogengelenk und bewegt den Arm in Richtung der anderen Schulter. Der Oberkörper ist gestreckt und aufgerichtet, der Kopf bleibt in der Verlängerung der Wirbelsäule.

Trainingsplan für Könner

Name, Vorname: ______________________________ Geb.-Datum: ______________

Disziplin: ______________________________

____

1. Aufwärmen

Allg. Hinweise: das Aufwärmprogramm sollte mindestens 10–15 Minuten umfassen und leicht bis etwas schwer sein.

Crosstrainer ❑ Fahrrad(ergometer) ❑ Inlineskates ❑ Laufen ❑

Sonstiges: ____

Borg Skala (subj. Anstrengungsempfinden)			optimaler Trainingsbereich				
6	7–10	11	12	13	14	15–19	20
keine Anstren-gung	extrem – sehr leicht	leicht	etwas schwer	mittel schwer	schwer	sehr – extrem schwer	maximale Anstren-gung

2. Kräftigung

Allg. Hinweise: die dynamischen Übungen werden flüssig und langsam ausgeführt (12–20 Wiederholungen), die anderen Übungen langsam aufgebaut und statisch gehalten (12–30 sec.). Alle Übungen werden mit zwei bis drei Serien durchgeführt. Zwischen jeder Serie ca. 1,5 Min. Pause. Die Intensität sollte bei bis „mittel schwer" bis „schwer" liegen (Borg-Skala). Evtl. müssen die Übungen erschwert oder erleichtert werden. Grundsätzlich gilt: Bei der Entspannung einatmen und bei der Anspannung ausatmen (AA-EE-Regel).

2.1 Bauch

2.1.1 Gerader Sit up aus der Schiffchenposition

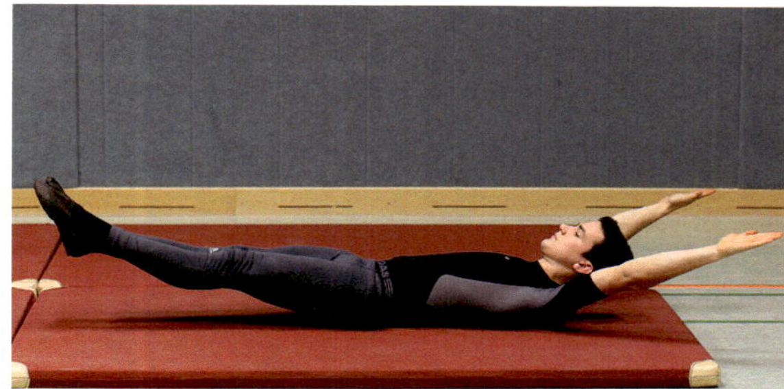

Ausgangsstellung

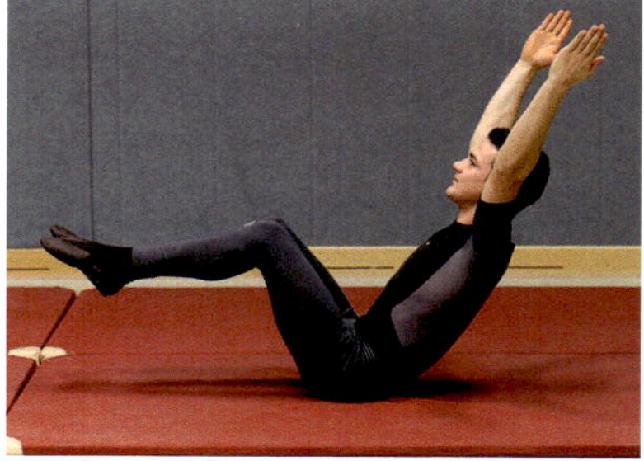

Endstellung

Bemerkung: Aus der Schiffchenposition in Rückenlage werden Hüft- und Kniegelenke gebeugt, dabei nähern sich Oberkörper und Beine an.

Wichtig: Für diese Übung wird eine gute Rumpfspannung benötigt!

2.1.2 Schräger Crunch aus der Schiffchenposition

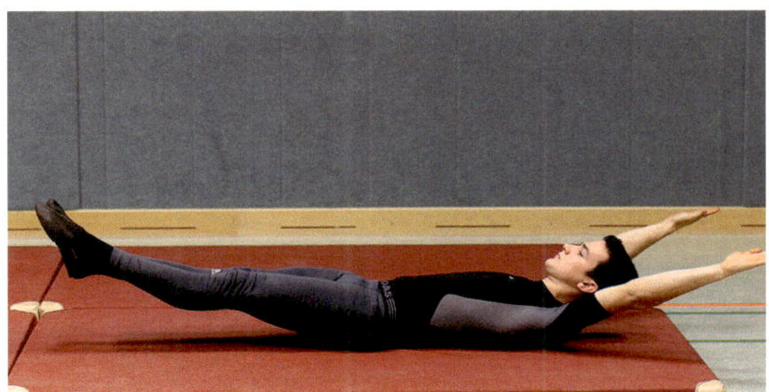

Ausgangsstellung

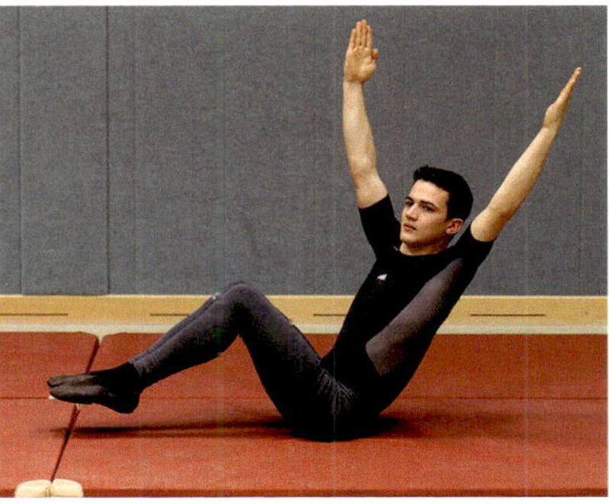

Endstellung

Bemerkung: Aus der Schiffchenposition in Rückenlage werden Hüft- und Kniegelenke gebeugt, Schultern und Schulterblätter vom Untergrund abgehoben. Beide Hände werden dabei im Wechsel an einem Knie außen vorbeigeführt. Anschließend wird der Körper wieder in die Schiffchenposition gesenkt.

2.1.3 Klappmesser

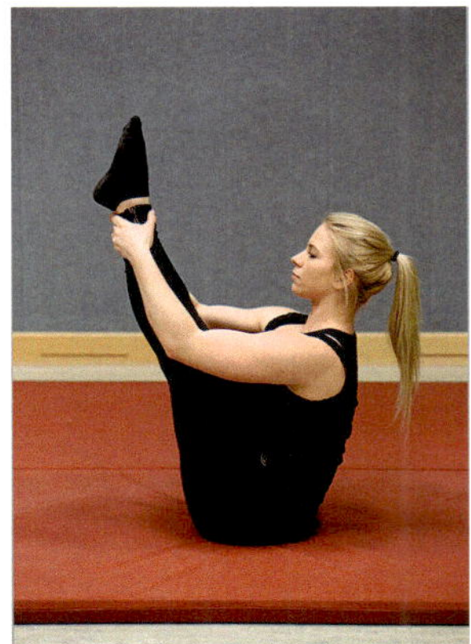

Gerade

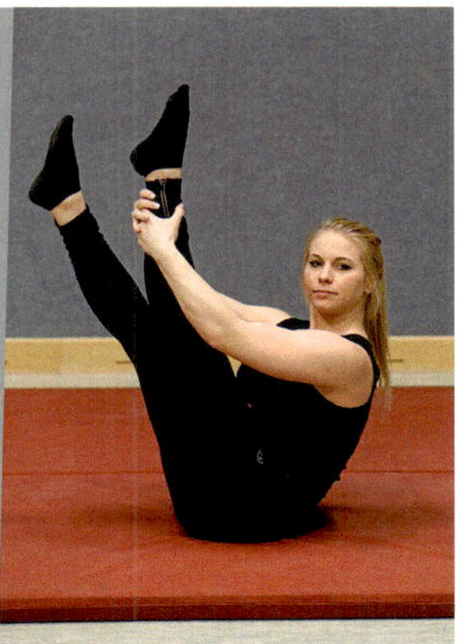

Schräg

Bemerkung:
Gerades Klappmesser: Aus der Schiffchenposition in Rückenlage erfolgt eine schnellkräftige Beugung der Hüfte, so dass sich der gestreckte Oberkörper und die gestreckten Beine über dem Becken maximal annähern. In der Endstellung werden die geschlossenen Beine von den Armen kurz umschlossen. Danach wird der Körper langsam zurück in die Schiffchenstellung bewegt.

Variation schräges Klappmesser:
In der Endstellung wird nur ein Bein mit beiden Armen umschlossen.

2.2 Rumpfstabilisation

2.2.1 Unterarmstütz vl. auf Pezziball oder im Slingtrainer

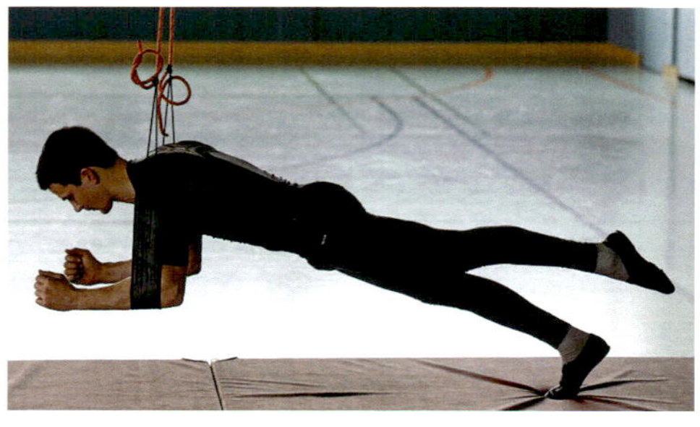

Ausgangsstellung im Slingtrainer

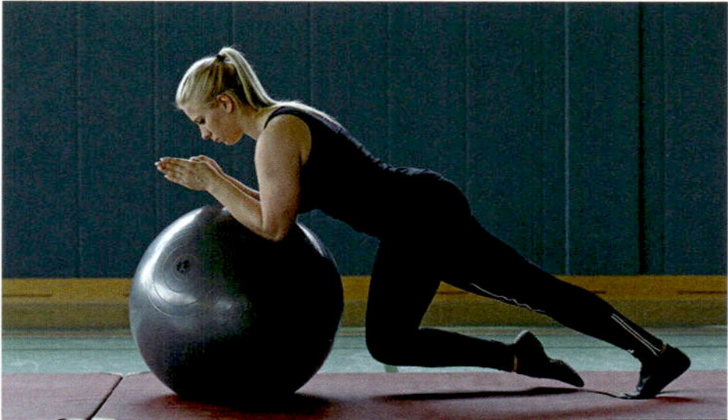

Endstellung auf Pezziball

Bemerkung: Die Unterarme werden auf den Pezziball und das Stützbein auf dem Boden aufgesetzt. Das Spielbein ist leicht nach von der Unterlage abgehoben (Ausgangsstellung). Die Arme sind parallel und die Schulterachse befindet sich über den Ellenbogen. Der Körper wird angehoben, dabei wird insbesondere die Bauch- und Gesäßmuskulatur angespannt. Der Kopf bleibt in Verlängerung der Wirbelsäule mit Blickrichtung auf den Boden. Aus dieser Position wird das in Hüft- und Kniegelenk gebeugte Spielbein unter den Körper geführt (Endstellung), dann wieder in die Ausgangsstellung zurückbewegt.

<u>Alternativ</u>: Die Arme werden in den Schlaufen des Slingtrainers platziert. Die Bewegungsausführung erfolgt wie oben.

2.2.2 Unterarmstütz sl. auf Pezziball/Slingtrainer

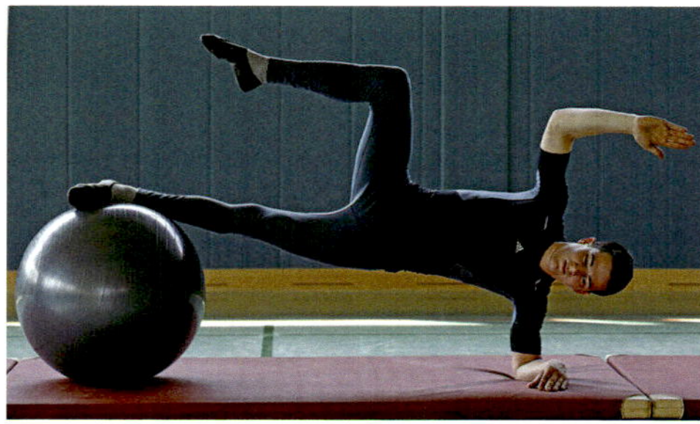

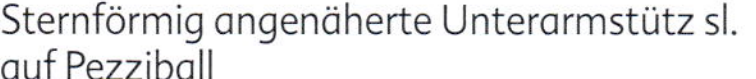

Sternförmig angenäherte Unterarmstütz sl. auf Pezziball

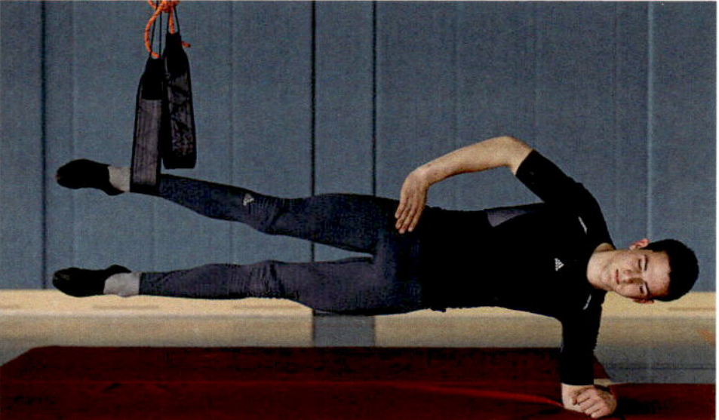

Abgespreiztes unteres Bein im Slingtrainer mit instabiler Unterstützungsfläche

Bemerkung: Das untere Bein wird im Slingtrainer platziert, der Unterarm stützt auf dem Boden. Das Spielbein und Arm werden im Wechsel sternförmig abgespreizt und angenähert. Im Unterarmstütz sl. bilden Stützbein und Rumpf durchgehend eine gerade Linie, der Kopf bleibt in Verlängerung der Wirbelsäule. Der Blick ist geradeaus.
(Als sehr schwierige Variation wird das obere Bein im Slingtrainer abgelegt. Das untere Bein agiert als Spielbein. Zusätzlich kann der Unterarm auf einem instabilen Untergrund platziert werden.)

Alternativ: Der Unterarm wird auf den Pezziball und der Fuß des Stützbeines auf dem Boden aufgesetzt. Die weiteren Kriterien sind analog der oberen Bewegungsbeschreibung zu sehen. (Die gleiche Übung ist im Slingtrainer möglich)

2.2.3 Bridging auf Pezziball

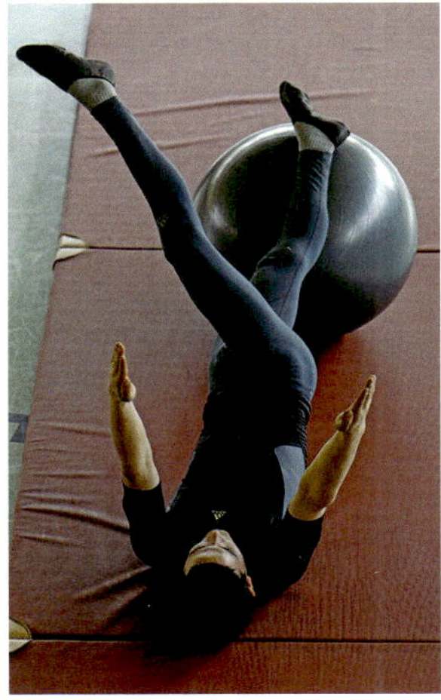

Bridging einbeinig auf Pezziball

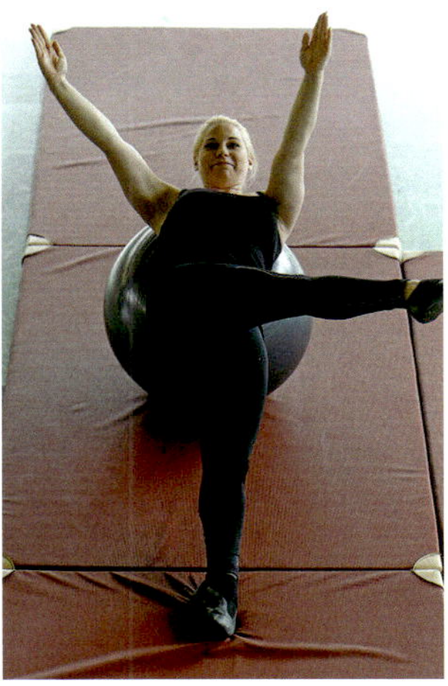

Bridging mit Schulter auf Pezziball Alternative

Bemerkung: In der Rückenlage werden die Füße hüftbreit auf dem Pezziball aufgelegt, das Gesäß wird bis zur Hüftstreckung angehoben. Die Arme sind ca. 90° zum Oberkörper in Richtung Decke gestreckt. Das Spielbein wird gestreckt zur diagonalen Schulter geführt. Das Becken wird dabei mitgedreht.

Alternativ: Die Schultern werden auf dem Pezziball, die hüftbreit aufgestellten Füße auf dem Boden platziert. Beine und Rumpf bilden eine gerade Linie, Die Arme sind ca. 90° abgespreizt und gestreckt. Der Kopf bleibt in Verlängerung der Wirbelsäule. Das Spielbein wird gestreckt zur diagonalen Schulter geführt. Das Becken wird dabei mitgedreht.

2.3 Rücken

2.3.1 Rückenstrecker auf Pezziball

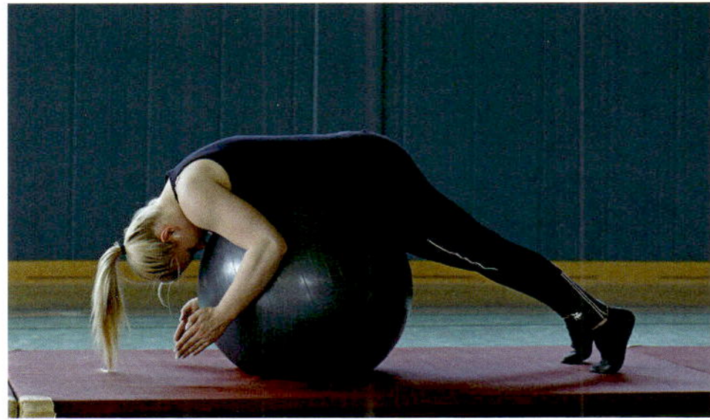

Ausgangsstellung

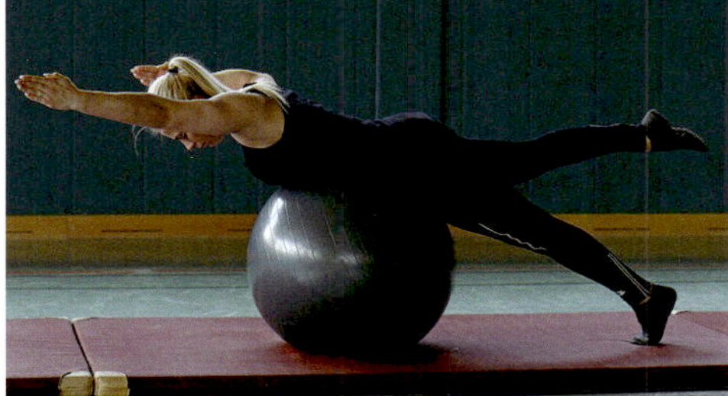

Endstellung

Bemerkung: Der Oberkörper wird bäuchlings in Höhe des Bauchnabels auf dem Pezziball platziert. Die gestreckten Arme sind über dem Kopf in einem 180° Arm-Rumpf-Winkel (ggf. wird in die Hände ein leichtes Gewicht gelegt. Das unterstützende Bein steht mit dem Fuß bei leichter Kniebeugung auf. Das Spielbein ist angehoben. Der Rumpf ist gestreckt. Aus dieser Position wird der Oberkörper Wirbel für Wirbel eingerollt und wieder langsam in die Streckung gebracht. Das diagonale Arm-Bein-Paar wird gerade ausgestreckt.

Alternativ: In der gestreckten Rumpfposition wird der Oberkörper wechselseitig leicht gedreht. Der Kopf bleibt dabei in Verlängerung der Wirbelsäule eingestellt und folgt der Bewegung.

2.3.2 Oberer Rücken/Zwischenschulterblattmuskulatur

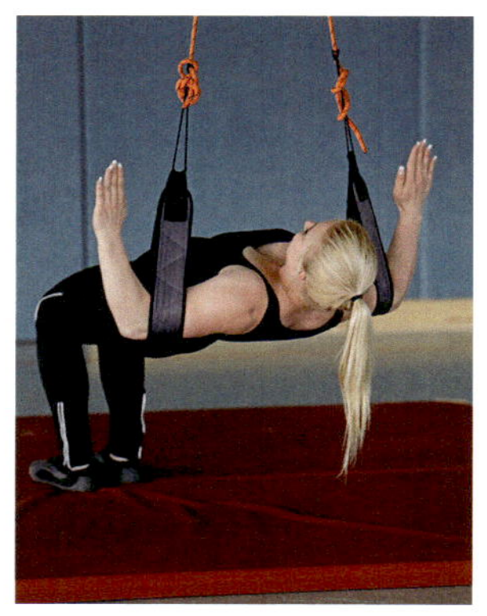

Bemerkung: Ausgangsstellung Rückenlage, die Füße werden hüftbreit aufgestellt. Die Oberarme werden in den Schlaufen platziert. Die Arme sind im Ellenbogen 90° gebeugt und abgespreizt. Zur Endposition wird der Körper über den Druck auf die Ellenbogen von der Unterlage abgehoben, so dass Beine und Oberkörper eine gerade Linie bilden.

Alternativ: Ein Bein wird gebeugt oder gestreckt von der Unterlage abgehoben.

2.4 Beine

2.4.1 Sumo-Kniebeuge meets Ausfallschritt

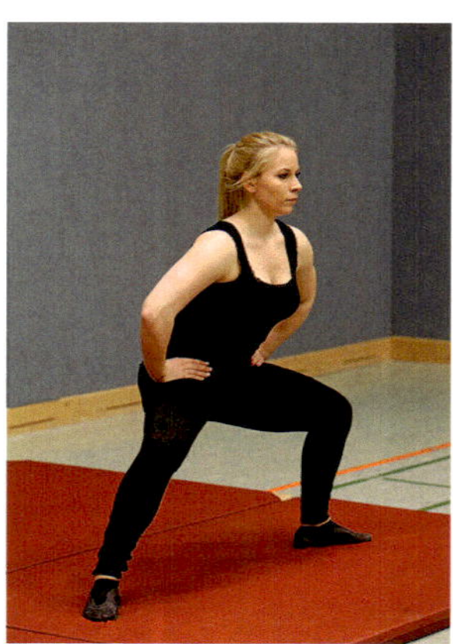
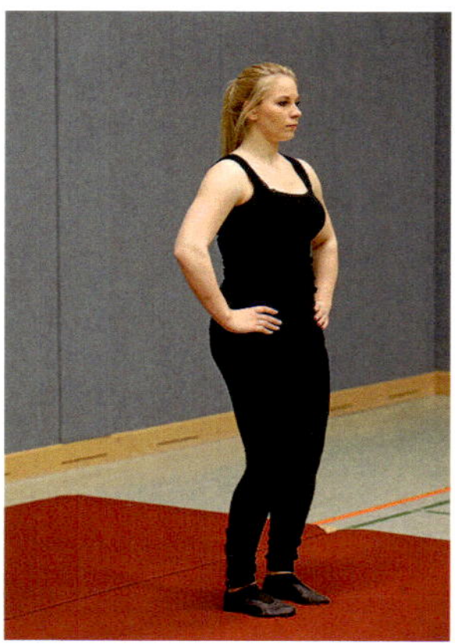
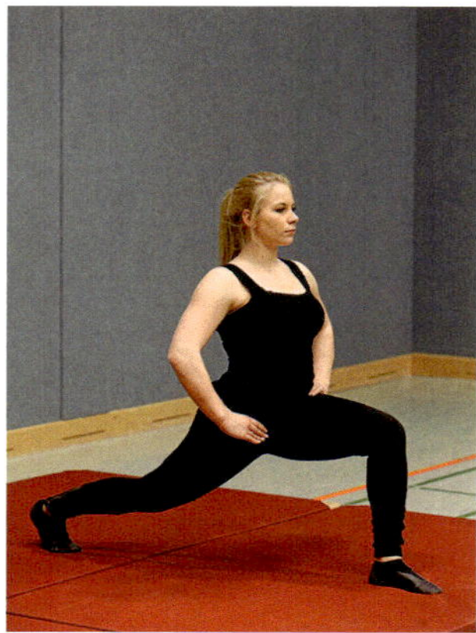

Bemerkung: Aus dem Stand (hüftbreite Fußstellung, leichte Kniebeugung, Arme über dem Kopf) erfolgt ein Sprung in die tiefe und breite Hockstellung. Die Knie bleiben dabei über den Füßen. Der Oberkörper befindet sich in leichter Vorlage, das Gesäß ist nach hinten herausgestreckt. Es schließt sich ein Sprung in die Ausgangsposition an. Daraus wird in einen Ausfallschritt gesprungen. Im Ausfallschritt ist das hintere Bein gestreckt, das vordere Knie 90° gebeugt und über dem vorderen Fuß platziert. Der gestreckte Oberkörper befindet sich in der Aufrichtung. Danach Sprung zurück in den Stand. Während der ganzen Übung sind die Fersen angehoben. Die Übung erfolgt dynamisch schnellkräftig: kurze Verweildauer in den Positionen, schneller Kraftimpuls bei den Sprüngen.

2.4.2 Ausfallschritt mit erhöhtem Bein auf Pezziball/im Slingtrainer

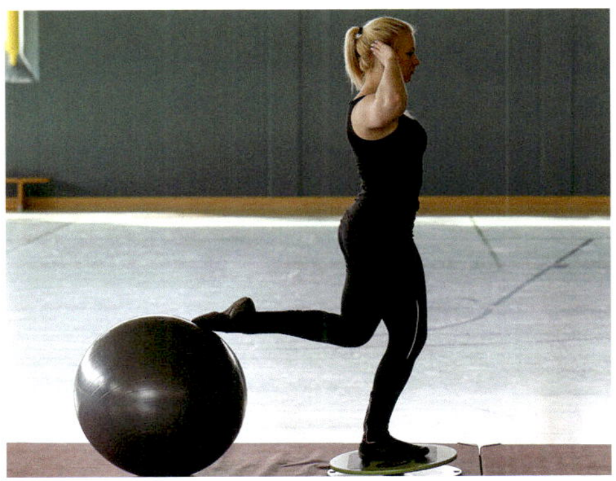

Ausgangsstellung

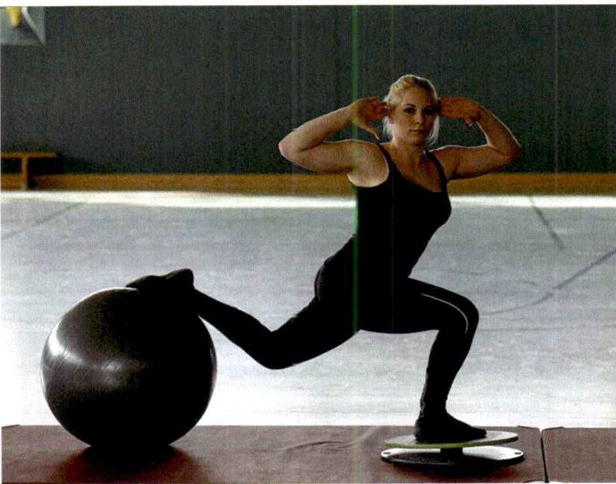

Endstellung

Bemerkung: Aus dem Stand wird ein Ausfallschritt vorwärts ausgeführt. Das hintere Bein wird bei dieser Übung erhöht auf einem Pezziball oder in der Schlaufe des Slingtrainers abgelegt, (das vordere Bein steht auf einem instabilen Untergrund). Das vordere Bein wird gebeugt, das erhöhte Bein schiebt sich nach hinten. Das 90° gebeugte Knie des vorderen Beines bleibt über dem vorderen Fuß, beide Füße zeigen nach vorne, der Oberkörper ist aufgerichtet, Hände werden hinter den Ohren platziert. In der Endstellung wird der Oberkörper zum vorderen Knie gedreht. Becken und Bein halten ihre Position Die Übung wird dynamisch schnellkräftig ausgeführt: langsame Einnahme der Endposition (2–3 sec), schnellkräftige Bewegung in die Ausgangsposition (1 sec).

2.4.3 Ischiocrurale Muskulatur (Oberschenkelrückseite und Gesäßmuskulatur) Ischios auf Pezziball einbeinig

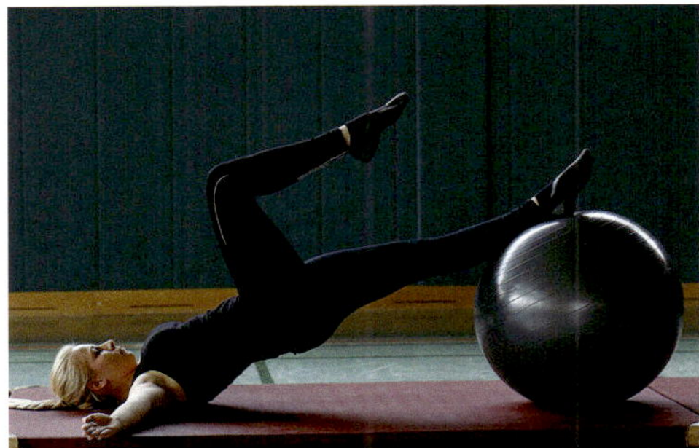

Ausgangsstellung

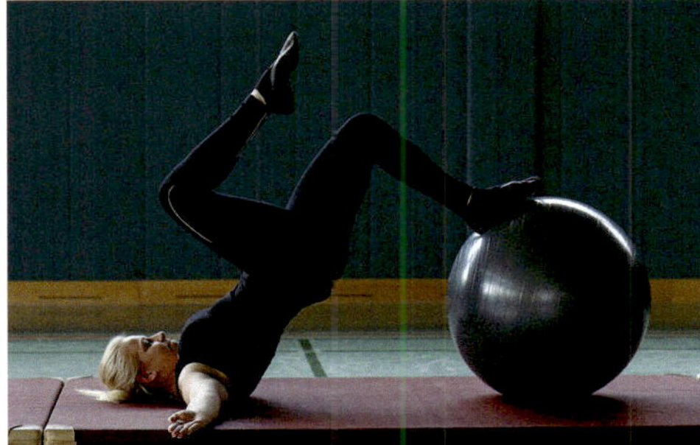

Endstellung

Bemerkung: In der Rückenlage werden die Beine auf einem Pezziball abgelegt. Oberkörper und Becken werden bis zur Hüftstreckung angehoben, die Arme liegen neben dem Körper, Handinnenflächen zeigen nach oben. Zur Endstellung wird ein Bein gebeugt angehoben, das andere Bein permanent gestreckter Hüfte maximal gebeugt. Anschließend wird die Ausgangsposition wieder eingenommen. Die Übung wird dynamisch langsam ausgeführt.

2.5 Arm, Brust, Rumpf

2.5.1 Liegestütz Unterarmstütz Kombination auf Pezziball

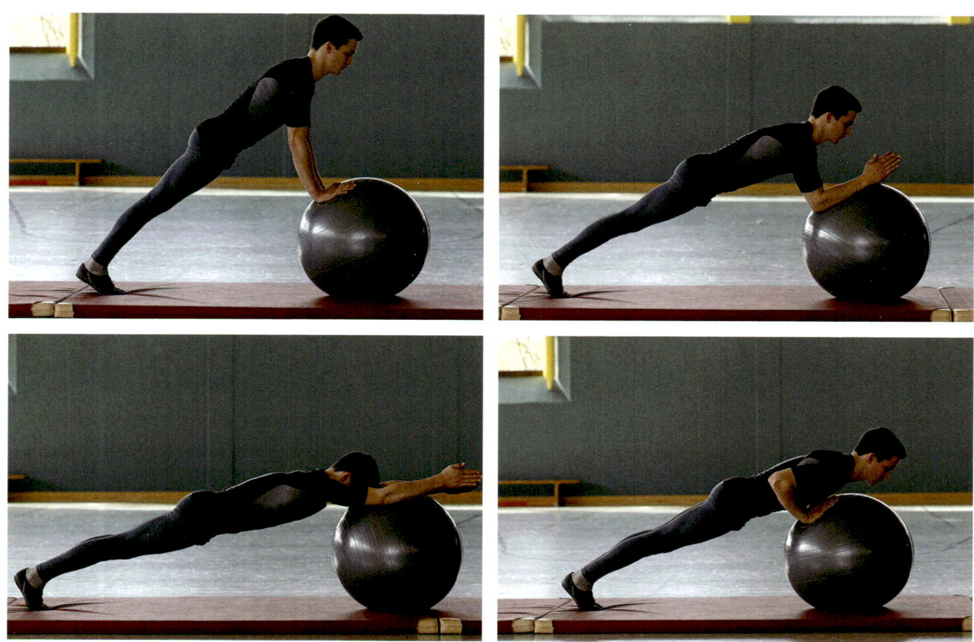

Bemerkung: Kopf, Oberkörper und Beine bilden eine gerade Linie, die Füße werden hüftbreit auf dem Boden aufgesetzt. Die Hände bzw. Fingerspitzen zeigen nach vorne, der Kopf bleibt in Verlängerung der Wirbelsäule mit Blickrichtung Boden. Daraus wird der Ball nach vorn gerollt, bis die Arme den Unterarmstütz einnehmen können. Im Anschluss erfolgt der umgekehrte Weg zurück in den Handstütz. Danach werden die Arme soweit gebeugt, bis die Brust annähernd den Pezziball berührt. Die Übung wird dynamisch schnellkräftig im 2-1-Rhythmus durchgeführt.

Zusätzlich kann die Übung erschwert werden, indem der Ball aus dem Unterarmstütz soweit nach vorne gerollt wird, bis ein Arm-Rumpf-Winkel von annähernd 180° entsteht.

2.5.2 Head-down-Liegestütz

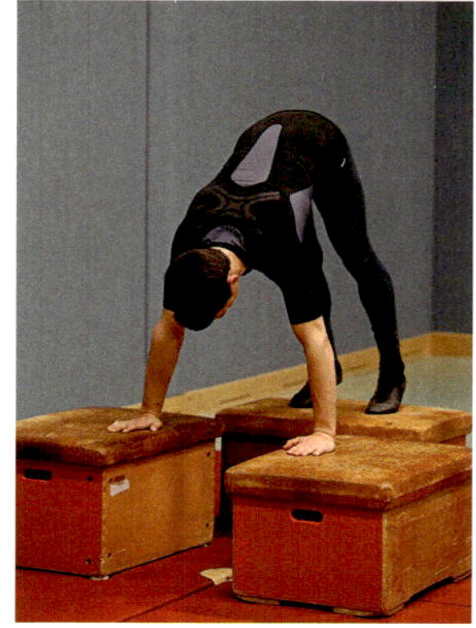

Ausgangsstellung

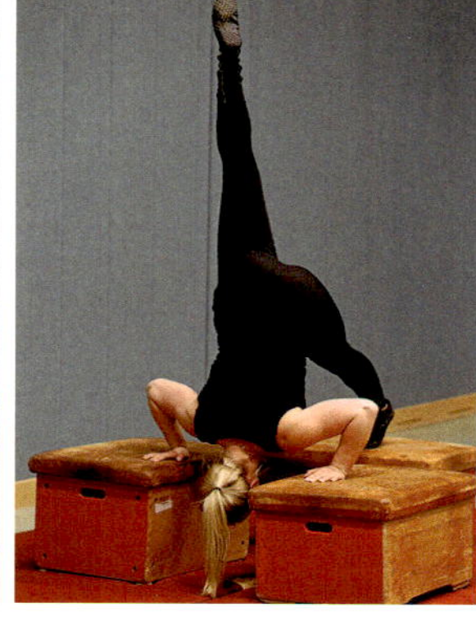

Endstellung mit Bein in der Standwaagenposition

Bemerkung: Aus der gebückten Position erfolgt ein Absenken des Oberkörpers durch die Armbeugung bis sich das auf der Höhe der Hände befindet. Daraus schließt sich ein schnellkräftiger Druck in die Ausgangsposition an. Die Arme werden dabei vollständig gestreckt, aber nicht überstreckt. Der Bewegungsablauf ist dynamisch schnell im 2-1- Rhythmus (2 sec Hinweg, 1 sec. Rückweg).

Alternativ: Zusätzlich kann ein Bein in die Standwaagenposition herausgestreckt werden.

3. Koordination – Gleichgewicht

3.1 Standweitsprung (z.B. in der Koordinationsleiter)

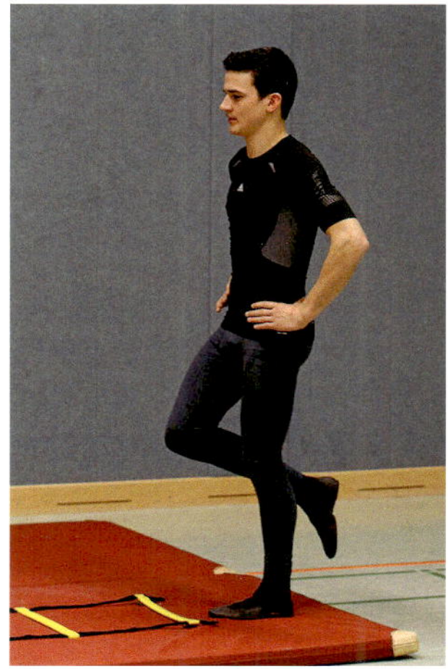

Ausgangsstellung

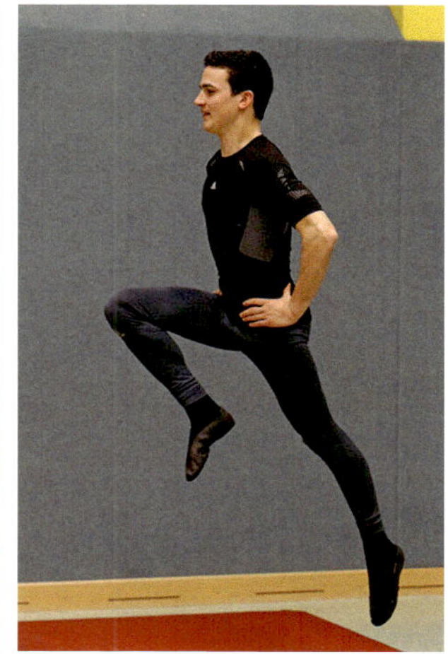

Flugphase

Bemerkung: In der Ausgangsstellung wird der Einbeinstand eingenommen. Das Standbein ist dabei leicht gebeugt. Es schließt sich ein hoher weiter Sprung nach vorne an, bei dem zusätzlich das Spielbein während der Flugphase in der Hüfte mehr als 90° aktiv gebeugt wird. In der nächsten Standphase 2–3 sec. stehen, dann erfolgt ein neuer Zyklus. Maxima 8–10 Sprünge koppeln.

Alternativ: Die Übung wird nur auf dem Fußballen durchgeführt. Die Ferse bleibt durchgängig abgehoben.

3.2 Einbeinsprünge Treppe sw.

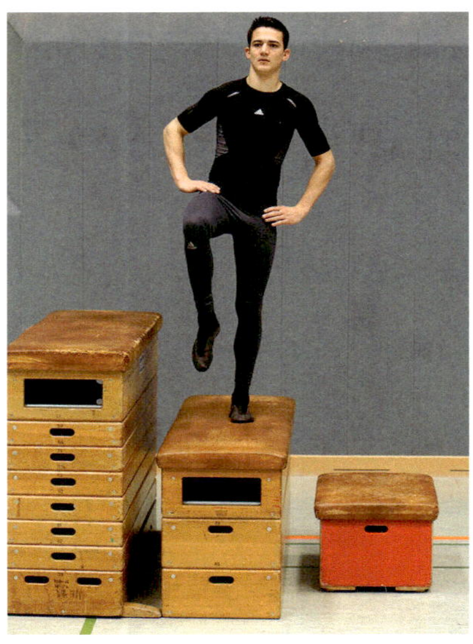

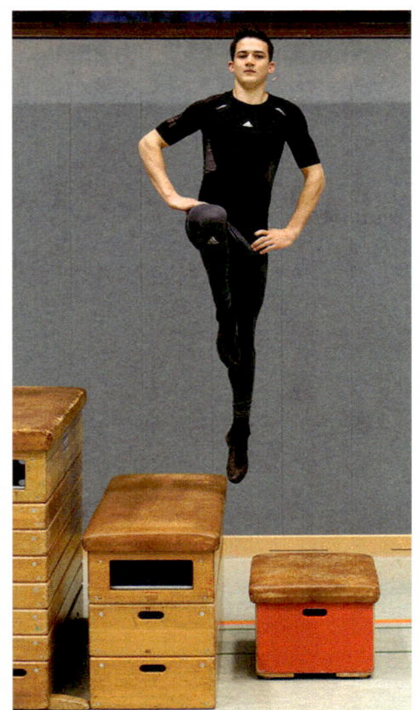

Bemerkung: Aus der Ausgangsstellung Einbeinstand mit leicht gebeugtem Knie im Standbein und 90° gebeugter Knie- und Hüfte im Spielbein werden Einbeinsprünge sw. über Treppenstufen durchgeführt. Der Oberkörper bleibt aufgerichtet, die Arme in der Hüftbeuge fixiert. Zwischen den Sprüngen wird ca. 2 sec. die statische Ausgangsstellung eingenommen. Maximal 10 Sprünge einbeinig koppeln.

Alternativ: Die Übung wird nur auf dem Fußballen durchgeführt. Die Ferse bleibt durchgängig abgehoben.

4. Beweglichkeit Rumpf

Allg. Hinweise: die Übungen werden zunächst flüssig und langsam mit jeweils 10–15 Wiederholungen durchgeführt. Nach der letzten Wiederholung ca. 30–60 sec. in der Endstellung bleiben. Es sollte ein leichtes Ziehen („Dehnschmerz") spürbar sein. Langsam die Position verlassen.

4.1 Drehdehnlage 1 (Rückenlage)

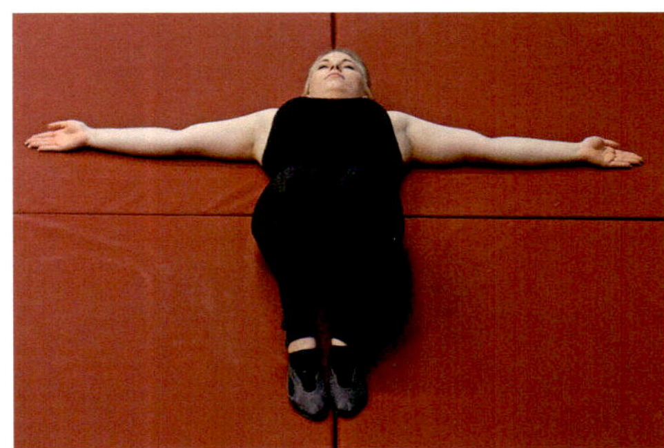

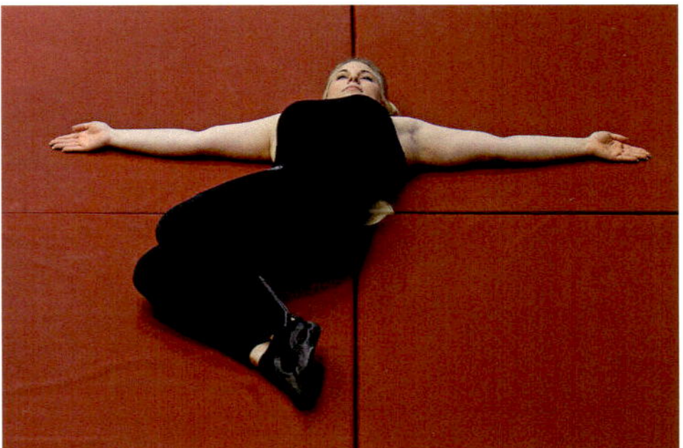

Bemerkung: In der Rückenlage werden die Arme in einem ca. 90° Winkel vom Oberkörper abgespreizt auf dem Boden platziert, die Beine sind hüftbreit aufgestellt.
Mit der Ausatmung werden die Beine seitlich abgelegt, mit der Einatmung werden die Beine wieder aufgestellt, die Schultern bleiben dabei auf dem Boden liegen. Die Übung wird abwechselnd zur linken und zur rechten Seite durchgeführt.

4.2 Drehdehnlage 2 (Rückenlage)

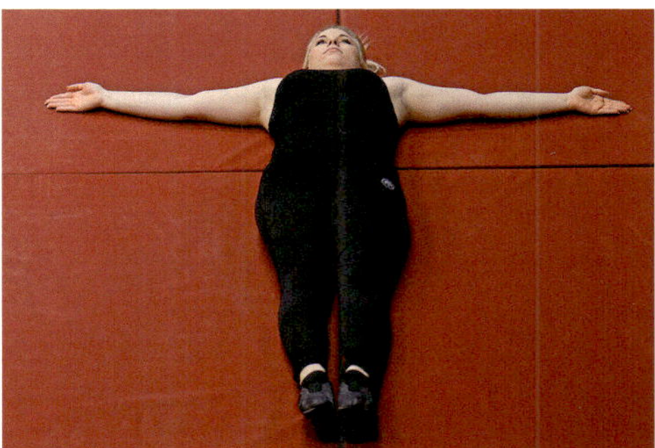

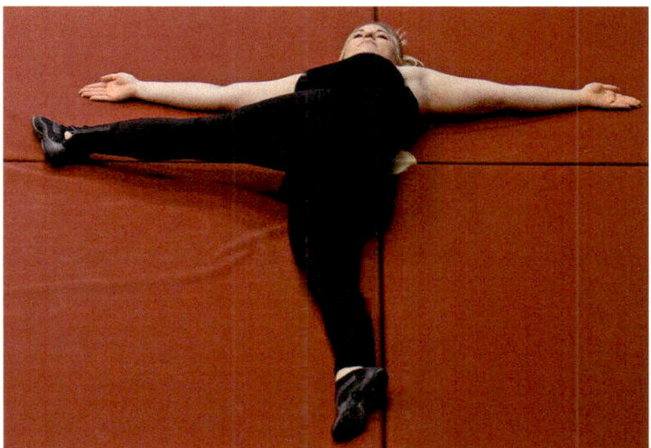

Bemerkung: In der Rückenlage werden die Arme in einem ca. 90° Winkel vom Oberkörper abgespreizt, die Beine liegen hüftbreit gestreckt auf dem Boden. Ein Bein wird abwechselnd gestreckt zum gegenüberliegenden Arm bewegt.
Die Schultern bleiben auf dem Boden liegen.

4.3 Dreh(dehn)lage 3 (Seitlage)

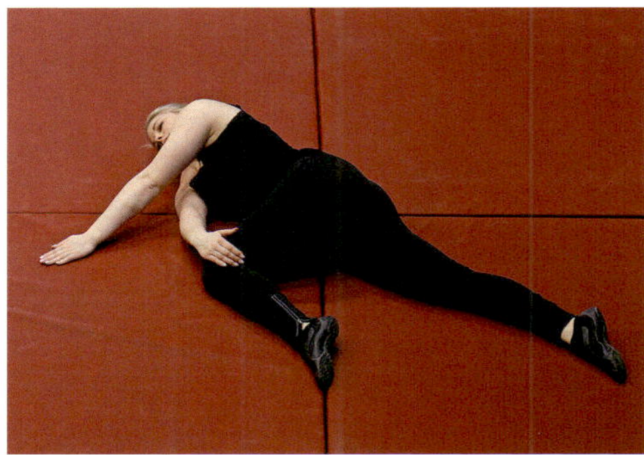

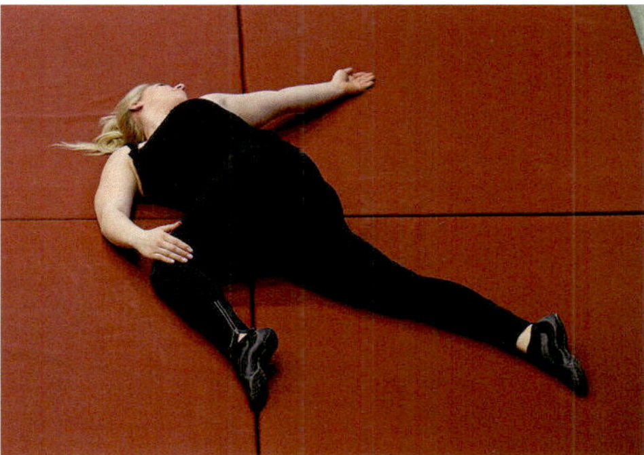

Bemerkung: In der Seitlage wird das obenliegende Bein im Knie- und Hüftgelenk ca. 90° gebeugt und vor dem Körper abgelegt. Der unten liegende Arm fixiert das Knie am Boden. Der obere Arm dreht sich mit dem Oberkörper in die Rückenlage. Der Kopf folgt der Bewegung (s. Fotos). Das fixierte Knie bleibt am Boden.

4.4 Dreh(dehn)lage 4 (Bauchlage)

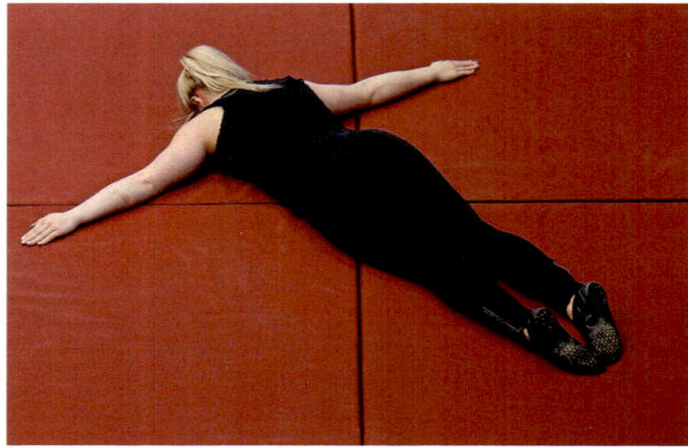
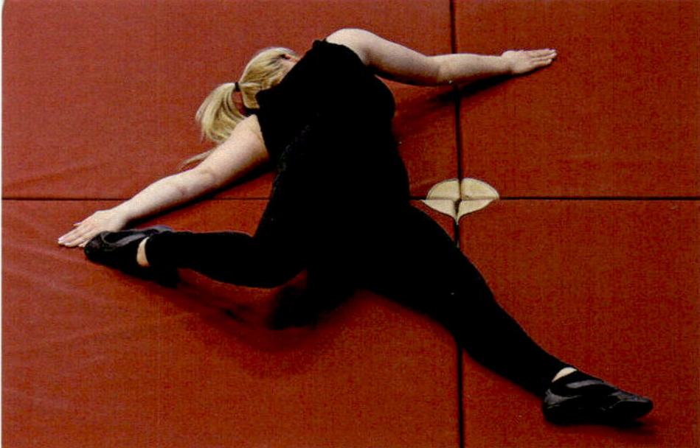

Bemerkung: In der Bauchlage werden die Arme in einem ca. 90° Winkel vom Oberkörper abgespreizt, die Handflächen liegen auf dem Boden und die Beine liegen hüftbreit gestreckt auf dem Boden. Es wird abwechselnd ein Bein zum gegenüberliegenden Arm bewegt. Dabei wird der Kopf, wenn das linke Bein zum rechten Arm geführt wird, zur linken Seite gedreht und umgekehrt.

5. Dehnübungen

Allg. Hinweise: Jede Übung wird mindestens 30–60 Sek. gehalten werden. Dabei sollte die jeweilige Position langsam eingenommen und verlassen werden. In der Endposition sollte ein leichtes Ziehen („Dehnschmerz") spürbar sein. Allgemein sollte darauf geachtet werden, dass die Muskelgruppen beider Seiten gedehnt werden.

5.1 Wadenmuskulatur

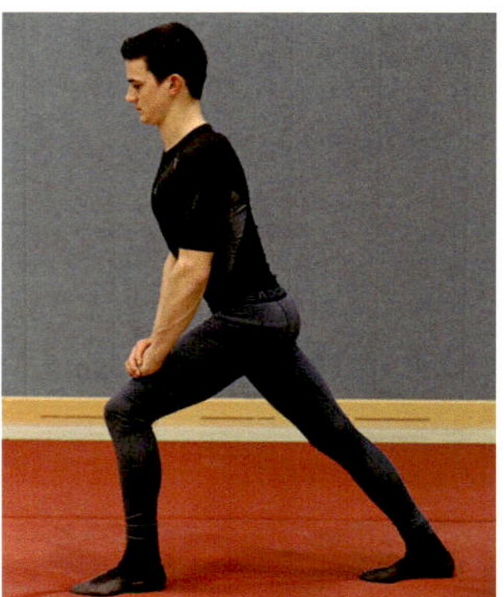

Bemerkung: Ausfallschritt, die Fußspitzen zeigen nach vorne. Das vordere Bein ist angewinkelt, das hintere Bein gestreckt. Die Ferse des nach hinten gestreckten Beines wird in den Boden gedrückt. Der Oberkörper ist gerade und bildet die Verlängerung zum hinteren Bein. Die Hände werden auf dem vorderen Oberschenkel abgestützt.

5.2 Hüftbeugermuskulatur

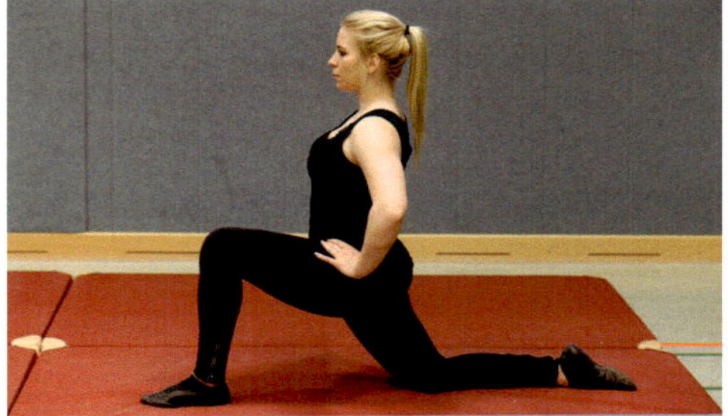

Bemerkung: Im Einbeinkniestand wird das vordere Bein angewinkelt, der hintere Unterschenkel und der Fußspann liegen auf dem Boden. Der Oberkörper ist gerade und aufgerichtet, das Becken wird langsam nach vorne geschoben.

5.3 Vordere Oberschenkelmuskulatur (Kniestrecker)

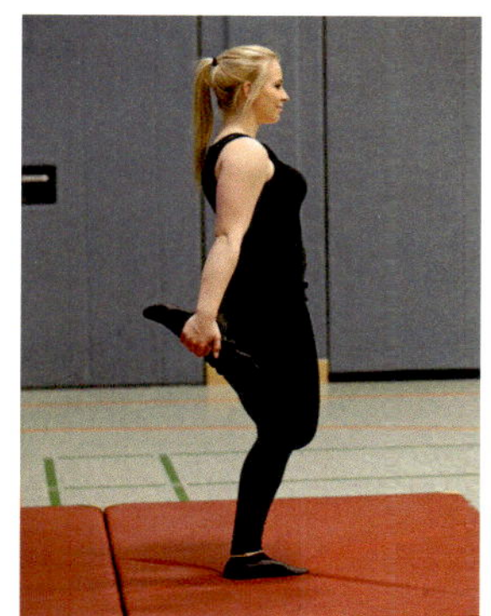

Bemerkung: Die Füße stehen hüftbreit auseinander, die Knie sind leicht gebeugt. Ein Fuß wird oberhalb des Sprunggelenkes umgriffen und an das Gesäß geführt. Die Oberschenkel bleiben parallel nebeneinander. Der Oberkörper ist gestreckt und aufgerichtet, der Bauch ist angespannt. Zur besseren Gleichgewichtskontrolle dient evtl. ein Festhalten an einer Wand oder an einem Partner.

5.4 Gesäßmuskulatur

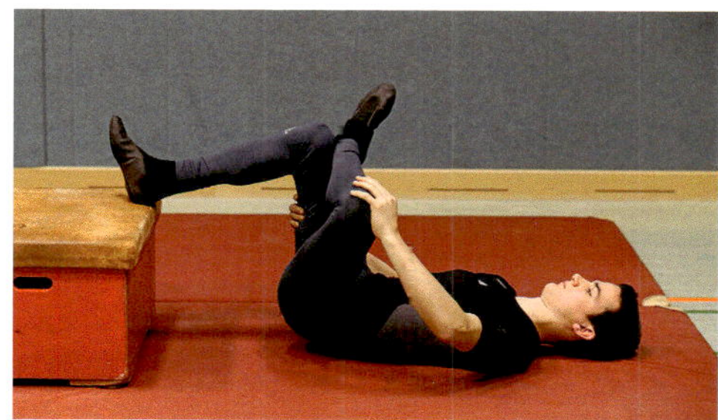

Bemerkung: In Rückenlage wird das eine Bein ca. 90° in der Hüfte und im Knie gebeugt, das andere Bein wie bei einem halben Schneidersitz auf dessen Oberschenkel platziert. Die eine Hand hält die 90° Beugung des ersten Beines, die andere Hand drückt gegen das Knie des anderen Beines und verstärkt die Dehnung.

5.5 Hintere Oberschenkelmuskulatur (ischiocrurale Muskulatur)

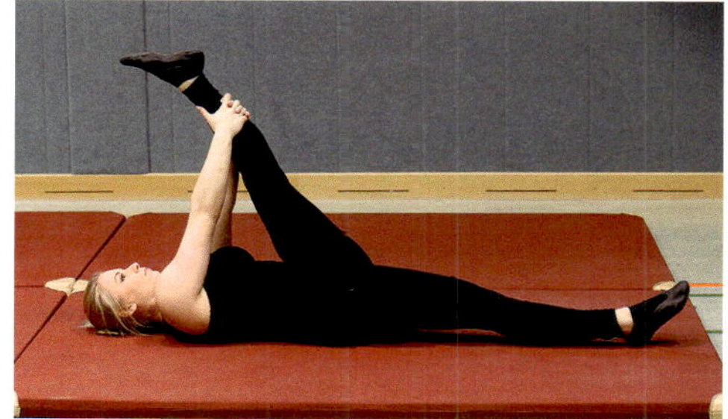

Bemerkung: In Rückenlage wird ein Bein senkrecht nach oben gestreckt, das andere Bein liegt gestreckt in Verlängerung des Oberkörpers auf dem Boden. Das oben gestreckte Bein wird oberhalb des Fußes mit einem Handtuch o.ä. umgriffen und gestreckt in Richtung Kopf geführt.

5.6 Kombinationsübung Hüftbeuger-/strecker

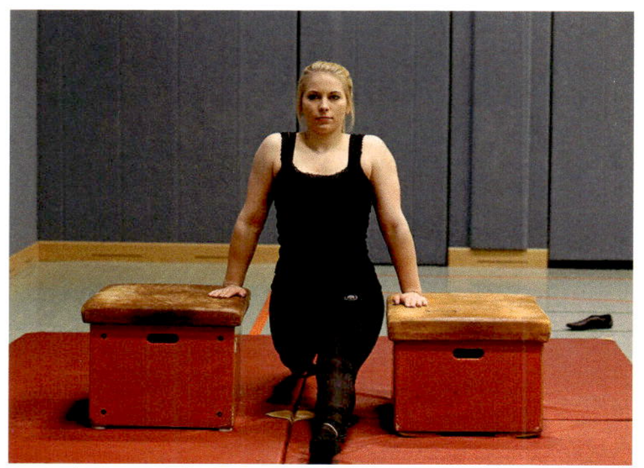

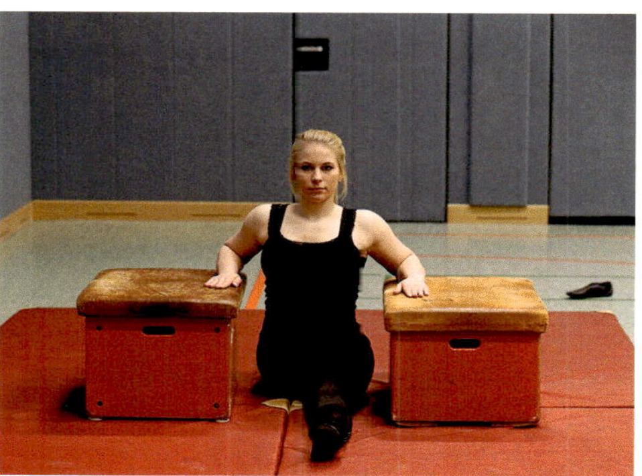

Bemerkung: In der Ausgangsstellung befindet sich der Voltigierer in einer Art Ausfallschritt, die Arme stützen seitlich neben dem Körper auf einem Stuhl oder einer Kiste. Aus der Position wird der Körper schrittweise in den Spagat abgesenkt, indem beide Füße auf einer gedachten geraden Linie nach vorne bzw. hinten rutschen. Die Beckenachse bleibt parallel zur Schulterachse, der Oberkörper ist aufgerichtet.

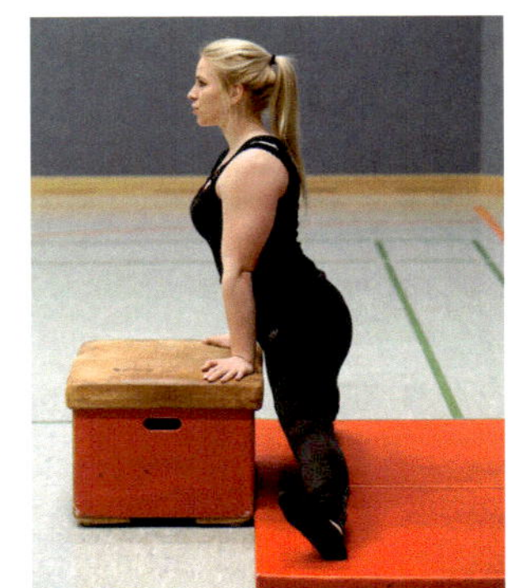

5.7 Muskulatur der Oberschenkelinnenseite (Adduktoren)

Bemerkung: Im Grätschstand stützt sich der Voltigierer auf einer Kiste vor dem Körper ab und senkt sich schrittweise in den Spagat ab. Die Füße werden auf einer gedachten geraden Linie nach außen geschoben. Die Hüfte ist möglichst gestreckt. (Alternativ werden die Hüftgelenke dabei außenrotiert, indem die Fußspitzen nach oben zeigen.)

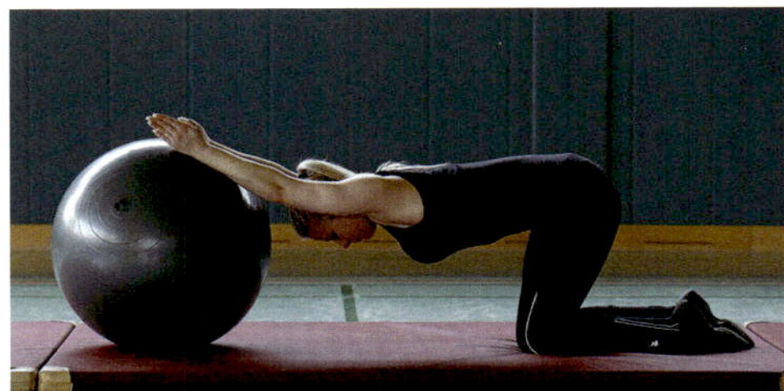

5.8 Brustmuskulatur (mit Pezziball)

Bemerkung: Im Vierfüßlerstand werden die Hände der gestreckten Arme schulterbreit auf einem Pezziball positioniert, die Handinnenflächen zeigen zueinander und die Arme und der Oberkörper sind auf einer Höhe. Die Schultern werden abgesenkt und der Kopf bleibt in Verlängerung der Wirbelsäule.

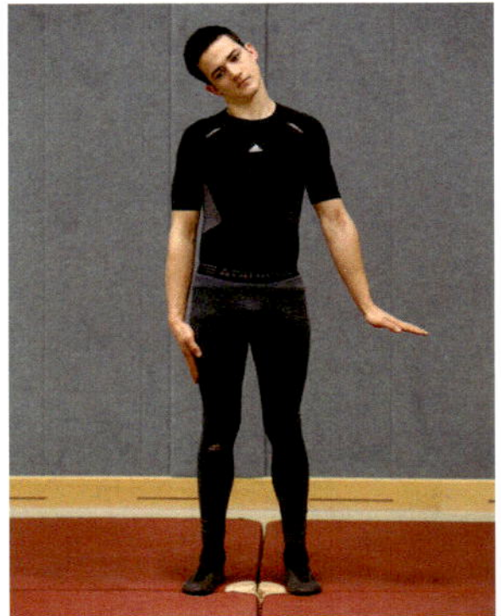

5.9 Schulter-Nacken-Muskulatur

Bemerkung: Im Stand oder im Sitzen ist der Oberkörper aufgerichtet. Der Kopf wird zu einer Seite geneigt und der gegenüberliegende Arm wird in Richtung Boden geschoben.

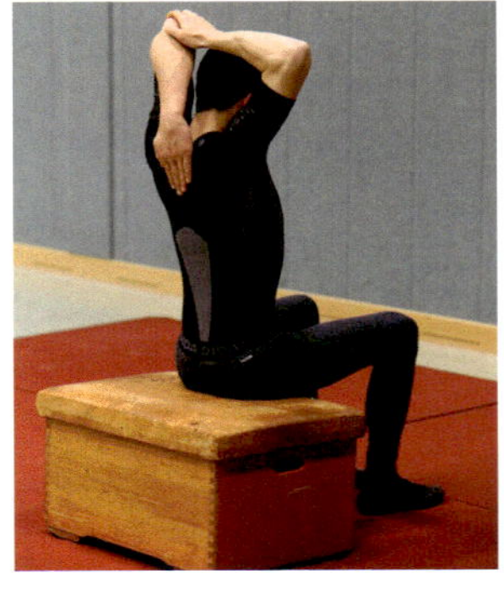

5.10 Armstreckermuskulatur (Triceps)

Bemerkung: Im Sitz wird ein Arm senkrecht nach oben genommen und im Ellenbogengelenk gebeugt. Die andere Hand umgreift das gebeugte Ellenbogengelenk und bewegt den Arm in Richtung der anderen Schulter. Der Oberkörper ist gestreckt und aufgerichtet, der Kopf bleibt in der Verlängerung der Wirbelsäule.

Das **Aufgabenheft – Voltigieren** – beinhaltet die Anforderungen an das Voltigieren gemäß LPO sowie die Anpassungen der Klassenbezeichnungen des Voltigierens an die der anderen Pferdesportdisziplinen. Außerdem werden internationale Wettkampfaufgaben in das deutsche Turniersystem integriert.

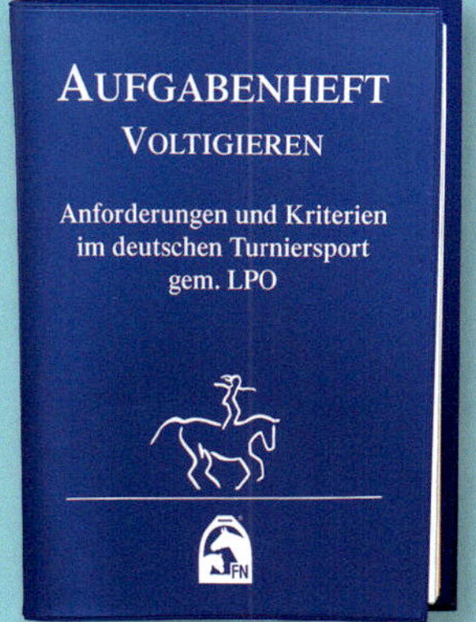

DEUTSCHE REITERLICHE VEREINIGUNG E.V. (FN)
Aufgabenheft Voltigieren (Nationale Aufgaben)
Ausgabe 2012, 204 Seiten
mit zahlreichen Abbildungen

Ringbuch – ISBN: 978-3-88542-765-0
Inhalt – ISBN: 978-3-88542-766-7

Die Voltigierabzeichen
Mit der 4. Auflage als offizielles Prüfungslehrbuch der Deutschen Reiterlichen Vereinigung e.V. (FN) – aktuell nach der neuen APO 2014 – erhalten Voltigierer, Ausbilder und Richter ein unerlässliches Standardwerk mit wertvollen Hilfestellungen zur optimalen Vorbereitung auf die Prüfung für alle FN-Abzeichen im Voltigiersport (10, 9, 7, 4-1).

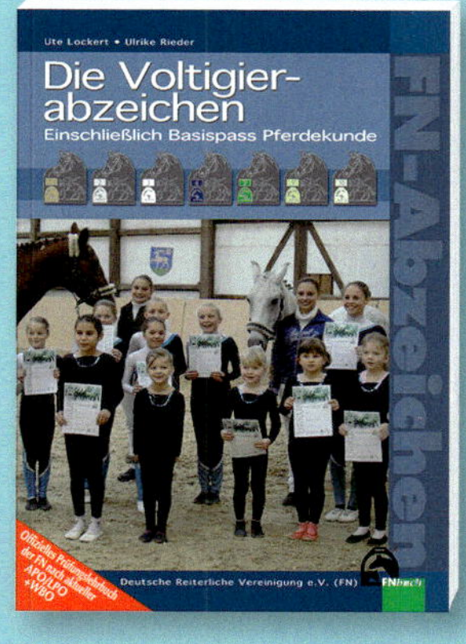

DEUTSCHE REITERLICHE VEREINIGUNG E.V. (FN)/
UTE LOCKERT/ULRIKE RIEDER
Die Voltigierabzeichen
Einschließlich Basispass Pferdekunde
4. völlig aktualisierte Auflage 2014, 144 Seiten, zahlreiche Illustrationen und farbige Fotos

ISBN: 978-3-88542-796-4

Die offiziellen Regeln für Ausbildung, Prüfung und Turniersport, herausgegeben von der Deutschen Reiterlichen Vereinigung e.V. (FN)

LPO 2013
Die LPO regelt die Durchführung von Leistungsprüfungen zur Förderung des Reit-, Fahr- und Voltigiersports, der deutschen Pferdezucht und der Pferdehaltung. Sie ist verbindlich für alle in der Deutschen Reiterlichen Vereinigung e.V. (FN) zusammengeschlossenen natürlichen und juristischen Personen, die Leistungsprüfungen oder Pferdeleistungsprüfungen vorbereiten, durchführen, beaufsichtigen sowie daran teilnehmen.

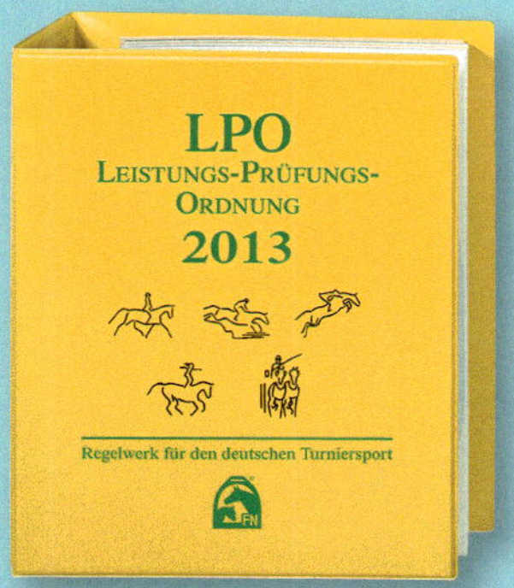

DEUTSCHE REITERLICHE VEREINIGUNG E.V. (FN)
Leistungs-Prüfungs-Ordnung 2013
Regelwerk für den deutschen Turniersport
Ausgabe 2013, 320 Seiten

Ringbuch – ISBN: 978-3-88542-772-8
Inhalt – ISBN: 978-3-88542-773-5

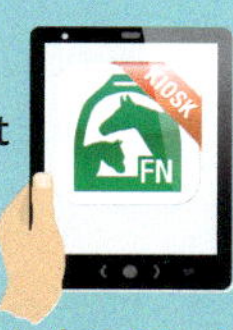

Auch als E-Book!

APO 2014
Die APO ist das Regelwerk für die einheitliche Ausbildung und Prüfung im Pferdesport in Deutschland. Beschrieben werden hier die Abzeichenprüfungen, die Prüfungen für Ausbilder und Turnierfachleute, die Ausbildung für Fachberater „Ausrüstung", für Pferdepfleger und Fachkräfte im therapeutischen Reiten sowie die Berufsausbildung im Pferdesport und die FN-Kennzeichnung von pferdehaltenden Betrieben und Vereinen.

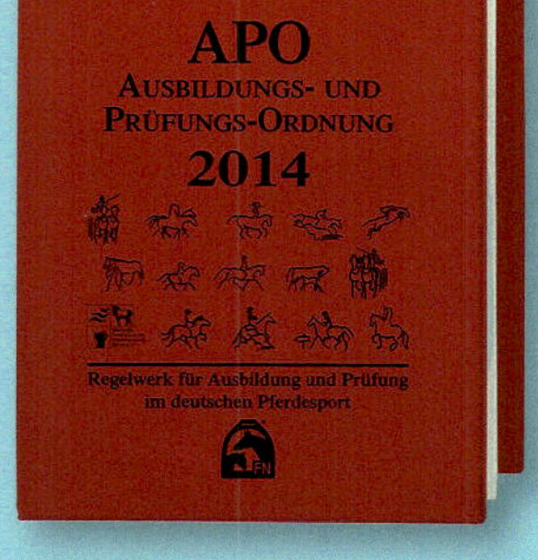

DEUTSCHE REITERLICHE VEREINIGUNG E.V. (FN)
Ausbildungs- und Prüfungs-Ordnung 2014
Regelwerk für Ausbildung und Prüfung im deutschen Pferdesport
Ausgabe 2014, 544 Seiten

Ringbuch – ISBN: 978-3-88542-784-1
Inhalt – ISBN: 978-3-88542-785-8

www.fnverlag.de

www.fnverlag.de

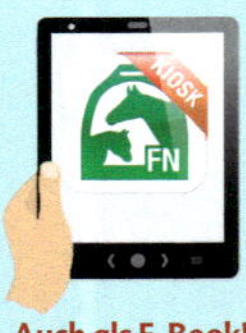

Auch als E-Book!

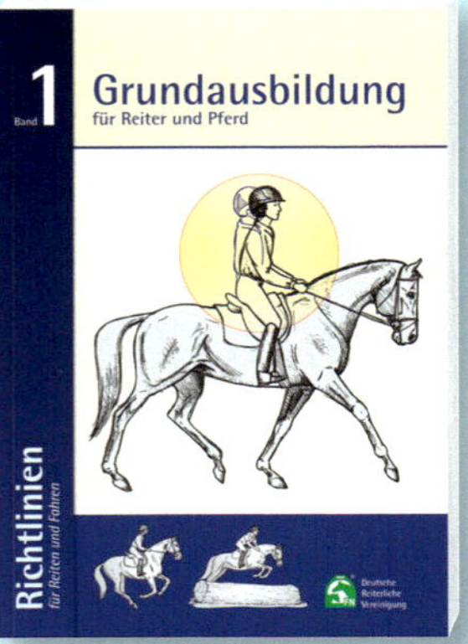

Grundausbildung für Reiter und Pferd
Richtlinien für Reiten und Fahren, Band 1
Hrsg.: Deutsche Reiterliche Vereinigung e.V. (FN)
30. überarbeitete Auflage, FN*verlag*, Warendorf 2014
296 Seiten, mit zahlreichen Abbildungen
ISBN: 978-3-88542-721-6

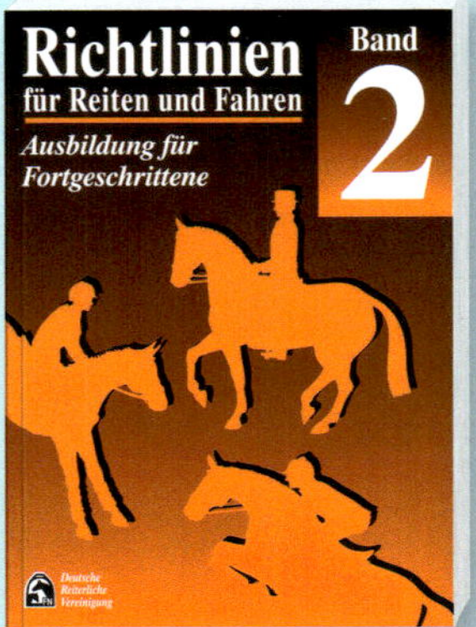

Richtlinien für Reiten und Fahren, Band 2:
Ausbildung für Fortgeschrittene
Hrsg.: Deutsche Reiterliche Vereinigung e.V. (FN)
13. Auflage, FN*verlag*, Warendorf 2012
280 Seiten, mit zahlreichen Abbildungen
ISBN: 978-3-88542-283-9

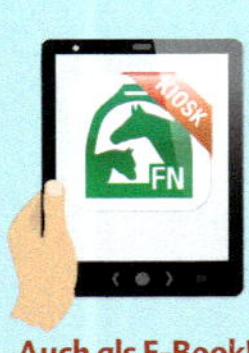

Auch als E-Book!

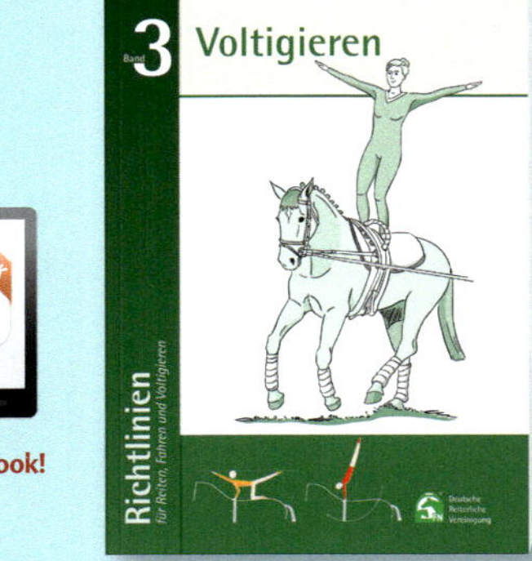

Voltigieren
Richtlinien für Reiten und Fahren, Band 3
Hrsg.: Deutsche Reiterliche Vereinigung e.V. (FN)
5. Auflage, FN*verlag*, Warendorf 2013
192 Seiten, mit zahlreichen Abbildungen
ISBN: 978-3-88542-723-0

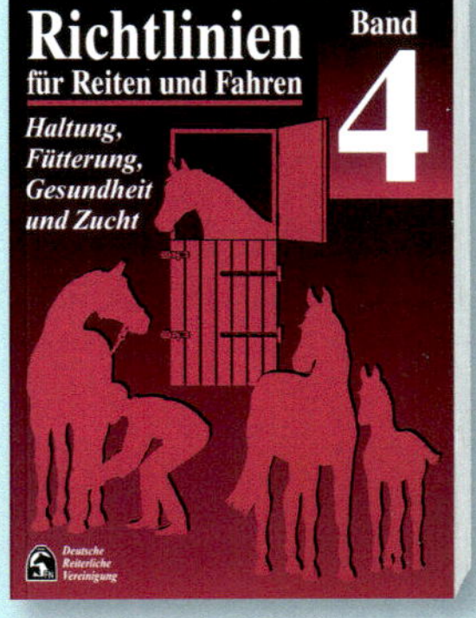

Richtlinien für Reiten und Fahren, Band 4:
Haltung, Fütterung, Gesundheit und Zucht
Hrsg.: Deutsche Reiterliche Vereinigung e.V. (FN)
16. Auflage, FN*verlag*, Warendorf 2013
352 Seiten, mit zahlreichen Abbildungen
ISBN: 978-3-88542-284-6

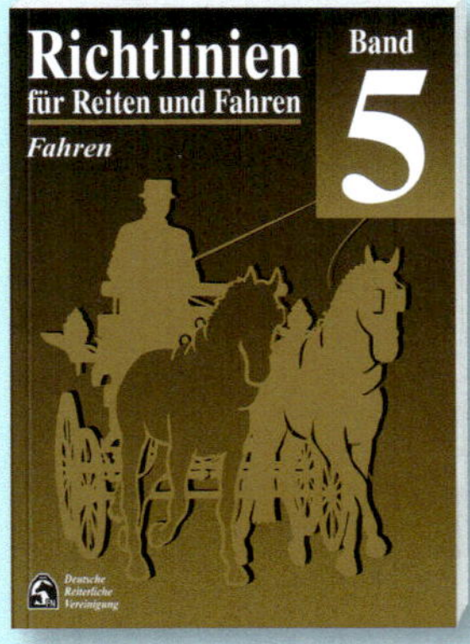

Richtlinien für Reiten und Fahren, Band 5:
Fahren
Hrsg.: Deutsche Reiterliche Vereinigung e.V. (FN)
11. Auflage, FN*verlag*, Warendorf 2013
160 Seiten, mit zahlreichen Abbildungen
ISBN: 978-3-88542-285-3

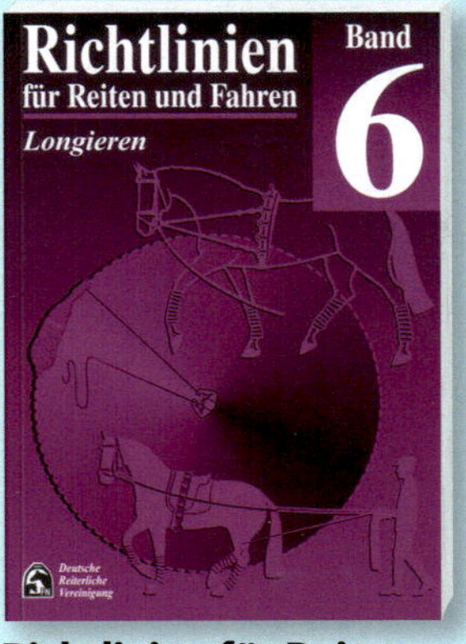

Richtlinien für Reiten und Fahren, Band 6:
Longieren
Hrsg.: Deutsche Reiterliche Vereinigung e.V. (FN)
7. Auflage, FN*verlag*, Warendorf 2013
120 Seiten, mit zahlreichen Abbildungen
ISBN: 978-3-88542-326-3